KB252333

신라고분
고고학의
탐 색

진인진

신라 고분고고학의 탐색

초판 1쇄 발행 | 2015년 4월 28일

지은이 | 김용성
발행인 | 김영진
발행처 | 진인진
등 록 | 제25100-2005-000003호
본문편집 | 배원일
주 소 | 경기도 과천시 별양동 1-14 과천오피스텔 614호
전 화 | 02-507-3077~8
팩 스 | 02-504-3079
홈페이지 | http://www.zininzin.co.kr
이메일 | pub@zininzin.co.kr

ⓒ 진인진 2015
ISBN 978-89-6347-206-5 93910

목 차

책머리에

이순이 지나면서 조급함이 시작되는 것 같다. 그동안 일구어낸 것도 없는데, 유행가처럼 고장도 나지 않는 시계는 더욱 빠르게 초침을 돌리고 있다는 생각 때문일 터이다.

처음으로 고고학, 그 가운데서도 신라고분 공부에 뜻을 두었던 때가 생각난다. 70년대 후반 대학시절 경주의 인왕동에서 처음으로 신라고분을 접하였다. 땅 속에서 돌로 된 구조물이 나오고 거기에서는 처음 보는 신기한 물건들이 가득 차있던 것이 기억난다. 이 무덤은 언제 누가 만들었을까? 무덤의 주인공은 누구일까? 가장 먼저 드는 의문은 누구나에게 같은 것이 아닐까한다. 그것이 고고학을 향하게 했을 것이다.

대학을 졸업하고 본격적으로 고분을 발굴한 것은 경산 임당유적이다. 이 유적은 나의 인생, 나의 학문을 만들어주었다고 해도 과언이 아니다. 그로 인해 학위를 받았고, 그와 연계된 공부를 하는 것이 직업이었고, 지금의 공부도 그와 관련된 의문과 기초적 인식에 바탕을 두고 있다. 이렇게 신라고분에 대한 글을 써서 책으로 내는 것도 임당이 나에게 가르쳐준 것이 그 기반이었다고 생각한다.

학위를 받을 때까지 임당을 중심으로 해서 그 주변에 해당하는 대구와 경산의 고분이 나의 관심대상이었다. 이후 신라라는 더 넓은 범위의 고분문화가 눈에 들어와 남이 무엇을 공부하고 있느냐고 물을 때 신라고분을 공부하고 있다고 말하게 되었다. 이렇게 확장하는 과정에서 쓴 글들 가운데 몇몇을 골라 앞서 학연문화사에서 『신라왕도의 고총과 그 주변』이란 제하의 책을 낸 적이 있고, 이후에 발표한 글에서 골라 이 책을 내게 되었다. 책을 내게 된 것은 갈 길은 먼데 앞은 어두울 뿐 과연 제 길을 갈 수 있을까라는 의문에 지금까지 공부한 것만이라도 묶어 조그마한 마무리를 함으로써 그동안 한일이 없다는 데에 대한 위안을 삼고자 함이다.

책은 크게 보아 고분으로 신라의 역사를 엮어 볼 수는 없을까라는 관점에서 서술된 글을 골라 구성하였다. 여기에는 신라의 고총과 고총체계가 골조를 이루고 있다. 이는 고분에서 나타나는 현상으로 신라의 형성 과정을 엮어 본다는 관점이라고 할 수 있다. 고분의 변천을 단순한 무덤의 변천이라는 생각에서 나아가 묘제가 변화하며 그 무덤 속의 유물도 변화하고, 그러한 변화는 사회의 변천을 나타내게 된다. 그것을 나타내는 표지적인 고고학 현상을 찾고 그것의 해석을 통해 신라사를 재구성할 수 있을 것이란 생각이다.

이 글들에서 제시한 신라의 형성 과정은 원삼국시대인 목관·목곽묘 단계 다수의 소국이 병렬적으로 분포하였던 데에서 나아가 고총 단계에 이전 사로국이 중심이 되어 신라라는 광역정치체인 초기국가 단계로 들어섰다고 할 수 있고, 석실분 단계에 율령이 반포되는 등 신라가 본격적인 고대국가로 성장하여 동아시아 국제사회의 일익을 담당하게 된다는 것이다. 이러한 신라의 성립과 발달은 사로가 발전하여 신라의 수도로 확립되고, 나머지 소국은 그 지방으로 자리하는 과정이라고도 할 수 있고, 국읍을 중심으로 한 3단계의 취락 통합 단계에서 수도를 중심으로 한 광역에 걸친 4단계의 취락 통합 단계로 나아간 것이라고 할 수 있다. 그러한 과정은 대구학계의 선학에 의해 제안된 마립간시기의 간접지배론으로 풀 수 있다. 이렇게 엉성하게나마 신라의 형성 과정을 엮을 수 있던 것도 그 이론이 성립되어 있었기 때문이다.

책은 본론 9개 꼭지와 보론 2개의 꼭지로 구성되었다. 본론은 신라 고분의 분야이고 보론은 대가야와 관련된 글이다.

본론의 첫 꼭지는 고분의 개념과 한반도 남부에서의 전개 과정을 엮은 것이다. 아직 우리 학계에서 묘제의 개념 문제 등에서도 통일되지 않았기 때문에 본격적인 논의에 앞서 필자의 견해를 밝혀 둘 필요성이 있어 가장 앞에 배치하였다. 이 글은 「고분의 이해」(고분 보존 정비 관리방안 연구보고서, 문화재청, 2011)를 대폭 수정 보완하여 작성하였다.

둘째, 셋째, 넷째 꼭지는 신라의 성립 과정을 그린 글이다. 신라가 성립하기 이전 사로국의 문제, 신라가 초기국가로 성립되는 표지로서의 고고학적 현상, 신라가 초기국가로 성립되었음을 적극적으로 증명해주는 고총과 고총체계를 다룬 것이다. 이들 글은 「신라 형성기 묘제와 경주지역 사회」(신라 형성기의 유적, 사

단법인 한국문화재조사연구기관협회, 2011), 「신라고고학서설」(신라고고학개론
上, 중앙문화재연구원 엮음, 진인진, 2014), 「신라 고총과 고총체계의 관점」(영남
고고학 제70호, 영남고고학회, 2014)을 다시 정리하고 수정하여 맥락을 이었다.

다섯째와 여섯째 꼭지는 고총 단계 신라의 지방고총 사회를 논의한 것으로 앞
의 경주를 중심으로 살핀 신라의 성립 이후 신라 지방 사회의 모습을 추적한 것
이다. 글은 대구 문산리고총을 중심으로 서술한 「대구 서북부 고총과 그 축조집
단의 성격」(중앙고고연구 제8호, 중앙문화재연구원, 2011), 낙동강 중하류 창녕
의 고총을 대상으로 서술한 「창녕지역의 신라고총과 그 의의」(신라사학보 제22
호, 신라사학회, 2011)를 보완하여 작성하였다.

일곱째, 여덟째, 아홉째 꼭지는 신라 고분에 대한 개별적인 관심의 글이다. 일
본인이 조사한 신라고분의 현재적 관점에서 해석, 삼국시대 신라의 왕릉 문제,
신라고분에 나타나는 장송의례의 파악으로 되었다. 이중 왕릉의 문제는 앞의 신
라 성립과정과 관련된 글들과 연계되어 신라 중고기까지의 고고학 현상이 논의
되었다. 글은 「일본인의 신라고분 조사」(선사와 고대 33, 한국고대학회, 2010),
「신라의 왕묘와 왕릉」(삼국시대 국가의 성장과 물질문화Ⅱ, 한국학중앙연구원
AKSR2012-D01 학술회의문집, 한국학중앙연구원공동연구팀, 2013), 「고분
으로 본 신라의 장송의례와 그 변혁」(중앙고고연구 제15호, 중앙문화재연구원,
2014)을 수정 보완하였다.

보론의 두 꼭지 대가야 고총체계와 순장에 관한 글은 「대가야 고총체계와 왕
묘」(한국고대사탐구 18, 한국고대사탐구학회, 2014)와 「고령 지산동고분군의 순
장」(야외고고학 제19호, 사단법인 한국문화재조사연구기관협회, 2014)을 약간
손봐 작성하였다. 신라와 비교될 수 있을 것이라 생각된다.

책을 내면서 항상 걱정은 과연 이 책이 우리 학계에 무엇을 기여할 수 있을까라
는 점일 것이다. 나름대로는 뭔가 의미가 있을 것이라고 생각하지만 과연 그러할
까 의문이다. 많은 논의가 오류이고 앞서 나간 것은 아닌가 저어되기도 한다. 앞
으로 선학과 동료들의 수정과 진전된 해석으로 바로잡아질 것이라는 기대에 자
위할 뿐이다. 이 책의 오류도 그것을 바로잡으려는 분의 노고로 올바른 이론이

정립된다면 그러므로 해서 조금이라도 이것이 학문 발전에 기여하는 바가 있게 된다는 점에 의의를 두고 싶다.

책을 내는데 한빛문화재연구원 김기봉 원장, 여수경 과장을 비롯한 직원들의 도움이 있었다. 이 지면을 빌어 감사드린다. 그리고 책의 출판을 흔쾌하게 허락해준 진인진의 사장님을 비롯하여 올바른 책으로 만들어 주신 관련자 모든 분들에게도 감사의 인사를 전한다. 마지막으로 이 조그만 마무리가 의미 있는 일이라면 옆에서 못난 남편 때문에 애가 달아 속이 불편해진 아이들 엄마에게 모든 영광을 돌리고 싶다.

2015년 4월
한빛 潭岩研室에서 김용성

1
고분의 개념과 한반도 남부에서의 전개

고분과 장법

사람은 죽게 마련이다. 삶을 살면서 언젠가는 죽어 없어진다는 생각은 인류에게 많은 두려움을 주었고 이 두려움을 극복하기 위해서 인류는 할 수 있는 한 그들의 지혜를 모아야 했다. 이는 사후세계를 만들게 하였고, 이를 무덤이라는 방식을 통하여 체현하게 되었다. 그것의 하나가 영혼불사靈魂不死의 관념이다. 지역에 따라 다르지만 사람이 죽으면 정혼精魂과 체백體魄이 분리되어 정혼은 하늘세계로 올라가 영원히 삶을 지속하는 조상신이 되어 항시 인세로 강림하여 현세의 자손을 돌보고, 체백은 지상에 남는다고 생각했다. 이 중 대지로 회귀하는 체백이 하늘나라로 올라가지 못하고 떠도는 귀혼鬼魂에 의해 교란되지 않고 돌아가 쉬는 가장 이상적인 장소가 무덤墓이라고 보았다. 세계적으로 무덤이 만들어지기 시작한 것은 지금부터 6만 년 전 중기 구석기시대로 알려져 있다.

이런 무덤 가운데 고분이란 오래 전에 주검을 매장한 장소 또는 시설물을 말한다. 넓은 의미에서는 과거나 현대의 무덤 가운데 역사적, 고고학적 자료가 될 수 있는 분묘墳墓를 말하고, 좁혀서는 정치력이 집중되어 있는 지배자의 무덤, 즉 고대 왕자의 무덤이라 정의하기도 한다. 현재는 후자인 지배자의 무덤이라는 의미가 많이 받아들여지고 있는데, 이러한 무덤은 부장품副葬品의 질과 양에서, 입지조건에서, 외관상의 규모에서 일반 민중 혹은 서민의 무덤과 구별되거나 압도하는 특정 개인의 무덤을 말한다. 그 대표적인 것이 중국의 진시황릉, 이집트의 피라미드 등이다. 이러한 고분이 발생하는 것은 지배와 피지배라는 엄격한 사회계층이 형성되었음을 의미하며 정치적으로 지배자가 출현하여 국가 등 발전된 정치체가 발생하였음을 명백하게 한다.

우리나라의 옛무덤은 구석기시대의 것은 아직 발견되지 않고 있으나 신석기시대의 것들이 조사되고 있으며 청동기시대를 지나면서는 아주 다양한 형태로 만들어지고 있었음이 확인된다. 이러한 옛무덤 가운데 여기서 분묘라고 부르는 것은 봉분으로 무덤을 표지한 것, 즉 초기철기시대(기원전 3~1세기) 이후의 것을 지칭한다. 그리고 고분은 분묘의 발생 이후 정치적인 지배자와 일반 서민의 무덤이 격차가 나기 시작하는 시기 지배자의 무덤이라고 좁혀서 정의할 수 있다. 따라서 분묘 가운데 특정한 무덤을 고분이라고 부르고 분이 발생하기 이전의 무덤을 고묘古墓라고 할 수 있다.

분묘는 주검이 매장되는 매장주체시설인 묘墓와 이를 표지하는 분墳으로 구성된 것이 일반적이다. 이중 분은 처음에는 만들어지지 않았으나 고대사회가 발달하면서 권위를 상징하는 표현으로 등장하게 되어 더욱 커져가게 되었다. 즉 고대사회에서 왕릉 등 지배집단의 고분은 웅장하고 거대하게 봉분을 만들어 거기에 그들의 이상을 투영하고, 자기 현재의 영화와 부귀를 표방함은 물론 개인적 정치권력의 정통성을 두드러지게 표현하였고, 그러한 기념비식 건축물을 빌려 왕권의 신성과 영원을 상징하게 되었다.

이러한 고분은 또 총塚, 능陵, 묘墓 등 여러 가지 이름으로 불리기도 한다. 여기서 총이란 거대한 분구를 가진 무덤임은 분명한데, 주인공이 밝혀지지 않은 것을 말하며(황남대총, 동하총 등), 능이란 당시 사회의 최고지배자 부부인 왕이나 왕비의 무덤에 부여하는 이름이다(무령왕릉 등). 그리고 묘란 주인공이 밝혀졌으나 그 주인이 왕이나 왕비가 아닌 사람의 무덤에 붙이는 이름이다(김유신묘, 김인문묘 등).

한편 우리는 삼국시대의 대형 고분에 한해서 고총高塚이란 명칭을 사용하고 있다. 이것은 높고 거대한 봉분을 가지고 있으며 부장품의 질과 양에서 일반 고분과는 구별되어 일정한 영역을 다스리던 지배자의 무덤이 확실한 것을 말한다. 이 고총은 호석이나 주구 등에 의해 독립된 묘역을 분명하게 가지고 있는 특징도 있으며 삼국시대 특히 신라와 가야 지역집단의 지배자들에 의해 축조된 것을 대표로 한다.

고분[1]은 인간의 삶에서 가장 큰 통과의례인 장례葬禮나 장사지내는 방법인 장법葬法의 한 표현이다. 장례를 주검이 발생하고 그 주검을 처리하는 과정의 의례이고, 장법을 주검을 처리하는 방법이라고 한다면 무덤이 바로 그 결과물로 우리에게 남아 있는 물질적 표현이기 때문이다. 과거의 장례 과정에서 행해진 정확한 행위는 우리가 찾을 방법이 없으나 장법의 일환으로 만들어진 무덤에서 나타나는 여러 가지의 현상을 통해 우리는 과거 사회의 장례에 대해서 어느 정도 유추할 수 있으며, 다시 이를 통해 문화, 사회, 정치, 신앙 등 당시의 모든 사회 현상에 대해 다가갈 수 있다.

장법은 주검이 발생하고부터 이를 위생처리하고, 무덤을 축조하여 매장한 다음 그 장소를 기념물화하는 전체 과정이라고 요약 할 수도 있다. 장법은 가장 기본적으로 사체를 흙 속에 묻는 토장土葬, 불에 태우는 화장火葬, 나무 등에 올려 육탈肉脫시키는 풍장風葬, 물속에 넣는 수장水葬 등으로 나누는 것이 일반적이다.

토장은 대부분 흙을 파서 무덤구덩이를 만들고 주검을 거기에 넣는 것이나 다양한 종류의 장구, 즉 실室, 곽槨, 관棺을 만들어 넣는 경우도 많고, 그 위에 봉분을 조성하기도 한다. 풍장은 나무 위, 제작된 받침대 위, 동굴, 단애면 등에 사체를 일정한 기간 놓아두거나 무덤구덩이를 파고 그 위에 집을 지어 거기에 주검을 걸어 두는 방식도 있다. 이렇게 함으로써 주검을 새나 짐승이 처리하도록 하기 때문에 수장樹葬 혹은 조장鳥葬 등으로 불리기도 한다. 수장水葬은 주검을 직접 물속에 넣는 경우도 있으나 배에 태워서 냇물이나 바다에 흘려보내는 방법도 있다.

주검의 처리 횟수에 따라서는 일차장一次葬과 이차장二次葬으로 나누기도 한다. 토장과 수장의 경우는 일차장이 많지만 화장과 풍장의 경우는 이차장이 많다. 즉 육탈된 뼈를 모아 다시 흙에 묻는 경우가 많다. 또한 토장의 경우 하나의 무덤구덩이나 시설물에 주검을 어떻게 넣느냐에 따라 하나의 주검만 넣는 단장單葬, 두 구 이상의 주검을 넣는 복장複葬 또는 합장合葬, 두 구의 주검을 차례로 넣는 중장重葬, 가족이나 씨족의 주검을 차례로 넣는 집장集葬 등으로 구별되며 단장을 제

---

1 이하 분묘와 고분을 구별하지 않고 가장 널리 이해하고 있는 고분으로 통칭한다.

외한 다른 종류 모두를 추가장追加葬으로 구분하기도 한다. 이외 부리던 하인이나 첩을 주인공과 함께 묻는 순장殉葬, 주인공 주변에 그와 관련 있는 하급의 인물을 묻는 배장陪葬도 장법의 일종이다. 또 많은 부장품이나 공헌품을 넣는 후장厚葬과 그렇지 않는 박장薄葬으로 구분하기도 한다.

한편 주검의 자세도 다양하게 처리하는데, 몸을 구부려 넣는 것을 굴신장屈身葬, 펴서 넣는 것을 신전장伸展葬, 앉혀서 묻는 것을 좌장座葬, 세워서 묻는 것을 입장立葬, 엎어서 묻는 것을 부신장附身葬이라 한다. 이러한 형태는 다시 주검의 얼굴 방향에 따라 위를 보게 한 앙와仰臥, 옆을 보게 한 측와側臥 등으로 구별된다. 따라서 가장 일반적인 얼굴을 위로하여 주검을 똑바로 묻는 방법을 앙와신전장仰臥伸展葬이라 한다.

주검을 보호하는 장구葬具에 따라 장법을 구분하기도 한다. 먼저 무덤구덩이에 그대로 주검을 묻는 직장直葬, 나무널을 사용한 목관장木棺葬, 돌관을 이용한 석관장石棺葬, 그릇을 이용한 옹관장甕棺葬 또는 호관장壺棺葬, 기와를 이용한 와관장瓦棺葬, 뼈항아리를 이용한 골호장骨壺葬, 돌을 깔아 주검을 안치하는 부석장敷石葬, 회를 까는 부회장敷灰葬, 나무판을 까는 부판장敷板葬 등이 그것이다.

이러한 장법은 죽은 사람에 대한 애착, 존경, 영혼에 대한 숭앙 등 정신적인 입장에서 나타난다. 그리고 지방, 신분, 성별, 연령, 죽음의 원인 등에 따라서 달라지기도 하지만 시대, 지역, 민족 등에 따라 각 요소들이 조합되어 정체성을 나타내는 것이 일반적이다. 일정한 방식으로 장례가 진행되는 것은 그래야만 죽은 사람이 편안하게 저 세상에 가서 안정된 삶을 누리고 자손을 돌볼 수 있다는 관념에서 이루어진다.

고분의 역사문화적 성격

우리나라에서 발견되는 고분은 대부분 토장의 결과로 만들어진 무덤에 속한다. 장구와 그 재료에 따라 여러 가지 형식으로 나타나지만 그 구조는 지하의 매장공간인 묘墓와 이를 표시하고 권위를 나타내는 분墳(봉분)을 비롯한 지상의 시설물로 구성되어 있다. 그리고 특히 고분은 내부에 많은 부장품을 넣게 되는데, 이는 그 시설과 함께 죽은 사람의 신분을 나타낸다. 따라서 분묘의 구조와 거기서 출토되는 부장품은 우리에게 과거 사회에 대한 수많은 정보를 제공해 준다. 지금에 이르러서는 고고학의 발달과 많은 발굴로 고대의 집자리를 비롯한 많은 생활 유적이 발견되어 과거 사회에 대한 정보를 다양하게 수집할 수 있는 여건이 마련되어 가고 있으나 아직 고분에서 출토되는 부장품과 그 고분의 구조가 과거 사회의 해석에 가장 중요한 자리를 차지하고 있다고 할 수 있다. 이렇게 고분이 과거 사회에 대한 정보의 풀로서 작용하게 된 것은 고분이 가진 몇 가지의 특성 때문이다.

먼저 고분은 원형의 보존성을 가지고 있다. 그것이 축조된 장소는 두려우면서도 친근한 양면적인 관념으로 사람들에게 인식된다. 죽은 사람이 묻힌 장소라는 점에서 경외의 대상이 되고, 자신을 돌봐주는 조상신이 거처하는 그 가족이나 집단의 기념물이라는 점에서는 친근한 장소로 인식되는 것이다. 따라서 고분은 사람들이 함부로 파괴하거나 훼손해서는 안 된다는 생각에 다른 어떤 고대의 유적보다 원래 현상을 유지하게 된다. 나중에 고분 속에 들어있는 귀중한 부장품이 환금의 대상이 되어 도굴이 성행하게 됨으로써 그러한 속성을 많이 잃었으나 그래도 고분에서는 과거에 대한 많은 정보를 찾을 수 있다.

고분은 또한 강한 전통적 보수성을 가지고 있다. 고분이 장법의 표현이기 때문에 일정한 방식의 장법으로 축조되는 고분의 구조는 사상이나 신앙의 커다란 변화가 없으면 크게 변화하지 않고 지속되는 경향이 강하다. 예컨대 고구려의 적석총積石塚은 낙랑 등 주변에 더 발달된 석실봉토분石室封土墳이 축조되지만 고구려 전기의 왕릉과 귀족묘에는 계속해서 바뀌지 않고 지속적으로 축조되었으며, 신라의 적석목곽묘積石木槨墓 또한 같은 시기에 주변에서는 석곽묘石槨墓나 석실묘石室墓 등 다른 묘제들이 도입되어 성행하지만 경주에서는 독자성을 가지며 발전하였다.

고분은 지역마다의 독자성을 분명하게 나타내는 지역적 정체성을 가진다. 이는 각 지역이 처음에 채택한 묘제를 지속하려는 보수성에서 나온 것으로 지역마다 그들의 지역성을 나타내는 표지가 된다. 원삼국시대에는 우리나라의 남부지방이면서도 구분되는 지역마다 다른 묘제를 채택하여 유지시키는 것에서 이를 읽을 수 있다. 또한 삼국시대에는 중앙 집단과 지방 집단이 다른 묘제를 사용하고, 지방간에도 서로 차이가 나는 묘제를 사용하기도 한다. 이러한 지역성은 그것을 축조한 집단의 귀속을 알 수 있게 하여 당시 사회의 세력 판도, 문화 계통 등에 대한 기본적인 정보를 제공해 준다. 뿐만 아니라 이러한 지방간의 차이점은 당시 사회조직의 규모와 성격 등을 파악할 수 있게 한다.

보수성과 지역성을 가진 고분의 변화는 사회의 혁신적인 변천을 표지한다. 즉 지속되던 묘제가 변화할 때는 아주 급격하게 변화하여 다시 그것이 지속되는 경향을 가지는데, 이는 당시 사회의 사상, 신앙, 정치조직 등이 변천하였음을 극명하게 나타낸다. 이는 보수성과는 다른 시대적 혁신성이라고 볼 수 있어 고분의 양면성을 지적해 준다. 영남지방을 예로 들면 목관묘木棺墓가 주로 축조되다가 목곽묘木槨墓가 주로 축조되는 사회로, 다시 적석목곽묘나 석곽묘가 주로 축조되는 사회로, 또 다시 석실묘石室墓가 주로 축조되는 사회로의 발전이 명확하게 보이는데, 이러한 단계마다 사회의 변동, 즉 사상이나 신앙의 변천, 정치조직의 변화가 맞물려 나타난다.

고분은 죽은 사람의 신분을 표지하며 권위의 계승을 확보하는 의미에서 축조된 특징이 있다. 특히 왕 등 최고지배자의 무덤은 산자가 죽은 선조의 권위를 계승한다는 의미가 들어 있어 크게 축조하고 많은 유물을 부장하게 된다. 바로 계승자가 선대의 권위를 이어받는 것을 정당화하기 위한 수단으로 시행된 거대하게 치루는 장례의 결과가 고분에 그대로 드러나게 되는 것이다. 이를 고분이 가진 권위의 계승성이라고 할 수 있다. 따라서 이러한 무덤의 축조에는 당시 최고의 기술이 사용되고, 축조 집단 전체의 모든 경제력이 동원되어 당시 사회의 발전 수준을 우리에게 보여주게 된다. 또한 무덤 속에 부장되는 유물로는 장례의 과정에 사용된 물건, 죽은 사람이 갈 저 세상에서 살아가기 위한 모든 물건이 들어가 그들의 생활상을 우리에게 그대로 노출시킨다. 특히 죽은 사람이 저 세상에서도 현재의 권위를 유지하기를 바라기 때문에 부장품에는 진귀한 수입품, 살아서의 권위를 상징하던 위세품이 대부분 포함되고, 심지어는 살아서 시종하던 하인 등도 무덤 속에 함께 들어가게 된다.

고분의 축조는 죽은 사람과 이를 축조하는 사람의 지위, 권력, 재산의 정도에 따라 크기나 구조, 부장되는 유물의 질과 양에서 차등성이 있을 수밖에 없다. 이를 고분이 가진 사회적 계층성이라고 할 수 있다. 이러한 계층성으로 인해 고분은 그를 축조한 집단의 세력을 가늠할 수 있게 한다. 크기가 크고, 축조 방법이 정교하며 복잡한 무덤과 작고 단순한 무덤을 축조한 것은 바로 그 축조 집단의 규모나 기술 수준 등을 나타내고, 들어있는 부장품의 진귀한 정도와 수량 역시 죽은 사람과 그 축조 집단의 세력과 관련이 있다. 고신라에서 금관 등의 부장품이 출토되는 고분은 왕이나 왕족, 금동관이나 금제귀걸이가 출토되는 고분은 귀족, 금동귀걸이나 그러한 위세품이 전혀 출토하지 않는 고분은 일반 평민 등으로 볼 수 있는 것이 이를 나타내는데, 이러한 등급의 차이는 무덤의 규모와도 상관성을 가진다.

고분은 당시 사회 그것을 축조한 집단 성원의 결집을 도모하는 기능도 가졌다. 이를 사회의 결집성이라고 할 수 있다. 특히 시조나 특수한 인물의 무덤은 그 사회의 성원들이 이를 매개로 하여 결집되도록 한다. 무덤의 축조를 위한 노력에서의 결집뿐만 아니라 이후 공통된 또는 대표하는 조상신을 모신 곳으로 그 무덤에서의 정기적인 제사와 참배 등을 통해 성원들 간의 갈등을 해소하고, 단일한 조상을 가진 집단이라는 관념을 공유하게 하여 사회 성원들을 합일로 이끌게 된다.

이외에도 고분이 가진 역사문화적인 성격은 훨씬 많이 논의될 수 있다. 고분이 가진 특수성 때문에 거기에는 벽화가 그려지는 등 장식된 경우도 많은데, 이러한 고분의 장식은 당시 사회의 역사기록물이다. 따라서 무엇보다도 고분은 당시 사회를 대표하는 모든 정신적이며 물질적인 문화가 총결되어 과거사회에 대한 모든 정보를 포괄하고 있다고 할 수 있다. 이를 문화의 총결성이라고 할 수 있다. 잘 남아 있는 고분 하나는 바로 당시 사회와 문화상을 명확하게 보여주는 하나의

박물관이라고 할 수 있는 것이 이 때문이다. 그냥 죽은 사람을 묻은 장소가 아닌 그것을 축조한 집단의 기술 수준, 문화 발전의 척도, 세력의 규모, 당시 사회상에 대한 암시가 거기에 포함되어 우리가 당시 사회를 읽어내는데 있어서 아주 중요한 자료가 되는 것이다.

_고분의 분류

고분은 보통 주검이 격납되는 매장주체시설인 묘墓와 이를 표지하는 봉토인 분墳으로 구성되었다. 양자의 결합 상태는 땅을 파서 묘광墓壙을 만들고 그 내부에 묘가 축조되고 봉분을 덮은 선묘후분형先墓後墳形이 일반적이나 경우에 따라서는 지표에 매장주체시설을 축조하면서 함께 봉분을 쌓아 올라간 분묘일체형墳墓一體形도 있고, 양자를 절충하여 비교적 얕은 묘광을 파고 묘를 축조한 절충형折衷形도 있다. 또 먼저 일정한 부위까지 기단식으로 분구를 만들고 이를 파거나 그 위에 매장주체시설을 설치하고 봉분을 축조해 올라가는 분구묘墳丘墓라고 부르는 선분후묘형先墳後墓形도 있다〈표1-1〉.

이 가운데 선묘후분형은 묘광을 판 후 묘곽을 설치하고 하관이나 시신의 납입이 이루어지고 봉분을 한꺼번에 축조한 것이다. 분묘일체형은 약간의 묘광을 파거나 지면을 정리한 후 묘곽을 조성하면서 1차 성토로 봉분을 조성한 다음, 하관이나 시신의 납입이 이루어지고 다시 그 상부를 2차로 성토하여 봉분이 완성된다. 절충형은 묘가 반지상에 올라와 양자를 다 적용한다. 마지막의 선분후묘형은 먼저 1차 성토로 하단의 기단식 봉분이 마련되고, 이를 약간 파거나 그 면 위에 묘곽을 축조하면서 2차 성토로 봉분의 중단이 마련되고, 하관이나 시신의 납입 후 3차 성토로 상단의 봉분을 쌓아 완성된다. 이러한 차이는 지형적 요인에 의해 결정될 수도 있으나 지역에 따라 지속적으로 나타나는 것으로 보아 다른 장례제도에 기인했을 가능성이 크다.

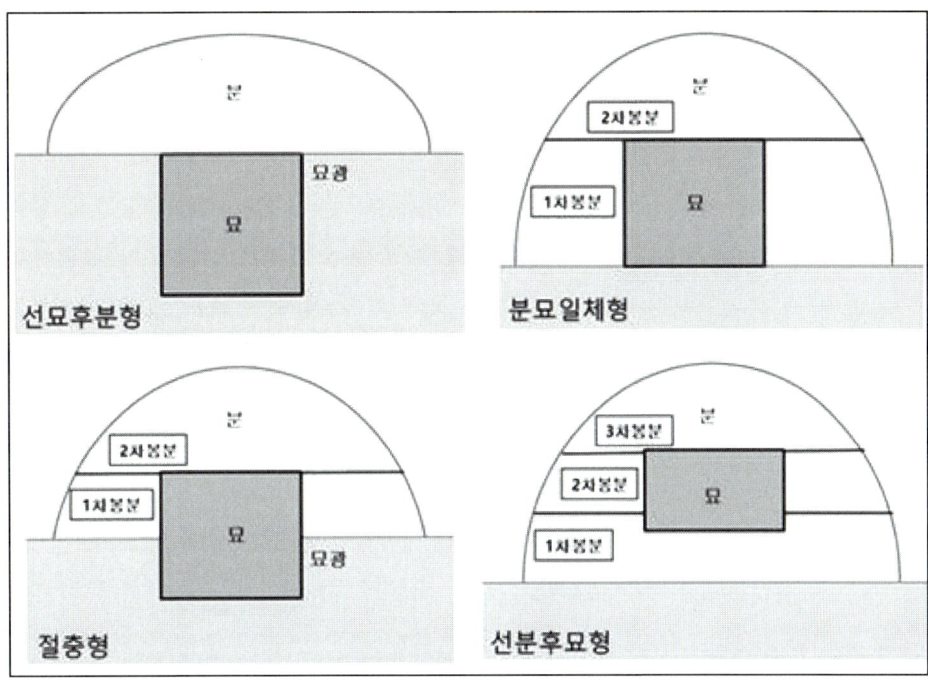

표1-1_분묘의 분류

분과 묘를 함께 고려한 이러한 차이 외에 매장주체시설 자체와 봉분의 형태나 시설도 다양하게 나타난다.

봉분과 그 부대시설의 분류

먼저 고분임을 표지하는 봉분에는 그 부대시설로 호석護石과 주구周溝를 가져 봉분의 경계로 삼는 것이 있고, 봉분의 전면에 제사 공간을 둔 경우가 있다. 이 가운데 주구를 가진 무덤을 주구묘周溝墓라고 불러 구별하기도 한다. 주구는 평지나 능선 상부 평탄지의 경우 봉분을 돌아가며 파는 경우도 있고, 네 방향에 이어지지 않도록 따로따로 파서 만든 것도 있다. 그리고 주구의 평면이 원형, 장방형이나 방형이 아닌 사다리꼴로 만들어진 경우도 있다. 대략 나지막한 구릉의 상면이나 평지의 것은 사면에 주구를 판 것이, 능선의 경사면에 고분이 축조된 경우에는 그 상면에 눈썹 모양으로 파서 봉분의 경계로 삼는 것이 일반적이다. 그리고 이 주구에는 고분이 축조된 이후의 제사 흔적이 남아 있는 경우가 많다. 호석은 봉분의 주연에 돌을 쌓아 경계를 표현한 것으로 그냥 돌을 열이 지게 모아 표시한 것, 돌담식으로 쌓은 것, 잘 치석한 석재를 건물기단과 같은 가구식으로 축조한 것 등 다양하게 나타난다. 경우에 따라서는 호석과 주구를 함께 시설한 것도 있다.

봉분은 흙으로 쌓은 봉토분封土墳이 일반적이나 돌만으로 쌓아 축조한 적석총積石塚, 일부는 돌을 쌓고 다시 흙을 쌓아 완성한 적석봉토분積石封土墳 등으로 구분된다. 봉토를 쌓을 때는 일정한 기준점을 설정하고 여기에서 주연을 향해 선형으로 돌을 쌓거나 단단한 흙을 쌓아 구획한 후, 각각 구획된 부분을 분담하여 봉분을 축조하는 구획성토방법區劃盛土方法이 많이 사용되었다. 그리고 흙주머니를 사용하여 쌓기도 하고, 판축방법으로 쌓는 등 여러 가지 방법이 사용되었다.

봉분은 형태도 다양하게 나타난다. 완성된 봉분이 반구형을 이루는 원형분圓形墳이 가장 많이 발견되나 피라미드의 머리를 잘라 낸 모양인 방대형을 이루는 방형분方形墳, 사다리꼴을 이룬 제형분梯形墳, 전면과 후면이 각각 방형이나 원형이면서 합쳐져 하나를 이루는 장고형분長鼓形墳이라고도 부르는 전방후원형분前方後圓形墳(일본의 전방후원분과 유사) 등으로 나눌 수 있다〈도1-1〉. 또한 하나의 봉분이 완성된 이후에 이를 다시 일부 제거하여 묘를 만들고 이어서 봉분을 축조한

도1-1_봉분 형태의 분류

연접분이 신라의 영역과 충청지역에서 많이 나타나는데, 이 중에서도 선축된 봉분을 많이 훼손시키지 않고 이어 최종적인 형태가 표주박을 엎어 놓은 것과 같은 신라의 표형분瓢形墳이 유명하다. 이와 같이 봉분을 이어갔느냐 하나의 봉분으로만 구성되었느냐에 따라 단장분單葬墳, 두 개의 무덤이 연접된 양장분兩葬墳(표형분을 포함), 세 개 이상의 봉분이 연접된 다장분多葬墳 등으로 구분된다. 또한 하나의 봉분을 축조한 이후, 또는 하나의 큰 묘역을 설정한 이후 두 개 이상의 매장주체시설을 설치하면서 상위 봉분을 연결시켜 수평적으로 또는 수직적으로 봉분을 확장시켜 거대한 하나의 봉분으로 보이도록 하는 것이 있는데, 이는 합장분合葬墳이라고 할 수 있으며 영산강유역의 분구묘로 부르는 선분후묘형이 대표적이다. 실묘室墓(방무덤)에서는 하나의 매장주체시설 속에 추가하여 주검을 매장하는 추가장 형태의 합장이 이뤄지지만 실묘가 출현하기 이전에는 하나의 묘광 속에 나란하게 매장주체시설을 설치하는 동혈합장분同穴合葬墳, 선축된 묘광에 이어 후축 묘광을 파서 하나의 묘광이 형성된 합혈합장분合穴合葬墳, 나란하게 따로 묘광을 파서 각각에 매장주체시설을 설치하고 한꺼번에 봉토를 덮는 이혈합장분異穴合葬墳이 있다. 특수한 경우에는 실묘가 아니면서도 하나의 매장주체시설 특히 묘곽 속에 두 구 이상의 관이나 시신을 안치하는 합장의 경우도 있는데, 이는 합장분이라기보다는 합장묘合葬墓로 불러 구분한다.

묘제의 분류

매장주체시설인 묘는 거기에 사용된 장구의 종류에 따라 구분하고 있다. 묘에 사용되는 장구는 다양한 재료로 만들어지며 기능상으로 관棺, 곽槨, 실室로 나누는 것이 일반적이다. 따라서 묘제의 명칭은 이러한 장구가 사용되지 않고 묘광에 주검을 직접 넣은 것을 토광묘土壙墓, 묘광을 제외하고 관이 가장 외피시설이 된 무덤을 관묘棺墓, 곽이 가장 외피시설인 것을 곽묘槨墓, 가장 외피시설이 살림방과 같은 것을 실묘室墓라고 부르고 있다. 그리고 그 외피시설의 재료에 따라 목관묘木棺墓, 석관묘石棺墓, 옹관묘甕棺墓, 목곽묘木槨墓, 석곽묘石槨墓, 석실묘石室墓, 전실묘塼室墓 등으로 나눈다.

매장주체시설 가운데 관이란 것은 주검을 보호하기 위한 시설물로서 보통 주검을 넣어 운반하는 것을 말하고, 거기에는 주검에게 채워 준 성복유물盛服遺物 이외의 부장품은 넣지 않는다. 이 관은 석관도 있으나 우리나라의 경우 대부분 목관으로 통나무를 파서 만든 구유형관과 판재를 조립해 만든 상자형관, 덮개를 집지붕 모양으로 한 가형관家形棺으로 구분된다. 이 관은 원래 운구가 목적이나 실제는 현장에서 시설된 것도 있는데, 다음에 설명하는 곽과는 매납되는 유물에서 차이가 있다.

곽이란 역시 주검을 보호하기 위한 시설물이나 운반한 것이 아닌 매장 장소에서 조립된 것으로 주검에 채워준 성복유물 외에도 다른 종류의 많은 부장품을 함께 넣는 것으로 관과 구별된다. 이 곽 안에 다시 관을 넣는 경우도 많으며 곽 자체가 여러 겹으로 만들어지는 경우도 있어 일곽식一槨式, 이중곽식二重槨式, 삼중곽식三重槨式 등으로 구분된다. 그리고 곽묘의 경우 사후 생활 유물만을 부장하는 부곽이 설치된 것이 많이 있다. 이 경우 하나의 묘광 속에 주·부곽을 함께 설치한 동혈식同穴式과 주곽과 부곽의 묘광을 따로 파서 설치한 이혈식異穴式으로 나눈다. 그리고 전자의 경우 하나의 큰 곽을 칸막이로 구분하여 주곽과 부곽을 구분한 경우 동곽구분식同槨區分式이라 한다. 또 그 배치 형태에 따라 종렬縱列로 배치한 日, 昌, 丁자형, 횡렬橫列로 배치한 明, 11, 卜, 凸자형 등으로 구분한다. 한편 곽 내의 공간을 사용함에 있어서 분할하여 각각이 그 기능을 달리하게 되는데, 口, 日, 目, 回자형으로 구분하게 되고, 유물은 두단頭端, 족단足端, 양단兩端, 측면, 석단石段, 관과 곽의 위, 아래, 요갱 등에 부장한다.

실이란 보통 곽보다도 크고 외부와 통할 수 있게 창문이나 출입문을 만들고 내부에 주검과 부장품을 넣고도 많은 여유 공간이 있는 우리가 살고 있는 살림방과 같은 형태를 가진 것을 말한다. 보통 내부에는 침상과 같은 형태로 주검을 바로 안치하는 시대屍臺나 관을 안치하는 관대棺臺를 둔다. 그리고 나머지 내부 공간을 비우는데, 제사공간으로 활용한 경향이 강하다. 실에는 기본적인 현실玄室 이외의 시설물로 횡구부, 묘도, 연도, 이실, 측실, 연문, 현문, 제대 등이 부가된다.

이와 같은 시설물들은 여러 가지 재료를 사용해서 만든다. 즉 관은 나무(목관), 돌(석관), 동(동관), 기와(와관), 그릇(옹관) 등으로, 곽은 나무(목곽), 돌(석곽), 벽돌(전곽), 흙 같은 것을 구어서(토곽), 방은 나무(목실), 돌(석실), 벽돌(전실) 등으로 만든다. 우리나라를 포함한 동아시아에서의 묘제는 대략 관묘棺墓-곽묘槨墓-실묘室墓 순으로 변화하는 것이 일반적인 현상인데 그것은 무덤이 음택陰宅이란 관념에서 점점 인간이 거주하는 가옥의 모습과 같게 만들어져 가는 과정을 나타낸다고 할 수 있다.

이와 같은 묘제들을 세분할 때 주검의 매장노선에 따라 수혈식竪穴式, 횡구식橫口式, 횡혈식橫穴式 등의 수식어를 붙이고 있다. 수혈식이란 주검을 위에서 아래로 내려 묻는 방법으로 관묘와 곽묘의 대부분이 여기에 해당된다. 이 묘제는 무덤의 상부를 뜯어내지 않는 이상 추가하여 주검을 매장할 수 없다. 횡구식이란 곽이나 실을 만들 때, 한 쪽 벽을 완전하게 만들지 않고 창구조인 횡구부橫口部를 남겨 거기로 주검을 매장하고 막은 것으로 나중에 또 다른 주검을 이를 통해 넣는 추

표1-2_분묘 분류의 기준

구분			선묘후분형, 분묘일체형, 절충형, 선분후묘형(자연묘단, 성토묘단, 적석묘단)	
분	형태		독립분, 연접분 원형분, 방형분, 제형분, 전방후원형분(장고형분)	
	부대시설		호석(석장식, 기단식, 부석식), 주구, 분상건축, 계단, 기단, 배수구, 즙석	
	축재		봉토, 적석, 적석봉토	
	장법	종류	단장분, 합장분(양장분, 다장분), 배장분	
		합장방식	동혈, 합혈, 이혈	
묘	장구		토광(직장), 부관, 관, 곽, 실	
	축재		목, 석, 전, 옹, 와, 회	
	매장노선		수혈식, 횡구식, 횡혈식	
	형식	부장위치	두단, 양단, 족단, 측면, 석단, 곽(관)상, 관하, 요갱	
		공간분할	口, 日, 目, 回자형	
		주부곽식	단곽식, 동곽구분, 동혈, 이혈	
		주부배치	종렬(日, 昌, 丁자형), 횡렬(明, 11, 卜, 凸자형)	
		주곽구조	일곽식, 이중곽식, 삼중곽식	
	장법		단장, 합장(추가장), 순장, 배장	
	시설		횡구부, 묘도, 연도, 이실, 측실, 연문, 현문, 현실, 바닥, 천장, 제대, 관대(시대), 요갱, 매토, 석단	
묘원 시설			제단(상석), 석물(비, 상, 화표), 신도, 건축물(침전, 편전, 사원)	

가장追加葬을 실시하고 다시 막기도 한다. 횡혈식이란 실묘에만 나타나는 것으로 사람이 출입할 수 있는 복도인 연도羨道와 무덤의 문인 현문玄門을 만들어 주검을 옆으로 들여보내게 되고 언제든지 추가하여 주검을 넣을 수 있는 구조를 말한다.

한편 고분은 봉분과 그 속의 묘만이 시설되는 것이 아니고, 그 바깥에 일정한 영역을 묘역으로 하여 묘원墓園을 이루는 경우가 있다. 이 때 이 묘원에 들어서는 시설물로는 제단(상석), 석물(비, 상, 화표 등), 신도, 건축물(침전, 편전, 사원) 등이 있다.

이상 논의한 분묘 분류의 기준을 제시하면 〈표1-2〉와 같다.

앞에서 제시한 기준을 가지고 우리나라에 많이 축조된 고분을 가장 기본적인 묘제별로 나누어 살펴보면 다음과 같고 중요한 것의 모식도를 그리면 〈표1-3〉과 같다.

표1-3_ 각 묘제의 모식도

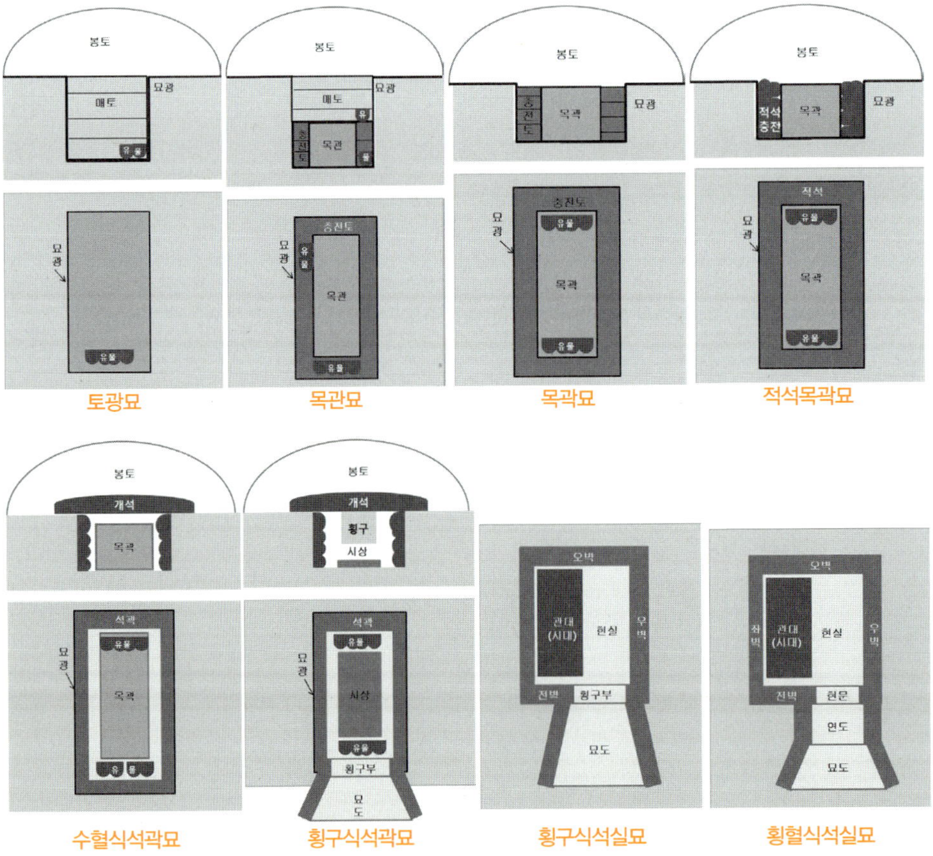

 신라 고분고고학의 탐색:::

토광묘土壙墓 : 묘광을 파고 그 안에 별다른 시설물 없이 주검을 그대로 안치하고 봉토를 쌓은 무덤.

목관묘木棺墓 : 묘광을 파고 그 안에 주검을 넣은 목관을 안치한 다음, 목관과 묘광의 벽 사이에 흙이나 돌을 채우고 봉토를 쌓은 무덤.

옹관묘甕棺墓 : 땅을 파거나 고르고 그 안에 주검과 부장품을 넣은 그릇을 안치한 다음 봉토를 쌓은 무덤.

목곽묘木槨墓 : 땅을 파거나 고르고 그 안에 목곽을 설치한 다음, 그 속에 관이나 주검을 안치하고 목곽의 뚜껑을 덮고 봉토를 쌓은 무덤. 부곽을 설치하는 경우가 있다.

적석목곽묘積石木槨墓 : 목곽묘와 같으나 목곽의 주변, 또는 위의 일정 부분에도 돌을 채우거나 쌓은 다음 봉토를 쌓은 무덤. 부곽을 설치하는 경우가 있다.

수혈식석곽묘竪穴式石槨墓 : 묘광을 파고 그 안에 돌을 쌓거나 크고 편평한 돌을 세워 석곽을 만들고, 그 안에 목곽을 또 설치하거나 그냥 관이나 주검을 안치한 다음, 뚜껑을 덮고 봉토를 쌓은 무덤. 부곽을 설치하는 경우가 있다.

전곽묘塼槨墓 : 수혈식석곽묘와 같으나 곽의 축조재료로 벽돌을 사용한 것.

횡구식석곽묘橫口式石槨墓 : 수혈식석곽과 같으나 석곽을 축조할 때 한 쪽에 창문 구조인 횡구부橫口部를 남기고 여기에 이어지는 묘도墓道을 두었고, 이를 통해 관이나 주검을 납입한 다음 막은 것.

횡구식석실묘橫口式石室墓 : 횡혈식석실과 같으나 현실에 별도의 연도를 붙이지 않고, 한 벽에 창문 구조인 횡구부를 남기고 이에 이어 묘도를 만들고, 이를 통해 관이나 주검을 안치한 다음 막은 것.

횡혈식석실묘橫穴式石室墓 : 묘광을 파거나 땅을 고르고 돌을 쌓아 천장을 갖춘 현실을 만들고, 이 현실에 출입구인 연도와 묘도를 붙여 이들을 통해 관이나 주검을 안치한 다음 입구를 폐쇄한 것. 연도나 현실에 문을 설치한 경우가 있다.

전실묘塼室墓 : 횡혈식석실묘와 같은 구조이나 축조 재료가 돌이 아니고 벽돌인 것.

이들 가운데 앞의 전곽묘까지는 한 사람을 위한 무덤으로 주검이 매장된 후 폐쇄되는 특성을 가지지만, 뒤의 횡구식과 횡혈식은 모두 추가하여 주검을 매장할 수 있는 개방식으로 그 개념이 다른데, 대략 전자에서 후자로 발전하는 경향이 있다. 그리고 각 묘제는 또 그 내부시설 등의 모양, 배치 양상, 축재 등에 따라 다양한 형식으로 나누고 있다. 특히 실묘에서 천장의 형태는 고분의 변천 양상을 결정짓는 중요한 속성으로 여겨지는데, 평천장, 궁륭천장, 맞조임천장 또는 가형천장, 터널형천장, 고임천장 등 다양한 형식으로 나누고 있다.

__한반도 남부 분묘의 변천

여기서 한반도 남부는 현재 예성강의 이남지역을 의미한다. 이곳은 역사시대 삼한(마한, 진한, 변한)의 정치체가 발생하여 발전함으로써 삼국시대에는 백제, 신라, 가야가 성립되어 서로 쟁투하던 곳이고, 일정 기간 고구려가 남하하여

표1-4__고려 이전 한반도 남부 정치체

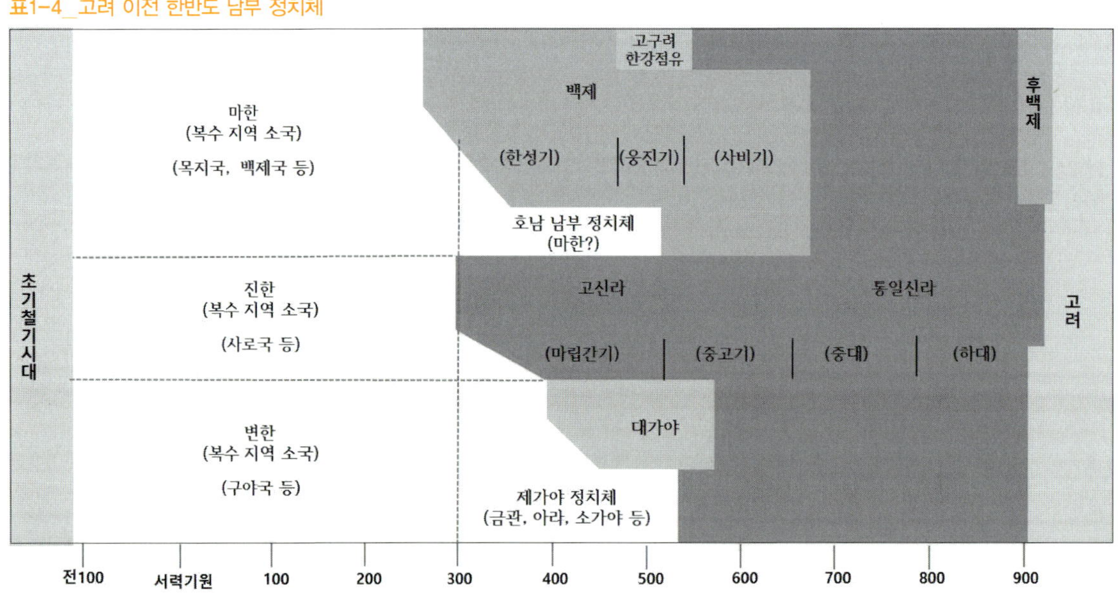

한강유역을 차지하고 있었다. 이곳의 선사시대를 제외하고 분묘가 축조되던 원삼국시대부터 통일신라시대까지 부침하던 정치체의 대략적인 연표를 작성하면 〈표1-4〉와 같다. 이 표를 기준으로 한반도 남부 분묘의 변천 과정을 요약해 보면 아래와 같다.

선사시대의 무덤과 분묘의 발생

우리나라에서는 아직 구석기시대의 무덤이 발견되지 않고 있다. 따라서 무덤이 만들어지기 시작한 것은 신석기시대로 보고 있다. 이 시기의 무덤은 뚜렷한 매장시설을 찾기 어렵고, 동굴에 시신을 안치한 동굴장洞窟葬(춘천 교동)과 간단하게 묘광을 파고 시신을 안치한 토광묘로 나타나고 있다. 이 유형의 유명한 것이 부산 가덕도의 신석기시대 공동묘지이다. 묘지에서 묘광은 확인되지 않았으나 50여구의 인골이 군집되어 출토되었다. 크게 3개의 군집을 이루고 있었으며 중앙에 대형의 옥제 수식을 부장한 인골〈도1-2〉을 중심으로 그 주변에 13구의 인골이 안치된 군집도 있다. 장법은 신전장, 굴신장이 함께 사용되었다. 부장품으로는 토기, 석부, 고래의 가슴뼈 등이 있다. 이때의 또 하나 특이한 무덤인 울진 후포리 유적의 무덤은 직경 4m 남짓한 묘광 안에 40여구의 주검을 매장하고 돌도끼 130여점을 부장품으로 넣어준 것으로 이 시기에 이차장인 집골장集骨葬도 있었음을 알려준다.

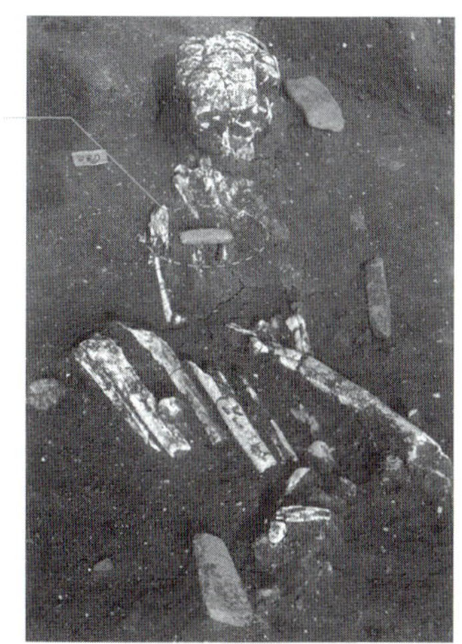

도1-2_부산 가덕도 신석기시대 무덤
(김상헌 2011에서)

도1-3_마산 진동 제단의 묘
(국립문화재연구소 2006에서)

청동기시대가 되면 일정한 매장시설을 갖춘 묘가 축조되며 다양한 묘제가 출현한다. 적석총積石塚, 지석묘支石墓, 석관묘石棺墓, 석곽묘石槨墓, 옹관묘甕棺墓 등이 등장하여 토광묘土壙墓와 함께 지속되는 것이다. 이 가운데 청동기시대의 가장 현저한 기념물이면서 집단의 매장의례를 위해 축조된 것이 지석묘이다. 한국의 지석묘는 외형에 따라 북방식北方式이라고도 하는 탁자식卓子式, 남방식南方式이라고도 하는 기반식基盤式, 무지석식無支石式이라고도 하는 개석식蓋石式으로 분류하고 있다. 이 중 지상에 판석으로 상자모양의 매장시설을 짜고 그 위에 거대한 판석을 덮은 탁자식이 가장 오래된 것이고, 매장시설이 지하로 들어간 개석식이 다음, 그 매장시설의 위에 개석을 따로 덮고 비교적 큰 돌을 받친 다음 아주 큰 돌을 얹어 놓은 기반식을 최종적인 형식으로 보고 있다. 기반식과 개석식에는 석관, 석곽 등 다양한 매장주체시설이 사용되었고 그 매장주체시설을 중심으로 일정한 묘역을 설정하여 거기에 포석鋪石을 한 것이 많다.

이 지석묘는 우리나라 전역에 걸쳐서 축조되었음이 확인되고 있다. 이들 청동기시대의 무덤에서는 마제석검, 석촉, 관옥이나 곡옥, 적색마연토기, 무문토기 등이 출토하며, 비파형동검 등 청동기도 부장품으로 사용되었다. 특히 특정한 지석묘는 규모가 거대하고 청동기나 옥류가 다른 것에 비해 많이 부장되는 경향이 있어 권력자의 무덤임을 알려 준다. 또 지석묘 가운데는 돌이나 흙을 원형이나 방형으로 쌓아 대형의 제단을 마련한 다음 그 중앙부에 묘를 설치한 것이 있다. 진주 가호동 유적, 초전동 유적, 마산 진동 유적<도1-3>, 산청 매촌리 유적, 창원 덕천리 유적의 것이 대표적인 것으로 제단이라고 할 수 있는 원형이나 장방형의 기단 내부에 무덤이나 다른 시설을 설치한 것으로 마을 단위를 넘어선 집단의 중심적인 의례 장소에 한 두기가 설치되었다. 그것은 농경의 신에 제사하는 사社나 조상신에 제사하는 묘廟(시조묘?)의 성격을 가진 것으로 이해되어 집단 의례의 존재를 알려주고 당시 사회가 이미 이런 제의를 기반으로 여러 마을이 통합된 사회 단위를 구성하였음을 짐작하게 한다. 이외 커다란 위구圍溝라고 할 수 있는 도랑을 돌리고 그 안에 석곽묘 등을 조성한 것도 확인되고 있다.

봉분을 가진 분묘는 초기철기시대에 출현한 것으로 보인다. 이때의 무덤은 묘광을 파고 그 안에 주검을 넣은 토광묘와 널을 안치한 목관묘가 위주로 대부분 선묘후분형이다. 지배자의 무덤에는 세형동검을 비롯한 각종 무기류와 청동거울과 청동방울을 중심으로 한 각종 제의구류 등 청동제의 유물이 집중 부장된다. 대표적인 것이 완주 갈동 유적, 전주 원장동 유적〈도1-4〉 등이다. 선묘후분형으로써 목관과 봉분의 출현은 중국과의 접촉으로 인하여 한반도에 유입된 것으로 보이며 이후 이 양자는 묘제에 따라 약간씩 출입이 있지만 모든 묘제에서 가장 기본적인 요소로 들어가게 된다. 이때의 목관묘 가운데는 깊은 묘광 속의 목관 바깥에 돌을 넣거나 목관 위에 돌을 채워 올리는 적석목관묘積石木棺墓가 출현하였는데, 이것은 전 시기 창원 덕천리 지석묘, 보성 동촌리 지석묘 등의 깊은 묘광의 하부구조와 목관과 봉분을 가진 순수한 앞의 목관묘가 융합된 양상을 보여준

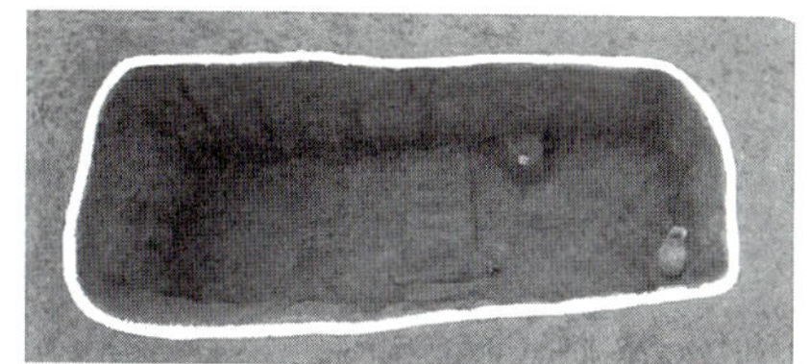
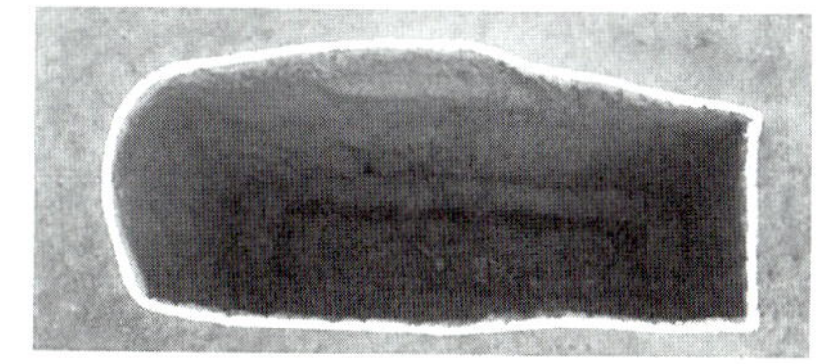

도1-4_전주 원장동 초기철기시대 분묘와 출토유물
(전북문화재연구원 2012에서)

다. 대표적인 것으로는 함평 초포리, 화순 대곡리, 충주 호암동 등의 목관묘가 있다. 또 유아용의 옹관묘도 성행하기 시작한다. 무덤에서는 거울, 검, 도끼, 끌, 첨두기 등의 청동기와 환두도, 도자, 도끼, 끌 등의 철기류가 점토대토기나 흑색마연토기와 함께 출토하는 경우가 많다.

원삼국시대의 고분

기원전 1세기부터 시작된 원삼국시대의 분묘는 다양한 묘제를 사용하였으나 크게는 목관묘木棺墓와 옹관묘甕棺墓, 목곽묘木槨墓가 유행하였다. 초기의 묘제는 대략 초기철기시대의 전통을 이어 받은 선묘후분형의 목관묘가 주류를 이루고, 부장품 또한 초기철기시대의 양상이 지속된다. 그러나 시간이 흐르면서 지역 간의 차이가 발생하여 다양한 묘제가 사용된다. 백제의 고지인 마한지역과 신라·

가야의 고지인 진·변한 지역이 약간 다른 모습으로 전개되었으며, 같은 백제의 고지라고 하더라도 특히 호남의 영산강유역은 다른 마한지역과 또 다른 묘제의 전개 양상을 보였다.

진·변한의 고분

원삼국시대 묘제의 시기적 변화상을 가장 잘 보여 주는 지역은 신라·가야의 고지인 진·변한지역이다. 이 지역의 묘제는 전기에는 목관묘, 후기에는 목곽묘가 사용된 단계별 전개 양상을 보이고 있다. 봉분은 남아 있는 것이 발견되지 않았으나 발굴된 무덤의 속에서 봉토의 흔적을 찾을 수 있고, 경주 덕천리 등에서 주구를 돌린 것이 확인되는 점으로 미루어 원래는 나지막한 원형 혹은 방형계의 봉분을 덮었던 것으로 추정된다.

기원전 1세기 무렵부터 기원후 2세기 중엽 무렵까지가 목관묘〈도1-5〉가 주로 축조된 목관묘 단계이다. 이 무덤은 당시 태동하기 시작한 소국小國의 지배집단에 의해서 축조된 것으로 보이며 군집되어 나타는 경우가 많고, 일부는 단독으로 조성되기도 한다. 고분의 입지는 능선의 하단부나 평지가 택해졌고, 평지의 경우 동서, 능선 사면 하단부의 경우 능선의 주축선과 일치되게 조성되었으며 크기에 비해 깊은 길이 3m 내외의 묘광을 파고 주검의 머리 방향을 동쪽 또는 남쪽으로 가게 목관을 매장하였다. 목관과 묘광의 벽 사이에는 비교적 고운 흙을 보강토로 채워 목관을 고정하였고, 목관의 위 묘광 벽 어깨 면까지 흙을 채운 다음 봉토를 씌운 선묘후분형이다. 성복유물을 제외한 부장품은 목관 주변에 채운 보강토 속이나 위, 목관의 위에 부장하였고, 목관의 바닥 아래에 별도의 부장구덩이인 요갱腰坑을 파고 거기에 유물을 부장한 경우도 있다. 초기철기시대이래의 적석목관묘도 일부 지속되는 경향이 있고, 목관은 상자형으로 판재를 조립한 것이 주류이나 통나무를 이용한 구유형

도1-5_대구 팔달동 100호 목관묘
(영남문화재연구원 2000에서)

도 확인되고 있다. 앞 시기에는 묘광이 깊지만 뒤로 갈수록 얕아지는 경향이 있다.

봉토 주연에는 돌아가며 주구를 돌린 경우가 있는데, 이 주구는 방형을 이루는 것이 많고 원형을 이룬 것도 있어 방형분 위주로 원형분이 일부 사용되었음을 알 수 있다. 봉토의 내부에는 하나의 묘만 축조되었고, 군집된 분묘군에서 각 묘의 사이가 5m 내외 이상으로 일정한 간격을 두고 배치되어 있어 단장분만 축조되었음을 알 수 있다.

이러한 목관묘에는 검, 창을 비롯한 무기류, 거마구류, 중국에서 수입된 한경, 이를 본 딴 방제경 등의 청동기와 각종 철제의 무기류와 농공구류 등이 출토되고, 용기로는 각종의 칠기류와 영남지방 원삼국시대를 표지하는 주머니옹과 조합식우각형파수부호를 대표로하는 와질토기가 출토된다.

목곽묘는 기원 2세기 중엽 무렵에 출현하여 신라와 가야가 국가로 성장한 4세기 후반, 지역에 따라서는 5세기 전반 사이까지 유행한 묘제이다. 진·변한지역에서는 다른 곳들과 달리 목곽묘가 축조되면서 목관묘는 거의 자취를 감춘 특징이 있고, 4세기 후반에는 경주 적석목곽묘를 위시한 고총이 출현하므로 기원 2세기 중엽부터 4세기 전반까지를 목곽묘 단계로 구분한다.

무덤은 어떤 지역은 평지에 축조되나 대부분의 지역에서는 야트막한 능선의 상부와 그 사면에 축조된다. 평지의 경우 중앙부에 큰 무덤이 자리하고 작은 무덤이 그 주위에 돌아가며 배치되었고, 능선의 경우 그 주축선 상위에 큰 무덤이, 사면에 더 작은 무덤이 축조되어 입지상에서 위계를 나타낸다. 무덤은 목관묘에 비해서 비약적으로 커져 길이가 8m에 달하는 것도 있으며 작은 것들은 목관묘 만한 크기도 있다.

전기의 목곽묘<도1-6>는 진한과 변한 지역이 형태에서 크게 다르지 않다. 이들은 깊지 않은 묘광을 방형에

도1-6_경주 황성동 강변로 1호 목곽묘
(한국문화재보호재단 2005에서)

가까운 넓은 장방형으로 파고 그 안
에 역시 넓은 장방형의 목곽을 설치
한 것으로 목곽의 상부가 지면 위로
올라와 분묘일체형에 가까운 절충형
이다. 평면 형태는 낙랑지역의 목곽
과 유사하다. 무덤이 커지면서 능선
의 주축 방향과 직교하게 무덤을 설
치하는 점에서 앞 시기의 목관묘와는
다른 양상을 보인다. 이 무덤에는 대

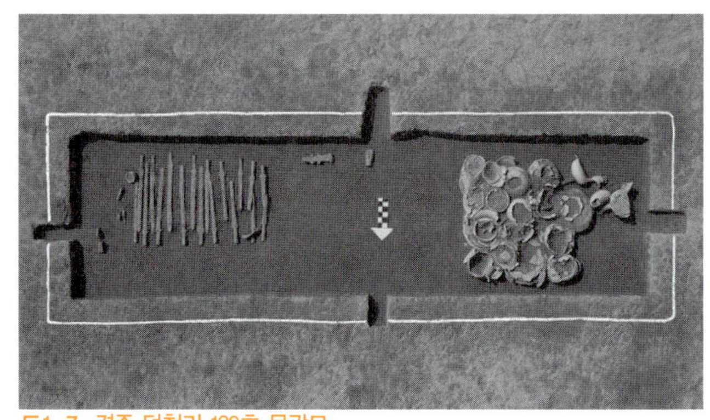

도1-7_ 경주 덕천리 120호 목곽묘
(영남문화재연구원 2009에서)

부호와 노형토기가 대표하는 후기 와질토기가 부장되나 그 수량이 많지 않은 특
징이 있고, 대신에 철제무기와 철소재, 장신구인 옥 등이 대량으로 부장된다. 특
히 몸에 치장하는 장신구로 수정옥을 이용한 경식이 유행한다.

　3세기 후반에 들어서면서 목곽묘는 경주를 중심으로 한 지역과 김해를 중심으
로 한 지역에서 다른 형태가 사용된다. 이때의 무덤에는 부곽副槨이 등장하여 훨
씬 더 많은 유물을 부장하게 되는데, 경주를 중심으로
하는 지역에서는 긴 장방형으로 묘광을 파고 그 안에 하
나의 긴 목곽을 설치한 다음 이를 칸막이하여 주검을 매
장하는 주곽과 부장품을 넣는 부곽을 구분한 동곽구분
식同槨區分式이 유행하나, 김해를 중심으로 한 지역에서
는 장방형의 주곽과 장방형 또는 방형의 부곽을 따로
따로 판 묘광 속에 종렬로 배치한 이혈묘광식異穴墓壙式
이 유행한다. 이를 각각 경주형목곽묘(신라식목곽묘)와
김해형목곽묘라고 부르는데, 전자의 대표적인 것이 경
주 구정동 2호와 3호 목곽묘와 덕천리 120호 목곽묘〈도
1-7〉이고 후자의 대표적인 것이 김해 대성동 39호 목곽
묘〈도1-8〉이다. 이들은 모두 묘광의 깊이가 전기에 비
해 깊어져 다시 선묘후분형의 양상을 보인다. 신라식의

도1-8_ 김해 대성동 39호 목곽묘
(경상북도 1998에서)

경우는 하나의 고분을 축조하고 여기에 잇대어 다른 봉분을 축조하는 다장분이 등장하여 유행하기도 하였다.

고분에는 새로 등장한 도질토기라고 부르는 조기 신라토기가 와질토기와 함께 대량으로 부장되고, 철소재를 중심으로 갑옷을 비롯한 무기류, 농공구류 등의 철기, 수정, 마노를 비롯한 옥류도 대량으로 부장된다. 또한 순장의 풍습이 발생하여 대형의 무덤에는 몇 명의 순장자가 주인공과 함께 매장되기도 한다. 이와 같이 지배자 무덤의 규모가 거대해져 일반 소형무덤과는 차별이 극대화되고, 거기에 부장된 유물에서도 대형과 소형 사이에 엄격한 차별이 발생하여 진정한 의미의 고분은 이러한 무덤부터라고 보기도 한다.

한편 이시기에 남해안을 비롯한 일부지역에서는 소형의 수혈식석곽묘가 등장하여 유행하기 시작한다.

마한의 고분

백제의 고지인 마한지역에는 진·변한 지역과 같이 처음에는 목관묘가 주된 묘제로 사용되었으나 영산강유역의 경우는 초기철기시대이래 옹관묘가 유행하였다. 비교적 이른 시기인 1~2세기의 분묘는 발견 예가 거의 없어 분명한 묘제를 알 수가 없는 실정이다. 다만 초기철기시대 이래의 분묘분리형인 목관묘가 유지되었던 것은 아닐까 추측해볼 뿐이고 이후에 나타나는 분묘일체형의 목관묘가 등장했을 가능성도 있다. 그러나 3세기를 지나면서 진·변한 지역과는 다르게 영산강유역을 제외한 지역에서는 지속해서 목관묘〈도1-9〉가 위주로 사용되고, 목곽묘가 등장하여 상층 성원의 일부에만 사용되어 혼재되는 양상을 보인다. 이외에 묘광 안에 아무런 시설 없이 직접 주검을 안치한 토광묘土壙墓도 많이 존재했던 것으로 보이나 이 경우 내부의 목관이나 목곽이 흔적마저 멸실되어 없어진 것으로도 볼 수도 있다. 목관묘와 목곽묘는 대부분 구릉에 능선의 축선과 엇갈린 방향으로 축조되며 묘광

도1-9 _ 서산 부장리 2-2-12호 목관묘
(공주시 외 2009에서)

의 깊이가 얕은 분묘일체형의 특성을 띠며, 이는 진·변한 지역의 전기 목곽묘와 공통점이다. 그러나 목곽묘는 진·변한의 것들과는 달리 내부에 목관이 들어있던 흔적이 많이 발견되는 특징이 있다. 이 시기에 영산강 유역에서는 아직 옹관묘가 위주로 사용되나 호서지방에는 목관묘나 목곽묘가 혼재된 양상을 보인다〈도1-10〉. 이러한 무덤들은 백제화가 마무리되는 5세기 무렵까지 백제의 중앙을 제외한 일부 지방에서 지속된다.

이시기 마한지역 무덤의 중요한 특징은 봉분과 그 관련 시설에 있다. 먼저 주

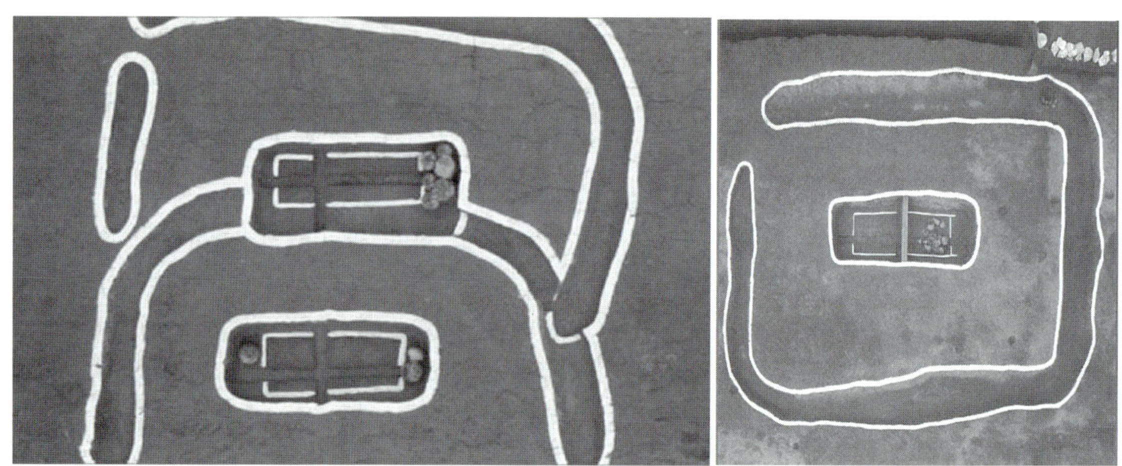

도1-10_ 아산 명암리 밖지므레 유적 주구가 돌려진 목관묘와 목곽묘
(공주시 외 2009에서)

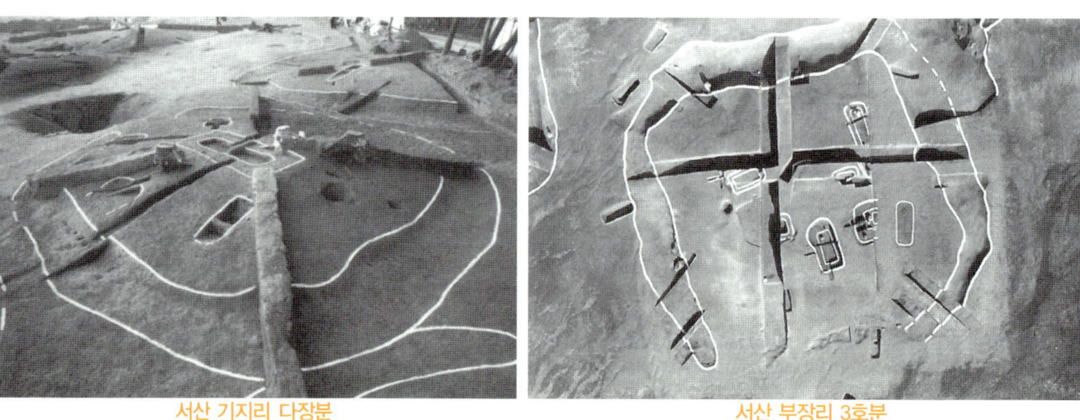

도1-11_ 주구를 가진 분묘일체형의 다장분
(공주시 외 2009에서)

구로 구분되는 커다란 묘역 속에 옹관, 목관, 목곽 등의 매장주체시설 여러 기를 매장하고 덮으면서 봉분을 수직 또는 수평으로 확장하여 큰 봉분이 되도록 한 것이 등장하였다. 이들은 지금 분구묘라고 부르고 있는 것인데, 먼저 아래에 일정한 높이의 봉분을 축조한 다음 그 위에 묘곽을 조성하고 다시 봉분을 덮은 영산강유역의 선분후묘형과는 다르다. 이들은 지면이 약간 높은 곳을 택하여 지표에 혹은 얕은 묘광을 파고 목관묘나 목곽묘, 또는 옹관묘 여러 기를 순차적으로 축조한 다장의 합장분으로 하나의 주구로 묘역을 표시한 분묘일체형이 위주이고 절충형이 섞인 것으로 볼 수 있다〈도1-11〉. 다른 종류로는 깊이 판 묘광 안에 목관이나 목곽을 지하식으로 설치하고 봉분의 주연을 돌아가며 주구를 돌려 구획한 주구묘라고 부르는 것이 있다. 이는 전형적인 선묘후분형〈도1-12〉으로 구릉의 능선 사면에 조성되어 상위에만 주구를 돌린 것이 많다. 전자는 대략 서해안을 따라 분포하고, 후자는 경기도와 충청도의 내륙지방(동부지역)에서 많이 발견된다. 이들의 봉분은 대부분 방대형이었을 것으로 추측된다.

　한편 전자인 분묘일체형의 경우 장법의 면에서 여러 번에 걸쳐 주검을 매장하고 하나의 봉분으로 완성되는 다장의 합장분이 성행하는 특징이 있다. 이들은 진·변한지역과 같이 독립된 묘역을 연접해 가는 것〈도1-10 좌〉도 발견되나 그와 달리 두 개의 매장주체시설을 하나의 묘광 속에 안치하는 동혈합장묘同穴合葬墓, 하나의 주구를 가진 봉분 안에 나란하게 묘광을 파 매장하는 이혈합장분 혹은 합혈합장분〈도1-12〉이 있고, 셋 이상의 주검을 연속해서 한 봉분 속에 매장하는 다장의 합장분〈도1-11〉도 유행하였다. 앞의 양자는 충청 내륙지역의 선묘후분형에서, 후자는 서해안 지역의 분묘일체형에서 주로 나타난다.

　이외에 자연 사구를 분구로 삼고, 그 위에 여러 차례에 걸쳐 주검을 매장하고 돌로 봉분을 마련한 적석총積石塚〈도1-13〉이 경기 북부와 한강 중상류 등지에서 축조되었다. 이 묘제는 인공적으로

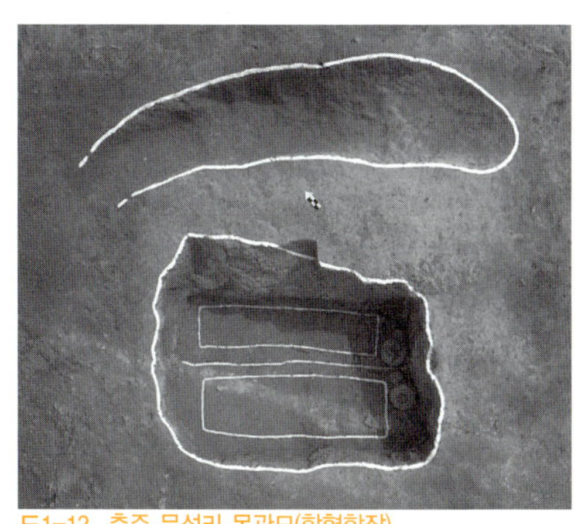

도1-12_ 충주 문성리 목관묘(합혈합장)
(중원문화재연구원 2013에서)

하단 분구를 조성하지 않았으나 주위 지면보다 높은 자연 사구를 하단 분구로 삼아 묘를 축조하면서 주변과 위에 적석을 한 선분후묘형의 다장분으로 볼 수 있다.

이러한 마한지역의 고분에는 진·변한 지역의 고분과 달리 많은 부장품이 출토되지 않는 특징이 있다. 토기로 원저단경호와 발형토기가 세트를 이루며 출토되는 경향이 강하고, 마노와 유리구슬로 만든 장신구와 창이나 화살촉, 도끼 등의 철기가 몇 점 출토하는 경우가 많다. 다만 천안, 청주, 충주 중심의 선묘후분형이 유행한 충청 내륙 지역에서 마형대구馬形帶鉤가 많은 무덤에서 출토되어 특징을 보인다.

이상 논의한 한반도 남부 원삼국시대에 해당하는 분묘제의 변천을 주된 묘제를 기준으로 정리하면 〈표1-5〉와 같다.

도1-13_ 연천 학곡리 적석총
(공주시 외 2009에서)

표1-5_ 원삼국시대 이전 한반도 남부 분묘제

지역	시기	초기철기 (B.C.3~1C)	전기 ~150(A.D.)	원삼국 후기		~300+
진한권		토광묘 목관묘 (분묘분리형)	목관묘 (분묘분리형)	단곽식 목곽묘 (절충형)	250	동혈주부곽식 단곽식 목곽묘 (분묘분리형)
변한권						이혈주부곽식 단곽식 목곽묘 (분묘분리형)
마한권	한성권역			목관·목곽묘 (선분후묘형)? (분묘분리형)		사구적석총 (선분후묘형) 〈다장분〉
	동부지역			목관·목곽묘 (분묘분리형)		
	서해안지역			목관·목곽묘 (분묘일체형, 절충형) 방형〈다장분〉		
	영산강유역			옹관묘 (분묘일체형)?(선분후묘형) 제형, 방형〈다장분〉		

 신라 고분고고학의 탐색⋯

삼국시대의 고분

신라와 가야의 고분

늦어도 4세기 후반을 기점으로 하여 신라와 가야지역에는 각 지역마다 시기를 달리하지만 전시기의 목곽묘를 버리고 지역에 따라 다른 묘제로 고분을 축조해 나가게 된다. 이러한 변화를 선도한 것은 경주의 적석목곽묘이고, 그 기저에는 전시기의 목곽묘와 소형 무덤에 채택되었던 수혈식석곽묘가 있다. 특히 5세기로 들어서면서 각지에 거대한 봉분을 가진 고총이 출현하여 유행하는데, 이를 신라와 가야 무덤의 커다란 특징으로 볼 수 있다. 이러한 고총은 신라 영역의 경우 경주를 제외한 지역에서는 6세기 전반 무렵부터 소멸되고, 가야의 경우는 그 멸망에 따라 사라진다. 대신에 영남지방 전역이 신라식이라고 할 수있는 석실봉토분으로 통일되면서 고분의 크기가 축소되고, 부장품의 질과 양도 감소하는 과정을 밟으며 이도 통일 이후에는 경주지역을 제외한 곳에서는 거의 소멸하고 화장묘가 유행하게 된다. 따라서 신라와 가야의 고분은 고총高塚 단계, 석실묘 단계, 화장묘 단계로 구분해서 살펴볼 수 있다.

고총 단계에는 경주지역의 적석목곽묘와 여타 지방의 수혈식석곽묘가 거대화하고 봉분 또한 크게 축조되는 단계이다. 고총은 경주에서 4세기 후반이면 출현하여 점차 영남지방 전지역으로 확대되고 늦어도 5세기 중엽 무렵에는 신라·가야의 제정치체에서 모두 고총을 축조한다. 묘제는 지역에 따라 다양하게 나타난다. 경주와 주변지역은 적석목곽묘를 채용하여 고총의 축조가 시작된다. 이후 경주지역은 지속적으로 적석목곽묘를 축조하나 다른 지역은 이를 변형시킨 묘제나 수혈식석곽묘 등 다른 묘제를 채택하여 지속시킨다. 그리고 고총의 출현이 비교적 늦은 지역에서는 처음부터 수혈식석곽묘를 채택하여 고총을 축조하는 경향이 있다.

이 단계에 사용된 묘제는 크게 적석목곽묘, 수혈식석곽묘, 횡구식석곽묘로 나눌 수 있고, 일부 지역에서는 횡구식 또는 횡혈식의 석실묘도 축조되었다.

적석목곽묘〈도1-14〉는 경주지역에서 발생하여 고총 단계 전기간 동안 경주지

역의 주묘제로 사용되어 신라묘제를 대표한다. 고분
은 다른 지역들과 달리 평지에 축조된 특징이 있다. 처
음에는 묘광 안에 목곽을 설치하고 그 주위에 돌을 채
우고 봉토를 덮은 것으로 나타나나 나중에는 목곽의
위에도 돌을 쌓아 적석부를 만들고 다시 봉토를 덮어
마무리하는 형태로 변화한다. 또 커다란 무덤의 경우
처음에는 주곽과 부곽을 별도로 축조한 주부곽식이
유행하였으나 나중에는 부곽이 없어진 단곽식單槨式
이 유행한다. 또 주검이 매장되는 목곽은 두 겹이나 세
겹으로 된 것도 있어 신분적인 차별을 보여준다. 또한
목곽이 지하로 내려가는 선묘후분형과 지상으로 올라
오는 분묘일체형, 양자가 조합된 절충형이 함께 나타
나는데, 분묘일체형이 더 상위의 고분에 채택되었다.

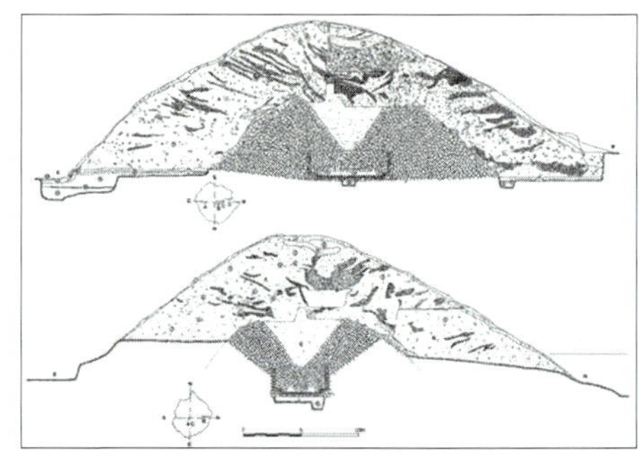

도1-14_ 경주 천마총(적석목곽묘)
(김정기 외 1974에서)

봉분은 원형으로 하나만 독립되어 있는 단장분單葬
墳, 두 개의 봉분이 합쳐진 양장분兩葬墳, 여러 개의 봉
분이 합쳐진 다장분多葬墳 등이 있는데, 황남대총과 같이 두 개의 봉분이 합쳐져
표주박 모양을 한 표형분瓢形墳이 특징적이다. 봉분의 아래 둘레에는 돌담식의 호
석을 돌려 고분 단위를 구분하고 있다.

적석목곽묘가 경주지역에 한정되어 많이 축조되었고, 거기에서 출토되는 금
관, 금허리띠, 금목걸이, 금팔찌와 금반지를 비롯한 금제품과 여타 금동제와 은
제의 위세품은 신라의 왕족을 비롯한 귀족들의 묘제임을 분명히 한다. 또 무덤에
는 여러 명의 순장자를 함께 매장한 경우도 발견된다. 특히 남분과 북분으로 구
성된 표형분인 황남대총은 왕릉으로 인식되고 있는데, 남분에 남자가, 북분에 여
자가 매장된 것이 확인되어 양장분의 경우 부부무덤임을 알려준다. 이 적석목곽
묘가 채택되어 고총으로 축조되다가 이를 변용시킨 묘제가 고총 단계 전기간 동
안 사용된 대표적인 것이 의성지역과 경산지역의 고총이다.

낙동강 동쪽의 신라권 지방고총은 대부분 분묘분리형인 수혈식석곽을 기조로

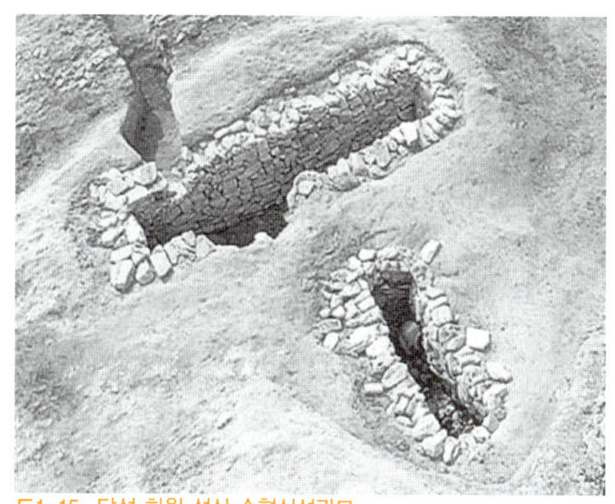

도1-15_ 달성 화원 성산 수혈식석곽묘
(경북대박물관 2003에서)

도1-16_ 창녕 교동 3호 횡구식석곽묘
(경상북도 1998에서)

한 고총이 축조되었으나 창녕과 같은 일부 지역에서는 횡구식석곽이 고총의 묘제로 사용되거나 지상에 석곽을 설치한 분묘일체형이 축조되기도 하였다. 이들 고총은 주거역의 주변 나지막한 구릉에 축조되는 특징이 있다.

수혈식석곽묘〈도1-15〉는 전시기 남해안 지방의 소형 무덤에서 축조된 묘제인데, 이를 대형화하고 목곽묘의 속성을 이어받아 각 지역에서 축조된다. 묘광 안에 할석을 쌓거나 판석을 세워 큰 석곽을 축조하고 그 안에 목곽이나 목관을 넣고 유물을 부장한 다음 개석을 덮고 봉분을 쌓아 올라간 것이다. 횡구식〈도1-16〉은 창녕지역에서 먼저 발생하여 점차 영남지방 전체로 확산된 묘제로 처음에는 한사람을 매장하기 위한 것이었으나 나중에는 추가장을 위한 묘제로 전환되어 특히 유행한 묘제이다. 전자는 석곽, 후자는 석실이라 할 수 있다. 석곽은 한 벽에 창틀 구조의 입구를 두고 세 벽을 쌓은 후, 개석을 덮고 봉분을 쌓아 올려 무덤을 완성하고, 입구를 통해 주검을 매장한 다음 이를 막은 선묘후분형이다. 이 횡구식석곽은 구조상 부곽이 별도로 축조되지 않는다.

수혈식이건 횡구식이건 석곽의 봉분 둘레에는 돌담식의 호석을 돌리고, 그 밖에 다시 주구를 돌린 경우도 많이 나타난다. 그리고 수혈식은 같은 석곽이라 하더라도 축조 재료, 주곽과 부곽의 배치 등에서 각

지역이 다른 형식을 취하는 특징이 있다. 하나의 큰 석곽을 칸막이하여 주곽과 부곽을 구분한 것, 주곽과 부곽을 明자형으로 나란하게 배열한 것, 日자형 혹은 昌자형인 종렬로 배열한 것 등이 있는데, 지역마다 한 가지 형식이 지속되는 경향이 있다. 또한 거기서 출토되는 고배나 대부장경호 등 신라토기도 각 지역마다의 양식이 주류를 이루게 된다. 이는 각 지역이 독자적인 묘제와 토기 생산체제를 가졌다는 것을 의미한다. 또한 석곽묘의 경우 봉분의 중앙에 주묘가 배치되고, 주변으로 돌아가며 작은 석곽이나 옹관이 배장묘로 추가 배치되는 다장분도 많이 나타난다.

이들 신라권 석곽에는 몇 명의 순장자를 주피장자와 함께 매장한 것도 많다. 부장품은 신라식의 위세품이 주류를 이루나 귀걸이나 반지 등 소품만 금제품으로 출토되고 관이나 허리띠는 금동 혹은 은으로 제작한 것이 출토되어 신라 중앙 경주와는 차별성을 보인다. 차별성은 봉분을 비롯한 고분의 크기에서도 나타나는데, 이러한 사실은 당시 신라의 마립간을 정점으로 한 정치체가 성립되었고, 각 지방에는 반자치적인 지방 정치체가 존재하였으며, 이들은 신라 중앙의 지원으로 그러한 고총을 축조했음을 알려주는 근거가 된다. 신라의 이시기 이런 통치방식을 간접지배라고 부르고 있다.

낙동강 서쪽의 가야지역은 이 단계에 역시 수혈식석곽묘〈도1-17·18〉가 주묘제로 채택되었다. 처음의 대형묘는 선목곽후석곽식先木槨後石槨式이나 점차 선석곽후목곽식先石槨後木槨式으로 정형화한다. 석곽은 입지나 그 구조가 신라권의 것과 크게 다르지 않으나 역시 축조 재료나 주곽과 부곽의 배치에서 지역마다 독자성을 가지고 있다. 아라가야의 고분이라고 할 수 있는 함안지역의 고분은 부곽이 없는 선묘후분형이고, 소가야의 고분이라고 하는 고성지역의 것들은 특이하게 선분후묘형의 분구묘적인 성격을 갖고 있고, 다라국의 고분인 옥전의 것은 칸막이로 주곽과 부곽을 구분한 분묘일체형이 기본이고, 대가야가 위치하였던 고령지역에서는 주곽과 부곽 외에도 많은 작은 석곽을 하나의 봉분 속에 배열시킨 선묘후분형이 사용되는 등이 그것이다. 대가야의 큰 고분에 돌려진 작은 석곽은 대부분 순장자의 것이다. 봉분은 단일 원분이 위주이고 신라권과 같이 표형분 등의 양장분이나 다장분은 나타나지 않았다. 고총의 석곽 안에 몇 명의 순장자를 함께

도1-17_ 김해 양동리 304호 수혈식석곽묘
(경상북도 1998에서)

도1-18_ 고령 지산동 74호 수혈식석곽분
(조영현 2012에서)

묻는 경우도 많이 보인다는 점은 신라권의 그것과 유사하다.

부장품은 신라권의 것들과는 달리 성복유물인 착장 장신구는 그렇게 많이 나타나지 않고, 철제무기류가 더 중요한 위치를 가지고 있다. 일부 출토하는 위세품은 신라권의 것과 다른 양식을 가지고 있는데, 관의 경우 신라권의 것이 出자형 입식을 가진 것인 반면, 초화형의 입식을 가지고 있고, 귀걸이도 신라권에서는 태환과 세환 두 가지가 모두 출토되나 가야지역에서는 세환이식만 출토하고 그 형식도 다르다. 이러한 현상은 가야토기가 신라토기와 구별되면서 또 각 지역이 독자적인 양식을 가진 것과 함께 가야지역에 각각 독립된 정치체가 발전하였음을 알려준다.

석실묘는 신라권의 경우 이미 5세기 후반쯤에 출현하였으나 주묘제로 채택되지는 않았고, 경주의 주변지역에만 간헐적으로 채택되었다. 그러나 신라가 중앙집권통치를 완성하는 중고기(6세기 전엽)에 이르면 모든 지역의 묘제가 석실묘로 전환되어 통일 이후까지 사용된다. 따라서 이시기를 석실묘 단계로 구분한다.

대부분의 석실묘는 봉분이 단일원분이고 횡혈식이 위주이나 횡구식도 처음에는 대형<도1-19>으로 출발하다 비교적 소형 무덤에서 많이 사용된다. 묘실이 지상으로 올라오는 분묘일체형으로 축조된 것이 많다. 처음의 석실묘는 현실의 평면 형태, 연도의 위치, 천장의 구조 등에서 여러 가지 형식이 사용되다가 중고기에 이르면 방형의 현실에 연도를 부착하고 궁륭천장을 가진 신라식의 석실이 형성되어 이것으로 통일되는 경향이 있다. 석실은 처음에는 한사람의 무덤으로

도1-19_ 창녕 계성리 횡구식석실묘
(호암미술관 2000에서)

도1-20_ 경산 임당 횡혈식석실묘
(한국문화재보호재단 1998b에서)

축조되었으나 부부를 하나의 현실에 합장하기 위한 것으로 변화하며 나중에는 셋 이상의 주검을 추가장하는 것이 등장한다. 신라식의 석실 안에는 각각의 관대棺臺나 시대屍臺를 이어가며 설치하는데, 도입기에는 목관이 사용되었으나 이후에는 목관이 사용되지 않고 주검을 시대 위에 바로 안치하는 직장이 특징이다.

석실은 구릉의 선단부를 채택하여 축조됨으로써 앞 시기의 고총보다는 좀 더 낮은 곳에 위치한다. 즉 뒤에 높은 산봉우리를 두고 거기서 뻗는 능선의 하단부가 고분의 축조지로 선호된다. 이는 백제나 중국 남조에서 들어 온 풍수 등의 사상에 기인한 것으로 추측된다.

중고기 이후 이런 석실은 일부지역의 것을 제외하면 그 규모가 현저하게 축소되며 부장품 또한 아주 빈약한 양상을 보인다〈도1-20〉. 출토되는 토기는 신라후기양식이라고 하는 짧은 다리를 가진 단각고배와 이중의 입술을 가진 부가구연장경호나 단경호 몇 점에 불과하고, 위세품 등의 부장품은 현저하게 줄어든다. 이는 신라가 각지에 지방관을 파견하여 직접 통치하는 통치체제의 변화와 맞물려 나타나는 현상이다. 이시기 석실에 벽화가 그려진 것이 영주 순흥에서 발견된 바 있는데, 그림은 산, 연화, 구름, 집, 나무, 수문역사 등으로 고구려의 영향으로 해석되고 있다.

한편 중고기 이후 신라가 영남지방을 벗어나 한강유역으로 진출하게 되는데, 이렇게 진출한 충주〈도1-21〉, 용인 등 주요 지역에 신라의 고분이 축조된다. 이들 고분은 이시기 영남지방의 것과 같이 분묘일체형인 횡혈식이나 횡구식의 석실묘이고 부장품 또한 유사하다. 이러한 석실은 신라의 진출로 거기로 이주한 집

도1-21_충주 하구암리 횡혈식석실분
(국립중원문화재연구소 2009에서)

단과 신라의 후원을 받은 해당지역 유력층이 주인으로 추정된다.

신라권에 석실이 채택되는 것보다는 약간 늦게 가야지역에도 석실이 들어와 축조된다. 이들 석실은 신라식과는 달리 장방형의 현실에 연도를 부착한 것으로 백제에서 도입된 것으로 추측되고 있다. 그러나 일부 지역의 현실은 적색 안료를 칠하거나 석관이 사용되는 등 일본의 영향을 받은 것도 발견되고 있다. 특히 의령 경신리의 석실은 석관의 사용이나 석실의 구조 등에서 일본의 것을 많이 닮았다〈도1-22〉. 그리고 석실에 연화 등의 벽화가 그려진 것도 고령지역에서 발견되었다.

신라의 통일 이후 석실봉토분은 신라의 왕과 일부 최고 귀족의 무덤〈도1-23〉으로 채택되어 지속적으로 사용되나 대부분은 화장묘를 선택하여 무덤을 축조하는 경향이 강하다. 특히 문무왕부터 신라의 많은 왕이 화장한 기록이 남아있어 왕과 최고 귀족도 상당수가 화장한 것으로 추측된다. 화장묘는 화장을 한 다음 골호骨壺에 남은 뼈를 넣어 매장하거나 작은 석곽을 만들어 그 속에 뼈를 매장하는 형식으로 나타난다. 문헌에는 뼈를 흩어버리는 산골의 기록도 있으나 이는 고

도1-22_의령 경신리 횡혈식석실묘의 연도부
(경상대박물관 2004에서)

도1-23_경주 신당리 통일신라 석실
(계림문화재연구원 2013에서)

고학에서 확인할 수 없다.

백제의 고분

백제는 마한 50여 소국 중의 하나인 백제국伯濟國이 성장하여 주변 소국을 병합하여 성립된 고대국가로 인식되고 있다. 따라서 백제의 성장 상태에 따라 혹은 백제의 지방지배 변화에 따라 축조된 고분도 다를 것으로 예상된다. 충청지역과 경기지역 마한의 묘제인 토광묘와 목관묘, 목곽묘가 5세기까지 축조되고 선묘후 분형의 목곽묘〈도1-24〉가 한성기 대형분에 등장한다. 그리고 영산강유역의 묘제가 6세기까지 그들 고유의 묘제를 지속하고 있는 것이 이를 알려준다. 백제는 두 번에 걸쳐 천도하였고, 묘제도 그에 따라 변화한 특징이 있다. 따라서 한성기, 웅진기, 사비기로 나누어 고분의 변천상을 읽을 수 있다.

한성기 백제 중앙의 경우 고구려계로 보이는 기단식적석총基壇式積石塚〈도1-25〉이 축조되었고, 지방의 일부 지역에는 석실묘와 석곽묘가 들어와 축조되었다. 또 지역에 따라 전시기 마한의 분구묘라고 부르는 목관묘, 목곽묘, 옹관묘로 구성된 합장분, 그리고 독립된 봉분의 목관묘와 목곽묘가 지속된다.

서울 석촌동 일대의 기단식적석총은 4~5세기 백제의 왕과 왕족, 그리고 중앙 귀족의 무덤으로 축조된 것으로 믿어진다. 이 무덤은 지표 위에 돌을 쌓아 방형의 계단식 기단을 만들고 그 위에 매장주체시설을 설치하고 돌로 봉석한 것과 토축 기단과 봉토의 외면을 정리하고 돌을 덧댄 것 등으로

도1-24_공주 수촌리 목곽묘(한성기)
(공주시 외 2009에서)

도1-25_서울 석촌동 4호 적석총(한성기)
(공주시 외 2009에서)

선분후묘형의 일종이다. 제대로 발굴이 시행되기에 앞서 대부분의 고분이 훼손되어 그 명확한 매장시설의 종류를 알기 어려우나 목곽이나 목실木室 등이 사용되었을 가능성이 크다. 이러한 무덤은 그 형태뿐만 아니라 평지에 입지하며 매장시설을 지상의 위에 설치한 특징 등이 고구려 전기의 적석총과 통하나 전시기 한강 중상류와 경기 북부지방에서 발견되는 사구를 이용한 적석총과는 구별된다. 이외 분구에 목관을 설치하고 봉분을 덮는 과정을 반복하여 커다란 봉분을 완성하고 위에 돌을 얇게 덮어 까는 즙석봉토분葺石封土墳도 서울 가락동 등에서 조사되었는데, 역시 선분후묘형으로 기단식에 앞서서 축조된 것으로 보인다.

석실묘는 한성기의 4세기 후반이나 5세기로 들어서면서 백제의 지방으로 유입되어 축조된 것으로 믿어진다. 충남 공주, 연기, 충북 청원, 강원 원주 등지의 몇 곳에서 조사된 석실묘가 이러한 것으로 특히 충남 연기에서 조사된 석실묘 〈도1-26〉 다수는 그 벽면을 배가 부르게 곡선으로 처리하고 지하에 깊숙이 석실이 조영되는 선묘후분형의 특징 등 낙랑지역의 전실묘와 유사하여 그것의 유입에 대한 암시를 하고 있으나 증명되지 않고 있다. 석실은 할석으로 평면 방형이나 장방형으로 쌓았고, 연도의 위치가 고정되지 않았고, 궁륭천장을 가진 것으로 횡혈식과 횡구식이 함께 발견된다. 현실 바닥에는 작은 할석이나 자갈을 깔아 바닥시설을 마련하였고, 목관을 사용하여 주검을 안치하였다. 묘광을 깊게 파고 축조한 선묘후분형이며 봉토가 두드러지지 않은데, 이는 고구려나 신라의 지표 위로 올라간 분묘일체형류의 석실과는 차이가 있다. 이들에서는 중국 자기, 금동관모, 금동신발 등 금동제의 위세품 등이 출토되는 경우도 있다. 따라서 고분의 주인공은 그 지방의 지배자인 수장으로 해석하곤 한다. 한편 서울 방이동을 위시한 지역에서도 방형이나 장방형의 현실 한쪽에 연도를 붙인 석실봉토분이 발견되었는데, 이들이 한

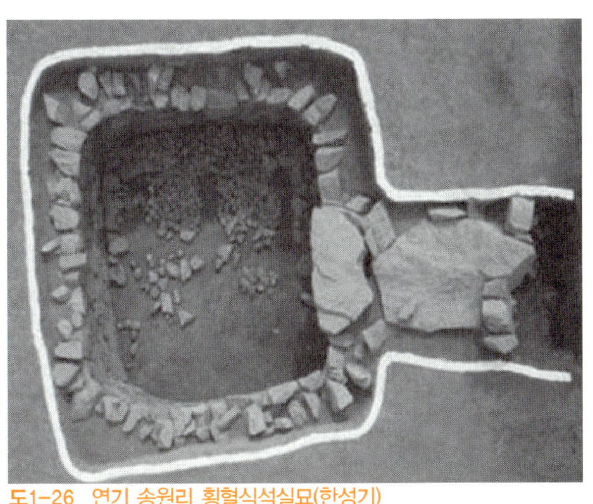

도1-26_연기 송원리 횡혈식석실묘(한성기)
(한국고고환경연구소 2010에서)

성기 백제의 고분인지, 신라가 한강유역으로 진출한 이후에 축조된 것인지, 한성기나 고구려 점령기에 축조되었으나 신라가 진출한 이후에 또 사용된 것인지 아직 명확하게 밝혀지지 않고 있다.

이외 화성, 천안, 공주 등과 같은 백제의 지방에서는 수혈식석곽묘〈도1-27〉가 채용되어 사용되기도 한다. 이들은 역시 선묘후분형이고, 큰 것에서는 중국자기나 금동 등으로 제작된 무기류 등도 출토되어 위의 석실묘와 함께 한성기 지방 수장층의 것으로 추측된다. 이외 전시기에서 이어지는 분구묘라고도 부르는 분묘일체형의 합장분을 수장층이 채택한 곳도 서산 부장리 등지에서 확인된다. 또 영산강유역에서는 전시기의 실생활 용기를 옹관으로 사용하던 것에서 벗어나 성인을 신전장할 수 있을 만큼 큰 장구 전용의 옹을 별도로 제작하여 사용한 옹관묘가 높은 방대형 분구 상위에 축조된 선분후묘형의 특유 묘제가 성행한다.

공주로 천도한 웅진기 이후 백제 중앙은 할석으로 쌓은 평면 방형이나 장방형 무덤방 남쪽의 우측에 연도를 붙이고, 궁륭천장을 덮은 석실묘를 축조하였고, 이와 함께 전실묘도 축조하였다. 석실의 안에는 하나 혹은 두 사람분의 관대가 마련되어 있어 부부합장을 의식한 것이다. 송산리식이라고 하는 이 석실묘〈도1-28〉는 한성기와 같이 묘광을 깊이 파고 축조한 지하식인 선묘후분형이며 커다란 고분끼리 모여 있는 경향이 있고, 풍수에 따라 묘지가 선택되기도 하였다. 이런 몇 가지 특징은 전실묘와 함께 남조의 세가대족묘世家大族墓 특성이 유입되었음을 보여주는 요소이다. 즉 왕과 왕족의 무

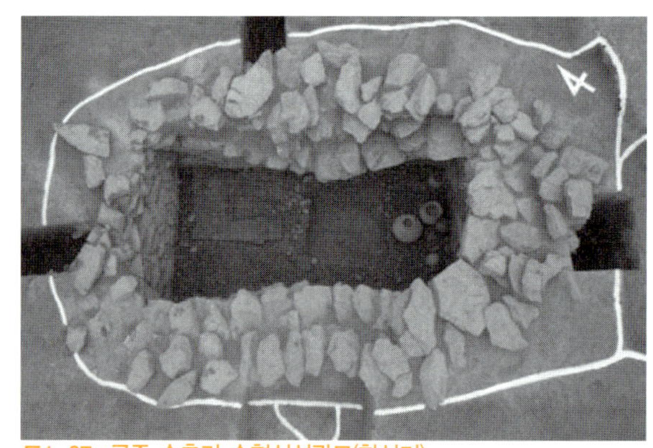

도1-27_공주 수촌리 수혈식석곽묘(한성기)
(공주시 외 2009에서)

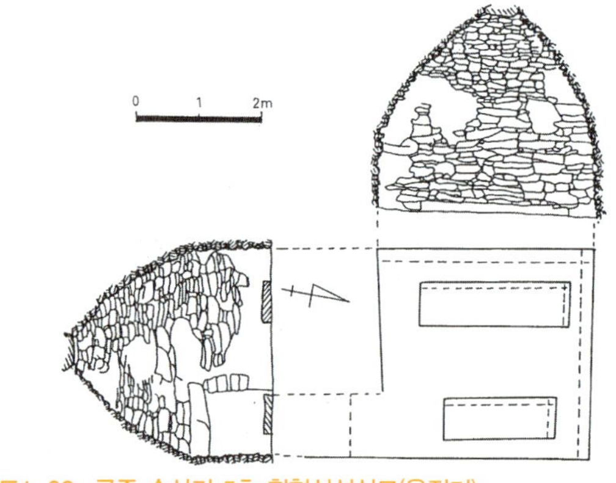

도1-28_공주 송산리 5호 횡혈식석실묘(웅진기)
(공주시 외 2009에서)

덤을 풍수가 좋은 곳에 모아 나란하게, 혹은 위아래로 배열해 축조한 특징이 있다.

지방의 석실묘 역시 할석을 사용해 평면 방형으로 쌓은 것이 유행하였고, 함께 횡구식이나 수혈식의 석곽이 사용되었다. 현실의 바닥에 바닥시설을 하였으나 별도의 관대가 없이 목관을 사용하여 주검을 안치하였다. 석실과 같이 지하식인 선묘후분형이다. 익산 입점리를 위시한 지방의 대형 고분에서는 금동제의 관모, 식리, 환두대도를 비롯한 위세품으로서의 성복유물과 중국자기가 출토되기도 하는데, 이는 당시의 지방 지배와 관련된 것으로 이해되고 있다.

전실묘〈도1-29〉는 왕과 왕족에 한해 무령왕대 한 시기에만 축조된 것으로 보인다. 전실묘로는 송산리고분군의 무령왕릉과 6호분이 있다. 석실묘와 같은 선묘후분형의 무덤은 평면 장방형의 무덤방을 터널형으로 축조하고 남쪽 중앙에 길게 연도와 묘도를 붙인 것으로 이후 능산리식의 석실 발생에 중요한 작용을 하였다. 현실의 벽에는 등잔을 놓는 벽감壁龕을 두었고, 현실 안에는 부부를 위한 관대가 마련되어 있다. 송산리 6호분에는 벽화가 그려졌는데, 사신과 해, 달 등의 그림이 확인된다. 이 벽화는 고구려와 관련이 있는 것으로 믿어지고 있으나 남조의 영향을 받은 것으로 해석하기도 한다.

이 시기 전남지방에서는 장고형이라고 부르는 전방후원형의 봉분〈도1-30〉이 발생하였다. 일본의 전방후원분과 닮은 이 고분은 이어진 앞뒤 봉분의 둘레에 주구를 돌리고, 봉분의 주연에 일본의 하니와와 유사한 분주토기墳周土器를 줄지어 묻어 놓은 특징이 있다. 이외 영산강 유역에서는 전시기에 이어지는 주구를 가진 선분후묘형의 방대형 분구에 이 분주토기를 묻은 것도 발견된다. 전자는 대략 석실이 매장주체이나 후자는 아직 옹관이 매장주체로 사용되었다. 한편 매장주체가 석실에서 옹관으로 바뀌는 과정으로 석실 내에 여러 차례 옹관장을 한 것도 발견되었다〈도1-31〉. 이

도1-29_ 송산리 6호 전실묘(웅진기)
(공주시 외 2009에서)

들 옹관 가운데는 금동관이 출토
되기도 하여 이들이 아직 수장묘
로 채택되고 있었음을 알려준다.

사비기에는 각지의 다양한 석실
형식이 능산리식 석실로 통일되어
사용된다. 묘지의 선택은 웅진기와
같이 풍수가 고려되었으며 왕과 왕
족의 고분군인 능산리에서는 송산
리와 같이 족끼리 모아 무덤을 축
조하였다.

이 석실은 전시기에 이어 묘광을
깊이 파고 축조된 지하식인 선묘후
분형이고, 입지 또한 유사하다. 고
구려의 영향으로 생각되는 잘 물갈
이한 판석을 사용하여 축조하기도
하고 정제된 다듬은 할석으로 축조
한 것으로 평면 장방형의 현실 남
쪽 중앙에 긴 연도와 묘도를 달아
낸 구조이다. 바닥에는 넓적한 돌

도1-30_함평 신덕 전방후원형분
(공주시 외 2009에서)

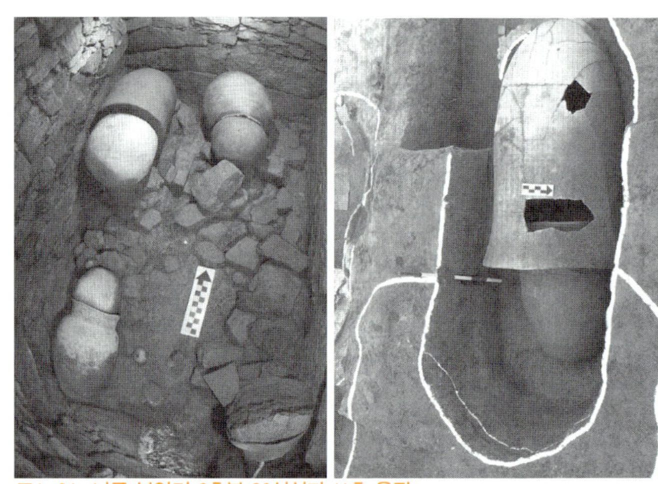

도1-31_나주 복암리 3호분 96석실과 11호 옹관
(국립나주문화재연구소 2006에서)

을 깔고 판석으로 된 관대를 마련하였다. 따라서 축재를 바꿨을 뿐 웅진기 전실
묘의 평면 구조를 닮고 있어 이를 이어받아 축조한 것으로 볼 수 있다. 천장은 전
실묘에서 이어지는 터널형〈도1-32〉도 있으나 집지붕 모양을 한 단면 사다리꼴
〈도1-33〉 혹은 삼각형으로 축조된 것이 있고, 평천장도 있는데, 대략 터널형에
서 나머지 형태로 변화된 것으로 보인다.

이런 평면 장방형 무덤방 중앙에 널길을 부착한 형식은 백제 전지역으로 확산
되어 전체 백제지역의 석실 형식이 통일되게 된다. 또 석실의 규모가 규격화되고
중앙과 지방 사이에 등급의 차이가 분명해 진다. 지방의 것은 바닥시설 위에 관

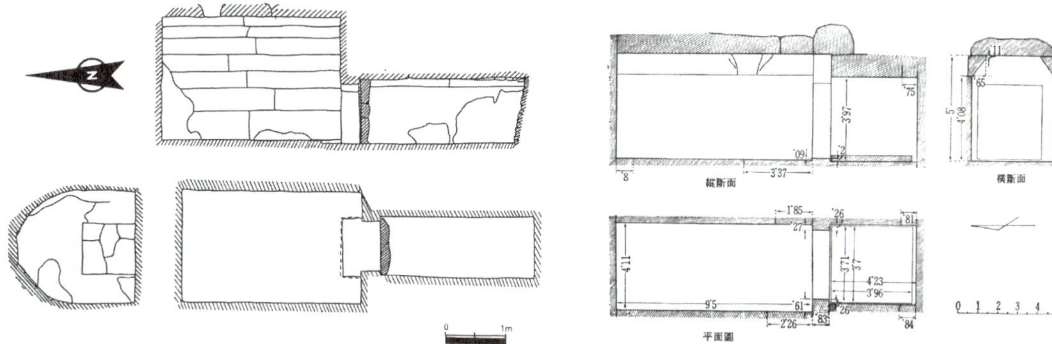

도1-32_부여 능산리 중하총(사비기)
(이남석 2014에서)

도1-33_부여 능산리 서하총(사비기)
(이남석 2014에서)

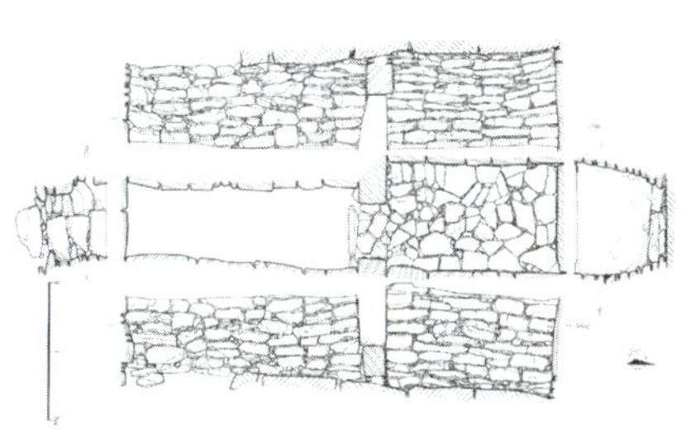

도1-34_나주 복암리 3호분 4호묘(사비기)
(국립나주문화재연구소 2006에서)

도1-35_부여 저석리 전곽묘(사비기)
(공주시 외 2009에서)

대를 별도로 마련하지 않고 목관을 안치한 것이 많다. 특히 영산강유역의 옹관을 위주로 사용하던 집단도 분구묘라고 부르는 선분후묘형의 전통은 지속되나 이 능산리식 석실을 채택하여 매장주치시설로 사용한다〈도1-34〉. 그러나 소형 무덤에는 아직 석곽이 사용되기도 하고, 골호를 사용한 화장묘와 유아용인 작은 와관묘가 발생하여 백제 묘제의 한 부분을 담당하기도 하였고 전곽묘〈도1-35〉가 드물게 사용된 것이 확인된다.

이 사비기의 고분에서 가장 주목되는 부장품은 은제의 화형관식花形冠飾이다. 이는 백제 16관등 가운데 6품인 나솔奈率 이상의 관인이 은화로 관을 장식했다는 문헌 기록에서 그것이 출토된 무덤의 주인이 백제 상위 관등의 관인이었음을 지적해 준다. 한편 이시기의 능산리 동하총(1호분)에서는 벽화가 발견되었다. 그림은 사신도와 연화문, 비운문 등으로 잘 물갈이한 판석에 그려진 것으로 고구려의 영향을 받은 것으로 보인다.

이외 능선의 사면을 굴처럼 파고 그 안에 주검을 안치하는 횡혈묘橫穴墓로 부르는 토굴무덤〈도1-36〉이 공주지역에서 조사되고 있다. 이것의 구조는 일본 규슈지역의 것과 유사하여 백제로 건너온 왜인이나 그 후손의 무덤으로 보기도 한다.

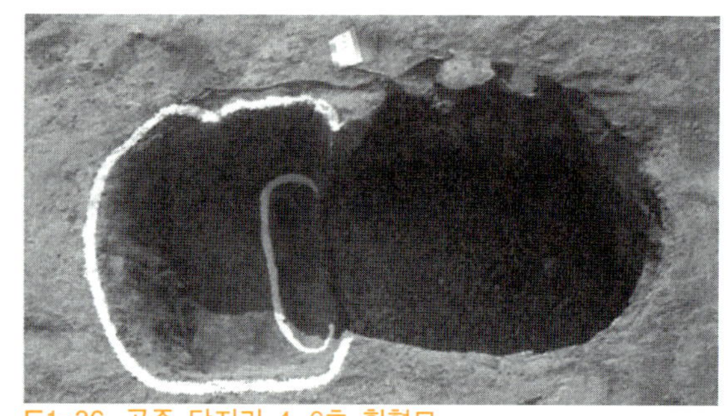

도1-36_공주 단지리 4-6호 횡혈묘
(공주시 외 2009에서)

이상 논의한 삼국시대 한반도 남부의 분묘 변천상을 주된 묘제를 기준으로 정리하면 〈표1-6〉과 같다.

표1-6_ 삼국시대 한반도 남부 분묘제

지역		[신라] 마립간기 ~514 / [백제] 한성기 ~475	웅진기 ~538	[신라] 중고기 ~654 / [백제] 사비기 ~660
신라	중앙	적석목곽묘 (분묘분리형, 절충형, 분묘일체형) 봉토분　　　적석봉토분		신라식 횡구·횡혈식석실묘 (분묘일체형)
신라	지방	목곽묘, 적석목곽묘 수혈식석곽묘 횡구식석곽묘 (분묘분리형, 절충형, 분묘일체형)	횡구·횡혈식석실묘	신라식 횡구·횡혈식석실묘 (분묘일체형)
가야 제지역		목곽묘 수혈식석곽묘 (분묘분리형) (선분후묘형〈다장분〉(고성))	~562 횡혈식석실묘 (분묘일체형?)	
백제	중앙	목곽, 목실묘? (선분후묘형) 기단식적석총(방형)	송산리식 횡혈식석실묘 (분묘분리형)	능산리식 횡혈식석실묘 (분묘분리형)
백제	동부지역	목관·곽묘 수혈식석곽묘 횡혈식석실묘 (분묘분리형)	횡혈식전실묘 (분묘분리형)	능산리식 횡혈식석실묘 (분묘분리형)
백제	서해안 지역	목관·곽묘 (분묘일체형) 〈다장분〉		
백제	영산강 지역	옹관묘 (선분후묘형) 방분 〈다장분〉	횡혈식석실묘 (선분후묘형) 방분, 장고형분 〈다장분〉	능산리식 횡혈식석실묘 (선분후묘형) 방분〈다장분〉

2
신라의 성립 이전 사로국의 묘제와 사회

__머리말

사로국시기라고 하면 우리 고고학의 시대구분상 원삼국시대에 해당할 것이다. 영남지방 원삼국시대의 시작은 지금 기원전 1세기부터로 보고 있으며, 본격적인 신라의 국가 성립은 3세기 후반 또는 4세기 전반으로 설정하고 있는 것이 주류이다. 이 시기에는 기원 150년 정도인 2세기 중엽을 기준으로 하여 전기와 후기로 나누고 있고, 전기에는 목관묘가, 후기에는 목곽묘가 주묘제로 채택되어 사용되었음이 확인된다.

이 시기 무덤의 구조와 출토유물을 통한 연대에 대해서는 그동안 많은 연구결과가 도출되었고, 특히 연대에 대해서는 비록 이론이 있지만 대략적인 윤곽은 일치하고 있는 것 같다. 따라서 각 무덤의 연대에 대해서는 발굴보고자가 제시한 연대를 기준으로 하고 전혀 다른 의견이 제출되어 있는 경우는 대세론적인 연대안을 택할 수 있는 환경이 조성되었다고 할 것이다. 따라서 여기서는 출토유물을 통한 연대의 설정에 대한 작업은 시행하지 않고 무덤의 구조 파악과 그 변화에 중점을 두도록 한다.

무덤은 계기적 변천을 이루는 전기의 목관묘와 후기의 목곽묘를 나누어 그 구조와 의미, 출현 배경 등에 대해 중점적으로 살펴볼 것이다. 특히 구조에 대해서는 많은 속성을 포함하고 있는 대형묘를 선택하여 이를 중심으로 이해하도록 한다.

사회구조는 필자의 한계 때문에 영남지방 전체를 다룰 수 없어 후대 신라의 핵심이라 할 수 있는 경주지역, 즉 사로국 영역을 샘플로 택하여 파악해 보도록 한다. 최근의 이시기 무덤에 대한 자료가 경주지역에서 많이 증가하여 이에 대한 논의도 어느 정도 가능할 것으로 판단된다. 여기서는 경주지역을 세부적인 지형에 따라 지구를 구분하고, 각 지구에 분포하는 목관묘와 목곽묘를 지금까지 연구된 대세론적인 편년 결과를 토대로 하여 검토한다.

__목관묘의 이해

목관묘는 나무를 장구로 택한 한반도 최초의 묘제이다. 무덤은 땅을 파서 묘광을 만들고 그 안에 시신을 넣은 목관을 안치한 다음, 목관과 묘광 사이의 공간 사주에 별도의 흙을 채워 목관을 보호하도록 하고 봉분을 덮었다.[1] 유물은 목관의 내부에는 주검의 성복유물이라고 할 수 있는 장신구 등이, 공헌유물이라고 할 수 있는 것은 목관 주변의 바닥, 채운 흙 사이, 또는 그 위, 목관의 위 등에 부장되고 묘광 바닥의 중앙에 요갱腰坑을 파서 그 안에 부장하기도 한다. 목관을 사용했음은 주검이 발생하면 이를 목관에 넣어 장지로 운반해 무덤 속에 안치했음을 알려준다. 이 무덤은 중국의 경우 이미 신석기시대에 태동된 것으로 보이고 이후 목곽묘의 하위 묘제로서 지속적으로 유행한 것이다.

우리의 경우 청동기시대까지에서는 아직 목재를 장구로 한 무덤이 발견되지 않고 있다. 청동기시대의 고인돌이나 석곽묘, 석관묘 등으로 부르는 묘제는 모두 주검을 운반하는 장구인 목관이 없이 현지에서 조립한 매장시설에 바로 주검을 안치하는 것인데 비하여, 목관묘부터는 다는 그렇지 않지만 주검을 목관에 넣어 장지로 운반하여 장례를 치른다는 점에서 아주 다른 장법을 보인다. 따라서 이것이 중국과의 접촉에 의해 형성된 무덤임을 알려준다.

이 목관묘가 언제 한반도 남부인 영남지방에 도입되었는가는 문제가 되겠으나 현재 조사되고 있는 목관묘에서 기원전 2세기대의 유물이 발견되고 있고, 『삼국

---

1 목관의 사주와 위, 봉분 등에 돌을 사용한 것도 있는데, 이는 적석목관묘로 부르고 있다.

도2-1_ 충주 호암동 적석목관묘와 출토유물
(중원문화재연구원 2015에서)

사기』의 신라 성립에 대한 고조선 유민과 관련된 기록 등으로 보아 고조선의 멸망 전후에는 축조가 시작된 것으로 보는 것이 좋을 것이다.[2] 따라서 목관묘는 고조선과 전국戰國 연燕과의 접촉에 의해 고조선지역에 들어와 정착해 있었고, 이것이 그 유민의 남하로 인해 진·변한지역에 들어온 것으로 볼 수 있겠다. 다만 충주 호암동 적석목관묘(중원문화재연구원 2015)〈도2-1〉를 비롯한 한반도 남부 마한의 고지라고 할 수 있는 곳을 중심으로 발견되고 있는 초기철기시대 적석목관묘[3]의 경우 좀 더 이른 시기의 묘제로 목관과 봉토를 제외하면 이단 굴광의 깊은 묘광, 묘광 내부에 돌을 채우거나 사용하는 등 창원 덕천리(경남대박물관 2013), 보성 동촌리(국립광주박물관 2003) 등 늦은 시기 지석묘의 하부구조를 많이 닮고 있는데, 이는 중국식 목관묘가 이미 초기철기시대에 들어왔고, 그것이 재지적 지석묘 묘제와 융합되어 나타나는 것으로 볼 수 있다. 그러나 이들도 장구로 목관의 사용과 봉토로 무덤을 표지하는 것은 중국적인 요소이기에 여기에서는 목관묘의 구조를 중국 무덤의 관점에서 살펴보도록 한다.

---

2 김천 문당동(경북문화재연구원 2008a)에서 청동기시대 비파형동검이 출토한 목관묘가 조사되었으나 아주 희귀한 예이고 일반적으로 목관이 사용된 것은 기원전 2세기 무렵부터로 볼 수 있다.

3 영남지방의 적석목관묘는 대구 팔달동에서 다수 조사되었고, 경산 조영동 3B-7호, 경주 조양동 5호묘 등이 알려져 있는데, 초기철기와 원삼국의 교체기에 해당하는 것으로 이해되고 있다.

영남지방 목관묘의 커다란 특징은 묘광의 평면 크기에 비해서 아주 깊은 묘광을 팠고[4], 그 주축방향이 능선의 주축과 일치한다는 점이다. 또 한 가지 특징은 대부분 능선의 남쪽이나 동쪽 하단부가 입지로 택해졌고 두향이 능선의 하위 쪽인 남쪽이나 동쪽이 많다는 것이다. 평지에 축조된 경우에도 두향을 동쪽이나 남쪽으로 두는 것을 선호한 점도 관찰된다. 이들 특징 가운데 다른 것은 유사하나 중국의 두향이 북쪽으로 향하거나 능선의 상위를 향하도록 한 점과는 다른 모습이다. 이는 고인돌을 비롯한 우리나라의 전통적인 동향, 또는 남향 선호가 연결되는 것이다. 이외에도 중국에서 사용된 요갱과는 달리 그 용도를 변경한 부분도 발견된다. 따라서 비록 중국에서 묘제가 도입되었다 하더라도 사후세계에 대한 관념이 약간 달랐거나 변용시켰음을 알려준다.

묘광을 깊이 팠다는 것은 중국의 사후관에서 기인한 요소이다. 이는 중국의 전통적인 영혼불사靈魂不死의 관념에서 나온 것으로 보인다. 이 관념에서는 사람이 죽으면 정혼精魂과 체백體魄이 분리되어 정혼은 하늘 세계로 올라가 영원히 삶을 지속하는 조상신이 되어 항시 인세로 강림하여 현세의 자손을 돌보고, 체백은 지상에 남는다는 것이다. 이 중 대지로 회귀하는 체백이 하늘나라로 올라가지 못하고 떠도는 귀혼鬼魂에 의해 교란되지 않고 돌아가 쉬는 가장 이상적인 장소가 무덤墓이라고 보았다(김용성 역 2006:389~394). 따라서 주검은 귀혼에 의해 교란되지 않도록 아주 깊이 묻는 심매深埋하여야 한다고 생각하게 되었다. 중국의 목관묘나 목곽묘가 대단히 깊은 묘광의 바닥에 설치된 것은 이 때문이다.

우리나라의 경우 지형적 특성으로 인해서 중국과 같이 깊은 묘광을 파기 힘들다. 그러나 목관묘에서는 될 수 있는 한 깊게 파려는 의도가 작동되어 평면 크기에 비해 묘광이 깊은 특성을 가진 것으로 보인다. 그 대표적인 것이 영천 용전리 목관묘(국립경주박물관 2007)〈도2-2〉이다. 이 묘는 묘광의 크기

---

[4] 이점은 마한지역에서 좀 더 후대에 유행한 묘역을 먼저 조성한 다음 목관을 설치하고 봉분을 덮은 소위 분구묘와는 큰 차이점이다. 즉 마한지역의 분구묘는 지상으로 띠워 매장주체시설을 설치한 선분후묘형(先墳後墓形), 또는 지면이나 얕은 묘광을 파고 매장주체시설을 설치하고 봉분을 올린 분묘일체형(墳墓一體形)임에 비해 영남지방의 목관묘는 선묘후분형(先墓後墳形)이다.

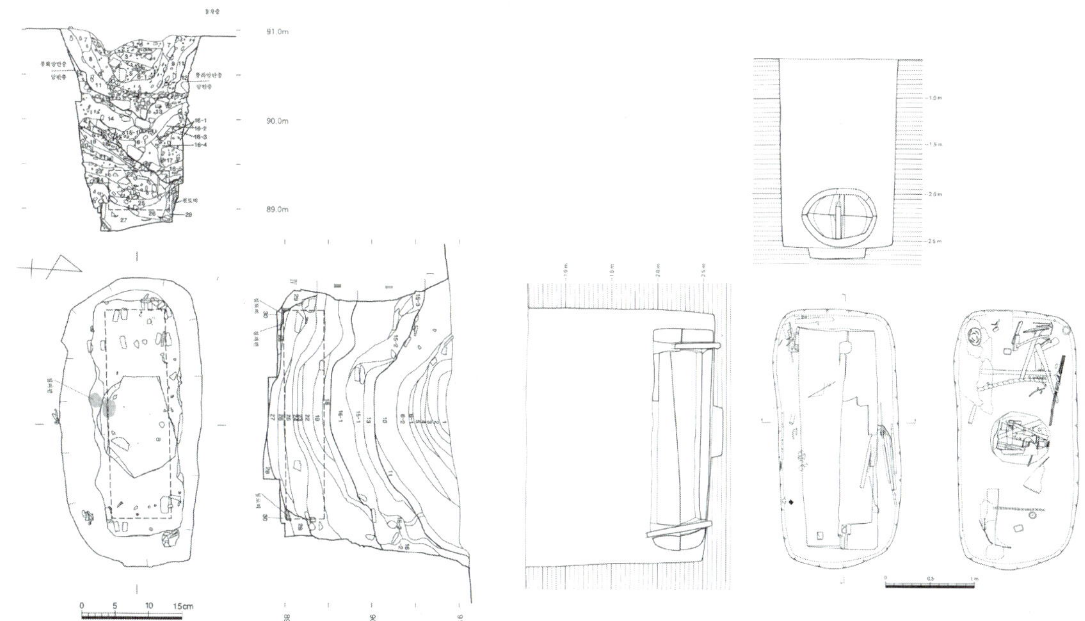

도2-2_ 영천 용전리 목관묘
(국립경주박물관 2007에서)

도2-3_ 창원 다호리 1호 목관묘
(이건무 외 1989에서)

가 길이 325cm, 너비 165cm로 평면비 약 2:1이고, 면적이 5.4㎡인데 비해 깊이가 275cm로 면적 대 깊이의 비가 약 2:1이 된다. 이 무덤은 기원전 1세기의 것으로 편년되고 있다. 이후 이어지는 것으로 보이는 창원 다호리 1호묘(이건무 외 1989)〈도2-3〉는 묘광이 길이 278cm, 너비 136cm로 평면비 약 2:1이고, 면적 3.8㎡인데 비해 깊이가 205cm로 면적 대 깊이의 비가 약 1.9:1이다.

그러나 후대로 갈수록 평면 크기에 비해 묘광의 깊이가 얕아지는 경향을 보인다. 그 대표적인 예가 경주 사라리 130호묘(영남문화재연구원 2001)〈도2-4〉와 경주 탑동 목관묘(한국문화재보호재단 2010a)〈도2-5〉이다. 사라리 목관묘는 그래도 비교적 깊은 편으로 길이 332cm, 너비 230cm로 평면비 약 1.5:1이고, 면적이 7.6㎡인데 비해 깊이는 100cm로 면적 대 깊이가 7.6:1이다. 탑동 목관묘는 길이 296cm, 너비 144cm로 평면비가 약 2:1이나 면적 4.3㎡인데 비해 깊이는 49cm로 면적 대 깊이의 비례가 8.7:1이다. 이들 무덤은 기원후 1세기 후반이나 2세기 전반으로 편년되고 있다.

도2-4_ 경주 사라리 130호 목관묘
(영남문화재연구원 2001에서)

도2-5_ 경주 탑동 목관묘
(한국문화재보호재단 2010a에서)

경주와 그 주변지역에서 전기와 후기를 대표하는 이런 목관묘의 면적 대비 깊이의 차이는 시간이 지날수록 심매의 원리가 퇴색하고 묘광의 너비가 넓어지면서 얕아지고 있음을 알려준다. 전체 목관묘에서 이러한 양상을 찾은 것은 아니지만 그러할 개연성은 많이 있다. 이는 처음에 들어 온 중국식의 묘제가 점점 토착화하면서 변화되고 있는 양상을 나타내는 것으로 본래 목관묘 의미의 퇴색 과정으로 이해할 수 있다. 혹시 이런 현상이 시간이 지나면서 같은 노동력의 투입으로도 봉분을 크게 쌓아 신분을 표지하는 봉분의 확대 과정과 관련되지 않을까 추측해 볼 수도 있으나 아직 자료로서 증빙되지 않아 문제가 된다. 만약 그러하다면 전통적인 심매의 원리보다는 커다란 봉분으로 과시하려는 고분 축조 관념의 변화가 개재되었다고 할 수 있다.

목관은 현재 아래가 둥근 구유형과 판재를 조립한 판재형이 나타나고 있다. 구유형은 다호리 1호묘에서 원형이 그대로 출토되어 그 원상을 알 수 있으나 판재형은 아직 명확한 구조를 알 수 없도록 한다. 단지 여러 판의 판재를 연결하여 지판과 천판을 만들었으며 양 측판이 두부와 족부의 단판 밖으로까지 나가는 'ㅂ'자형, 'ㅍ'자형 등이 확인되고 있는데, 전자의 경우는 다호리 1호묘의 경우로 보아 확실하게 운구와 하관이 이루어진 목관으로 볼 수 있으나 후자는 아직 이것이 검증되지 않고 있다.

판재형의 경우 판재를 이어 붙여 조립한 것이라면, 그리고 양 장측판이 단판의 바깥까지 연결되었다는 점은 운구와 하관이 실시되었다고 보기에는 어렵지 않을까 한다. 좁은 판재를 연결하는 치밀한 방법이 사용되었다면 가능성도 있으나 그런 기술 수준이었고, 묘제 자체가 중국의 것을 모방한 것이라면 상자형의 목관으로 제작하였지 불편한 'ㅍ'자형이나 'ㅂ'자형으로 조립하지는 않을 것이기 때문이다. 따라서 판재형의 경우 후대의 목곽묘와 같이 장지에서 조립된 것으로 볼 수 있지 않을까 한다. 즉 묘광의 바닥에 판재를 연결하여 목관을 조립하고 그 안에 운구해 온 주검을 안치하고, 역시 판재로 덮은 것으로 이해할 수 있다. 따라서 주검을 안치할 때 소량의 부장유물을 목관의 내부에 넣을 수 있는데, 경주 덕천리(영남문화재연구원 2008)의 134호 등 목관 내부에서 소량의 토기가 출토된 현상이 이를 지적하는 것으로 보인다.[5] 판재형으로 확실하게 증명되는 목관은 대부분 후기의 것으로 판명되고 있는데, 이는 운구형 목관에서 현지 조립형 목관으로 변화하고 있는 현상을 보여주는 것은 아닌가 한다.

다음 목관의 사주에 채워 넣은 흙의 용도 문제이다. 이를 보강토, 충전토 등으로 부르며 우리는 단순하게 이해하고 있으나 원래의 의미는 조선시대 회곽묘의 회곽과 같이 목관을 보호하는 시설로 보아야 한다. 중국의 경우는 목곽의 사주와 위에 청고니나 백고니 등 아주 고운 흙으로 밀봉하거나, 적석 또는 적탄을 하기도 하고, 요동지역의 경우는 조개를 채우기도 한다. 이는 방부, 방습, 방충을 위한 용도이다. 우리의 경우도 목관이나 목곽의 주위에 채운 이 흙이 그 위의 흙과 구별되며 비교적 점성이 강한 흙으로 조사되고 있는데, 이도 같은 기능으로 고려되었다고 할 수 있을 것이다. 즉 아무 흙이나 선정한 것이 아니라 그 지역의 실정

---

[5] 이 토기들을 목관의 위에 얹은 것이 아래로 떨어진 경우도 상정해 볼 수 있다. 그러하다면 판재로 조립한 목관의 내부에 성복유물 이외 유물을 부장하지 않은 것이 된다. 한편 이 유물들은 이 무덤들에 목개가 사용되고 목관과 목개 사이가 빈 공간으로 남아 있지 않았음을 적극 증명해 준다. 만약 그러하다면 목관의 내부에 있었거나 위에 있었거나 상부에서 떨어진 흙의 압력과 충격으로 그만큼 토기가 성하게 남아 있을 수 없었을 것이다.

에 맞는 흙을 선택하여 다른 흙과 섞는 등 제조된 것으로 볼 수 있다. 그리고 조사에서 목관의 위에 이 흙을 덮은 흔적은 별로 알려지지 않고 있으나 얇게나마 목관을 덮었을 가능성은 아주 크다. 용전리 목관묘에서 사주의 보강토라고 하는 흙과 그 바로 위의 흙은 다른 흙과는 달리 점성이 강한 특징이 있음이 발견되는데, 이것이 이를 증명해 준다. 따라서 이 흙을 충전토라고 하기보다는 목관을 보호하기 위한 보강토로 보는 것이 좋을 것으로 판단된다.

우리의 목관묘 구조 해석에서 지금 문제가 되는 것은 묘광의 어깨선 위에 목개를 하여 목관과 묘광 어깨선 사이가 공간으로 비워져 있었느냐 그렇지 않느냐인 것으로 보인다. 지금은 영천 용전리의 경우와 같이 목관을 안치한 다음 묘광의 어깨면까지 흙을 채우고 봉토가 올라갔다는 것과 성주 백전 예산리의 발굴자 견해와 같이 사이의 공간을 비우고 묘광의 어깨면 위에 목개를 하고 봉토를 올렸다고 하는 두 가지가 모두 알려져 있으나 검토의 필요성이 있다.

깊이가 깊은 목관묘로서 토층 양상이 명확하게 밝혀진 것이 영천 용전리 목관묘(도2-2 참조)이다. 이 묘의 발굴 시 조사된 단면을 통한 무덤의 축조과정을 살펴보면 다음과 같다. 목곽묘는 먼저 묘광을 파고 그 바닥에 요갱을 마련하였다. 요갱에 동탁 등의 유물을 부장하고 목관을 안치하였다. 목관은 묘광 바닥에 철부를 배열하고 그 위에 안치하였다. 그리고 목관의 주위 바닥에 유물을 부장하였다. 이후 목관 사주에는 적갈색과 암갈색계의 점성이 강한 점토를 채웠는데, 그 내부에도 토기를 부장하였다. 목관과 보강토의 위에 점성이 강한 회백색계의 점토를 덮고 그 위에 토기, 청동기, 철기 등의 유물을 부장하였다. 이후 묘광의 어깨면까지 여러 종류의 흙을 교대로 쌓아 매토埋土하면서 그 사이에 유물을 부장하였다. 마지막으로 봉분을 올렸는데, 여기에도 유물을 부장한 것 같다.

대부분의 목관묘 조사에서 목관과 묘광 어깨면 사이가 공간으로 남아 있었고 목개를 하였다는 목관묘의 토층을 살펴보면 이 용전리 목관묘의 토층과 크게 다를 바가 없다. 경주 덕천리 목관묘(영남문화재연구원 2008) 등에서 묘광 내부에 'U'자상의 함몰현상이 보인다고 하여 목개를 추정하였으나 그 함몰된 흙의 양을 고려하면 목관의 공간 정도의 흙이 함몰된 현상이 발견될 뿐 묘광 어깨선부터 바닥까지 급격하게 떨어지는 함몰의 현상은 발견되지 않고 있다. 따라서 목관묘에서 묘광의 어깨에 목개가 시설되었다고 주장하기에는 무리가 따른다.

그러나 성주 백전 예산리(경북문화재연구원 2005)의 Ⅲ지구 목관묘 4호 등은 급격한 함몰 현상이 보여 목개의 존재를 상정할 수도 있게 한다. 이 목관묘의 단면 토층에서는 보통 목관의 크기에 비해 함몰된 흙의 낙차 공간이 크게 나타났다. 그러나 목관이 높은 크기였다든지, 매토가 단단하게 이뤄지지 않았을 가능성 등을 고려하면 달리 생각해 볼 수도 있다. 또 같은 Ⅲ지구 목관묘 31호〈도2-6〉에서는 아주 특이한 단면 토층이 나타났다. 이 목관묘에 대해 발굴자는 3차에 걸친 함몰 현상으로 이해하고 목개의 존재

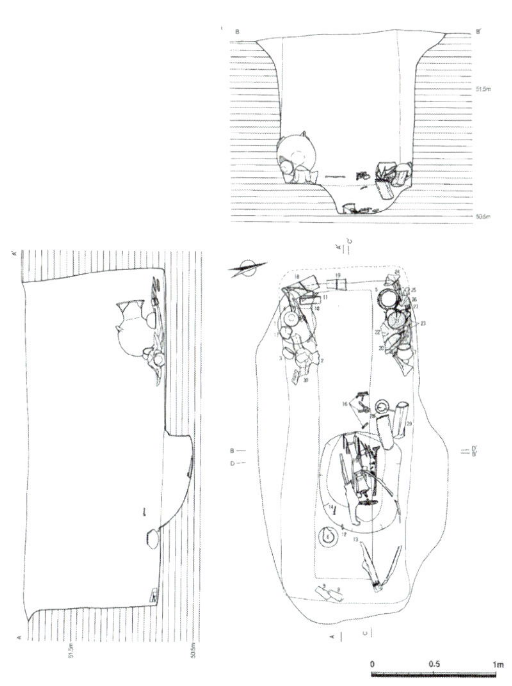

도2-6_ 성주 예산리 Ⅲ지구 목관묘 31호
(경북문화재연구원 2005에서)

를 상정하고 있다. 그러나 이 무덤의 경우 횡단면에서는 그리 급격한 함몰 현상을 찾기 어렵고, 종단면에서 중앙부와 양단벽 측의 토층 양상이 달리 나타나는데, 양단벽 측은 거의 수평층을 이루고 있고, 중앙부는 여기에 격리되어 나타나나나 역시 거의 수평층에 가까워 목개의 함몰로 인한 토층 현상으로 보기는 어렵다. 오히려 목관과 그 아래의 요갱 공간을 고려하면 중앙부의 분리 현상은 급격하게 목관이 부식되어 그 아래 공간으로 있던 요갱부까지의 함몰로 목관의 위 매토 부분이 격리된 채 수직으로 떨어진 것으로 볼 수도 있기 때문이다. 그러므로 이 토층은 묘에 목개가 시설되었다는 증거가 되지 못한다. 결국 묘광 어깨면 위에 목개가 시설되고 봉토가 덮여진 목관묘는 아직 확실한 것이 조사되지 않고 있는 셈이다.

한편 봉토는 아직 확실하게 남아 있는 것이 조사되지 않고 있다. 그러나 경주 덕천리의 주구나 깊은 목관묘에서 봉토의 흙으로 보이는 것이 함몰되어 있는 양상으로 보아 봉분이 사용되었음은 분명한 것 같다. 그 형태는 경주 덕천리의 주

구가 장방형을 이루는 것에서 평
면 장방형의 방대형으로 추정할
수 있다〈도2-7〉. 그리고 그 크기
는 대략 길이 9m 내외, 너비 5~
6m로 볼 수 있는데, 이는 목관묘
가 한 곳에 군집된 것들에서 그
사이의 간격이 적어도 5m 정도
이상인 점을 감안하면 대략 그러
한 크기가 목관묘에 사용되었음
을 짐작할 수 있게 한다. 단지 독
립된 존재로 나타나는 대형묘의

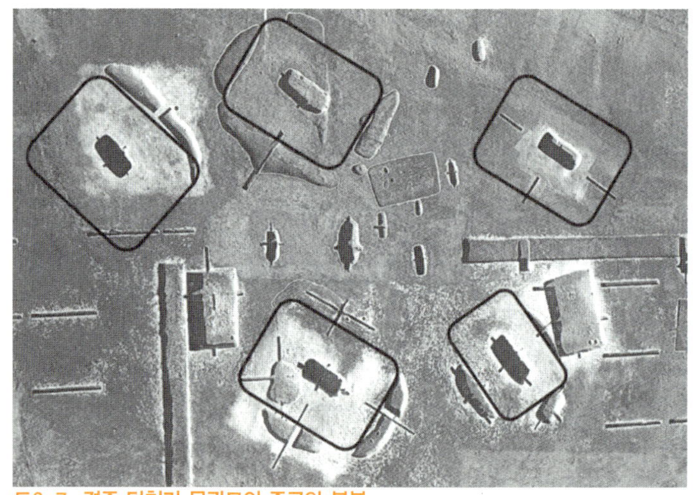

경우는 더 크지 않았을까 추측해 볼 수 있다.

이러한 결과를 가지고 목관묘의 축조과정을 복원하면 묘지의 선정과 정지-묘
광의 굴착-(요갱의 굴착)-목관의 안치-목관 사주와 위에 보강토 설치-매토-봉
토의 축조로 이해할 수 있다. 이러한 과정은 중국의 목관묘나 목곽묘의 축조과정
과 크게 바를 바가 없고, 우리나라 후대 유교식 장제에서 목관묘의 축조양상과도
다르지 않다.

한편 목관묘에서 우리는 그 축조 과정에 진행된 제의 흔적을 찾을 수 있어 그들
의 장례에 대해 약간이나마 접근할 수 있다. 이러한 제의 과정은 다호리 1호묘와
용전리 목관묘에서 잘 나타난다.

다호리 1호묘의 분석(김길식 2009)에 의하면 요갱을 파고 유물을 부장한 다음
1차 제의가 있었고, 목관을 안치하고 유물을 부장하고, 보강토를 채우고 덮은 다
음 2차 제의가 행해졌고, 묘광 내부에 매토를 완성한 후 3차 제의가 행해졌고, 봉
토가 완성되고 난 후 4차로 제의가 행해졌을 것으로 추정하였다. 그러나 앞에서
언급한 묘의 축조과정에서 각 단계마다, 혹은 그 사이의 행위 시 의례가 행해졌
을 가능성이 커 실제는 이보다 훨씬 많은 의례행위가 상정된다.

영천 용전리 목관묘는 의례와 관련되어 분석이 이루어지지는 않았으나 축조과

정과 유물의 출토 위치를 분석하면 그 과정을 복원해 볼 수 있다. 용전리 목관묘에서 출토된 유물은 요갱에서 출토된 유물(원통형주름관, 동탁, 동포, 유리옥), 묘광 바닥에서 출토된 유물(파수부호, 단조철부, 주조철부 25점, 환두도자, 철겸, 철제검파두식, 철제대구편, 철령), 목관 내부에서 출토된 유물(토기 구연과 파수편, 원판형토제품, 동경, 원판형장식, 동포, 도금청동기, 청동반부선금구, 은제칼집장식, 유리옥), 보강토 속에서 출토된 유물(주머니호, 원판형토제품), 보강토 상부에서 출토된 유물(파수부장경호, 동제과초, 동과, 청동검파두식, 동탁, 청동방추차부속구와 방추차, 청동장식, 주조철부), 매토에서 출토된 유물(주머니호, 조합식우각형파수부호, 고배 등 토기, 교구, 닻형철기), 여타 주변 수습유물(노기, 동과, 오수전, 판상철부, 단조철부, 철모, 철겸, 철과, 철경동촉, 닻형철기, 재갈)로 나눌 수 있다.

이런 유물 가운데 요갱에서 출토된 유물은 원래 목관의 바닥에 있었으나 여기로 함몰된 것으로 보이기도 하지만 다 그렇지는 않았을 것이고 거기에 원래 부장된 것도 있었을 것이다. 묘광의 바닥에서 출토된 유물 또한 목관의 바닥에 부장되었던 것도 있을 것이다. 그러나 주조철부는 목관의 받침으로 사용되었을 것이고, 묘광의 가장자리를 따라 출토된 특히 철부, 철겸 등은 목관의 바깥 묘광의 바닥에서 출토된 것으로 추정할 수 있다. 그리고 목관의 내부에서 출토된 토기는 목관의 상부 보강토 위에 있던 것이 아래로 내려온 것으로 볼 수 있다.

이렇게 보면 유물이 부장된 곳은 〈1〉 요갱, 〈2〉 목관의 하부 묘광 바닥, 〈3〉 목관의 외부 묘광 바닥, 〈4〉 보강토 속, 〈5〉 목관을 봉한 보강토 위, 〈6〉 매토 속 등이고, 〈7〉 봉분의 축조 이전 묘광의 어깨선 밖 봉분 내부가 된다 〈도2-8〉. 따라서 〈1〉은 요갱을

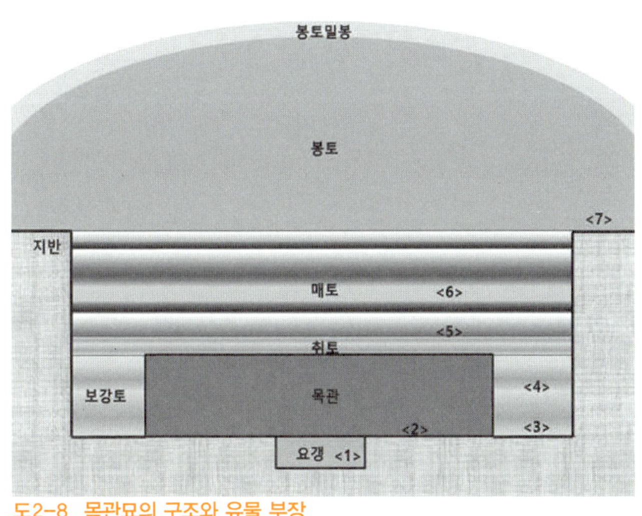

도2-8_ 목관묘의 구조와 유물 부장

파서 묘광을 완성한 다음의 의례, 〈3〉은 목관의 안치 후 의례, 〈4〉는 보강토 설치 과정의 의례, 〈5〉는 목관을 보강토로 완전히 봉한 후의 의례, 〈6〉은 매토 과정의 의례, 〈7〉은 매토 완료 후 봉분 축조 이전의 의례와 관련되었음을 상정하게 한다. 이중 〈5〉는 취토와 관련된 제의, 〈7〉은 평토제와 관련된 제의 결과로 볼 수 있다. 이외에 묘지의 선정 후 토시신에 대한 제사, 하관 이전 영구임치시의 제사, 봉분의 완료 후 성분제 등이 상정될 수 있다.

목관묘의 구조 가운데 풀리고 있지 않는 것이 요갱과 구유형 목관의 출자로 보인다. 구유형 목관의 경우 중국 전국시대 사천四川지역을 중심으로 한 남부지역에 존재했던 소위 독목관獨木棺에서 유래했을 것으로 추정된다(김길식 2009). 그러나 중국의 북부와 고조선 등 우리의 목관묘가 유입되는 경로에서는 아직 발견되지 않고 있어 문제가 된다. 또한 요갱은 은상 이후 중국 고대 목곽에서 일반적인 시설이다. 그러나 역시 중국 동북지방이나 우리의 영남을 제외한 지방에서 보이지 않고 있어 문제가 된다.[6] 중국의 이 요갱은 우리와 같이 유물을 부장하기 위한 공간으로 축조된 것은 아니다. 대부분의 요갱에는 순장자가 매장되거나 개가 순장되는 등 주인의 사후 호위자가 들어가는 공간으로 나타나고 있다. 즉 '선환좌우旋環左右 이위사자以衛死者'의 한 방식으로 요갱이 사용되었다(黃展岳 2004:85). 따라서 약간 다른 뉘앙스를 풍기고 있은데, 이에 대해서 앞으로 해결점이 나타나기를 기대한다.

목곽묘의 이해

목곽묘는 목관묘에 이어 출현한 묘제이다. 무덤은 땅을 파서 묘광을 만들고 그

---

6 중국을 포함한 한반도의 요갱 분포는 이제현(2003:89)의 파악을 참조할 수 있다. 중국의 요갱은 모두 전국시대 이전의 무덤에서 나타나며 한대의 무덤에서는 보이지 않아 연대에서도 한반도 동남부의 것과는 차이가 많다.

안에 목곽을 조립한 다음, 주검을 넣은 목관이나 주검을 바로 안치하고 주변에 유물을 부장한 것이다. 목곽과 묘광의 벽 사이에는 목관묘와 같이 보강토를 채우고 그 위에 봉분을 씌운 것으로 반지상식의 절충형과 지하식의 분묘분리형으로 나눠진다. 목관묘와의 차이점은 목관은 운구되는 장구이고 그 내부에 성복유물이라고 할 수 있는 장신구 등의 착장유물만 들어가나 장지에서 조립된 장구이고, 새로이 공헌유물과 사후생활유물이 목곽의 내부에 포함되게 된 것이다. 따라서 매장시설의 크기가 훨씬 커졌고, 유물의 부장량이 크게 증가하였다. 그리고 처음에 등장하는 것의 경우 묘광의 깊이가 그리 깊지 않은 특징이 있는 절충형이며 능선의 주축 방향과 엇갈리게 묘를 축조한 점도 다르다.

목곽묘는 또 전대의 목관묘와는 입지가 유사하지만 다른 점도 있다. 목곽묘는 목관묘보다는 능선의 약간 상위로 이동한 것이 많이 조사되고 대형의 경우 능선의 마디 위 상부에 축조되기도 하였다. 또 능선의 마디 상위와 주축선에는 대형의 묘가 열을 지어 축조되는 경향이 있고, 그 사면에 축조된 것은 규모에서 훨씬 작아 위계를 나타내는 요소가 되고 있다. 이는 목관묘가 특수한 경우를 제외하고는 거의 유사한 입지에 나란하게 배열되는 것과는 다르다.

이 목곽묘는 한대 이전 중국의 전통적인 묘제이다. 중국의 목곽묘는 이미 신석기시대의 산동 대문구문화유적에 등장하였고(김용성 역 2006:75), 이후 상층 성원의 묘제로 지속되어 전실, 목실, 석실 등의 실묘가 등장하여 이를 대체할 때까지 유행하였다. 이들 목곽묘는 앞의 목관묘와 같이 묘광을 깊이 파서 지하 깊숙한 곳에 설치된 특징이 있다. 따라서 매장 노선과 작업 공간의 확보를 위하여 사방, 양 단벽 측, 한 단벽 측에 지표에서 묘광으로 향하는 경사진 묘도와 그 아래 이층대를 부설하고 다시 묘광을 마련하였다. 묘도의 숫자에 따라 亞자형, 中자형, 甲자형으로 나누고 있는데, 묘도를 부설하지 않은 목곽묘도 있다. 이는 묘의 크기에 따른 형식이고 무덤주인의 위계를 알려주는 요소로 보고 있다. 이 목곽묘는 한사군의 설치로 우리의 서북부지방에 들어와 사용되었으나 중원지역과 같이 비교적 깊은 묘광을 파고 지하에 설치된 것은 확인되나 묘도를 둔 것은 아직 알려지지 않고 있다. 이는 묘지의 지형적 특성에 기인한 것으로 보인다. 즉 우리의 지형이 묘광을 깊이 파는데 힘든 조건이기 때문에 이층대를 부설할 정도로 깊이 파지는 않았기 때문으로 보인다.

지금 영남지방 목곽묘의 등장에 대해서는 두 가지의 견해가 대두되어 있다. 하나는 낙랑을 위시한 서북한지방 목곽묘가 전래되었다는 설이고, 하나는 목관묘의 자체발전설이다(한국고고학회 2010:215~216). 경주를 중심으로 한 지역의 목곽묘는 장방형의 목곽묘가 먼저 축조되고 나중에 세장방형의 목곽묘가 등장하여 유행한 것으로 알려져 있다. 이를 전기 목곽묘와 후기 목곽묘로 구분할 수도 있는데, 영남지방 목곽묘의 등장을 살펴보기 위해서는 전기 목곽묘의 검토가 필요하다.

영남지방 전기 목곽묘와 낙랑 목곽묘는 그 구조에서는 아주 유사하다. 즉 묘광과 목곽의 평면이 비교적 넓은 장방형이고, 따라서 유물이 주검의 머리 위나 발치 아래에 한정되지 않고 주검의 옆에도 배열되었다는 점이다. 그 대표적인 목곽묘가 포항 옥성리 나지구 78호묘(영남문화재연구원 1998)〈도2-9〉, 경주 황성동 강변로 1호 목곽묘(한국문화재보호재단 2005)〈도2-10〉이다. 전자는 묘광의 길이 572cm, 너비 330cm로 평면비가 약 1.7:1이고, 후자는 길이 414cm, 너비 338cm로 평면비가 약 1.2:1이다. 특히 옥성리 78호묘는 주검부를 중심으로 'ㅍ'자 또는 'ㅂ'자의 목제 장구가 안에 설치되었고, 그 바깥에 비교적 넓은 공간을 두고 목곽이 설치된 것으로 보이는데, 내부의 목제 장구와 밖의 목곽 사이 측면과 한쪽 단벽 측에 토기를 열 지어 부장하였다. 이러한 구조는 낙랑목곽묘의 칸막이로 부장칸을 구분한 평면 구조를 연상케 한다. 내부의 목제 장구는 목곽이냐 목관이냐가 문제가 되는데, 전자라면 이 목곽묘는 이중곽식이라고 할 수 있다. 그러나 피장자의 머리 측에 해당되는 곳

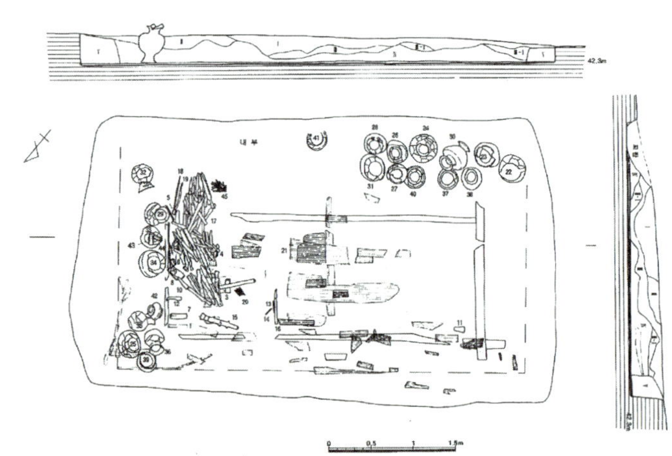

도2-9_포항 옥성리 나지구 78호 목곽묘
(영남문화재연구원 1998에서)

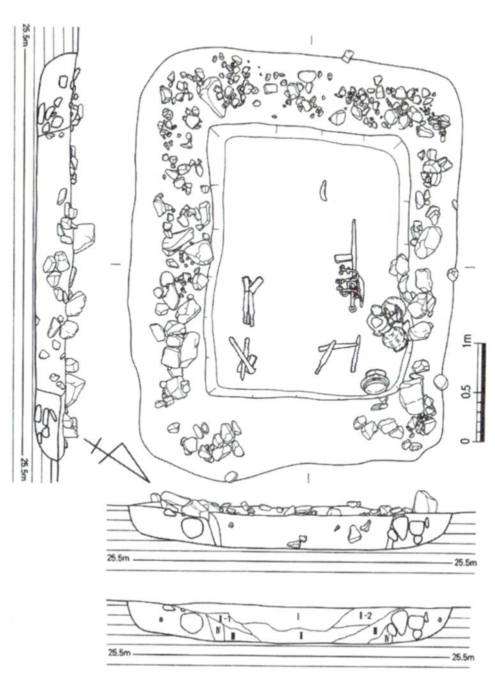

도2-10_황성동 강변로 1호 목곽묘
(한국문화재보호재단 2005에서)

에서 출토된 대량의 철기류를 목관이나 목곽의 위에 부장한 것으로 보면 목관으로 볼 수도 있다. 그러하다면 이 묘의 경우는 평면 구조에서 서북한지역 목곽묘를 그대로 답습한 것이 된다. 영남지방에서 아직 목곽의 내부에 목관을 안치한 경우가 밝혀지지 않고 있어 문제가 되나 영남지방 목곽묘가 지하에 깊숙이 들어가지 않고 거의 반지상에 설치됨으로써 부식되어 우리가 그 흔적을 찾을 수 없게 되었다는 점을 고려하면 목관이 사용된 목곽묘도 더러 있을 것으로 보인다.

이러한 평면 구조 외에 영남지방 전기 목곽묘의 제 현상은 낙랑 목곽묘와는 판이하게 다르다.

먼저 목곽묘의 묘광 깊이가 아주 얕다. 깊이가 얕다는 것은 목곽의 상부가 지표 위로 올라오는 반지상식인 절충형임을 알려준다. 대표적 목곽묘인 포항 옥성리 78호묘의 묘광 깊이가 40cm 이하이고, 황성동 강변로 1호 목곽묘의 묘광 깊이가 39cm이다. 이들을 앞의 목관묘와 같이 면적 대비 깊이를 환산하면 전자는 면적 약 18.9㎡로 비례가 47.2:1, 후자는 면적 약 14㎡로 비례가 약 35.9:1에 불과하다. 이러한 현상은 중국식 관념의 심매 원리는 사라지고, 봉분을 좀 더 크게 만들어 무덤을 표지하려는 의도가 작동된 것으로 볼 수 있다. 즉 묘광을 깊이 파는 노동력을 오히려 목곽과 봉분의 축조에 투입한 결과가 아닌가 한다. 이에 비하여 낙랑지역 목곽묘는 아직 깊이 판 묘광이 유지되었음을 정오동 2호와 5호(사회과학원 고고학연구소 1983) 등에서 볼 수 있다.

낙랑의 목곽묘는 하나의 목곽이나 하나의 묘광에 두 개 이상의 목관을 안치하는 합장이 유행(한국고고학회 2010:166~170; 高久健二 1995:148~158)하였으나 영남지방 목곽묘에서는 이러한 현상이 보이지 않는다. 목관 자체도 있었는지 구분하기 어려운 실정이고, 앞에서 본 바와 같이 옥성리 78호묘의 내부 목제 장구를 목관으로 볼 경우에도 이 목관은 낙랑의 상자형 목관과는 다른 후기 목관묘에서 이어지는 설치형 목관일 가능성이 크다. 만약 이를 목곽으로 본다면『삼국지』위서 동이전의 '유곽무관有槨無棺'이라는 표현과 부합한다.

낙랑의 목곽묘는 대부분 북침을 선호하고 있는데 비하여 영남지방의 목곽묘는 목관묘와 같이 동침이나 남침을 선호하고 있다. 이는 낙랑의 목곽묘가 중국 목곽묘와 같이 능선의 주축선과 동일한 방향으로 목곽을 설치하고 두향을 능선의 상위에 두도록 한 것인데 비하여 영남지방의 목곽묘는 능선의 주축과 엇갈리게, 즉 등고선의 방향과 평행하게 목곽을 설치하고 두향을 어쩔 수 없는 경우를 제외하면 동쪽을 중심으로 가도록 배려한 차이점에서 기인한 것으로 보인다.

이러한 낙랑의 목곽묘와 영남지방 목곽묘의 차이점은 영남지방 목곽묘가 낙랑 목곽묘를 직수입하여 축조되었음을 부정하게 된다. 즉 주민의 이동 등에 의한 직접적 결과가 아님을 반영한다. 따라서 영남지방에 목곽묘의 출현은 재지집단이 낙랑 목곽묘를 모방하였으나 그 속에 내재된 장례와 관련된 사상적 인식은 과거의 것을 크게 변화시키지 않고 유지시키면서 모방한 목곽 내에 이를 체현한 것으로 볼 수 있다. 그러나 낙랑지역에 일찍 출현한 목곽묘를 왜 기원 2세기 중엽 무렵에 가서야 모방하였는지는 찾아야 할 과제로 생각된다. 이는 당시 사회의 변혁에 기인한 것으로 볼 수 있지 않을까 한다.

기원 2세기 중엽은 동아시아의 제민족에게 한문화의 확산이 완료되고, 다시 그들이 자신의 정체성을 찾기 시작하는 사회, 즉 엄격한 의미에서 동아시아세계의 출현기로 볼 수도 있다. 이 시기는 환령지간桓靈之間[7]으로 후한의 주변 제민족에 대한 통제력이 약해지고, 한문화에 영향을 받은 그들이 이를 기반으로 다시 강성해지는 시기로 볼 수 있다. 한반도에 한해서도 한韓·예濊가 강성해져 군현이 제대로 통제하지 못했고 군현의 많은 백성들이 한국韓國으로 유입되었다는『삼국지』위서 동이전의 기록이 이를 지적해 준다. 이는 느슨한 정치체로 결합되었던

---

[7]　한(漢) 환제(桓帝)와 영제(靈帝)의 시기로 기원후 147년부터 189년 사이에 해당한다.

한지韓地의 세력들이 이 시기에 이르러 각축하고 있었음을 의미하는 것으로 보인다. 바로 그러한 시기이기에 영남 각지의 세력들이 자신의 권위를 과시하기 위한 수단으로 무덤을 크게 만들고, 장례를 더욱 성대하게 치루는 사회로 전환되었으며 군현의 유민이 이를 촉진시킨 것으로 볼 수 있다.[8] 장례의 물질적 표현인 무덤의 거대화를 위해서는 새로운 묘제의 출현이 필수적이었을 것이다. 따라서 낙랑에 사용되고 있는 목곽이 들어오게 된 것이 아닌가 한다.[9]

영남지방에 처음 출현한 목곽묘에서는 토기 등 생필품보다는 철제의 무기류가 많이 부장되는 경향이 있다. 이는 바로 당시 사회의 세력 각축이 낳은 결과로 볼 수 있을 것이다. 그러나 시간이 지나면서 토기 등의 다른 유물도 점점 많이 부장되게 된다. 이러한 변화는 세력 각축의 결과 세력 판도가 어느 정도 정리되면서 나타나는 것이 아닐까한다. 따라서 초기의 목곽묘가 점차 토착화하면서 옥성리 78호묘와 같은 전형적인 목곽묘로 정착하게 되었다고 할 수 있다.

목곽 자체의 거대화는 지표상에 드러나는 봉분 등 묘에 대한 표식도 커졌음을 반영한다. 우리에게 아직 목곽묘에 봉분이 남아 있는 것은 조사되지 않아 문제가 되나 목곽을 지표상에 혹은 지표와 가깝게 설치하였음은 봉분을 좀 더 높고 크게 만드는 과정과 관련되었다고 볼 수 있는 이유가 그것이다. 그리고 등고선의 방향과 동일한 방향을 장축으로 택한 것도 역시 그러한 작업의 효율성과 관련이 있을 것이다. 이는 후기 목관묘까지 유지되던 비교적 중국적인 장제 관념이 완전히 퇴화되었음과 통하는 것으로 보인다. 즉 심매의 원리와 능선 주축선과 같은 방향으로

---

8 그렇다고 이들이 영남지방에 목곽묘를 조성하지는 않은 것 같다. 남하한 유민은 문헌의 어투로 보아 상층집단이 아니라 하층집단인 것 같고, 낙랑식 목곽묘가 그대로 이식되지 않았기 때문이다. 또한 영남지방을 제외한 우리의 남부지방에서는 아직 이시기 대형의 목곽묘가 조사되지 않는데, 이런 현상 역시 이때 남하한 유민들이 대형의 목곽묘를 축조할 만큼의 세력을 가진 집단이 아니었음을 대변해 준다. 그러나 이들이 영남지방으로 내려와 목곽묘를 축조하는 지배층의 하위집단으로 자리 잡아 목곽묘의 모방 축조에 관련되었을 가능성이 있다.

9 기원전 3세기부터 기원 1세기 동안의 변·진한 사회가 목곽묘에 대한 지식을 가지고 있었을 중국 유민의 이주나 한(漢) 또는 낙랑의 빈번한 접촉에도 불구하고 목관묘가 사용된 것은 목곽묘에 필요한 사회적 조건, 즉 부의 차별, 토지의 사적 점유 및 용익권 성립, 대량의 인원 동원과 매장의례를 통한 사회적 지위의 과시, 권력이나 지위의 승계 등이 가능한 강압적 권력의 형성과 공동체 소유관계의 해체, 사회적 불평등의 구조 등이 형성되지 않았기 때문으로 보고 있기도 하다(이제현 2003:109).

묘가 축조된다는 원리의 소멸을 뜻한다. 이러한 현상은 이미 사라리 130호묘와 같은 후기 목관묘에서 나타나기 시작한 것으로 외형적인 모습은 변화[10]하였으나 내재된 무덤에 대한 개념은 이전부터 성립되어 있었음을 알려준다. 이러한 현상 역시 재지집단이 목곽의 겉모습을 받아들여 재창출한 것으로 볼 수 있도록 한다.

한편 이들 전기 목곽묘에서는 공헌유물뿐만 아니라 사후생활유물이 부장된다는 특징이 있다. 예컨대 옥성리 78호묘에서는 토기가 피장자의 머리 쪽 토기군과 측면 토기군으로 갈라져 출토되었는데, 전자 9점은 유개대부장경호, 대부장경호, 노형토기 등으로 구성되었으나 후자는 대부장경호, 노형토기, 단경호 등으로 구성되어 유사하나 생활용이 확실한 단경호가 머리 쪽에는 없으나 측면에는 존재한다는 점이다. 이 두 토기군이 연결되지 않고 별도의 공간을 차지하고 있음은 그 기능이 달랐던 것을 의미하는 것으로 보인다. 그런 의미에서 보면 후자는 목곽의 위에 얹었던 것으로 생각되는 대량의 철모와 함께 생활유물의 성격이 짙다. 따라서 목관묘 단계까지 의례와 관련되었던 공헌유물만 부장되던 것에서 벗어나 사후생활유물이 부장되었다고 할 수 있다. 또한 유자이기 등이 출현하였는데, 이는 장례 행렬과 관련된 유물로 볼 수 있어 그러한 장례가 성행한 후대의 단초가 마련되었음을 뜻한다.

경주를 중심으로 한 지역의 후기 목곽묘는 세장방형으로 대표된다. 이 묘의 특징은 전기의 것에 비해서 묘광의 깊이가 약간 더 깊어지는 경향을 보이고, 부곽이 성립되었고, 순장이 시행되었고, 합장분이 등장하였다는 특징이 있다. 그리고 유물에서는 도질토기라고 부르는 조기 신라토기가 등장하여 전대 와질토기를 교체하기 시작하였다.

묘지의 선정은 전기와 크게 다르지 않으나 이러한 차이점은 새로운 문물의 확산 등을 포함한 사회적 변화를 반영하는 것으로 보인다. 그러한 계기가 무엇인지는 아직 알 수 없으나 보수적인 묘제가 변화하였다는 측면에서는 커다란 문화충격이 있었을 것으로 보인다. 이 묘제가 출현하는 시기인 3세기 후반에 해당하는

---

10 이러한 의미와는 약간 다르지만 사라리 130호묘를 목곽묘로 보는 견해(김구군 2000)도 있고, 목관의 양측에 판재조립형 측관, 즉 목갑이 배치된 구조로 보기도 한다(이주헌 2009).

『진서』동이전 진한조의 서진西晋에 대한 조공기사는 이를 웅변해 주고 있다.

　이시기 대표적인 구정동 3호묘(국립경주박물관 2006)〈도2-11〉는 길이 800cm, 너비 185cm로 평면비가 4.32:1이고, 면적이 14.8㎡이다. 깊이는 90cm로 면적 대비 깊이의 비례는 약 16.4:1로 전기의 목곽묘에 비해 더 깊어진 것을 볼 수 있다. 이렇게 묘광의 깊이가 깊어졌음은 다시 목곽이 지하에 들어간 분묘분리형의 분묘임을 뜻한다. 그러나 목관묘와 같이 깊은 묘광 속의 아래에 매장주체부가 위치하여 매토해야하는 정도는 아니고, 대략 목곽의 상면이 지표면과 같은 높이에 있었을 것으로 추정할 수 있다. 이렇게 다시 분묘분리형으로 분묘가 변화한 원인은 정확하게 꼬집어 낼 수 없다. 다만 사회의 급격한 발전으로 묘에 대한 인식이 변화하는 등 여러 가지 요인에 기인했을 것으로 추측된다. 이 후기 목곽묘에 대해서는 다음 장에서 좀 더 자세하게 살펴보도록 한다.

　이상의 목곽묘 축조과정을 복원해 보면 묘지의 선정과 정지-묘광의 굴착-목곽의 설치와 그 보강, 목곽 높이의 1차 봉토 성토-주검의 안치-목곽의 복개와 밀봉-상부 봉토의 축조로 이해할 수 있다〈도2-12〉. 목관묘와는 달리 매토의 과정이 생략되었다. 이는 전기의 목곽묘에 해

도2-11_ 경주 구정동 2호묘(우)와 3호묘(좌)
(국립경주박물관 2006에서)

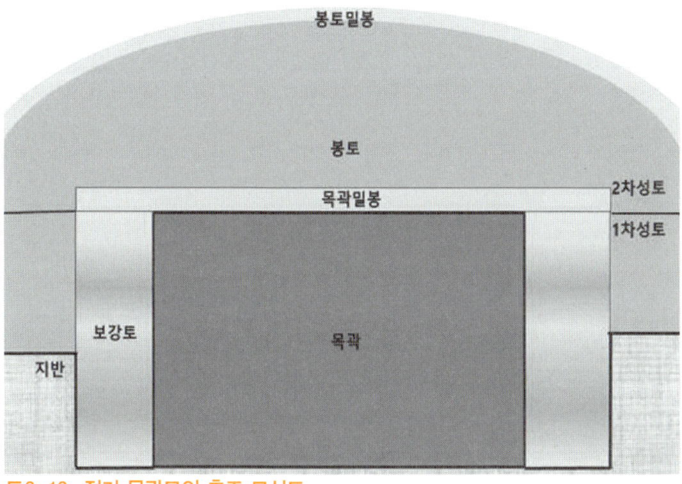

도2-12_ 전기 목곽묘의 축조 모식도

당하는 것이고 후기의 목곽묘는 목곽의 높이가 지면과 유사하기 때문에 지면 위의 보강토와 1차 봉토가 생략되고 목곽의 복개 후 밀봉을 하고 봉토를 쌓았을 것이다. 이러한 단계마다 목관묘와 같은 의례 행위가 있었을 것임은 의심의 여지가 없다. 적어도 묘광 선정 시, 묘광 굴착 후, 목곽 설치 중, 주검의 안치와 유물의 부장 시, 목곽의 복개 후, 봉토의 조성 시, 봉토의 완성 후 등의 제의나 의례를 짐작할 수 있다.

목곽묘에 대한 해석에서 목곽을 불태웠느냐 그렇지 않았느냐는 문제가 있다. 목곽묘의 조사에서 묘광의 내부에 목탄이 많이 출토되어 목곽을 조성하고 이를 불태우는 화장의 관습이 있었다는 견해(이제현 2003:106)가 대두되어 그러한 인식이 지배적이나 다시 생각해 봐야할 문제로 생각된다. 이러한 견해는 고구려를 비롯한 북방의 화장에 그 근거를 두고 있는 것으로 보인다. 그러나 고구려의 고분에서 출토되는 목탄, 용석熔石 등의 불에 탄 흔적은 전쟁에 의한 피해로 볼 수 있고, 명확하게 목곽을 조성하고 불태운 묘가 확인되지는 않고 있다(김용성 2009a:317). 그리고 목탄이 많이 출토되어 불태운 목곽묘로 대표되는 옥성리 78호묘의 경우 불에 태워졌다면 토기나 철기 등에 그 흔적이 남아 있어야 하나 이를 찾을 수 없는 실정이다. 따라서 이들 목탄 등은 중국의 경우와 같이 방부. 방습, 방충 등을 위해 목곽의 주변에 불태운 목탄을 돌리고 덮거나, 목곽을 조립하는 목재의 다스림을 위해 그을린 흔적으로 볼 수도 있다.

__사로국시기 경주지역

경주지역의 지형과 목관·곽묘의 분포

신라 국가 형성의 중추인 사로국이 자리했던 경주는 영남지방의 다른 지역들과 같이 하나의 분지를 이루고 있다. 이 분지는 주위를 둘러싼 산지에 의해 다른 지역과 쉽게 구분이 된다. 그러한 결과로 일찍부터 '서라벌'이라는 독립된 명칭으로 불렸을 것이다. 여기서 '벌'이 의미하는 바는 들판임으로 서라벌의 의미는 산지에 둘러싸인 지금의 경주분지를 의미했다고 볼 수 있을 것이다.

현재의 경주시는 좁은 의미의 경주분지를 중심으로 형성되어 있다. 이 경주지역 전체는 일부를 제외하고는 형산강 수계에 소속되고 있다. 형산강의 수계에서 제외되는 지역은 청도를 통과해 밀양강으로 흘러드는 동창천 수계의 산내면 일대, 울산과 접한 남쪽의 외동읍 일대, 동해안의 감포읍, 양북면, 양남면 일대이다. 이 가운데 외동읍 일대는 형산강 수계인 남천의 상류와 맞대어 있는 곳으로 울산지역으로 연결되는 단층선을 형성하여 다른 지역들과는 달리 별다른 장애물 없이 쉽게 통행할 수 있는 조건을 갖추어 따로 구별할 필요성이 없는 지역이다. 따라서 울산지역과의 경계를 어떻게 볼 것인가가 문제가 되는데, 비록 후대이지만 관문성이 설치되는 등에서 그 지점을 경주와 울산을 구별하는 선으로 볼 수 있다. 이 관문성이 설치된 곳은 경주와 울산을 잇는 단층선이 비교적 좁은 협곡으로 형성되었으므로 그러한 구분이 가능하기도 하다.

이렇게 보면 사로국의 경역은 남서로 서천의 발원 산지, 남동으로 관문성, 서북으로 대천의 발원 산지, 북으로 형산강 하류를 잡을 수 있다. 이외 동해안 일대를 사로국의 고지로 볼 수도 있을 것이나 지금까지 조사되는 유적 현황에서는 그리 큰 세력이 형성되었을만한 징조가 보이지 않는다. 따라서 여기서는 위의 지역을 사로국의 고지 중심으로 보고 논지를 전개하도록 한다.

이러한 형산강 수계가 중심이 된 사로국의 고지를 인간 생활이 가능한 지류로 형성된 하곡과 평야를 구분 할 때 크게 7곳으로 구분할 수 있다. 〈1〉 형산강의 하류인 안강읍 일대로 비교적 넓은 평원을 가진 소분지를 이루고 있는 지구, 〈2〉 형산강의 서안 강안지대와 사방천, 오류천 등의 소하천 연안으로 이루어진 지구, 〈3〉 북천, 남천의 하류, 서천의 연안에 형성된 평야지대, 즉 현 경주시가지 지구, 〈4〉 경주분지 북서의 영천과 경계에서 동남으로 흘러 경주시가지의 남서에서 서천과 합류하는 대천의 연안 지구, 〈5〉 남쪽의 울산 두동에서 발원하여 북으로 흐르는 서천의 상류 연안 지구, 〈6〉 울산-경주간의 단층선을 이루고 있는 남천의 상류와 입실천과 동천 연안 지구, 〈7〉 경주시가지의 동북에 동에서 서로 흘러 서천에 합류하는 신당천의 연안과 서천의 하류 동안에 별도의 소분지를 이루고 있는 천북면 일대 지구가 그것이다. 그러나 이들 가운데 〈2〉 지구는 홍수의 위협이 있는 강안과 비교적 협소한 하곡 평야로 구성되어 대규모의 집단이 생활을 영위하는 데는 한계가 있었을 것이다. 따라서 비교적 규모가 큰 세력집단이 형성될 만한 곳은 6곳이 되는 셈이다. 이 6곳에 거주하던 집단들이 사로국이 형성되는 데 기반이 되었다고 추정할 수 있다〈도2-13〉.

6지구 가운데 가장 중심이 되는 곳은 역시 〈3〉지구

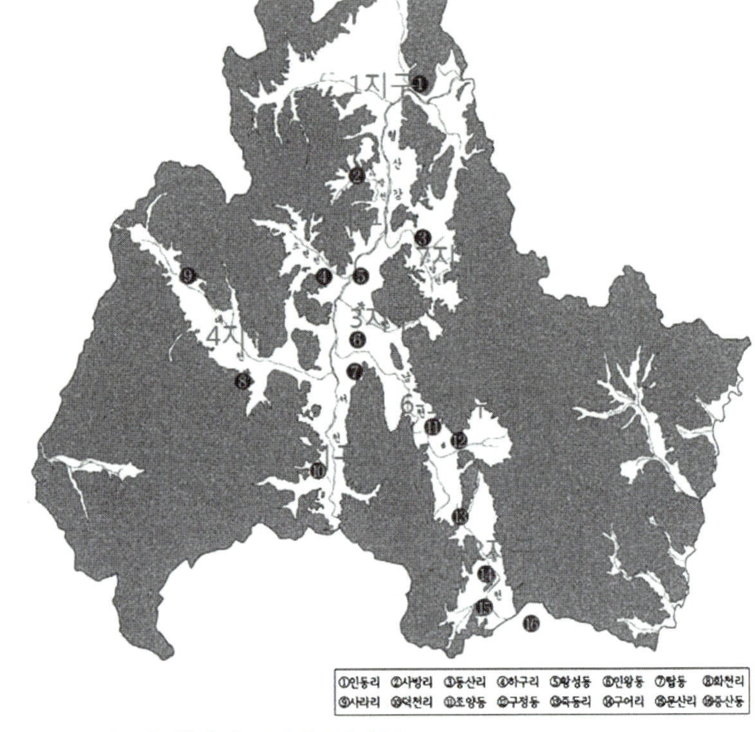

도2-13_ 경주의 지형과 사로국시기 무덤의 분포

이다. 이 지구는 좁은 의미의 경주분지라 할 수 있는 곳이다. 이 경주분지는 월성을 중심으로 북쪽의 소금강산(해발 178m), 남쪽으로 남산(해발 466m), 동쪽의 명활산(해발 245m), 서쪽의 선도산(해발 380m) 등에 의해 둘러싸여 있으며 그 사이 서쪽의 남에서 북으로 흐르는 서천, 북쪽의 동에서 서로 흘러 서천에 합류하는 북천, 남쪽의 동에서 서로 흘러 서천에 합류하는 남천에 의해 형성된 범람원과 충적평야, 그리고 선상지로 형성된 평지를 이루고 있다. 이 분지는 지금 경주 시가지의 범위보다 약간 넓은 편으로 그 평지부는 동서 약 5~6km, 남북 3~6km의 범위이다. 분지의 동쪽과 서쪽에는 명활산과 선도산, 옥녀봉 등의 비교적 높은 산지로 구성되어 분지 외의 지역과 확실히 구분되나 북쪽에는 서천을 중심으로 한 폭이 넓은 하곡이 발달해 있고 남동으로는 남천, 서남으로는 서천의 상류에 해당되어 그 사이에 있는 남산과 각각의 동과 서에 남북으로 형성된 비교적 높은 산지 사이에 형성된 하곡으로 뚫려있다. 결국 분지는 산으로 둘러싸여 있으나 북, 남동, 남서가 하천으로 개방된 지형이라 할 수 있다.

이 분지는 김해에서 언양과 안강을 거쳐 영해까지 연장되는 양산단층선과 울산-경주를 연결하는 불국사단층선이 만나는 곳에 형성되었는데, 이 단층선들은 지세가 순탄하여 예로부터 교통로로 사용되었을 것으로 보인다. 분지의 대부분은 동-북쪽에 위치하는 배후산지인 명활산과 소금강산으로부터 퇴적물이 북천을 중심으로 한 하천을 따라 유입되어 큰 규모의 단일선상지를 이루나 동남쪽으로는 불국사화강암, 동쪽 및 서천 서안으로는 하양층군, 북동쪽으로는 제3기층 등이 분포한다. 동쪽과 북동쪽에서 흘러든 퇴적물로 형성된 선상지들이 분지 중심의 대부분을 차지하기 때문에 분지는 대체적으로 동고서저형의 지세를 이루고 있다. 그러나 그 경사면은 완만하여 선상지의 선정으로부터 선단까지의 거리인 약 4.5km의 비고차가 40m에 불과하다.

이러한 지형이 인간생활에 엄격한 제약을 주었고 영향을 미쳤음은 분명한 사실일 것이다. 물론 특수한 경우 지형적 제약을 넘어 생활권이 확대되었을 것이지만 대부분의 과학기술이 그렇게 발달하지 않았던 사회에서는 이 지형적 조건에 의해서 인간의 행위 공간이 범위화 될 수밖에 없었을 것이다.[11]

앞에서 나눈 지형적으로 구분되는 7곳의 지구에 따라 지금까지 조사된 목관묘와 목곽묘를 중심으로 한 원삼국시대의 분묘가 조사된 현황을 정리하면 다음과 같다.

〈1〉지구인 형산강 하류 지구에서는 인동리 유적(중앙문화재연구원 2004)에서 목관묘 1기와 원삼국의 옹관묘 1기가 조사되었다. 조사 범위가 좁아 목관묘의 분포 현황 등을 파악할 수 없지만 주변 안계리에 대형의 신라고분이 위치하고 양동마을의 동편 능선 너머 일대에는 원삼국시대의 생활유적이 대규모로 분포하는 것으로 보아 주변에 목관묘와 목곽묘가 대규모로 분포하고 있을 가능성이 크다.

〈2〉지구인 경주 북쪽 형산강 서안 지구에서는 오류천 연안인 현곡면 하구리에서 2008년 신라문화유산연구원(2010c)에 의해 목관묘 4기가 조사되었다. 또

11　이상의 지형 분석은 전고(김용성 2009a:274~276)의 내용을 약간 보완한 것이다.

사방천의 연안인 안강 사방리 유적에서 2007년과 2008년 신라문화유산연구원
(2010b)에 의해 목곽묘 2기와 초기의 적석목곽묘 다수가 조사되었다.

〈3〉지구 경주시가지 지구에서는 남천의 남안 탑동(한국문화재보호재단 2010a)
에서 목관묘 1기가 조사되었다. 이 주변에 박씨 왕들의 무덤이라고 전하는 오릉
이 위치하고, 금성이 위치한 곳 역시 그 남쪽 주변 일대에 비정하는 견해도 있으
므로 주변에는 목관묘가 넓게 분포하고 있을 가능성이 아주 크다. 다만 목곽묘가
조성되었는지는 아직 알 수 없는 형편이다.

남천의 북안 황남동과 인왕동 일대에서는 인왕동의 선덕여상 앞에서 비교적
이른 시기 목곽묘로 추정되는 것들이 영남대학교(구자봉 1997)에 의해서 조사
되었고, 팔우정로터리와 경주박물관을 잇은 월성로의 발굴(국립경주박물관 외
1990)에서 비교적 늦은 시기의 목곽묘가 조사되어 목관묘는 분포하지 않으나 목
곽묘가 이곳에 대규모로 분포하고 있음이 확인된다.

북천의 북쪽 서천의 동안인 황성동 유적에서는 대단히 많은 목관묘와 목곽묘
가 분포하고 있음이 밝혀졌다. 그 현황을 정리하면 1985년 국립경주박물관(국립
중앙박물관 1985)에 의해 목곽묘 1기, 1993년과 1994년 국립경주박물관(2002)
에 의해 목관묘 3기, 목곽묘 17기, 옹관묘 3기, 토광묘 1기, 1994년 동국대 경주
캠퍼스박물관(2002)에 의해서 목곽묘 15기, 옹관묘 1기, 경주대박물관(2003)에
의해서 목곽묘 18기, 옹관묘 4기, 2000년과 2001년 한국문화재보호재단(2003;
2005)에 의해서 목관묘 4기, 목곽묘 15기, 옹관묘 8기, 2004년 영남문화재연구원
(2010b)에 의해서 목관묘 16기, 목곽묘 74기, 옹관묘 37기, 토광묘 1기, 2008년
부터 2010년 신라문화유산연구원(2010d)에 의해서 목관묘 41기, 목곽묘 70여기,
경북문화재연구원에 의해서 목곽묘 수십 기가 조사되었다. 따라서 이곳에는 목
관묘와 목곽묘가 아주 많이 분포하며 분묘의 조영이 단절되지 않고 이어졌음을
알려준다.

〈4〉지구인 경주의 서쪽 대천 연안 지구에서는 건천 화천리 유적에서 2010년 영
남문화재연구원(2010c)에 의해 목관묘 5기, 옹관묘 1기, 토광묘 2기, 서면 사라
리 유적에서 1995년과 1996년 영남문화재연구원(2001; 2007)에 의해 목관묘 7

기, 목곽묘 26기가 조사되었다.

〈5〉지구인 경주의 서남 서천의 상류에서는 내남 덕천리 유적에서 2004년부터 2006년 영남문화재연구원(2008)에 의해 목관묘 14기, 목곽묘 122기, 옹관묘 66기, 토광묘 2기가 조사되었다.

〈6〉지구인 경주의 동남 남천의 상류 지구에서는 일찍부터 목관묘와 관련된 것으로 보이는 구정동 청동유물이 알려졌고, 조양동 유적에서 1979년 국립경주박물관(2003)에 의해 목관묘 29기, 목곽묘 12기, 옹관묘 15기, 구정동 유적에서 1982년 국립경주박물관(2006)에 의해 목곽묘 3기가 조사되었다. 이 두 유적은 하나로 묶을 수 있다.

여기서 이어지는 입실천의 연안에서는 역시 일찍부터 죽동리 청동유물의 존재가 알려졌고, 외동 죽동리 유적에서 1996년 국립경주박물관(1998)에 의해 목곽묘 3기, 옹관묘 1기, 2008년 신라문화유산조사단(2008)에 의해 목곽묘 2기, 옹관묘 3기, 북토리 유적에서 2007년 신라문화유산연구원(2009b)에 의해 목관묘 15기, 옹관묘 3기가 조사되었다. 이 두 유적은 하나의 고분군으로 볼 수 있다. 이외 외동 구어리 유적에서 1998년 영남매장문화재연구원(1998a; 2002)에 의해 목곽묘 25기가 조사되었고, 문산리 유적에서 2006년 신라문화유산연구원(2009a)에 의해 비교적 이른 시기의 목관묘 2기가 조사되었다. 또 울산과 경계를 이루는 울산 중산동고분군에서 비교적 늦은 시기의 목관묘와 거기서 이어지는 목곽묘가 많이 조사되고 있다.

〈7〉지구인 신당천 연안 지구에서는 청동유물의 존재가 이미 알려져 있었으나 아직 목관묘나 목곽묘가 조사되지는 않았다. 단지 2007년 천북 동산리 유적에서 목관묘의 잔적으로 보이는 토광묘 1기가 신라문화유산연구원(2010a)에 의해 조사되었고, 유적에서는 조기 신라토기가 출토하는 목곽묘가 많이 분포함이 밝혀져 이곳의 주변에 이전 목관묘나 목곽묘가 군집되어 분포하고 있을 가능성을 열어주었다.

사로국의 형성과 구조

앞에서 살펴본 바와 같이 경주지역을 크게 6개 또는 7개의 지구로 나눌 수 있고, 각 구역에 신라형성기인 사로국 시기의 무덤이 분포함은 문헌의 사로육촌과 관련된 것으로 볼 수 있다. 이들 가운데 안강지구의 경우는 사로국이 아니라 음즙벌국의 고지로 추정되기도 하는데, 그러하더라도 〈6〉지구를 남천의 상류인 북부의 조양동 일원과 입실천 연안인 남부의 죽동리 일원을 나눌 수 있어 6개의 세력집단을 추정할 수 있다. 이에 대해서는 앞으로 자료가 증가하면 해결될 수 있지 않을까 한다.

그러면 이들 세력집단이 어떻게 형성되고 통합되어 사로국을 형성하였는지 살펴보도록 하자.

목관묘의 유입은 남부지방에 국으로 불릴만한 정치체의 형성을 상징하는 고고학적 현상이다. 사로국의 경우도 이를 계기로 하여 성립되었을 것으로 보인다. 그러나 사로국이 국이라고 불릴만한 정치체로 성장하는 기반이 이 이전에 이뤄져 있었는지, 목관묘 축조집단이 등장한 이후 상당한 기간이 흐른 후에야 서로국이 성립되었는지에 대한 의문이 남아 있다.

이를 해결해 보기 위하여 그동안 경주지역에서 조사된 목관묘의 최초 축조시점을 살펴보면 〈표2-1〉과 같다.

표2-1_ 경주지역 사로국시기 무덤의 최초 축조시점

시기	기원전 2C	기원전 1C	기원후 1C	기원후 2C
유적	하구리 문산리	화천리, 조양동 일대 죽동리 일대, 덕천리	인동리 황성동	사라리 탑동 인왕동(목곽묘)

〈표2-1〉은 현재까지 조사된 분묘에 한정한 것이기에 큰 의미를 둘 수 없을지도 모른다. 그러나 대체적인 윤곽을 잡는 데에는 문제가 없지 않을까 한다. 표에서 가장 이른 시기에 목관묘가 축조된 곳은 오류천 연안 하구리와 구어리에 가까운 문산리이다. 이들 목관묘는 비교적 깊숙한 골짜기의 능선에 조성된 특징이 있다. 이는 처음에 목관묘를 가지고 들어온 집단이 하천과 가까운 개방된 곳이 아

니라 비교적 폐쇄된 곳에 자리하였음을 뜻하는 것으로 보인다. 하구리의 목관묘
는 이 시기의 것만 발견되었고, 더 후기의 것이 조사되지 않았는데, 조사된 지점
의 더 하위에도 목관묘가 분포하고 있을 가능성은 크나 이후 계속해서 목관묘와
목곽묘가 이어지며 축조되지는 않았을 것으로 보인다. 이에 비하여 문산리의 목
관묘는 이후 인접한 구어리 또는 울산 중산리 등으로 묘지를 이동시켜 지속적으
로 분묘를 축조한 것으로 보인다. 이는 하구리의 목관묘 축조집단이 개방된 곳인
황성동 등으로 이동하였을 가능성을 지적해 준다. 즉 황성동에서는 많은 발굴이
있었으나 아직 기원전 2C에 해당하는 목관묘가 조사되지 않았고, 기원후에 가서
야 무덤의 축조가 시작되고 있다.

  기원전 2C에 해당하는 목관묘가 이 두 곳밖에 조사되지는 않았으나 앞에서 나
눈 각 지구의 대부분에는 그러한 목관묘가 축조되었을 가능성이 크다. 조양동 일
대, 남천 남안 탑동 일대의 남산 쪽, 그러한 목관묘와 입지가 유사한 화천리, 인
동리 등이 특히 그러한 곳의 후보로 볼 수 있다. 이는 고조선 유민이 처음 경주지
역에 들어와서는 산간에 자리를 잡았다는 『삼국사기』의 기록과 합치하는 것으로
볼 수 있다. 그러나 이들 목관묘는 아직 소형이고 출토유물에서도 현저한 양상이
전혀 눈에 띄지 않는다. 이는 이들 산간에 자리한 집단들이 그렇게 커다란 세력
을 가지지 못했음을 알려주는 것
으로 보인다.

  그러나 기원 전후를 중심으로
해서는 각지에 중심세력들이 존
재한 것이 확인된다. 죽동리의
청동유물과 목관묘, 조양동 38
호묘 등 화려한 유물이 출토되는
목관묘〈도2-14〉 등이 그러하다.
이외 아직 발견되지 않고 있는
남산의 서사면 일대인 탑동 주변
에서도 그러한 시기의 목관묘가

도2-14_ 경주 조양동 38호 목관묘와 출토유물
(국립경주박물관 2003에서)

발견될 가능성이 얼마든지 있다.

만약 탑동의 주변 일대에 그러한 목관묘가 조사된다면 이미 이 시기에 〈3〉 경주 시가지지구가 사로국의 중심인 국읍으로 성장했다는 근거가 될 것이다. 그리고 이를 중심으로 6개의 지구가 통합된 정치체 사로국이 완전하게 성립되었다는 근거가 된다. 이보다 늦은 시기인 기원후 2세기의 탑동 목관묘가 갑작스럽게 대두된 것이 아니라면 그러할 가능성을 더욱 키워준다. 또한 이곳 목관묘 축조집단의 하위집단으로 상정되는 황성동 일대의 집단이 늦어도 기원후 1C에는 성립되었고, 이들이 축조한 목관묘를 탑동 목관묘와 비교하면 위계구분에서 커다란 차이를 둘 수 있음도 그러하다. 이와 같은 연유로 여기서는 늦어도 기원전후에는 경주분지를 통합한 사로국이 성립된 것으로 보고자 한다.

이러한 점에서 기원전 2세기에 남하한 고조선 유민이 산간에 자리하여 터전을 잡았으나 그들의 선진적인 문화를 배경으로 재지의 세력을 통합하거나 구축하고, 또는 그에 동화하면서 개방된 지형으로 내려와 상층집단으로 자리한 것이 사로국의 성립과 관련된 것으로 볼 수 있다.[12]

한편 이시기 사로국의 중심인 국읍은 경주시가지의 남부 즉 남산의 서북사면 일대로 볼 수 있다. 이렇게 형성된 국읍은 이후에도 변화하지 않고 지속된 것으로 보인다. 일각에서는 사라리 130호묘를 왕묘(권오영 1996)로 보고 있는 경향이 있어 이에 반하고 있다. 그러나 사라리의 발굴지역이 상당히 넓음에도 불구하고 동일한 위계로 볼 수 있는 목관묘, 그리고 이후의 현저한 목곽묘도 조사되지 않았다. 즉 위계가 계승된 흔적을 전혀 찾을 수 없기 때문에 달리 해석해야할 것으로 보인다. 사라리 130호묘〈도2-15〉와 탑동 목관묘를 비교하면 거의 유사한 시기에 사라리 130호묘가 더 우세하다고 할 수 있다. 그러나 우리는 탑동 목관묘가 발견된 이제야 그곳에 대형의 목관묘가 존재함을 알 수 있었듯이 더 크고 다량의 화려한 유물을 가진 목관묘가 발견되지 않을 것이라고 장담하지 못한다. 따라서 사라리 130호묘의 주인은 일정한 시기에 세력을 형성시킨 개별적 영웅과

---

12   진한 연맹체의 주도세력은 원래부터 이 땅에 토착한 것이 아니라 외부로부터 이주하여 왔다는 강렬한 의식을 가진 집단이었다는 의견(주보돈 2009)은 이를 강화시킨다.

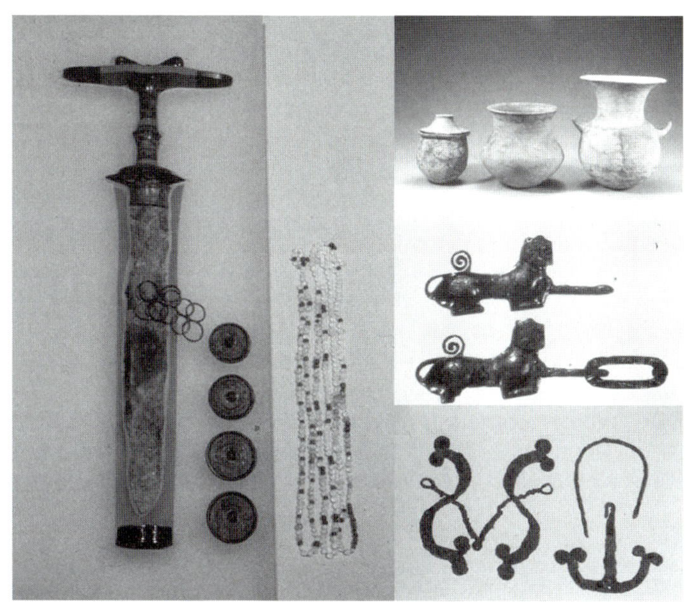

도2-15_ 경주 사라리 130호 목관묘 출토유물
(국립중앙박물관 1998에서)

같은 존재이지 귀속적 지위를 가진 인물로 볼 수 없다. 즉 변화하는 사회상에서 교역을 장악한다든지 등의 기회를 가져 독자적으로 성장하여 지위를 획득한 인물로 볼 수 있고 그 지위가 후손에게 세습되지 않았다고 할 수 있다. 그러나 일정 시기 건천지구를 대표하는 인물이었을 가능성은 있다.[13]

이러한 의미에서 탑동 목관묘의 전면에 배치된 오릉을 다시 생각해야하는 것은 아닌가 한다.

오릉은 신라에서는 발견되지 않는 특수한 분형을 가지고 있다. 마치 작은 무덤이 여러 기가 있는데, 이 위에 큰 봉분을 억지로 씌워놓은 것과 같은 모습이다. 과연 그러한지 장담할 수는 없지만 이러한 점도 고려하여 앞으로 검토된다면 다른 해석이 나올 수도 있을 것이다.

이러한 상태는 목곽묘 단계까지 지속된 것으로 보인다. 그러나 사로국의 중심은 남천을 건너 월성과 대릉원지구로 이동한 것으로 보인다. 월성의 축조시점을 언제로 보느냐는 문제가 있으나 늦어도 후기 목곽묘의 시기에는 축조된 것으로 볼 수 있다. 이렇게 월성이 비교적 늦게 축조되었다 하더라도 선덕여상 앞 인왕동의 발굴에서 전기 목곽묘 단계의 무덤이 존재함이 확인되었고, 월성의 북편에서 이시기 집자리가 존재함이 밝혀져 이를 증명한다(문화재연구소 외 1990). 다만 이 지구에서 아직 대형의 목곽묘가 발견되지 않아 문제가 되나 앞으로 월성로 서편에 해당하는 지구의 조사를 통해 대형의 목곽묘가 밝혀질 것으로 보인다. 월성로 고분군의 가29호와 30호 등의 현상은 그 가능성을 높여준다. 이렇게 국읍

---

13   사라리 130호묘의 주인을 모량부 지역을 대표하는 자로 본 견해(전덕재 2005)가 있다.

의 중심지가 변화하였음은 산지에 가까운 곳에 자리하였던 집단이 하천의 연안인 개방된 지형으로 진출함으로써 이뤄진 것으로 볼 수 있다.

이렇게 본다면 사로국의 사회구조는 이희준(2000b)의 삼한소국 취락분포 정형에 대한 모델〈도2-16〉에 대략 적용할 수 있다. 즉 국읍인 〈3〉지구와 그 주변 촌, 읍락으로 볼 수 있는 〈1〉지구, 〈4〉지구, 〈5〉지구, 〈6〉지구, 〈7〉지구나 〈1〉지구를 제외한 〈6〉지구의 두 세력집단의 중심(구정동 일대와 죽동리 일대)인 대촌을 중심으로 한 몇 개의 촌으로 구성된 읍락을 상정할 수 있고, 이는 대략 문헌의 사로육촌을 뒷받침한다.[14]

한편, 경주지역에서는 한 지구의 현상을 알기 위한 자료의 축적이 이뤄지지 않았으나 경산의 임당동을 중심으로 한 지역의 조사에서는 목관묘를 축조한 다수의 집단이 목곽묘 단계에 이르러 통합되는 현상을 보여준다. 경산 임당지구와 그 주변에서 지금까지 조사된 목관묘와 목곽묘의 분포 현황을 보면 목관묘 단계에는 임당지구 내의 여러 곳에, 즉 영남대 발굴의 조영1B지구(영남대박물관 1998), 한국문화재보호재단 발굴의 A지구와 C지구(한국문화재보호재단 1998b), 영남문화재연구원 발굴의 F지구(영남문화재연구원 1999b) 등에 비슷한 크기의 목관묘가 산재하며, 그 주변의 신대리 유적(영남문화재연구원 2010a)에서도 목관묘가 군집을 이루는 것이 조사되었다. 그러나 신대리 유적에서는 이에 이어지는 목곽묘

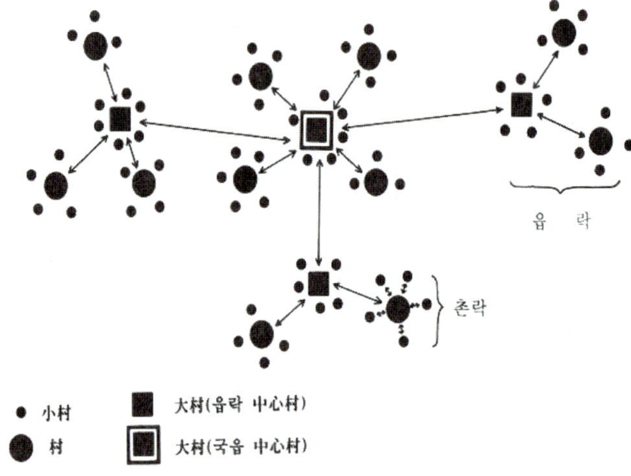

도2-16_ 이희준(2000b)의 삼한소국 취락분포 정형

14　아직 자료가 완전하게 확보되지 않아 촌이나 소촌의 경우 모델에 맞추어 집단의 상정이 불가능하지만 대략적으로는 그러한 조직을 나타낸다. 특히 국읍의 중심촌을 전기에 탑동주변, 후기에 인왕동 등 대릉원지구 집단으로 볼 수 있고, 황성동 집단의 경우 그 주변의 비교적 큰 촌으로 볼 수 있으며, 적어도 구정동·조양동 집단, 덕천리 집단은 읍락의 대촌에 대응시킬 수 있다. 또 죽동리 집단의 경우도 적어도 목관묘 단계에는 대촌이나 그에 버금가는 세력을 가졌던 것으로 볼 수 있다.

와 그 이후의 고총 단계 무덤은 발견되지 않고 훨씬 더 후대인 석실묘 단계의 무덤이 확인되었다. 또 임당지구 내의 A지구에서도 같은 현상이 보이며, 최근 조사된 경산 진량산업단지 유적(한빛문화재연구원 2011)과 대구대학교 내 유적(한빛문화재연구원 2009)에서도 마찬가지로 목관묘와 후대의 석실묘만 조사되고 목곽묘 단계와 고총 단계의 고분은 조사되지 않았다. 이에 비하여 목곽묘는 임당지구에서 특히 대형묘의 경우 조영동의 고총고분이 축조된 지점에 몰려서 축조되어 있고, 목곽묘의 분포 범위도 조영동의 나지막한 구릉과 임당동의 구릉지대에 밀집하고 있음이 확인된다.[15] 또 신상리고분군(영남대박물관 2006b)에서는 목곽묘에 이어 적석목곽묘가 축조되고, 이어서 석실묘가 축조되었음이 확인되었다.

이러한 현상은 임당지구를 중심으로 한 지역과 신상리고분군을 중심으로 한 지역에서 여러 곳에 산재하며 마을을 이루며 살던 사람들이 목관묘를 축조하였으나 목곽묘 단계에는 임당지구가 확실하게 중심집단으로 자리하였으며 목곽묘의 축조가 그곳으로 집중되었음을 알려준다. 즉 느슨하던 마을 사이의 연합 성격의 정치체가 중심을 향해 수렴되어 집중된 권력이 발생했음을 알려주는 것으로 보인다.

자료의 부족으로 경주지역에서 이러한 현상을 찾기 어려우나 이는 일반적인 현상으로 볼 수 있을 것이기에 사로국의 각 지구 읍락이 분산 상태에서 중심으로 권력이 집중하는 상태로 변화하고 있었을 가능성을 타진할 수 있다. 이러한 중심으로의 집중은 목곽묘에서 출토되는 많은 무기류 등과 앞에서 언급한 문헌의 군현이 제어할 수 없었다는 기사와 통하는 것으로 보인다. 느슨하던 마을 간 혹은 집단 간 연합 성격의 정치체 가운데 하나의 마을 혹은 집단이 세력을 키워 통합해 나가는 과정으로 볼 수 있다.

경주지역에서 조사된 목곽묘 가운데 현저한 것은 전기의 황성동 강변로 1호 목곽묘이고, 후기의 것은 구어리 1호 목곽묘이다. 이들의 존재는 앞에서와 같은 사

---

15   임당유적의 대형 목곽묘는 조영동 고총군의 아래와 주변에 밀집 분포한다. 조영EⅢ-9·10호, 조영EⅠ-3·13호, 조영1A-19호, 조영EⅡ-8호, 조영1B-60호 등이 그러하다(영남대박물관 1991a; 1994; 1998). 이러한 현상은 한 가족 집단에 권력이 집중되었음을 의미한다.

로국의 형성과 전개에 대한 해석에 걸림돌이 된다. 그러나 이들이 위치하고 있는 주변에 대한 발굴이 꽤 넓게 진행되었음에도 불구하고 이들에서 이어지는 대형의 목곽묘는 조사되지 않았기 때문에 그렇게 큰 문제는 아니라고 생각된다. 앞에서 설명한 사라리 130호묘의 주인과 같이 개별적 영웅과 같은 존재로 해석하면 되지 않을까 한다. 황성동 강변로 1호 목곽묘는 서천을 통한 교역에서 일시적으로 성장한 집단의 대표로 볼 수 있고, 구어리 1호 목곽묘의 주인은 사로가 울산으로 확대되면서 또는 그 이후라도 경주와 울산 간의 길목에서 역할을 한 인물의 무덤으로 볼 수 있다.[16] 경주의 남쪽 관문에는 일찍이 2C 전반 혹은 1C 후반부터 울산 중산동고분군(창원대박물관 2006; 울산문화재연구원 2011)이 성립되어 지속적으로 무덤이 축조되었다.[17]

한편 경주에 적석목곽묘가 축조되는 시기에 즈음하여서는 더욱 더 권력이 집중된 현상을 찾을 수 있다. 즉 국읍에만 대형의 무덤이 축조되고 각 지구에는 그와 비교할 때 극히 왜소한 무덤만 축조되며 출토유물 또한 대단히 현격한 차이를 보인다. 최근 신라의 도시유적이 조사된 건천지구의 금척리고분군을 제외하면 적석목곽묘로 구성된 대형고분군은 발견되지 않고 있다. 조사된 적석목곽묘 가운데 가장 큰 것이 덕천리의 것(중앙문화재연구원 2005)인데 이 경우 그 규모나 출토유물에서 대릉원지구나 금척리와는 비교가 되지 않는다. 이러한 현상은 이제 경주지역이 사로국이라는 작은 나라가 아니라 주변까지 완전히 통합한 신라로 출발하였음을 알려 준다. 즉 경주 분지가 신라 국가의 수도로서 자리하게 되어 사로국 시기 국읍 주변의 읍락 세력가들 무덤이 경주 시내로 집중되어 나타는 현상이다.

16　황성동 1호 목곽묘의 주변에서 3호 목곽묘가 조사되었고, 구어리 1호묘에 이어 2호 목곽묘가 조성되었으나 각각 현격하게 작아졌고 이에 이어지는 대형의 목곽묘는 조사되지 않았다. 이는 일시적인 위계상승을 의미하는 것으로 볼 수 있다.

17　구어리와 근접하는 중산리의 전기 목곽묘에 해당하는 Ⅶ-4호와 후기 목곽묘에 해당하는 Ⅰ-C호 등은 이 집단이 대촌 정도의 세력으로 성장하였음을 보여주기도 한다. 이 세력을 사로국의 소속으로 볼 것인가 울산세력으로 볼 것인가는 문제로 남아 있다.

　사로국시기의 묘제인 목관묘와 목곽묘를 각각 전기와 후기로 나누어 살펴보았다. 이시기 묘제는 중국에서 들어온 영혼불사의 관념에서 출발한 무덤의 현상을 찾을 수 있으나 그대로 이식되지 않고 당시 한반도의 전통적인 사상에 기초하여 재창출되었음을 알 수 있다. 이렇게 들어온 초기 목관묘는 그래도 이후의 것들보다 중국적인 묘제의 개념에 충실한 것을 읽을 수 있으나 이것이 영남지방에 토착화하면서 중국적 관념은 많이 퇴색하고 이곳의 전통적 사상에 기초하여 새로이 묘제가 정립되었음을 읽을 수 있다. 후기 목관묘에서 묘광의 깊이가 얕아지는 것, 전기 목곽묘에서 반지상화하고 사후생활을 위한 유물이 증가하여 후기 목곽묘에서는 영남지방 특유의 부곽이 발생하는 것 등이 그 대표적인 현상이다. 이는 우리의 전통적인 사후관인 계세사상과 연결되며 현실에서 이어지는 사후생활을 중시함으로써 나타나는 결과로 보인다.

　원삼국시기 무덤의 변화는 사회의 격변과 연결되는 것으로 볼 수 있다. 다른 어떤 제도보다도 보수적인 성격을 가진 묘제의 변화는 사회의 사상, 신앙, 정치, 문화의 변환이 있었음을 알려주는 요소이기 때문이다. 이러한 격변은 고조선 유민의 남하, 낙랑을 위시한 한군현 주민의 남하 등으로 인해 영남지방의 묘제가 변화하였음을 알려주며, 사로가 영남지방의 일부를 장악하여 대외적으로 대표권을 행사하는 즈음에 이르러서도 변화하였음이 분명하다. 따라서 이러한 묘제의 변화는 신라의 성립 과정을 추찰하는 징표가 될 수 있다.

　무덤으로 본 당시 사회의 구조에 대한 측면에서는 이미 기존에 알려진 소국의 구조를 지리의 구분과 무덤의 분포를 통해 확인할 수 있었다. 그리고 문헌과 비교할 수 있는 현상도 확인할 수 있었다. 문헌의 사로육촌과 대응하는 1개의 국읍과 몇 개의 읍락으로 이뤄진 사회가 상정되는 점이 그것이다. 아직 목적적인 발굴이 이뤄지지 않아 당시의 사회상을 올바로 그리기에는 부족한 점이 많으리라 생각된다. 그러나 현재의 불명확한 자료가 충족되기를 기다려 이런 논의를 진행할 수는 없는 형편이다. 따라서 제언적 수준이나마 대략 역을 수 있지 않을까 하는 생각에서 욕심을 부려 보았다.

　글을 전개하면서 필자가 가진 한계 때문에 많은 곳에서 억측과 상상이 난무하여 많은 문제가 있을 것으로 생각된다. 이에 대해서는 앞으로 자료가 증가하면서 고쳐질 것을 기대하며 글을 맺도록 한다.

3
신라의 성립과 신라식 목곽묘

_머리말

원삼국시대 진·변한시기를 지나면서 신라가 성립된다. 고고학으로 봐서는 후기 목곽묘 단계가 그 성립기라고 할 수 있다. 그 대략적인 연대는 서력기원 300년을 전후한 시기로 보고 있는 것이 대세이다. 이렇게 신라가 성립된다함은 이전 진한의 사로국이 성장하여 광역의 정치체를 형성해 가는 과정이라고 할 수 있다. 즉 사로가 주변 소국을 점령하면서 영역을 확장하고 그곳에 영향력을 점차 높여 나가는 과정이라고 볼 수 있을 것이다. 그러한 과정을 알려주는 고고학 자료로는 여기서 후기 목곽묘로 칭하는 신라식목곽묘가 등장하여 주변으로 확산되고 월성이 축조되어 왕성으로서의 역할을 시작하는 것을 꼽을 수 있다.

이 장에서는 이 점에 주목하여 먼저 문헌에 나오는 신라의 성립 과정을 간단하게 정리하고, 그 배경으로 지금까지 논의되었던 자원, 지리, 역사적 정황 등을 살펴본다. 다음에 신라의 성립을 증명해 주는 고고학 자료인 신라식목곽묘와 그 출토유물의 의미를 살펴보고 월성의 조사와 그것이 함유한 몇 가지 의미를 역어보도록 한다.

이는 군장사회 혹은 수장사회라고도 부르는 독립된 많은 정치체가 난립하던 단계에서 점점 하나의 중추적인 소국으로 통합되어 초기국가가 성립해 가는 사회발전 단계를 표지하기도 한다. 마치 중국의 만방임립萬邦林立의 용산문화 상태에서 초기국가 이리두二里頭문화 단계로 발전하는 과정을 연상시킨다.

신라의 성립

대략 3세기 중엽까지의 사정을 알려주는『삼국지』위서 동이전에서는 진·변한의 각 소국이 병렬적 상태에서 경제적 관계를 기반으로 느슨한 정치적 관계를 형성하였던 것으로 나타난다. 이는 3세기 말의 사정을 전하는『진서晉書』단계에 이르러서도 크게 다르지 않다. 진한이 서진에 여러 차례 사신을 파견한 기사가 실려 있는데 그 주체는 당연히 사로였을 것으로 생각되지만 대외적으로는 여전히 진한이 표방되고 있기 때문이다.

이런 상태는 4세기 초쯤, 좀 더 늦게는 4세기 전반에 걸쳐 커다란 변화를 맞이하였던 것으로 추정된다. 즉 사로국을 정점으로 하여 각 소국이 그 하위에 배치되면서 이전의 병렬적 관계와는 전혀 다른 지배–피지배라는 새로운 관계가 형성된다. 이를 신라의 성립으로 볼 수 있을 것이다.

그런 상황 변화를 가장 명확히 보여주는 문헌 기사가『태평어람太平御覽』등에 나온다. 거기서 382년 전진에 간 신라의 사신 위두衛頭는 전진 왕 부견符堅이 그대가 "해동의 사정이 이전과 다르다"고 한 것이 무슨 뜻이냐는 물음에 대해 "중국에서 명호가 바뀌는 것과 같으니 지금 어찌 같을 수 있겠습니까"라고 답하였다. 이는 진한 시절의 사로와는 확연히 달라진 신라의 위상과 자신감을 드러낸 대목으로 풀이된다. 그것은 구체적으로 사로가 이제 영남 지방의 상당 부분을 휘하에 둔 상태임을 암시한다고 보아도 좋을 것이다. 즉 늦어도 4세기 후엽 즈음에는 광역의 신라가 성립하였음을 일러주는 셈이다. 그러면 그 과정은 구체적으로 어떻게 진행되었을까? 문헌 기록에 의하는 한 사로국이 주변 소국들을 대개 군사적으로 정복함으로써 신라가 성립한다.

이른바『삼국사기』초기 기록에는 사로국 주변의 소국에 대한 복속 과정이 기술되어 있다. 기록 그대로를 좇아 대충 살펴보면 탈해왕대(57~80)의 우시산국(울산)과 거칠산국(동래) 정복, 파사왕대(80~112)의 굴아화촌(울산), 음즙벌국(안강 또는 흥해), 다벌국의 정복과 실직곡국(삼척), 압독국(경산)의 내항, 지마왕대(112~134)의 압독국(경산) 재정복, 벌휴왕 2년(185)의 소문국(의성) 정복, 조분왕 2년(231)의 감문국(김천 개령) 정복, 조분왕 7년(236)의 골벌국(영천) 내항, 첨해왕대(247~261)의 사량벌국(상주) 정복, 유례왕 14년(297)의 이서국(청도) 정복과 같다. 이와 같은 정복 기사는 사로의 영역 확장을 의미하기 때문에 신라의 성립 과정을 알려주는 것으로 볼 수 있겠다.

그러나 이 기사에 나오는 그 연대를 그대로 믿을 수 있는지에 대해서는 그동안 많은 논란이 있었다. 크게 보아 기사의 연대를 그대로 취신해 각 시기에 영역을 확장한 신라가 성립된 것으로 보는 긍정론과 사로의 주변 소국에 대한 복속 활동은 3세기 말에서 4세기 전반 사이에 이루어진 것이라고 연대를 수정해 이해하는 수정론으로 나뉜다. 대개 수정론의 입장에서 소국 복속 기사를 이해한다. 그렇다면 사로국에서 신라로의 발전 과정은 크게 보아 4세기 전반 동안 벌어진 셈이다.

이와 같이 사로국은 기원 300년 무렵이나 그 직전부터 지역 단위의 소국 상태를 벗어나 주변으로 영역을 확장하기 시작했으며 그것은 점진적 과정이었다. 위의 소국 복속 기사에 대해 연대는 그대로 받아들이지 않되 그 복속의 상대 순서를 존중한다면 먼저 동해안에 연한 여러 정치집단을 복속하였고, 이어서 낙동강을 향해 흐르는 금호강을 따라 서쪽으로 진출해 낙동강 중류역의 동안東岸을 확보한 후 다시 서북으로 진출함으로써 낙동강 이서의 가야권을 제외한 전역을 복속함으로써 광역의 정치체로 발전한 셈이 된다.

이런 과정은 고고학적으로도 분명하게 감지되는 사실이다. 먼저, 3세기 말 혹은 4세기 초에 경주를 벗어난 주변 인접지역에서 경주 특유의 목곽묘인 이른바 동혈 주부곽식의 세장방형 목곽묘(신라식목곽묘)가 출현해 유행한다. 이런 무덤에는 곡옥을 주체로 한 위세품이 처음으로 부장되며, 조기 신라토기가 등장하고 철제 갑주를 비롯한 중장무기가 등장하는 점에서 사로가 주변 지역으로 점차 세력을 확대해 신라로 전환하는 과정을 읽을 수 있다. 이 직후 4세기 전반에는 적석목곽묘가 출현하며 다시 얼마 지나지 않아 고총으로 볼 수 있는 거대무덤이 출현한다. 거기에는 금공품을 위주로 한 위세품과 신라양식 토기의 초기형이 부장되며 이는 곧 낙동강 이동의 광역에 걸쳐 각지 고총들에 제일성齊一性을 지니고 부장된다. 그런 토기와 위세품이 출토되는 무덤들의 분포는 금호강 이남의 낙동강 이동 지방과 금호강 이북의 낙동강 이동 및 이서 지방이라는 광역에 걸쳐 있다. 이로써 신라가 대략 4세기 후반 이후 이런 지방을 영역으로 장악하고 지방 지배를 개시하였던 것으로 추론할 수 있다.

신라 성립의 배경 요인

신라라는 광역정치체가 출현하게 된 배경적 요인으로는 경주 지역에 자리 잡은 사로의 지정학적 위치와 그와 관련된 경제력 증대를 우선적으로 꼽을 수 있다. 이에 대한 선학의 논의(이희준 2007)를 바탕으로 그를 재론하면서 필자의 의견을 보충하면 다음과 같다.

신라의 주체가 된 사로국의 범위는 대략 지금의 경주시가 자리한 지역으로 볼 수 있다. 이 지역의 중심에 지금 경주 시가지가 위치하는데, 대략 명활산, 남산, 소금강산, 선도산 등으로 둘러싸인 분지에 해당이 되고 그 가운데서도 서천(형산강), 남천, 북천으로 한정되는 지역이 중심권이다. 이곳은 다른 지역들보다 신라시대의 유적이 밀집해 있기에 일찍부터 중심지로서 기능한 것으로 추정된다.

이 중심지를 기준으로 사방의 지리를 보기로 하자. 북으로는 형산강을 따라 안강 소분지에 이르고 그 지척에 형산강 하구인 포항이 위치한다. 동남으로는 남천의 상류를 따라 올라가면 울산으로 흐르는 태화강 지류인 동천의 유역과 장애 없이 연결되는 단층선으로써 동남해안으로 연결된다. 서남으로는 서천을 따라 올라가 재를 넘으면 지금의 양산과 단층선으로써 낙동강 하구로 연결된다. 서쪽으로는 형산강 지류인 대천을 따라 나아가면 그 상류에서 작은 고개만 넘으면 바로 금호강 상류인 영천에 도달하며 이 금호강을 따라 경산과 대구를 지나 낙동강으로 연결된다. 다시 영천에서 북쪽 지역으로는 갑령을 넘으면 의성지역으로 연결되고, 여기서 서로는 상주, 북으로는 예천, 안동과 영주로 쉽게 연결된다〈도3-1〉.

이와 같이 경주의 사로는 다른 어떤 지역보다도 다방면으로 외부와 쉽게 통할 수 있는 지리적 여건을 갖추고 있다. 영남지방 각지 사이의 교통은 지형상 서로

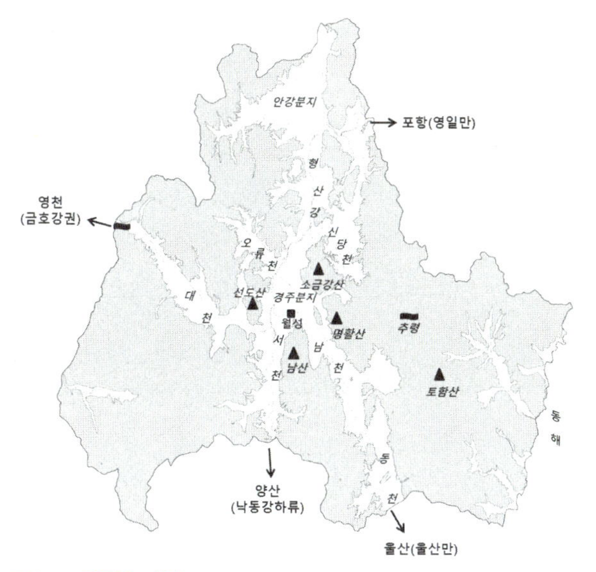

도3-1_ 경주의 지형

단선적일 수밖에 없는데, 사로는 해안에 가까우면서도 내륙의 여러 지역으로 쉽게 통교할 수 있는 다선적인 결절結節 위치에 있었던 것이다. 그로써 경주 지역은 인접한 포항지역과 울산지역인 해안지대로의 출구만 확보되면 낙동강 중류와 상류 지역에서 육로를 따라 해안지대로 나가는 교통의 완전한 관문지關門地에 해당되며 이는 대외교역에서 아주 유리한 지정학적 조건이다.

당시 사회에서 가장 중요한 자원으로는 흔히 철과 소금이 지적되고 있다. 한반도에서는 암염이 산출되지 않으므로 내륙에서는 해안지대에서 생산되거나, 그곳을 통해 들어오는 소금을 이용할 수밖에 없다. 그런 점에서 해안지대에서 내륙으로 통하는 여러 길의 결절점에 해당하는 경주 지역은 내륙으로 가는 물산의 집산지로서 기능할 수 있다는 큰 이점을 지녔음이 자명하다.

철의 경우는 영남지방에서 현재까지 알려진 철산지를 고려할 때 주목되는 곳이 울산의 달천광산과 양산의 물금광산이다. 이곳들은 바로 경주 사로국의 영역 범위 바로 바깥에 해당하는 위치이다. 그리고 그곳에서 생산된 철광석 혹은 철은 내륙 방면으로는 반드시 경주의 사로국을 거쳐야만 들어 갈 수 있다. 그래서 철의 경우에도 경주 지역이 지녔던 이점은 명백하다. 실제로 경주 황성동 유적에서 출토된 슬래그(철재)를 분석해본 결과 비소 성분이 나와서 그 철광석의 산지가 달천광산이었던 것으로 알려져 있다.

경주 황성동유적은 원삼국시대 전기의 목관묘, 후기의 철기 제작 관련 주거지와 함께 철기 생산유구가 발굴된 복합유적이다(국립경주박물관 2000; 경북대박물관 2000; 계명대박물관 2000). 철광석이나 기타 원료를 환원시켜 철을 생산하

는 공정이 이루어지는 노爐는 확인되지
않았으나 생철生鐵을 용해해 주조鑄造 제
품을 생산하는 용해로鎔解爐, 저탄소의
환원철을 단조鍛造해 중간소재나 철기를
생산하는 단야로 등이 비교적 넓은 범
위에 걸쳐 밀집한 현상이 발견되었다. 3
세기 전, 중반 무렵의 이런 철기 제작 관
련 유구 및 유물의 범위와 규모로 보건
대 사로국은 당시 달천광산에서 나온 철
광석으로 제련된 철을 입수해 이곳에서
대규모 철 산업 단지를 운용하였던 것이
다. 그리고 이곳에서 주조괭이 등 완제
품 철기를 생산해 역외로 공급하였음을
충분히 짐작할 수 있다(도3-2 참조). 이
런 철기 생산과 교역이 사로국의 발전을
담보하고 결국 신라로 나아가는 바탕이
되었을 것임은 의문의 여지가 없다.

도3-2_ 경주 황성동 제철유적의 폐기장과 주조철부 용범
(국립경주박물관 2000, 국립중앙박물관 1998 개변)

　당시에 물자의 집산이란 측면에서 관
문지적 성격을 가진 또 다른 주요지역으로 김해를 들 수 있다. 김해는 영남지방
의 중추가 되는 낙동강의 하구에 위치하므로 그 강을 통해 내륙의 물자가 집산될
수 있고 그런 물자는 바다를 통해 여러 곳으로 교역되었다. 또 낙동강을 통해 소
금 같은 전략물자를 내륙으로 공급하는 역할을 할 수 있다. 이를 증명하듯 김해지
역에서는 비교적 이른 시기부터 선진문물을 입수한 흔적이 고고학 유적에서 확인
되고 있다. 특히 이곳 양동리 유적과 대성동 유적의 3세기와 4세기 무덤에서 출토
되는 대륙계 문물과 왜계 문물이 말해주듯 김해지역은 일종의 국제항으로서 기능
하면서 다른 어떤 지역에 비해서도 앞선 선진 지역이었다. 그것을 알려주는 대표
적인 고분이 김해 대성동 91호 목곽묘〈도3-3〉와 88호 목곽묘(대성동고분박물관

도3-3_ 김해 대성동 91호 목곽묘
(대성동고분박물관 2013에서)

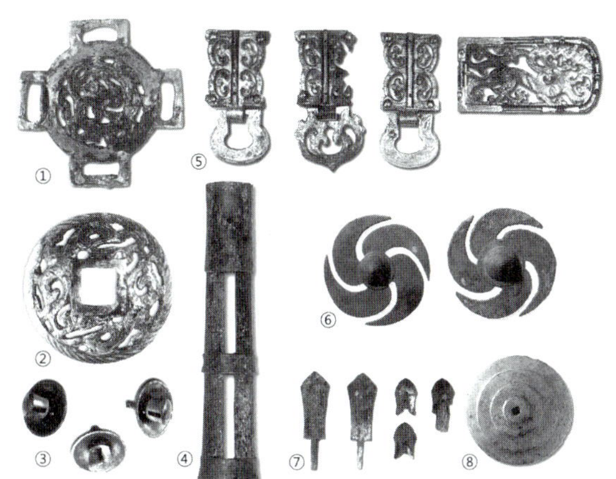

①②운주, ③마령, ④원통형동기, ⑤대금구,
⑥파형동기, ⑦동축, ⑧원판형석제품
(①~③,⑤:삼연계, ④,⑥~⑧:일본계)
도3-4_ 김해 대성동고분의 외래유물(①~④:91호, ⑤~⑧:88호)
(대성동고분박물관 2013에서)

2013)이다. 이들을 비롯한 대성동과 양동리 고분군에서는 삼연 三燕과 관련이 깊은 대륙계의 금동제 마구와 대구, 일본제의 동제품과 석제품이 흔히 출토되고 있다〈도3-4〉. 이러한 유물은 3·4세기 김해지역이 서남해안을 통한 교역의 주도권을 쥐고 있었고, 낙랑의 멸망 후에도 그 교역권이 유지되고 있었음을 반영한다.

이와 같이 3세기 이전에는 영남의 수로 관문이었던 김해의 구야국과 육로 관문이었던 경주의 사로국이 치열하게 경쟁을 벌였던 것으로 보인다. 그러나 3세기 말 이후 시간이 지나면서 사로국이 점차 우위를 차지해 광역 정치제인 신라가 출현하였으나 김해의 구야국은 그러하지 못했던 것으로 보인다. 좀 더 안정적인 교역로를 확보하고 있었던 구야국은 기존 체제를 고수하여 크게 발달하지 못한 반면 사로가 신라로 전환하는 데에는 몇 가지 요인이 작용하였던 것으로 파악된다.

먼저, 경북 내륙지역에서 전략물자인 소금과 철을 입수하는데 운송비 면에서 사로가 유리한 측면에 놓이게 되었다. 서력기원전부터 시작된 영남지방의 정치체 형성과 발전은 그 결과로 위서 동이전에 거명된 진·변한 24개국의 존재가 말해주듯 많은 소국을 탄생시켰다. 이러한 소국들은 자체 운동력을 갖고 발전하면서 외부와 교류했을 터인데, 그러는 가운데 상호간에 우열의 차이가 발생하였음은 짐작하기 어렵지 않다. 이 우열의 차이가 다시 서로간의 경쟁을 부추기면서 각 소국은 안정된 경제적 교환망을 확보해 이를 토대로 부를 축적하려는 노력을 경주하였을 것이다. 이런 소국들 가운데 비교적 우위에 있던 것들이 바로『삼국지』위서 동이전의 진·변한 24개국과 같은 것일 것이다. 이러한 상태는 중국의 신석기시대 말부터 나타나는 만방임립萬邦林立 상태와 같았을 터이다.

　그런데 낙동강을 중축선으로 한 영남지방에서 이런 소국이 발달하거나 자리하였을 곳은 대부분 낙동강에 연한 큰 분지였다. 이는 그보다 후대의 일이지만 강력한 지역집단이 존재하면서 고총군을 축조한 곳이 대부분 낙동강 주변에 자리한 데서 유추할 수 있다. 낙동강의 하구부터 고총군의 분포를 살펴보면 부산의 복천동·연산동고분군은 일단 제외하더라도 양산의 북정리, 창녕의 계성리와 교동, 합천의 옥전, 고령의 지산동, 대구의 화원 성산, 비산동, 문산동, 성주의 성산동, 구미의 황상동, 선산의 낙산리, 상주의 병성동·헌신동, 함창의 신흥리, 예천의 대심리 고총군 등이 낙동강의 본류를 따라 혹은 그에 근접한 지점에 분포하고 있다(김용성 1997:219~221; 이희준 2007:84~86). 이러한 고총군을 형성한 집단이 모두 이전부터 제자리에서 큰 세력 집단으로서 존재했는지는 불분명하지만 아마도 대부분은 그런 기반 위에서 성장한 집단이었을 것이고, 꼭 그러하지 않더라도 그 인근에 그런 세력을 가진 집단이 존재했음을 의미할 것이다.

　이렇게 낙동강에 연한 많은 세력 집단들은 부를 축적하기 위해 낙동강을 통한 물자 교역을 통제했을 터이다. 그런 통제는 낙동강 상류 측 집단이 전략물자를 획득함에 있어서 하류측 집단에 비해 높은 비용 부담을 지는 결과를 낳는다. 낙동강 하류에서 출발한 수송 물자가 각 세력집단을 거칠 때마다 비용을 지불해야 하기 때문이다. 그러나 낙동강 상류, 예컨대 상주와 안동 등지의 집단이 경주에서 내륙로를 통해 그러한 물자를 입수하면 거쳐야 하는 정치체의 숫자가 상대적으로 적어서 자연히 지불 비용도 줄어들게 된다. 앞에서 설명한 경주 중심의 교통로에 따라 낙동강 상류에서 의성-영천-경주로 들어오는 통로를 취하면 적은 수의 세력집단만 존재할 뿐이어서 낙동강을 통한 입수보다는 유리한 것이다(이희준 2007:181).

다음, 동아시아의 정세변동과 맞물려 사로가 선진문물의 입수에 있어서 더 유리한 위치가 되었다는 것이다. 한사군이 설치된 후 한반도에서 선진문화 지역은 한문화가 이식되었던 낙랑을 위시한 서북한 지역이었을 것이다. 실제 목관묘 등 서기전 1세기부터 서기 2세기 무렵까지의 영남지방 무덤에서 출토되는 한경 등 외래계 유물은 다수가 이 지역을 통해 들어온 것으로 판단되고 있다. 그리고『삼국지』위서 동이전과『후한서』동이전에는 나라에서 산출되는 철이 낙랑, 대방, 마한, 왜, 예에 수출되었다고 전하고 있는데 그 교역에는 김해의 구야국이 중추적 역할을 하였을 것이지만 사로국 역시 관련되었으리라 추정되고 있기에 그 철 공급 대가로 선진문물의 유입이 상정된다.

그런데 이런 선진문물의 입수는 해안을 통해 이루어졌을 가능성이 크다. 영남지방은 소백산맥으로 둘러싸인 폐쇄 지형이라는 특성 때문에 육로가 개발되지 않은 상태에서 서북한지역의 선진문물은 서해안과 남해안을 거쳐 영남지방으로 입수될 수밖에 없었을 것이다. 그러나 다른 통로를 또 하나 생각해 볼 수 있으니 바로 동해안이다. 즉 서북한 지역에서 원산만을 통해 동해안으로 연결되는 통로이다. 이 통로는 서북한에서 원산만으로 나아가는 루트가 비교적 힘은 들었겠지만 동해안에 자리하였던 예濊를 고려하면 그 통로가 일찍부터 개발되었음은 추론하기 어렵지 않다. 물론 이 두 통로 가운데 서, 남해안을 통한 쪽이 더 유리한 측면이 있고, 그래서 한사군 설치 초기에는 실제 서북한 지역 문물이 대부분 그 통로를 통해 들어왔을 것이다.

그러나 서기 150년경 무렵인 소위 환령桓靈지간(147~189)에 후한이 쇠퇴함으로써 동아시아는 커다란 격동기에 들어서고 시간이 지나면서 낙랑을 위시한 군현세력은 급속히 약화되었다. 중국의 북방 대부분은 오호五胡로 통칭되는 북방민족이 차지하고, 한반도 북부에서는 고구려가 세력을 키워 강력한 국가로 성장하였다. 4세기 초 고구려는 남쪽으로 세력을 확대해 마침내 낙랑과 대방을 멸망시켰다. 이런 고구려의 성장이 한반도 남부지방에도 커다란 파동을 일으켰음은 짐작하기 어렵지 않다. 비록 낙랑을 위시한 서북한 지역에 아직 선진문물을 가진 집단이 잔존하고 있었으나 더 이상 교역을 담당하는 등의 주체적 역할을 할 수 없었다. 또한 한강 유역에서는 백제가 국가로 성장하기 시작해 서해안을 통한 물자유통을 차츰 통제하였다. 이어서 4세기 후반에는 고구려가 멸망시킨 대방의 고지에서는 고구려와 백제 사이에 치열한 전투가 전개되었다. 따라서 그곳은 양국이 밀고 당기는 전쟁터가 되어 갔다.

이와 같은 변동은 신라의 성립에 유리하게 작용하였던 것으로 추정된다. 낙랑 등 서북한 지역과의 교역에서 결절지로 작용하였던 김해는 그 위상이 떨어지는 결과를 낳았을 것이다. 서, 남해안을 통한 교역의 주된 대상이었던 서북한 지역이 약화되었기 때문이다. 대신에 형산강의 하구와 울산만을 통한 동해안 교역로는 오히려 더욱 중요한 역할을 하게 된다. 고구려가 요동과 요서의 제 세력과 각축하면서 받아들이고 또 이를 토대로 발전시킨 문물은 동해안을 따라 포항 등을 거쳐 경주로 들어오게 됨으로써 신라의 발전에 추동력을 제공하였으리라 판단되는 것이다. 5세기에 고구려에 인질로 가 있던 눌지왕의 동생 복호를 구출한 박제상이 동해안 통로를 이용해 신라로 탈출하고 있음은 그러한 교역, 교통로의 존재를 방증하여 준다. 또한 강원도 해안지대 강릉에 일찍부터 신라고분이 출현함은 이를 거점으로 신라가 고구려와 통교하고 있었던 결과라고 할 수 있겠다.

이런 지리, 지형적 요인과 국제 정세의 변동에 의해 사로에서 신라로의 전환이 촉진되고는 있었으나 다른 측면에서 고려해야 할 점도 있을 것으로 보인다. 서로 경쟁하고 있던 구야국과 사로국을 비교하면 안정된 부의 축적에는 김해가 훨씬 유리한 측면이 있다. 해로를 통한 장거리 교역의 기착지로서의 역할, 안정된 배후지를 가진 관문적 성격 등에서 그것이 인정된다. 즉 비록 교역로가 단순하기는 하였지만 사로의 다변화된 교역로보다는 안정적으로 부를 축적할 수 있는 기반을 가졌던 것이다.

그런데도 김해지역 유적, 유물을 살펴보면 그 지역을 벗어나 문화 혹은 세력이 확산된 흔적이 거의 보이지 않는다. 3, 4세기 유적, 유물에서 그 인근 부산 지역을 제외하면 김해 세력 혹은 문화의 확장을 유추할 증거를 찾아보기가 어려운 것이다. 그러나 신라는 앞에서 기술한 대로 주변 소국 정벌기사가 전하고 있을 뿐만 아니라 3, 4세기의 유적, 유물에서도 경주와 그 주변이 동일한 양상을 보여 세력 확산의 뚜렷한 증거가 된다.

이런 대조적 현상의 원인은 사로의 불안정한 교역로에서 찾을 수 있다. 안정적이지 않은 다변화된 교역로를 비교적 안정된 상태로 유지하는 것은 사로로서는 대단히 중요한 과제였을 것이다. 교역을 위한 철 자원을 확보하기 위해서는 낙동강 하류 양산의 물금광산 등을 손에 넣어야 하기 때문에 당연히 낙동강 대안의 구야국과의 사이에는 충돌이 일어났을 것이다. 그것을 어렴풋하게나마 알려주는 것이 『삼국사기』 탈해왕대의 가야와의 전투 기사이다.

이렇게 해서 철 자원을 확보하였더라도 이를 가공한 다음에는 각지에 공급해야 한다. 특히 원활한 공급을 위해서는 앞서 말한 각지와의 교역로는 장애 없이 유지되어야 한다. 그를 해결하는 방법이 바로 주변 소국을 복속하는 것으로 나타난 것이 아닐까 싶다. 교역로의 노선에 존재하는 여러 정치세력을 무력으로 제압함으로써 안정된 교역로가 확보될 수 있기 때문이다. 사로가 복속을 행한 방면 가운데 먼저 등장하는 지역이 동남해안지역을 비롯한 낙동강 중류역으로 통하는 금호강 유역인 점은 바로 그런 연장선상에 있는 것으로 판단된다. 이런 활동을 위해 신라가 지녔던 무력의 모습은 바로 4세기 경주지역 무덤에서 많이 출토되는 갑주를 비롯한 강력한 무기로 확인된다.

이에 비해 안정적 부의 축적이 가능했던 김해의 구야국은 신라와 같은 적극적 공세를 통해 주변을 압박하는 정책을 사용하지 않고 현황에 안주한 것으로 보인다. 그것이 사로는 광역정치체인 신라로 발전하였으나 김해는 마지막까지 지역 소국의 범위를 탈피하지 못한 원인일 것이다. 비록 4세기 말에 가야가 왜와 연합하여 신라 왕도를 침범하는 등 무력 활동을 벌이기는 하였지만 이는 이미 신라가 완전히 성장한 상태에서 백제의 책동으로 이루어진 것이다. 이런 무력 활동은 정복을 하겠다는 의지가 있었다기보다 오히려 신라가 강성해져 주변에 대한 정복 활동이 더욱 강화되자 이에 대한 반발로 일어난 것이다.

이렇게 성장을 거듭해 성립한 신라는 자원을 확보하고 교역에서 발생하는 수익을 최대한 증대시키기 위해 소백산맥을 넘어 금강 상류와 남한강 상류로 통하는 루트를 개발하였다. 그것을 나타내 주는 것이 『삼국사기』의 계립령과 죽령의

개통 기사일 것이다. 소백산맥으로 둘러싸
인 영남지방에서 한반도 중부 내륙으로 통
하기 위해서는 고갯길을 이용하는 것이 편
리하다. 그런 고개로서는 영주에서 남한강
상류로 연결되는 죽령, 문경에서 역시 남한
강 상류로 연결되는 계립령, 상주에서 금강
상류로 연결되는 화령 등이 주목된다. 이 가
운데 화령은 별다른 장애가 없어 일찍부터
교통이 이루어진 것으로 볼 수 있다. 그것을

도3-5_ 대전지역 4세기대 신라토기(좌:구성동, 우:복룡동)
(한국문화재조사연구기관협회 2014에서)

알려주는 것이 4세기대 상주지역의 고분 양상이 호서지역 목곽묘와 매우 유사한
측면이 있다는 점일 것이다. 또한 호서지방으로 깊숙이 들어간 대전 구성동 유적
과 복룡동 유적(한국문화재조사연구기관협회 2014)에서 4세기 중후반의 신라토
기〈도3-5〉가 출토됨도 그러한 사정을 방증해 준다. 그러나 계립령과 죽령은 험
악한 지세를 뚫은 고개이기 때문에 쉽게 왕래할 수 있는 길이 아니었다.

『삼국사기』아달라이사금 3년(157) "계립령을 열었다"는 기사와 5년(159년)
"죽령을 열었다"는 기사는 바로 이와 같은 맥락에서 대단히 중요한 증거이다. 이
른바 초기 기록에 해당하는 이 기사 역시 기년을 그대로 믿을 수는 없지만 그 역
사적 사실성은 부정할 수 없다. 대개 4세기 중엽 이전의 사정을 반영하는 것으로
해석되고 있다. 이는 영남지방 외부로의 교역 출구가 공식적으로 확보되었음을
뜻한다. 비록 이러한 고갯길이 이전부터 사용되었더라도 공식 교통로로서 국가
적 관리 하에 이 통로들이 개척되어 이용되고 있었다고 한다면 신라의 교역권이
금강 상류와 남한강 상류까지 확대되었음을 의미한다. 또 이러한 교통로의 확대
는 남한강 상류 충주지역의 철을 비롯한 자원을 쉽게 이용할 수 있는 길을 텄을
것이다. 제철유적인 충북 진천의 석장리 유적에서 비교적 이른 시기의 신라토기
가 출토되었음은 그를 반영하는 것으로 볼 수 있다.

신라식목곽묘의 등장과 전개

3세기 말 또는 4세기 초, 사로가 발전하여 지역 수준을 넘어 신라라는 광역의 정치체로 발전하기 시작한다. 이를 상징하는 대표적인 고고학 현상이 경주에 왕성으로 월성이 축조되는 것이고, 그 시기의 고분은 매장 주체가 신라식목곽묘이다(이성주 1996). 이 목곽묘에는 전시기와는 다른 유물이 부장되어 사회의 변천을 지적해 주는데, 대표적인 것이 조기 신라토기의 등장, 철제 갑주를 비롯한 중장무기의 등장, 곡옥을 주체로 한 위세품의 등장이다. 이 목곽묘에 대해 앞장에서 서술된 것을 포함해 좀 더 자세하게 살펴보면 다음과 같다.

목곽묘란 묘광을 파고 그 안에 목곽을 설치한 다음 목곽과 묘광의 벽 사이에 고른 흙을 채우고 봉토를 덮은 무덤을 말한다. 이 가운데 신라식목곽묘란 경주식목곽묘로 불리기도 하는 것으로 동시기의 김해식목곽묘와는 대비되는 묘제이다. 기원 150년 무렵부터 영남지방의 묘제는 목관묘에서 목곽묘로 변천하게 되는데, 이 목곽묘는 묘광의 형태가 장방형이고 내부에 전대 목관묘에 비해 많은 유물을 부장하기 시작하는 특징이 있는 것으로 3세기 말 이전까지의 것은 영남지방 전체의 것이 동일한 형태를 취하고 있다. 이를 전기의 목곽묘라 부를 수 있다. 그러나 3세기 말을 지나면서 낙동강 하구를 중심으로 한 지역의 소위 김해식목곽묘와 경주를 중심으로 한 지역의 신라식목곽묘가 분화하여 대비되게 된다. 전자는 아직 장방형의 묘광 형태를 유지하면서 부곽이 설치된 경우 별도의 묘광을 파서 설치한 이혈주부곽식異穴主副槨式이나 후자는 하나의 긴 세장방형의 묘광을 파고 그 내부의 목곽을 칸막이하여 주곽과 부곽을 구분한 동혈주부곽식同穴主副槨式이다. 이를 후기 목곽묘라 통칭한다(김용성 2011c). (도3-6 참조) 경주를 중심으로 발견되는 후기 목곽묘에 대해서 좀 더 자세하게 살펴보도록 하자.

경주를 중심으로 한 지역의 후기 목곽묘는 앞의 세장방형으로 대표된다. 이 묘의 특징은 전기의 것에 비해서 묘광의 깊이가 훨씬 더 깊어지는 경향을 보이고, 부곽의 성립, 순장의 시행, 합장분의 등장이라는 특징이 있다. 그리고 출토유물

에서는 조기 신라토기(고
식도질토기 혹은 신라조
기양식토기로도 부름)가
등장하여 전대 와질토기
를 구축하기 시작하였다.
이러한 차이점은 새로운
문물의 확산 등을 포함한
사회적 변화를 반영하는
것으로 보인다. 그러한 계
기가 무엇인지는 아직 알
수 없으나 보수적인 묘제
가 변화하였다는 측면에
서는 커다란 문화충격이
있었을 것으로 보인다.

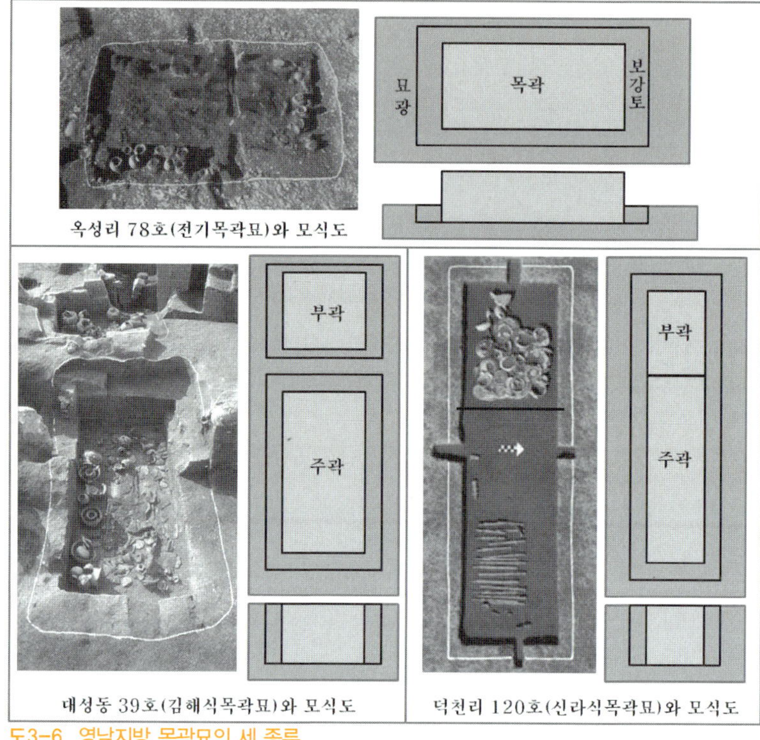

도3-6_영남지방 목곽묘의 세 종류

세장방형이라는 형태는
부부나 가족을 하나의 봉분 속에 합장하기 위한 배려로 보인다. 이를 알려주는
대표적인 무덤이 불국사역 부근의 구정동목곽묘이다. 이 묘는 부부로 보이는 2
호묘와 3호묘가 세장방형으로 나란하게 연접하며 축조되었는데, 하나의 봉분 속
에 함께 들어 있었음을 나타낸다. 이렇게 세장방형을 나란하게 배열하고 봉분을
덮으면 같은 크기의 봉분에서 효율적으로 묘를 축조할 수 있는 이점이 있다. 물
론 이러한 무덤의 배열이 일반적이지는 않고 단장분을 이루었던 것으로 추측되
는 것도 상당히 많은 편이지만 이전과는 달리 합장으로 추측되는 봉분이 등장하
였다는 점은 그러한 의미에서 이러한 묘제가 발생했을 가능성을 높여준다. 하나
의 봉분 속에 이렇게 2기 혹은 여러 기의 무덤을 중복되지 않게 배열하면서 축조
하였을 것으로 추측되는 것은 소위 김해형목곽묘에서는 잘 보이지 않는다.

이시기 대형묘의 특징은 하나의 묘광 내부에 기다란 목곽을 설치하고 칸막이
를 하여 주곽과 부곽을 구분한 동곽구분식同槨區分式이라는 것으로 부곽의 출현이

특징적이다. 부곽의 출현은 이제 사후의 생활유물의 부장
이 본격화되었음을 뜻한다. 이는 현세를 중시하는 사상
의 출현을 의미하며 본격적인 신라식 사생관이 형성되었
음을 뜻하는 것으로 볼 수 있다. 즉 사후의 영적인 존재도
현실세계에서와 같이 현세의 권세를 유지하며 생활한다
는 계세적 세계관이 정착되었다고 할 수 있다. 순장의 출
현 또한 이와 관련되었을 것이고, 이는 고총 단계로 지속
되어 고신라의 특징으로 자리한다(김용성 2011c).

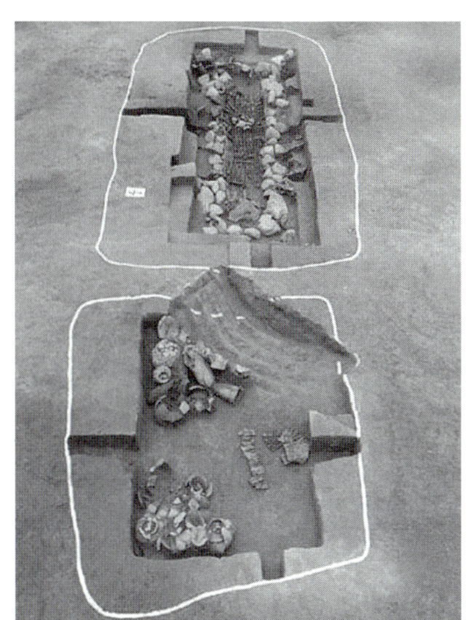

도3-7_경주 구어리 1호 목곽묘
(영남문화재연구원 2002에서)

한편 이시기 구정동묘를 대표로 하는 이러한 무덤 이외
에 구어리 1호 목곽묘(영남문화재연구원 2002)〈도3-7〉
라는 특수한 목곽묘가 경주에서 조사되었다. 이 묘는 이
혈묘광주부곽식으로 앞의 김해형으로 불리던 형식을 가
지고 있다. 이 형식은 이보다 이른 황성동 22호 목곽(동국대 경주캠퍼스박물관
2002)에서 출현하였으나 유행하지는 않았다. 따라서 이를 경주와 그 주변 지역
에서는 특수한 형식으로 설정할 수 있다. 그러나 아직 우리는 이시기 신라의 중
심세력이 축조한 것으로 믿어지는 월성의 북편 대릉원지구의 목곽묘 현상에 대
해 알지 못하기 때문에 그에 대한 판단을 유보해야 할 것으로 보인다(김용성
2011c).

구어리목곽묘보다 약간 늦은 시기의 목곽묘는 경주 월성로고분군(국립경주박
물관 외 1990)에서 다수가 조사되었다. 이 가운데 4세기 전반으로 편년되는 월
성로 가30호와 가31호〈도3-8〉는 출토유물의 구성이나 발굴된 부분이 묘의 서
단부라는 점에서 부곽일 가능성이 아주 크다. 30호 묘광의 어깨선 너비가 180
~230cm라는 점에서 보면 그러한데, 이 너비는 세장방형의 목곽 너비보다 훨씬
넓어 주부곽식으로 볼 수 있다(김용성 2009a:95). 또 일본제 석천石釧이 출토되
어 4세기 신라고분의 편년 지표가 되는 월성로 가29호는 너비가 3.8m나 되는 아
주 큰 대형묘이다. 이점을 감안하면 이곳에 축조된 최고지배자의 무덤들은 이혈
의 주부곽식을 사용하지 않았다고 단정할 수가 없다. 따라서 우리가 신라식 또

는 경주식이라고 부르는 목곽묘 외에 최고지배자의 무덤은 다른 형식의 목곽묘를 사용하였을 가능성이 있음을 고려하여야 한다. 아직 조사되지 않은 당시 경주의 중심고분이라고 할 수 있는 월성 북편 쪽샘지구 등에 대한 조사에서 이러한 목곽묘의 출현이 기대된다. 그러하다면 지금 신라식이라 부르는 세장방형의 목곽묘는 신라성립기 최고지배층의 묘제가 아니라 차등 위계의 묘제로 인식될 수 있다.

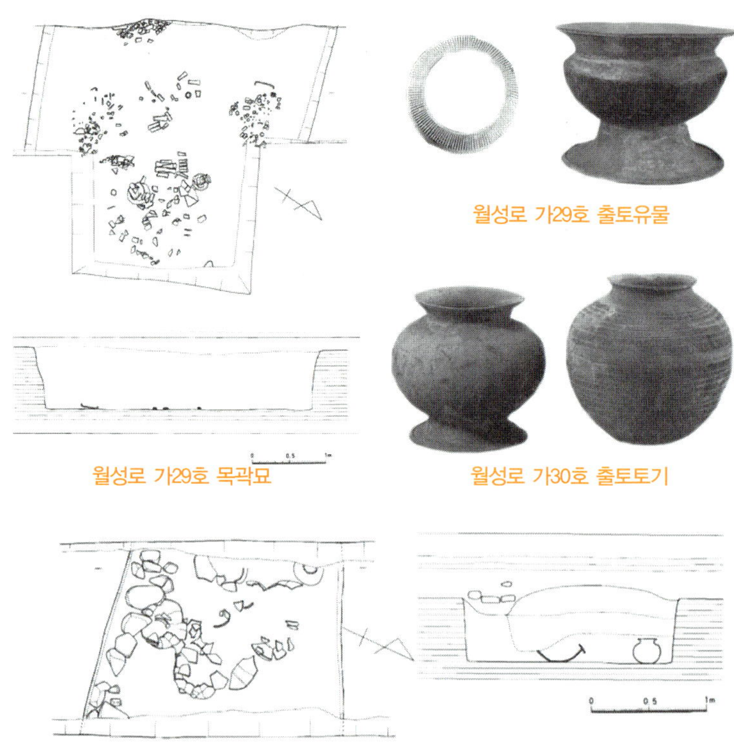

월성로 가29호 출토유물

월성로 가29호 목곽묘

월성로 가30호 출토토기

월성로 가 30호 목곽묘

도3-8_ 경주 월성로 가29·30호 목곽묘와 출토유물
(국립경주박물관 외 1990에서)

이 세장방형의 목곽묘에서 또 하나의 특징은 순장 풍습이다. 이 형식의 목곽묘에 순장이 시행되었음은 경산 조영동 1A-19호묘(영남대박물관 1991a)〈도3-9〉에서 분명히 드러난다. 이 묘는 4세기 전반으로 편년될 수 있는 것으로 역시 주곽과 부곽을 칸막이로 구분한 동혈묘광식의 목곽묘이다. 묘에서는 젊은 여주인공과 같은 또래의 순장자 2인의 인골이 주곽에 고스란히 남아 있었다(정상수 1996). 주인공은 주곽의 동측 중앙에 넓은 공간을 차지하며 매장되었으나 순장자 2인은 그 발치에 서로 겹쳐진 채 나란하게 매장되었다. 주인공에게는 경옥제 곡옥을 매단 머리장식(유기질 대관이나 모관의 장식으로도 추정)을 비롯한 많은 유리구슬의 목걸이와 팔찌 등이 장식되어 있었으며 그 머리맡에는 다수의 토기가 부장되었는데 비하여 발치 2인의 순장자는 별다른 유물을 가지지 않아 서로 간 격차를 분명하게 보여줌

도3-9_ 경산 조영동 1A-19호묘 주곽의 순장
(영남대박물관 1991에서)

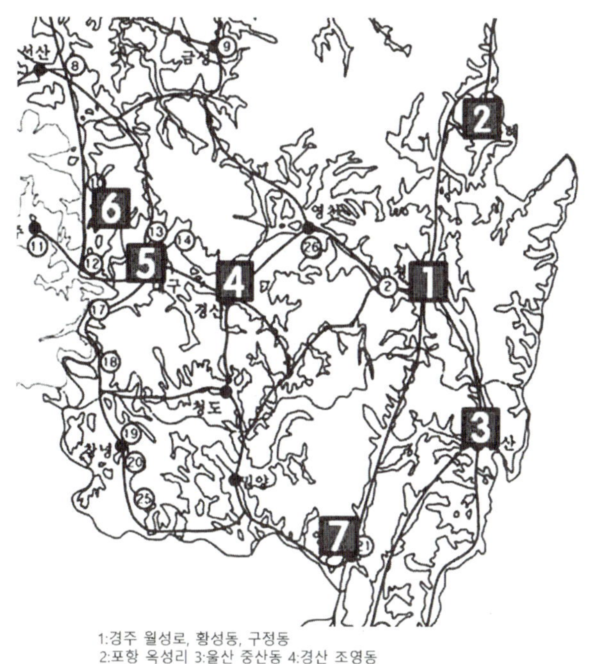

도3-10_ 신라식목곽묘의 분포

으로 순장의 출현을 알려준다.

경주를 비롯한 영남지방은 토질이 산성이어서 인골 등의 부식이 쉽게 일어난다는 점을 고려하고, 긴 세장방형인 구정동 3호묘를 비롯한 목곽묘가 주인공과 그 부장유물이 배치되고도 많은 공간이 남아 있는 점 등을 감안하면 이러한 묘들에도 순장이 시행되었을 가능성이 큼을 엿볼 수 있다. 이러한 순장은 주인과 순장자 간의 지배와 피지배라는 계급의 차이가 엄격하였음을 알려주어 이전과는 다른 사회, 즉 초기국가로 진입하는 상태임을 알려주는 요소이다.

이러한 신라식목곽묘는 경주의 주변에 넓게 분포하고 있는 것이 확인된다〈도3-10〉.

아직 경북 북부지방에서는 이 시기의 고고학 조사가 미진하여 조사 예가 없지만 포항 옥성리, 울산 중산동과 다운동, 경산 조영동, 대구 비산동과 서변동, 칠곡 심천리, 양산 소토리 등지에서 확인되었다(김대환 2008). 즉 포항과 울산을 포함한 경주권과 금호강권을 중심으로 확인되었다. 이들 지역의 신라식목곽묘는 대부분 각지에서 최고 등급에 속하는 묘들이 주축을 이룬다. 그 대표적인 예가 경산의 조영 1B-60호묘(영남대박물관 1994)와 앞서 설명한 조영 1A-19호묘, 대구 비산동 목곽묘(김용성·김대환 2002) 등이다. 이들 목곽묘가 경주를 중심으로 하여 사방에서 조사되고 있음은 신라의 영향력이 이들 지역에 미치고 있었고, 신라와 동일한 장송의례가 시행되었음을 의미하는 것으로 볼 수 있다. 그리고 만약 경주지역의 경우 이러한 묘제

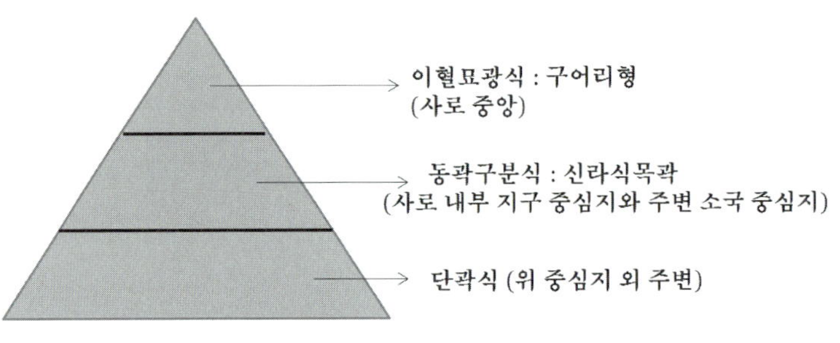

도3-11_후기 목곽묘기 분묘의 위계

의 상위에 구어리목곽묘와 같은 묘제가 존재하여 위계화되어 있었다면 그 위계구조는 〈도3-11〉과 같이 정리할 수 있다. 이는 적어도 이들 묘제가 출현한 곳은 경주를 상위로 한 취락체계[1]가 형성되었음을 상정하도록 한다. 즉 엄격하게 경주가 수도로서 역할을 하였는지는 불분명하지만 진·변한시기 3단계의 통합을 이룬 취락체계가 4단계 통합의 취락체계로 진행하고 있다고 할 수 있다.

이 신라식목곽묘의 분포 범위에 대해서 포항, 경주, 울산 지역을 신라 6부가 지역 내의 세력집단을 통합하여 국가체를 구성해나가는 지역 범위로 추정하고, 그 외곽의 그러한 목곽묘가 분포하는 지역은 소국 단위로 신라에 조공을 바치는 지역집단으로 존재하였다는 견해가 있다(김재홍 2001). 이는 경주를 중심으로 한 포항과 울산지역을 초기 신라의 영역으로 볼 수 있다는 점에서 의의가 있으나 그 바깥 지역의 것을 달리 본다는 점에서는 아직 검토를 요한다고도 한다(김대환 2012a). 어쨌든 구어리형 목곽묘를 상위에 두고 신라식목곽묘를 그 다음의 위계에 두고 살펴보면 경주지역이 신라의 중심지로서 기능한 것이 관찰되므로 3세기말 또는 4세기 초에는 신라가 성립되고 있음을 적극적으로 보여준다고 할 수 있다.

이러한 관점에서 보면 사로와 경쟁하던 구야국의 경우 봉황대 유적이나 대성동고분군의 조사 현황으로 미루어 같은 시기에 국가로 향한 발걸음을 띠고 있었던 것으로 볼 수 있지 않을까 생각된다. 그러나 이후 어떤 연유이든 신라와 같은 광역의 정치체로는 발전하지 못하고 멈춘 것으로 볼 수 있다.

---

1   여기서 취락체계란 취락 분포 정형(이희준 역 2006:178)으로 이해할 수 있다.

신라식목곽묘 출토유물의 함의

이런 신라식목곽묘에서 출토되는 유물 가운데 주목되는 것은 조기 신라토기라고 할 수 있는 고식도질토기와 갑주를 비롯한 강력한 철제무기, 그리고 곡옥을 주체로 한 위세품이다.

조기 신라토기는 두드리면 쇳소리가 날 정도로 단단한 토기로서 등요登窯에서 1,000도 이상의 고온으로 구운 환원염의 회청색 계통 토기이다. 이 토기류는 많은 기종의 형태가 이전의 전기 목곽묘에 부장되던 소위 신식와질토기와는 크게 차이가 없으나 발형기대가 등장하여 화로모양 기대를 대체하기 시작하고 소형의 광구장경호, 컵형토기, 기대 등 새로운 기종이 출현해 유행하는 점〈도3-12〉은 다르다. 이 토기의 제작 기원이 어딘가는 아직 불명확하나 지금까지의 고고학 조사에 의하면 바로 신라식 목곽묘가 축조되면서 거기에 부장되었음이 확인되어 일반적으로 3세기말 정도에는 제작이 개시된 것으로 인식되고 있다.

이 토기의 출현은 토기 제작 기술과 그 체계의 변동을 의미한다. 이전 와질토기의 경우 반半전업적 집단에 의해 토기가 생산된 데 비해, 이 토기는 전업적 전문가 집단에 의해 제작되고 또 유통(이성주 1998:285~288)되었기 때문이다. 이는 당시 사회에서 황성동의 산업화된 제철유적에서 유추되듯이 전문적 집단들이 출현해 각 생산 부문을 담당했음을 알려주는 동시에 그런 집단이 지배계급의 주문에 의해 여러 종류의 물품들을 제조하는 하위 집단으로 존재했다는 것을 알려준다. 즉 일정한 정치 영역이 존재하였고, 그 내부에 계급이 분화되어 생산 부문의 전문가들이 상위 지배자의 관리 하에 놓

도3-12_ 경산 임당유적 전기 목곽묘(와질)와 후기 목곽묘(도질) 토기
(영남대박물관 2012a에서)

여있음을 암시하므로 그 자체로 정치체의 성장을 일러준다 하겠다.

이 토기는 처음에는 영남 각지에서 생산되는 것들 사이에 커다란 차이가 없이 유사한 양식을 공유하고 있어 공통양식기의 도질토기로 불리기도 한다. 소형 토기를 제외한 기종으로 전대 와질토기의 기형을 이어받은 화로 모양 토기, 대부호 등이 커다란 변화 없이 지속되고, 단경호가 많아졌다. 그리고 처음에는 같은 기형의 와질토기와 동반하다가 점차 와질토기를 구축하고 주된 토기로 자리 잡는다. 비록 부산과 김해지역의 토기 양상과 타 지역의 토기 양상에서 차이가 있다는 점에서 약간의 양식 차를 인정할 수 있으나 그렇게 큰 차이를 보이지 않음은 어떤 지역에서 이 토기가 생산되기 시작해 영남 전역으로 확산되었을 가능성을 시사하는데, 아직은 그 진원지를 명확히 찾을 수 없다.

영남지방에서는 이러한 토기가 4세기 중엽 혹은 후엽이 되면 급변하면서 신라토기와 가야토기로 분화되어 배타적으로 분포하는 경향이 명백하다. 전자는 신라양식토기 혹은 낙동강이동양식토기로 부르고, 후자는 가야양식토기 혹은 낙동강이서양식토기로 부르고 있다. 공통양식의 조기 신라토기에서 신라양식토기의 분화는 경주 월성로고분군의 가6호와 가13호(국립경주박물관 외 1990)를 거치면서 확립되고 있음이 찾아진다

〈도3-13〉. 가6호에서는 투공이 뚫리거나 종열로 배열한 투창을 가진 대각의 공통양식 고배가 출토되었으나 이에 이어지는 가13호에서는 종렬의 투창과 교열의 투창을 가진 고배가 함께 출토되었다. 신라양식인 교열 투창의 고배는 가13호와 유사한 시기이거나 약간 늦은 황남동 109호 3·4곽(齋藤忠 1937)에서 출토되고 이후 신라양식이 경주에 완전히 정착한다. 이러한 토기 양식에서의 분화 현상에 정치적 의미를 부여하는 것을 우려하

도3-13_ 경주 월성로고분군에서 신라양식토기의 형성
(국립중앙박물관 1997 개변)

는 견해(이성주 1998:367)도 있으나 신라토기의 분포권이 해당시기 신라식 위세품의 분포권과 겹친다는 점에서 신라의 영역 범위를 의미함을 알려준다(이희준 2007:216·217). 말하자면 적어도 신라토기가 발생한 후 그것이 지속적으로 분포하는 영역이 설정됨은 신라가 광역의 정치체로 성장하였음을 나타내는 표지로 볼 수 있다. 4세기 후반 전진에 견사한 시기가 이 양식의 출현 시기와 대략 겹치고 있는 현상은 그를 간접적으로 방증한다.

한편 신라양식토기의 출현기 경주에서는 다른 지역과 달리 다양한 지역 양식의 토기가 들어와 제작되고 사용되었음이 확인되고 있다. 월성로 가6호에서 출토된 가야식이라고 할 수 있는 토기, 월성로 가5호에서 출토된 함안양식으로 부르는 토기, 소가야양식으로 부르는 토기가 출토되거나 심지어는 화산리에서 그 요지도 조사되었다(중앙문화재연구원 2008b). 또 월성 서편 흑색 재층에서는 부산-김해식으로 부르는 외절구연고배도 출토된 바 있다(이상준 1997)〈도 3-14〉. 이를 모두 출현기의 것으로 볼 수는 없으나 대부분은 그러할 것이다. 이는 신라의 성장으로 그 수도인 경주에 다양한 지역의 토기 생산 집단이 들어와 활동하고 있었음을 알려준다. 따라서 경주가 당시 물품의 생산 중심지과 집산지로서 기능하고 있었음을 분명하게 보여준다고 할 수 있다. 그러나 일단 신라양식토기가 완벽하게 성립하여 정착된 이후에는 외지 양식의 토기를 경주지역에서 찾아보기가 힘들다. 이는 신라양식의 토기가 출현해 정립된 이후에는 경주가 토기의 제작과 분배에서 주도적 위치에 있게 되었

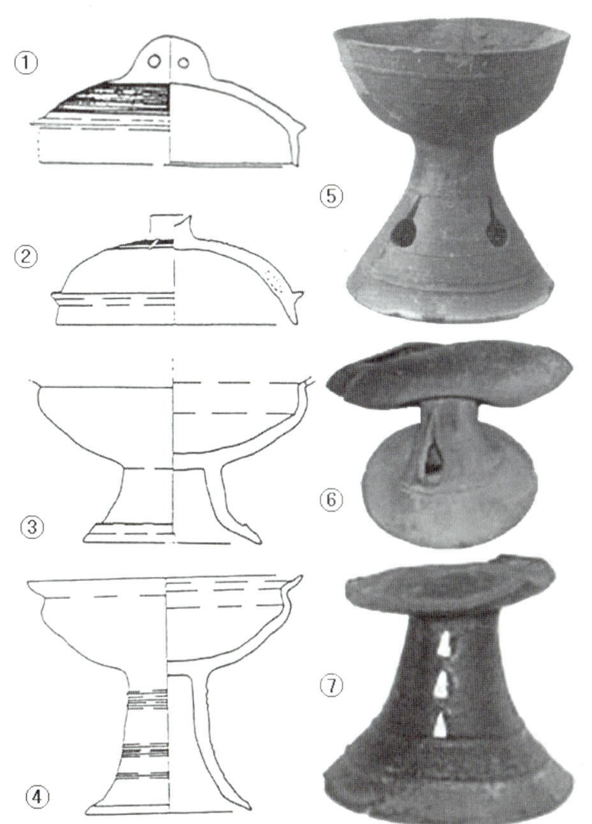

도3-14_ 경주 출토 신라양식 출현기 즈음의 타지역 양식
(①~④ :월성 서편 ⑤ :월성로 가5호 ⑥·⑦ :화산리 가마)
(중앙문화재연구원 2008b, 이상준 1997에서)

고, 그로 인한 경제적 이득을 얻고 있었음을 알려준다.

이 시기의 목곽묘에서 출토되는 유물 가운데 특별한 것은 갑주甲冑를 비롯한 강력한 철제중장무기〈도3-15〉이다. 특히 중무장 무사가 출현하였음을 보여주는 갑주는 주목된다.

갑주는 방호용구로 머리에 쓰는 투구와 몸을 보호하기 위해 입는 갑옷으로 구성되었다. 그리고 후자는 크게 보아 작은 철판인 소찰을 연결해 만든 찰갑과 비교적 넓은 철판을 이어서 만든 판갑으로 구분된다. 이와 같은 갑주는 적어도 중장보병의 출현을 의미하기에 그것이 출토되는

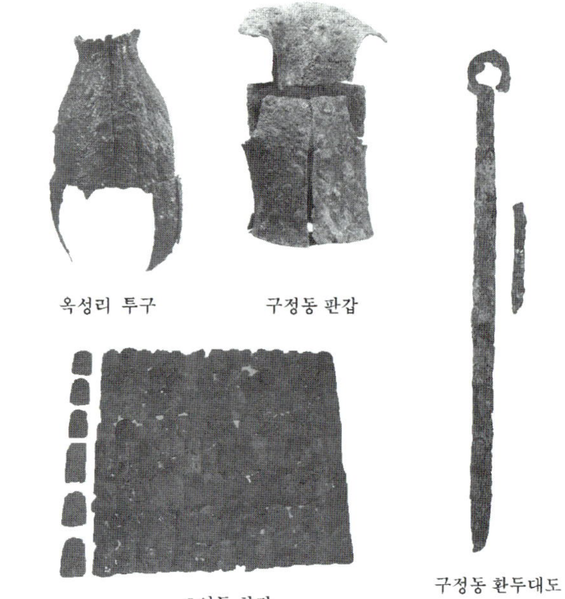

도3-15_ 신라식목곽묘의 중장무기
(국립중앙박물관 1998에서)

시기의 사회가 대외 갈등으로 인한 전투가 빈번하였음을 알려주는 자료이다.

이 갑옷이 한반도 남부에 들어온 시기는 경남 창원 다호리 2호묘(국립중앙박물관 2009)에서 출토된 칠제 찰갑으로 보아 늦어도 서기 2세기로 보인다. 그리고 전기 목곽묘 단계에서도 사용되었음은 대구 달성토성에서 출토된 목제 찰갑(국립대구박물관 2001)으로 유추할 수 있다. 그러나 철제의 갑주는 3세기 말 또는 4세기 초인 신라 성립기의 고분에서 많이 출토되고 이후 이어져나가는 것이 확인된다.

이 무렵의 갑주가 출토된 곳으로는 대략 경주, 경산, 포항, 울산, 부산, 김해 등지가 알려져 있다. 이 가운데 대부분의 지역은 그곳의 중심고분인 최고 지배집단의 묘에서 출토되나 경주지역에서는 이 시기의 중심고분에서 출토되기도 하나 중심지에서 벗어난 소규모의 취락으로 볼 수 있는 집단의 고분군에서 많이 출토되는 특징이 있다.

경주지역에서 4세기 전반 이전의 갑주가 출토된 고분〈도3-16〉은 구정동목곽

도3-16_ 경주지역 4세기대 갑주출토지

묘(국립경주박물관 2006), 구어리목곽묘(영남문화재연구원 2002), 사라리목곽묘(영남문화재연구원 1999a), 월성로고분군(국립경주박물관 외 1990), 동산리고분군 목곽묘(신라문화유산연구원 2010a) 등이 있다. 이외에도 당시 경주지역의 하위 취락이라고 볼 수 있는 울산 중산동고분군(창원대박물관 2000; 2006; 2007)와 하삼정고분군(한국문화재보호재단 2010b)과 같은 곳에서도 갑주가 출토된 바 있다. 이는 이 시기 경주지역에는 중심지의 지배집단뿐만 아니라 그 하위의 주변 취락 집단에도 갑주를 착용한 무사가 존재했음을 알려준다.

이러한 현상은 신라 성립기의 사회상을 이해하는 데 중요한 요소가 된다. 예컨대 김해 대성동이나 부산 복천동, 경산 조영동 등에서의 갑주는 해당지역 최고 지배집단이 소유한 것으로 자신의 방호, 즉 수세적 목적에서의 갑주라고 할 수 있으나 경주의 경우는 달랐음을 말해 주기 때문이다. 경주의 경우는 약간 늦은 시기지만 적석목곽묘로서 금제품 또한 정형화된 형식이 출토된 월성로 가13호(국립경주박물관 외 1990)에서는 갑주가 출토되지 않고 그보다 하위로 추정되는 중심지의 고분에서 갑주가 출토되는 경향이 있고, 또 각지의 하위 취락고분에서 갑주가 출토된다. 이는 갑주의 소유가 지배층 내 하위 위계로 확산되었으며, 그들이 군사 활동에서 중심지 지배집단의 지휘 아래 주체적 역할을 하였음을 반영한다고 할 수 있다. 따라서 수세적 목적에서라기보다는 공세적 목적으로 갑주가 사용되었음을 추론할 수 있다. 이는 왕성한 군사 활동을 의미하며 늦어도 4세기 전반에는 신라가 각지의 주변 소국을 정복하는 전투를 전개한 결과라고 할 수 있을 것이다.

4세기 전반 이전 목곽묘에서 출토되는 유물 가운데 신라식이라고 부를 수 있을 정도로 경주를 중심으로 한 지역에서 주로 나타나는 유물로는 전 시기에서 이어지는 오리 모양 토기〈도3-17〉, 고사리 모양 장식을 가진 철기〈도3-18〉와 새로 등장하는 경옥제 곡옥 등을 들 수 있다. 오리 모양 토기는 경주, 울산, 포항, 부산, 경산, 대구에서 출토되고 있는 것이 알려져 있으며 고사리 모양이 장식된 철모 등의 철기도 그러한 범위에서 출토되고 있다. 특히 구정동 2호 목곽묘(국립경주박물관 2006)에서는 수십 점의 고사리 모양 장식이 달린 철모가 시상으로 깔린 것이 발견되었다. 이는 해당 지역들이 복식이나 의례 등에서 동질적이었음을 반영하는 것으로 신라의 형성이 이때라는 사실을 알려주는 자료이다.

도3-17_오리모양토기(좌:울산 중산동, 우:경산 조영동)
(국립중앙박물관 1998에서)

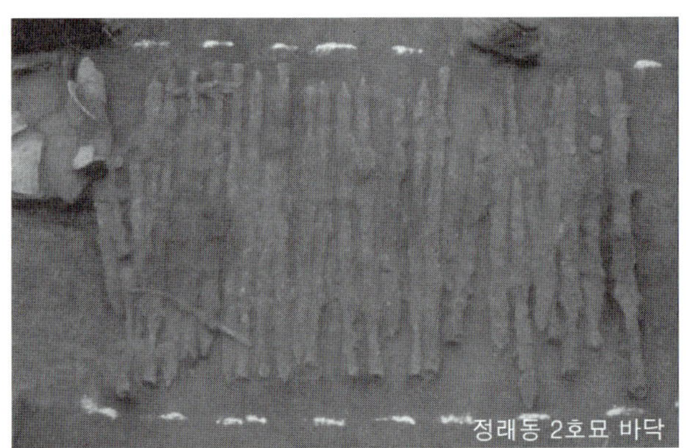

도3-18_경주 구정동 2호묘 고사리모양 장식 철모
(국립중앙박물관 1998에서)

이 가운데 경옥제 곡옥은 이미 선학이 주목하였다시피 각별한 의미를 포함하고 있다(이희준 2007:209~212). 곡옥은 복식의 장식으로 착장형의 위세품으로 볼 수 있다. 경옥제 곡옥이 출현하기 이전 진·변한의 무덤에서는 착장형 위세품으로 수정옥, 마노옥 등이 사용되었다〈도3-19〉. 경옥제 곡옥은 3세기 말 혹은 4세기 초로 볼 수 있는 부산 복천동 38호 고분(부산시립박물관 1992)에서 출토되기 시작해 앞서 언급한 4세기 전반의 경산 조영동 1A-19호부터 임당유적의 대형묘에서 지속적으로 나온다. 경주의 경우는 아직 같은 시기의 완전한 대형묘가 조사되지 않아 불명확하나 4세기 중, 후반의 월성로 가13호에서 정형화된 금공품과 함께 대단히 많은 수량이 출토되어 이전 시기부터 신라의 주요한 착장 위세

경주 황성동 전기 목곽묘(1호) 수정 경식

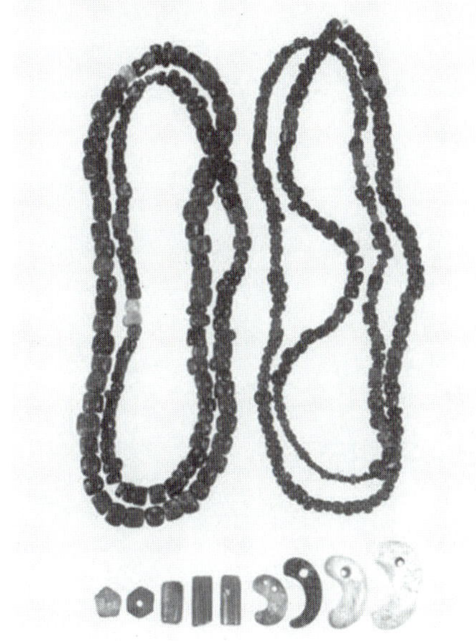

임당유적 후기 목곽묘(조영 1A19, 임당 1호) 곡옥부경식

도3-19_ 전기 목곽묘와 후기 목곽묘의 경식
(한국문화재보호재단 2005, 국립중앙박물관 1998에서)

품으로 기능하였음을 짐작할 수 있다. 그리고 고총이 축조되는 단계에서 경주의 대형분에 수많은 곡옥을 부장하고 있음은 이전 단계에서도 그 분포의 중심지가 경주였을 가능성을 크게 높여준다.

곡옥을 제작한 원석인 경옥의 산지가 국내인가 일본인가의 의문은 아직 풀리고 있지 않지만 일부 분석에 의하면 일본산으로 추정하고 있기도 해서 이 무렵의 경옥은 일본산 원석이 사용된 것으로 추정함이 일반적이다(이희준 2007:211). 이럴 경우 경옥은 대표권을 가진 경주의 사로국 집단이나 김해의 구야국 집단이 일괄 수입하여 재분배했을 가능이 점쳐진다. 그러하다면 신라의 경우 경주에 있던 최고지배자가 원석을 왜로부터 수입한 후 재래의 핵심 위세품인 수정 곡옥을 대체하는 경옥제 곡옥으로 가공해 자신의 위세품으로 쓰는 한편 휘하의 지역 지배자들에게 분배함으로써 자신의 정치적 지위를 강화하였다고 볼 수 있다. 그리고 그에 이어서 곧 금은을 기조로 한 신라식 복식품이 완성되었고, 경옥제 곡옥은 이 복식품의 중요 요소로 계속 기능하였다(이희준 2007:210).

이 시기에 곡옥과 함께 출토되는 특별한 유물이 금박유리옥이다. 금박유리옥은 3세기대의 천안 청당동 유적 출토품과 같은 경우 그 유래가 중국 혹은 낙랑, 대방군에 있는 것으로 보고 있다. 이 시기 영남지방의 것도 그러한지는 의문이나 이 금박유리옥이 출토된 고분에서는 앞의 경옥제 곡옥이 반출되는 현상이 관찰된다. 경옥제 곡옥이 출토된 4세기 전반 이전의 부산 복천동 80호나 경산 조영 1A-19호가 바로 그러하다. 금박유리옥은 좀 더 이른 시기의 경주 덕천리 목곽묘(영남문화재연구원 2008; 2009)에서 출토되기도 하였다. 이는 금박유리옥이 경옥제 곡옥과 함께 착장형 위세품으로 역할을 한 물품이고, 곡옥의 예와 같이 경주에서 분배되었을 가능성을 강하게 시사한다.

이상의 고고학 자료는 신라가 광역의 정치체로 태어나는 과정 혹은 그 결과로 나타나는 현상들로 파악할 수 있다. 이에 이어 나타나는 고고학적 현상인 고총은 이제 신라가 광역 정치체인 국가로서 굳건히 섰음을 뚜렷이 증명한다.

월성의 축조

3세기말 또는 4세기초 사로가 발전하여 지역 수준을 넘어 신라라는 광역의 정치체로 발전하는 과정을 알려주는 또 하나의 커다란 고고학적인 현상으로는 월성〈도3-20〉의 축조이다.

이 시기 신라권 각지에서는 지배집단이 토성을 축조하여 일반민과 구분되는 곳에 거주하는 현상이 보인다. 대표적인 것이 경주의 월성, 대구의 달성, 경산의 임당토성 등이다. 이들이 동시에 축조된 것인지, 사로의 월성이 먼저 축조되고 각지의 토성 축조가 잇달았는지는 아직 명확하게 알 수 없으나 『삼국사기』 신라본기 첨해이사금 15년(261)에 "달벌성을 쌓고 나마奈麻 극종克宗을 성주로 삼았다"는 기록으로 보아 적어도 신라의 지원으로 달성이 축조되었음을 알 수 있고, 월성의 축조가 더 빠를 것으로 판단된다. 달성의 축조시기는 기록을 그대로 믿을 수 없고 4세기중기로 이해하고 있는 것이 일반적이다.[2]

이 월성이 축조된 시기는 대략 기원 300년 전후로 판단된다. 『삼국사기』 신

도3-20_경주 월성과 그 주변
(문화재청 홈페이지에서)

---

2 삼국사기 초기기록의 신뢰문제에서 전기론과 전사론 가운데 전사론의 입장에서 보면 달성의 축조는 4세기 중기로 볼 수 있으므로 월성의 축조는 약간 더 이른 시기로 볼 수 있다. 전사론의 입장에 대해서는 다음의 글을 참조하였다. 주보돈(1995:13~21), 이희준(2007:30).

라본기 파사이사금 22년(101)에 "2월에 성을 쌓아 월성月城이라 이름하고 7월에 왕이 월성으로 이거하였다"라고 하였다. 그러나 일제강점기의 월성에 대한 고고학조사에서는 성벽에 3세기를 전후한 시기의 토기가 포함(有光敎一 1953)된 것이 확인되어 월성의 축조는 그 이후임을 알 수 있다. 늦어도 3세기말에는 월성의 축조가 이루어졌을 것으로 짐작되는데, 그것은 발굴된 경산의 임당토성이 비록 성의 내부가 조사되지는 않아 명확하지 않지만 4세기초에는 축조되었음이 밝혀졌기 때문이다(장용석 2001). 이 연대는 사로가 주변을 한참 복속시키던 시기와 겹쳐진다. 그러므로 월성은 왕의 거주처로서 뿐만 아니라 주변을 복속하는 과정에서 혹은 그 이전에 자체의 방어력을 증강시켜 복속과정에서의 돌발사태 등을 대비하는 방비로써 축조되었다고도 할 수 있다.

이 월성의 주변에는 사로국시기의 주거지뿐만 아니라 고분, 그리고 후대 마립간시기의 고분이 널리 분포하고 있다. 사로국시기에 한정하여 보면 나중에 확장된 월성의 내부 즉 현재 월성의 서편 흑색 재층에서 3세기대의 칠기고배 등이 출토된 바 있고, 바로 북편에 연접해서는 당 시기의 많은 주거지〈도3-21〉가 분포하여 취락이 형성되었음을 알려준다(이상준 1997; 김낙중 1998), 그리고 그 북편 현재의 쪽샘지구 동편 영남대박물관이 발굴한 인왕동 고분의 여러 적석목곽묘의 하층에서 출토된 토기〈도3-22〉(구자봉 1997)로 보면 그들 고분이 축조된 더 전대의 2세기와 3세기 목곽묘가 여기에 분포하고 있는 것이 된다.[3] 따라서 이 주변이 당시 분묘역임을 알 수 있다. 월성 북편에 접해

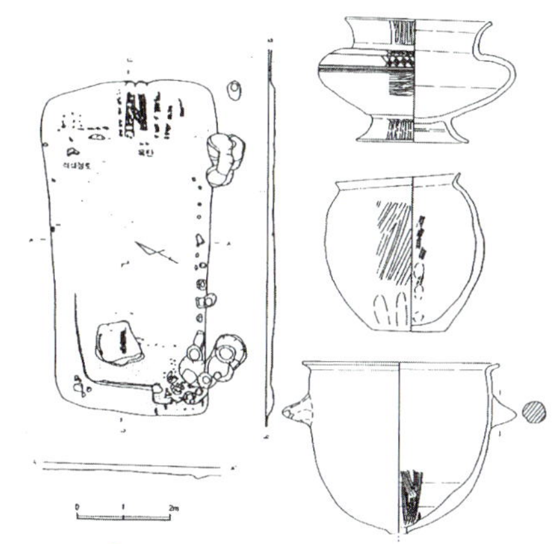

도3-21_ 월성 북편 95-1호 주거지와 출토토기
(이상준 1997에서)

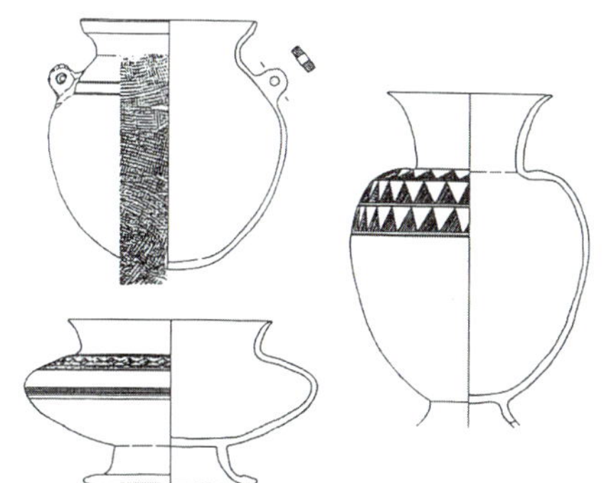

도3-22_ 경주 인왕동고분 하층 토기
(구자봉 1997에서)

---

3   이들 토기는 토기군동, 토기군서 등으로 출토 위치가 부여된 것으로 보아 적석목곽묘가 들어서기 이전에 축조된 목곽묘의 내부 한 쪽에 군집된 토기군을 발굴 시에 인식하지 못한 것으로 볼 수 있다.

조사된 주거지가 월성 축조 이전
의 것이라면 원래는 월성이 축조
된 지점과 그 주변이 주거역이었
음을 추정할 수 있고, 다시 그 북
편에 연하여 매장구역이 배치된
셈이다<도3-23>. 이러한 상태
가 월성의 축조로 인하여 월성의
북편 주거공간이 철거되고 고분
구역은 그대로 남게 되는 현상으

도3-23_ 월성 축조 이전의 주거역과 분묘역

로 변화함이 관찰된다. 이렇게 초기 토성이 축조되기 전 그 주변에 원래 취락이
존재하다가 토성이 축조되면서 취락이 철거되는 현상은 경산 임당유적의 토성과
그 주변 취락 조사 현황(하진호 2012)에서도 찾을 수 있다. 이러한 변화는 월성
의 거주자인 지배집단이 일반민과 격리된 구역을 설정하였음을 알려주는 것으로
지배집단의 독점적 우월성을 잘 보여준다.

한편 경주에는 이 월성의 배후 산성이 이어서 축조되었다. 도당산토성, 남산토
성, 명활산토성 등이 그것이다. 이러한 토성들은 왕성인 월성의 보조적 기능을 담당
했던 것으로 볼 수 있다. 도당산토성은 특수 목적(남당회의 등)(박방룡 1997:6~10)
으로 사용된 것이며 남산토성과 명활산토성은 적의 침입에 대비하거나 유사시
에 사용하는 성으로 이해할 수 있다(박방룡 1997:10~14). 이렇게 왕성을 두고 주
변에 유사시 대피하기 위한 성을 축조한 것은 고구려 국내성과 환도산성 등의 배
치에서 그 원상을 찾을 수 있다. 이후 신라는 왕성인 월성을 그대로 사용하면서 남
산토성과 명활산토성을 석성으로 개축하여 유사시의 대피성으로 활용하였다.

4세기대 이러한 대형 토목사업이 진행되었음은 신라 성립의 적극적인 징표가
될 것이다. 즉 노동력의 동원, 조직, 관리 시스템이 갖춰지고 이 시스템을 유지하
면서 이루어지는 것으로 볼 수 있기 때문에 국가적 조직체가 형성되고 있었음을
뜻한다.

　문헌의 비교적 이른 시기에 나타나는 사로의 주변 소국 점령 기사를 수정론의 입장에서 보면 바로 신라의 후기 목곽묘 단계와 겹친다. 따라서 신라의 후기 목곽묘 단계는 광역의 정치체인 신라 국가가 성립되는 과정으로 볼 수 있다.

　이렇게 신라가 성립되는 과정의 배경으로는 비록 그 중심 주체인 사로가 한반도 동남부에 치우쳐 있었지만 당시 전략물자인 소금과 철의 교환망이 낙동강이라는 수로 중심으로 전개되던 상황에서 여러 가지의 여건 변동으로 경주가 영남지방 관문지로서 역할을 하게 된 것에 있다. 역사적 상황으로 낙랑이 쇠퇴하고 고구려가 한반도 서북지방 문물의 중심지가 되면서 한반도 교역에서 동해안로의 중요성이 증가하게 되었고, 낙동강 유역 제 분지의 정치체가 소국으로 발전하면서 대내의 주 교역로였던 낙동강로의 비용 부담이 증가하게 되어 육로가 발달하여 그것과 동해안로를 통해 대내교역과 대외교역을 행할 수 있었던 경주의 사로가 발전하게 된 것이다. 물론 당시 대내교역과 대외교역에서 더 유리한 조건을 가진 곳은 김해의 구야국이었으나 역사적 상황으로 인한 서남해안을 통한 대외교역로의 혼란과 경북 내륙 제정치집단의 성장으로 인해 교역에서 비용 증가가 발생함으로써 사로에게 밀리게 되었고, 사로는 다변화된 교역로를 안정적으로 유지하기 위해 군사적 성장이 필요하였고, 이를 성공시킴으로써 광역의 정치체 신라로 발전하였다.

　이를 적시해 주는 고고학자료가 신라식목곽묘를 위시한 후기 목곽묘와 그 출토유물, 그리고 월성의 축조이다. 아직 경주의 중심 대릉원지구 목곽묘의 현상에 대해 알 수 없으나 구어리 1호 목곽묘, 월성로 가29호와 가30호로 대표되는 대형묘를 최상위에 두고 세장방형 주부곽식으로 대표되는 신라식목곽묘를 차상위 위계로 파악하면 경주지역의 내부뿐만 아니라 그 주변지역을 포함한 광역에 걸쳐 사로의 중심부인 경주 중앙부를 정점으로 하여 그 하위에 신라식목곽묘가 주체를 이루는 사로 내부지역과 외부 여러 소국 중심지가 배열되는 취락체계를 상정할 수 있다.

　　후기 목곽묘에서 출토되는 경옥제 곡옥을 주체로 한 위세품과 철제 갑주를 비롯한 강력한 무기, 조금 늦게 경주에서 출토되는 다양한 지역 양식의 신라토기 등은 사로가 주변 지역 여러 소국의 상위로 올라섰음을 반영하는 자료이다. 후기 목곽묘에서 출토되는 경옥제 곡옥에서 위세품의 분여를 추정해 볼 수 있다. 철제 갑주가 사로의 하위 취락 고분에서도 출토되는 정황에서 사로의 내부 집단이 공세적이면서도 강력한 군사력을 보유하고 있었음을 추측할 수 있다. 이는 사로가 주변 소국을 지속적으로 점령해 가는 문헌의 과정을 적극적으로 지지해준다. 그리고 신라토기양식의 성립 직전 다양한 지역 양식의 토기가 경주에서 출현하는 것은 여러 지역에서 수도로 발전하는 사로로 이주해 온 사람들이 있었음을 알려주는데, 바로 경주의 도시화가 시작됨을 알려주는 자료로 볼 수 있다. 이에 더하여 후기 목곽묘 약간 늦은 단계에 나타나는 월성의 축조는 지배자 집단이 격리된 공간에 거주하여 일반민과 구분 짓는 독점적 우월성을 보여주고, 노동력의 동원, 조직, 관리 시스템이 존재했음을 알려주는 것으로 국가적 조직체가 성립되었음을 명확하게 보여주는 자료이다.

　　이와 같은 상황은 진·변한의 대등한 관계에 있던 여러 소국 가운데 적어도 금호강 이남의 낙동강 동안지역이 사로를 정점으로 통합되어 신라로 성립되는 과정을 보여준다. 이 시기에 중심인 사로가 주변의 제소국을 완벽하게 지방으로 편입하여 다스리고 있었다고 할 수 있는지는 아직 자료로서 증명되지 않는다. 그러나 다음 장에서 논할 마립간기의 상황과 대비하면 아직 각 소국의 독립성이 더 강했을 것으로 추정할 수 있어 완벽한 지방통치체제가 성립되지는 않은 것 같다. 어쨌든 기원 300년을 전후한 시기에 신라는 성립되고 있었고, 그것은 이전 소국 분립체계에서 단일 왕조체계로 향하는 과정이 시작되었다는 점에 의미를 둘 수 있다.

4

신라의 고총과 고총체계

_머리말

신라고총은 우리나라의 고고학 현상 가운데 가장 현저하게 눈에 뜨이는 것이어서 한국고고학은 고총으로부터 출발했다고 해도 과언이 아니다. 해방 후 우리 손에 의한 첫 고고학 발굴이 바로 호우총과 은령총이었음이 이를 대변한다. 따라서 기록이 빈약한 고대사, 특히 신라사의 연구에는 고총에 대한 파악이 주축자료가 되고 있고, 앞으로도 그러할 것임은 자명하다.

고총은 먼저 높은 분구로 표현되어 그것에 많은 노동력이 투여되어야함을 알려주는 것으로 그것이 축조되던 사회의 집단적 기념물로 보는 것이 일반적이다. 즉 개인의 분묘라는 측면보다는 집단의 대표적 상징물로서 역할을 하였다. 신라의 경우 이 기념물로서의 고총이 축조되던 시기는 문헌사에서의 마립간시기와 겹친다. 따라서 고총의 축조는 신라 국가의 형성과 발전 과정에서 이루어진 것으로 이해할 수 있고, 그것의 출현은 초기국가의 완성과도 연결되는 것으로 이해하고 있다(이성주 2012, 김대환 2012a).[1] 이는 고총이 출현하여 성행하고 쇠퇴함이 신라가 성립하고 발전하는 과정을 이해하는 데에 기반이 될 수 있음을 의미한다. 그리고 이러한 과정은 문헌과 그 연구 성과와 떼어 놓고 이해할 수 없음을 알려주기도 한다.

---

[1] 이들 논의에서 신라의 경우 초기국가란 삼한시기의 소국이 병렬적으로 분포하던 단계에서 벗어나, 즉 지역 수준을 넘어 일정한 영역을 가지고 있던 것으로 추정되는 단계로 중고기 율령 국가가 출현하기 이전의 이 고총 단계를 의미하는 것이 된다.

이러한 관점에서 여기서는 신라고총이 출현하여 확산되고 다시 쇠퇴하는 과정을 신라가 국가로 형성되어 발전하는 과정이라는 가정아래 이를 문헌과 연계시켜 살펴보도록 한다. 글은 먼저 신라의 고총이 축조되던 사회를 마립간기로 보는 시각의 입장에서 마립간기의 개념과 그때의 지방지배 형태인 간접지배론을 제시한 다음 고고학 자료를 검토한다. 고고학의 검토는 신라의 고총이 축조되는 단계의 상황을 경주의 도시경관이라는 측면과 결합시켜 수도가 형성되면서 함께 고총의 축조가 시작되는 것과 고총이 그 도시경관에서 차지하는 몫을 비중있게 다룸으로써 신라가 초기국가로 완성되는 과정을 그려보도록 한다. 그리고 이후 고총이 확산되어 신라권 전역에 축조되는 현상을 통해 그 당시 사회의 체계를 이해할 수 있을 것이라는 고총체계(김용성 2009a:174~179)의 관점에서 당시의 신라 사회가 어떻게 구성되었는가를 찾는다. 이때 고총의 축조는 신라의 지방지배와 밀접한 관련이 있다는 지금까지의 연구 결과에 기초하여 그와 관련시켜 논의를 진행하도록 한다.

이 논의는 신라의 초기국가 형성과정과 전개, 그리고 6세기 이후 율령국가로서의 고대국가 신라가 형성되는 전체 과정에 대한 통사적인 파악에도 도움을 줄 수 있을 것이라 기대한다.

__마립간기와 지방지배

마립간시기는 나물마립간(356~402)부터 지증마립간(500~514)까지 6대 약 160년간을 말한다. 이 시기에 신라라는 국호를 사용하게 되면서 동시에 기존의 '이사금尼師今'이란 왕호를 버리고 '마립간麻立干'이란 새로운 왕호를 사용하였다.

마립간이란 칭호에서 '간'이란 진·변한 이래 각 소국의 최고지배자인 주수主帥를 지칭하던 것으로 이해된다. 이를 보여주는 것이 『삼국사기』 신라본기 파사이사금 23년조에 나오는 "음즙벌주音汁伐主 타추간陀鄒干"의 사례이다. 이후 6세기

의 영일냉수리비와 울진봉평비 등에는 간지干支, 『양서梁書』에서는 한지旱支란 명
칭이 보이는데, 이는 신라 중앙 관등의 어미로 사용되고 있었음을 알려준다. 또
신라의 관등이 정비된 이후의 아찬 등에서처럼 찬飡이란 관등 어미는 간에서 출
발한 것임을 알 수 있다. 그리고 '마립'이란 머리, 대청마루, 고개마루 등의 용례
에서처럼 '으뜸', '우두머리'라는 뜻을 가진 것으로 이해된다. 따라서 마립간이란
신라 육부 소속의 각급 간은 물론이고 지방의 최고 지배자 간들의 우두머리란 의
미로 이해할 수가 있겠다. 간 중의 간, 즉 왕 중의 왕이란 의미가 된다. 따라서 마
립간이란 왕호는 당시 신라의 중앙에 마립간을 정점으로 한 지배집단 간군이 존
재하였고, 지방에는 그 지역의 간이 일정 영역을 다스리는 가운데 중앙 마립간의
통제를 받고 있었음을 알려 준다.

이런 새로운 체제는 왕경과 지방이 성립되면서 신라의 모태인 사로국 자체는
왕도로서 기능하게 되고 새로 편입된 영토는 그에 대치되는 지방으로 자리함으
로써 엄격한 의미에서 지방통치제도가 성립되었음을 의미한다. 그러나 당시 신
라 중앙정부는 복속한 지역을 대상으로 지방관을 파견해서 통치하는 직접지배를
곧바로 실시하지는 못하였다. 그것은 복속된 지역의 공동체적 결속력이 강고하
기도 하였거니와 그를 해체시킬 수 있을 만큼 신라의 중앙집권력이 아직 제대로
확립되어 있지 못하였기 때문이다. 특히 왕도의 지배집단이 국왕(마립간)을 정
점으로 단일한 체제를 이루지 못하고 부部라 불리는 여러 집단이 회의체 형태로
국정을 운영하는 상태였다. 이러한 지배 형태를 취한 이유는 물론 신라의 중앙집
권력이 그만큼 강하지 못하였던 것이 일차적 요인이었다. 하지만, 다른 한편으로
그와 더불어 고구려, 백제, 가야라는 주변 여러 세력의 위협이 상존하는 상태에
서 그들의 기반을 완전히 해체, 재편하여 커다란 갈등을 유발시키는 것보다는 그
들을 온존시키면서 통제해 나가는 것이 한층 안정적이고 효과적일 수도 있었기
때문이다.

이러한 지방통치방식을 흔히 간접지배라고 부른다. 간접지배란 대체로 공납貢
納이라는 복속의례를 매개로 하여 지방이 상당할 정도로 자치를 보장받는 지방
통치방식을 말한다. 즉 지역 지배층의 정치·경제적 기반을 해체하지 않은 상태

에서 그들을 통해서 당해 지역을 지배하는 방식이다. 따라서 지역의 지배층은 그 과정에서 스스로의 권력 기반을 갖고서 중앙정부로부터 권한을 위임받는 방식으로 지역 공동체 성원들에게 한층 강화된 권력을 행사하였다.

신라가 광역의 정치체를 형성하면서 그와 같은 간접지배 방식으로 지방을 통치함으로써 지역의 상호관계에서는 이전과 달리 커다란 변화가 일어난다. 진·변한시기에 소국으로 통칭되는 단위 지역들은 영남지방 곳곳에 형성된 분지나 수계로 연결된 일정한 영역, 즉 현재의 군郡 정도 영역을 차지하였던 것으로 상정된다. 이들은 상호 경쟁하면서 성장하였을 터인데 상호 관계는 다원적 관계, 즉 인접 지역집단들이 대등한 정치적 관계 속에서 경제적 교환체제를 형성하고 있었다. 그러나 신라의 성립으로 소국이 자리한 각 지역 단위가 경주 지역과 상하관계를 가진 지방으로 편제되면서 지역 상호간의 경제적 관계는 엷어지고 각 지역과 중앙, 즉 경주 지역 사이의 공납과 분배 관계가 상호 관계의 중심을 이루게 되었다. 지방의 각 지역에서 산출되는 물자는 경주로 집중되고, 그 일부만이 지역으로 다시 재분배되는 관계가 형성된 것이다. 이런 관계는 시간이 흐르면서 점점 강화되어 갔을 것이고 중앙인 경주의 경제력은 더욱 더 축적되는 결과를 낳았을 터이다.

간접지배의 형태로는 크게 네 가지가 있었으리라 추정되고 있다(주보돈 1998:43~49). 첫째, 지역이 의례적 공납 등의 형식으로 신속을 표하는 대가로서 거의 완전한 자치를 허용 받는 경우, 둘째, 피복속지역의 자치는 그대로 허용하되 당해 지역의 유력세력에 대해서는 중앙에 의해 일정한 재편의 과정을 거친 경우, 셋째, 피복속지역의 유력세력을 중앙으로 이주시켜 귀족화시키고 원래의 지역은 그에게 식읍 등의 형태로 지급하는 경우, 넷째, 피복속지 가운데 중요한 군사 요충지에는 중앙에서 직접 파견한 군관軍官을 상주시킨 경우가 그것이다. 이네 가지 경우는 병존하기도 하였지만 때로는 지역에 따라 단계적으로 나타났을 것으로 보고 있다. 그때그때 해당지역의 상황에 따라 이 가운데 하나의 방식이 채용되고, 상황이 변화하면 또 다른 방식이 쓰였다는 것이다.

위와 같은 간접지배의 여러 형태는 문헌에 의해 다음과 같은 예들이 지적되고 있다. 다만, 아래의 예들에서 그 연대는 그대로 믿을 수 없고, 신라가 성립되는 3세기 말 또는 4세기 초 이후의 일일 것이다.

첫째의 경우로는 비록 6세기 초의 사정이지만 울릉도에 있었던 우산국이 지증마립간 13년(512)에 이사부異斯夫에게 정복당하고 신라에 토산물을 바쳤던 사례이다. 이는 이후 재편되거나 지방관이 파견되었다는 흔적이 없으므로 공납을 바탕으로 자치권이 허용되었을 것이라 본다. 이밖에도 신라에 내항한 실직국(강원 삼척)과 압독국(경산) 등도 비슷한 경우로 손꼽는다.

둘째의 경우는 『삼국사기』 신라본기 파사이사금 5년(84)에 고타군주古陀郡主가 청우靑牛를 바쳤다거나 벌휴이사금 3년(186)에 남신현南新縣에서 가화嘉禾를 바쳤던 사례가 지적되고 있다. 이곳들이 군현으로 표현되고 있음은 비록 당시 실제적으로 군현이 설치된 상태는 아니지만 중앙의 편제 과정을 거쳤고, 그에 대해 중앙정부의 영역이라는 인식이 더 강화되었다고 보는 것이다.

셋째의 경우로는 골벌국(영천)이 신라에 복속되는 사례이다. 조분이사금 7년(236) 골벌국왕 아음부阿音夫가 신라에게 내항했을 때, 그에게 제택第宅과 전장田莊을 지급해 안치시키고 그 지역을 군으로 삼았다고 하였는데, 이는 골벌국이 아음부의 식읍으로 설정되었고, 그와 혈연관계가 있는 유력자를 간으로 임명하여 지배하게 되었다는 것이다.

넷째의 사례는 적지 않게 발견된다. 벌휴이사금 7년(190) 좌군주 구도仇道가 와산성蛙山城 싸움에서 백제에게 패하고 부곡성주缶谷城主로 좌천된 사실, 첨해이사금 15년(261) 달벌성을 축조하고 나마奈麻 극종克宗이 성주로 임명된 사실 등이 여기에 해당되는 것으로 보고 있다.

이렇게 공납을 받는 대가로 간접지배를 실시한다고 해서 신라 중앙은 지방에게 무제한적 자치를 허용하지는 않았다. 일정한 방식을 통해 지배체제로부터의 이탈을 방지하고 나아가 항구적 지방지배를 실현하기 위해 다양한 형태의 감시체계를 마련하였고, 지방세력 사이에는 경쟁을 부추겨 그들의 성장을 저지하기도 하였다.

통제와 감시의 방법으로는 국왕이 지방을 순수해 해당 지역의 사정을 파악하고 감시하는 방법, 수시로 임시감찰관을 파견하는 방법, 재지세력을 필요시 중앙으로 불러 견제하는 방법 등이 사용되었다. 그리고 비슷한 재지세력 사이에 대립과 갈등을 조장하고 중앙에 대해 충성 경쟁을 하도록 하는 교묘한 통제책도 활용하였고, 비교적 강력한 재지집단의 주변 집단을 지원해 이이제이以夷制夷 방식으로 견제하는 방책도 사용되었다.

이렇게 신라가 성립하고 마립간시기에 들어서면서 신라 중앙정부에서는 유력한 피복속 재지세력에 대해 신속하는 대가로 부분적 지배권을 승인하여 주었다. 재지 유력세력은 비록 기존에 보유하던 완전한 독자적 지위는 상실했지만 신라(사로)라는 훨씬 강한 새로운 배후세력에 의해 지배권을 보장받아 이를 누대에 걸쳐 이어가며 행사할 수 있었다. 그러한 징표는 조사된 신라의 고총과 그 문화현상에서 분명하게 드러난다.

__왕도의 성립과 신라고총의 출현

왕도의 성립

4세기 후반으로 들어서면서 경주는 신라의 왕도로 성립된 것으로 볼 수 있다. 다만 이 시기 경주에 도시의 구획 및 그 방어시설이 등장하지는 않았으므로 도시의 공간적 범위, 혹은 도시민의 거주구역이 어디까지인지를 명확하게 알기 어렵다. 그러나 3세기 말부터 4세기에 걸친 유적의 분포는 경주 분지의 한 가운데를 관통하는 현 경주시가의 공간에 지배집단의 왕궁과 분묘군, 그리고 전문생산시설로 기능적인 분화가 이루어졌음을 알 수 있도록 한다. 월성과 그 주변은 지배층의 거주구역 및 행정중심지, 황남동과 황오동 일대는 지배층의 분묘군 구역, 황성동 일대는 전문적 생산공방과 제철집단의 거주지 및 분묘군이 밀집한 지역으로 볼 수 있는 유적이 확인되는 것이다(이성주 2007). 또한 이 중심지를 약간 벗어난 지점들에서는 일상용품을 생산하던 토기요지 등이 확인되고 있다. 이들

구역 사이에 유기적인 관계가 있을 것임을 상정하면 적어도 장축 3.5~4.0km의 중심지를 생각해 볼 수 있다(이성주 2007). 이 지역을 도시로 인정하기에는 더 많은 증거자료를 필요로 하지만 적어도 4세기후반 이후에는 국가체의 중심지로 볼 수 있게 된다.

앞에서 설명한 바와 같이 3세기를 지나면서 축조되어 왕과 왕족의 공간으로 분리된 월성이 5세기 후반에 개축되고 있음이 문헌과 고고학 자료에서 확인된다. 『삼국사기』 신라본기에는 자비마립간 16년(473)에 명활성을 수즙하였고, 자비마립간 18년(475)에 왕이 명활산성으로 이거하고, 소지마립간 9년(487)에 월성의 수즙을 마치고, 10년(488)에 다시 월성으로 왕이 이거하였다고 하였다. 그리고 소지마립간 18년(496)에는 궁실을 중수하였다는 기사가 있다. 이는 왕성인 월성을 개축하기 이전에 먼저 부성인 대피성으로 역할을 하던 명활성을 토성에서 석성으로 고쳐쌓고, 명활성으로 왕이 이거하면서 월성을 본격적인 왕성으로 개축한 다음, 다시 월성으로 옮겨 왕성의 역할을 지속했음을 보여준다. 그리고 왕성 내부 공간의 시설이 확충되는 것도 말해준다. 이는 고고학의 월성을 돌아가며 축조된 해자垓字와 주변의 굴립주건물지 조사(이상준 1997)가 증빙해 준다.

해자는 호濠, 호참濠塹, 황隍, 지池라 불리기도 하는 성벽 외곽에 파 놓은 못 또는 물길로 적이 성벽에 직접 전근할 수 없도록 하거나 이를 경계로 공간을 구분하고자 설치된 시설물이다. 선사시대에 이미 주거집단을 보호하기 위하여 환호環濠가 축조되기 시작하며 토성이 발생된 이후 대부분의 성에 이것이 갖추어진다(許宏 2000:52). 월성 주변의 해자는 성 남면은 만곡하며 흐르는 남천을 그대로 이용하였고, 나머지 성벽을 따라서는 부정형의 못을 파고 냇돌로 그 호안을 구축한 연못형 해자, 그리고 이 해자를 메우고 정다듬한 화강암을 정연하게 쌓아 석축한 해자가 발견되었다. 이 가운데 연못형 해자에서는 5세기후반 이후의 신라토기가 출토되어 앞의 월성의 개축 시에 이 해자가 축조되었음을 밝히고 있다(이상준 1997).

이러한 왕성의 보강과 함께 신라는 5세기 후반 월성을 중심으로 한 주변을 도시로 발전시키고 있다. 『삼국사기』 신라본기에는 눌지마립간 19년(435)에 역대의 원릉園陵을 수즙하였고, 자비마립간 11년(468)에 서울의 방리坊里 이름을 정하였고, 소지마립간 9년(487)에 나을奈乙에 신궁을 축조하였고, 지증마립간 10년(509)에 동시東市를 설치하였다고 한다. 이는 월성의 개축과 함께 월성 주변이 본격적인 왕도로 정비되는 과정으로 볼 수 있다.

이렇게 5세기에 경주는 앞의 왕성뿐만 아니라 그 주변에 든든한 석축의 산성이 마련되고, 도시화를 향해 행정구획이 시작되었고, 의례시설이 들어서는 등 도시구조가 틀을 갖추고 있었음을 시사한다. 이 시기에 방리의 구획이 시작되고, 시장이 형성되는 등의 자료는 아직 고고학에서 발견되지 않고 있으나 비록 후대이지만 황룡사를 중심으로 하여 방형 구역으로 도시가 구획되고 그 구역 사이에 도로가 축조되어 있음이 밝혀졌다(국립경주문화재연구소 2001). 이는 왕궁을 제외한 지역이 방리로 구획되어 있었음을 분명히 하는 것으로 월성을 중심으로 한 그 주변이 왕경으로 성립되었음을 뜻한다. 아마도 이러한 왕경 구획은 4세기 후반에 이미 기틀이 잡혔을 것이다.

신궁의 축조는 이 도시에 국가적인 의례기능이 부가되었음을 뜻한다. 이전부터 국가적 의례로 시조묘始祖廟제사가 지속되었으나 이와 같이 본격적인 국가의례 건물이 축조되었음은 단지 지배집단의 시조에 대한 의례에서 떠나 그것이 국가 전체의 의례로 자리하는 등 다른 단계로 접어들었음을 뜻한다. 신궁이 어디에 어떻게 설치되었는가는 아직 고고학에서 확인되지 않는다. 그러나 남산 서북면 아래의 나정에서 이 시기의 건물지가 조사되었고, 그것이 나중에는 팔각형의 흔히 볼 수 없는 특이 건물로 변화하고 있음이 확인되었다(중앙문화재연구원 2008a). 또한 월성의 서북편 계림의 북편과 첨성대 사이에서는 중국의 고대 예제건축을 닮은 대형 건물지가 조사되기도 하였다(국립경주문화재연구소 2009)〈도4-1〉. 이 건축 또한 조사된 것은 후대의 것이나 이전의 기반 위에 설립되었다고 보면 국가적 의례시설이 왕궁의 주변에 설치된 것이 된다. 이렇게 4세기후반 이후 신라라는 국가의 통합이 완료되어 전체 국가적 의례시설이 들어서고 있음은 경주가 한 국가의 수도로서 기능을 완벽하게 실행하고 있음을 보여준다고 하겠다.

이 도시의 경관에서 중요한 부분을 차지했던 것이 고분의 군집화이다. 적석목

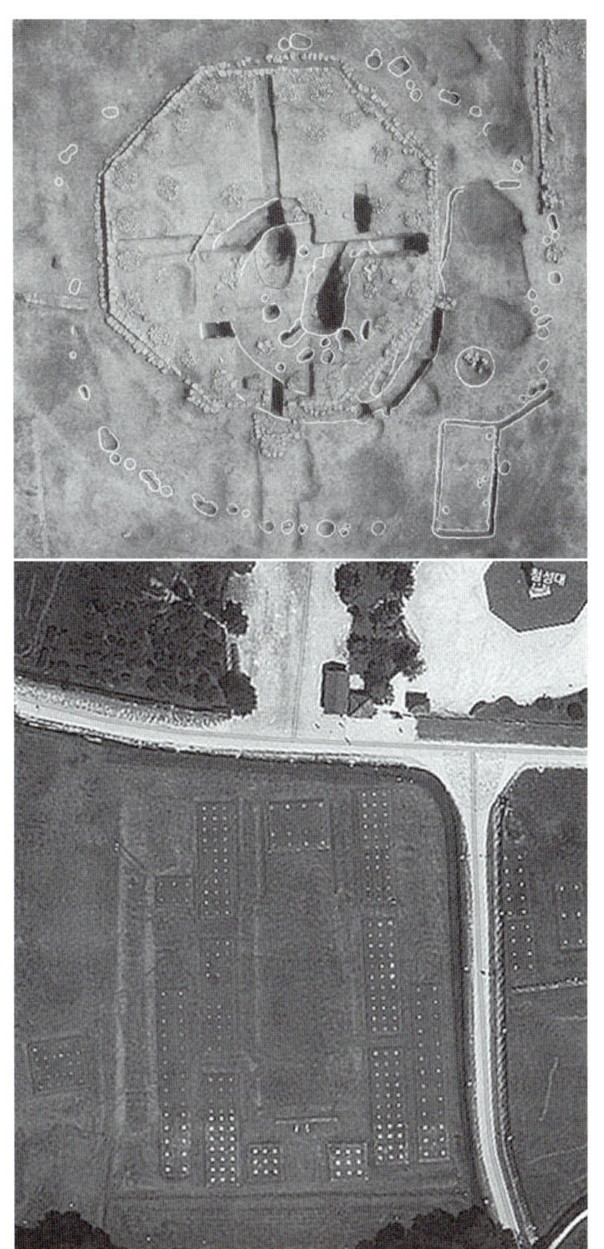

도4-1_신라의 의례건물지(상:나정, 하:월성 계림 북편)
(중앙문화재연구원 2008a, Daum지도에서)

곽묘가 신라의 기본묘제로 성립되고 고총 화된 고분군으로 경주에는 월성 북편에 이어서 축조된 대릉원지구고분군〈도4-11〉, 경주에서 낙동강중유역으로 향하는 관문인 건천지구에 조성된 금척리고분군을 들 수 있다. 이외에 비교적 대형 봉토분이 축조된 경주의 이 시기 고분군은 안강의 안계리고분군 정도가 있을 뿐이다. 그리고 경주의 주변인 울산과 포항지역에는 고총이라고 할 만한 것이 조사되지 않고 있다. 이러한 고분의 분포 현황은 경주가 왕도로써 자리하고 울산과 포항 등이 왕도의 주변에 자리하는 수도권의 형성을 뜻하는 것으로 볼 수 있다. 수도권을 포함한 6부의 지배층 고분이 주로 월성 북편의 대릉원지구에 밀집되고 일부가 건천의 금척리고분군에 축조되었음을 알려주는 것이다. 이는 이전 시기 울산, 경주, 포항에 걸친 각지에 비교적 대형인 지배집단의 분묘라고 할 수 있는 대형의 후기 목곽묘가 산포하고 있던 것과는 비교가 되는 것으로, 수도권 각지의 세력이 월성 주변으로 집중된 결과로 볼 수 있다. 이렇게 형성된 대고분군은 월성과 연한 그 북편에 자리하여 신라 왕도의 도시 경관에 있어서 한 축을 담당하였다.

적석목곽묘의 출현과 고총화

늦어도 4세기중엽에는 경주지역에 신라만의 독특한 묘제인 적석목곽묘가 성립되어 지배층의 묘제로 자리한다. 이 묘에는 이제까지 볼 수 없었던 금은을 기조로 한 복식품이 매장되고 금속용기류, 유리 등 장거리 교역의 결과인 유물들이 부장되면서 경주지역의 이 적석목곽묘와 지방의 대형묘 사이에는 크기나 출토유물의 질과 양에서 차등성이 크게 벌어진다. 이러한 고고학적 현상은 고대사에서 마립간기로 칭하는 시기와 일치하여 신라가 본격적인 국가로 출발하였음을 보여주는 징표로 인식되고 있다.

적석목곽묘란 땅을 파서 묘광을 만들거나 땅을 고른 다음에 목곽을 설치하고 전자의 경우 목곽과 묘광의 벽 사이, 후자의 경우 목곽의 주위에 돌을 쌓아 목곽을 보호하고, 봉토를 덮은 무덤이다. 나중에는 봉토를 덮을 때 일정한 부위까지 적석을 하여 적석부를 마련한 후 다시 봉토를 덮어 마무리하여 적석목곽분이라 불리기도 한다.

이 묘제가 출현한 시기는 지금까지의 고고학 자료로 봐서는 4세기 전반으로 볼 수 있다. 즉 앞장에서 설명한 신라식 목곽묘에 이어서 바로 출현하였다. 밝혀진 자료 가운데 가장 이른 시기의 대형묘로서는 최근에 발굴된 포항 마산리의 적석목곽묘〈도4-2〉(한국문화재보호재단 2011)가 4세기 전반에 해당하고, 소형묘

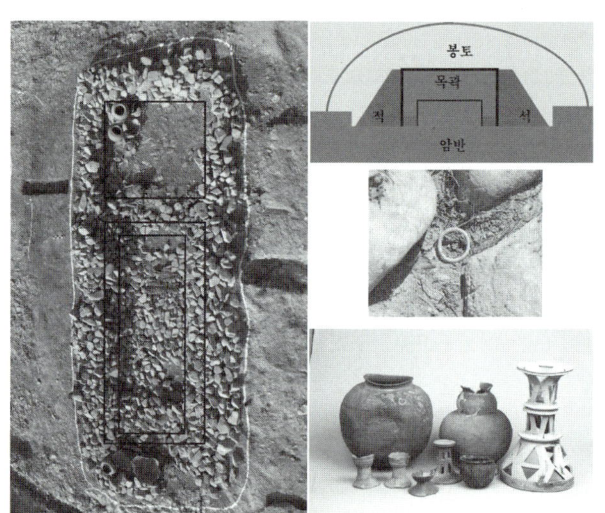

도4-2_포항 마산리 적석목곽묘(전경, 모식도, 출토유물)
(한국문화재보호재단 2011 개변)

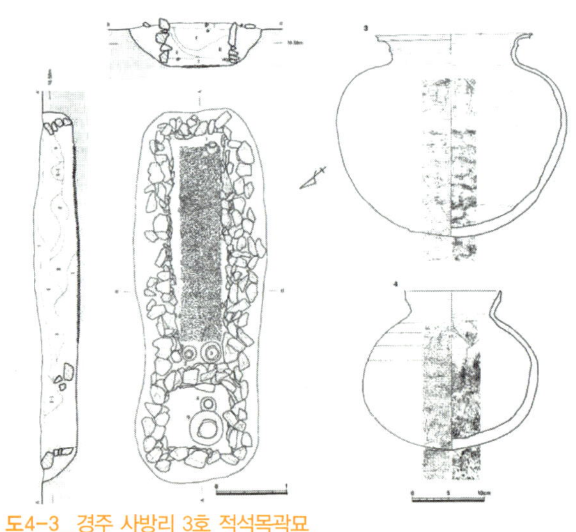

도4-3_경주 사방리 3호 적석목곽묘
(신라문화유산연구원 2010b에서)

로서는 경주 사방리(신라문화유산연구원 2010b)의 3호 적석목곽묘〈도4-3〉 등이 같은 시기에 해당한다. 그러나 경주의 중심부인 대릉원지구에서는 지금까지 조사된 것 가운데 가장 이른 시기의 비교적 대형분이 4세기 중·후엽에 해당하는 월성로 가6호와 가13호 등으로 알려져 있다(김용성 2009a:35). 따라서 주변지역보다 늦게 경주 중심부에서 적석목곽묘가 출현한 것이 되나 일부만 조사된 대능원지구고분군의 쪽샘지구 등을 고려하면 경주지역에도 더 일찍 출현했을 것이다.

이 적석목곽묘의 개념과 기원에 대해서는 많은 의견이 제출되어 있다. 먼저 적석목곽묘의 개념문제로 목곽과 묘광의 벽 사이에 돌을 채운 묘제를 적석목곽묘의 범주(김대환 2001)로 보는 측이 있는 반면, 경주에서 발견되는 목곽의 위로 일정한 부위까지 적석을 한 것만을 적석목곽분으로 보고〈도4-4〉와 같은 앞의 것들을 목곽묘의 일종인 위석식圍石式목곽묘 또는 석재충전石材充塡목곽묘로 이해하기도 한다(박광렬 2001).[2] 그러나 후자의 경우 한정된 것만을 대상으로 하였고, 묘제의 변천 과정, 중국의 적석 또는 적방積蚌의 목곽묘를 염두에 둔다면 별도의 묘제로 취급할 것이 아니라 전체를 목곽묘 가운데의 한 종류인 적석목곽묘라 부르고 그것이 완성되는 과정의 아형식으로 설정하여 살피는 견해(이재홍 2007)가 더 타당한 것으로 판단된다. 왜냐면 실제 상부적석이 존재한 것만을 적석목곽묘로 보는 논의에서 적석목곽묘로 인정하는 황남동 109호분 3·4곽(齋藤忠 1937)과 황남동 110호분(영남대박물관 1975)의 구조〈도4-5〉는 문제가 된다. 110호분의 경우 보고서를 검토하면 이중곽식의 내부 석단과 외곽 바깥 적석이 무너진 것이지 상부적석이 없었음이 명확하고, 보고서가 부실한 109호도 마찬가지로 판단되기 때문이다.

적석목곽묘의 기원에 대해서는 이원적계통관과 북방설, 목

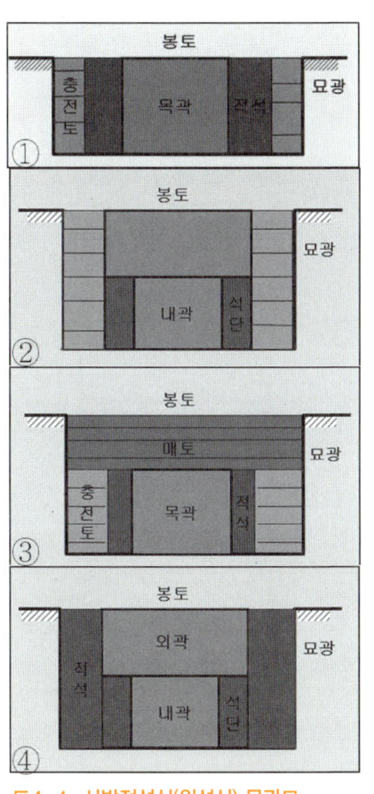

도4-4_사방적석식(위석식) 목곽묘
(①사방리 3호, ②복천동 32호,
③임당동 G6호, ④조영CⅡ-2호)

2　유사한 견해로 상부적석과 호석을 가진 것만을 적석목곽묘로 보는 견해(김두철 2007; 심현철 2013)도 있다.

곽묘 자체발전설로 정리된다(최병현 2000). 이원적계통관
이란 목곽묘에 지석묘 하부의 적석이 결합되어 적석목곽묘
가 발생하였다는 설(梅原末治 1932)과 목곽묘에 고구려 적
석총의 적석이 결합되고 원형봉토가 씌워진 것이 신라의
적석목곽분이라는 설(강인구 1981) 두 가지 종류로 나눌
수 있다. 북방설은 시베리아 스텝지역의 돌무지무덤이 동
진하여 왔다는 것으로 구체적으로 남러시아 스텝루트의 스
키타이 쿠르간이나 하이알타이 등의 목곽묘에서 그 기원을
찾는 것이다(최병현 1990). 목곽묘 자체 발전설은 신라식
목곽묘가 자체 발전하여 적석목곽묘가 출현하였다는 것으
로 목곽묘의 사방에 돌을 채우는 사방적석식四方積石式에서
목곽의 위에도 적석하는 상부적석식上部積石式으로, 다시 지
면에 목곽을 설치하고 그 주위와 위에 적석하고 봉토를 씌
운 지상적석식地上積石式으로 변천하여 완성된다는 설이다
(이희준 1996).

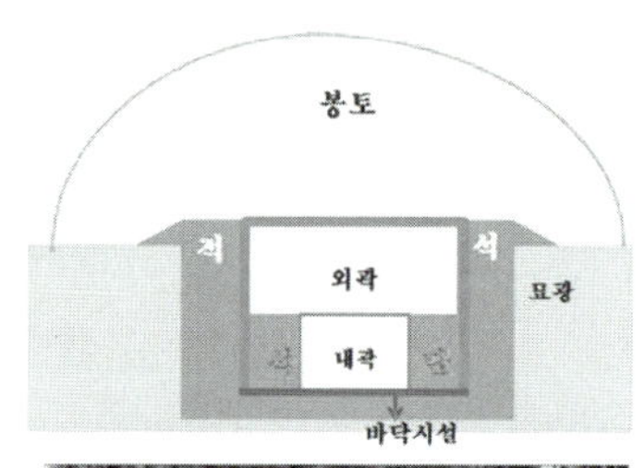

도4-5_황남동 110호분 주곽과 모식도
(영남대박물관 1975 개변)

　　위에서 개념 규정한 적석목곽묘의 계기적 변천과정을 대입하면 현재로서는 목
곽묘 자체 발전설이 가장 타당한 이론으로 받아들여지고 있으나 왜 적석이 출현
하였느냐는 점에서는 고구려와의 관련성도 무시할 수 없어 앞으로 더 심도 있는
검토가 요구된다.[3] 가장 이른 시기의 대형 적석목곽묘인 포항 마산리의 적석목곽
묘는 먼저 목곽묘가 축조되고 거기에 이어서 축조된 것으로 얕은 묘광을 파고 목
곽을 설치한 다음 적석과 봉토를 함께 쌓아 올라간 것으로 목곽의 상부에는 적석
부를 두지 않았다. 이러한 분묘일체형墳墓一體形(김용성 2009a:31)의 모습에서 봉
토를 제외하면 고구려의 목곽을 주체로 한 적석총〈도4-6〉과 너무 닮아 있는 것
이 관찰된다. 그러므로 목곽묘가 봉분을 높게 축조하는 방식으로 발전하는 자체

---

[3]　1990년대 이전에는 남러시아 스텝루트의 스키타이 쿠르간이나 하이알타이 등의 목곽묘에
서 그 기원을 찾는 것이 주류였으나 이에 대해서는 축조시기, 지리적 격리성, 출토유물의 이질
성 등에 대해 비판이 있었다(강봉원 2012).

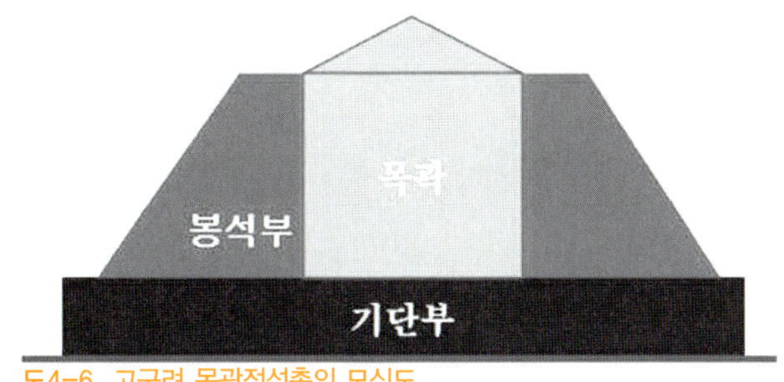

도4-6_고구려 목곽적석총의 모식도

진화과정에서 고구려의 적석 아이디어가 도입되어 성립된 것일 수 있다.

이 적석목곽묘는 대략 목곽의 주변에만 적석을 하고 목곽의 위에는 적석하지 않고 바로 봉분을 덮은 소위 사방적석식이라는 봉토분에서 목곽의 위에도 적석하여 봉토부에 적석부를 따로 둔 상부적석식이라는 적석봉토분으로 변천하는 것으로 보이는데, 전자의 경우에도 이미 높은 봉토를 축조함으로써 영남지방 고총이라 부를 수 있는 대형봉토분의 선도적인 역할을 하였다. 즉 적석목곽묘를 기조로 한 고총이 경주에서 먼저 시작하여 지방으로 확산되고, 그것을 수정하여 각지에서 수혈식석곽묘를 기반으로 한 묘제가 창안되어 신라 지방의 고총이 완성됨을 보여준다(김대환 2004).

이상 적석목곽묘에 대한 논의를 종합하고 적석목곽묘는 목곽이 주체가 되기에 목곽묘의 내부 형식으로 파악하면 〈표4-1〉과 같이 영남지방 목곽묘의 형식 변천을 읽을 수 있다. 부연하여 설명하면 영남지방의 목곽묘는 목곽과 묘광 사이에 흙으로 보강하는 순수목곽묘, 돌로써 보강하거나 돌과 흙을 함께 사용하는 것으로서 돌을 사용하겠다는 의도가 확실한 적석목곽묘, 묘광을 암반을 파서 축조한 경산지역의 암광목곽묘로 나눌 수 있고, 이것들은 순차적으로 발생하여 지속된다. 이중 순수목곽묘는 앞장에서 논의한 장방형의 전기 목곽묘와 부곽이 발생한 후기목곽묘로 나눠진다. 적석목곽묘는 지상식과 지하식으로 구분되나 그 발생의

표4-1_영남지방 목곽묘의 분류와 변천

목곽묘	봉토분	적석봉토분
순수목곽묘	전기목곽묘(장방형) (단곽식)	
	후기목곽묘(세장방형) (주부곽식)	
적석목곽묘	지상식, 지하식 (사방적석식 or 위석식)	지상식, 지하식 (상부적석식)
암광목곽묘		

시기적인 차이는 찾을 수 없다. 그러나 봉분은 달라 목곽의 사주에만 적석하는 사방적석식(위석식)에서 목곽 상부에도 적석하는 상부적석식, 즉 적석봉토분으로 구분할 수 있다. 축조방식으로는 지하식의 경우 선묘후분형先墓後墳形이나 지상식은 분묘일체형으로 구분된다. 경주지역에는 적석목곽묘의 영향으로 성립된 암광목곽묘를 제외한 이들 모두가 출현하였으나 타 지역에서는 일부의 형식만 출현하였다. 특히 상부적석식의 경우 대형은 경주에 한정되었음이 분명하다.

마지막에 성립된 적석목곽묘의 완벽한 구조는 최근에 국립경주문화재연구소가 쪽샘지구에서 조사한 황남동 41호분<도4-7>(국립경주문화재

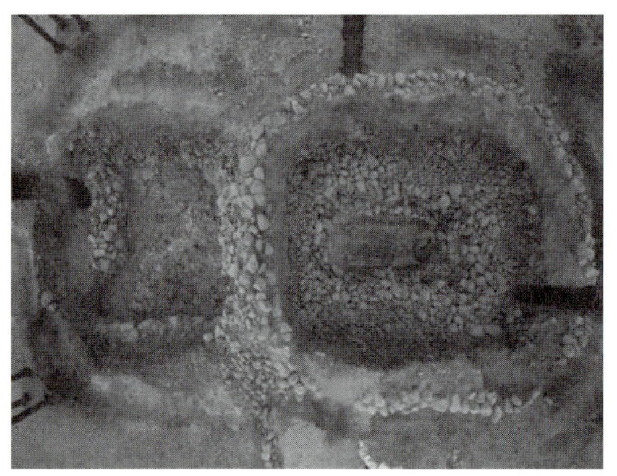

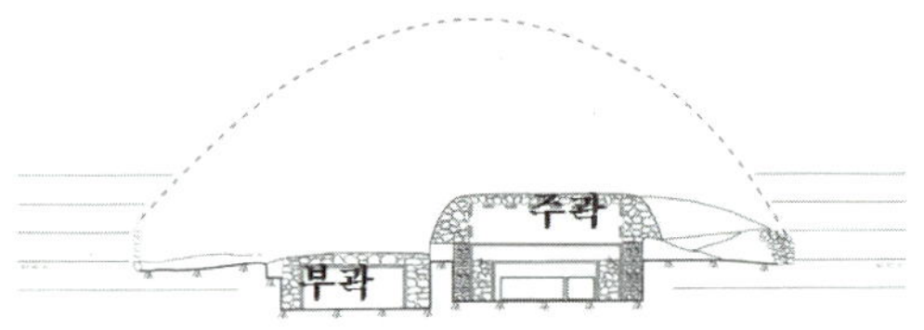

도4-7_경주 황남동 41호분과 모식도
(국립경주문화재연구소 2013에서)

연구소 2013)에서 볼 수 있다. 이 고분은 이혈묘광의 주부곽식이고 이중곽식인 주곽의 위에 공간부가 형성된 것이 특징이며 그 위에 얇은 적석부를 가지고 있다. 주곽의 높이가 묘광을 굴광한 어깨선보다 높아 뒤에 흙을 채우며 수직의 사방적석부가 마련되었고, 상부 적석부는 훨씬 넓은 면적에서 시작하여 위로 올라가며 좁아져 말각의 방대형을 이룬다. 부곽의 바닥이 주곽보다 낮으나 높이도 낮아 지면 가까이에서 상부적석부가 마련되었고, 주곽의 적석부 상면과는 많은 차이가 난다.

신라고총이 경주에서 먼저 시작되어 각 지방으로 확산되었고, 지방 고총의 출현에 경주의 적석목곽묘가 기조가 되었음을 잘 보여주는 것이 부산 복천동고분군과 경산 임당동고분군이다. 부산 복천동의 고총이 발생하기 이전의 대형묘인 32호<도4-8 우>와 36호(김두철 2007) 등은 사방적석식목곽묘로 볼 수 있으며, 경산의 임당동 G5·6호<도4-8 좌>(영남문화재연구원 1999b), 조영 CⅡ2호(영남대박물관 1999)는 고총으로 성립된 사방적석식목곽묘이다. 이들은 그 축조 연대가 4세기 중후반 또는 5세기 초로 알려져 있다. 복천동의 경우 아직 고총으로

도4-8_ 지방의 초기 적석목곽묘(좌:경산 임당동 G5·6호, 우:부산 복천동 32호)
(영남문화재연구원 1999b, 김두철 2007에서)

발전하지 않았으나 대형묘로 신라의 적석목곽묘가 받아들여졌고, 이것이 수혈식 석곽묘로 변천하고 나중에는 엄격한 의미의 고총으로 탄생되었음이 복천동의 여러 묘와 이에 이어진 연산동고분군을 연계시켜보면 잘 드러난다. 임당동의 경우는 첫 고총으로 축조된 것이 모두 적석목곽묘이고, 임당 특유의 암반을 파서 목곽을 설치하고 개석을 한 암광목곽묘는 그 후에 출현하는 것이 파악된다. 이외에 의성 금성산고분군 대리 3호분<도4-9 좌>(경북대박물관 2006)이나 영덕 괴시리고분군 16호분<도4-9 우>(국립경주박물관 1999) 등에서도 비교적 이른 시기의 고총은 적석목곽묘가 채택된 것이 확인된다. 그리고 이들 고분에는 모두 신라식의 금공품과 토기가 출토되고 있다. 이렇게 확산되기 시작한 신라고총은 후에 묘제를 달리하지만 신라권이라고 할 수 있는 영남 각지로 확산되어 고총체계(김용성 2009a:195)라고 부를 수 있는 마립간체계가 완성된다. 결국 마립간시기의 개막은 적석목곽묘의 출현과 고총화로 볼 수 있다.

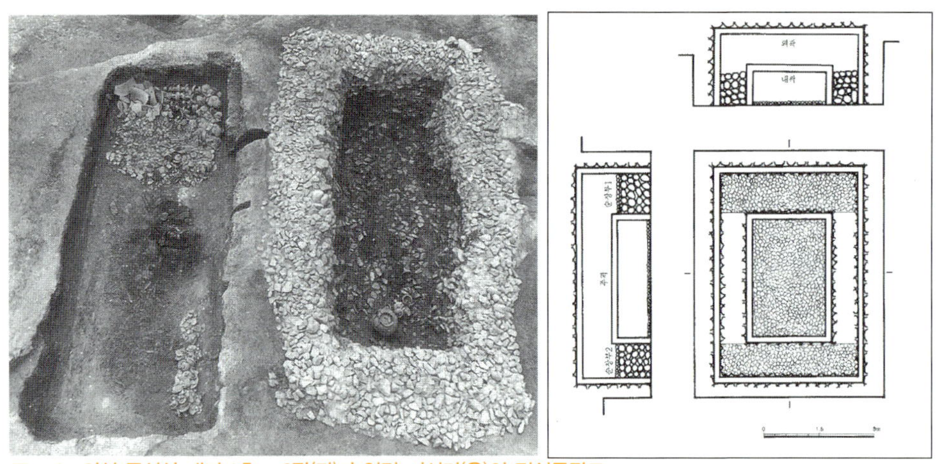

도4-9_ 의성 금성산 대리 3호 1·2곽(좌)과 영덕 괴시리(우)의 적석목곽묘

(경북대박물관 2006, 국립경주박물관 1999에서)

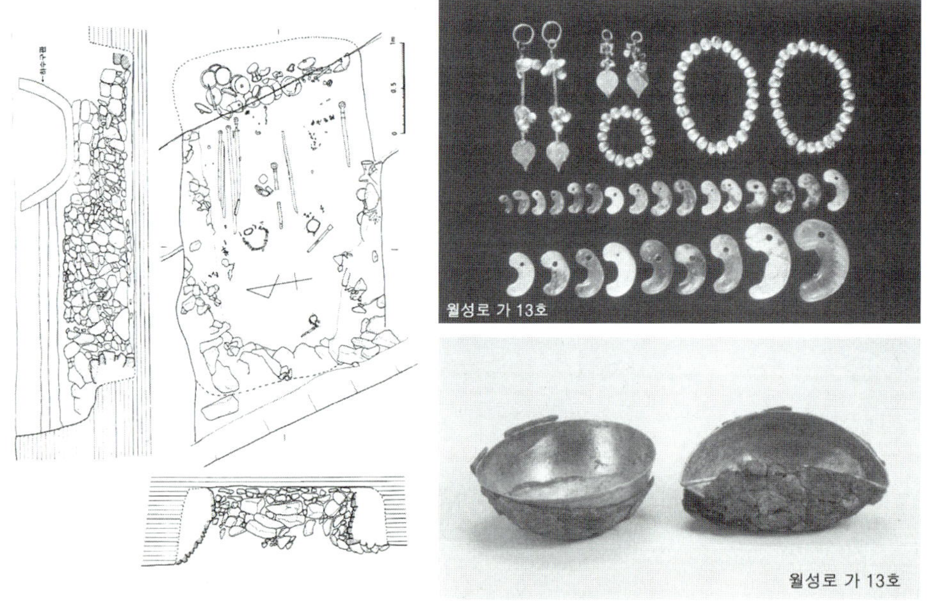

도4-10_ 경주 월성로 가13호와 출토유물

(국립경주박물관 외 1990, 국립경주박물관 1996에서)

경주에는 적석목곽묘를 기반으로 한 고총이 축조되면서 왕묘[4]가 출현한다. 지

---

[4] 여기에서 왕묘란 국가적결속체의 최고지배자의 무덤을 뜻한다. 신라의 경우 왕이라는 최고지배자의 명칭이 출현한 이후의 왕의 무덤은 왕릉으로, 그 이전 즉 마립간기의 신라 최고지배자 혹은 그에 버금가는 권력을 가진 자의 무덤은 왕묘로 보는 것이 된다.

금까지 알려진 적석목곽묘로서의 고총은 황남대총의 남동편, 현 미추왕릉의 동북에 자리한 황남동 109호분(齋藤忠 1937)이다. 그러나 이보다 약간 이른 시기의 적석목곽묘인 월성로 가13호(국립경주박물관 외 1990)〈도4-10〉에서 신라식으로 정형화된 금공의 착장 위세품이 갖추어진 세트로 출토되어 적어도 이 시기에는 경주에 왕묘라고 할 수 있는 거대 고분이 축조되고 있음을 알 수 있다. 월성로 가13호는 1인이 매장된 것이 아니라 비교적 어린 몇 명이 합장된 고분이면서도 출토유물에서 지방과는 크게 구별되는데, 이러한 현상은 바로 성인의 단독 고분이 어떠했을까를 유추할 수 있도록 하기 때문이다. 그 시기는 대략 4세기 후엽으로 보고 있다.

이렇게 왕묘임을 바로 알 수 있는 고분이 발굴된 황남대총(김정기 외 1995)이다. 경주에는 황남대총 이외에도 수많은 고총이 분포한다. 고총은 월성의 북편에 연하여 동으로 인왕동에서부터 서로 가면서, 황오동, 황남동, 다시 북으로 가면서 노동동과 노서동지역에 밀집해 있고, 일제강점기까지 남아 있던 155기의 고총에 대한 번호가 부여되어 관리되고 있다. 물론 이 가운데는 후대인 7세기 이후에 축조된 횡혈식석실묘도 간간히 섞여 있으나 대부분은 4세기 중후엽부터 6세기 초에 축조된 적석목곽묘가 주류를 이룬다. 그리고 이미 봉분이 파괴되거나 축조 시 봉분이 갖추어지지 않은 것까지 합하면 여기에 분포하고 있는 고분의 수는 적어도 몇 천기를 넘어설 것으로 추정된다.

비교적 넓게 분포하는 대릉원지구고분군 가운데 주목되는 것은 가장 서쪽의 월성 서북에서 북으로 가며 분포하고 있는 고총들이다. 즉 현재 공원화되어 있는 대릉원 속의 고총과 그 남쪽의 월성 서북에 분포하는 119호분, 노동동과 노서동에 분포하는 봉황대고분과 서봉황대고분 등을 중심으로 한 고총들이다〈도4-11〉. 지금까지의 발굴조사에서 이 고분 군집을 벗어난 고분에서는 신라식의 최고위세품이라고 할 수 있는 금관, 금관모, 금과대 등이 출토되지 않고 이 범위 내에서만 출토되었음은 이들이 마립간과 그들의 가족묘임을 알려준다. 즉 그러한 유물이 출토된 황남대총 남분과 북분, 천마총, 금령총, 금관총, 서봉총 등이 모두 이 범위 내에 있다(김용성 2009a:163).

이 범위의 고총들은 중앙의 큰 고분을 중심에 두고 그 전면과 좌우에 약간 작은 고분이 배치되는 군집 몇 개가 이어져나간 것이 확인된다. 그 가장 대표적인 것이 황남대총을 중심에 두고 우측에 천마총, 좌측에 90호분이 배열되고 전면에 96호, 97호 등이 배열된 모습이다. 이러한 배열 모습은 중앙에 마립간의 묘인 왕묘가 자리하고 전면과 좌우에 그와 관련이 있는 인물의 무덤이 배열되었음을 뜻하는 것으로 보인다. 이 가운데 격단의 차이를 보이는 대형의 고분은 남쪽에서부터 Ⅰ군의 119호분, Ⅱ군의 전미추왕릉, Ⅲ군의 황남대총, Ⅳ군의 봉황대고분, Ⅴ군의 서봉황대고분, Ⅵ군의 134호분을 들 수 있다(김용성 2006). 이들에는 대략 당시 최고지배자인 마립간이나 그에 버금가는 신분의 피장자가 묻힌 것으로 볼 수 있어 신라 왕묘라고 할 수 있을 것이다.

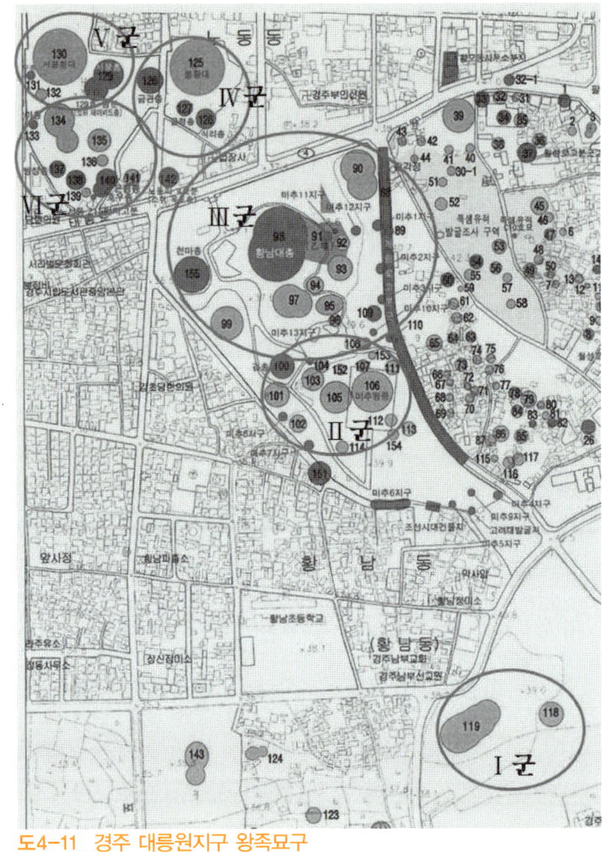

도4-11_ 경주 대릉원지구 왕족묘구
(국립중앙박물관 2010 개변)

__신라고총 출토유물의 함의

신라 고총은 뒤에서 언급할 바와 같이 각 지역의 묘제가 나름의 독특한 형식을 취하고 있어 지역 단위의 정체성을 드러낸다. 그러나 출토유물에서는 동일 형식을 공유하여 신라식 유물이라는 정형성을 띠고 있는 것이 확인된다. 이러한 현상은 고총이 축조되던 시기에 신라권 전체가 사상, 매장 의례를 비롯한 여러 방면에 걸친 문화상에서 통일되어 있었음을 의미한다. 이러한 문화 현상은 그것이 지방의 모방에 의한 것이든, 일방적 사여에 의한 것이든 신라 국가의 지방지배에 의한 결과로 이해되고 있다.

신라 고총에서 출토되는 유물은 대략 장신구, 무기류, 마구류, 농공구류, 의기류, 금속용기와 유리제품, 토기 등으로 구분된다. 이를 다시 무덤에 부장되는 의미로서의 기능에 따라 분류하면 토기를 비롯한 생활용품, 주검이 착용한 복식으로서의 위세품, 제의 등에 사용된 공헌유물 등으로 구분할 수 있다. 이 가운데 신라유물로서 배타적 특징이 특히 잘 드러나는 유물은 생활용구로서의 토기와 복식으로서의 금공 위세품이다.

신라토기 양식의 성격

발생기의 신라토기는 부산과 김해지역의 토기가 약간 다른 외에 영남권 전체가 양식이 구분되지 않고 거의 동일한 형식을 공유하지만 4세기 중엽을 전후해 낙동강이동양식이라고도 부르는 신라양식이 성립되어 낙동강이서양식이라는 가야지역의 토기와는 분명하게 구분된다. 황남대총 남분 출토토기〈도4-12〉를 대표로 하는 이러한 신라양식은 적석목곽묘의 고총화와 거의 같은 동시기에 성립하며 신라 고총이 축조되던 지역에 광범위하게 분포한다.

신라토기와 가야토기는 모두 회청색의 경질토기로 비슷한 기종 구성을 가지고 있고, 제작기술 또한 유사하다. 단지 일부 기종이 신라토기 혹은 가야토기에만 보이는 차이가 있을 뿐이다. 그러나 기형적 특징에서는 큰 차이

도4-12_황남대총 남분 출토 신라토기
(국립중앙박물관 2010에서)

가 난다. 가령 고분에서 가장 많이 출토되는 고배에서 신라의 것은 굽다리의 통이 넓고 직선적인 절두원추형에 사다리꼴의 투창이 아래 위가 엇갈리게 뚫렸지만, 가야의 것은 나팔모양의 굽다리에 대부분 좁고 긴 장방형 투창을 상하가 일렬을 이루도록 뚫었다. 이외 장경호 등에서도 기형의 차이가 보이는데, 대략 신라토기가 직선적인 반면 가야토기는 곡선적인 특징을 보인다.

이렇게 가야토기와 구분되는 신라토기는 가야산 이남의 낙동강 서쪽 지방을 제외한 영남지방 전역에 분포한다. 그러나 이 범위의 신라토기는 세부적인 면에서 완전히 통일된 형태를 띠지 않고 지역마다 약간씩 독특한 형태를 취하였음이 확인된다. 그래서 어떤 신라토기를 보면 그것이 대충이나마 어디서 생산된 것인지 구분할 수 있을 정도이다. 이를 신라토기 양식 내에서의 지역양식이라 할 수 있는데, 대표적인 것으로는 크게 경주양식, 대구양식, 의성양식, 성주양식, 창녕양식 등〈도4-13〉으로 분류된다.

신라양식의 중심에 있는 경주양식은 경주에서 생산된 것으로서 다른 지역 양식에 비해 상당한 선진성을 보인다. 그것은 왕도 경주 주변의 왕기라고 할 수 있는 인접 지역에서 생산되었다. 그러한 생산지로 조사된 곳이 많은데, 특히 유명한 곳이 경주 손곡동·물천리〈도4-14〉(국립경주문화재연구소 2004b)와 화곡리(성림문화재연구원 2012) 유적이다. 이 유적들은 대규모의 가마들로 구성되어 당시 정형화된 신라토기를 대량 생산하던 모습을 보여준다. 그 규모는 대단하다. 후술하는 바와 같이 경산에서도 규모가 제법 큰 신라토기 가마유적이 조사되었으나 그에 비할 바가 못 된다. 이렇게 대량으로 생산된 경주양식의 토기가 각 지

도4-13_ 신라토기 고배의 지방양식

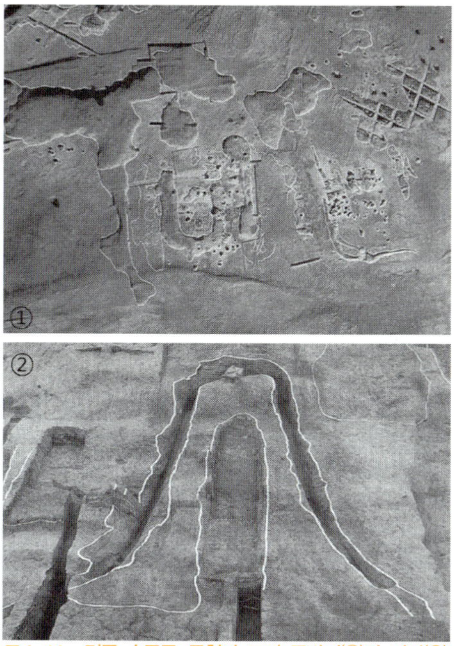

도4-14__경주 손곡동·물천리 토기 공방지(①)와 가마(②)
(국립경주문화재연구소 2004b에서)

도4-15__경산 옥산동 가마(좌열)과 임당유적(우열) 토기
(영남대박물관 2006a에서)

역으로 공급된 사실도 확인된다. 비록 각지에 지역 양식이 존재하지만 특히 그 대형고분들에서는 지역 양식에다가 경주양식의 토기들이 뒤섞여 출토되고 있는 것이다. 지방 고총에서 출토되는 많은 토기 가운데 경주양식이라 할 수 있는 것은 비교적 양질로서 정제된 토기이며 지역양식과 일정한 차등성을 보인다.

이렇게 신라토기에 지역양식이 존재함은 각 지역 단위별로 토기가 생산되었음을 의미한다. 이를 알려주는 것이 각지에서 조사된 토기 가마유적이다. 발굴된 지역양식 토기 가마유적 가운데 유명한 것은 경산 옥산동 토기가마(영남문화재연구원 2003b)이다. 이 유적에서는 수십 기의 토기 가마가 확인되어 산업화될 정도의 토기생산지였음을 보여준다. 그리고 토기의 기형이나 제작방법 등으로 미루어 보면 여기서 생산된 토기가 경산 임당동유적 등을 중심지로 공급되었고〈도4-15〉, 그것이 재분배되어 대구를 비롯한 주변지역에까지 분포하고 있는 현상이 포착된다. 이는 지역 지배집단의 생산 통제권을 시사하여 주는 것으로 그들 내부에 일정한 자치권이 있었음을 말해 준다.

이런 지역양식의 차이만 보면 각 단위 지역이 독립된 정치체로 존재했을 가능성을 생각하게 한다. 그러나 그런 지역 양식들은 넓은 범위의 신라권에 걸쳐 유사한 형식을 공유하며 다음에 설명하는 신라식 금공품의 분포 또한 그 분포권과 겹친다. 그래서 경주에서 신라토기 양식이 먼저 출현한 후 그것을 각 지역이 모방, 제작함으로써 일어난 결과라고 일반적으로 이해되고 있다. 즉 원래의 신라양식이라 할 경주양식이 먼저 성립하고 그것이 다른 지역으로 확산되면서 각 지역 기존 토기에 양식적 선택압selective pressure이 작용한 결과로 범신라양식이라 할 토기가 성립한 것으로 본다(이희준 2007:69).

이렇게 성립된 신라양식은 그 후 시간 흐름에 따라 각 지역별로 토기 양식의 내용 또한 변화하는데, 그런 변화가 일정한 방향성, 즉 정향성을 보인다. 지역색이 탈색되는 방향으로 나아가며 다시 지역색이 강화되지는 않는다. 후기에 가서는 전반적으로 경주양식으로 통일되는 것이다. 대개 5세기 중엽부터 경주지역의 것과 거의 구분하기 힘든 형태의 토기들이 경주에 가까운 주변 지역부터 등장하기 시작해 각 지역 토기 가운데 일정 부분을 차지하게 되고, 그 비율이 점점 높아지다가 결국에는 신라 전체 영역의 토기가 거의 양식적 차이 없는 균질한 신라토기로 통합되는 것이다(이희준 2007:72).

이러한 신라양식 토기의 성립과 시공간적 변천과정은 경주로부터의 선택압이 그 기저에서 지속적으로 작용한 결과이다. 이는 신라토기 양식의 분포권이 문화적 공통 권역임은 물론 모종의 공통된 정치권이었음을 간접적으로 나타낸다. 여기에 더해 후술할 신라식 금공 복식품의 분포권이 같음은 공통된 정치권이라는 해석을 더욱 강화시켜 준다. 따라서 경주와 지방 사이의 관계를 보여주는 한 자료가 신라양식 토기라고 할 수 있다.

이 신라양식 토기는 늦어도 5세기 후반에 이르러서는 신라 영역을 넘어 호서지방, 남한강 상류지역인 충주 지역에서도 발견된다. 청원 미천리고분군(국립문화재연구소 1995)에서 신라양식 중 의성양식이라 할 수 있는 토기〈도4-16〉가 출토되는 신라고분이 발견되었고, 청주의 주변 등에서는 부분적으로 신라토기가 발견되었다. 전자는 신라가 5세기 후반 이미 보은의 삼년산성을 거점으로 하여 호서지방까지 정치적 영향을 미침으로써 나타난 결과로 이해할 수 있다. 이곳은 가장 남쪽에 위치한 고구려성이 있는 청원 부강과 가까운 곳으로 신라

가 여기까지 침투해 당시 남하한 고구려와 대치하였음을 보여준다고 하겠다. 한
편 후자의 경우는 백제 산성이나 취락 등지에서 소수가 출토되는 것들인데 5세
기 중엽 이후 백제와 신라가 연합해 고구려에 대항한 나제동맹의 실상을 알려주
는 자료라고 할 수 있다.

복식품으로서의 금공 위세품의 성격

신라 고총에서는 획일화된 형식의 금공 위세품이 출토되고 있다. 대관, 관모와
관식, 이식, 경식, 과대, 천, 지환, 장식대도, 식리로 이루어진 조합이 그런 금공
위세품으로서 의례시 취한 복식으로 이해하고 있다. 그러나 식리의 경우 바닥에
영락이 부착되는 등 실생활에서는 사용하기 어려운 것이고, 대관의 경우도 출토
시 착장한 것도 있으나 얼굴을 덮어 가리는 형태로 출토되기도 한다. 이런 점으
로 보아 매장 시에 목관 내부에 주검을 넣을 때, 혹은 목관 없이 바로 매장할 때
의 성복 과정에서 놓은 것이 고분에서 출토되고 있다고 할 수 있다. 그렇다 하더
라도 식리를 제외한 다른 유물은 각각이 가진 본래 성격이 생전에 중요 의례 시
착용하여 신분을 드러내는 역할을 하였음은 분명한 사실이다. 따라서 착장형의
위세품으로 규정할 수 있다.

이러한 위세품은 백제나 고구려 등 다른 지역의 것과 구별되며 신라권에서 공
통된 형식을 공유하고 있음이 분명하다. 따라서 이를 정형화된 신라식 위세품으
로 볼 수 있다. 대관의 경우 모두 출⍩자형의 세움 장식만 있거나 거기에 수지형
樹枝形 또는 녹각형鹿角形이라 불리는 세움 장식을 덧붙인 것, 이식에서 구체나 원
통형의 중간식을 가졌고, 심엽형의 미식을 장식한 것, 삼엽문을 기조로 한 문양
의 과대금구, 삼엽과 삼루로 자루 끝을 장식한 장식대도 등이 그러한 유물이다.
또한 신라 이식 가운데 많은 부분을 차지하고 있는 굵은 고리를 가진 것은 백제
나 가야지역에서는 보이지 않는다. 따라서 이런 착장형 위세품들은 신라식이라
고 부르며, 그것이 부장된 고분은 앞의 신라토기 출토 현상과 함께 신라고분으로
볼 수 있는 근거가 된다.

한편 신라 고총에서 출토되는 이런 금공 위세품은 그 종류나 형식에서 세부적으로 약간의 차이가 있지만 고구려를 비롯한 북방의 것과 닮은 점이 주목된다. 세환이식은 평양 역전 전돌 고분(353년)에서 보듯 4세기 중반 고구려에서 출현하였으며 대관의 경우도 신라식 출자형 세움 장식이 출현하기 이전의 세움 장식 가장자리를 가위로 촘촘히 오려 꼰 것은 집안 지역 출토의 고구려 모관과 유사하다. 그리고 삼엽문의 과판은 진晋의 과대에서 출발하여 요동과 고구려를 거쳐 신라로 이입된 것으로 믿어지고 있다(이한상 2004:198~210). 다만, 이런 금공 위세품은 고구려에 원류를 두고 있으나 신라에 유입된 후 얼마 지나지 않아 신라식의 형식으로 재창출되었음을 알려준다.

그동안 이런 금공 위세품들이 한 지역, 즉 경주에서 생산되어 분배된 것인지(최종규 1983) 아니면 각지에서 다원적으로 생산된 것인지(박보현 1987)를 둘러싼 논란이 있었다. 지방에서 출토된 몇몇의 금공품 형식이 경주에서는 볼 수 없는 것도 있기 때문이다. 그러나 그러한 지방의 것도 비록 지방에서 제작되었다 하더라도 경주의 것을 모방하였을 것이라는 의견이 지배적이다. 특히 이식은 많이 출토되었고 제작 공정이 비교적 복잡한데 외형이나 제작 기법에서 경주의 것과 지방의 것이 통일성이 높기 때문에 지방의 공방보다는 경주에 소재하는 몇몇 공방에서 제작되어 지방으로 분여되었을 가능성이 훨씬 크다. 그러므로 지방 고총의 신라식 금공품은 대부분 경주에서 제작되어 지방으로 분여되었다는 주장이 힘을 얻고 있다.

이렇게 금공 위세품이 경주에서 제작되어 지방으로 분여되었다고 한다면 그것은 바로 복식의 사여라는 행위와 연결될 수 있다. 지방 단위 정치체 지배자의 새로운 취임이나, 출생, 혼인, 장례 등의 행사에 이들이 사여될 수 있는 성질의 것이기 때문이다. 이를 통해 지방 유력자는 신라 중앙 정부에 신속한다는 표시를 하지만 다른 한편으로는 그러한 위세품을 착용함으로써 지방민 대상의 권위가 정당성을 확보하게 되었다는 것이다. 이러한 사여설에 입각하면 바로 이것이야말로 마립간기 신라의 지방에 대한 지배형태가 간접지배라는 사실을 명확히 입증하는 근거라고 할 수 있다.

　위세품이 경주에서 제작되어 지방에 사여되는 방식의 지방지배 형태는 그 금공 위세품의 재질상 차이에서도 읽을 수 있다. 지금까지 발굴된 신라 고총에서 그런 각종 위세품 가운데 순금제로 제작된 것은 대부분 경주의 대릉원지구 내 마립간과 그 가족의 묘라고 할 만한 대형 적석목곽묘에서 출토되었다〈도4-17〉. 금관총, 금령총, 서봉총, 천마총, 황남대총 남분과 북분 등이 그러하다. 이에 비해 지방의 고총과 경주 대릉원 왕족묘 주변 분포 고분에서는 이식, 천, 지환 등 소품은 금으로 제작된 것이 많으나 대관, 과대, 관식 등 다량의 금이 소비되어야 할 물품은 금동이나 은으로 제작된 것만 출토된다〈도4-18〉. 이런 사실은 지방

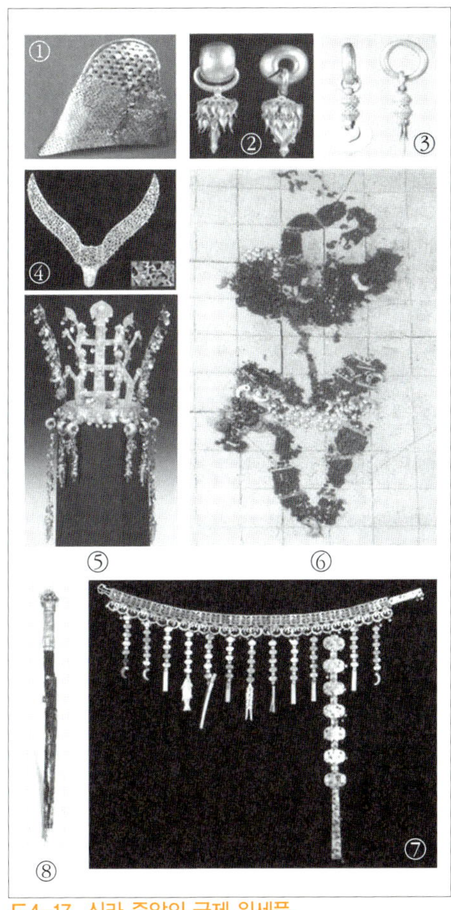

도4-17_ 신라 중앙의 금제 위세품
(① 금관총, ② 황오리 52호, ③ 서봉총, ④ 천마총,
⑤~⑦, 황남대총 북분, ⑧ 황남대총 남분)
　　　(국립경주박물관 2001에서)

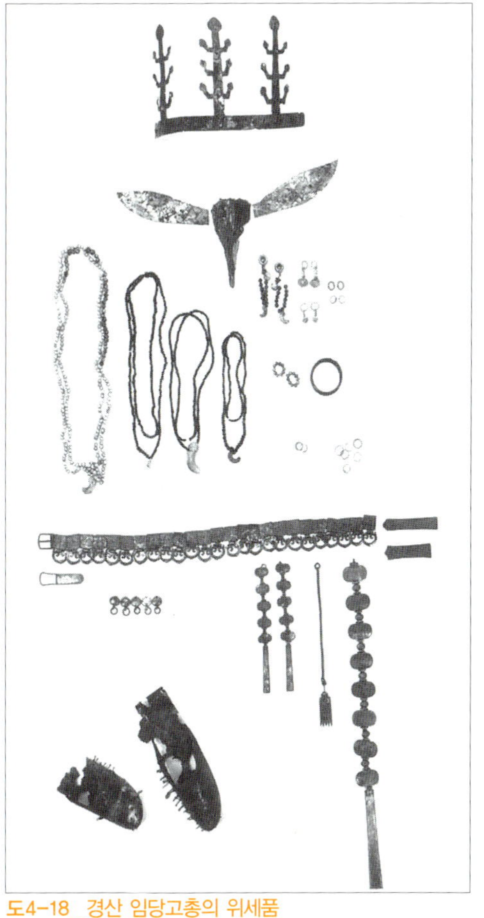

도4-18_ 경산 임당고총의 위세품
　　　(영남대박물관 2012a에서)

과 중앙의 격차를 분명히 하였음과 동시에 지방 유력자의 순금 위세품 소유가 일정하게 제한되었음을 알려준다.

신라의 금공 위세품은 출토되는 종류에 의해 등급화가 가능하다. 최근 신라 고총의 피장자가 착장한 상태로 출토된 대관, 관식, 관모, 태환이식, 세환이식, 대장식구, 대도, 경식, 천, 지환의 동반관계를 분석한 연구(이희준 2002)에 따르면 경주지역의 경우 동반 관계의 정형성이 다소 불분명한 관류를 제외한 나머지 복식품은 A군(세환이식 착용, 대도 부장), B군(태환이식), C군(세환이식·대도), D군(태환이식·경식), E군(세환이식·과대), F군(태환이식·과대), G군(태환이식·과대·경식), H군(세환이식·과대·대도), I군(태환이식·경식·천, 일부 과대 혹은 지환 착장), J군(세환이식·과대·대도·경식), K군(태환이식·경식·과대·천·지환, 대도 부장), L군(세환이식·대도·경식·과대·천·지환)으로 나뉘며 대체로 A군에서 L군으로 가며 높은 위계를 보여준다고 한다. 경주 이외 지역의 고분에서는 경주와 동일한 동반관계를 가진 대응군인 d, e, g, h, j군으로 나뉘며 이들은 경주의 중상위 군에 해당한다.

여기서 세환이식은 대도와 동반하는 경향을 읽을 수 있어 남성, 태환이식은 여성과 관련된 유물로 이해할 수 있다. 이를 기준으로 하면 A와 B, C와 D, E와 F, G와 H, I와 J, K와 L의 6개의 대응군으로 묶을 수 있으며, 다시 크게 A~D, E~H, I~L 세 개의 통합군으로 분류할 수 있다. 이러한 세 개의 복식군의 등급 차이는 신라 관등제에 직결되는 것은 아니고 신분제를 기반으로 지배층 안에 존재했던 세 개의 신분 단층에 대응한다고 믿고 있다. 그리고 이와 동일한 신분제가 그대로 적용되지 않았던 지방의 경우 경주의 복식제도가 준용된 것으로 보고 있다. 이처럼 위계화를 추정할 수 있음은 신라 전역을 포괄하는 복식제도가 존재하였음을 시사하는 동시에 위세품의 하사를 통한 지방지배의 실상 또한 알려준다는 것이다.

__신라고총과 고총체계

고총의 분포와 지역성

지금까지 조사된 신라의 고총군과 고총은 아니지만 동등한 매장 규모와 위계를 가졌다고 생각되는 대형의 고분군은 모두 30여 곳이다〈도4-19〉.

이와 같이 고총이 분포하게 된 요인은 영남지방의 지형적 조건과 그와 연계된 교통로의 형성과 밀접한 관련이 있는 것으로 보인다. 영남지방은 지형상으로 폐쇄된 혹은 반폐쇄된 다수의 분지로 구성되었다. 그 분지는 대소규모의 하천을 끼고 있으며 하천 연변에는 꽤 넓은 충적평야가 발달해 있고, 주변 산간지대에는 소규모 곡저평야와 선상지들이 발달해 있다. 따라서 이 분지들은 선사 이래 인간 활동의 중심지가 되어 왔고 정치체 발전의 기초가 되었다(이성주 1998). 신라고총들은 바로 이런 분지의 중심에 자리하고 있는 모습이 관찰된다. 지형적으로 폐쇄된 하나의 분지가 하나의 정치체로 이미 성장한 상태에서 그 정치체 내에 입지적인 조건에 따라 인간집단간의 위계가 성립되었고, 그 가운데 최고 위계의 집단들이 고총을 축조하였다는 것을 알려준다(김용성 2009:197).

이 고총의 축조 지점은 당시의 교통로와 밀접한 관계를 가졌다. 고대 영남지방의 교통로는 현재와 크게 다르지 않을 것이다. 단지 현재의 육로 중심 교통로보다는 수로에 의존하는 비율이 상당히 높았을 것임은 당연하다. 수로를 이용하거나 하안

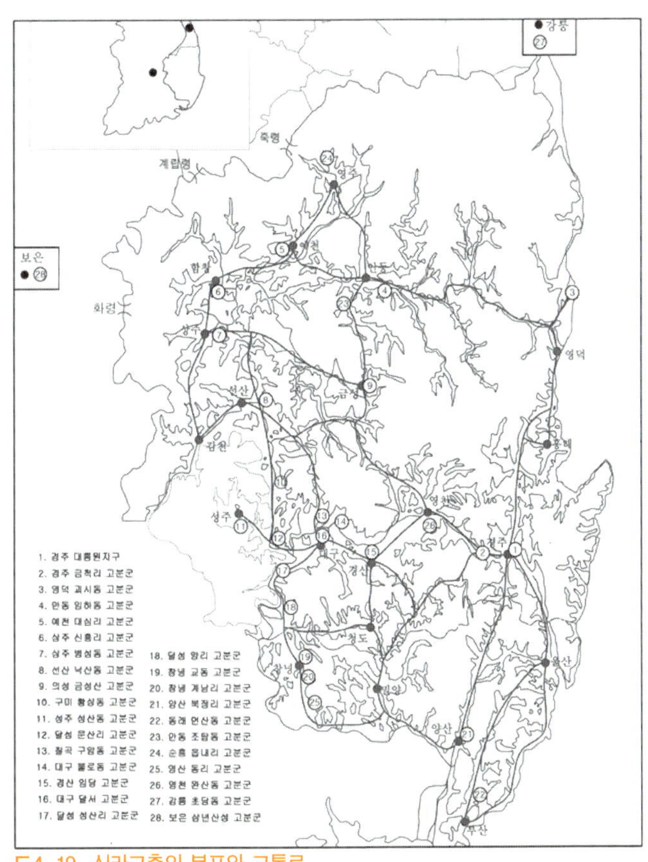

도4-19_ 신라고총의 분포와 교통로

의 자연제방을 이용하는 것이 고대에 가장 손쉬운 통행의 수단이었을 것이고 수로가 존재하지 않는 분지와 분지 사이는 협곡과 협곡을 연결하는 고개와 자연적인 지구대를 통하여 통교가 이루어졌다. 따라서 영남지방 교통로는 선형적인 특징이 있다(이성주 1998).

신라고총의 한 가지 특징은 이런 지형상의 제약에서 발생된 단위 정치체의 중심이며 교통의 요지, 즉 결절지結節地들에 분포한다는 것이다(이희준 1997). 경주를 중심으로 하여 몇 개 방향의 교통로 상에 분포하는 특성을 찾을 수 있는 것이다. 경주에서 외지로 가는 주요 교통로는 4개가 확인되는데 울산을 거친 동래 방향, 언양을 거친 양산 방향, 건천과 모화를 거친 영천 방향, 형산강을 통하는 안강과 포항 방향이 그것이다. 고총은 이 방향들의 최종 목적지에 가장 먼저 분포하고 있는데 남으로 동래 복천동, 남서로 양산 북정리, 서북으로 영천 완산동, 동해안 방향으로 영덕 괴시리 등이 그것이다. 다음에는 당시에 커다란 정치체가 존재하고 낙동강이라는 장벽에 가로막힌 낙동강 하류역 방향을 제외한 북쪽 두 방향의 교통 요지에 고총이 분포하는 특징을 잡을 수 있다.

영천을 중심으로 해서는 금호강을 따라 서쪽으로 경산 임당지역, 대구 불로동, 동 달성, 동 구암동, 동 문산리, 동 화원 성산고분군이, 북쪽으로 영천 신령 화남리에서 고개를 넘어 의성 금성산이 그것이다. 또 이런 지역들을 기준으로 보면 다시 금호강 하구에서 낙동강을 따라 남으로 달성 양리, 북으로 성주 성산리, 구미 황상동에 고총이 분포한다. 의성 금성을 기준으로 해서는 북으로 안동 조탑동, 예천 대심리, 영주 순흥고분군이, 서로는 상주 병성동, 선산 낙산리, 상주 신흥리에 고총군이 분포한다. 한편 동해안 방향으로는 영덕에서 해안을 따라 삼척, 강릉 등에 비교적 큰 고분들이 분포한다. 여기에서 배제된 것은 창녕 계성리, 교동 고분군인데 이것들은 양산에서 낙동강을 따라 북으로, 금호강 하구에서 낙동강을 따라 남으로 갈 수 있는 곳에 분포하는 것이다.

앞에서 언급한 바와 같이 적석목곽묘를 기조로 하여 경주에서 발생된 신라고총은 경주를 중심으로 하여 신라권지역으로 확산되면서 다양한 묘제를 수용하여 지역마다 특성을 지니며 정체성을 나타내고 있다. 이들 신라권의 고총은 대략

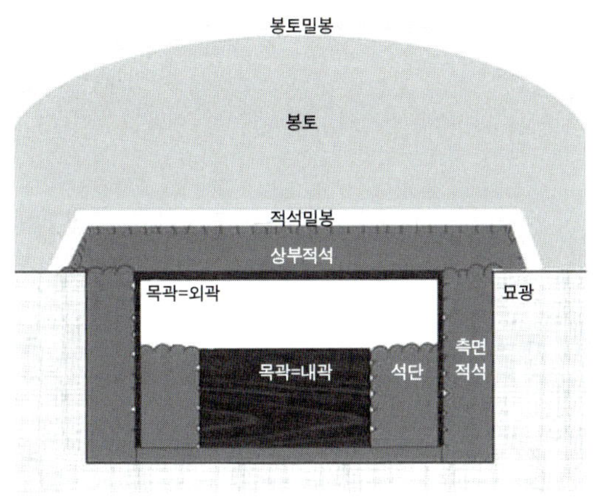

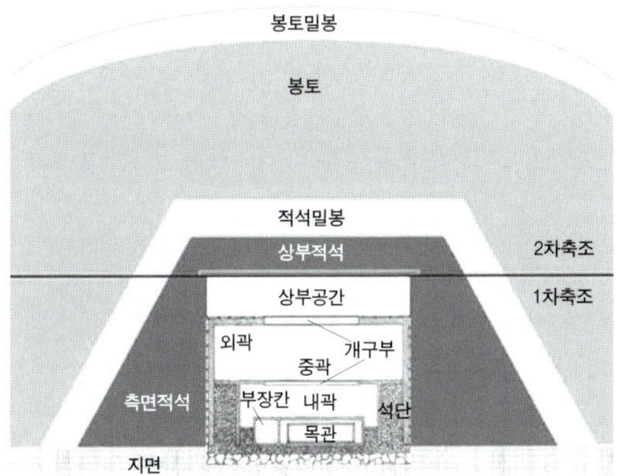

도4-20_ 경주의 적석봉토분 모식도
(상:지하식적석목곽묘, 하:지상식적석목곽묘)

100여기 내외가 발굴되었다. 이러한 신라고총의 분포는 크게 9개의 권역으로 나누어 볼 수 있는데, 각각의 특성에 대한 전고(김용성 2009a:174~199)의 내용을 요약하면서 보완하면 다음과 같다.

먼저 경주지역은 적석목곽묘로 획일화된 고총이 축조되다가 6세기 전반 혹은 중엽 무렵부터 횡혈식석실로 전환되어 그 묘제가 지속된다. 단지 앞의 적석목곽묘는 비교적 이른 시기에는 흙만으로 봉분을 쌓은 봉토분으로 축조되나 어느 시기가 되면 일정한 적석부를 두고 다시 흙을 쌓은 적석봉토분이 나타나므로 고총 단계의 특징적인 묘제로는 적석목곽묘와 적석봉토분이 결합<도4-20>되어 나타난다고 할 수 있다. 지금까지 조사된 고총이라 할 수 있는 것들 가운데 고총 단계의 것은 경주 중심고분군의 경우 모두 적석목곽묘가 내부 주체로 나타나며 봉토분과 적석봉토분으로 구분할 수 있다. 금척리고분군(국립경주박물관 1996)에서 조사된 고분도 적석목곽묘로 알려져 있고, 안계리고분군의 고총이라 할 수 있는 4호분(문화재연구소 1981) 등도 모두 적석목곽묘를 주체로 한 봉토분이다.

낙동강하류역의 고총군은 부산의 복천동과 연산동고분군, 양산의 북정리고분군인데 부산의 복천동고분군(부산대박물관 1983·1993·1996, 부산박물관 1993)은 비록 고총으로 발전하지 않았으나 4세기대의 대형묘가 발전하여 5세기 초까지 이어지는 고총이 유입되기 직전의 것들로 볼 수 있다. 이 고분군의 묘제는 이혈주부곽식의 목곽묘 → 이혈의 주곽 적석목곽<도4-8 우>, 부곽 목곽 → 이혈의 주곽 석곽, 부곽 목곽에서 연산동으로 이동되며 동혈과 이혈의 ㅂ자형주

부곽식 수혈식석곽<도4-21>으로 변천하
며 고총이 성립된다(부산박물관 2014). 이
중 복천동의 수혈식석곽은 매우 깊은 묘광
을 파 개석 위에 매토埋土하였고, 선목곽후
석곽先木槨後石槨식이라는 특징도 있다. 북
정리고분군은 지금까지 조사된 바로는 모
두 횡구식석실이 주체가 되어 나타나는 것
으로 알려져 있다. 이 고분군은 고분의 축
조가 능선의 상위에서 하위로 이동된다고
알려져 있는데, 조사된 부부총<도4-22>과
금조총(동아대박물관 1991)의 경우 가장
아래 측에 위치한다고 볼 수 있으므로 상위
에 분포하는 고총의 묘제는 달리 추정해 볼
수도 있을 것이다.

　낙동강중하류역의 신라 고총군은 창녕을
중심으로 하여 남으로는 밀양, 북으로는 대
구분지 남계까지의 고분군으로, 남으로부
터 창녕 동리고분군, 계성리고분군, 교동과
송현동고분군, 달성 양리고분군 등을 들 수
있다. 이 가운데 발굴된 중요 고분이 계성
리고분군과 교동과 송현동고분군이다. 계
성리고분군의 발굴된 비교적 이른 시기의
고총인 계남리 1호<도4-23>(영남대박물
관 1991b), 2·3호(경남발전연구원 2013),
4호(영남대박물관 1991b)는 동혈日자형주
부곽식의 수혈식이고, 늦은 것은 횡구식석
실로 나타나고 있다(김용성 2011d). 수혈

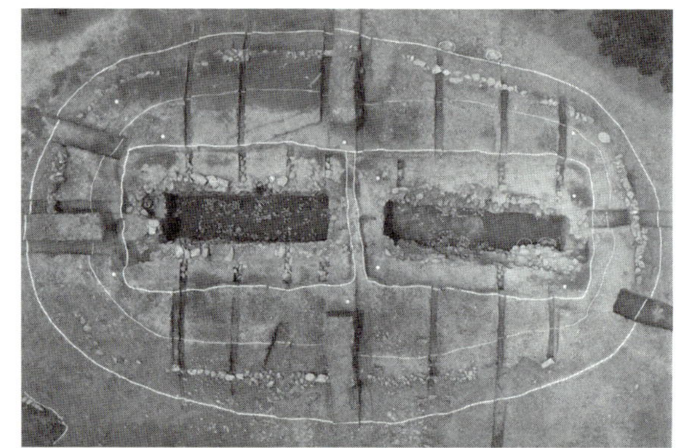

도4-21_ 부산 연산동 3호분(이혈 日자형주부곽식 수혈식석곽)
(부산박물관 2014에서)

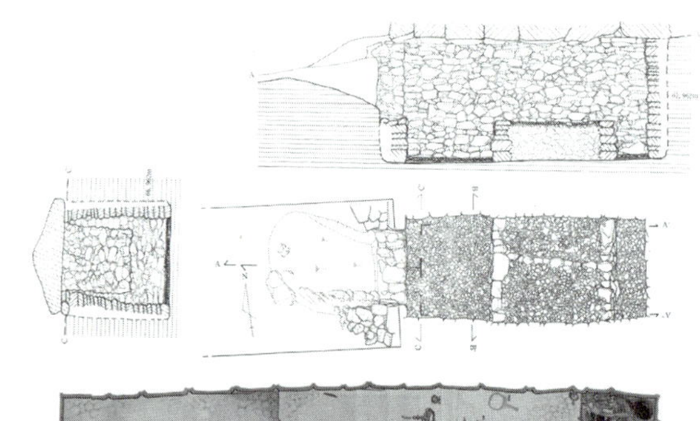

도4-22_ 양산 북정리 부부총(횡구식석실)
(동아대박물관 1991, 馬場是一郞外 1927에서)

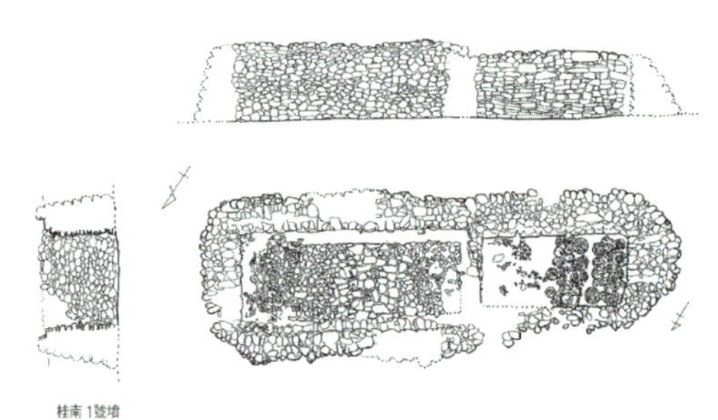

도4-23_ 창녕 계성리 계남1호분(지상식 日자형주부곽 수혈식석곽)
(영남대박물관 1991b 개변)

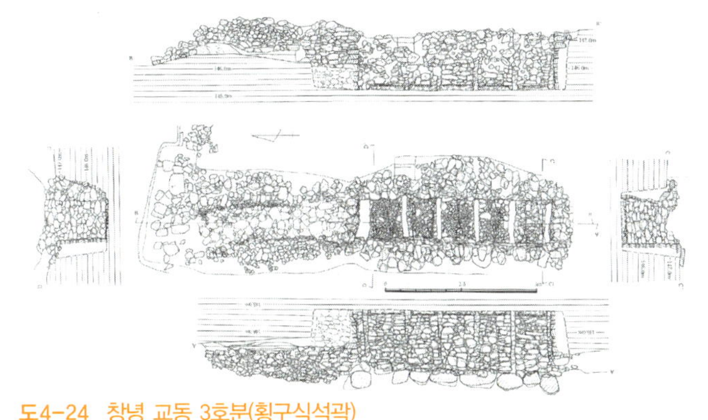

도4-24_창녕 교동 3호분(횡구식석곽)
(동아대박물관 1992에서)

식석곽 가운데 대형은 지상에 석곽이 축조된 분묘일체형이란 특징을 가지고 있다. 이 사이에 횡구식의 석곽이 개입되어 있는지는 불확실하지만 계성리 계남의 현 고분상태들로 볼 때 가능성이 아주 크다. 교동고분군은 교동 3호분(동아대박물관 1992)〈도4-24〉을 비롯한 횡구식석곽이 위주[5]이고 후대의 적석목곽묘 1기가 섞여있다. 송현동고분군은 모두 횡구식석곽이 주체로 밝혀졌다. 특히 이중 횡구식은 중앙에 높은 시상을 두고 머리측에 많은 토기류를 부장한 것으로 양산 북정리의 합장한 석실들과 통하는 점이 있어서 주목된다. 또 계성리의 조사된 수혈식석곽은 지상식의 선목곽후석곽식이라는 특징이 있다.

금호강유역에는 다른 지역들에 비하여 고총군이 조밀하게 분포하고 있다. 이들 가운데 발굴된 것으로는 경산 임당동고분군, 대구 불로동고분군(경북문화재연구원 2004b), 구암동고분군(영남대박물관 1978), 달성 문산리고분군(경북문화재연구원 2004a, 김용성 2011b), 대구 달서고분군(野守健·小泉顯夫 1931), 화원 성산고분(경북대박물관 2003)이 있다. 이들은 각각 지역성을 가지며 집단의 정체성을 나타내고 있는데 임당지역 고분군은 단곽식목곽묘가 발전하여 동혈日자형주부곽식 목곽묘가 형성되고 고총이 유입되면서 이혈의 昌자형주부곽식 적석목곽묘〈도4-8 좌〉가 채택된다. 이후 이혈의 昌자형주부곽식 암광목곽묘라는 임당 특유의 묘제가 고총 단계의 표지로 나타나며 여기에 때에 따라 明자형의 암광목곽묘, 선목곽후석곽식의 수혈식석곽묘〈도4-25〉와 단실의 횡구식 혹은 횡혈식의 석실이 섞여 있다가 고총 단계가 막을 내리면서 횡혈식석실이 다시 채용되어 사용된다. 다른 고분군은 모두 수혈식석곽이 내부 주체로 택해졌다. 달서고

---

5 창녕 교동과 송현동고분군의 대부분은 횡구식석곽묘이다. 일제강점기에 조사되었고 최근 우리문화재연구원에 의해 다시 발굴된 교동 7호분도 단장의 횡구식석곽묘로 밝혀졌다.

분군은 임당지역보다 약간 늦게 고총이 형성되는 것으로 보이며 처음부터 수혈식석곽이 채용되고 있다. 묘제는 이혈 T자형주부곽식에서 단곽식의 판석조수혈식과 횡구식석곽으로 교체되는 것이 확인된다. 이외 구암동고분군은 적석봉토라는 특유의 봉토를 가진 특징이 있다. 묘제는 금호강 북안의 고분군인 문산리고분군〈도4-26〉과 구암동고분군

등은 이혈 11자형주부곽식이 기본적인 형식이다. 화원 성산리 1호분〈도4-27〉은 이혈 ㅏ자형의 주부곽식으로 특이성을 보여주고 있다. 또 불로동고분군〈도4-28〉은 모두 동혈 ㅂ자형주부곽식이면서 부곽이 작은 지역성을 보여준다.

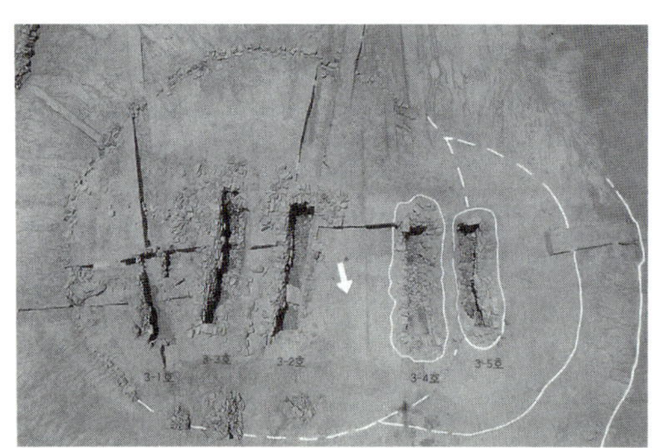

도4-26_ 달성 문산리 3호분
(11자형주부곽 수혈식석곽)
(경북문화재연구원 2004a에서)

도4-27_ 달성 화원 성산리 1호분
(중앙 주묘:ㅏ자형주부곽 수혈식석곽)
(경북대박물관 2003에서)

도4-28_ 대구 불로동 91호분 4곽
(동혈 ㅂ자형주부곽 수혈식석곽)
(경북문화재연구원 2004b에서)

도4-29_ 성주 성산동 58호분
(이혈 眄자형주부곽 수혈식석곽)
(계명대박물관 2006에서)

도4-30_구미 황상동 141호
(단곽식 수혈식석곽)
(대구대박물관 2009에서)

금호강 이북의 낙동강중류역의 고총군은 성주 성산동고분군(계명대박물관 2006), 구미 황상동고분군(대구대박물관 2009)의 일부가 발굴되었다. 성주 성산동고분군은 일제 시 조사된 1, 2호분은 단곽식의 수혈식석곽이나 계명대에 의해서 조사된 고총은 모두 이혈 眄자형주부곽식<도4-29>으로 독특한 형식을 취하고 있으며 주곽의 대부분이 판석조라는 특성도 가지고 있다. 황상동고분군은 모두 단곽식으로 창녕 교동고분군의 횡구식석곽과 같이 중앙에 높은 시상을 둔 특이한 형태의 수혈식석곽<도4-30>이 묘제로 채택되었고 성주 성산동과 같이 판석조가 주류를 이루고 있는 점에서도 특성이 있다. 이외 낙동강중류역의 고총이라 할 수 있는 것이 경북대에 의해서 발굴된 칠곡 약목의 대응총(경북대박물관 1997)이다. 이 고분 역시 단곽식의 수혈식석곽이며 판석조라는 특징을 가지고 있어 낙동강중류역의 특징을 판석조수혈식석곽이라 할 수 있게 한다.

상주를 중심으로 한 낙동강상류역의 고총군은 선산 낙산동고분군(이은창 1992), 상주 병성동고분군(한국문화재보호재단 2001), 신흥리고분군(한국문화재보호재단 1998a)이 조사되었다. 이곳의 고총들은 모두 횡구식 또는 횡혈식의 묘제를 취하고 있으나 각각 독특한 형태를 보이고 있다. 먼저 낙산동고분군은 아주 긴 세장방형의 횡구식석곽이 주류를 이루는 것 같고 비록 다곽분이라 하더라

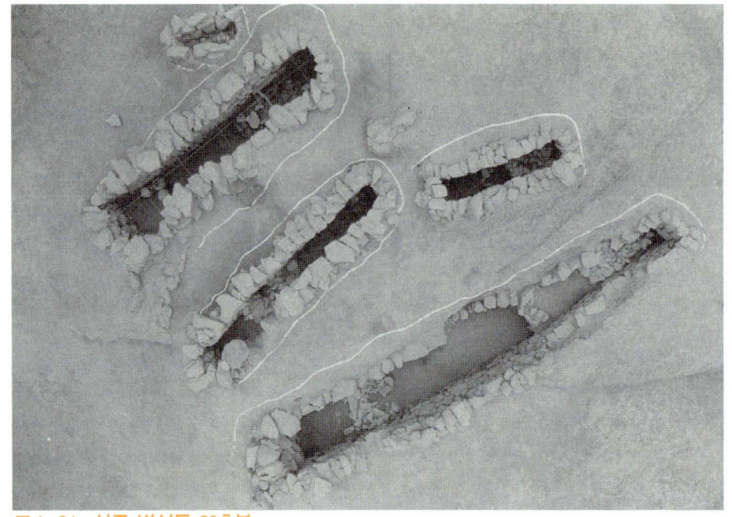

도 추장이 행해졌음이 확인된다. 병성리고분군〈도4-31〉은 이 고분군을 대표하는 대형의 고총들이 조사되지는 않았으나 조사된 모든 고분은 횡구식의 석곽으로 다곽분을 이루고 있으며 각 석곽에 추가장이 행해진 특성이 있다. 그리고 이 고분군의 가장 커다란 특징은 먼저 축조된 석곽에 후축의 석곽을 이어감으로서 아주 긴 세장방형의 다장 횡구식석곽을 축조한다는 점이다. 신흥리고분군〈도4-32〉은 앞의 것들과는 다르게 일찍부터 횡혈식석실도 보이지만 장방형의 횡구식석실이 주된 묘제로 채택되어 특이성을 보여준다.

경북의 중앙부에 해당되는 내륙지역의 고총군은 의성 금성산고분군(김재원·윤무병 1962, 경북대박물관 2006, 경북문화재연구원 2012)과 안동 조탑동고분군(경북대박물관 1996)의 일부가 발굴조사되었다. 금성산고분군은 대리 3호분 1·2곽의 경우로 보아 비교적 이른 시기에 이혈 11자형주부곽식의 적석목곽묘〈도4-9 좌〉가 도입되어 고총에 채택된 것으로 보이나 바로 금성산지역 특유의 상부적석이 존재하지 않는 변형된 적석목곽묘〈도4-33〉가 주류로 채택되어 고총 단계 동안 지속되는데 초기에는 적석목곽을 이어 이혈11자형 주부곽식이나 나중에는 단곽식으로 변하고, 말기에 이르러 다른 지역과 같이 횡혈식석실이 도입되어 채택

도4-33_의성 금성산 대리 2호 A-1곽
(주곽:변형적석목곽, 부:목곽의 이혈11자형)
(경북문화재연구원 2012에서)

된다. 조탑동고분군은 낙동강상류역에서 유행한 긴 세장방형의 횡구식의 석곽 또는 석실이 주묘제로 채택된 것이 확인된다.

이외에 발굴된 동해안지역의 영덕 괴시리 고분군 가운데 1기인 16호분〈도4-9 우〉(국립경주박물관 1999)은 표형분이며 단곽식의 적석목곽묘를 묘제로 채택한 봉토분으로 다른 어떤 지역보다 경주와의 유사성을 보여주는 특징이 있다. 그러나 같은 적석목곽묘라 하더라도 장축의 양단 적석단에 유물과 순장인을 배치하여 특이성을 인정할 수 있다.

이렇게 신라고총은 단위 지역별로 자신들만의 특이한 묘제를 채택하여 발전시키고 있다. 이러한 현상은 각각 독립된 집단이 개별적으로 존재하였으며 서로 상관없는 집단으로 볼 수 있게 한다. 그러나 뒤에서 설명하다시피 비록 독특한 묘제로 발전하나 경주 주변에 처음으로 발생되는 고총들에서 경주의 적석목곽묘적 색채가 농후하고, 이들이 점차 지역 고유의 특성을 찾아 발전함으로서 이러한 현상이 발생된다는 점, 묘제가 지역성을 가지고는 있으나 고총들에서 출토되는 유물인 토기나 금공품이 양식상 통일되어 있을 뿐만 아니라 경주를 최상위로 하여 위계화시킬 수 있음은 고총을 축조한 각 지역집단들이 독립성을 유지하면서 중앙(경주)의 간섭 아래 있었다는 것을 알려준다.

고총과 지방지배-고총체계

4세기 전반에 출현한 적석목곽묘가 4세기 중엽에 이르면서 고총화하고, 이렇게 적석목곽묘를 묘제로 한 고총이 즉시 지방으로 확산된다. 그 대표적인 예가 경산 임당동고분군과 조영동고분군이다. 이외에 의성 금성산고분군에서 비교적 이른 시기의 고총 묘제가 적석목곽묘로 알려져 있고, 영덕 괴시리고분군의 조사된 고총 또한 적석목곽묘로 밝혀졌다. 그리고 부산 복천동고분군의 경우 고총이 출현하기 이전 일정기간의 묘제가 적석목곽묘이고, 이를 수정하여 수혈식석곽묘가 주묘제를 차지하는 것으로 밝혀졌는데, 비록 이들이 고총화되지는 않았으나 거기에서 출토되는 유물의 상당량이 신라계인 점은 그 묘제가 경주지역 적석목곽묘에서 영향을 받은 것을 알려준다.

이 앞 시기 전기 목곽묘 단계에는 지금까지의 고고학 자료로 보아 경주의 중심부가 아직 포항과 울산을 포함한 경주권이라 할 만한 지역조차 완전하게 장악하고 있었다고 할 수 없다. 즉 포항 옥성리의 대형목곽묘, 울산 하대의 대형목곽묘군 등은 아직 경주 중심에 자리한 세력집단이 과거의 경주시 영역을 벗어나 세력을 확장했을 가능성을 적게 하는 것이다. 단지 문헌기록 등으로 보아 그래도 이 경주권에서 경주 중심지역이 우세했음을 인정할 수 있으나 아직 고고학 자료로 명확하게 증명되지 않고 있다.

그러나 후기 목곽묘 단계를 거쳐 경주에서 적석목곽묘가 발생하고 이 묘제를 기반으로 고총이 발생한 이후에는 양상이 급변한다. 즉 울산지역이나 포항 옥성리 등에서 대형묘가 사라지는 대신 경주 중심부의 월성 북편에 대형의 고분 또는 고총이 시작되고 있는 것이다. 이것을 본격적인 신라권의 형성이라 할 수 있겠다. 즉 경주에서 발생된 적석목곽묘가 부산의 복천동고분군에서 대형묘로 나타나고 임당지역에서는 즉시 적석목곽묘를 내부구조로 한 고총이 성립되는 것이다. 이 시기는 4세기 중엽부터 5세기 초에 해당된다. 이외에 지금까지의 자료로 보아 적석목곽묘가 유입되어 대형분을 형성한다든지 고총이 성립되었을 만한 지역은 영천의 완산동, 의성의 금성산, 영덕의 괴시리고분군을 들 수 있다. 의성 금성산고분군의 대리 3호분 1·2곽은 적석목곽묘로서 일정한 묘역을 가지고 있으며 이미 11자형의 이혈주부곽식으로 새로운 묘제가 성립되어 있는 점으로 미루어 이보다 이른 시기에 이곳에 적석목곽묘가 도입되어 그것이 발전했을 가능성을 알려주며, 영덕 괴시리 16호분은 11호분과 연결된 표형분으로 16호분이 후축되었으며 그 연대가 5세기 중엽의 비교적 이른 시기이므로 이보다 일찍 적석목

상: 적석목곽→암광목곽
하: 수혈석곽→암광목곽→암광목곽

도4-34_ 경산 임당유적 암광목곽의 발생
(영남대박물관 1999, 2013에서)

곽묘가 도입되었을 가능성이 크기 때문이다
(김용성 2009a:193~194).

이렇게 신라의 지방 고총군 가운데 적석목
곽묘가 먼저 고총으로 확립되고 이어서 지방
고유의 묘제를 가진 고총이 등장함은 비교적
고총이 많이 조사된 금호강유역권의 고총 현
상과 낙동강하류역 신라 고총군의 형성과정
에서 잘 드러난다.

먼저 금호강유역권에서 지금까지 조사된
고총 가운데 가장 이른 시기에 축조된 고총
은 4세기 후반의 경산 임당동 G5·6호분으
로 볼 수 있고, 이어서 축조된 CⅡ-2호 역시
적석목곽묘이다. 그러나 5세기 전반 이후에
는 수혈식석곽이 개입되었으나 임당 특유의
암광목곽묘가 주 묘제로 자리하여 지속해서
고총이 축조된다〈도4-34〉. 이에 반하여 고
총 모두가 발굴된 대구 서북부, 금호강 하류
북안에 위치한 달성 문산리고총군에서는 5
세기 전반의 비교적 늦은 시기에 고총이 축
조되기 시작하고, 그 묘제 또한 그 지역 특유

의 11자형 주부곽식의 수혈식석곽묘이다(김용성 2011b). 그리고 여타 금호강유
역의 고총은 모두 5세기 이후에 축조된 것으로 각 고총군의 지역성을 간직한 묘
제로 축조되었다. 이러한 사실은 임당에 먼저 고총이 축조되었고, 그 묘제는 신
라의 적석목곽묘가 도입되었으나 시간이 흐르면서 임당을 제외한 각지의 고총이
그들 특유의 묘제로 고총을 축조하고 있음을 보여준다.

한편 낙동강하류역의 현상을 살피면 경주의 적석목곽묘가 4세기 후반 부산 복
천동의 대형묘에 먼저 채용되고, 이것이 직후 매토를 해야 할 정도로 깊은 묘광

을 가졌으며 먼저 목곽
을 설치하고 석벽을 맞
춰 축조한다든지 목곽
과 함께 석곽을 축조하
는 선목곽후석곽식先木
槨後石槨式의 수혈식석곽
묘로 교체되는 것이 관
찰된다(〈도4-35〉 참
조). 그리고 다시 이것
이 낙동강을 따라 올라
가 경주에서는 교통로

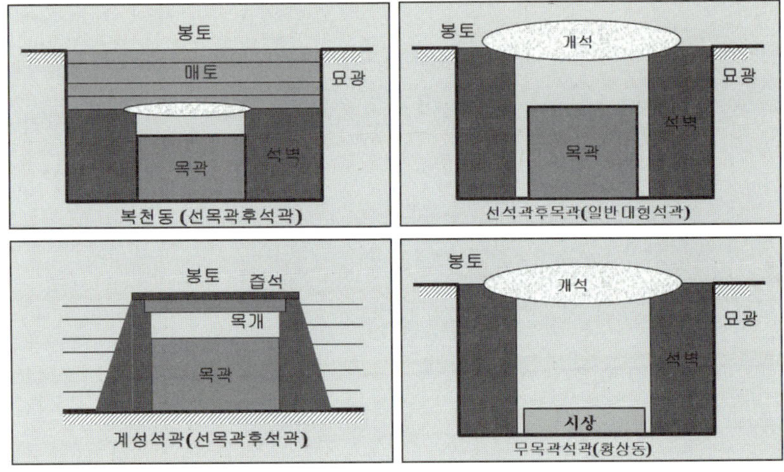

도4-35_ 수혈식석곽의 분류

상에서 먼 창녕지역에 같은 선목곽후석곽식의 수혈식석곽묘를 주체로 한 고총이
5세기 전반 경에 계성지구에 축조되며, 이후 이에서 분화된 것으로 보이는 제 묘
제를 가진 고총이 창녕지역에 출현한다(김용성 2011d).

이러한 사실은 적석목곽묘가 경주를 중심으로 한 각 교통로상의 주요지역에
먼저 이입되어 고총화하고 그것이 변화하여 각지의 고총이 축조되는 현상을 지
적해 준다.

이렇게 본다면 4세기 후반에서 5세기 초에 경주를 중심으로 해서 남으로 동래,
북으로 안강(안계리고분군)을 통과해 영덕(괴시리고분군), 서북으로 영천 완산
동고분군을 결절지로 해서 북으로는 신령 화남리고분군을 지나 의성(금성산고
분군), 서로는 경산(임당지역)으로 적석목곽을 기조로 한 대형분이나 고총이 확
산된 것이 된다. 이를 신라고총의 1차적 확산이라 할 수 있다.

따라서 적어도 경주를 중심으로 해서 낙동강 동안의 남쪽지역과 경북 내륙지
역, 동해안 지역이 신라에 편입되었고 지방지배가 실시된 것을 알려주는 것이 아
닌가 한다. 물론 각각의 지역들이 시차를 가지며 지방으로 편입되었겠지만 어찌
되었든 본격적인 지방지배의 형성으로 볼 수 있는 것이다. 그리고 이렇게 이 시기
에 대형분 또는 고총이 출현한 동래, 경산, 의성, 영덕이 신라 지방지배의 거점이

됨으로서 다음 단계에는 이를 기점으로 세력이 급격하게 팽창한다고 볼 수 있다.

다음 5세기 전반에서 6세기 초는 신라고총의 전성기로 신라권 모든 지역에 고총이 등장하는 시기이다. 이 신라고총의 확산을 2차적 확산이라고 할 수 있다.

이 시기 고총은 전시기와는 달리 각 지역집단들이 앞에서 설명한 지역성을 가진 묘제로 정체성을 보여준다. 즉 이미 신라 지방지배의 거점으로 채택되어 고총이 발생한 지역들에서도 적석목곽묘를 버리고 독자적인 묘제로 발전하고 새로이 고총이 축조되는 지역들도 그들 특유의 묘제를 취해 고총을 축조하는 것이다. 전자로는 임당지역에서 특유의 암광목곽묘가 출현하며, 동래에서는 좀 더 이른 시기에 성립된 수혈식석곽묘가 채택되고 이것이 동혈ㅂ자형주부곽식으로 변천하는 것이다. 후자로는 낙동강중하류역의 창녕 계성리와 교동에 그들 특유의 수혈식석곽과 횡구식석곽이 출현하여 유행하고 금호강유역에는 좀 더 밀집한 고총군(화원, 달서, 불로동, 구암동, 문산리)들이 형성된다. 그리고 낙동강중상류역에도 역시 성주(성산동고분군), 구미(황상동고분군) 등에 고총군이 형성되며 자체적인 묘제가 처음부터 나타난다. 이외에 낙동강상류역이라 구분한 상주를 중심으로 한 지역과 경북내륙지역의 북부인 조탑동지역 등에서는 지금까지의 자료로는 앞의 것들보다는 약간 늦게 고총군이 형성되는 것으로 볼 수 있다. 따라서 경주만 고총으로써 적석목곽묘를 채택하고 나머지 지역은 모두 각각 지역 특유의 묘제를 채택하여 고총을 축조하는 것이 되는데, 이는 경주 신라 지배층이 그들의 독자적 묘제로 적석목곽묘를 채택하였고, 타지역의 고총이 적석목곽묘를 채택하는 것을 규제한 것으로 볼 수도 있다. 또는 각 지역이 그 지역의 환경과 장의 과정에 맞는 묘제를 선택한 것일 수도 있다.

이러한 사실은 앞 시기 1차적 고총 확산지인 신라 지방지배의 거점을 기반으로 해서 그 주변 지역에도 지방지배의 거점을 확대하였음을 적극적으로 증명해 주는 것이 아닌가 한다. 즉 동래를 기점으로 낙동강하류역이, 경산을 기점으로 금호강유역과 낙동강중상류역이 점차적으로, 의성을 기점으로 해서 낙동강상류역과 경북내륙지역에 지방지배 거점이 확보되어 신라의 고총체계가 완성된다고 할 수 있을 것이다.

　한편 이와 같이 고총이 신라권 전체로 확대되면서 신라에서 중시하는 지방지배의 중요 거점지역의 변화가 발생된다. 즉 거점으로서 역할이 상실되는 곳이 있는 반면 새로운 중요 거점지역들이 출현하는 것이다. 먼저 앞 시기의 거점지역 가운데 경산과 의성, 영덕 등은 그대로 유지되나 동래지역은 거점의 역할에서 제외됨으로 해서 차츰 고총이 축조되지 않게 되는 것이 그것이고, 양산(북정리고분군), 창녕(교동고분군), 대구(달서고분군) 등이 새로운 중요거점으로 확보되는 것이다.

　신라식위세품의 분포현황에서 이를 읽을 수 있다. 5세기 전반 이전의 신라식위세품은 지금까지의 조사로서는 앞의 거점지역이라 볼 수 있는 복천동고분군, 임당동과 조영동고분군, 금성산고분군에서 좀 더 양질이며 갖추어진 세트가 발견되고 있으나, 5세기 중엽을 기점으로 해서 이후에는 북정리고분군, 교동고분군, 달서고분군, 임당동과 조영동고분군, 금성산고분군 등지에서 다른 지역들보다 우세한 위세품이 출토된다. 이것은 위세품의 세트 관계에서 뿐만 아니라 경주지역의 고총에서 출토되는 청동합 등의 금속용기와 철부鐵釜가 이러한 고분군을 제외한 지역에서는 잘 보이지 않는 점과 고총의 하나의 특징이라 할 수 있는 순장묘와 거기에 순장된 사람의 수에서도 방증이 된다(김용성 2009a:206~208).

　이러한 신라식 위세품은 장례 과정의 성복유물로 볼 수 있다(김용성 2009a:265). 따라서 같은 종류의 위세품은 장의 과정이 동일했음을 알려주는 요소라고 할 수 있는데, 그것이 복식의 사여라는 측면에서 경주에서 분배(이희준 2007:98, 이한상 1995)되었거나 지방의 지배자들이 적극적으로 수용(김대환 2012b)하였거나 같은 의례를 추구하고 있음은 집단적 동질성을 드러낸다. 그리고 그것이 질과 양에서 위계화되어 있음은 상하 관계로 묶여있었음을 나타내는 것이다. 그러므로 하나의 사회적 체계 속에서 작동되는 요소로 볼 수 있을 것이다.

　이것은 늦어도 5세기 후반에는 신라의 고총체계가 완결되었으며 그 체계는 최고위에 경주, 다음에 양산, 창녕, 경산, 대구, 의성이며 그 하위에 다시 기타 고총고분주들이 포진하고 있음을 알려주는 것으로 보인다. 다만 아직 최대형분들의 조사가 미진한 상주를 중심으로 한 낙동강상류역의 상황은 알 수 없지만 5세기 후반에는 이 체제가 유지되었고 본격적인 횡구식이 등장하여 유행하는 6세기에 와서는 선산 낙산동과 상주 병성동고분군 세력이 성장하여 위계가 상승했을 가능성은 열어두어야 하겠다. 또 강릉 초당동의 예로 보아서는 동해안 방면으로는 이미 강릉지역을 거점으로 한 고총체계가 이때는 성립된 것으로 보인다. 물론 여기에서 앞에 언급한 주요 거점지역과 이외의 고총고분군 축조 집단이 예속 관계에 있었다는 것은 아니다. 이들은 분명한 대등정치체peer-polity로 볼 수 있으나 경주에서의 지원과 자체세력의 규모에서 차등이 있었다는 것이다.

이러한 고총체계를 도시하면 〈도4-36〉과 같고 이는 중국의 왕조국가 하·상의 발생기로 인식되고 있는 얼리터우二里頭의 취락체계인 〈도4-37〉(심재훈 역 2006)과 비교된다. 또한 대가야의 경우 신라보다는 더 늦게 5세기 후반 무렵에 대가야식 수혈식 석곽묘(김세기 2003:109~113)를 주체로 한 4등급의 취락체계인 고총체계가 성립되었을 것으로 보인다(김용성 2012a).

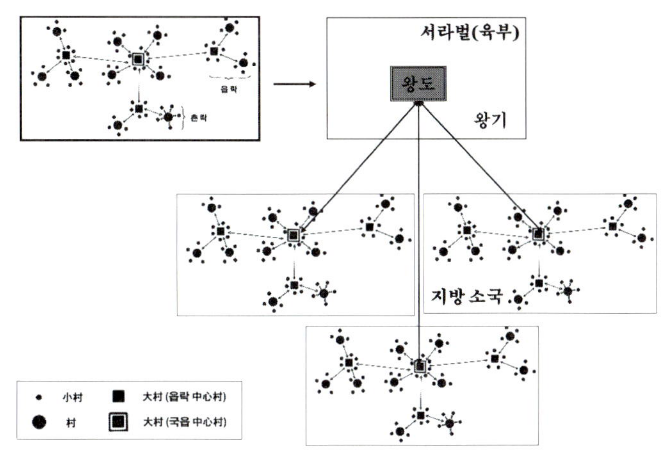

(사로-3등급 취락체계에서 신라-4등급 취락체계로)

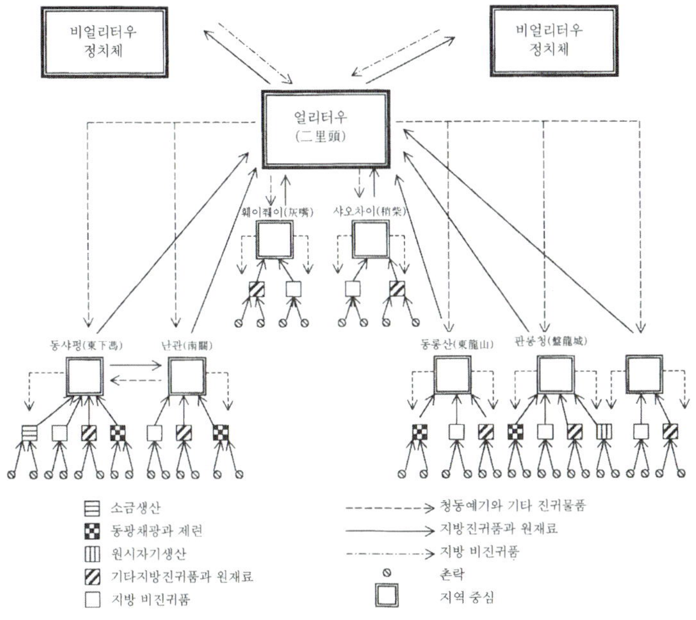

(심재훈 역 2006에서)

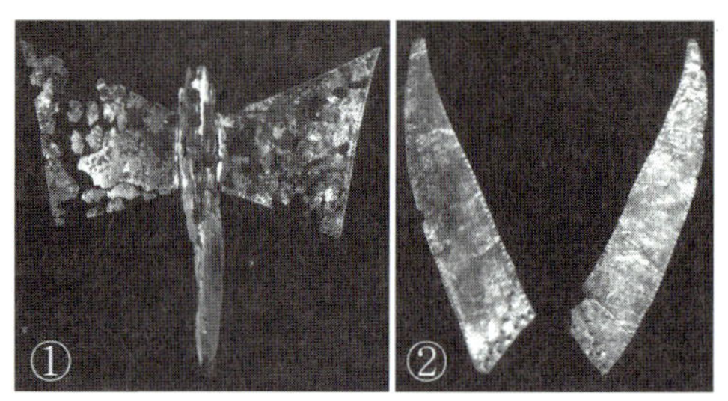

_신라의 역외 진출과 고총체계의 해체

신라의 역외 진출과 고분

신라가 발전하면서 가야권을 복속시켜 영역을 확장하면서 신라의 횡구식을 위주로 한 고분이 영남권 전역에 축조된다. 신라는 이렇게 가야권을 장악하기 이전부터 이미 영남권의 역외로 진출한 것이 확인되는데 이를 보여주는 고분군으로 강릉지역의 고분군과 중원지역의 고분군이 있다.

강릉의 초당동고분군(한국문화재조사연구기관협회 2009)과 그 주변의 고분들은 신라가 비교적 이른 시기인 5세기 초에는 동해안을 따라 진출하였고, 5세기 중엽 무렵에는 강릉이 고총체계에 포함되고 있음을 보여준다. 고분군의 묘제는 신라식의 목곽묘에서 수혈식석곽묘로 변천하였다. 이들

도4-38_강릉 초당동의 신라 위세품과 토기
①84-2번지1호 ②C-1호분 ③272-7번지
(국립춘천박물관 2013, 예맥문화재연구원 2008에서)

무덤에서는 5세기 전반 무렵부터의 신라토기가 지속적으로 부장되고, 중엽 무렵부터의 대형 고분에서는 신라식 성복유물인 관과 관식, 이식, 대도 등이 출토되어 신라의 진출을 명확하게 해준다〈도4-38〉. 대표적인 수혈식석곽묘는 84-2번지 1호 석곽묘(한국문화재조사연구기관협회 2009)〈도4-39〉로 동혈 일ㅂ자형

주부곽식으로 영남지방 신라권의 수혈식 석곽에서 흔히 보이는 종류이다. 이 고분군의 남쪽 동해안에는 삼척의 갈야산고분군, 울진의 덕천리고분군과 읍내리고분군 등의 대규모 고분군이 분포하고 있으나 아직 초당동고분군과 같은 갖추어진 세트의 신라 성복유물이 확인되지는 않고 있다. 이러한 사실은 신라의 동해안지역 거

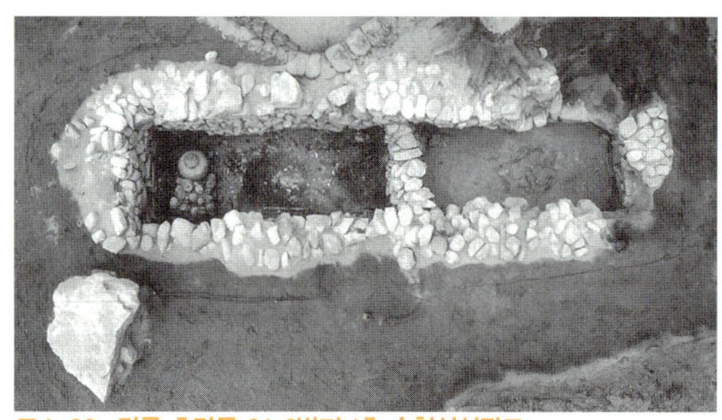

도4-39_강릉 초당동 84-2번지 1호 수혈식석곽묘
(한국문화재조사연구기관협회 2009에서)

점으로 강릉지역이 택해졌음을 알려준다. 이렇게 일찍부터 강릉지역으로 신라가 진출한 것은 동해안을 통한 교역로의 이용에서 그곳의 지정학적 위치가 중요했기 때문으로 판단할 수 있다.

그러나 신라가 소백산맥을 넘어 중원지역으로의 진출은 5세기 후반 이후의 진출과 6세기 중엽 이후의 진출로 구분할 수 있다. 전자의 결과로 축조된 고분군이 보은의 삼년산성을 중심으로 한 대야리, 풍취리, 어암리 일대에 분포하는 삼년산성고분군(중원문화재연구원 2012), 청원 미천리고분군(국립문화재연구소 1995), 옥천 금구리고분군(중원문화재연구원 2011), 단양 하방리고분군(충주박물관 1997) 등이고, 후자의 결과로 축조된 고분군으로는 충주 누암리와 하구암리고분군(문화재연구소 1991 · 1992, 충북대박물관 1993, 국립중원문화재연구소 2011)을 비롯하여 한강유역의 많은 신라고분(황보경 2009)이 있다. 이 양자는 묘제와 출토유물에서 구분이 되는데, 중기신라토기가 출토되는 횡구식의 석실과 석곽, 수혈식석곽이 축조된 것이 전자에 해당하고, 단각고배와 부가구연장경호로 대표되는 후기신라토기가 출토되는 횡혈식 석실과 횡구식의 석실과 석곽, 수혈식석곽으로 조성된 고분군이 후자에 해당한다.

신라가 소백산맥을 넘어 진출하였음을 알려주는 위의 여러 고분군 가운데 비교적 대형이 군집된 고총군으로 볼 수 있는 것이 앞에서 설명한 삼년산성고분군(〈도4-40〉 참조)과 누암리와 하구암리 일대 고분군이다. 삼년산성고분군은 아직 정식의 발굴조사가 이루어지지 않았으나 정밀지표조사 결과 세장방형의 횡구식석곽 혹은 횡구식석실이 주류를 이루는 것 같고, 누암리와 하구암리 일대 고분군은 횡혈식석실이 주류를 이루며 군집되어 있어 분명하게 구분된다.

도4-40_보은 삼년산성과 주변 고분 신라토기
(중원문화재연구원 2012에서)

이렇게 대형의 고분이 밀집하는 고총군으로 볼 수 있는 것이 존재함은 신라의 세력이 이곳들을 거점으로 면적인 영역지배를 실시했음을 알려주는 적극적인 증거이다. 따라서 충북의 남부지방인 금강유역으로 신라가 진출하여 영역지배를 실시한 것은 5세기 후반으로 왕성한 산성축조와 함께 한 것으로 볼 수 있다. 그러나 충북 북부지방인 한강유역으로의 진출은 6세기 중엽 이후가 되어 구분된다. 따라서 전자는 마립간시기 즉, 고총 단계에 영남지방의 지방지배와 같은 형식으로 이루어진 간접지배의 결과일 것이고, 후자는 고대국가가 완성된 이후 진흥왕대 북방 진출에 의해 나타난 직접지배의 결과로 인식할 수 있다.

전자의 주류인 세장방형인 횡구식의 석곽과 석실은 5세기 후반 영남의 북부지방 주묘제이다. 안동 조탑동, 상주지역, 영주 순흥 태장리와 읍내리의 묘제가 모두 이를 기반으로 한 것으로 낙동강 상류가 완전한 신라의 지배하에 놓인 이후 얼마 지나지 않아 이들 고분이 축조된 금강유역의 상류로 신라가 진출하였음을 알려준다. 그러한 진출로는 상주-화령-관기-보은의 통로인 화령로일 것이다. 또 하나 신라의 금강유역 진출로로 볼 수 있는 것이 김천-추풍령-영동의 통로인 추풍령로를 상정할 수 있는데, 김천과 그 주변지역의 장방형 판석조석곽이 아직 충북 영동이나 옥천 지역에서 조사되지 않고 있어 주된 통로로 사용되지는 않은 것 같다. 그리고 삼년산성을 거점으로 마립간기에 금강유역에 진출한 신라는 더 이상 고총고분을 확장시키지 못하고 중지된 것으로 보인다. 그것은 고구려가 진출하여 청원 부강리에 남성골 산성(중원문화재연구원 2008a)을 축조하는 등 금강의 지류 미호천유역으로서 호서지방 서부의 중심부에 해당하는 청주와 청원 일대가 삼국간의 쟁탈지역으로 성립되었기 때문으로 이해된다. 이렇게 본다면 5세기 말과 6세기 초에 축조된 청원 미천리의 신라고분군은 신라의 첨단 기지로서 주변을 영역지배한 집단의 표식이 아니라 신라에 동조하는 지역집단으로 점적으로 신라화된 세력이 축조한 것으로 이해할 수 있을 것이다.[6]

---

[6] 주변인 청주지역에서 수많은 고분이 발굴되었음에도 불구하고 5세기 후반부터 6세기 전반에 해당하는 신라고분은 전혀 발견되지 않는 현상은 이 미천리고분군이 당시 신라의 전선지역에 점적으로 축조된 신라고분군임을 알려준다.

충주 누암리와 하구암리 일대 고분군의 의미는 위의 금강상류역에 존재하는 신라고분과는 분명하게 다르다. 신라의 충주지역 진출은 계립령로와 죽령로를 따랐을 것이다. 계립령로는 상주-문경-계립령-충주의 통로이고, 죽령로는 예천-영주-죽령-단양-충주로의 통로이다. 이 두 통로의 주요 지점에는 비교적 큰 신라고분군이 분포하고 있다. 계립령로의 상주 신흥리고분군-문경 신현리고분군(중원문화재연구원 2008b) 죽령로의 예천 대심리고분군-영주 순흥지역의 고분군이 그것이다. 이들 고분군 가운데 계립령과 죽령에 가까이 있으면서 소백산맥 바로 남쪽에 위치한 고분군이 문경 신현리고분군과 영주 순흥의 태장리고분군(진성섭·남익희 2012)이다.

신라는 이들 고분군을 축조한 지점을 기착지로 하여 소백산맥을 넘었을 것인데, 이들은 5세기 후반부터 6세기에 걸치는 횡구식의 석실과 석곽이 주류로 축조된 고분군이다. 그러나 충주 누암리와 하구암리 고분군은 대형의 경우 우편 연도의 방형에 가까운 장방형 현실을 가진 횡혈식의 석실이 주류를 이루고 있어 신라가 소백산맥의 바로 아래 기착지를 지배하기 시작한 시기보다 훨씬 늦은 다음 단계의 고분군에 해당한다. 이들 사이에 들어갈 수 있는 고분이 단양의 하방리고분군으로 역시 세장방형의 횡구식석곽이 주류를 이루고 있다. 이러한 사실은 기원 500년을 전후한 시기에 신라가 죽령을 넘었음을 알려준다. 그러나 단양 하방리고분군은 고분의 규모가 작고, 수도 적어 신라가 죽령을 넘어 면적인 지배를 실시했다고 할 수 없게 한다. 이는 유사한 시기 삼년산성고분군과 청원 미천리고분군의 관계와 같이 순흥지역의 태장리를 비롯한 신라고분군 축조지에 거점을 두고 소백산맥을 넘어 점적으로 신라세력이 침투하고 있던 상황을 지적해 주는 것으로 볼 수 있다. 신라는 이후에 단양지역을 거점으로 한 면적지배를 시행한 것으로 보이는데, 이러한 현상을 알려주는 것이 더 뒤에 세워진 단양의 신라적성비가 아닐까 한다.

고총체계의 해체

신라는 5세기 후반 앞의 고총체계를 완성하여 본격적인 삼국전쟁에 돌입한 것으로 보인다. 그것을 알려주는 것이 문헌에 보이는 470년대 백제, 고구려와의 접경지역을 중심으로 한 지역들에 삼년산성 등의 석성을 구축하는 것일 것이다.

　신라는 5세기 전반 나제동맹 체결 후 고구려군을 신라영역에서 추방하였으나 5세기 후반 고구려의 남하에 대한 방비를 해야 했다. 따라서 5세기 후반 활발한 축성 사업을 벌인다. 이러한 축성 사업에는 지방민이 동원되었다. 이는 소지마립간 8년(486)의 삼년산성과 굴산성을 고쳐쌓을 때 일선—善(선산)계의 장정 3,000인을 징발하였다는 기록에서 알 수 있다. 그러나 이러한 산성에 주둔한 군대의 핵심은 신라 6부군으로 통칭되는 중앙군이었을 것이다. 그리고 축성 사업에 동원된 장정과 지방민이 그 후원군이나 후원 세력으로 산성의 주변에 배치되었을 것이다. 이 사정은 신라 산성의 주변에는 대부분 신라 고분이 분포하는 현황에서 읽을 수 있다. 이들 고분에 매장된 사람들은 주둔한 6부군을 지원하는 세력이면서 그 지역의 유력세력이었음을 쉽게 짐작할 수 있다.

　이를 명확하게 알려주는 것이 발굴된 삼년산성의 주변에 대형봉토분으로 구성된 대규모의 고분군이 분포하고[7], 또 조사된 조령의 입구에 5세기에 축조된 문경 고모산성의 주변에 신현리고분군이 존재하는 것이다. 이 가운데 삼년산성의 주변에 분포하는 고분은 거기서 채집되는 신라토기로 보아 늦어도 5세기 중엽부터 축조되기 시작한 것을 알려주나 비교적 대형은 대부분 횡구식 또는 횡혈식의 묘제를 가진 것으로 5세기 후반 이후에 축조된 것이다. 이는 화령을 넘는 금강상류역인 보은 지역이 좀 더 일찍부터 신라의 영역에 들어왔으나 삼년산성이 축조되는 5세기 후반에는 커다란 변천이 있었음을 이야기해 준다. 고분을 축조한 세력이 이 지역에 사민되었거나, 재지집단이었거나 주둔하고 있는 중앙군의 비호아래 주변을 통치하면서 세력이 확장되었음을 뜻한다.

　이런 점에서 산성의 축조가 본격화되면서 피복속지역에 중앙군을 파견하는 간접지배의 한 형태(주보돈 1996)가 크게 성행하는 계기가 되었음을 알 수 있다. 이러한 군사적 거점에 대한 중앙군의 주둔은 처음에는 그들의 후원에 의해 해

---

[7]　삼년산성의 주변 대야리 등지에는 수십 기의 대형봉토분이 분포하고, 그 주변에는 5세기 중엽 무렵부터의 신라토기가 많이 채집되고 있다(중원문화재연구원 2012).

당 지역 재지집단 지배자의 세력을 강화시키는 역할을 하였으나 차츰 중앙 주둔군의 간섭으로 그 세력이 약화되고 중앙 주둔군에 의한 지방의 직접지배라는 새로운 질서가 확립되기 시작하는 계기가 되었던 것으로 판단된다. 이는 지중왕 4(503)년에 건립된 것으로 보이는 영일 냉수리신라비에서 지방에 도사가 파견된 것으로 보아 5세기 후반에는 왕경과 근접한 지역에도 중앙의 관리가 파견되고 있었던 것과 함께 지방 지배자 세력의 해체 과정을 알려주는 자료가 된다.

이후 신라의 고총은 횡혈식석실이 신라권의 주묘제로 도입되는 6세기 전반을 기점으로 해서 그 크기나 부장유물이 점점 축소되어 지방의 신라고총이 사라지는 현상을 낳았다. 다만 후에 상주와 하주가 설치되어 신라의 중점적인 군사적 거점으로 자리하는 상주지역과 창녕지역에는 고총으로 볼 수 있는 석실들이 더 늦게까지 남아 있으나 나머지 지역에서는 고총이라고 할 만한 고분들이 조사되지 않고 있다. 이때까지 잔존하는 대표적인 고총이 창녕 계성 Ⅱ-1호 횡구식석실묘〈도4-41〉(호암미술관 2000)이다. 이 고총에서는 화려한 금제태환이식, 곡옥부경식, 은제천 등의 전시기에 이어지는 위세품이 출토되어 신라 중앙의 귀족묘와 차등이 없다. 이에 비해 경산 임당유적의 경우 많은 6세기 전반의 가장 규모가 있는 횡혈식석실묘가 임당 A2-2호분(한국문화재보호재단 1998b)〈도4-42〉인데 규모도 전 시기의 고총에 비해 작을뿐더러 이렇다할만한 유물이 출토되지 않았고 그 흔적도 없다.

이는 고총체계에서 신라의 지방지배 거점으로 활용되던 지역 지배자의 고총고분군이 거의 소멸하여 명백한 거점으로서의 역할이 상실되고 낙동강의 상류와 하류의 중심지역에만 군사적 거점으로서 역할을 하는 곳이 남은 셈이다. 이를 고총체계의 해체 과정이라고 할 수 있다. 이것

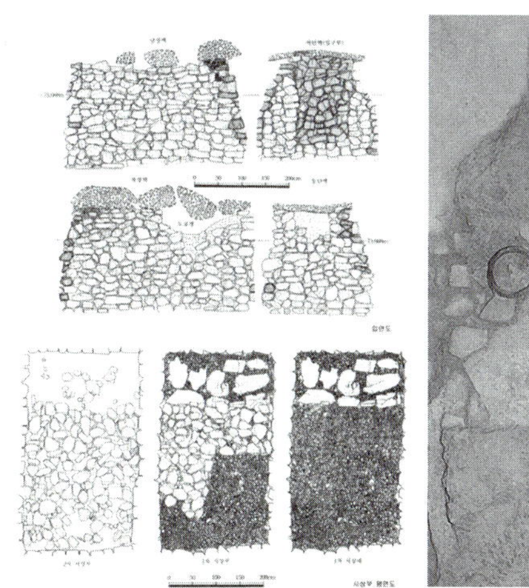

도4-41_창녕 계성 Ⅱ-1호 횡구식석실과 위세품 출토 상태
(호암미술관 2000에서)

은 문헌에 나타나는 법흥왕
대의 체제 개혁과 관련이 있
는 것으로 보이며 그것이 바
로 직접 지방관을 파견하는
직접지배라는 지방통치체제
의 확대로 지방 세력층이 변
동되었음을 의미하는 것으로
보인다. 단지 이 시기보다 비
교적 늦게 영주의 순흥 읍내
리에 고총군이 축조되는데,

도4-42_ 경산 임당 A2-2호 횡혈식석실분
(한국문화재보호재단 1998b에서)

이것은 고구려와의 접경이 명확하게 성립되고 이에 대처하는 입장에서 재지집단
을 활용하는 것에서 발생된 것으로 볼 수 있다.

　이렇게 본다면 고총이 쇠퇴하면서도 아직 세력을 유지하고 있는 지역은 대 가
야에 대한 군사적 대응지 창녕(계성고분군), 대 백제에 대한 군사적 대응지 상주
(병성동고분군), 대 고구려에 대한 군사적 대응지 영주(순흥 읍내리고분군) 등으
로, 이 지역들에는 아직 지방의 세력을 기반으로 축조된 고총이 남아 있으나 나
머지 지역은 지방 통제의 수단으로 활용되던 지역집단이 약화되었음과 통하는
것이다. 또한 강릉지역의 영진리고분군은 비록 대규모의 고총군은 아니지만 이
시기에 해당이 되는데, 이곳 역시 고구려에 대응하는 지역으로 신라의 거점으로
남아 있는 것이 된다.

_맺음말

　고총이 출현하기 전 신라식목곽묘 단계에서 신라는 형성되기 시작한 것으로
보인다. 이 이전 목곽묘 단계에는 영남 각지의 소국이 느슨한 연결망을 가지며

분립된 상태로 존재하였으나, 적어도 신라식목곽묘 단계에는 경주를 상위로 하여 그 분포권의 지역이 결집되기 시작한 것으로 볼 수 있다. 각 소국은 취락-읍락-국읍이라는 3단계의 위계화된 집단 통합이 이루어진 소국 상태(이희준 2000)였으나 점차 사로인 경주가 그러한 소국의 상위로 올라서는 과정이라고 할 수 있다. 이를 초기국가의 성립 과정으로 볼 수 있겠다.

그러나 고총이 출현하면서는 완벽하게 경주가 왕도로 자리함으로써, 취락-읍락-지방 소국의 국읍-신라 왕도(경주)라는 4단계로 위계화된 집단의 통합이 이루어진 사회구조로 변화하게 되어 광역정치체의 신라가 성립되었다. 이는 후대 율령을 가진 국가로서의 고대국가와는 다른 성격이지만 사회구조에서는 같은 통합 단계를 가진 것으로 국가가 출현했다고 할 수 있어 초기국가가 완성되었다고 할 수 있다. 이를 중국 은상의 왕조 도성, 그 내부의 방국方國, 주변의 방국邦國 체제와 비교하면 사로가 모태가 된 신라의 수도, 신라에 복속된 여러 지방소국, 그 밖의 가야로 불리던 독립된 크고 작은 여러 소국 또는 국가(대가야)로 구성된 체제가 고총 단계 영남지방에 존재한 것이 된다. 신라의 경우를 모식도로 작성하면 〈도4-43〉과 같다.

이 고총체계가 완성된 이후 삼국간의 전쟁을 비롯한 정세의 변동으로 신라는 지방의 주요 군사거점에 석성을 축조하고 육부군을 중심으로 한 중앙군을 주둔시켰다. 이러한 군대의 주둔은 점차 지방 세력의 약화를 불러왔고, 중앙인 경주에서 변형되어 새로 창안된 신라식석실묘가 신라권에 퍼지게 된다. 이에 따라 지방의 고총은 쇠퇴하고 점차 소멸되면서 고총체계가 해체된다. 이러한 과정은 지방에 대한 지배가 간접지배에서 직접지배로 전환되는 결과로 이해할 수 있다. 지방의 지배집단이 재편되고, 파견된 지방관은 임지에서 사망하더라도 경주로 귀장歸葬함으로써 일어난 것으로 볼 수 있는 것이다.

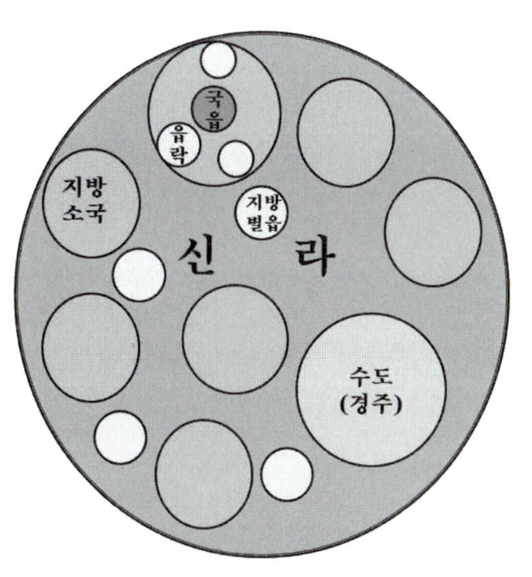

5

대구 서북부 고총과 읍락의 성격

__머리말

　대구지역에는 적어도 5개의 고총군이 존재하고 이는 마립간기에 존재했던 세력집단을 의미하는 것으로 이해되고 있다(주보돈 1996, 김용성 1997: 166~190, 이희준 2000a, 장용석 2010). 대구 달서고분군, 달성 화원 성산고분군, 대구 불로동고분군, 칠곡 구암동고분군, 달성 문산리와 죽곡리고분군이 그것으로 이는 적어도 당시 읍락이라 부를 수 있는 집단의 존재를 상정하게 한다. 이외 대봉동 지역에 고총군이 존재하고 그를 축조한 집단을 별개의 읍락으로 볼 수 있다는 의견(이희준 2000a, 장용석 2010)이 제시되어 있으나 아쉽게 그 고총은 남아 있지 않고 조사 자료도 소략하여 검토가 요구되고 있다.

　이들 가운데 남아 있던 고총 대부분이 발굴된 것이 문산리와 죽곡리에 분포하는 고총이다. 문산리와 죽곡리의 고총은 대구 서북부, 금호강이 낙동강에 합류하는 지점의 금호강으로서는 북안, 낙동강으로서는 동안에 위치한다. 낙동강이나 금호강 하류는 비교적 큰 강으로 지역 간의 경계 역할의 기능을 가진 반면 수운을 통한 물자 유통의 루트로도 크게 이용되었을 것이다. 그러나 고총이 자리한 곳에는 비록 남과 서에 큰 강이 흐르고 있으나 비교적 산지가 많은 곳이고, 산지 사이의 곡간도 그리 넓지 않아 농업 경제의 측면에서는 아주 불리한 여건을 가지고 있다. 오히려 농업 경제력의 측면에서는 고분군이 분포하는 지역의 약간 북쪽에 동에서 서로 흘러 낙동강에 합류하는 하빈천 연안이 우세하고 거기에 세력집단이 형성될만한 여건이 있다. 그러나 고총군이 하빈천 연안에 형성되지 않고 이곳에 조성되었음은 어떤 특수한 사정을 말해주며 주변에 분포하고 있는 문산리산성, 죽곡리산성과 함께 재지집단이 아닌 타 집단의 의도에 의해서 이루어진 것으로 볼 수 있게 한다. 이 점에서 앞으로 신라 마립간기 지방 읍락의 성격과 내부 구조를 파악하는 데에 이 고총군의 분석은 중요한 의미를 가지고 있다.

이 대구 서북부에 자리한 고총은 문산리에서 6기(영남문화재연구원 2005, 경북문화재연구원 2004a), 죽곡리에서 3기(대구대학교박물관 2002, 경북문화재연구원 2008b)가 조사되었다. 이중 경북문화재연구원이 발굴한 문산리고분군의 4기 봉토분은 한 능선에 군집되어 있었다<도5-1>. 문산리에 분포하고 있는 고총은 모두 조사된 영남지방 삼국시대 고총군 가운데 유일한 것이나 죽곡리에서 조사된 고총은 그것이 전부가 아니고 더 많은 수가 분포하고 있었을 가능성이 커 일부만 조사되었다고 할 수도 있다. 따라서 앞으로 자료의 증가를 기다려야 본격적인 논의를 진행할 수 있을 것이다. 그러나 현재 상태에서 정리하여 앞으로 연구에 기반을 마련한다는 것도 의미 있는 작업이 아닐까 한다. 이러한 관점에서

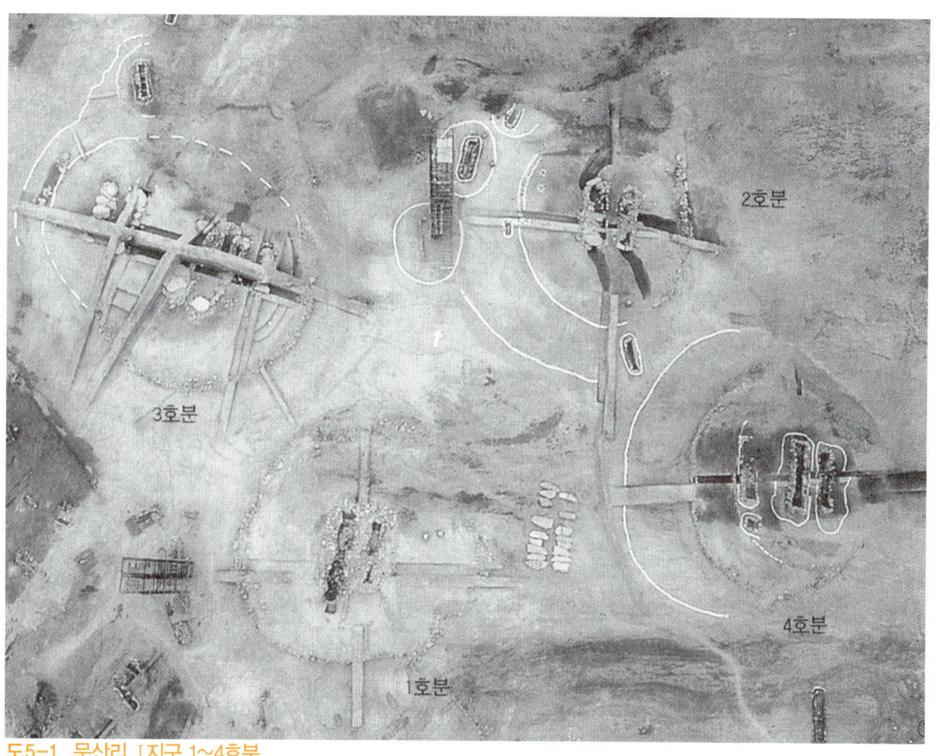

도5-1_문산리 Ⅰ지구 1~4호분
(경북문화재연구원 2004a에서)

여기서는 좀 세밀하게 이들 고총의 발굴 자료를 묘형을 중심으로 검토하여 앞으로 신라 마립간기 읍락의 해석에 대한 하나의 기본 자료를 구축해 보고자 한다.

__조사 고총의 검토

조사된 고총은 모두 수혈식석곽으로 주변의 다른 지역에서 조사되고 있는 판석조[1]와는 다르게 할석을 쌓아 축조하고 개석을 덮은 것으로 지상식도 있는 반면 반지상식, 지하식도 함께 공존한다. 묘곽은 단곽식, 주부곽식이 함께 공존하고 주부곽식의 경우 11자형, ㄱ자형, 目자형 등의 배치를 보이는데, 주된 배치는 11자형이다. 조사된 9기의 봉분은 단장분도 있는 반면, 양장분과 다장분도 존재하는 특징이 있고, 양장분과 다장분의 경우 신라의 다른 지방 고총과 마찬가지로 연접분으로 축조되었다. 이 연접분은 대부분 선축된 봉분의 한쪽을 일부 제거하고 거기에 후축된 묘곽을 축조하고 봉분을 이어나간 것으로 호석에 의해 그 선후를 명확하게 보여준다(뒤의 〈표2〉 참조).

조사된 9기의 봉분과 그에 소속된 각 묘곽을 묘형을 기준[2]으로 살펴보면서 지금까지 논의된 신라고분 피장자의 성별 판별 기준[3]을 가지고 피장자를 유추해 보

---

1   이 고총군의 주변인 성주 성산동, 대구 달서, 칠곡 약목 등의 고총은 대부분 판석조라는 특징이 있다(계명대학교박물관 2006, 野守健·小泉顯夫 1931, 경북대학교박물관 1997).

2   여기서 묘형은 주곽의 공간구성을 중심으로 한 구조를 말한다. 묘곽은 바닥의 처리로 그 구조를 찾을 수 있는데, 묘곽 전체나 일부 바닥에 시설한 것을 시상, 목관을 놓기 위한 시설을 관대, 주검을 목관에 안치하지 않고 바로 안치하기 위한 시설을 시대로 구분하여 검토한다. 또한 부장유물을 공헌유물, 성복유물과 생활유물로 나누어 그 배치를 살피도록 한다. 여기서 공헌유물이란 빈전 등의 의례에 사용된 유물, 성복유물이란 입관 시 혹은 사체의 안치 시 피장자에게 치장한 복식을 말하며 착장유물, 위세품 등으로 부르고 있는 것이다. 생활유물은 사후 생활의 필요에 의해 부장된 유물을 말한다.

3   신라고분 피장자의 성별 판별은 주로 착장유물이라고 할 수 있는 성복유물과 몇 가지의 부장유물에 의거하여 이루어졌다. 그 결과 대략 대도와 세환이식이 출토된 것을 남성, 태환이식 또는 태환수식이 출토된 것을 여성으로 보고 있으며 금동관 등 대관도 5세기 중엽이전까지는 여성과 친연성이 큰 것으로 밝혀졌다(김원룡 1974, 최병현 1981, 박보현 1995, 김선주 1994, 김용성 1998, 이희준 2002).

면 다음과 같다.

문산 Ⅱ지구 M1호분(영남문화재연구원 2005)

문산 M1호분은 단장분으로 봉토의 저경 20m 내외이며 봉분 내에는 2기의 옹관묘가 배장되었다. 묘곽은 지하에 축조된 단곽식〈도5-2〉으로 내부 중앙에 4줄의 석렬을 설치하여 관대로 삼고 꺾쇠를 사용한 목관을 안치한 것으로 남쪽 머리 측에는 공헌유물을, 북쪽 발치 측에는 주부곽식의 부곽에 부장되는 생활유물을 부장하였다. 따라서 그 공간구조를 目자형으로 볼 수 있으나 발치의 생활유물 부장공간을 제외하면 日자형의 구조가 된다. 비록 도굴되었으나 삼루환두가 성복유물로 부장되었고, 투구와 찰갑 등 중장의 무기가 부장된 점으로 미루어 피장자는 남성으로 추측된다.

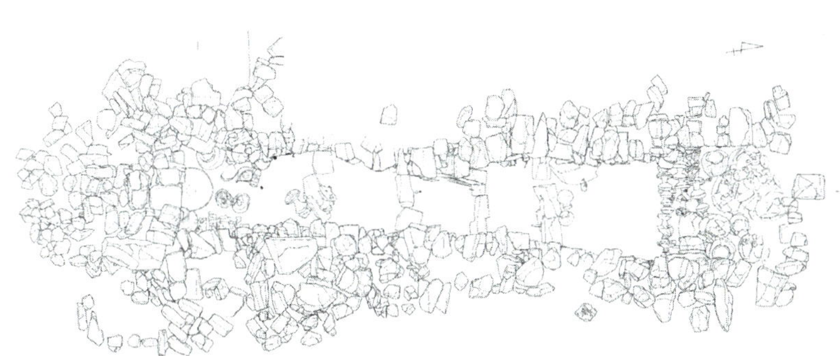

도5-2_ 문산 Ⅱ지구 M1호분 석곽

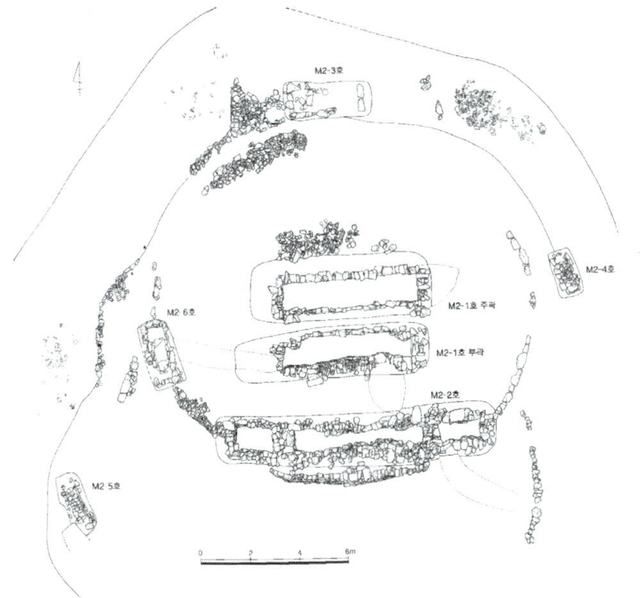

도5-3_ 문산 Ⅱ지구 M2호분 유구 배치도

문산리 Ⅱ지구 M2호분(영남문화재연구원 2005)

문산 M2호분은 1호묘와 2호묘 두 기가 하나의 봉분에 축조된 양장분이다〈도5-3〉. 1호묘의 호석에 2호묘의 호석이 이어져 나간 것으로 보아 1호묘가 선축되었고, 그 선축분의 봉분을 일부 제거하고 2호묘를 축조하고 봉분을 이어나간 것이다. 1호묘의 봉분은 직경 15m 내외이고 여기에 이어 간 2호묘의 봉분은 장경이 18m 정도이다.

1호묘 묘곽은 지하에 설치한 이혈의 11자형주부곽식으로 주곽의 우측에 부곽을 배치하였다. 주곽은 피장자 발치의 일부 공간을 제외한 전면에 시상석을 깔아 공간을 日자형으로 구분하였고, 시상을 깐 부분의 서쪽에 주피장자를 안치하였으며 머리 측인 동쪽의 일부 공간과 발치 측의 공간에 각각 공헌유물을 부장하여 전체적으로는 양단부장식인 目자형의 공간 구조이다. 시상에서 꺾쇠가 출토되어 목관이나 목곽을 안치한 것으로 보이나 교란이 심하여 그 원상을 추정할 수 없다. 부곽은 중앙에 시대를 마련하여 目자형으로 공간을 구분하고 양측에 생활유물을 부장한 것으로 그 동측에는 소형토기류, 서측에는 대형토기류를 부장하였다. 중앙 시대에는 순장자가 1인 이상 안치되었던 것으로 추정된다. 주곽에서 찰갑과 성시구 등이 출토된 점으로 미루어 주피장자는 남성으로 추정된다.

2호묘는 지하식으로 세장한 석곽을 축조한 다음 두 곳에 칸막이식의 석벽을 쌓아 중앙을 주곽으로 삼고, 양측을 부곽으로 이용한 동혈 目자형주부곽식이다. 주곽에는 서측의 일부 공간을 비우고 전면에 시상을 설치하였고, 시상의 공간에 꺾쇠를 사용한 목관을 설치하였다. 시상을 설치하지 않은 피장자의 머리 측에 해당하는 서측 공간에는 공헌유물을 부장하였다. 서측과 동측의 부곽에는 각각 생활유물을 부장하였다. 피장자는 팔찌로 생각되는 은제환을 차고 있는 점으로 미루어 여성으로 추정되고 축소모형철기가 부장된 특징이 있다.

문산리 Ⅰ지구 1호분(경북문화재연구원 2004a)

단장분으로 호석의 범위는 22×20m이다. 호석이 둘러진 봉분의 중앙에 지상식의 주곽(1호)과 부곽(2호)을 11자형으로 배치하였다〈도5-4〉. 주곽은 전면에 시상석을 깔았고 북측의 일부 공간에서 공헌유물 성격의 유물이 출토되었다. 남측은 도굴로 인해 유물이 전혀 남아있지 않았으나 피장자의 두향이 남측으로 추정되므로 원래는 공헌유물이 부장되어 目자형의 공간분할이 있었으며 중앙부에 꺾

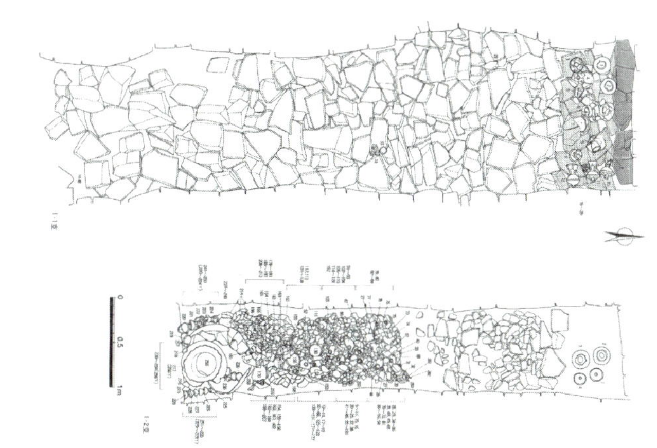

도5-4_ 문산리 Ⅰ지구 1호분 유구 배치도

쇠를 사용한 목관이나 목곽이 안치되었던 것으로 보인다. 부곽은 주곽의 우측에 배치된 것으로 중앙부 약간 북측에 치우치게 시상석을 깔아 시대를 마련하였고 그 북측의 공간과 남측 거의 절반에 가까운 공간에 생활유물을 부장하였다. 시대의 존재로 미루어 여기에는 1인 이상이 순장되었을 것으로 추정된다. 또 주곽의 북측 유물부장부를 제외한 공간이 상당히 넓은 점으로 보아 주곽의 피장자 발치에도 순장인을 배치했을 가능성이 크다. 주곽 교란토에서 성복유물로 추정되는 금동관과 태환이식이 출토된 점으로 미루어 주피장자는 여성으로 판단된다.

문산리 Ⅰ지구 2호분(경북문화재연구원 2004a)

단장분으로 호석의 범위는 19×18m이다. 호석이 둘러진 봉분의 중앙부에 반지상식의 주곽(1호)과 부곽(2호)을 11자형으로 배치〈도5-5〉하였고, 봉분의 주연에 석곽옹관 1기를 배장하였다. 주곽은 교란으로 인해 불분명하나 북측의 유물부장공간에 별도의 시상을 설치하고 약간의 공간을 띠운 다음 남측 전면에 시상을 깔아 구분하였고, 남측 시상의 남단벽 부근 일부를 제외한 부분에 꺾쇠를 사용한 목곽을 설치하였다. 북측의 유물부장공간과 피장자의 머리

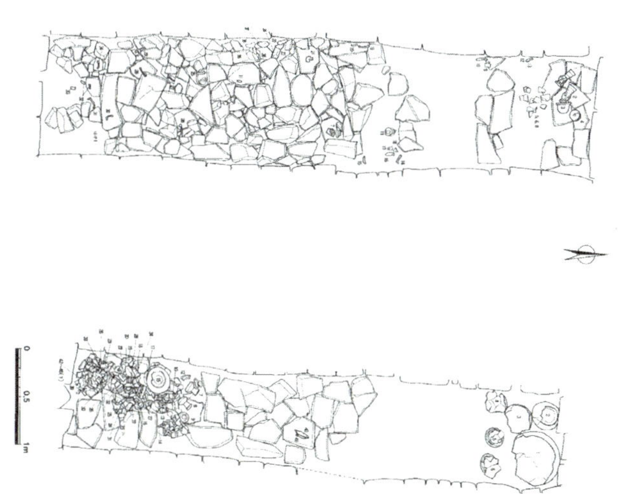

도5-5_ 문산리 Ⅰ지구 2호분 유구배치도

측인 남단벽 측 좁은 공간에 공헌유물을 부장한 것으로 추정된다. 따라서 주곽의
공간을 目자형으로 분할한 것이 된다. 주곽의 우측에 배치된 부곽은 중앙부 약간
남측에 치우치게 시상석을 깔아 시대를 마련하였고, 그 남측에는 소형토기류 위
주, 북측에는 대형토기류 위주인 생활유물을 부장한 것으로 역시 目자형으로 공
간을 분할하였다. 부곽의 시대 위에 1인 이상의 순장자를 배치했을 가능성이 있
고, 주곽의 북편 공간에도 순장자를 배치했을 가능성이 있다. 주곽에서 환두와
금동관 등의 성복유물이 출토되었는데, 무기류의 출토가 거의 없는 점과 부곽의
순장자가 도자를 착용하고 있는 점 등으로 미루어 모두 여성일 가능성이 있다.
이럴 경우 환두는 주피장자가 착용한 것이라기보다는 북측의 유물부장공간에 부
장된 유물이 된다. 이외 주곽에서 축소모형철기가 출토되었다.

문산리 I지구 3호분(경북문화재연구원 2004a)

다장분으로 1기의 단곽식(1호)
과 2기의 주부곽식(2·3호와 3·4
호) 모두 3기의 묘곽이 배치된 봉
토분〈도5-6〉이다. 봉토분은 먼
저 2호(주곽)와 3호(부곽)를 원형
의 호석을 가진 봉분의 중앙부에
11자형으로 배치하였고, 이 봉분
의 서부를 일부 걷어내고 여기에
4호(주곽)와 5호(부곽)로 구성된
묘곽을 11자형으로 배치한 다음
봉분을 이어나갔다. 이외 2호와 3
호로 구성된 봉분의 동측 일부를
파내고 여기에 단곽식인 1호를 배
치하였다. 이 가운데 1호는 독립

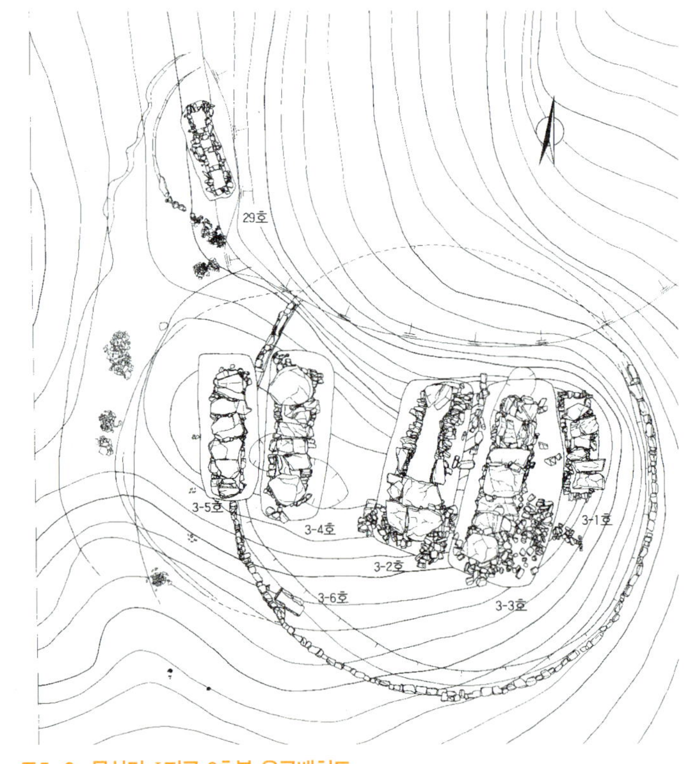

도5-6_문산리 I지구 3호분 유구배치도

된 호석을 가지지 않아 2·3호의 배장곽으로 볼 수 있다. 그러하다면 이 고분은 원래 양장분으로 기획되어 축조된 것이 된다. 2·3호 봉분 호석의 직경은 20m 정도이고, 여기에 덧붙여진 4·5호의 봉분은 장경이 15m 미만으로 전자에 비해 훨씬 적다.

배장곽인 1호는 지상식이며 시상석을 깔지 않은 것으로 남측과 북측에 각각 유물을 부장하고 중앙에 시신을 안치한 것으로 전체적인 공간구성은 目자형이나 피장자 머리 측(남측) 유물은 공헌유물로, 발치 측(북측) 유물은 생활유물로 볼 수 있으므로 발치 측의 생활유물 부장공간을 제외하면 日자형의 공간 구조를 가진 셈이다. 정위치에서 태환이 출토되었고, 이외 금동관편이 출토되어 피장자는 여성이고 묘곽의 규모로 보아 성인이 아닐 가능성이 있다.

2·3호〈도5-7〉의 주곽인 2호는 지하식으로 바닥에 시상석을 깔지 않았으나 남측과 북측에 나누어 공헌유물을 부장하고 중앙부에 꺾쇠를 사용한 목관 또는 목곽을 안치한 것이다. 따라서 공간구조는 目자형이 된다. 부곽인 3호는 주곽의 우측에 배치된 것으로 지하식이고 시상석을 깔아 구분하지 않았으나 남측과 북측에 유물을 빼곡하게 부장하고 중간을 비워 目자형으로 공간을 분할하였다. 주곽의 주피장자가 착용했던 대도가 정위치에서 출토되었는데, 이 유물이 남측으로 많이 치우친 점으로 미루어 주피장자의 발치에 순장인이 배치된 것으로 추정되고, 부곽의 중앙부 공간에도 순장인이 배치되었다. 주피장자 성복유물로 볼 수 있는 대도와 세환이식이 성시구와 함께 출토된 점으로 미루어 그는 남성이다. 그리고 부곽의 순장자도 세환이식을 착용하고 있어 남성으로 볼 수 있다.

4·5호〈도5-8〉의 주곽인 4호

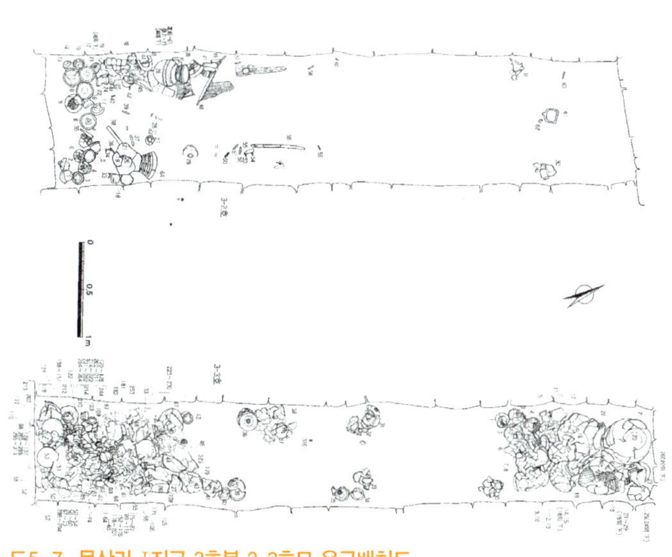

는 반지상식으로 북측의 유물부
장공간을 제외한 전면에 시상석
을 깔았는데, 그 절반 남측부분은
정연하게 깔았으나 북반부는 그
러하지 않아 구분된다. 꺾쇠가 정
연한 시상부의 북단에서 많이 출
토된 점으로 미루어 거기에 꺾쇠
를 사용한 목관을 안치한 것으로
보인다. 시상부의 남측에도 공헌
유물로 볼 수 있는 유물을 부장하
였고, 북측 유물 또한 공헌유물로
볼 수 있어 전체의 공간은 目자형

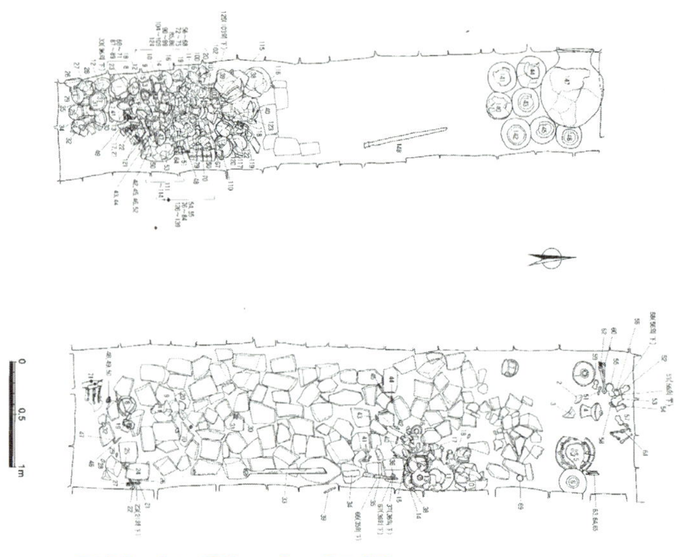

도5-8_ 문산리 I지구 3호분 4·5호묘 유구배치도

으로 분할한 것이 된다. 주곽의 좌측에 배치된 부곽인 4호는 중앙부 남측에 약간
의 할석을 깔아 구분하고 그 남측에는 소형토기류 위주, 북측에는 대형토기류 위
주의 생활유물을 부장하였고, 중앙부를 비워 目자형으로 공간을 분할하였다. 주
곽 시상의 남측 부위 목관 범위 내 정위치에서 대도가 출토되었고 그 북측의 공
간이 넓은 점으로 미루어 거기에 순장인이 배치되었을 가능성이 크고, 부곽에도
대도가 정위치에서 출토되어 순장자가 배치되었음을 알 수 있다. 주피장자의 성
복유물로 볼 수 있는 유물이 대도와 금동관인데, 금동관은 피장자 머리 측의 공
헌유물 공간에서 출토되어 피장자가 착용했던 것인지 확실하지 않다. 대도로 미
루어 주피장자는 남성으로 추정되고 묘곽의 크기를 감안하면 성인이 아닐 가능
성이 있다. 부곽의 순장자도 대도를 착용하고 있어 남성이다.

문산리 I지구 4호분(경북문화재연구원 2004a)

2기의 주부곽식을 연접시킨 양장분〈도5-9〉이다. 봉토는 먼저 1·2호를 호석
을 돌린 봉분의 중앙에 11자형으로 배치하였고, 이 봉분의 서측 일부를 제거한

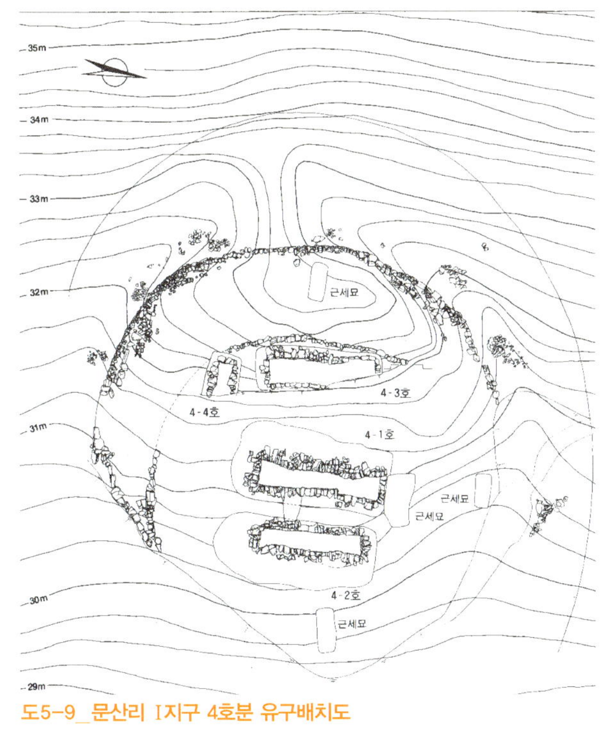

도5-9_ 문산리 I지구 4호분 유구배치도

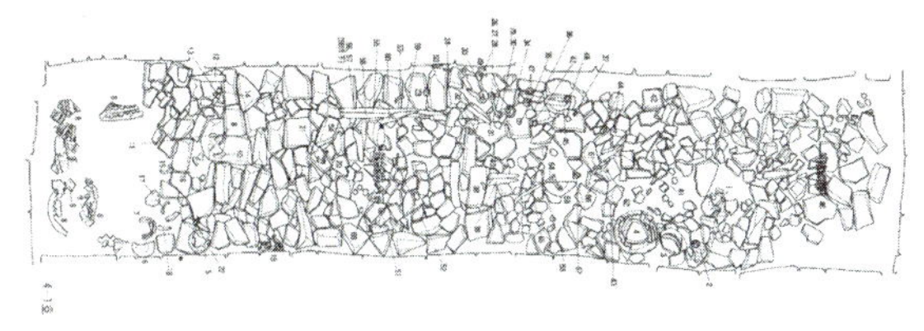

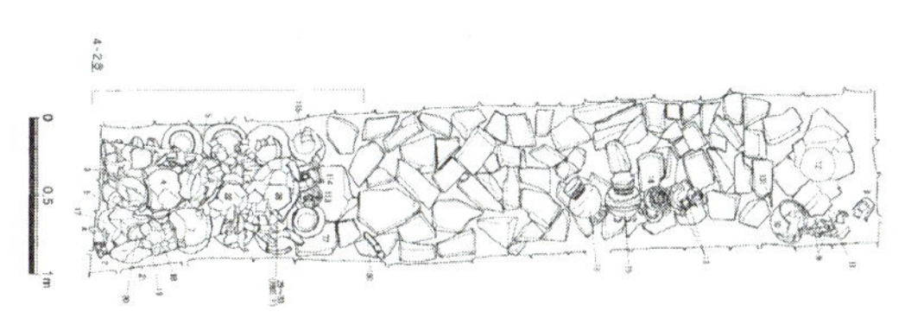

도5-10_ 문산리 I지구 4호분 1·2호 유구배치도

다음 주곽과 부곽을 ㄱ자형으로 배치한 3·4호를 축조하고 선축 봉분에 이어 반원형으로 호석을 돌린 봉분을 이어간 것이다. 선축분인 1·2호의 저경은 약 15m, 후축분인 3·4호의 장경은 19m 내외이다.

선축된 봉분인 1·2호〈도5-10〉의 주곽 1호는 남측의 공헌유물을 부장하는 공간을 비우고 그 북편 전체에 시상석을 깔았는데, 남측 절반의 시상석은 정연하나 북편 절반은 그러하지 않아 구분된다. 따라서 남측 시상부에 꺾쇠를 사용한 목관을 안치하였고, 그 북편을 순장자를 안치하는 공간으로 사용한 것으로 추정된다. 도굴이 심하여 원상을 알 수 없으나 북측에 별도로 유물을 부장하지는 않은 것으로 보여 그 공간구성은 日자형으로 볼 수 있으나 확실하지 않다. 주곽의 우측에 배치된 부곽인 2호는 역시 남측의 일부 공간을 비우고 전면에 시상석을 깔아 구분하였고, 시상석이 깔리지 않은 부분에 토기류 위주의 생활유물을 부장하였다. 한편 시상부 북편에서도 다량의 토기류가 출토되는 점으로 미루어 이곳도 생활유물을 부장하는 공간으로 삼은 것 같으나 거기서 출토된 토기들이 동단벽에 나란하게 배치된 점으로 미루어 그러하지 않고 2인 이상의 순장자가 배치되었을 가능성도 있다. 따라서 공간구조는 日자형으로 볼 수 있다. 주곽에서 출토된 성복유물로 볼 수 있는 대도, 은관식, 은제과대 등

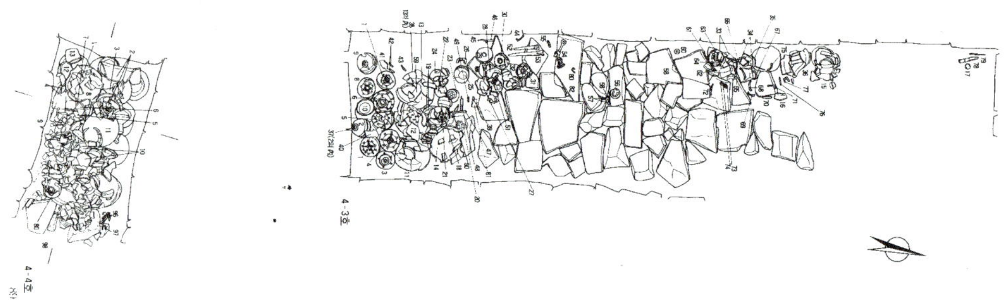

도5-11_ 문산리 Ⅰ지구 4호분 3·4호 유구배치도

으로 미루어 주피장자는 남성이고, 주곽 북측 시상이 정연하지 않은 공간과 부곽
의 시상부에 순장자가 배치된 것으로 볼 수 있다. 그러하다면 순장자는 적어도 3
인이 된다. 이외 주곽에서 축소모형철기가 출토된 특징이 있다.

후축된 봉분인 3·4호〈도5-11〉의 주곽인 3호는 지상식으로 북반부의 파괴가
심하여 매장 원상을 파악하기 힘들다. 남측의 공헌유물을 부장하는 공간을 제외
하고 그 북편에 시상석을 깔았고, 거기에 꺾쇠를 사용한 목관 혹은 목곽을 설치한
것이다. 주곽의 남측에 약간 떨어져 엇갈리는 방향으로 설치된 4호인 부곽은 일
부만 남아 있고 내부에 생활유물이 가득 채워져 있다. 무기류의 출토가 빈약한 점
으로 미루어 주피장자는 여성일 가능성이 있고, 주피장자의 발치 공간에 순장인
이 배치되었을 가능성도 있다. 주곽에서 축소모형철기가 출토된 점이 주목된다.

죽곡리 고분(대구대박물관 2002)

죽곡리 산성 주위에 분포하던 대형고분으로 군사시설로 추정되는 적석단과 중
복된 채 조사된 것으로 선형의 적석단 아래 위치하는 대형분이다. 보고서에서는
적석단이 축조되고 고분이 후축된 것으로 파악하였으나 보고서의 단면으로 보면
오히려 고분이 축조된 다음, 이 봉분을 제거하고 선형의 적석단이 축조되었으며,
나중에 이 적석단을 보수하고 수리하면서 이 고분의 봉분으로 추정한 흙과 적석
을 덧붙여 원형의 시설로 확대한 것으로 보는 것이 좋을 것으로 판단된다.

고분은 지하식의 주곽(1실)과 부곽(2실)을 11자형으로 배치한 주부곽식이다
〈도5-12〉. 주곽은 전면에 자갈을 깔아 시상을 마련하였으나 워낙 교란이 심하

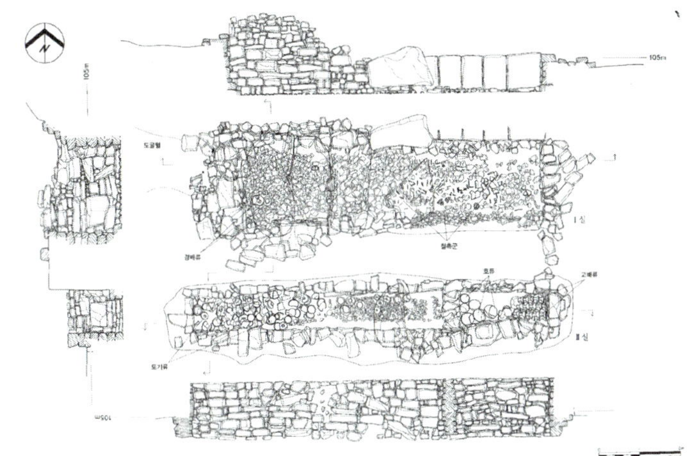

도5-12_죽곡리 고분 유구배치도

여 매장원상을 알 수 없다. 단지 남아 있는 현상으로 미루어 주곽의 동측에 공헌유물을 부장한 것을 짐작할 수 있고, 발치에서도 일부 유물이 출토되는 점으로 미루어 여기에도 유물이 부장되었던 것을 알 수 있다. 그러하다면 공간은 目자형으로 구분된 것이 된다. 부곽은 주곽의 좌측에 배치된 것으로 세장한 석곽의 동측 약 1/3을 석벽으로 쌓은 칸막이를 하여 구분하였고, 여기에 유물을 부장하였고, 그 서편 공간의 동측에 자갈을 깔아 시대를 마련하고 그 서측에 또 많은 유물을 부장하여 目자형의 공간구조로 볼 수 있다. 유물의 출토상태로 보아 두 유물군 모두는 생활유물적인 성격이 강하여 별도의 묘곽으로 보기보다 부곽으로 보는 것이 좋을 것으로 판단된다. 부곽에 칸막이를 설치한 것은 이 주변에서 보이지 않는 구조이나 그 공간 구성이 문산리 대형분들 부곽의 구조와 닮고 있는 점에서도 그러하다. 주곽에서 성복유물로 추정되는 금동과대와 삼루환두가 출토되어 주피장자는 남성이다. 주곽의 서측에 넓은 공간이 마련되어 있는 점으로 미뤄 여기에는 순장자가 배치되었을 가능성이 크다. 부곽의 시상에서는 5점의 금동이식이 출토되었는데, 이는 여기에 적어도 3인의 순장자가 배치되었고 이들이 모두 남성일 가능성을 지적해 준다. 이외 주곽에서 성시구와 금동합이 출토되었는데, 금동합은 이 지역 고총에서 출토된 유일한 금속용기로 주목된다.

죽곡리 1호 봉토분(경북문화재연구원 2008b)

단장분으로 호석을 돌린 봉토는 저경이 17.5m 내외이다. 묘곽은 반지상식으로 축조된 단곽식〈도5-13 좌〉으로 내부 중앙에 4줄의 석렬을 설치하여 관대로 삼고 꺾쇠를 사용한 목관을 안치한 것으로 남쪽 머리 측에는 공헌유물을, 북쪽 발치 측에는 주부곽식의 부곽에 부장되는 생활유물을 부장하였다. 따라서 그 공간 구조를 目자형으로 볼 수 있으나 발치의 생활유물 부장공간을 제외하면 日자형의 구조로 볼 수 있다. 축소모형철기가 출토된 특징이 있다.

죽곡리 2호 봉토분(경북문화재연구원 2008b)

단장분으로 호석을 돌린 봉분의 중앙에 주곽을 배치하고 동측에 편재해 부곽을 설치하여 11자형으로 배치하였다. 주곽은 반지상식〈도5-13 우〉, 부곽은 지상식에 해당하고 봉분의 토층 양상으로 보아 주곽의 축조 완료 후 부곽을 축조한 것으로 판단된다. 주곽은 전면에 강자갈을 깔아 시상을 마련하였고, 중앙부 남쪽으로 약간 치우친 곳에 판석을 네 줄로 놓아 관대를 마련하였다. 관대에는 꺾쇠를 사용한 목관을 안치하였다. 관대의 남측에 공헌유물을 부장하였고, 북측에도 유물을 부장하여 目자형으로 공간을 분할하였다. 북측 유물공간에는 순장자가 배치되었을 가능성도 있다. 부곽은 공간구분 없이 생활유물로 볼 수 있는 유물을 가득 채웠다. 주곽의 관대 부위에서 성복유물인 대도가 출토되어 피장자는 남성이다. 관대의 북측에

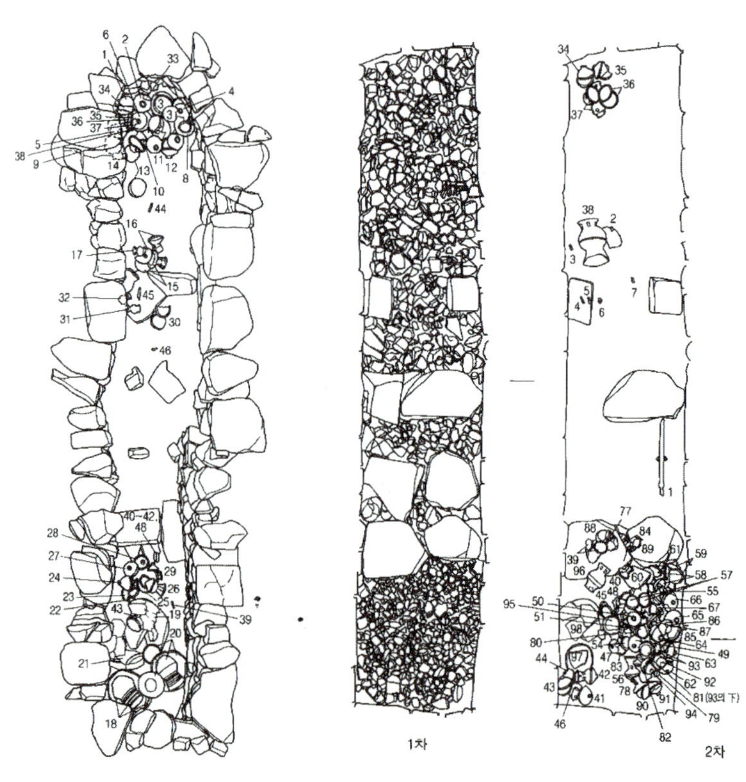

도5-13_죽곡리 1호 봉토분(좌)와 2호 봉토분(우) 주곽

비어있는 공간이 있는 점으로 미루어 순장자가 배치되었을 가능성이 크다.

_연대와 특성

축조 연대

대구 서북부 고총의 축조 연대를 가늠할 수 있는 자료로는 출토토기를 들 수 있다. 그리고 토기 가운데서도 가장 시기에 민감한 것이 이단투창고배임으로 여기서는 이를 기준으로 하고 다른 몇 가지 특징적인 토기를 더하여 그 연대를 설정해 보도록 하자.

이 지역에서 출토되는 토기 가운데는 재지 집단에 의해 제작된 독특한 고배가 존재하고 이 토기의 비율이 외래계에 비해 상당히 높은 비율을 점유하고 있다. 재지 토기는 삼단각의 이단투창고배, 무투창고배, 이단각의 이단투창고배 등으로 나눌 수 있다. 그리고 외래계 고배로는 이단각의 이단투창고배로 경주산 혹은 경산산으로 볼 수 있는 토기이며 일부 고총에서만 출토되었다. 각 고배의 출토 상황을 정리하면 다음과 같고 표지적인 토기를 선정하면 〈도5-14〉와 같다.

문산 M1호분에서는 삼단각의 이단투창고배가 무투창고배와 함께 출토되었다. 삼단각의 이단투창고배는 八자형으로 벌어지는 대각을 지녔고, 삼각형투창이 뚫린 것도 보인다. 이외 여러 종류의 토기가 있으나 연대를 짐작할 수 있게 하는 토기로 소형의 원저장경호와 광구소호를 들 수 있다.

문산 M2호분 1호묘에서는 삼단각의 이단투창고배와 무투창고배가 함께 출토된 점에서 문산 M1호와 유사하나 비교적 이른 시기에 나타나는 토기인 광구소호가 사라졌고, 소형의 원저장경호 대신에 소형의 대부장경호가 출현한 특징이 있다. 이단투창고배의 각 상부가 문산 M1호분 고배에 비해 좁은 느낌이 있고, 절두 A자형으로 거의 직선으로 벌어진 대각도 있다. 그리고 고배 대각이 위에서는 사방향으로 벌어지다가 아래에서 안쪽으로 만곡하여 벌어지는 것이 출현하였다.

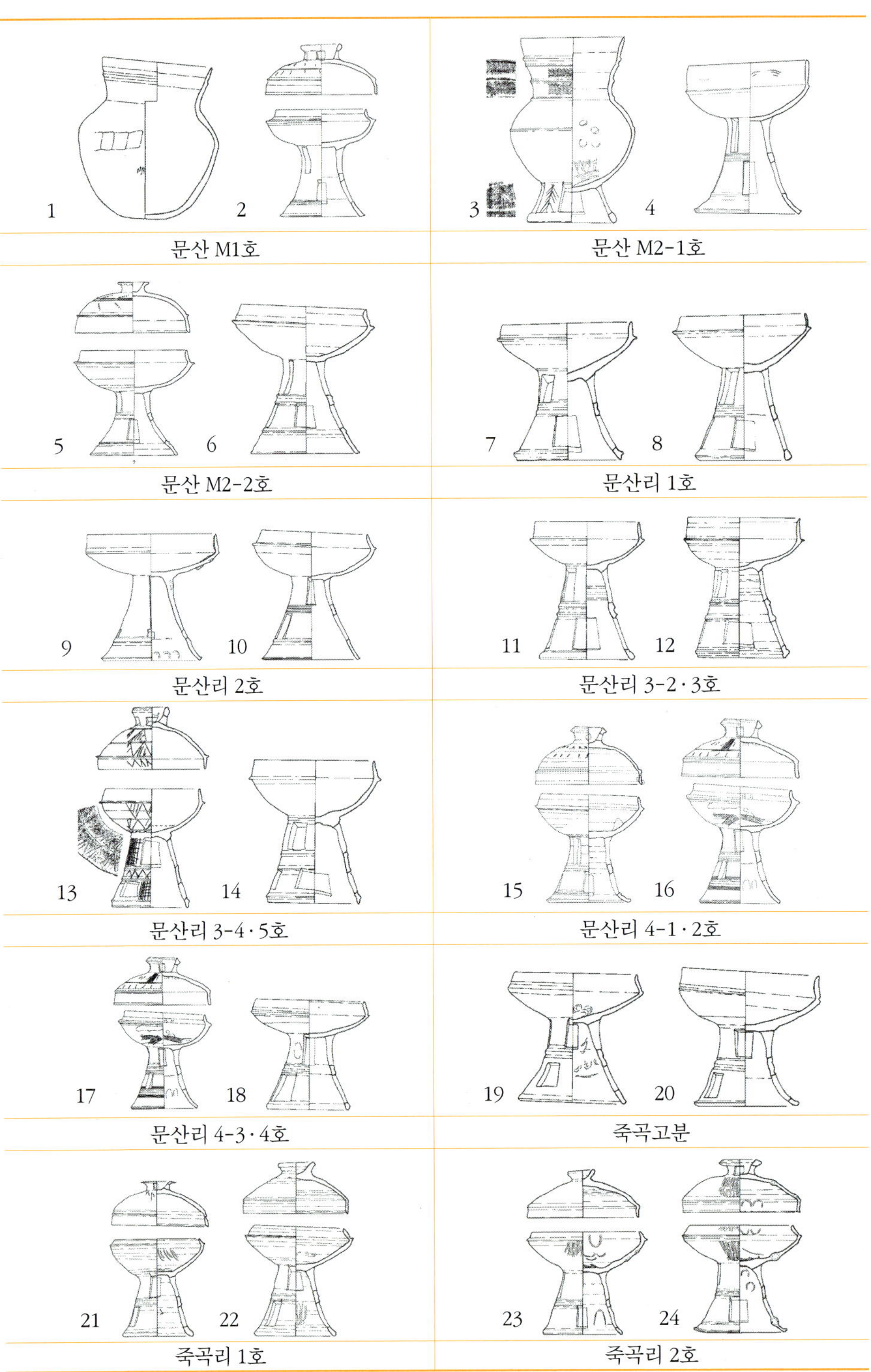

도5-14_ 대구 서북부 고총의 표지 토기(축척부동)

문산 M2호분 2호묘에서는 장각의 무투창고배가 출토되지 않았고, 모두 삼단각의 이단투창고배만 출토되었다. 고배는 M2호분 1호묘의 삼단각 이단투창고배와 유사한 것으로 각의 상위가 좁고 거의 직선을 이루며 절두A자형으로 벌어지는 대각을 가진 것과 하위가 안으로 만곡하는 각을 가진 고배 두 종류로 나눌 수 있다. M2호분 1호묘에 비해서 각의 하위에서 만곡하는 고배가 주류를 이루고 있는 특징이 있다.

문산리 1호분에서는 삼단각의 이단투창고배, 이단각의 이단투창고배, 무투창고배가 함께 출토되었는데, 가장 특징적인 것이 이단각의 이단투창고배로 재지양식과 외래계로 구분할 수 있다. 재지양식은 대각이 비교적 두텁고 만곡하며 벌어지면서 배신의 기심이 크기에 비해 얕으나 외래계는 대각이 비교적 가늘고 기심이 전자보다 깊은 특징이 있어 구분된다. 또 외래계의 고배 가운데는 3투창식이 존재한다.

문산리 2호분에서는 삼단각의 이단투창고배와 무투창고배가 함께 출토되었다. 이단투창고배는 문산 M2호분 2호묘의 각 상위가 좁은 고배와 동형이다. 무투창고배는 투창이 전혀 없는 것과 각의 하위에 작은 방형투창을 뚫은 것으로 나누어지는데, 후자는 이 고총에서만 보이는 것이다.

문산리 3호분 1호묘는 형식을 확인할 수 있는 이단투창고배가 출토되지 않았다.

문산리 3호분 2·3호묘에서는 삼단각의 이단투창고배, 이단각의 이단투창고배, 무투창고배가 함께 출토되었다. 삼단각의 이단투창고배는 八자형의 대각을 가진 것과 절두A자형의 대각을 가진 것이 있다. 이단각의 이단투창고배는 문산리 2호분의 고배와 같은 형식으로 외래계로 볼 수 있는 것이 별로 없고 재지 양식으로 보이는 것이 주류로 1호분의 재지 양식 이단각 이단투창고배와 유사하다. 이단각 이단투창고배의 비율이 높은 특징이 있다.

문산리 3호분 4·5호묘에서 출토된 고배는 그 양상이 문산 3호분 2·3호묘와 완전히 같다.

문산리 4호분 1·2호묘에서는 삼단각의 이단투창고배와 무투창고배가 함께 출토되었다. 이중 삼단각의 이단투창고배는 상위가 좁은 절두A자형의 대각을 가진 것이다.

문산리 4호분 3·4호묘에서는 삼단각의 이단투창고배, 이단각의 이단투창고배, 무투창고배가 함께 출토되었다. 삼단각 이단투창고배는 1·2호묘의 것과 동형이고 이단각 이단투창고배는 재지 양식의 문산리 1호분의 것 기형과 유사하고 삼단각과 이단각의 비율이 비등하다.

죽곡고분에서는 삼단각의 이단투창고배, 이단각의 이단투창고배, 무투창고배가 함께 출토되었다. 삼단각의 이단투창고배는 문산리 2호분의 고배와 같은 형식이고, 이단투창고배는 외래계로 볼 수 있는 것이 별로 없고 문산리 4호분의 3·4호묘의 것과 같은 형식으로 볼 수 있다. 이단각 이단투창고배의 비율이 높은 특징이 있다.

죽곡리 1호분 출토 고배는 삼단각의 이단투창고배는 단 1점에 불과하고 이단각의 이단투창고배가 주류를 이룬다. 고배는 대부분 재지 양식으로 생각되며 3투창식이 우세하고 각단을 약간 꺾어 밖으로 돌출시킨 것이 특징이다.

죽곡리 2호분의 토기상은 죽곡리 1호분과 유사하다.

위와 같은 토기의 양상을 정리하면 이 지역 고총 재지 양식 이단투창고배는 크게 보아 6가지의 형식으로 묶을 수 있는데 대표적인 토기를 선정하면서 그 형식을 살펴보면 다음과 같다.

먼저 삼단각의 이단투창고배는 4종으로 첫 번째 형식은 대각의 상위가 두텁고 八자형으로 벌어지는 것(문산 M1호분 출토품), 두 번째는 대각의 상위가 좁고 八자형으로 벌어지나 각의 하단에서 안으로 만곡하는 것(문산 M2호분 1호와 2호 출토품), 세 번째는 각의 상위가 좁고 절두A자형으로 벌어지는 것(문산리 2호분 출토품), 네 번째는 세 번째 형식과 같으나 각이 하단에서 만곡하며 밖으로 벌어지는 것(문산리 4호분 1·2호 출토품)이고, 이단각 이단투창고배는 크게 두 종류로 첫 번째는 각이 절두A자형으로 벌어지나 각 단의 투창의 수가 4개이고 비교적 큰 것(문산리 3호분 3·4호 출토품), 두 번째는 첫 번째의 것과 같으나 더 작아졌고 각 단의 투창 수가 3개로 줄어든 것(죽곡리 1호 출토품)이다. 지금까지 알려진 신라토기의 변화과정에 대입하면서 출토 고총의 축조 순서를 고려하여 그

문산리 M1	문산리 M2 문산리 2호	문산리 4-1·2	문산리 4-3·4	죽곡리 1호
동시기 외래계		문산리 3-2·3	문산리 3-4·5	문산리 1호

도5-15_ 대구 서북부 고총 재지 고배와 외래 고배

변화상을 살피면 〈도5-15〉와 같다.

이러한 재지 양식 고배를 가지고 연대를 확인할 수는 없다. 그것은 재지 양식 고배는 타 지역의 선진적인 토기 양식에 영향을 받아 그들보다는 더 나중에 변화했을 가능성이 크기 때문이다. 따라서 연대의 결정에는 외래계 토기를 이용하여 대략적인 추정을 하고 이에 재지 양식 토기와 여타의 특징 있는 토기를 대입하여야 할 것으로 보인다.

문산리와 죽곡리의 토기 가운데 구체적인 연대를 적시해 주는 고배는 문산리 1호분, 문산리 3호분 2·3호묘, 문산리 3호분 4·5호묘 출토의 외래계 고배이다(〈도5-15〉 참조). 이들 가운데 문산리 3호분 2·3호묘와 4·5호묘 출토 외래계 고배는 경주지역과 경산지역의 5세기 3/4분기의 것이고, 문산리 1호분의 것은 5세기 4/4분기로 볼 수 있는 기형이다(김용성 1996). 따라서 이들 고분은 해당 연대로 편년될 수 있다. 이중 비교적 이른 3호분 2·3호묘보다 더 이른 것으로는 문산리 M2호분 1호와 2호묘, 문산리 2호분을 들 수 있다. 이들은 거의 유사한 양상을 보이는데, 그 가운데서도 문산 M2호분 1호묘 출토 고배가 八자형의 대각을 가진 것으로 보아 좀 더 이른 것으로 볼 수 있다. 한편 이 고분에서는 소형의 대부장경호(〈도5-14〉의 3)가 출현한 특징이 있는데, 이는 경산 임당고분군의 경우 5세기 3/4분기에 출현하고 있어(김용성 1996) 그렇게 이르지는 않을 것으로 판단된다. 따라서 이들 고분은 5세기 3/4분기의 이른 시기로 볼 수 있다. 더 이른 시기의 토기는 문산 M1호의 토기이다. 이 고총에서는 소형의 대부장경호가 아직 출현하지 않았고, 소형의 원저장경호(〈도5-14〉의 1)가 잔존하고 있으며 고배의 대각이 八자형을 이루는 것이 주류이다. 따라서 이 고총의 연대는 5세기 2/4분기로 볼 수 있다. 소형의 원저장경호는 임당고분군에서 목곽묘 단계 말기에 출현하여 5세기 3/4분기까지 잔존하나 5세기 전반에 크게 유행한 토기이다(김용성 1996). 한편 문산리 4호분 1·2호묘와 3·4호묘, 죽곡 고분의 토기양상은 비슷한데, 재지양식의 고배로서 4투창식의 이단각 이단투창고배가 출현하여 유행한 특징이 있다. 이 토기는 외래계 이단각 이단투창고배의 영향을 받아 기형이 변화된 것으로 볼 수 있어 5세기 3/4분기의 늦은 시기이거나 5세기 4/4분기의 이른 시기로 편년할 수 있다. 이보다 더 늦은 시기의 토기는 죽곡리 1호분과 2호분 출토 고배이다. 이들 고배는 재지 양식이면서도 3투창식으로 변화하였고, 각단을 돌출시키는 등 경주지역과 경산지역 5세기 4/4분기의 양상을 보인다.

한편 양장분과 다장분의 경우 봉토의 축조 서열에 따라 순서를 찾을 수 있다. 이를 살펴보면, 문산리 M2호분은 1호묘가 선축, 2호묘가 후축이다. 문산리 3호분은 2·3호묘가 선축, 4·5호묘가 후축이다. 또 1호묘는 2·3호묘보다 후축으로 볼 수 있다. 문산리 4호분은 1·2호묘가 선축, 3·4호묘가 후축이다.

이상의 결과는 문산리의 고총이 II지구에서 I지구로 가며 축조되었고, 이후 죽곡리 지역에 고총이 축조되었음을 알려준다(뒤의 〈도5-17〉 참조). 그리고 고총의 축조 기간은 50년 또는 60년 정도로써 그들은 3세대 정도에 걸친 가족 집단으로 판단할 수 있다. 이는 남성과 여성 피장자가 거의 대등한 수이고 피장자 가운데는 소녀 혹은 소년 등 미성년자도 포함되고 있으므로 단순한 가계를 그릴 수 있어 방증된다.

토기상과 봉분에 나타나는 축조 서열을 종합하면 문산리와 죽곡리 고총은 문산 M1호분→문산 M2호분 1호묘→동 2호묘→문산리 3호분 2·3호묘→동 4·5호묘→문산리 4호분 1·2호묘→동 3·4호묘→문산리 1호분→죽곡리 1호분과 2호분 순으로 축조된 것이 된다. 여기에 포함되지 않은 문산리 2호분은 문산 M2호분 2호묘보다 약간 늦은 시기에, 문산 3호분 1호묘는 문산 3호분 4·5호묘와 거의 같은 시기에, 죽곡 고분은 문산 4호분 3·4호묘와 거의 같은 시기에 둘 수 있다. 그리고 구체적인 연대는 문산 M1호분만 5세기 2/4분기에 해당하고 문산 1호분 이후는 5세기 4/4분기이며 나머지는 모두 이르고 늦은 순서가 있을 뿐이지 5세기 3/4분기에 해당한다. 이 연대는 이 지역 토기를 검토하여 편년한 윤천수(2010)의 연대안과 크게 차이가 없다.

이상의 결과를 정리하면 〈표5-1〉과 같다.

표5-1_ 대구 서북부 고총의 축조 서열과 연대

문산 M1호분 단장 →(남성)	문산 M2호분 1호묘→2호묘 (남성) (여성)			
	문산리 2호분 단장 →(여성)	문산리 3호분 2,3호묘→1호묘 → (남성) (소년) → 4,5호묘(소녀)	문산리 4호분 1,2호묘→3,4호묘→ (남성) (여성)	문산리 1호분 단장(여성)
			죽곡고분 단장 →(남성)	죽곡리 1호분 단장(여성?) 죽곡리 2호분 단장(남성)
5C 2/4분기	5C 3/4분기			5C 4/4분기
3세대 정도의 가족 집단으로 상정				

고총의 특성

앞에서 검토한 대구 서북부 고총의 주요 특징을 정리하면 〈표5-2〉와 같다. 이 표를 기준으로 이 지역 고총의 특성을 찾아보면 다음과 같다.

이 지역 고총은 모두 수혈식석곽묘이다. 그리고 주부곽식의 경우 특수한 것을

표5-2_ 대구 서북부 고총

고총			봉분			서열	묘곽					유물과 성격				여타 특성
			분형	크기(m)	배장		주부배치 위치	크기(m)	묘형	시상	주곽부장	성복유물	순장	성별	연대	
문산 M1			단장	직경 20m내외	옹관2기		단곽식 지하식	5.70×1.10×1.15	目	중앙관대	양단부장	삼루환두		남성	5c 2/4	교란 파괴 주: 투구,찰갑
문산 M2	1	주	양장	15×14.5	석곽3기(주연)	1→2	11자형 지하식	5.65×1.15×1.45	目	일부시상	양단부장			남성?	5c 2/4, 3/4	도굴 주 : 찰갑,성시구
	1	부						5.45×1.00×1.67	目	중앙시대			1인?			
	2	주		장축 18m내외	석곽1기(주연)		동혈 目자형 지하식	5.30×1.15×1.60	日	일부시상	두단부장	은제환		여성?	5c 2/4, 3/4	칸막이 동서부곽 주: 축소철기
	2	동부						1.65×0.90×1.00	□	무						
	2	서부						1.74×0.74×1.60	□	무			1인?			
문산 1		주	단장	22×20			11자형 지상식	6.40×1.70×1.60	目	전면	양단부장	금동관, 태환이식	?	여성	5c 4/4 조	도굴
		부						5.10×1.00×1.40	目	중앙시대			1인 이상			
문산 2		주	단장	19×18	석곽옹관1기		11자형 지하식	5.83×1.25×1.70	目	분리시상	양단부장	환두, 금동관?	?	여성?	5c 3/4	도굴 주: 축소철기
		부						5.25×1.00×1.95	目	중앙시대		도자	1인 이상			
문산 3	1		다장		2,3호 배장곽	2,3→1 2,3→4,5	단곽식 지상식	4.32×0.95×1.17	目	무	양단부장	금동관, 태환이식		소녀?	5c 3/4	도굴
	2,3	주(2)		직경 20m			11자형 지하식	6.25×1.40×2.05	目	무	양단부장?	대도, 이식	족부순장?	남성	5c 3/4	주곽도굴 주: 성시구
	2,3	부(3)						6.70×1.10×1.95	目	무		금동이식	1인 이상			
	4,5	주(4)		장축 15m내외			11자형 반지상식	5.43×1.32×1.60	目	일부시상	양단부장	환두대도, 금동관, 세환	족부순장?	소년?	5c 3/4	주곽도굴
	4,5	부(5)						5.22×0.95×1.75	目	무		대도	1인 이상			
문산 4	1,2	주(1)	양장	저경 15m		1,2→3,4	11자형 반지상식	6.05×1.26×1.15(현)	日?	일부시상	두단부장?	대도, 온관식, 과대	족부순장?	남성	5c 3/4 후	주곽도굴 주: 축소철기,성시구
	1,2	부(2)						5.05×1.00×0.85(현)	目	일부시상			1인 이상			
	3,4	주(3)		장축 19m내외			ㄱ자형 지상식	5.20×1.18×1.05(현)	?	일부시상	두단부장?		족부순장?	여성?	5c 3/4 후	주곽도굴 부곽일부잔존 주: 축소철기
	3,4	부(4)						1.70×0.78(현)×0.75	?	?						
죽곡		주(1)	단장	장축 31.5m			11자형 지하식	7.30×1.90×2.00(현)	?	전면시상	?	금동과대, 삼루환두	족부순장?	남성	5c 3/4 후	주곽파괴 부곽칸막이 주:금동합,성시구
		부(2)						8.72×0.82×1.42(현)	目	중앙시대		세환이식 5점	3인 이상			
죽곡 1			단장	저경 17.5m			단곽식 반지상식	5.10×0.80×1.38(현)	目	중앙관대	양단부장				5c 4/4	북생활, 남공헌유물 축소철기
죽곡 2		주	단장	저경 13-14m			11자형 반지상식	5.10×1.00×1.50	目	전면시상 판석관대	양단부장	대도	족부순장?	남성	5c 4/4	주곽도굴 주: 성시구
		부						1.93×0.64×1.05	□	무						

제외하면 이혈의 11자형 배치를 고수하였다. 특수하게 동혈 目자형으로 볼 수 있는 두 개의 부곽을 가진 것과 ㄱ자형으로 배치한 것이 있으나 이들은 지형적 문제 등 특수한 상황에서 발생된 것으로 보인다. 또 11자형의 경우 주피장자를 기준으로 좌측에 부곽을 배치한 것이 주류이나 우측에 배치한 경우도 소수 있다. 이러한 11자형의 배치 구조는 칠곡 구암동 56호분(영남대학교박물관 1978)과 의성 금성산고분군의 이른 시기 고분(경북대학교박물관 2006, 경북문화재연구원 2012)에서 보인다. 그러나 이들의 경우 묘형에서 이와 다르고, 구암동 56호분은 확실하지 않으나 유사한 구조라고 할 수 있다. 여하튼 이 배치는 이 지역 고총의 정체성을 나타내는 특징으로 볼 수 있다.

　다음 묘형〈도5-16〉에서 아주 특수한 현상이 관찰된다. 단곽식의 경우는 머리측에 공헌유물을 부장하고 발치측에 주부곽식의 부곽에 들어가는 생활유물을 부

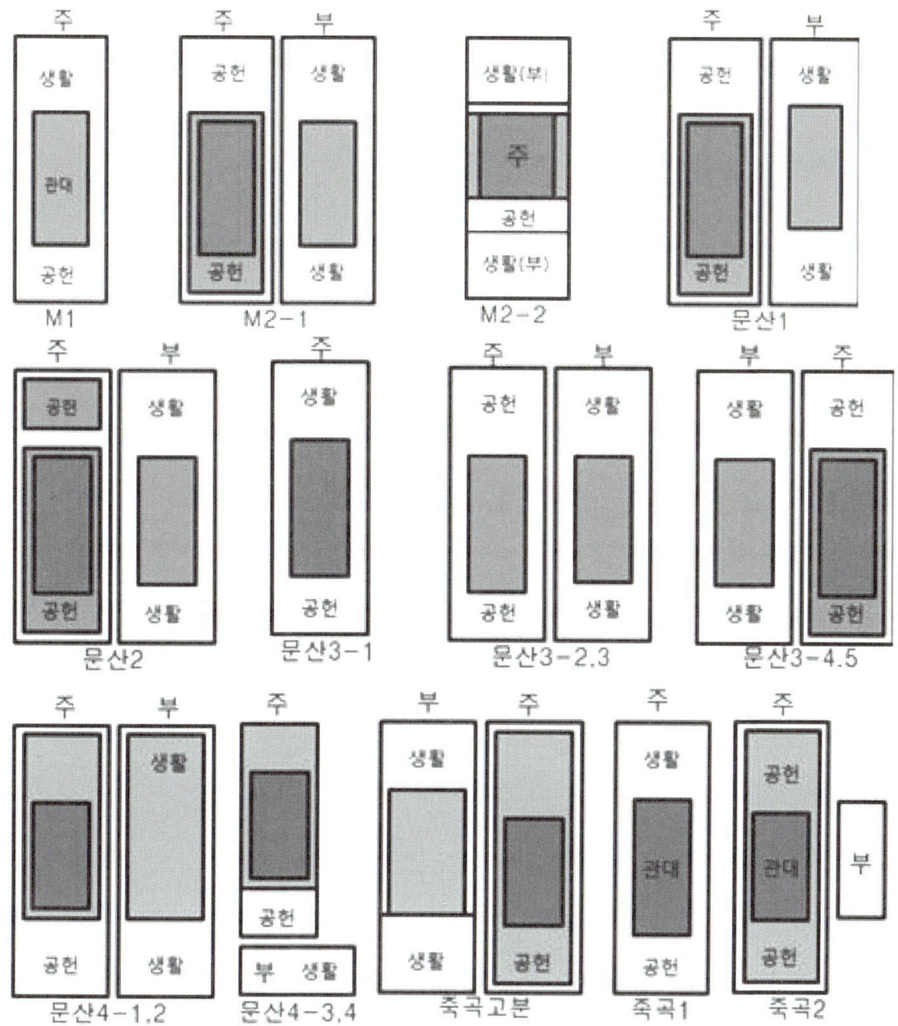

도5-16_ 대구 서북부 고총의 묘형

장한 점이 공통된 특징이다. 이는 일반적인 신라묘에서 흔하게 보이는 묘형이다[4]. 그러나 주부곽식은 주곽을 삼등분하여 目자형으로 공간을 분할하고 중앙에 시신이나 목관을 안치하였으며, 양단 모두에 공헌유물을 부장하였다. 그리고 부곽도 目자형으로 구획하고 중앙에 시대를 두어 순장자를 배치하고 그 양단에 주피장자 사후의 생활유물을 나누어 부장한 것이 기본이다. 따라서 주피장자건 순장자

4 　신라묘의 기본 묘형(김용성 2009a: 254)은 주곽의 주피장자 머리측에 공헌유물을, 부곽에 생활유물을 부장한 것이다. 단곽식의 경우 주부곽식의 부곽에 들어갈 유물이 발치에 부장되는 경향이 강하다.

건 중앙에 안치하려는 의도가 강하게 작동된 것으로 볼 수 있다. 이런 묘형은 다른 지역 고분에서 잘 보이지 않는 것으로 이 지역만의 특징으로 볼 수 있다.

한편 이 고총들에서는 단곽식이나 특수한 경우를 제외하면 모두 순장자를 함께 매장하였다. 순장자는 주곽과 부곽에 나누어 안치하였는데, 대부분 주곽의 주피장자 발치에 1인, 부곽의 중앙 시대에 1인 모두 2인의 순장자를 가진 것이 보편적이다. 특수한 경우가 죽곡 고분인데, 부곽에서 5점의 이식이 출토되어 적어도 3인 이상이 순장된 것으로 판단된다. 이 고분에서는 다른 고분에서 출토하지 않은 금동제합이 출토되어 주목되기도 한다. 이는 일시적인 이 집단의 세력 상승을 의미하는 것이 아닌가 한다.

피장자의 두향을 살펴보면 주피장자는 동서축의 경우 모두 동향, 남북축의 경우 모두 남향으로 볼 수 있다. 그리고 부곽에 순장된 자도 두향을 주피장자와 일치되게 배치하였다. 주곽의 주피장자 발치 아래에 배치되었을 순장자는 두향이나 다른 상황을 알 수 있는 자료가 없다. 이 점 역시 이곳 고총의 특징이면서 공통된 양상이라 할 수 있다.

출토유물에서 주목되는 것은 대가야의 고총에서 많이 출토되는 축소모형철기가 다수의 고총에서 출토된 점이다. 이 축소모형철기는 유자이기와 함께 장례의 행렬과 관련된 유물로 보여(김용성 2009b) 이곳의 장제가 대가야와 유사했음을 알려주는 자료이다. 또 축소모형철기가 출토된 고분을 살펴보면 문산리 4호분 1·2호묘를 제외하면 모두 주피장자가 여성으로 추정된다는 공통점이 있는데, 이것이 무엇을 의미하는지는 아직 알 수 없다. 혹시 이 집단과 대가야가 혼인으로 교류하고 있었음을 나타내는지 의심이 가지만 다른 유물에서 그러한 흔적을 찾을 수 없어 자료의 증가를 기다려야 하겠다.

한편 주피장자가 남성으로 추정되는 고총에서는 주곽에 성시구를 부장한 공통점이 관찰된다. 이도 하나의 특징으로 잡을 수 있는지는 앞으로 다른 지역 고총을 검토해야 할 사항이나 우선은 하나의 특징으로 보고자 한다. 또한 찰갑 등 중장비인 무기류의 경우 비교적 이른 시기의 고총인 문산 M1호분과 M2호분 1호묘에서만 출토되어 주목된다.

앞에서 살펴 본바와 같이 문산리와 죽곡리에 분포하는 고총은 모두 5세기에 축조된 것으로 그 축조 기간은 50~60년 정도에 불과하여 길어야 3세대에 걸쳐 축조된 것으로 볼 수 있다. 특히 문산리 지역에 분포하는 고총은 이미 모두 조사된 셈인데도 이러한 현상이 나타나는 것은 어떤 의미를 함축하고 있을 가능성이 크다.

앞에서 언급하였다시피 대구지역에는 고총의 분포와 『삼국사기』 지리지의 지금 대구지역에 대한 기록[5]으로 보아 적어도 4개의 큰 세력집단이 존재했고, 이 세력집단의 전신들이 고총군을 조영하였다고 볼 수 있다. 대구 중심부의 달서고분군, 칠곡지역의 구암동고분군, 화원지역의 성산동고분군과 하빈지역의 이 문산리와 죽곡리고분군이 그것인데, 이들 고총군에서는 모두 신라식의 유물만 출토되고 있으며 위계를 알려주는 성복유물의 질과 양은 경주지역과의 차이가 분명하여 고총이 축조되던 단계에는 이미 신라의 지배하에 들어가 있었음을 보여준다. 그리고 이들 고총군이 분포하고 있는 지역에는 각각 읍락이라 부를 수 있는 정치체가 존재하고 있었다고 한다.

고총 단계 신라의 지배하에 들어간 고총을 축조하던 읍락은 신라의 지원에 의해 그러한 고총을 축조했다고 하는 것이 지금 일반적인 견해이다. 여기에 고총을 축조한 읍락집단 역시 신라의 지원으로 고총을 축조하였음은 부정할 수 없다. 그러나 같은 고총을 축조한 집단이지만 비교적 전모가 밝혀진 경산 임당고총군과 여기의 고총군은 다른 양상을 보여준다.

경산 임당고총군은 고총이 축조되기 훨씬 이전부터 주요 읍락으로 존재했던 흔적이 나타난다. 이미 목관묘 단계부터 주변지역보다는 규모나 내용에서 차별적인 무덤을 축조하였고, 이는 목곽묘 단계를 지나면서도 유지되며 고총 단계에 이르고 고총 단계의 거의 끝 무렵까지 고총을 축조하여 세력을 유지하고 있음을

---

5   壽昌郡(壽一作嘉) 本喟火郡 景德王改名 今壽城郡 領縣四 大丘縣 本達句火縣 景德王改名 今因之 八里縣 本八居里縣(一云北恥長一云仁里) 景德王改名 今八居縣, 河濱縣 本多斯只縣(一云畓只) 景德王改名 今因之 花園縣 本舌火縣 景德王改名 今因之.

보여준다(김용성 1997: 223~238).

이에 비해 대구 서북부에 이 고총군을 축조한 집단은 고총을 축조하기 전에 주변지역에 비해 우세한 무덤을 축조하거나 중심지로서 기능한 고고학적 흔적이 보이지 않는다. 물론 죽곡리 지역에 대한 조사가 더 진행된다면 그러한 흔적을 찾을 가능성이 있지만 좀 더 이른 시기에 고총을 축조하기 시작한 문산리에서는 그러한 흔적을 찾을 수 있을 가능성은 거의 전무하다. 이는 이 고총을 축조한 읍락이 이전부터 세력을 가졌던 집단이 아니거나 이 고총을 축조한 집단이 다른 곳에서 이주해왔을 가능성을 시사한다. 이러한 가능성으로 지금 알려져 있는 것이 같은 출토 토기 양상을 보이는 화원지역에서 이주해왔을 것이라는 의견(정창희 2004)이 제출되어 있다. 그러나 가까운 거리에 문양리고분군(영남문화재연구원 2003a)이 자리하고 있고, 그것의 규모나 내용이 문산리에 미치지 못하지만 더 이른 시기인 목곽묘 단계에 이미 그 고분군이 형성되기 시작하였음은 문양리고분군의 축조집단 가운데 일부가 이곳에 고총을 축조하기 시작했을 가능성이 크다(윤천수 2010)는 점에 무게를 더 두고 싶다.

거의 같은 시기에 축조된 화원 성산리 1호분(경북대학교박물관 2009)은 묘형에서 여기의 고총과는 아주 다른 양상을 보인다. 이 고총은 주곽과 부곽을 ㅏ자형으로 배치하였고, 주곽은 중앙에 4매의 석재로 구성된 관대 위에 목관을 설치한 것으로 그 머리 측에는 공헌유물을 부장하였으나 발치 측에는 순장자와 그의 공헌유물로 보이는 유물을 부장한 것으로 주곽의 공간 구성이 日자형으로 目자형을 이루는 이곳 고총들과는 아주 다른 양상이다. 이에 비해 문양리고분군의 비교적 이른 시기인 4세기 대 대형 목곽묘인 7호묘는 적석목곽묘로 추정되는 것이나 동혈의 日자형 주부곽식이고, 주곽의 피장자 발치에 공헌유물적인 성격의 유물을 부장하고 있어 이들 고총의 묘형과 일맥상통하고 있다. 따라서 비록 토기에서 유사한 점이 보이지만 화원 성산고총군과 이곳 고총은 출자에서 연결될 만큼의 친연성을 확인할 수는 없고, 문양리 고분에서 그 묘형의 시원성을 찾을 수 있다.

문산리와 문양리 지역은 낙동강에 연해 있어 낙동강의 수운에서 중요한 교통의 요지로 작동했을 가능성이 크다. 그러나 고분군이 자리한 곳의 주변에는 농업 생산력에서 아주 열세인 지역으로 자생의 세력 형성 여건이 좋지 않다. 오히려 이러한 자생의 세력 형성이 있을만한 지역은 고분군의 더 북쪽에 있는 하빈천의 연안으로 볼 수 있다. 문양리고분군에서 목곽묘 단계의 무덤이 출현하였으나 비교적 늦은 시기에 해당하고, 그 무덤 자체도 중심 읍락의 것이라고 할 만큼의 현상을 보이지 않는 것은 이 고분군을 축조한 집단이 고총을 축조하기 이전에는 일반 촌락으로 기능하였음을 알려주는 것으로 보인다. 그리고 그 때의 대구 서북부 중심지는 하빈천 연안으로 추정할 수 있게 한다. 이는 앞으로 하빈천의 하류지역에 대한 조사에서 이에 상당하는 유적이 발견되어야 증명될 것이지만 지금으로서는 그렇게 추정할 수 밖에 없다. 이러한 가정으로 이곳 고총의 전개 양상을 살피면 〈도5-17〉과 같은 결과가 도출된다.

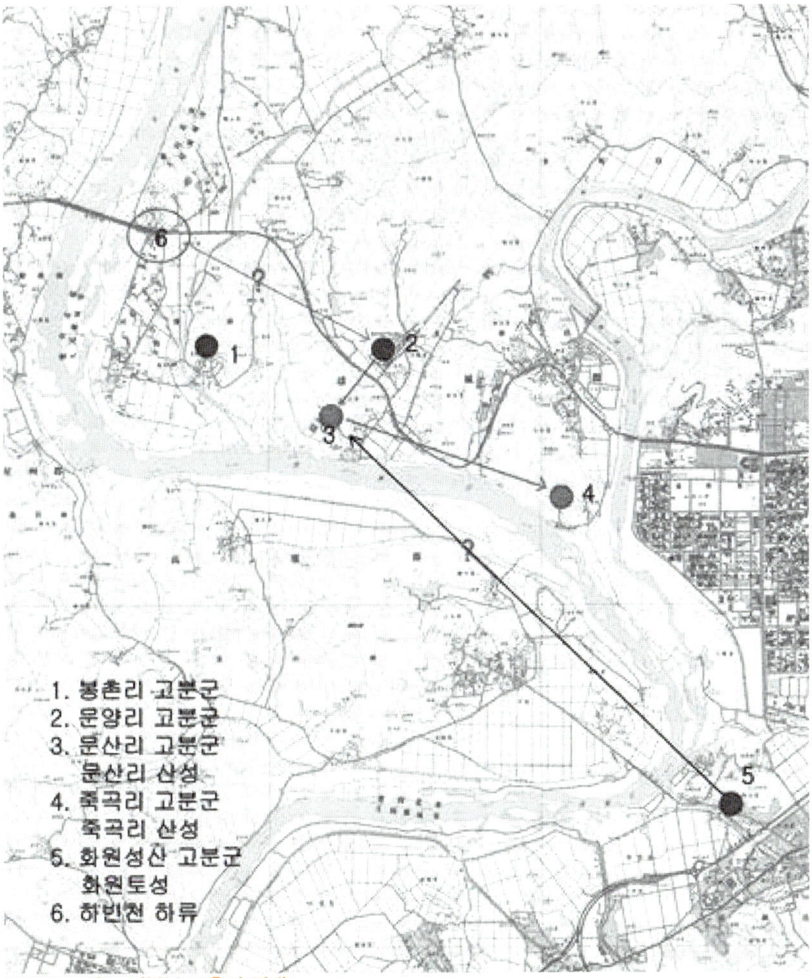

이렇게 본다면 문산리에 고총을 축조한 집단은 자생력보다 타의에 의해 성장했을 가능성이 커진다. 즉 신라에 의해 성장하여 고총을 축조한 것이 명확하다. 그것은 고총에서 출토되는 모든 유물이 신라 양식이라는 점에서 알 수 있다.

도5-17_대구 서북부 고총의 전개

그러면 신라는 어떤 목적으로 이 집단을 지원하였을까?

먼저 고려되어야 할 것은 고총이 축조된 지역의 입지이다. 이곳은 낙동강과 금호강이 합류하는 지점이다. 당시 육로보다는 수로나 강의 연안을 통한 통행이 쉬웠을 것임을 감안하면 이 지점은 신라가 낙동강으로 진출하는 아주 중요한 교통 요지가 된다. 특히 낙동강을 건너 존재하는 고령지역과 성주지역의 세력 집단을 감시하고 통제하는 데에서는 결코 무시할 수 없는 지점이다.

이러한 입지 조건은 이곳에 신라의 의도를 충실하게 따를 수 있는 집단의 존재가 필요하였을 것이다. 따라서 신라는 이 지역의 재지 집단이면서 크게 성장하지 않은 집단을 선택하여 지원함으로써 그 목적의 달성을 기도했을 가능성이 크다. 문산리 고총의 이른 시기 것인 문산 M1호분과 M2호분 1호묘 등에서 찰갑과 주 등 유난히 정비된 무기류가 출토되는 현상은 이들 고총의 피장자가 군사적인 성격이었음을 알려주고 있다. 이는 이 지역에 대한 신라의 지원이 바로 군사적 목적과 관련되어 있음을 시사한다. 즉 입지적인 조건에 기인하여 낙동강을 통제하고 강 서안의 세력 집단들에 대한 감독이 이들 고총 축조 집단의 기능이었음을 알려준다. 고총의 주변에 분포하고 있는 문산리산성, 죽곡리산성 등도 이와 무관하다고 할 수는 없을 것이다. 이러한 산성들이 고총이 축조되고 난 이후에 축조되었다하더라도 산성은 그러한 신라 의도의 연장선상에서 파악할 수 있는 것이다.

그러면 문산리와 죽곡리의 고총이 타지역에 비해 일찍 소멸된 이유는 무엇일까?

이는 신라의 낙동강 진출이 완료되고 낙동강과 그 서안에 대한 지배권이 확립되어 완전히 통제할 수 있게 됨으로써 그 기능이 상실되었기 때문으로 보인다. 산성에 대한 연구가 더 진전되어야만 할 것이지만 신라는 고총 축조 집단을 이용하면서 산성을 축조하였고, 그 산성의 주둔군 주체는 지방의 읍락민이 아닌 신라에서 파견한 군대였을 것이다. 그 군대의 지원 세력으로 고총을 축조할 만큼의 지원이 필요했을 수도 있지만 직접적으로 적과 대응하지 않는 후방 기지로서의 산성에는 그러한 지원 세력의 존재가 크게 필요하지는 않았을 것이다. 적어도 5세기 말이면 성주지역에 대한 신라의 완전 통제가 이루어지고, 낙동강의 더 하류인 창녕지역에 대한 통제도 완전하게 마무리되었다면 남아 있는 적인 대가야에 대한 압박은 이곳들을 통해 완벽하게 이루어 질 수 있다. 따라서 이 지점의 중요성이 상실되었고 더 이상 다른 지역보다 우대한 지원의 필요성은 없어졌을 것이다. 이 지역의 고총 축조 집단에 대한 신라의 지원의 가장 큰 이유가 군사적인 목적이었기 때문에 그것의 소멸이 고총 축조의 중단을 불러 온 것으로 볼 수 있다.

이러한 현상은 문산리와 죽곡리에 축조된 고총 가운데 비교적 늦은 시기인 5세기말로 볼 수 있는 죽곡리 1호분과 2호분의 크기나 그 출토유물이 전시기 고총들에 비해 현저하게 감소된 것에서 알 수 있다.

한편 이 지역 고총의 주곽 기본 묘형에서는 신라의 기본 묘형인 日자형의 구조가 아니고 대부분 目자형의 구조〈도5-18〉를 보이는 점이 특징인데, 이 묘형은 대가야의 기본 묘형(김용성 2009b)과 통하고 있는 점이 눈에 띤다. 주곽의 묘형이 장제와 관련된다고 보면 이는 특수한 현상으로 볼 수 있다. 즉 신라의 지원에 의해 고총을 축조하는 등, 신라의 지배하에 들어간 집단이지만 그들 고유의 장제를 유지하고 있었다는 것을 나타낸다. 이는 앞 시기 대형 목곽묘인 문양리 7호 목곽묘의 묘형에서 이러한 고총의 묘형이 이곳에 거주했던 재지 집단의 것이라고 유추할 수 있는 점에서 그러하다. 그리고 신라의 진출 이전 낙동강을 통해 물자가 이동되고 집단 간의 교류가 활발했던 것을 시사한다. 또 다른 해석으로 신라가 진출하여 그 지원을 받은 재지 집단이지만 신라의 완전한 통제 아래에 들어간 것이 아니고 자의적으로 대가야와도 교류하고 있었던 증거로 볼 수도 있다. 그것은 대가야에서 유행한 축소모형철기를 이용한 장례의 관습이 이 고총들에서 나타나는 점에서 찾을 수 있다〈도5-19〉. 단지 대가야의 유물이라고 볼 수 있는 다른 유물이 이 고총들에서

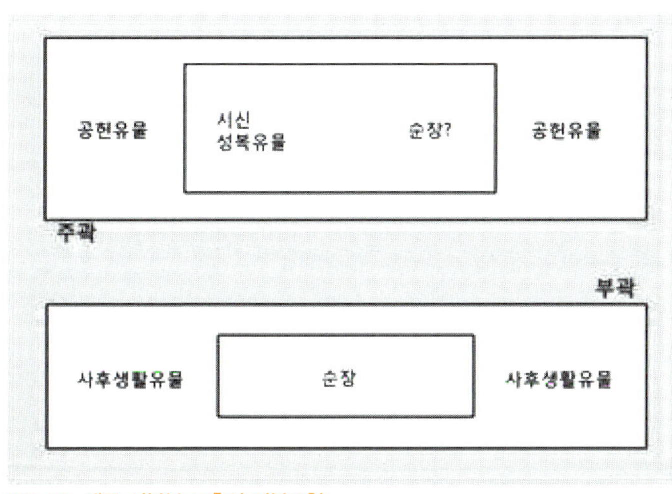

도5-18_ 대구 서북부 고총의 기본묘형

전혀 출토되지 않아 이러한 해석에는 걸림돌이 된다. 따라서 우선은 앞의 해석에 무게를 두고자 한다.

무엇보다도 중요한 것은 이 지역의 고총이 고총 단계 전 기간에 걸쳐 축조된 것이 아니고 많아야 3세대에 한정된 기간에 축조되었다는 점이다. 이는 앞으로 신라 지방 고총군의 해석에 있어서 하나의 기준을 제공할 것으로 보인다. 즉 신라의 지방 고총이 경산 임당과 같이 성장한 상태의 재지 집단에게 지원함으로써 이루어진 것이 있는 반면 어떤 목적에 의해 재지 집단을 성장시키고 지원하여 고총을 축조할 수 있

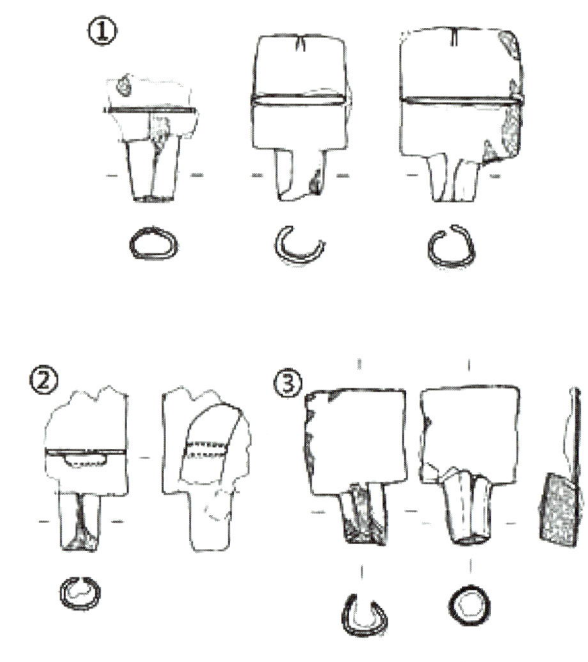

① 2-1호묘 ② 4-1호묘 ③ M2-2호묘

게 한 이러한 현상도 있다는 것이다. 이 가운데 자생적으로 성장하던 집단으로서 신라 고총을 축조한 집단은 대부분 지역의 중심지로 역할을 하던 곳으로 볼 수 있다. 임당이나 대구 달서고총군과 같은 예가 그러하다. 그러나 단기간의 군사적 또는 다른 경제적인 목적으로 재지집단을 성장시킨 경우는 지역의 중심지라기보다는 더 하위에 있던 주변 세력이었을 것이다. 대구 서북부의 이 고총군이 그러한 것의 대표가 아닐까 한다.

신라의 지방 고총 가운데 지역의 중심지로써 축조된 고총은 특수 목적을 가진 지원으로 인해 성장한 집단의 고총에 비해 유물의 질적인 측면에서, 세력의 규모 면에서 우세한 경향을 보인다. 경산의 임당과 이 지역 고총의 출토유물에서 보면 그러한 현상이 확연하다. 갖추어진 위세품으로 볼 수 있는 성복유물의 종류나 수량, 형식의 면에서 차등성이 분명하다. 뿐만 아니라 동일한 기간에 축조된 고총의 수에서도 차이가 인정된다. 이는 당시 재지 집단 상층의 인원수를 의미할 것인데, 이 문산리와 죽곡리에 고총을 축조한 세력은 많아야 두 가족 정도로 볼

수 있으므로 상층 세력의 빈약함을 보여준다. 이에 비해 경산 임당의 경우는 크게 세 개의 상층 집단이 인정되고 각 집단 또한 복수의 가족 집단으로 구성된 것으로 볼 수 있어(김용성 1998) 큰 차이가 난다. 세력의 규모를 가늠할 수 있는 또 하나의 자료는 순장인의 수이다. 이곳의 고총에는 순장이 시행되지 않은 것으로 보이는 것도 있지만 많은 것에 순장이 시행되었는데, 주곽에 1인, 부곽에 1인 합해서 2인 정도가 순장된 것이 보통이다. 그러나 임당의 경우는 주곽에 2인, 부곽에 2인 모두 4인 정도가 순장된 것이 보통으로 차이를 보여준다.

_맺음말

대구의 서북부 문산리와 죽곡리에 분포하는 고총은 양자가 분리되어 있으나 하나의 세력 집단에 의해서 축조된 것으로 볼 수 있고 묘형에서 정체성이 인정된다. 이들 고총은 연대의 검토 결과 5세기 2/4분기에 축조가 시작되어 5세기 4/4분기에 중단되었다. 이렇게 단기간에만 고총이 축조되었으면서도 묘형에서 독자성이 나타나는 것은 그 고총의 축조 집단이 독자적인 세력을 형성하고 있었으나 원래의 중심 세력으로 존재하지 않던 집단이었고, 신라의 적극적인 지원에 의해 고총이 축조된 결과이다. 신라가 이들을 지원한 것은 군사적인 목적이 크게 작동된 것으로 낙동강으로 진출하는 과정상에서 이곳의 지리적인 이점 때문이다. 그리고 신라 지방의 일반적인 고총군보다 일찍 고총의 축조가 중단된 것은 그러한 군사적인 목적이 소멸된 때문으로 볼 수 있어 적어도 5세기 말이면 낙동강의 중하류에 대한 신라의 지배권이 안정되었음을 알 수 있다.

이를 통해 신라의 지방 고총이 해당 지역 중심 세력으로 성장하던 집단을 통제하는 지방지배의 목적에서의 지원에 의한 결과만이 아니라는 것을 알 수 있다. 될 수 있는 한 이미 중심지로 성장하였고, 세력이 우세한 읍락의 지배자에 대한 지원과 통제를 통해 그 지방을 관리하는 것이 편리한 지배방식일 것이다. 그러한 점에서 대부분의 신라 지방 고총이 6세기 전반까지 지속되었다고 할 수 있다. 그러나 신라 지방 고총을 이와 같은 의미에서만 이해할 수는 없으며 신라가 군사적이건 경제적이건 어떤 목적에서 이전까지는 미약한 세력을 지원하여 고총을 축조할 만큼 성장시킨 집단도 존재하였다는 것을 알 수 있었다.

이는 신라 지방 고총을 획일적으로 이해하는 것보다 앞으로 각 지방의 신라 고총에 대한 면밀한 분석을 통해 의미를 파악함으로써 신라의 성장과 지방지배의 세부적인 방식의 파악에 올바르게 다가갈 수 있음을 알려준다.

6
창녕지역의 신라고총과 그 의의

_머리말

창녕지역은 비화가야非火伽倻의 고지로 알려져 그렇게 많은 고고학 자료가 산출되지 않았음에도 일찍부터 주목받아 고대사와 고고학의 연구 대상이 된 지역이다. 그동안 이 지역에 대한 고고학 연구는 출토 토기의 창녕양식이라 불리는 특이한 양식, 횡구식이라는 지역집단의 정체성을 선명하게 보여주는 묘제, 그리고 문헌에 등장하는 비화가야와 비자벌比子伐, 비사벌比斯伐 등의 지역 이름에 근거하여 가야의 한 국가라는 입장의 인식이 강하였다. 그러나 일찍이 이 지역의 고분 문화가 신라권이라고 본 견해(최종규 1983)가 발표된 바 있고, 창녕양식토기가 신라토기의 한 지역양식이며 창녕지역의 고총에서 출토되는 금공품을 위시한 복식품 역시 신라에서 생산되어 분여된 것이라는 해석틀을 가지고 고총이 축조되던 단계에는 신라의 지방이었다는 견해가 발표되었다(이희준 1998). 또한 창녕지역의 고총에서 출토되는 금속공예품은 신라인 경주에서 제작된 것이 주류이고, 일부가 이를 모방하여 현지에서 제작된 것이 밝혀졌다(이한상 2009). 따라서 창녕지역의 고총이 신라의 고총이라는 의견이 주류를 이루고 있는 것 같다. 이 글도 고총 단계에는 창녕지역이 신라에 소속된 지방집단으로 기능하였다는 입장에서 출발한다.

창녕지역의 고분 축조 시기 문화상에서 가장 현저한 특징은 창녕양식이라는 토기의 양식과 독창적인 성격이 강한 이 지역의 묘제일 것이다. 이 가운데 토기양식에 대해서는 이미 논의가 활발하고 대세론적으로 결정되었기에 이 글에서 더 논의할 필요성이 없는 것 같다. 그러나 묘제에 대해서는 좀 더 논의를 진행하여 창녕지역의 성격을 밝혀야 할 것으로 보인다. 즉 창녕지역의 독특한 묘제가 과연 어떻게 출현하였으며 그것이 가지는 의미는 무엇인가가 논의되어야만 고총이 축조되던 단계 창녕지역의 귀속과 사회상을 명확하게 하는 근거를 만들 수 있다고 생각된다.

이러한 관점에서 이 글은 먼저 창녕지역의 지역권을 설정하고, 거기에 분포하고 있는 고총의 분포상과 이를 통한 지역집단의 성격에 대한 논의를 살피면서 지금까지 제출된 편년안을 검토해 보도록 한다. 다음에 창녕지역에서 발굴된 고총의 묘제에 대해서 좀 더 자세하게 검토하여 그 특성을 찾는다. 그리고 이러한 고총의 묘제가 신라의 지방 고총에서 나타나는 지역성의 한 부류이며, 고총이 경주에서 발생하여 지방으로 확산된다는 인식하에 그 연원과 전개 양상을 살펴본다. 마지막으로 이러한 창녕지역 고총이 어떤 의미를 함축하고 있는가를 살펴 창녕지역 고총 단계 지역집단의 성격을 파악해 보고자 한다.

_분포와 연구 검토

현 창녕읍을 중심으로 한 낙동강의 중하류 동안에 해당되는 창녕지역은 서쪽의 낙동강에 의해서 고령을 배경으로 한 회천과 안림천 유역권, 옥전을 배경으로 한 황강 유역권 및 의령과 함안을 배경으로 한 남강하류역권과 구분이 된다. 또 동쪽으로는 비슬산, 화왕산, 영축산 등으로 이어지는 비교적 높은 산지에 의해 청도와 밀양을 배경으로 한 밀양강 유역권과 구분되고 북으로는 비슬산에서 서쪽으로 낙동강까지 뻗어 내린 산지에 의하여 대구지역과 구분되고 있다.[1] 따라서 ㄴ자형으로 흐르는 낙동강과 ㄱ자형으로 형성된 산지에 의해 타지역과 구분

---

1 여기서 창녕지역이란 이 지리적 범위인 현 창녕군과 대구 달성군 현풍지구를 포함한 낙동강 중하류 동안지역을 범위로 한다.

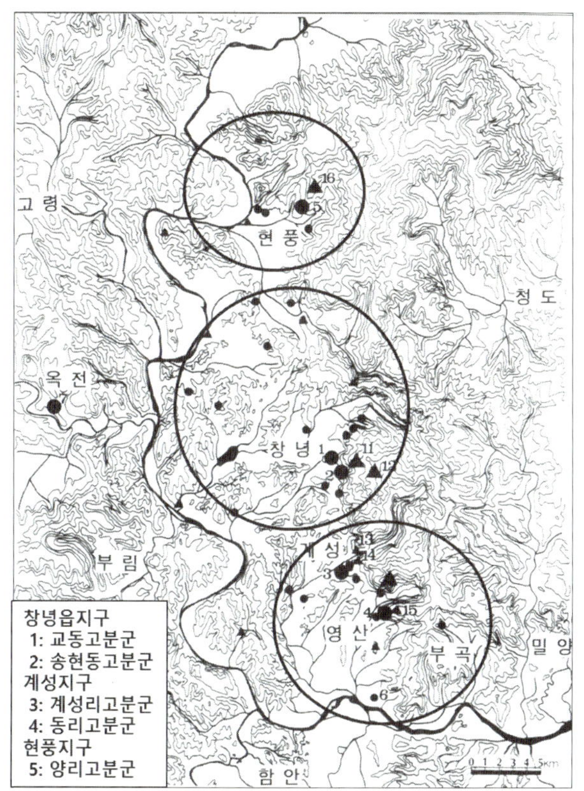

도6-1_ 창녕지역의 지형과 유적 분포
(이희준 2005 개변)

되어 장방형의 거대분지를 이룬다고 할 수 있다. 이 사이에는 현풍의 서부지역, 창녕읍 서부지역, 계성면의 서남부지역 등 낙동강과 연한 지점들에 나지막한 구릉이 발달해 있고 그 사이사이에는 소하천이 동쪽의 산지에서 발원하여 낙동강으로 합류하고 있다. 즉 현풍에는 구천과 차천이, 창녕읍에는 물금천, 남천, 귀천이, 계성과 영산에는 각각 계성천과 용수천이 비교적 낮은 구릉 사이사이를 흘러 강안 평야를 이루어 사람들의 생활무대를 이루고 있다. 그러나 낙동강에 연한 이들 작은 구릉도 동쪽의 높은 산지와의 사이에는 크게 기복이 없어 전체가 순탄한 평지로 연결되었다고도 할 수 있다〈도6-1〉.

이와 같은 지형은 이 낙동강중하류 동안권이 하나의 단위집단으로 성장할 수 있는 배경을 이루고 있다고 볼 수 있는데, 바로 그 중심에 창녕읍이 자리하고 있다. 따라서 창녕지역이라고 한다면 이희준(2005)의 견해와 같이 이 전체 낙동강 중하류권 동안을 묶어서 고려하는 것이 바람직할 것으로 생각된다.

이렇게 창녕지역권을 설정하고 보면 나지막한 구릉과 그 사이사이에 흐르는 여러 소하천 유역의 비교적 넓은 평지를 세 부분으로 나눌 수 있다. 가장 북쪽의 현풍지구, 중부의 창녕읍 교동지구, 남부의 계성과 영산지구가 그것이다. 이들 세 부분은 독립된 정치체가 형성될만한 영역을 가지고 있고 실제 이를 뒷받침해 주는 고총군이 각각 분포하고 있다. 현풍의 양리고분군, 창녕읍의 교동고분군과 송현동고분군, 계성과 영산의 계성고분군과 동리고분군이 이렇게 구분되는 영역의 중심고분군으로 자리한다.

이들 중심고분군 가운데 현풍의 양리고분군은 일반적인 신라지역 고총과는 다른 입지를 가지고 있다. 현풍읍을 중심으로 볼 때 고총이 입지할 조건에 적합한 곳은 현재 양리고분군이 위치한 비슬산의 높은 산록보다는 그 아래 현풍읍 북쪽의 나지막한 구릉지대인 쌍계리와 성하리로 볼 수 있다. 그리고 실제 이곳에서는 좀 늦은 시기의 횡구식과 횡혈식의 석실을 주체로 한 대형분들이 조사되었다(한빛문화재연구원 2012·2014, 대동문화재연구원 2012). 이들보다 더 이른 시기의 것으로 보이는 양리고분군이 신라나 가야 고총의 일반적인 입지와는 다른 지점에 고총을 조영한 이유가 무엇인지는 아직 알 수 없다. 단지 이 고총의 축조가 먼저 시작되었음이 감지된다. 이는 이 고총을 양동산성과 관련된 군사적인 성격이 강한 집단의 고분으로 볼 수 있게 한다.

창녕읍 교동지구의 고총군은 교동과 송현동에 분포하고 있어 두 개의 고분군으로 구분하고 있으나 크게 하나의 집단에 의해 축조된 고분군으로 볼 수 있다. 따라서 이제 교동과 송현동고분군으로 합쳐 부르고 있다(우리문화재연구원 2014). 고분군은 남천의 상류 나지막한 구릉 일대에 조성되었다. 이들은 이미 일제강점기의 조사에서 교동 A군(현 I 군), 교동 B군(현 II 군), 송현동고분군(현 III 군)으로 나누어졌는데, 같은 시기에 한 집단의 분화된 세력에 의해 축조된 것 같

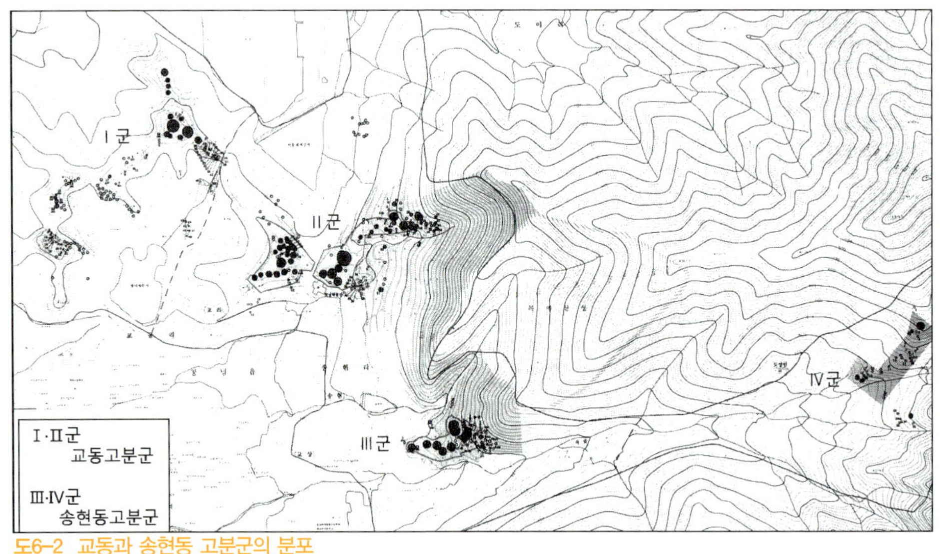

도6-2_교동과 송현동 고분군의 분포
(우리문화재연구원 2014에서)

다(이희준 2005). 따라서 교동지구 고총으로 묶어서 살필 수 있다.

이외 화왕산 중턱의 도성암 주변에 10여기 이상의 고분이 분포(Ⅳ군)하고 있음이 밝혀졌다. 이 고분군은 앞의 것들과는 달리 위의 양리고분군과 아주 유사한 입지에 축조되었다. 화왕산성을 배경으로 하고 있으면서 산록의 위쪽에 조성된 것이 그것이다. 고분군은 대형분 1기를 뒤에 두고 앞에 다수의 소형분이 분포하고 있는데, 그 모습이 교동의 Ⅰ군, Ⅱ군과 유사하여 주목된다. 이 고분군에 대한 조사는 아직 이루어지지 않았으나 교동과 송현동의 고총 축조가 끝난 후 조영된 것은 아닌지 의심된다.

고분군에 대한 최근 우리문화재연구원(2014)에 의한 종합적인 조사에서는 〈도 6-2〉와 같이 교동의 서쪽 군집을 Ⅰ군, 동쪽 군집을 Ⅱ군, 송현동 동쪽 군집을 Ⅲ군, 서쪽 도성암 일대의 군집을 Ⅳ군으로 나누었고, 망실된 것을 포함하여 Ⅰ군에 118기, Ⅱ군에 114기, Ⅲ군에 41기, Ⅳ군에 31기의 고분이 분포하여 모두 304기의 고분이 분포한 것이 확인되었고, 현재 확인되는 고분이 217기임이 밝혀졌다. 그러나 봉분이 망실되거나 흔적이 드러나지 않는 것이 많을 것이므로 훨씬 다 많은 고분이 분포하고 있다고 볼 수 있다.

교동과 송현동에 분포하는 고총 가운데 가장 두드러진 것은 교동 Ⅰ군의 7호와 Ⅱ군의 89호이다. 일제강점기의 조사에서 Ⅰ군 7호의 높이가 9.6m, Ⅱ군 89호가 9m에 달한다고 하니 이 두 기는 낙동강 동안지역의 고총 가운데 경주지역의 왕묘나 왕족묘로 추정되고 있는 것을 제외하면 가장 큰 것이 된다. 교동과 송현동 고총에 대해서는 일제강점기부터 지금까지 상당한 수량이 발굴되었으나 일제강점기의 발굴고분은 31호(朝鮮總督府 1920)를 제외한 나머지는 일부 출토유물만 보고(穴澤咊光·馬木順一 1975)되어 그 자세한 내용을 알 수 없는 형편이다. 이후 동아대박물관(1992)에 의하여 Ⅱ군의 교동 1~5호분이 발굴되었고, 국립가야문화재연구소에 의하여 Ⅲ군의 송현동 6·7호분(2011), 15·17호분(2013b), Ⅱ군의 교동 주차장부지 고분(2013a) 등이 발굴되었다. 또 우리문화재연구원(2012)에 의하여 일제강점기에 조사되었던 Ⅰ군의 7호분이 재조사되었다. 이들 발굴 고총은 일제강점기에 조사된 Ⅰ군의 교동 12호분인 1기의 적석목곽묘를 제외하면

대부분 단장의 횡구식석곽묘[2]라는
특징을 가지고 있다.

계성지구 고총은 계성천의 상류 나
지막한 구릉 일대에 분포하고 있다.
이 고분군은 교동지구의 고총과 같
이 몇 개의 군으로 나눌 수 있는데, 경
남고고학연구소(2001)가 작성한 분
포도〈도6-3〉에 의하면 계남마을 남
서편의 고총군(Ⅰ군), 북동편 구릉
의 고총군(Ⅱ군), 안성동 동편의 고
총군(Ⅲ군)[3] 등이 그것이다. 이들 역

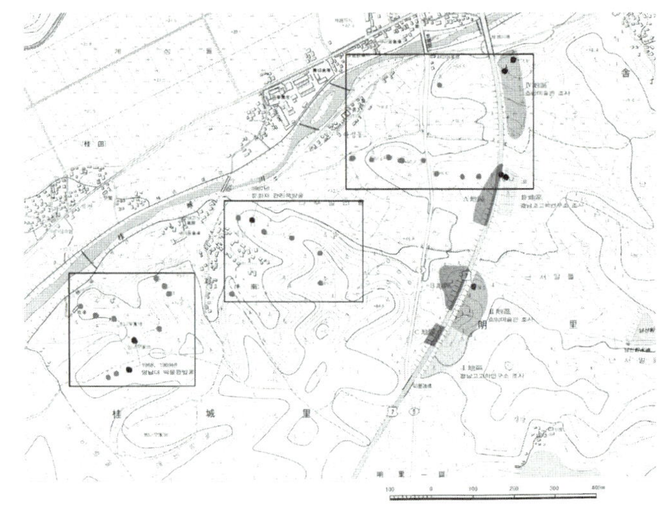

도6-3_계성지구의 고분 분포
(경남고고학연구소 2001에서)

시 교동지구의 고총과 같이 동시기에 분화된 세력에 의해 축조된 것인지는 불명
확하나 분포상으로 봐서는 그러할 개연성이 크다. 단지 지금까지 조사된 고총의
축조시기를 따지면 서남에서 동북으로 고분이 축조되어간 특징을 가지고 있는 점
이 관찰되며, 교동지구의 고총군보다는 더 늦은 시기까지 고총으로 볼 수 있는 고
분이 축조되고 있어 아직 검토가 요구된다. 발굴된 고총은 계남 1·4호(영남대박
물관 1991b), 북5호(강인구 1998), 계성 Ⅱ-1호(호암미술관 2000), Ⅲ-1호(경남
고고학연구소 2001) 등이고 최근에 경남발전연구원에 의해서 계남 2·3호분이 발
굴되고 있다. 이들은 수혈식석곽, 횡구식석곽, 횡구식석실 등 묘제가 다양하다.

영산지구 동리고분군은 용수천의 상류 구릉에 분포하는 것으로 지금 관찰되는

---

2   이 묘제는 횡구식석실(홍보식 2003) 또는 수혈계횡구식석실(조영현 1994)로 불리던 것이
다. 그러나 곽과 실의 차이를 엄격하게 구분하면 이 묘제에서는 매장주체시설에 매장이 이뤄
진 이후에는 여유 공간이 인정되지 않으므로 곽으로 보는 것이 합리적이다. 따라서 여기서는
이를 기준으로 현문과 연도가 없는 묘제를 횡구식석곽(구 수혈계횡구식석실)과 횡구식석실(구
횡혈계횡구식석실)로 구분한다. 단 이들 고총 가운데 교동 31호분은 출토 토기의 양상으로 보
아 단장의 횡구식석곽으로 축조되었으나 후대 추가장이 행해진 것으로 보인다. 교동지구 Ⅱ군
의 가장 북쪽에서 횡혈식석실로 보이는 고분이 잔존하고 있으나 그 크기는 다른 고총들보다는
훨씬 적어 교동지구 고총은 대부분 횡구식석곽으로 축조된 것으로 추정한다.
3   이 군은 남쪽 능선의 군과 북쪽 능선의 군으로 나눌 수도 있다. 이를 나눈다면 계성지구의
고총군은 4개의 군집이 된다.

바로는 앞의 세 고총군과는 달리 고분의 크기가 현저하지 않고 수량도 열세이다. 일제강점기의 조사에 의하면 큰 것의 봉토 높이가 3m 내외이고 8기 정도의 봉토 분이 확인되었다(朝鮮總督府 1919)고 하는 점으로 봐서도 이를 알 수 있다. 그러나 고분군에서 적석총으로 부르는 것이 조사되었다고 했는데, 그것이 적석목곽 묘인지 수혈식석곽묘가 해체된 것인지는 불분명하다. 이후 2010~2011년 국립 가야문화재연구소(2014)에 의하여 가장 아래의 대형 고분 1기가 발굴되어 영산 고분으로 부르고 있다. 이 고분은 계성리 계남지구의 고분과 유사하지만 조금 다른 수혈식석곽묘가 내부주체로 비교적 이른 시기에 해당하여 고분군에 일찍부터 대형 고분이 축조되고 있었음은 분명하게 한다. 따라서 창녕지역의 한 읍락(邑落)으로 구실을 하던 세력의 고분군으로는 볼 수 있지만 여러 가지를 고려할 때 계성 고총군의 하위집단 고분군 중 하나로 보는 것은 어떨까 한다.

현풍지구의 고총은 양리고분군은 아직 정식의 조사를 거치지 않았고, 현풍 읍의 북측 구릉에 분포하는 대형 고분 몇 기가 발굴되었다. 한빛문화재연구원(2012)에 의하여 쌍계리의 횡혈식석실을 내부 주체로 한 대형분 2기가 조사되었고, 대동문화재연구원(2012)에 의해서 성하리의 횡구식석실을 내부 주체로 한 대형분 1기가 발굴되었다.

이러한 고총의 분포 상태를 가지고 당시의 사회집단을 추론한 연구가 있었다. 박천수(2001)는 계성리고총군과 교동고총군을 창녕지역의 지역집단으로 보고, 현풍지역의 양리고분군을 축조한 집단은 별개의 집단으로 상정하면서 창녕지역의 경우 계성리 집단에서 교동 집단으로 중심지가 이동하였다고 하였다. 그리고 낙동강을 국경으로 신라와 가야가 대치된 것은 5세기 후반으로 보았다. 이에 대해 이희준(2005)은 현풍의 양리고분군 집단, 창녕읍의 교동과 송현동고분군 집단, 계성의 계성고분군 집단, 영산의 동리고분군 집단을 각각 읍락의 중심 집단으로 보고 동일한 창녕지역의 세력집단으로 보았으며, 단지 중심지가 계성지구에서 교동지구로 이동되는 점에는 인식을 같이하고 있다. 이 외에 더욱 중요한 근본적인 차이는 전자의 경우 고총이 축조되던 시기에 창녕지역 집단은 신라, 가야와 양면적인 관계를 유지하고 있던 독립 세력으로 인식하는 반면, 후자는 고총이 축조되던 단계에 낙동강 이동양식 토기는 바로 신라토기이며 이들이 출토되는 지역에서는 신라식 위세품이 출토되므로 신라의 지방으로 인식해야 한다는 기본적인 해석 틀을 가지고 창녕양식토기를 신라토기의 한 지역양식으로 파악함으로써 신라의 지방으로 인식하고 있다.

먼저 고총 단계 창녕지역의 정치체가 독립된 정치체인지 아니면 신라의 지역 집단인지의 문제에 대해서는 후자의 견해에 동의한다. 고총의 분포나 확산 과정 등을 고려할 때, 현재로서는 금호강 이남의 영남지방 낙동강 동안지역에서는 위에서 언급한 창녕지역에서 가장 늦게 고총이 출현하였을 것이다. 이는 이 지역의 지리적 위치에 기인한 것으로 볼 수 있다. 즉 신라가 낙동강을 통한 물자의 이동을 안정적으로 확보하기 위해 점진적인 과정을 거쳤다면 고총의 늦은 출현은 바로 경주에서 낙동강 유역으로 진출하는 교통로에서 창녕지역이 가장 늦게 도달할 수밖에 없는 곳이기 때문에 나타나는 현상으로 볼 수 있다(김용성 2004). 그리고 창녕지역의 고총에서 출토되는 모든 유물은 신라적인 성격이 대단히 현격하여 신라와 떼어놓고 생각할 수가 없다. 창녕양식이라는 토기의 독자성을 너무 강조하여 이를 신라와 구별되는 독립된 정치체의 소산으로 본다면, 이러한 고총의 분포나 거기서 출토되는 신라식 위세품으로서의 복식(성복유물)은 해석될 수가 없다.

다음 창녕지역 내의 정치체 분포 양상 문제인데, 현풍을 창녕 교동을 중심으로 한 집단과 별도의 세력집단으로 보기보다는 하나의 세력으로 보는 것이 좋을 것으로 생각한다. 현풍지구 토기의 양상이 아직 확실하게 밝혀지지 않았고, 지금까지 소개된 현풍 출토로 전하는 토기의 양상도 창녕지역의 것과 현격하게 다르다고 주장할 근거를 찾기 어렵다(김용성 2001). 단지 톱니무늬 등의 고배개에서 지역성이 확인(박천수 2010: 93~94)되는 등인데, 더 확실한 지역성이 인정된다 하더라도 같은 세력권의 토기상에서도 소지역성이 있을 수 있다(이희준 2007: 297). 또한 현풍지구의 고총은 그 수나 분포상으로 보아 그 이전 하나의 소국 세력이 지속적으로 발전하면서 축조한 것으로 보기에는 미흡하고, 비록 늦은 시기지만 조사된 고분의 대다수는 교동과 송현동에서 발견되는 횡구식의 묘제가 주류를 차지하고 있어 별다른 점을 찾기가 어렵기 때문이다. 다만 현풍지구에 다른 곳보다 일찍부터 횡혈식석실이 등장했는데, 이는 다른 각도에서 풀어야 될 것으로 판단된다.

그러나 창녕지역에 4개의 읍락으로 구성된 하나의 정치체가 존재한 것으로 상정한 점에 대해서는 좀 더 검토가 필요하지 않을까 한다. 영산의 동리고분군 축조집단을 나머지 세 개의 고총 축조집단과 동일한 선상에서 이해한 점이 문제인데, 이에 대해 앞에서 언급하였듯이 이 고분군이 계성고총군과 아주 근거리에 위치하며 그 규모가 크지 않으므로 계성고총군의 주변 집단 고분군으로 보는 것은 어떨까 한다. 예컨대 계성고총군을 중심으로 한 지역을 국읍으로 볼 때, 그 내부에 소속된 하위 읍락의 고분군으로 보는 것이 좋을 것으로 생각된다.

이렇게 보면 창녕지역에는 세 개로 구분되는 각 지역마다 중심고분군 하나씩을 가지고 있는 것이 된다.

창녕지역에서 발굴되어 비교적 자세하게 보고된 고총은 대략 5세기와 6세기 전반에 축조된 것으로 편년되고 있는데, 연구자에 따라 연대관이 다르지만 그 상대 서열은 어느 정도 일치하고 있다. 즉 계남 1·4호분과 교동 3호분을 비교적 이른 시기에 두고, 이어서 교동 2호분, 교동 31호분 등이 축조되어간 것으로 인식하고 있다. 축조 연대는 계남 1·4호분을 5세기 2/4분기(박천수 2001), 또는 3/4분기나 중엽(藤井和夫 1981, 정징원·홍보식 1995)으로 보는 측이 있는 반면 4세기 4/4분기(이희준 1998)로 보는 시각도 있다. 또 교동지구에서 발굴된 것 가운데 가장 늦은 시기로 인식되고 있는 31호분의 경우 그 초축기를 전자들은 6세기 1/4분기로 보고 있는 반면 후자는 5세기 4/4분기로 보고 있어 비교된다. 최근의 연구는 계남 1·4호분을 5세기 전반, 교동 3·4호분을 5세기 3/4분기, 교동 1·2호분을 5세기 4/4분기, 송현동 6·7호분과 15호분을 6세기 1/4분기, 교동 31호분 축조시점을 6세기 2/4분기로 보고 있다(하승철 2009·2014).

이들 연대의 부여는 대부분 출토 토기에 의한 것이다. 이렇게 토기를 가지고 연대를 부여할 때 문제가 되는 것은 창녕양식토기의 전개 양상일 것이다. 주지하다시피 낙동강 동안지역 신라토기는 경주양식의 확산 과정에 따라 변화된 것으로 볼 수 있다. 즉 낙동강 동안지역의 지역양식은 그것이 출현한 이후에 지속적으로 경주양식을 닮아가는 특징이 있다(이희준 1998). 이러한 관점에서 보면 신라토기 지역양식의 관찰은 경주의 선진성이 고려하여야 한다. 이를 염두에 두고 필자의 신라토기 연대관에 따라 정리하면 계남 1·4호는 5세기 2/4분기의 이른 시기에, 교동 3호는 같은 분기의 늦은 시기에, 교동 1·4호, 계남 북5호분는 5세기 3/4분기에, 송현동 6·7호와 15호를 5세기 4/4분기에, 교동 31호분 고식 토기는 6세기 1/4분기에, 그 신식토기는 6세기 2/4분기에, 계성 Ⅲ-1호분의 초축기 토기 역시 6세기 2/4분기에, 추가장으로 부장된 토기를 6세기 3/4분기에 둘 수 있지 않을까 한다.

이러한 연대관으로 교동지구의 고총군과 계성지구 고총군 축조시점의 범위를 잡으면 교동지구 고총군은 교동 3호분보다 한 세대 이른 시기부터 축조되었을 가능성이 있으므로 5세기 1/4분기의 늦은 시기나 2/4분기의 이른 시기부터 시작하여 6세기 2/4분기까지, 계성지구 고총군은 계남 1·4호분보다 역시 한 세대 이른 시기부터 축조되었을 가능성[4]이 크므로 5세기 1/4분기부터 시작하여 6세기 중엽 무렵까지가 된다. 이는 비록 영남 남부지역 가운데 이곳의 고총 축조가 비교적 늦게 시작되었지만 가장 늦게까지 지속되었음을 알려준다.

창녕에서 발굴된 고총의 묘제와 묘형, 그리고 파악되는 성격을 정리한 것이 〈표6-1〉, 〈표6-2〉이다.

---

[4]　봉화골I 수혈건물지 8호(우리문화재연구원 2008), 합천 옥전 M23호(경상대박물관 1997)와 청도 성곡리 5호, 8호, 47호 등 석곽묘(경북문화재연구원 2010) 출토품이 낙동강 중하류인 창녕과 그 주변에서 지금까지 출토된 것 가운데 가장 이른 시기의 신라식고배이다. 이들은 5세기 1/4분기로 편년할 수 있어 계남 1·4호분보다 이른 시기에 신라식의 대형묘나 고총이 계성지구에 축조되었을 가능성이 있다.

지구	고총		봉분		묘곽					
			분형	크기(m)	묘제	주부	내곽	크기(m)	묘형	바닥시설과 관대
영산	1호분		다장	잔존 15×2.9	수혈식 반지상	단곽	목곽	4.5×1.2×1.6	目	전면시설, 중앙관대
계성	계남	1 주부	단장	직경 47?	수혈식 지상식	동혈 日자형	목곽	6×2.6×2.3	目	전면시설, 중앙관대
		부						4×2.6×2.3	□	무시설
		4 주부	단장	직경 21	수혈식 지상식	동혈 丁자형	목곽	6.1×2.4×2	目	전면시설, 무관대
		부						2×3.3×2	□	무시설
		북5 주부	단장	27.7×25.5×5.5	횡구식 지상식	동혈 11자형	목곽	전체석곽	目	무시설
		부					목곽	7.1×5.8×3.5	□	무시설
	계성	III-1	단분추가	18×16.7×5.78	횡구식 반지상	단곽	〈1차〉	4.55×1.85×2.1	目	전면시설, ?
							〈2차〉		目	전면시설, 중앙관대
		II-1	단분추가	저경 12 이상	횡구식 지상식	장방형 단실		3.95×2.3×2		5차 시대
교동	교동	II-1	단장	직경 22.5	횡구식 지하식	단곽	목곽?	7.1×1.2×1.4	目	일부시설, 중앙관대
		II-3	단장	직경 20 이상	횡구식 지하식	단곽	목곽?	7.2×1.3×2.2	目	전면시설, 중앙관대
		II-4	단장		횡구식 지하식	단곽		5.1×1.1×1.7	目	일부시설, 편재관대
		II-5	단장		횡구식 지하식	단곽		6.2×1.6×1.8	目	일부시설, 중앙관대
		I-7	단장	31.2×8.5	횡구식 지하식	단곽		9×1.7×1.8		(재조사)
		31	단분추가	직경 17 정도	횡구식 지하식?	단곽	〈1차〉〈2차〉	약 5.5×1.45×1.5	目	일부시설, 중앙관대 (현재위치 불명)
		주차장	단장	직경 약 19	횡구식 지하식	단곽		6.5×1.4×1.7	目	일부시설, 중앙관대
	송현	6	양장 연접	직경 22	횡구식 반지상	단곽	(선)	8.5×1.4-1.6×2.2-2.6	目	순장부 각목시대 중앙관대
		7		직경 20	횡구식 반지상	단곽	(후)	8.4×1.8×2.3-2.6	目	순장부 각목시대 중앙관대
		15		16호(선)와 연접 양장분 직경 22.4	횡구식 지하식	단곽		8.56×1.7×2.25	目?	무시설, 중앙관대
		17	단장	?	횡구식 반지상	단곽		6.09×1.49×2.10	?	?
현풍	쌍계	1	단장	13×13.6	횡혈식 반지상	단실		3.13×2.4×1.45(잔)		교차 연속 2차 관대
		2	단장	14.4×?	횡혈식 반지상	단실		3.5×2.6×2.25(잔)		교차 연속 2차 관대
	성하	봉토분	단장	20×4	횡구식 반지상	단실		6×1×?	目	일부시설, 중앙관대

표6-2_창녕지역 고총의 주요유물과 성격

지구	고총		주요 유물과 성격					여타 특성
			주곽부장	주피장자 성복유물	순장	성별	연대	
영산	1호분		양단부장		1인 이상		5c2/4	선목곽후석곽, 석곽 2차축조
계성	계남	1 주	두단부장	금동관, 관식, 금제이식, 대도, 은제과대	1인 이상	남	5c2/4	도굴, 목개 즙석, 선목곽후석곽
		1 부			1인?			
		4 주	두단부장	곡옥부경식, 금환	1인 이상	?	5c2/4	도굴, 4개소 각목설치구조, 목개 즙석, 선목곽후석곽
		4 부			1인?			
		북5 주	두단부장	금동관, 금제태환, 곡옥부경식, 은제과대	2인	여	5c3/4	도굴, 입구 남측, 주부 간벽구분, 주곽 목관
		북5 부			3인			
	계성	Ⅲ-1	1:두단부장?	대금구?			6c2/4	
		Ⅲ-1	2:두단부장	금제이식, 은제천, 대금구, 철도자	남		6c3/4	남쪽 입구, 석축묘도
		Ⅱ-1	5차 시대	1차:금제태환, 곡옥부경식, 은제천, 은제소도 2차 : 금동세환, 은제과대	여(1차) 남(2차)		6c3/4 이후	서쪽 입구, 묘도
교동	교동	Ⅱ-1	양단부장	대도, (은관식,과대) 순장자:금제이식,경식, 도자	2인	남	5c3/4	북서쪽 입구부, 석축묘도
		Ⅱ-3	양단부장	은제과대 기타:괘갑, 철제관모, 단갑	곽내 2인 묘도 1인	남	5c2/4	도굴, 6개소 각목설치구조, 북쪽 입구부 석축묘도
		Ⅱ-4	두단부장				5c3/4	남쪽 입구
		Ⅱ-5	두단부장				5c3/4 ?	도굴, 북쪽 입구
		Ⅰ-7		금제이식,금동관,곡옥부경식,은제과대,삼엽환두대도,금동천,은천,은지환,금동식리			?	북쪽 입구 (재조사)
		31	두단부장				6c1/4	북서 입구
		31		금제이식, 관옥		남	6c2/4	
		주차장부지	양단부장	금동편, 경식, 환두대도, 은제과대	1인 이상	남	5c4/4 ?	서쪽 입구
	송현	6	양단부장?	은제지환, 은제과대, 경식	?	여	5c4/4	도굴, 북쪽 입구, 묘도, 목관 고임돌, 부장부 각목
		7	양단부장	금제이식, 은제과대, 경식, 환두대도	3인	남	5c4/4	도굴, 북쪽 입구, 목관고임돌과 반원형목관
		15	?	금동관편, 금제중공옥, 금지환	4인	여	5c4/4	도굴, 북쪽 입구
		17	?					도굴
현풍	쌍계	1	목관장	(목관 장식구)			5c4/4	도굴
		2	목관장	(목관 장식구)			5c4/4	도굴
	성하	봉토분	양단부장	경식(환옥)			6c1/4	도굴, 이차장

 신라 고분고고학의 탐색:::

묘제의 특성과 전개

발굴되어 그 양상이 드러난 창녕지역의 고총은 수혈식석곽, 횡구식석곽, 횡구식석실, 횡혈식석실이 매장주체부로 사용되었고, 모두라고 할 수 있을 정도로 봉분의 축조에는 구획성토 방식이 사용되었다. 분형은 대부분 원형봉토분이나 송현동 6·7호와 15·16호와 같이 두 개의 고분을 연접한 방식의 표형분도 확인되는 특징이 있다.

이들 고총은 지구별로 지역성을 가지는 것이 관찰된다. 즉 교동지구와 현풍지구 고총군과 계성지구와 영산지구 고총군은 같은 묘제를 사용한 것이 아니라 각각 별도의 묘제를 사용하고 있다. 이는 두 집단이 별개의 집단으로 성장하였음을 알려주는 것으로 볼 수 있다. 계성지구 고총군의 묘제를 상호 연결시키면 수혈식석곽묘 → 횡구식석곽묘 → 횡구식석실묘의 순으로 변천한 것이 된다. 그러나 교동지구 고총은 처음부터 마지막까지 일관되게 횡구식석곽을 주묘제로 채택하고 있다. 이것이 시기 차이일 가능성도 있으나 계성리의 계남 1·4호분과 교동 1·3호분 사이의 시기 차가 그렇게 크지 않음에도 불구하고 이러한 현상이 나타남은 교동지구 고총의 발생기부터 나타난 현상으로 보아야한다. 교동지구 고총의 배치 상태로 보아 고분은 위에서 아래로 축조되어간 것으로 추정된다. 이러하다면 분포상으로 보아 3호분보다 훨씬 빠른 시기에 고분군이 형성된 것 같지는 않다. 빨라야 3호분보다 1세대 이전에 고총이 성립되었을 것이다. 계성지구 고총과 비교하면 교동지구에는 계남 1·4호분과 동시기에 고총군이 성립되기 시작했을 것임이 추정된다. 따라서 이것이 그들의 정체성을 나타낸다고 할 수 있다.

그러면 이들 각각의 묘제는 어떤 특성을 가지고 있으며 그 연원은 어디에서 구할 수 있을까? 각 묘제별로 나누어 살펴보도록 하자. 다만 현풍지구 쌍계리의 횡혈식석실은 다른 문제를 포함하고 있으므로 후고를 기약한다.

수혈식석곽의 특성

수혈식석곽의 고총은 계성지구와 영산지구에서 조사되었다. 이들 수혈식석곽은 다른 지역에서는 발견되지 않는 특수한 성격을 가졌다. 계성지구의 수혈식석곽인 계남 1호분과 4호분〈도6-4〉은 분묘일체형墳墓一體形인 지상식이라는 점과 선목곽후석곽先木槨後石槨의 방식으로 축조된 점이다. 최근 조사된 계남 2·3호분 역시 마찬가지이다. 그리고 동리의 영산고분은 비록 반지하에 묘곽을 조성한 점에서 절충형折衷形으로 볼 수 있으나 역시 선목곽후석곽식이다.

이러한 수혈식석곽은 고대한 봉분의 효과를 높이기 위한 것으로 보이지만 아직 다른 지역의 수혈식석곽에서는 보이지 않는 요소이다. 계성지구의 수혈식석곽이 지상에 축조되었기 때문에 봉분의 축조는 두 단계의 축조 공정으로 완성될 수밖에 없다. 즉 석곽이 완성되고 난 후 하관과 유물 부장이 이루어지고 석곽이 봉해진 후 그 위의 봉토가 축조되어야 한다. 이러한 현상은 황남대총 등 경주의 지상식 적석봉토분에서 보이는 요소(김용성 2009a: 132)로 그 매장의 절차가 유사했음을 알려주는 것이다. 그리고 영산고분의 경우는 지하에 먼저 하부 석곽이 설치되고 지상부분은 계성지구의 수혈식석곽과 같이 석곽을 축조하면서 봉분이 축조되어야 하는 것으로 약간 다르지만 같은 축조 원리를 가지고 있다.

영산고분의 수혈식석곽〈도6-5〉 축조 과정을 복원하면 지하에 들어간 석곽은 엉성하게 석재가 쌓여 있는 점에서 먼저 묘광을 파고 목곽을 설치하면서 묘광 내부에 돌을 채우듯이 쌓아 완성하였다. 이 부분 석곽의 축조에는 점토를 사용하여 충진해 가면서 쌓은 것이 이를 알려준다. 그리고 목곽의 위인 지상으로 드러나는

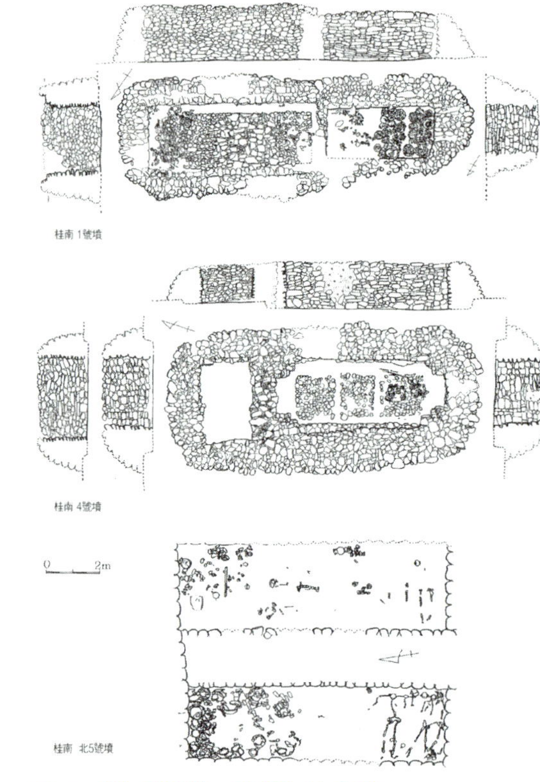

도6-4_ 계남 1호분(상), 4호분(중), 북5호(하)
(조영헌 2006에서)

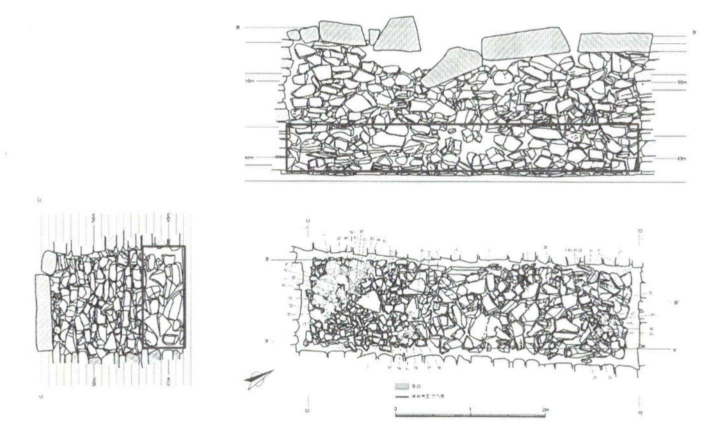

석곽은 아래 하부의 석곽에 맞추어 다시 쌓아 올림으로서 일반적인 수혈식석곽과 같이 조밀하게 석축을 한 것이 관찰된다. 그리고 석곽의 축조에 점토를 사용하지 않았다. 따라서 석곽의 축조는 1차로 지하 부분에 목곽과 석곽을 함께 축조하고, 2차로 상부의 석곽을 축조하면서 1차 봉분이 이루어지고, 하관이 시행된 후 다시 2차 봉분이 완성된 것이다(〈도6-6〉 참조). 따라서 계남 1·4호분의 변형 형식이라고 할 수 있다.

이러한 선목곽후석곽식은 주곽에 목곽을 사용한 다른 지역 고총의 수혈식석곽에 많이 보이는 현상이나 그 축조방식에서 목곽을 먼저 설치하고 여기에 잇대어 석벽을 축조하는 것은 일반적인 수혈식석곽의 축조방법이 아니다. 지하식으로서 이렇게 목곽을 먼저 설치하고 석벽을 쌓거나 돌을 채우는 방식의 수혈식묘는 경주를 중심으로 한 지역에서 조사되고 있는 사방적석식으로 이해되고 있는 봉토

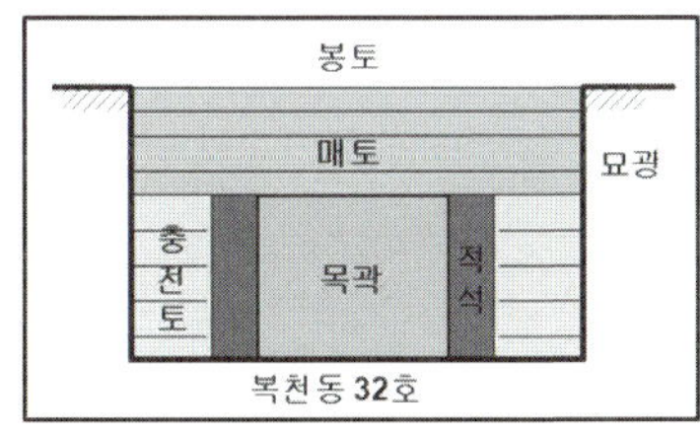

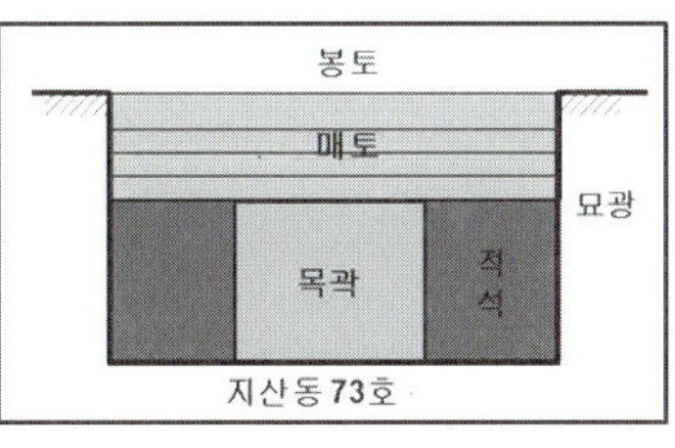

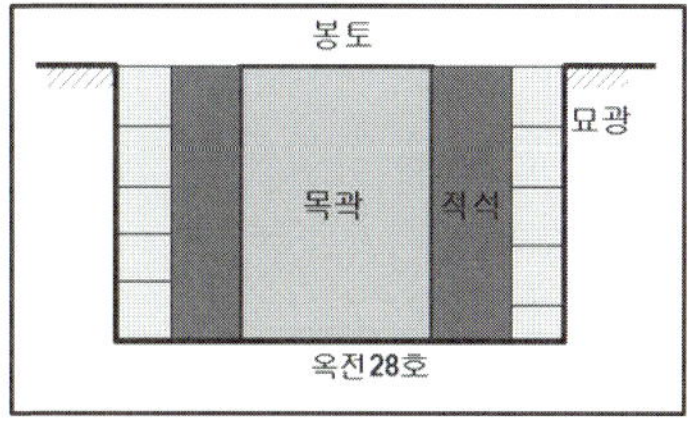

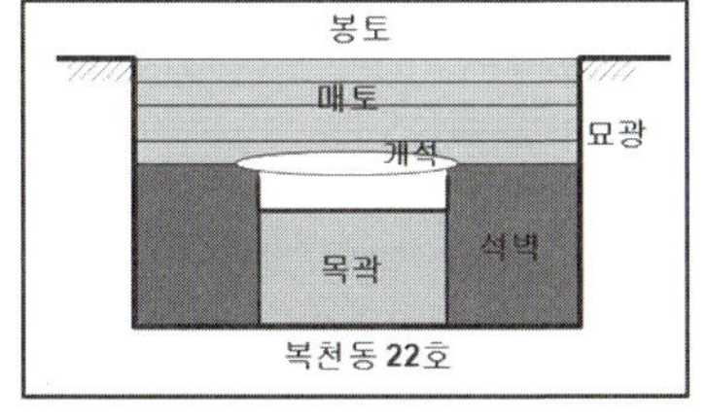

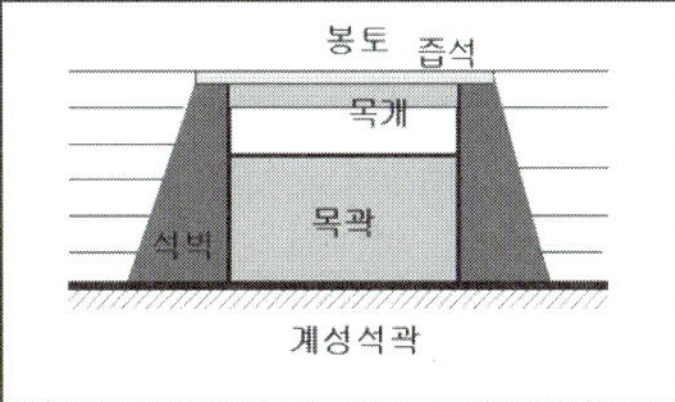

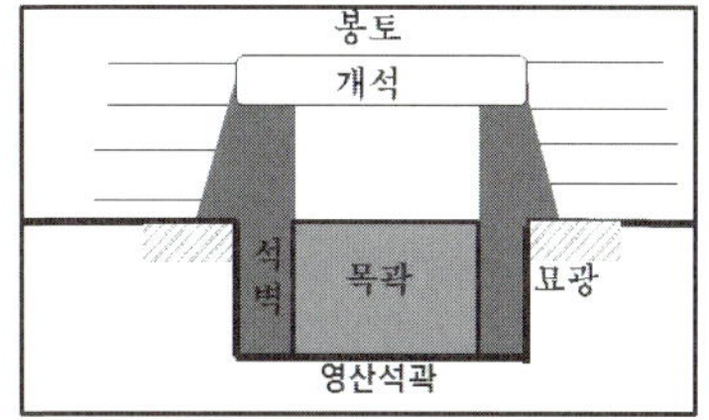

도6-6_ 낙동강중하류 적석목곽(상)과 선목곽후석곽식 수혈식석곽(하)

분 지하식의 적석목곽묘, 부산지역의 대형묘로 축조된 수혈식석곽묘, 옥전과 고령지역의 적석목곽묘로 볼 수 있는 목곽묘 등에서 보이는 현상이다. 따라서 신라권역 대형묘에서 수혈식석곽은 어쩌면 경주지역의 적석목곽묘에서 영향을 받고, 기존에 낙동강 하구에 정착해 있던 중·소형묘에 사용된 수혈식석곽의 기법이 채용됨으로써 시작된 것일 가능성이 있다.[5] 즉 목곽묘의 전통에 적석목곽묘의 적석기법이 채용되고, 그 적석기법이 소형 석곽묘의 석벽을 축석하는 축조법으로 변화하여 발생된 것으로 볼 수 있다.

부산 복천동 10·11호(부산대박물관 1983)나 복천동 21·22호(부산대박물관 1993) 등의 5세기 초나 4세기 4/4분기에 해당하는 초기 대형 수혈식석곽은 깊이 판 묘광의 너비가 일반적인 석곽묘에 비해, 그리고 석곽의 내측 크기에 비해 넓고, 석벽의 두께 역시 상당히 넓은 것을 볼 수 있다. 또 내부에는 꺾쇠가 사용된 목곽이 조성되었다. 특히 22호의 이런 모습에서 묘광의 내부에 목곽이 먼저 시설되고 난 후, 이 목곽의 주연을 따라 석벽의 축조가 이루어졌음을 추정할 수 있다. 즉 목곽과 묘광의 벽 사이 넓은 공간을 작업 공간으로 사용해 석벽을 축조해 올라간 것으로 볼 수 있다.[6] 그리고 5세기 1/4분기쯤의 합천 옥전 23·28호(경상대박물관 1997)[7] 등 대형목곽묘와 고령 지산동의 초기 고총(73호분)(조영현 2008)의 경우도 묘광의 내부에 목곽을 먼저 시설하고 묘광과 목곽의 사이에 돌을 채워 축조한 적석목곽묘라고 할 수 있다. 이런 대형묘의 수혈식 묘곽이 적석목곽묘의 영향으로 성립되었음은 4세기 중후반으로 편년되는 부산 복천동의 26호와 32호가 적석목곽묘인데, 여기서 이어지는 이것들이 그러한 묘제를 취하고 있음에서

5　수혈식석곽은 비수장층묘(소형묘)에서 먼저 채용되었다(홍보식 1994).

6　적석목곽묘 지하식과의 차이는 채운 적석이 아니라 축석을 하였고 석개를 하였다는 점이다. 유사한 수혈식석곽묘로는 경산 조영동 EⅢ-2호분(영남대박물관 2012b)이 있다. 이러한 수혈식석곽은 목곽의 조립과 석재의 축석이 동시에 이뤄졌을 수도 있다. 그러하더라도 안의 목재가 먼저 조립되고 뒤의 석재 축석이 이뤄졌을 것이기에 석곽을 완전히 축조한 다음 내부에 목곽을 조립하는 것과는 차이가 있다.

7　23호분 출토의 신라고배를 박천수(1998)는 4세기 4/4분기로 편년하였으나 그렇게 빨리 볼 수 없고 5세기 1/4분기쯤으로 보는 것이 좋을 것이다. 조영제(2007)는 5세기 중엽으로 보고 있다.

방증된다[8](이상 〈도6-6〉[9] 참조).

계성지구 수혈식석곽의 또 하나 특징은 목개 시설이다. 이는 넓은 목곽을 사용하고 여기에 잇대어 석곽을 축조함으로서 석개를 하기에는 부적절하기 때문이기도 하지만 묘의 구성 자체가 목곽적인 요소를 많이 가졌음에서 기인한 것으로도 볼 수 있다. 이런 현상으로 보면 영산의 석곽은 더 후행적인 요소를 가지고 있어 계성의 석곽을 참조하여 성립된 형식이라고 할 수 있다.

다음의 특징이 내부 공간의 구성, 즉 묘형이다. 두 기의 계성 수혈식석곽은 모두 피장자의 발치에 부곽을 두고 있다. 이 부곽은 모두 장방형이나 1호는 일렬로 배치하여 주부곽이 日자형을 이루나 4호는 주곽과 주축방향을 엇갈리게 배치하여 丁자형을 이룬다. 이것에서 획일화된 방식이 채용되지 않았음을 알 수 있는데, 모두 주곽에 잇대어 ㄷ자형으로 부곽을 부설한 점은 같다. 이러한 모습은 일반적인 수혈식석곽묘 日자형 배치의 축조 방식과는 다른 점을 보여준다. 즉 하나의 묘광에 주곽과 부곽을 한꺼번에 축조하고 중간을 칸막이한 일반적인 것이 아니다. 이는 지상에 석곽을 구축하여야 하기 때문에 나타난 현상으로 볼 수 있지 않을까 한다.

한편 부곽은 생활유물生活遺物을 부장하는 공간으로 삼고 주곽을 삼등분하여 각각 다른 기능의 공간으로 삼은 특징이 있다. 주곽의 중앙부에 피장자를 안치하고, 그의 머리맡에 공헌유물貢獻遺物 등을 부장하고, 발치에는 순장자를 배치한 것이다. 물론 이러한 방식이 일반적인 신라묘에서 나타나는 신라의 기본 묘형에 위배되는 것은 아니지만 발치에 순장 공간을 별도로 둔 점에서는 그 특이성이 인정된다.[10] 그리고 영산 석곽은 후술하는 교동지구 횡구식석곽과 같은 공간 구성을

---

8 옥전 23호는 장방형의 묘광 내부에 목곽을 설치하고 목곽에 잇대어 얇게 적석하면서 흙을 쌓아 올라간 것이고, 28호는 역시 장방형의 묘광 내부에 목곽을 설치하였으나 목곽과 묘광벽 사이 전체에 많은 돌을 채워 넣은 것으로 적석목곽묘적인 색채가 농후하다. 조영제(2007: 31~33·215)는 이들의 묘제와 이들이 축조되던 시기 옥전고분군 유물상이 낙동강하구인 부산·김해지역의 것과 유사함을 지적하고 있다.

9 그림의 복천동 32호 모식도는 김두철(2007)의 논고를 참조하여 작성되었다.

10 유사한 구조는 달성 문산리고총군(경북문화재연구원 2004a, 영남문화재연구원 2005)에서 확인된다.

가지고 있다. 머리맡 공간에 공헌유물을 부장하고, 발치에는 순장자와 함께 계성 석곽의 부곽에 들어가는 생활유물을 부장하는 目자형 구조로 창녕지역 횡구식석곽 공간 구성의 시원적인 모습을 보인다(〈도6-7〉 참조).

이외 목곽의 축조에서 바닥에 각목을 등간격으로 깔아 구축한

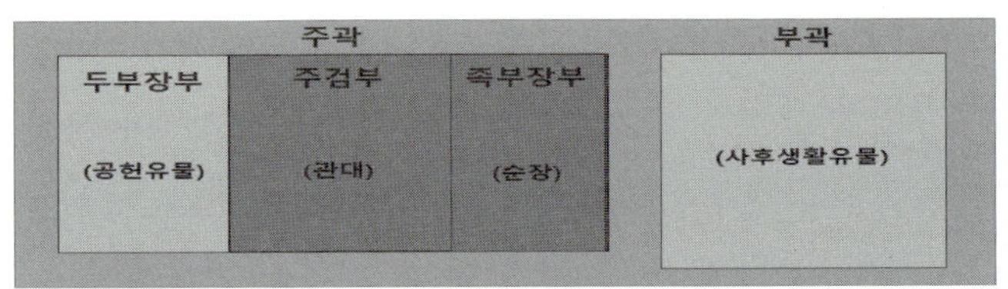
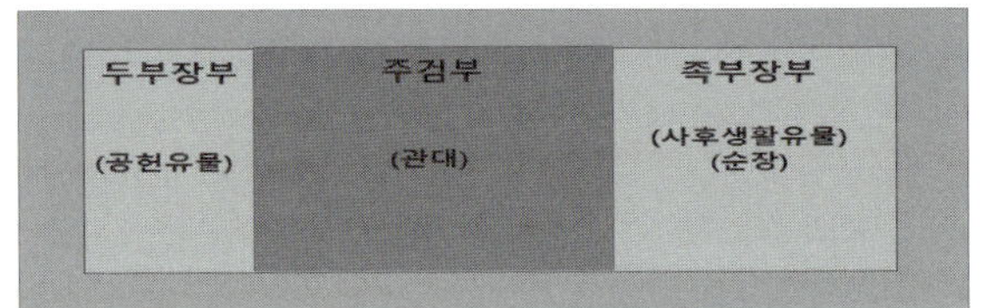

도6-7_계성 석곽(상)과 영산 석곽(하)의 공간 구성

계남 4호의 경우와 바닥 중앙에 관대를 시설한 계남 1호와 영산고분 석곽 모두 이 지역의 수혈식석곽의 특징으로 잡을 수 있다. 이러한 방식은 교동의 횡구식석곽으로 이어지는 것으로 창녕지역 단장의 횡구식석곽을 이해하는 중요한 요소로 보인다. 수혈식석곽에 관대를 시설한 경우는 구미 황상동 고총(경북대박물관 1966, 대구대박물관 2009)에서 보인다. 그리고 황상동고분군에서는 5세기 초 정도의 목곽묘에도 내부 공간을 目자형으로 분리하고 중앙에 관대 또는 시상대를 둔 것이 출현하였다. 따라서 서로 상관관계가 있지 않을까 추정해 볼 수 있지만 아직은 자료의 증가를 기다려야 할 것이다.

이상 계성지구와 영산고분 수혈식석곽의 특성을 살펴보았는데, 겉으로 봐서는 이들이 우리가 생각하는 일반적인 수혈식석곽과 유사해 보이지만 속을 뜯어보면 다른 지역의 것들과 아주 다른 구조를 가지고 있음을 찾을 수 있다. 그러나 수혈식석곽의 발생과 전개라는 입장에서 살펴보면 그것이 비록 여러 가지 요소의 결합으로 창출된 것이지만 그 근저에는 경주의 적석목곽묘적 색채가 아주 강함을 알 수 있다. 그리고 굳이 연원을 따진다면 부산을 비롯한 낙동강 하구의 수혈식석곽 요소가 많이 개입되었음을 읽을 수 있다. 결국 이 수혈식석곽은 경주의 적석목곽묘가 사방으로 퍼지면서 중간 단계를 거쳐 창녕지역에서 창안된 창녕형 또는 계성형 수혈식석곽으로 보는 것이 좋을 것이다. 이와 같이 신라 지방의 고총 묘제가 각 지방에서 창안되어 사용되었음은 이미 지적(김대환 2004)된 바가 있다.

횡구식석곽의 성립과 전개

　　교동 1호분과 3호분〈도6-8〉을 대표로 하는 이 횡구식은 후대의 것들과는 달리 단장이라는 특징을 가진 것으로 중앙에 비교적 높은 시상 또는 관대를 설치하고 머리맡의 나머지 공간에 유물을 꽉 채웠고, 발치 공간에는 유물의 부장뿐만 아니라 순장자를 배치한 특징을 가진다. 즉 기본적인 묘형이 目자형을 취하고 별도의 부곽이 존재하지 않는다. 비록 부곽으로 볼 수 있는 동아대박물관 조사 2호분의 보고 예가 있으나 이것이 부곽인지는 아직 자료의 증가를 기다려봐야 판단할 수 있을 것이다. 다만 계남 북5호분의 부곽 예가 있고, 대호가 포함되는 등 유물의 배치양상이 부곽의 요소를 가지고 있기 때문에 어떤 대형분의 묘역 외부에 설치된 별곽別槨으로서의 부곽일 가능성이 있다. 따라서 특수한 경우를 상정해 볼 수 있기 때문에 이 고분군에서 부곽이 사용된 것은 그리 많지 않을 것으로 판단된다. 그것은 目자형 석곽의 머리맡 유물은 신라의 기본 묘형에서 머리맡에 배치되는 공헌유물이 분명하고, 발치 공간에 배치된 유물은 신라 기본 묘형에서 주부곽식의 경우 부곽이나 단곽식의 경우 발치에 부장된 사후 생활유물의 성격과 동일하게 볼 수 있기 때문이다. 이 교동 1호와 3호 외에도 근래에 발굴된 주차장부지 고분, 송현동의 모든 고총에는 주 피장자의 머리맡에 공헌유물을 부장하고, 발치의 나

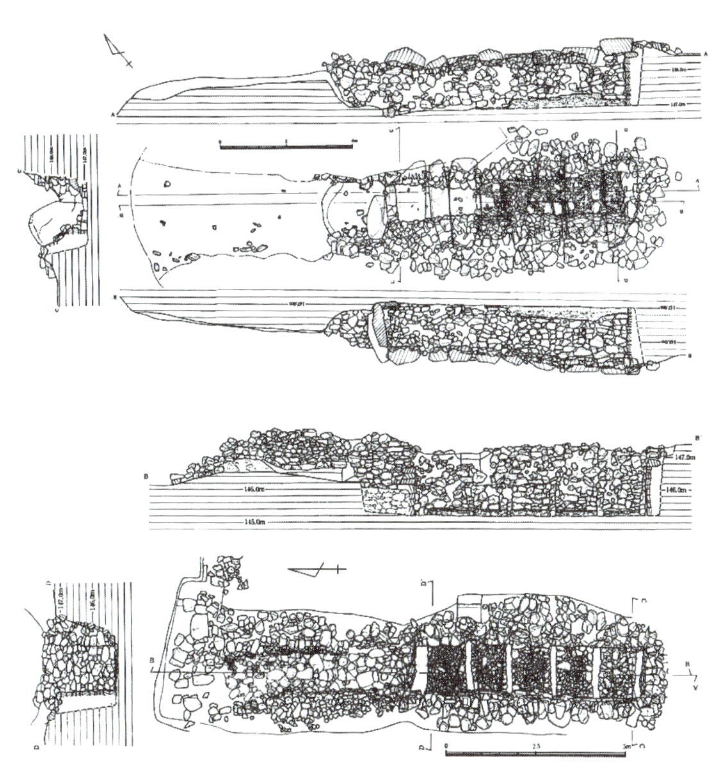

도6-8_ 교동 1호분(상)과 3호분(하) 횡구식석곽
　　(동아대박물관 1992에서)

머지 공간에 생활유물을 부장하면
서 순장자를 배치한 것으로 이는 교
동지구 횡구식의 기본 묘형으로 볼
수 있고 그 대표적인 존재가 도굴을
면해 유물의 배치상태를 확인할 수
있는 교동 주차장부지 고분이다〈도
6-9〉. 또 목관의 존재가 송현동 7호
분의 조사에서 밝혀져 약간 높은 중
앙 시상이 관대임이 분명하게 되었
다〈도6-10〉. 따라서 교동지구의 횡
구식석곽은 일반적인 신라 주부곽
식 수혈식묘의 부곽부를 피장자 발
치로 끌어들인 것으로 볼 수 있다.

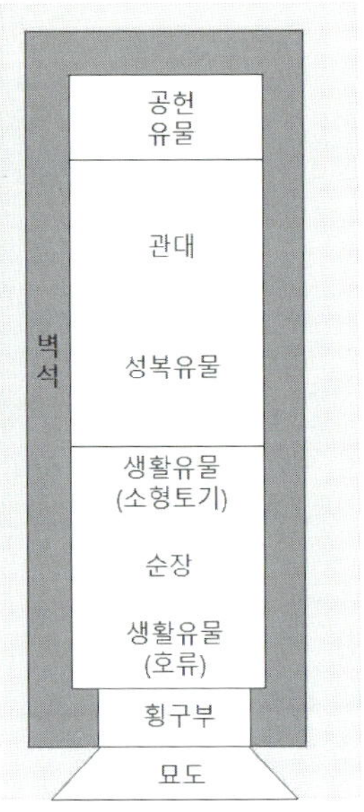

도6-9_교동 주차장부지 고분과 그 묘형
(국립가야문화재연구소 2013a 개변)

  이 횡구식석곽은 다른 지역에서는 보이지 않는 아주 독특한 창녕지역의 특징
적인 묘제이기에 창녕지역 특히 교동지구 고총 묘제라고도 할 수 있다. 따라서
현재의 입장에서는 교동지구에서 창출된 묘제로 보는 것
이 좋을 것이다. 이 창녕지역의 횡구식석곽은 입구부를
가지고 있으면서도 가장 늦은 시기의 것 일부를 제외하
고는 추가장이 이루어지지 않고 단장이 시행된 점에서
특이성이 있다.

  이와 같이 입구부가 있으면서도 추가장을 전제로 하
지 않은 것은 장법과 관련되었을 것으로 보인다. 즉 주검
이 발생하기 전에 묘의 축조가 이루어졌고, 주검이 발생
하면 축조된 묘의 입구를 통해 매장이 이루어지는 수릉壽
陵적인 요소에 기인한 것으로 볼 수 있으며 이러한 요소
는 경주 적석목곽묘의 지상식에서 보인다(김용성 2009a:
131). 그리고 창녕지역에 먼저 축조되기 시작한 계성지

도6-10_창녕 송현동 7호분 묘 내부
(국립가야문화재연구소 2011에서)

구의 지상식 수혈식석곽에서도 그 양상이 보인다. 앞에서 살펴본 바와 같이 계성형인 계남 1·4호분의 수혈식석곽은 선목곽 후석곽의 축조 순서이고, 석곽과 내부 목곽, 그리고 하부 봉토가 완료된 후에 납관이 이루어지고, 그 후에 묘가 복개되고 상부 봉토가 축조되었다. 따라서 납관 앞 단계의 과정이 주검이 발생하기 이전에 이미 조성되었을 가능성도 있다. 그러므로 이러한 장법이 횡구식석곽에서 갑작스럽게 대두된 것이 아니고 계성형 수혈식석곽에서 변형되어 나타난 것으로 볼 수 있다.

이렇게 창녕의 횡구식석곽이 계성형 수혈식석곽에서 발전된 것임은 다른 요소에서도 찾을 수 있다.

앞에서 언급하였다시피 계남 4호분의 목곽과 석곽의 축조에는 하부에 침목과 같은 각목을 등간격으로 배치하고 이를 뼈대로 하여 목곽을 구성하였으며, 여기에 잇대어 석곽의 벽석을 구축한 특징이 있다. 이와 관련된 것이 횡구식석곽으로 완전하게 완성된, 그리고 교동 고총에서는 가장 이른 시기에 해당되는 교동 3호분이다. 이 고총의 횡구식석곽은 반지하식이라는 점에서는 계남 4호분과 다르나, 6개의 각목을 묘곽 전체의 바닥에 등간격으로 깔고, 이와 결구된 역시 침목형의 목주를 세운 다음, 이를 기본 틀로 삼고 석축함으로서 석곽을 축조하였다.[11] 이와 같은 현상은 현풍지구 횡구식석곽이나 석실에서도 보인다. 아직 다른 지역에서는 이런 현상이 확인되지 않는데 비해 창녕지역의 수혈식석곽과 횡구식석곽에서, 그리고 그렇게 시기 차이가 나지 않는 두 고분에 나타나고 있음은 이를 관련시켜 봐야함을 알려준다.

다음 계남 1호분의 바닥시설과 창녕 횡구식석곽의 바닥시설이 연결되고 있는 점이다. 즉 머리맡에 공헌유물을 부장하는 공간을 두고 중앙에 관대를 두었으며 발치에 넓은 공간을 두어 여기에 생활유물과 순장자를 배치하는 것이 교동지구 횡구식석곽의 기본적인 묘형인데, 이러한 양상이 계남 1호분의 주곽 바닥시설과

11　이 횡구식석곽의 경우 바닥의 각목, 이와 결구된 목주형 각목 내부에 이를 버팀으로 한 판재를 돌려 목곽을 축조했을 수도 있다. 이럴 경우에 목곽은 석곽 입구 측에 같은 창문식의 개폐부가 설치되었을 수도 있다.

유사하고 영산고분 석곽(〈도6-7〉의 하)과는 아주 똑같다. 특히 중앙부에 관대를 두고 있음은 앞에서 설명한 바와 같이 다른 지역의 수혈식묘에서는 잘 나타나지 않는 요소인데, 계남 1호분과 영산고분 석곽에서는 확실한 관대를 부설하였다.

이러한 계성지구의 수혈식석곽과 교동지구의 횡구식석곽을 연결시켜 고려하면 횡구식석곽의 경우 좀 더 세장한 형태로 석곽을 축조함으로서 계성지구 수혈식석곽 머리맡의 공헌유물 부장 공간과 관대를 이어 받아 오벽 측에 양자를 그대로 시설하고, 수혈식석곽 발치의 순장 공간과 생활유물을 부장했던 부곽을 합쳐 입구에 배치한 구조가 된다. 즉 세장한 형태로 석곽을 축조함으로써 수혈식석곽의 부곽을 생략하고, 이를 수혈식석곽의 발치 공간과 합칠 수 있게 된 것으로 볼 수 있다.

그러나 이런 횡구식석곽이 일률적으로 변화하며 성립된 것인지는 의문이 간다. 그것은 창녕지역에서 조사된 횡구식석곽이면서도 교동지구의 것과는 아주 다른 형태를 가진 계남 북5호〈도6-11〉[12]의 구조로 알 수 있다.

계남 북5호는 지상식인 횡구식의 외곽 내부에 주곽과 부곽을 목곽으로 축조하였으며 외곽에 목개를 한 특징이 있다. 목개나 주부곽식이라는 점은 계남 1·4호분의 특징적인 요소이고 지상식이라는 점 또한 그러하다. 그러므로 나타나는 구성 요소로 본다면 계남 1·4호분의 수혈식석곽 – 계남 북5호분의 횡구식석곽 – 교동의 횡구식석곽 등으로의 변천을 상정할 수 있는데, 계남 북5호의 경우 발표된 사진 자료의 토기 양상으로 봐서는 교동 3호분 등보다 이른 요소가 별로 보이지 않음으로 이를 도식화하기가 어렵다.

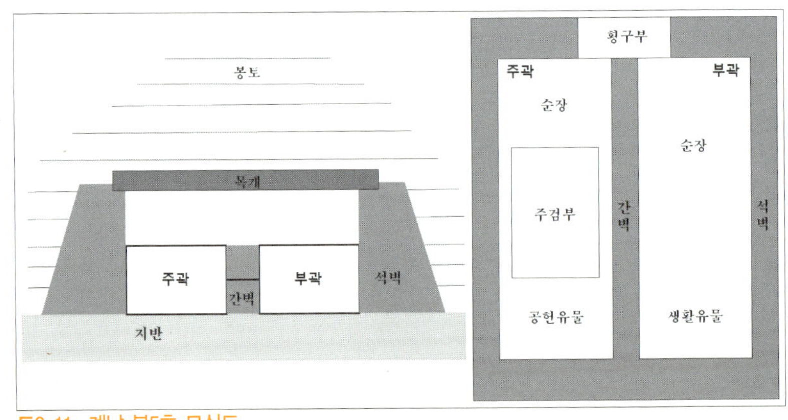

도6-11_계남 북5호 모식도

12 이 고분의 구조에 대한 발굴자의 견해를 적극 수용하여 복원한 모식이다. 이런 구조는 아직 전례가 없는 것으로 앞으로 검토되어야 할 것이지만 여기서는 발굴자의 견해를 존중하였다.

그러므로 지금으로서는 계남 북5호형의 횡구식석곽과 교동지구의 횡구식석곽이 각각 별개로 성립되어 발전한 것으로 보는 것이 좋을 것이다. 다만 과연 계남 북5호형을 계성지구의 일반적인 횡구식석곽 형태로 인정할 수 있을까라는 의문점이 남아 있고, 계남 북5호는 특수한 형태의 횡구식석곽으로 봐야할 소지도 있다. 이는 앞으로 계남의 고분군에 대한 발굴의 시행으로 그 양상을 찾아 해결할 수밖에 없다. 그러하더라도 우선은 계성지구와 교동지구의 횡구식석곽은 다른 형태를 취하고 있기 때문에 별개로 발전하고 있지 않을까 한다. 그리고 계남 북5호형이 수혈식석곽을 위주로 축조하던 계성지구인들이 새로 창안된 교동지구 횡구식석곽을 모방하여 창조했을 가능성도 열어두어야 한다.

이러한 양자의 횡구식석곽은 그 말기에 이르러 통일되는 양상을 보이며 추가장이 시행되는 묘제로 전환된다. 그것을 알려주는 것이 경남고고학연구소에 의해 발굴된 계성 Ⅲ-1호분〈도6-12〉이다. 이 묘가 원래 추가장을 전제로 하여 축조되었는지, 아니면 단장을 전제로 축조되었으나 추가장이 도입된 이후에 개조되어 추가장이 진행된 것인지는 섣불리 판단할 수 없으나 후자일 가능성이 농후하다. 그것은 유물 출토 상태에서 머리맡의 공헌유물 공간, 관대부, 발치의 생활유물 공간인 目자형의 공간 위에 다시 관대가 시설되고 여기에 추가장이 시행된 것으로 볼 수 있어, 원래는 단장의 횡구식석곽으로 축조되었으나 이후 어떤 계기로 인하여 추가장이 시행된 것으로 볼 수 있기 때문이다.

이 고총의 유물 출토 상태를 보면 확실하게 추가되어 묻힌 사람의 유물로 볼 수 있는 유개고배와 합 등은 석곽 내 다른 출토 토기와 편년상 상당한 시차를 가지고 있다. 이 외 관대 위에서 출토된 위신의장용구인 성복유물이 과연

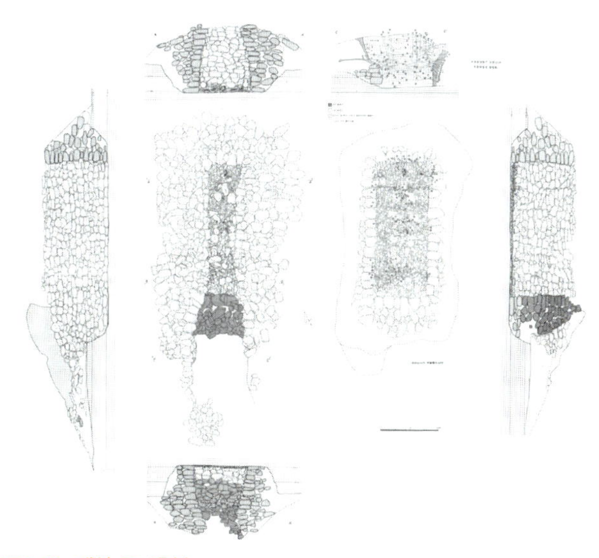

추가로 매장된 피장자의 것인지, 원래 매장된 피장자의 것인지는 확실하게 구분할 수 없으나, 그 유물의 출토위치로 봐서는 전자일 가능성이 농후하다. 이렇게 추가장을 전제로 축조되지 않았으나 추가장이 시행된 것은 교동 31호분과 대동문화재연구원이 조사한 현풍지구 성하리 봉토분도 마찬가지이다.

이렇게 본다면 이 고분이 축조되는 단계에 교동지구의 것과 유사한 횡구식석곽이 계성지구에 축조되었음이 확실하므로 계성지구에 교동지구 형태로 통일된 횡구식석곽이 축조되고 있었다고 할 수 있고 그러한 묘제가 현풍지구까지 확산되었음을 알 수 있다.

이후 횡구식석곽은 횡구식석실로 변천하여 계성지구에 축조된다. 이를 알려주는 것이 호암미술관에 의하여 발굴된 계성 II-1호분(앞의 제4장 〈도4-41〉)이다. 이 고분의 묘는 세장한 교동지구 횡구식석곽에서 벗어나 넓은 장방형의 평면 플랜을 가졌으며, 오벽에 붙여 횡으로 된 관대 또는 시상대를 가장 먼저 설치한 주축교차장의 형식으로 축조 당초부터 추가장을 전제로 하였고, 실제 4차례에 걸쳐 추가장이 시행된 확실한 석실이다. 이는 기존 창녕지역 특유의 횡구식석곽 요소에 타 지역에서 들어온 횡혈식의 요소가 합쳐져 성립된 것으로 볼 수 있다. 이런 변화의 근저에는 5세기 후반 무렵에 축조된 것으로 믿어지는 달성 현풍의 쌍계리 횡혈식석실〈도6-13〉이 있다. 2기가 조사된 쌍계리의 석실은 주축교차장의 관대를 설치하였고 추가된 관대를 1차 관대와 나란하게 붙여서 설치하여 계성 II-1호분의 1·2차 시상대와 같은 모습이다.

영남지방에서 추가장을 전제로 하여 당초부터 축조된 묘는 지금까지의 조사 예로 봐서는 상주 신흥리 라1호분〈도6-14〉과 신흥리 라28호분(한국문화재보호재단 1998a) 정도로 보인다. 그중 라1호분은 횡혈식석실, 라28호는 횡구식석실이다.

횡혈식석실인 라1호〈도6-14-①〉는 세장한 현실의 한쪽 단벽 중앙에 짧은 연도를 낸 것이다. 현실의 내부에는 오벽과 좌벽에 붙여 1차

도6-13_달성 쌍계리 1호 횡혈식석실
(한빛문화재연구원 2012에서)

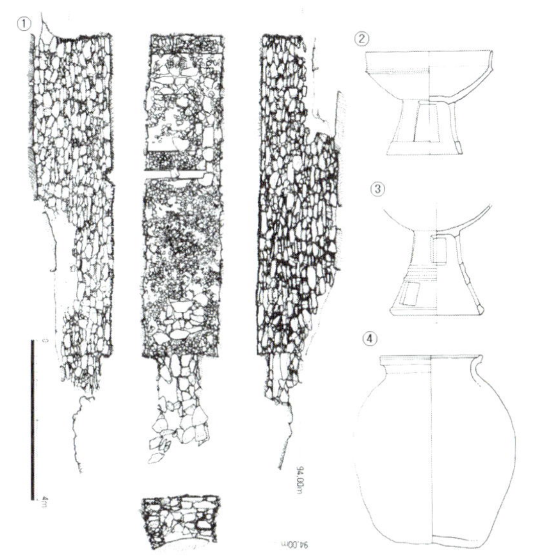

도6-14_ 상주 신흥리 석실과 토기
(①라1호 횡혈식석실 ②라1호 ③④라28호)
(한국문화재보호재단 1998a에서)

시상을 설치하고 여기에 이어 연도 쪽으로 가면서 시상을 덧붙여 추가장을 실시한 것이다.

고분에서는 5세기 중엽 무렵의 의성양식토기〈도6-14-②〉가 출토되었다. 또 장방형의 횡구식석실인 라28호에서는 5세기 3/4분기 즈음의 고배〈도6-14-③〉와 장경호, 그리고 고구려계로 보이는 장동호〈도6-14-④〉와 신라 고총 단계 전성기의 금제세환이식이 출토되었다. 이로 보아 5세기 중엽에서 그리 멀지 않은 시기에 축조된 것으로 보이는데, 이들이 포함된 고분군이 계립령의 앞에 위치하는 점과 거기서 출토된 장동호의 기형으로 미뤄 고구려의 영향일 가능성이 아주 크다.

그러나 같은 시기이거나 좀 더 늦은 시기의 영남지방 다른 지역의 석실은 아직 추가장의 흔적이 발견되지 않고 있다. 경산의 임당동 5A호(영남대박물관 2003)와 조영동 EⅡ-1호 등이 그러한 예이다. 다만 좀 더 늦은 시기에 해당하는 양산 북정리 부부총과 금조총(동아대박물관 1991), 의성 학미리 1호분(경북대박물관 2002)〈도6-15〉, 앞의 달성 현풍 쌍계리의 석실 등의 경우는 추가장을 전제로 축조된 석실이기에 6세기를 전후한 무렵, 이르면 5세기 후반에 추가장을 전제로 한 석실이 신라권에 도입되어 사용된다는 것을 증명한다. 특히 양산 북정리 부부총(앞의 제4장 〈도4-22〉)을 대표로하는 양산지역 횡구식석실은 중앙의 관대와 유물의 배치 양상이 교동지구 횡

도6-15_ 의성 학미리 횡혈식석실의 관대 추가 상태
(경북대박물관 2002에서)

구식석곽과 극히 유사한 모습을 보이며, 시기상 약간 늦으나 상관성이 인정된다. 그러나 양산지역 횡구식석실은 이미 추가장을 전제로 축조된 것이나 교동지구 횡구식석곽은 그렇지 않다는 점에서 큰 차이가 있다. 한편 양산지역의 횡구식석실은 거기에서 일변한 계성 Ⅱ-1호분과는 평면 플랜에서 큰 차이를 보이고 있다. 이러한 결과를 가지고 판단하면 계성의 추가장을 전제로 한 이 횡구식석실은 신라지역에 추가장의 석실이 정착된 단계에서 들어온 쌍계리 석실을 본 따 앞 시기 횡구식석곽을 개조하여 성립된 것으로 볼 수 있고, 양산지역의 횡구식석실은 교동지구 횡구식석곽을 본 따 창출되었을 가능성이 크다.

_축조 지역집단의 성격

창녕지역에 자리한 큰 세력집단은 그 구분되는 영역의 규모에서 각각의 세력이 독립된 정치체로 존재하였음을 짐작하게 한다. 교동지구와 계성지구 고총의 묘제를 비교하면 각각 다른 특징을 가지고 있다는 점에서 그러할 가능성은 더욱 커진다. 다만 창녕양식토기라는 통일성을 가지고 있으므로 이를 부정하여 전체 지역을 하나의 세력으로 묶을 수도 있다. 후자라면 박천수와 이희준의 주장과 같이 비교적 이른 시기에는 계성지구 고총집단이, 비교적 늦은 시기에는 교동지구 고총집단이 중심 집단으로 기능한 것이 된다. 그러나 전자를 완전히 부정할 수는 없는 입장이다. 과연 어떻게 세력집단의 구성을 추정할 수 있을까?

이를 해결하기 위하여 신라 고총의 확산 과정에서 창녕지역 고총의 위치를 가늠해 보는 것은 어떨까 한다. 앞에서 언급하였다시피 창녕지역에 최초로 도입된 계성지구의 수혈식석곽은 목곽묘의 전통에서 적석목곽묘의 변형으로 성립된 낙동강 하구 부산 복천동 수혈식석곽과 같은 것을 다시 변형시켜 창안한 묘제로 볼 수 있다. 그리고 교동의 횡구식석곽은 이를 다시 변용시켜 창안된 것으로 보인다. 그러하다면 고총군의 성립은 경주 - 낙동강하구역 - 계성지구 - 교동지구의 순으로 된다. 그리고 발굴 고분이 없어 판단이 불가능하지만 현풍의 양리 고총은 입지 등의 여건으로 보아 교동지구보다 더 늦은 시기에 축조되기 시작했을 가능성이 크다.

이러한 고총의 최초 축조 시점의 차이는 신라의 대외 진출과 관련된 것으로 볼 수 있다. 즉 신라는 먼저 낙동강 하구에 진출하여 세력을 확보하였고, 이것이 배경이 되어 광개토왕 남정 이후에는 낙동강 하구에 대한 통제를 완전하게 실현하게 되었다. 하지만 남강, 황강, 회천과 안림천 유역 등에 자리했던 세력은 통제할 수가 없었다. 이에 신라는 낙동강 하구의 세력을 기반으로 다시 북진하여 남강 유역을 배경으로 한 가야세력을 통제하기 위하여, 그리고 낙동강 중하류역의 지배권 확보를 위하여 계성지구를 거점으로 택하였고, 그러므로 해서 계성지구에 고총군이 성립되게 되었다.[13] 그 시기는 계남 1·4호분과 같은 시기이거나 좀 더 이른 시기일 것이고, 실연대는 5세기 1/4분기 전후로 볼 수 있다. 이는 계남 1·4호분의 묘제가 부산 복천동의 수혈식석곽, 합천 옥전 23·28호 등과 고령 지산동 73호분 등 적석목곽과 연결되는 점에서 인지가 가능하고, 5세기 전엽 낙동강 중하류에 있어서 신라 문물의 확산 거점이 계성지구임을 알려주는 것이 아닌가 한다.

또한 이 시기에 낙동강중하류 서안지역에서 어떤 연유이든 고총이 발생하였는데, 그 기초적인 묘제가 계성지구의 영향을 받았음을 알려준다. 그러나 옥전 23·28호는 신라의 묘형과는 완전히 다른 유물 배치를 보이고 있다. 즉 머리맡에 토기류를 위주로 한 공헌유물적인 성격의 유물이 배치되지 않아 구분된다. 이는 옥전고분군 축조집단의 장의 방식이 신라식이 아니었음을 알려주는 것으로 신라의 직접적인 영향력이 미치지 않은 가야세력이었음을 분명히 한다.

이후 신라는 더 북쪽의 교동지구를 확보하고 이를 기반으로 회천과 안림천 유역, 그리고 황강 유역의 강력한 가야로 성장한 세력을 방비하여 완전한 낙동강 수계의 통제를 실현하게 되었다. 이 시기는 교동 3호분이 축조되는 5세기 2/4분기의 늦은 시기이거나 그 이전인 교동지구 고총이 축조되기 시작하는 시기로 볼

13　신라가 대구지역을 통해 창녕지역에 진출한 것으로 볼 수도 있으나 뒤에서 설명하듯이 창녕지역 고총 축조 이전과 축조 초기의 문화상은 낙동강 하류와 연결될 수 있다.

수 있다.

이것은 현재까지 창녕지역의 고고학조사 현황에서도 읽을 수 있다. 지금까지 조사된 4세기 대 창녕지역의 고고학 자료인 창녕 여초리 가마(국립진주박물관 1995), 우강리고분군(경남발전연구원 2004a), 일리유적(경남발전연구원 2004b), 봉화골 건물지(우리문화재연구원 2008) 등은 대부분 계성지구에 집중되어 조사되고 있다. 그것은 창녕읍과 그 서부지역에 대한 개발의 부재로 인하여 발생된 요인으로 볼 수도 있으나 너무 현격한 차이가 있기에 4세기 대 창녕지역의 주된 인간 활동 무대가 계성지구임을 증명하는 것은 아닌가 한다. 이는 창녕지역에서 조사된 비교적 이른 시기의 지배자 거주성으로 추정할 수 있는 토성(조효식 2009)이 계성지구에만 존재하는 것으로도 알 수 있다.

이러한 의미에서 계성지구의 고총은 지속적으로 성장하던 세력을 신라가 지원함으로써 성립되었을 가능성이 아주 크다. 한편 계성지구의 이 세력은 어쩌면 밀양강 유역의 세력과 비교적 깊은 연계를 가지고 있었을 가능성도 크다. 청도지역에서 조사되고 있는 토기의 양상이 계성지구의 토기 양상과 아주 유사한 점이 있는데, 이는 청도지역의 창녕양식토기가 교동지구에서 높은 버티재를 넘어 확산된 것은 후대이고, 비교적 이른 시기에는 밀양강을 통한 낙동강 하류역과 남강 유역의 문화와 관련지을 수 있음을 시사한다. 청도의 봉기리유적(경북문화재연구원 2006)과 성곡리유적(경북문화재연구원 2010)의 비교적 이른 시기 토기는 계성지구 고총의 주변에서 조사된 같은 시기 토기 양상과 아주 유사함을 엿볼 수 있다. 그리고 창녕양식이 성립된 후에는 창녕양식의 토기가 현저하다. 이는 비교적 이른 시기에는 계성지구와 같이 낙동강하류역의 문화와 남강을 통한 서부경남지역의 문화가 유입되었음을 알려주는 것으로 보인다. 따라서 계성지구에서 문화 복합이 일어나고 밀양강을 통해 이들 토기가 청도지역으로 이입되었을 가능성이 크다. 또한 밀양강 유역인 밀양과 청도에서는 아직 고총이 발견되지 않았는데, 이는 신라권에서 고총의 축조가 신라가 선택한 지점에서 이루어졌음을 알려주기도 하며 밀양강을 중심으로 한 지역에서의 그러한 선택이 밀양강 유역을 제외한 그 남쪽의 양산과 북쪽의 계성지구임을 알려주는 것으로 보인다.

반면에 교동지구의 고총은 횡구식석곽이라는 단순한 묘제가 지속적으로 축조되었고, 그 최초 축조시기도 계성지구에 비해 늦다. 뿐만 아니라 주변에서 지속적인 세력의 성장을 증명할 앞 시기 목곽묘 단계의 자료도 미미하다. 이러한 사실 때문에 교동지구 고총 축조집단을 새로운 세력의 대두라고 본 견해(정징원·홍보식 1995)도 나온 것이 아닌가 한다. 그러나 지리적으로 구분되며 일정한 영역을 가지고 있는 교동과 송현동 고총을 중심으로 한 창녕읍 일대에 4세기 대 인간 집단의 발달이 전혀 없었다고 할 수는 없을 것이고, 고총의 축조가 신라의 적극적인 지원에 의한 것이라고 볼 때, 계성지구에 비해 미미한 세력을 유지하고 있던 교동지구에 신라가 어떤 연유로 인해 크게 지원을 벌임으로써 계성지구 고총보다 더 큰 고총을 축조할 수 있는 세력집단으로 성장하였다고 보는 것이 합리적일 것으로 보인다. 그리고 그러한 상태에서 현풍지구의 군사적 중요성이 인지되어 거기에도 고총의 축조가 시작되는 것은 아닐까 한다. 현풍지구 양리 고총의 현황은 아직 알 수 없으나 성하리와 쌍계리 등에서 발견되는 대형분은 확실히 교동과 송현동의 고총보다 늦게 출발하고 있는 것이 관찰되기 때문이다.

계성지구와 교동지구 고총의 5세기 중엽 무렵까지의 유물 출토 상황은 그리 현격한 차이가 나지 않는다. 즉 계남 1·4호분과 교동 1·3호분의 출토유물은 성복유물이나 기타 유물과 고분의 크기에 있어서 그 등급이 차이가 있다고 여길 수 없는 입장이다. 그러나 5세기 후반으로 비정할 수 있는 교동 7호분과 89호분은 그 크기나 출토유물에서 경주의 신라 왕족묘를 제외하면 영남지방에서 가장 두드러진 양상을 보인다. 성복유물은 도굴로 인해 명확하게 알 수 없지만 갖추어진 세트를 구비하고 있고, 경주 이외의 지역에서 금속 용기가 가장 많이 출토된 고분이 교동 7호분이다. 이 고분에서 출토된 성복유물로는 금동관, 금제이식, 곡옥부경식, 은제과대, 삼엽환두대도, 금동제 또는 은제의 지환과 천, 금동식리 등 완전하게 갖추어진 세트가 확인되며 금속 용기로는 은제각배, 동제다리미, 은제합, 철제솥 등이 소개되어 있다(穴澤咊光·馬木順一 1975). 이렇게 다양한 금속 용기가 발견되는 신라 지방 고총은 다른 곳에서는 아직 발견되지 않고 있다.

이러한 사실은 5세기 후반의 지역 정세와 맞물려 있는 것이 아닌가 생각된다.

즉 고령 대가야의 세력 확산으로 신라에서는 교동지구 고총 축조집단을 다른 어떤 곳보다 적극 지원함으로써 이를 견제하기 위한 목적을 달성하였다고 볼 수 있다.

이렇게 본다면 계성지구와 교동지구의 고총 축조집단은 통합된 하나의 정치체 속에 포함된 것이 아닐 가능성이 충분하다. 즉 각각 별개의 정치체가 성장한 집단으로 볼 수도 있다는 것이다. 이를 나타내는 것이《삼국사기》지리지의 화왕군 火王郡(비자화군比自火郡)과 밀성군密城郡(추화군推火郡) 관련기사가 아닌가 한다. 물론 마립간기의 상황을《삼국사기》지리지에 그대로 투영할 수는 없지만(이희준 2007: 296), 앞으로 유구나 유물의 현황을 비교하여 검토해 볼 필요가 있음을 제기한다.

그러므로 여기서는 비자화와 비자벌이 창녕이고 창녕지역은 모두 통일된 세력이었다는 입장에서 탈피하여 서로 유사한 묘제를 가지고 있는 영산 동리고분군을 포함한 계성지구 고총을 중심으로 한 지역과 현풍지구가 통합된 교동지구 고총을 중심으로 한 지역을 양분하여 두 개의 커다란 세력이 존재한 것으로 이해하고자 한다. 이들 양자는 모두 소국으로 불릴만한 세력을 가지고 있었으며 서로 경쟁하고 교류하며 발전하였으나 신라의 정치·군사적 필요성에 의하여 5세기 후반 교동지구 고총 축조집단이 크게 성장하여 차이가 벌어진 것으로 본다. 결국 창녕지역이 4세기 대 가야의 세력(주보돈 2009)으로 성장하였으나 이후 신라에 신속된 집단이라고 한다면 그 중심은 계성지구로 볼 수 있다. 이에 비해 교동지구는 4세기 대에는 그에 소속되었거나 독립된 정치체였으나 전체 창녕지역이 신라에 완전하게 신속되기 이전에는 미미한 세력이었다. 그러나 5세기 전엽에 신라의 의도적 지원으로 성장하기 시작하여 중엽 이후에는 더 적극적인 지원으로 창녕지역을 대표하는 집단이 된 것으로 볼 수 있다. 이에 대해 계성세력과 교동세력이 경쟁 관계였으며 신라의 개입에 의해 창녕지역의 중심지가 변동되었다는 의견(주보돈 2009)도 있다.

이중 비화가야, 비자화, 비자벌 등으로 불린 구체적인 세력이 어느 것인가는 현재 판단하기 어렵다. 어쩌면 양 세력의 명칭이 달라 교동지구 집단이 그러한 명칭으로 불렸고, 계성지구 집단은 다른 명칭, 즉 서화西火 등으로 불렸을 가능성도 있다. 또 외부의 시각에서는 동일시되었으며 후대에 같은 명칭으로 불렸을 가능성도 있다. 이름이야 어쨌든 《삼국사기》 지리지의 추화군 영역에서는 계성지구 고총이 가장 두드러진다는 점에서는 이를 중심으로 한 영역이 신라에게 신속되기 이전에 하나의 가야국으로 존재했을 가능성이 크다.

한편, 6세기 전반을 기점으로 하여 교동지구에서는 고총의 축조가 중단되나 계성지구에는 횡구식석실을 기반으로 한 고총의 축조가 더 오래 지속되고 있는 경향을 보인다. 교동지구에서 조사된 고총 가운데 가장 연대가 늦은 것은 교동 31호이나 이 고분의 최초 축조시점은 6세기 초이고 추가장된 인물의 매장은 6세기 2/4분기쯤으로 볼 수 있다. 더 늦은 시기의 고총이 존재할 가능성이 전혀 없지는 않지만 이 고분이 원래 추가장을 전제로 하지 않고 축조된 것임을 감안하면 가능성은 희박해 진다. 그러나 앞서 본 계성 Ⅱ-1호분과 같은 6세기 중엽에 가까운 시기의 고총이 계성지구에는 계속 축조되고 있다. 이 고분에서는 신라 중앙의 귀족묘에서 출토되는 화려한 금제태환이식, 은제천 등의 성복유물이 출토되었는데, 이는 신라 중고기 전기의 지방 고분 가운데는 아주 희귀한 예이다.

이것은 무엇 때문일까? 앞으로 검토되어야할 문제로 생각되지만 여기서는 우선 다음과 같은 가정을 제안한다.

계성지구 고총은 비교적 발전된 재지집단에 대한 신라의 후원으로 성립된 것으로 군사적인 목적도 있었지만 경제적인 이익을 노린 신라의 진출도 무시할 수 없다. 그러나 교동지구 고총의 성립은 낙동강 서안의 가야세력을 견제하기 위한 군사적인 목적이 경제적인 목적보다 큰 것이 아닌가 생각해 볼 수 있다. 고령의 대가야, 합천의 다라국 등 5세기 들어서 급성장하는 세력을 견제하기 위해서 신라의 후원이 교동지구 고총 축조집단에 심화되었을 가능성이 크기 때문이다. 그러나 6세기 전반 신라가 낙동강에 대한 완전한 군사적 통제권을 확보한 후에는 교동지구 고총 축조집단에 대한 후원의 필요성이 없어졌거나, 교동을 중심으로 한 지역에 직접적인 군사의 파견과 주둔 등을 통해 이를 해결할 수 있었기 때문에 교동지구 고총이 중단되고 계성지구에는 지속되는 현상이 나타난 것으로 추정해 볼 수 있다. 이는 창녕지역에 6세기 초에 군사적 거점이며 지배 거점인 주가 설치된 것으로 보고 있는 견해(이수훈 2001)에 어긋나지 않는다.

그것은 송현동 화왕산 중턱의 고총군(Ⅳ군)이 비교적 늦게 조영된 것으로 보이며 그 고분군이 산성을 배경으로 한 군사적인 성격과 연결된다는 점에서 추론이 가능하다. 그리고 현풍지구의 양리 고총군 또한 산성과 밀접한 관련이 있어 군사적인 성격과 관련된 현상의 일면을 보여준다. 그러하다면 계성지구 고총은 이미 중심지로 성장한 집단을 신라가 후원함으로써 이루어진 것이나 교동지구와 현풍지구 고총은 그러하지 아니하고 신라의 군사적인 목적이 강하게 작동되어 이루어진 것으로 볼 수 있다.

교동지구에 비하여 계성지구는 군사적인 목적도 있지만 경제적인 목적과 함께 군사적 거점인 교동지구의 배후로서 역할을 했기 때문에 6세기 중엽 가까운 시기까지 고총이 축조되고 신라식 성복유물이 재지집단에게 부장되는 것은 아닐까 한다. 교동과 송현동 고분군의 후면 화왕산에는 대규모 산성이 자리하고 있다. 이 산성은 신라에 의해서 축조되었고 대가야와의 전선에서 중심진지로 역할을 한 것으로 인정된다. 그러하다면 이 산성에는 신라 중앙의 6부군이 주둔하고 있었다고 할 수 있다. 진흥왕과 관련된 창녕비가 부근에서 발견됨은 그러한 이유일 것이다. 이 6부군을 후원하는 세력으로 교동지구 세력이 성장할 수 있었으나 점점 그들의 간섭과 직접적인 관할로 시간이 지나면서 교동지구 세력은 약화되었을 것이다. 그러나 산성에 주둔한 중앙군의 후원 세력은 존재해야 할 것이기에 그러한 집단으로 좀 거리가 있는 계성지구에 있던 세력이 택해진 것으로 추정하는 것이다.

_맺음말

지금까지 조사된 창녕지역의 고총은 신라의 낙동강 유역 진출 과정과 그 마무리를 잘 설명해 준다.

　　창녕지역 고총은 계성지구의 수혈식석곽, 교동지구의 횡구식석곽이란 묘제의 차이가 분명하고, 이들 각각은 다른 지역에서 찾을 수 없는 지역성을 가지고 있다. 이러한 특수성은 창녕지역의 집단을 독립된 가야세력으로 오인시킬 수 있는 요소이다. 그러나 토기와 위세품인 성복유물의 분포로 분명하게 드러나는 신라의 고총 양상을 염두에 둔다면 이런 지역성은 경주의 적석목곽묘가 사방으로 퍼지면서 1차적인 변용이 있었고, 이를 다시 변용시켜 창녕지역에서 창출된 것에 지나지 않는다. 따라서 신라의 점진적인 낙동강 유역의 통제권 확보 과정을 창녕지역 고총에서 읽을 수 있다.

　　창녕지역 고총은 5세기 전반 계성지구에 먼저 축조되기 시작하였고, 바로 이어 교동지구에도 고총이 축조되었다. 교동지구는 6세기 초 무렵에 고총의 축조가 중단되나 계성지구는 6세기 중엽 무렵까지 고총의 축조가 이어졌다. 이들 고총의 기본 묘형이라 할 수 있는 것은 계성지구의 주부곽식이며 주곽의 공간구조가 目자형인 수혈식석곽과 이를 이어 받아 성립된 교동지구의 目자형 공간구조를 가진 단곽식의 횡구식석곽이다. 이는 신라의 주부곽식 묘에서 주곽의 기본 묘형인 日자형 공간구조에 부곽을 별도로 축조하지 않고 주곽 내부로 끌어들여 성립된 것이기에 장의 절차나 의례가 같았음을 알려준다.

　　창녕지역 고총의 분포와 묘제의 차이로 볼 때, 이 지역의 내부에는 큰 세력을 가진 지역정치체가 두 개였던 것으로 보인다. 교동지구 고총을 중심으로 한 세력과 계성지구 고총을 중심으로 한 세력이 그것이다. 나머지 고총이 분포하는 현풍지구와 영산지구는 각각 이런 세력의 내부에 포함된 읍락, 또는 소별읍小別邑이 발전된 것으로 볼 수 있다. 이중 계성지구의 고총세력은 남강과 밀양강을 통한 교역의 통제에 중점이 두어져 신라에 의한 지원으로 성립되었고 5세기 전반까지 창녕지역을 대표하는 집단이었다. 교동지구의 고총 세력은 회천과 안림천 유역의 대가야와 황강 유역에 존재했던 다라국이라는 가야의 큰 세력들을 견제하면서 낙동강을 통한 물자의 교역을 완전히 장악하고자하는 목적으로 신라가 지원함으로써 성립되어 계성지구보다 우세한 집단으로 성장하였다. 교동지구의 고총 축조는 신라의 군사적 목적이 다른 목적보다 강하게 작동된 것이다.

교동지구에서 고총의 종언은 신라가 낙동강에 대한 통제권을 완전하게 확보하였고, 이 지역에 직접적으로 군을 주둔시킴으로서 재지집단에 대한 지원의 필요성이 없어지게 된 것이 그 원인으로 볼 수 있다. 그러나 일정한 기간 동안 이 주둔군의 경제적인 배후 지원세력이 필요하여 계성지구에는 더 늦은 시기까지 고총이 축조되었다. 산록에 분포하는 송현동의 화왕산성과 인접한 고분군은 이러한 시기에 축조된 것일 수 있다.

7

일본인 경주 고분 조사와 그 적석목곽묘의 검토

_머리말

일제에 의해 한일병합이 된지 1세기가 넘었다. 일본인에 의한 한반도 유적에 대한 조사는 1900년 가을 야기 소사부로우八木奘三郎가 처음으로 실시하였다(高正龍 1996, 吉井秀夫, 2006)고 하니 근대적 의미의 고고학조사는 110년이 더 지난 셈이다. 이 동안 고고학조사는 일본인에 의해 시작되었고, 해방이 되기 전 일제강점기까지의 조사는 일부 일본인의 전유물로 생각될 만큼 한국인의 조사는 전무하였다고 해도 과언이 아니다. 이러한 고고학조사가 식민사관과 관련되었다는 점은 이미 논의되어 왔다(이성주 1995). 따라서 우리는 이에 기초해 서술한 그들의 우리나라 선사시대 문화와 고대 역사에는 왜곡되고 부정적인 의도가 개재되어 있음을 인식하여야 할 것이다.

신라고분에 대한 조사는 기록상 1902년 일본의 건축학자 세키노 타다시關野貞가 서울, 개성, 경주, 부산 주변에서 건축물을 중심으로 한 문화재조사에서 경주의 오릉과 무열왕릉에 대해 조사한 것이 처음이라고 알려져 있다(吉井秀夫 2006). 따라서 근대적인 학자의 눈으로 신라고분을 보기 시작한 것도 110여년이 된 셈이다. 이후, 1906년 본격적인 지표조사가 시작되고, 그러한 과정 중에 일부의 고분이 발굴되기 시작하여 해방 전까지 발굴된 경주의 신라고분은 모두 26건 51기(1곽을 1기로 계산)에 이른다. 이러한 신라고분의 조사 역시 일제의 식민지사관과 무관하다고 할 수 없을 것이다. 또 훈련장격의 발굴이 많았고, 방법론적인 면에서 많은 문제점이 드러나고 있다(이희준, 1987·1990).

그동안 일본인의 신라고분 조사에 대한 연구사적 정리가 이루어져 왔다. 그 대표적인 것이 이희준(1987), 최병현(1992), 이성주(1995), 이청규·김대환(2000), 차순철(2006), 요시이 히데오吉井秀夫(2006)의 논의이다. 이들 논의에 더해서 어떤 획기적인 사고를 가지고 이야기할 능력이 필자에게는 없지만 이들 논의를 종합하고, 고고학이 당시보다 훨씬 발달한 현재의 관점에서 커다란 맥을 찾는 것이 필요할 듯싶다. 따라서 여기서는 지금까지의 논의를 나름대로 정리하여 일본인의 신라고분 조사 과정과 그 변천 과정을 살펴보고, 일제강점기에 조사된 적석목곽묘를 검토하여 현재적 관점에서 약간의 해석을 더함으로써 앞으로 신라고분 연구의 기초 자료를 새롭게 정립한다는 데에 의의를 두고자 한다.

일본인의 신라고분 조사 경과

일본인의 고적조사와 신라고분 조사

메이지 정부가 수립된 이후 일제는 관학자, 군인, 일반인을 한국으로 보내 필요한 자료를 수집하게 된다. 이때 일본의 인류학에서 한국에 관한 자료가 많이 논의되고 있음(차순철 2006)은 인류학을 동원하여 한국에 대한 침탈의 정당성을 달성하고자하는 의도로 풀이된다. 이후 대한제국시기 고고학, 인류학, 건축학 등의 관학자들이 일본의 요구에 의해, 또는 대한제국 통감부의 요청에 의해 한국을 방문하게 되고, 이들에 의해 근대적인 학술조사가 실시되었다. 이때에 한국에서 고고학조사에 임했던 사람으로는 야키 소사부로우, 세키노 타다시, 도리이 류조鳥居龍藏, 이마니시 류今西龍 등으로 방한하여 전국적인 조사를 실시하였고, 일반 일본인들도 한국의 유적에 대한 조사를 실시하여 발표하기도 하였다(차순철 2006). 1909년 대한제국 탁지부의 의뢰에 따라 세키노 타다시에 의해 고건축과 유적에 대한 종합적인 조사가 시작되었다. 이 조사는 1910년 일본의 한국 침탈 완성 후 조선총독부 내무부의 사업이 되어 1915년까지 진행되었다. 이때의 발굴

은 낙랑유적이 중심으로 1909년과 1910년의 대동강면고분 조사가 있었다(關野
貞 외 1927).

이때 신라고분에 대한 조사로는 1906년 이마니시 류에 의한 동천동 북산고분
(朝鮮總督府 1917)과 황남동 남총(144호)(朝鮮總督府 1916)에 대한 조사가 있었
다. 이 조사에서 동천동의 북산고분 하나에서는 토기가 수습되었으며, 묘제는 횡
혈식석실로 추정된다. 그리고 황남동 남총에 대한 조사 내역은 알 수 없다. 이후
1909년 세키노 타다시와 야츠이 세이이치谷井齊一에 의해 이 고분이 재조사(朝鮮
總督府 1916)되었는데, 한쪽에서 트랜치를 넣어 조사하였으나 발굴갱이 무너져
중지하였다. 그러나 이 조사에서 신라고분에 적석이 사용되었음이 처음으로 밝
혀졌다. 또 야츠이 세이이치가 같은 해에 횡혈식석실묘인 석침총을 조사(朝鮮總
督府 1916)하였는데, 그 내부구조를 확인하고 유물을 수습하였다. 이 조사에서
처음으로 신라의 횡혈식석실에 대한 구조도가 작성되었다.

일제강점기에 들어서면서 1909년부터 시작된 전국적인 유적분포조사가 지속되
었다. 특히 1911년 경기도, 평안도, 황해도, 경주, 대구 동화사에 대한 조사, 1912
년 평안도, 강원도, 경기도, 충청도, 경북지역에 대한 조사가 보고서로 간행되었
다(關野貞 외 1914). 이 조사에는 세키노 타다시가 중심이 되어 야츠이 세이이
치, 구라야마 순이치栗山俊一 등이 참가하였다. 이때의 고분에 대한 발굴에 가까
운 조사는 대략 평양 중심의 낙랑무덤과 고구려고분이 중심이었다고 한다(吉井
秀夫 2006). 1913년에 발굴한 오야리고분 조사(藤田亮策 외 1924)가 대표적이다.

이때에 신라고분에 대한 조사로는 1911년 황남동 검총(100호)에 대한 조사가
있었다. 이 고분의 조사에는 세키노 타다시, 야츠이 세이이치, 고토 게이지後藤慶
二 등이 참가하였다(朝鮮總督府 1916). 이 조사는 불완전한 조사로 보이나 신라
적석목곽묘의 분구 양상을 파악한 것으로 보인다. 또 1915년에는 보문동의 부부
총[1], 금환총, 완총, 동천동의 와총(朝鮮總督府 1916)에 대한 조사가 있었다. 보문
동 부부총의 조사에서는 하나의 봉분 속에 적석목곽과 횡혈식석실이 함께 조사

1　지금은 보분동 합장분(국립경주박물관 2011)으로 부르고 있다. 이하 보문동 합장분으로
부른다.

되어 후에 적석목곽에 이어 횡혈식석실이 사용되고 있음을 확인하는 계기가 되었고, 비교적 많은 유물이 출토되어 신라고분에 대한 인식이 새로워지는 계기가 된 것 같다. 한편 같은 해에 쿠로이타 카쯔미黑板勝美가 보문동고분을 발굴하기 시작하였으나 어떤 연유인지 7일 만에 중지하였다.

1916년 고적 및 유물보존규칙이 시행됨과 함께 고적조사위원회가 설치되어 전국 각지의 유적을 종합적이며 체계적으로 조사하는 계획이 수립되었다(今西龍 외 1917). 5년간의 조사계획은 1916년 한사군 및 고구려 유적과 해당지역의 선사유적, 1917년 삼한, 가야, 백제유적과 해당지역의 선사유적, 1918년 신라유적과 해당지역의 선사유적, 1919년 예맥, 옥저, 발해, 여진유적과 해당지역의 선사유적, 1920년의 고려유적과 해당지역의 선사유적으로 짜였고, 이에 따라 1916년과 1917년 대대적인 지표조사가 시행되면서 일부 유적에 대한 발굴이 진행되었다. 이때의 발굴은 고적급유물조사사무심득(대정5년 7월 4일 조선총독부내훈 제13호)(今西龍 외 1917)의 "고적 또는 유물을 발굴할 때에는 발굴 전 및 발굴 중에 필요하다고 인정되는 부분은 촬영하고 그 구조 및 매장품의 배치에 관한 정밀한 실측도를 제작한다"라는 제3조에 의해 고적조사 중의 필요한 유적들이 발굴된 것으로 볼 수 있다.

기록으로 남아 있는 이때의 고적조사는 1916년의 경우 황해, 평안남북, 경기, 충청북도의 유적조사로서 이마니시 류가 경기도 양주군 불암산산성지 및 불암사 조사, 고양군 북한산유적 조사, 광주군, 이천군, 여주군, 양주군, 고양군, 가평군, 양평군, 장단군, 개성군, 황해도 평산군에 대한 조사, 고려의 제왕릉묘 조사를, 세키노 타다시가 평안남도 대동군, 순천군, 용강군에 대한 낙랑유적과 고구려유적 조사를, 도리이 류조가 평안남도, 황해도 지역의 선사유적 조사와 평안남도 용강군의 황산록 고구려고분 조사를 실시하였다. 이 가운데 이마니시 류에 의한 고려의 능묘조사, 세키노 타다시에 의한 대동군, 순천군, 용강군의 낙랑고분과 고구려 고분조사는 발굴조사에 가까운 수준의 조사였다. 특히 낙랑고분의 조사는 완전한 발굴로 이전의 조사분과 함께 후에 보고서가 간행되었다(關野貞 외 1927). 또 1917년으로 이어진 야츠이 세이이치에 의한 만달산 적석총과 횡혈식석실분의 조사가 있었는데, 이도 발굴에 가까운 조사였다(今西龍 외 1917).

1917년 사업으로는 황해도, 평안남도, 경기도, 충청남도, 전라북도, 경상남도, 경상북도가 선정되어 조사되었다. 이 조사는 이마니시 류가 경상북도 선산군, 달성군, 고령군, 성주군, 김천군, 경상남도 함안군, 창녕군을, 세키노 타다시가 평안북도 및 만주의 고구려유적 조사를, 야츠이 세이이치가 황해도 봉산군, 평안남도 순천군 및 평안북도 운산군의 고적, 또 경기도 광주군, 고양군, 양주군, 충청남도 천안군, 공주군, 부여군, 청양군, 논산군, 전라북도 익산군 및 전라남도 나주군을 조사하였다. 이 조사는 1918년까지 이어졌다. 이들 가운데 이마니시 류에 의한 선산 낙산동 28호분, 105호분, 107호분의 조사, 함안 5호분, 34호분의 조사, 세키노 타다시에 의한 평안북도 및 만주의 고구려고분 조사, 야츠이 세이이치에 의한 황해도와 평안남도의 낙랑과 고구려고분 조사, 경기도 광주의 석촌동고분의 조사, 부여 능산리고분의 조사, 익산 쌍릉의 조사, 나주 반남면고분의 조사는 발굴조사 수준이었다(今西龍 외 1918). 따라서 이때까지의 조사는 식민지 침탈의 정당화를 위한 낙랑, 고구려 등의 조사가 주류를 이루었고 나머지도 비신라유적에 집중된 경향이 있음을 볼 수 있다.

이 전국의 유적분포조사의 계획이 1918년 전반 대략 마무리되었는지 모르지만 이때부터는 전국 각지에 대한 주요 유적의 발굴조사가 이루어지게 되었다. 그 개시가 경주 보문동고분에 대한 하라다 요시토原田淑人의 조사이다. 이는 1916년의 전국고적조사 5개년 계획의 3년차 신라유적 조사 사업의 일환으로 보인다. 이 조사에서 처음으로 보고서다운 보고서가 작성되기 시작했고, 적석목곽의 내부구조가 확인되었다. 즉 목관, 목곽, 적석, 봉토라는 적석목곽묘의 구성 시설이 완전하게 조사되었다. 이후 같은 해에 성주 성산동고분군(濱田耕作의 조사), 고령 지산동고분군, 창녕 교동고분군(梅原末治의 조사)의 일부 고분이 발굴되어 보문동고분과 함께 보고서가 작성되었다(梅原末治·濱田耕作 1922). 또 1920년에는 양산 부부총(馬場是一郎·小川敬吉 1927), 경주 입실리 청동유물 출토지에 대한 조사와 김해 패총과 양산 패총에 대한 발굴이 시행되었다(梅原末治·藤田亮策 1923). 한편 이 무렵인 1918년부터 1919년 초까지에 걸쳐 창녕 교동고분군에 대한 대대적인 발굴(야츠이 세이이치?)이 시행되었던 것으로 보인다(창녕군 1996).

　일제강점기의 유적조사에서 일대 전기를 마련한 것은 1921년 노서동 금관총(128호)의 발견이었다. 이 고분은 가옥의 증축 과정에서 대량의 유물이 노출되어 경주고적보존회의 모로가 히데오諸鹿央雄, 와타리 후마야渡理文哉, 오사카 긴타로大坂金太郎가 유물수습을 하고, 오가와 케이기치小川敬吉, 노모리 켄野守健이 현장조사를 한 것을 다시 하마다 코사쿠濱田耕作와 우매하라 스에지梅原末治가 유물 발견 상황을 녹취하고 목곽의 유물 출토 상황을 조사하였다(濱田耕作·梅原末治 1924). 이 고분의 발견으로 1921년 조선총독부에 고적조사과가 신설되었고, 후지다 료사쿠藤田亮策를 비롯한 새로운 연구원들을 중심으로 한 조사연구체제가 정비되었다(吉井秀夫 2006). 또 이를 발판으로 1929년까지 고적조사는 경주의 신라고분에 집중되게 되었다. 즉 1924년의 우메하라 스에지와 고이즈미 아키오小泉顯夫에 의한 노동동 금령총(127호)과 식리총(126호)(梅原末治 1932), 후지다 료사쿠와 고이즈미 아키오에 의한 노동동 4호(142호)의 조사(국립중앙박물관 2000), 1926년 고이즈미 아키오에 의한 노서동 서봉총(129호)의 조사(穴澤咊光·馬目順一 2007), 1929년 우매하라 수에지와 고이즈미 아키오에 의한 데이비드총(129호)(穴澤咊光 2007)과 우총(131호)(小泉顯夫 1986)의 조사가 그것이다.

　이때 타 지역에서의 조사는 1922년부터 1924년까지 한반도 남부의 한대(원삼국)유적 조사(藤田亮策 외 1924), 1923년 달서고분군의 조사(小泉顯夫·野守健 1930), 1927년 계룡산도요지 조사(野守健 1928), 공주 송산리고분군 조사(野守健 1935)가 눈에 들어올 뿐이다. 이는 금관총의 발견 이후 고적조사가 경주지역의 고분에 집중된 현상을 잘 보여주는 것으로 고적조사에서 주요 유물의 출토가 크게 중시되었음을 알려주기도 한다.

　1930년 이후 고적조사에 대한 예산이 줄어들자 발굴조사에 어려움이 있게 되었다. 이에 따라 고적조사의 활성화를 위해 1931년 경주, 평양, 부여에 각각 조선고적연구회가 설립되어 각종 기부금으로 운영되게 되었다. 따라서 고적조사는 중소규모의 발굴에 집중되게 된다. 경주의 경우 1931년부터 1933년까지는 아리미츠 교이치有光敎一가, 1934년부터는 사이토 타다시齋藤忠가 조사를 전담하여 발굴하였다.

이때 발굴된 고분으로는 아리미츠에 의해 1931년 황남동 82·83호분(有光敎一 1935), 1932년 충효동고분군(有光敎一 1937), 1932~1933년 황오동 16호분(有光敎一·藤井和夫 2000), 1933년 노서동 215번지 고분(有光敎一·藤井和夫 2000), 1934년 황오동 54호분(有光敎一 1934), 사이토에 의한 1934년 황오동 14호분과 황남동 109호분(齋藤忠 1937), 1935년 충효동고분(朝鮮古蹟硏究會 1937), 1936년 황오동고분(齋藤忠 1937) 등이 있다. 이들 가운데 횡혈식석실의 조사인 충효동고분군과 충효동고분을 제외하면 모두 적석목곽묘의 조사이다.

한편 이때 경주 이외의 지역에 대한 고적조사로는 1930년 대동군 오야리고분군 조사, 웅기 송평동 패총의 조사(野守健 외 1935), 1931년 낙랑 채협총의 조사, 공주 송산리 벽화분의 조사, 1932년 영화구년명전축묘 조사(有光敎一 1935), 1936년 대동군의 고구려고분 조사, 대구 대봉동지석묘 조사, 부여 규암면 문양전 출토 유적 조사(朝鮮古蹟硏究會 1937), 1937년 대동군 임원면과 대보면의 고구려고분 조사, 만달산록의 고구려고분 조사, 경주 동남산 석불 조사, 원오리 폐사지 조사, 평양 만수대 부근 건축지 조사, 경주 성동리와 낭산의 조사, 낙랑토성지 조사, 낙랑 오야리 제25호분 조사, 부여 능산리동고분군 조사(朝鮮古蹟硏究會 1938), 1938년 평양 청암리 폐사지 조사, 나주 반남면고분 발굴조사, 부여 백제사지 조사, 대구 부근의 신지동고분군, 달성 해안고분군의 조사, 경주 천군리사지 조사, 대구 대봉동지석묘의 조사(朝鮮古蹟硏究會 1940) 등이 있다. 이외에 1939년 나주 반남면의 고분 5기, 경주와 고령 소재 고분 4기, 공주 금성동 고분 등의 조사가 있었다(문화재연구소 1986).

이러한 조사 현황은 1920년대와는 달리 전국적인 조사가 다시 시행되었음을 보여주는 것인데, 1920년대 후반에 발굴된 신라고분에서 기대에 부응하지 못한 유물의 출토상황이 방향 전환을 하게 한 것은 아닌가 한다.

1940년이 지나면서 한반도 남부 지방의 조사는 없었던 것 같고, 1940년 집안 무용총의 조사와 1941년 진파리 벽화분의 조사(문화재연구소 1986)가 눈에 띤다.

일본인에 의한 신라고분 조사의 변천

  해방 전 조사된 경주지역의 고분조사 현황을 다시 정리하면 〈표7-1〉과 같다[2].
이 표에 의거하여 신라고분 조사의 변천과 주요 특징을 정리해 보도록 하자.

표7-1_ 해방 전 경주지역 신라고분 발굴 연표

유적 명	조사자	조사기간	내역	출전
동천동 북산고분 (2기?)	今西龍 (동경대 문학부)	1906 (17,8일 중)	유물수습	朝鮮總督府 1917
황남동 남총 (144호)	今西龍 關野貞, 谷井齊一 (대한제국 탁지부)	1906(상동) 1909.9월	1909년 적석부 확인	朝鮮總督府 1916
금척리고분군	谷井齊一 (대한제국 탁지부)	1909	도로공사로 파괴된 고분의 관찰	谷井濟一 1910
서악동 석침총	谷井齊一 (대한제국 탁지부)	1909.12월	횡혈식석실 1기	朝鮮總督府 1916
검총(100호)	關野貞, 谷井齊一 (조선총독부)	1911 (11일 중)	적석목곽묘 적석부 조사. 봉분 축조방식 이해	朝鮮總督府 1916
보문동 합장분	關野貞, 谷井齊一 (조선총독부)	1915 (11일 중)	적석목곽묘 1기, 횡혈식석실 1기가 하나의 봉분에서 조사	국립경주박물관 2011
보문동 금환총	關野貞, 谷井齊一 (조선총독부)	1915 (11일 중)	수혈식석곽 1기	朝鮮總督府 1916
보문동 완총		1915 (11일 중)	횡구식석곽? 1기	朝鮮總督府 1916
동천동 와총	谷井齊一 (조선총독부)	1915	횡혈식석실 1기	朝鮮總督府 1916
보문동고분	黑板勝美(동경대학교) 原田淑人(조선총독부)	1915(7일) 1918(19일)	적석목곽묘 1기, 봉토, 적석, 목곽, 목관 확인	梅原末治·濱田耕作 1922
금관총((128호)	諸鹿央雄, 大坂金太郎 (경주고적보존회)	1921(4일)	대형적석목곽 수습조사, 화려한 유물 출토. 목관 확인.	濱田耕作·梅原末治 1924
금령총(127호)	梅原末治, 小泉顯夫 (조선총독부)	1924(25일)	단곽식 대형목곽 구조복원. 화려한 유물	梅原末治 1932
식리총(126호)		1924(33일)	목곽의 구조 확인	梅原末治 1932
노동동 142호 (4호)	藤田亮策, 小泉顯夫	1924(15일)	이중곽식 목곽 확인	국립중앙박물관 2000
서봉총(129호)	小泉顯夫	1926(72일)	토사 채취로 인한 발굴 호석 확인. 화려한 유물	穴澤咊光·馬目順一 2007

---

2   신라고분의 조사 현황에 대해서는 국립경주문화재연구소(2007)에 잘 정리가 되어 이를 주
로 참고하였다.

유적명	조사자	조사기간	내역	출전
데이비드총 (129호)	梅原末治, 小泉顯夫	1929(27일)	기부에 의한 발굴(유물 캐기?), 호석 확인	穴澤咊光 2007 小泉顯夫 1986
우총(131호)		1929	데이비드총 발굴이 기대 이하라 발굴. 석실	
황남동 82호	有光敎一	1931(36일)	도굴 고분 학술조사 연접분, 주부곽식 확인	有光敎一 1935
황남동 83호		1931(23일)	주부곽배치의 다양성 단장묘	
충효동고분군	有光敎一	1932(49일)	상수도여과지 구제발굴. 횡혈식석실 10기	有光敎一 1937
황오동 16호	有光敎一	1932 1933 (총 157일)	학술조사. 단장분, 다장분의 연접 축조과정 이해. 적석목곽 8기, 와관묘 1기.	有光敎一·藤井和夫 2000
노서동고분 (215번지)	有光敎一	1933(47일)	유물신고에 의한 수습조사. 호우총 선축유구.	有光敎一·藤井和夫 2000
황오동 54호	有光敎一	1934(14일)	주택건설 구제발굴. 단장 적석목곽묘 2기	有光敎一 1934
황오동 14호	齋藤忠	1934(48일)	학술조사, 양장분 호석 연결상태 확인	齋藤忠 1937
황남동 109호	齋藤忠	1934(26일)	학술조사, 다장분 축조서열 확인, 주부곽식, 단곽식	齋藤忠 1937
충효동고분	齋藤忠	1935(3일)	도굴고분 수습조사. 횡혈식석실 1기.	朝鮮古蹟研究會 1937
황오동고분	齋藤忠	1936(13일)	철도공사 수습발굴. 적석목곽 2기.	齋藤忠 1937

1900년대(대한제국시기) : 고고학조사의 시작

일인학자의 고고학조사 시작기이다. 석조 유물과 건축물의 외형 조사, 고분의 외형 조사가 주된 대상이었고, 비록 발굴조사 수준의 조사도 있었으나 지표조사의 심화수준(쉽게 들어가 볼 수 있는 고분의 내부 조사)에 불과하였다. 그 가운데 석침총에 대한 조사에서는 처음으로 내부구조도가 작성되어 발표되었다. 이 때 신라고분에 대한 발굴은 대부분 경주의 외곽에 있는 고분이 대상이었다.

대표적인 신라고분의 조사는 다음과 같은 것을 꼽을 수 있다.

세키노 타다시가 1902년 불국사를 비롯한 사원의 석조 유물 조사와 함께 오릉과 무열왕릉을 조사하였다. 이는 지표조사로 1904년 한국건축조사보고에 발표되었다.

1906년 이마니시 류가 17~18일간 경주에 체류하면서 경주의 지세와 유적을 조사하였다. 이 조사에서 그는 봉분의 크기에 따라 신라고분을 대형(30척 이상), 중형(15척~30척), 소형(15척 이하)으로 분류하였고, 이 때 북산고분(2기)을 발굴한 것으로 보인다. 또 황남동 남총에 대한 발굴을 시도하였으나 어떤 연유인지 중지하였다. 이 때 북산고분의 하나에서 토기를 수습한 사실이 확인

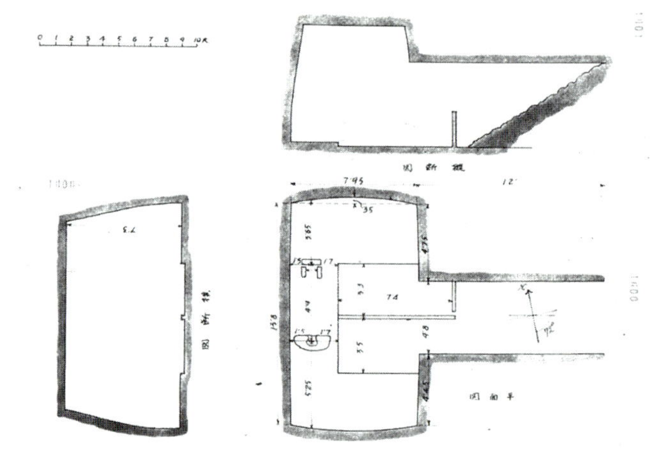

도7-1_석침총 실측도
(朝鮮總督府 1916에서)

된다. 이러한 그의 조사는 지표조사 수준으로 쉽게 내부구조에 도달할 수 있는 고분을 발굴하였으나 적석목곽묘의 발굴에서는 구조 파악에 실패한 것이 확인된다.

1909년 9월(조사 일자 확인 불가)에는 세키노 타다시와 야츠이 세이이치가 황남동 남총 조사를 재개하였다. 이 조사에서 적석층을 확인하였으나 조사갱이 함몰되어 발굴이 중단되었다. 같은 해 12월(조사 일자 확인 불가)에 야츠이 세이이치가 서악동 석침총을 조사하였다. 이 조사는 입구를 뚫고 들어가 횡혈식석실의 내부 구조〈도7-1〉를 확인하였으며 토기를 수습하였다. 이들 조사는 대한제국 탁지부의 의뢰에 따른 조선고적조사의 일환으로 실시된 것으로 역시 지표조사 수준에서 쉽게 구조 파악이 가능한 석실은 내부 구조를 확인하였으나 적석목곽묘는 내부 구조 파악에 실패하였다.

결국 1900년대 조사는 개인적인 호기심에 의한 지표조사가 주류였고, 개인적인 지표조사의 심화 수준으로 발굴이 실시되었다고 할 수 있다. 황남동 남총과 서악동 석침총의 발굴에 가까운 조사는 1909년 시작된 대한제국 탁지부의 의뢰(?)의 전국에 걸친 종합적인 조사(1910년에 조선총독부 조선고적조사로 전환)의 일환으로 실시된 것으로 보인다.

　　조선총독부 조선고적조사의 일환으로 신라고분이 발굴된 시기이다. 이들 조사에서 경주지역 신라 묘제의 내부 구조가 확인되었으나 아직 경주 중심부보다는 외곽에 있는 고분이 발굴 대상이었다.

　　이때의 조사는 세키노 타다시를 중심으로 한 야츠이 세이이치, 고토 게이지, 구라야마 순이치 등이 발굴조사에 임하였다. 황남동 검총(1911년 11일간), 보문동의 부부총, 금환총, 완총(모두 합해 11일간), 동천동 와총 조사(1915년)가 이 시기의 조사이다. 이외 쿠로이타 카쯔미가 보문리고분(적석목곽묘)의 발굴(1915년)을 시도하였으나 7일 만에 중지하였다. 이외 1910년 야츠이 세이이치가 도로공사로 파괴된 금척리고분군을 관찰(谷井濟一 1910)하고 적석목곽묘라는 묘제를 인식하기 시작하였음도 찾아볼 수 있다.

　　검총의 조사에서 봉토의 단면도〈도7-2〉가 작성되었는데, 여기서 주체부, 적석부, 적석밀봉토, 봉토부로 구성된 적석목곽묘의 봉분 구조가 확인된 것을 볼 수 있다. 보문리 합장분에서는 적석목곽묘와 석실묘가 하나의 봉분에 축조되었음을 확인하여 후대 신라고분 연구에 중요한 자료를 제공하였다. 이 조사에서는 불완전하지만 횡혈식석실인 남분(부인묘)의 내부구조도가 작성되었으나 적석목곽묘인 북분(남편묘)의 경우 적석과 목곽의 관계 일부 단면도와 목곽 내 일부 유물의 출토 위치만 표시된 도면이 작성되어 전체 구조를 파악하고 있었는지는 알 수 없다. 이외 횡혈계(완총, 와총)와 수혈계(금환총) 석곽이 경주지역에 분포하고 있음이 확인된 것도 이 시기이나 이들 고분은 간단한 약측도로 조사가 마무리되었을 뿐이다.

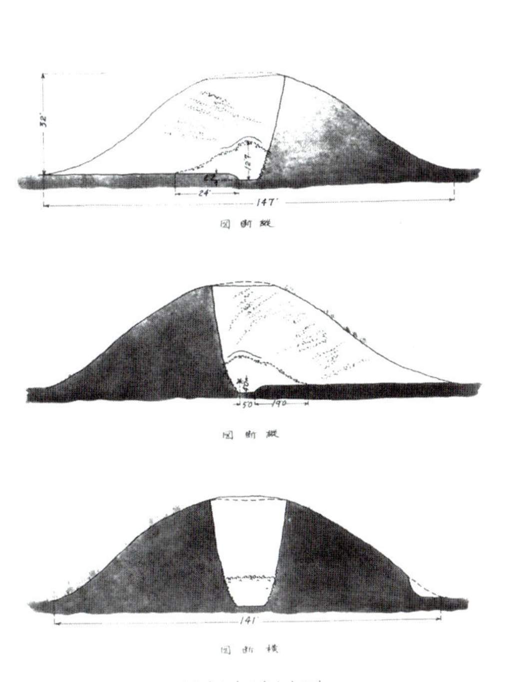

도7-2_ 검총의 봉분 단면도
(朝鮮總督府 1916에서)

이때까지의 조사가 고적도보에 수록되어 우리에게 조사 현황을 전하고 있는데, 대부분의 조사가 아직 심화된 지표조사 수준을 넘지 못하였다고 할 수 있다.

본격적으로 발굴되어 거의 완벽한 보고서가 작성된 것은 이 시기 비교적 늦은 시기인 1918년 하라다 요시토(우메하라 스에지가 조수로 활동)의 보문동고분 발굴조사(19일간)이다. 이 조사 결과가 본격적인 발굴보고서로 간행되었는데, 적석목곽묘의 내부 구조, 봉분 구조, 유물 출토 상태 등이 처음으로 명확하게 제시되어 적석목곽묘의 목곽 구조를 거의 완벽하게 확인한 것으로 보인다〈도7-3〉. 이 조사는 이전까지의 트랜치 발굴을 지양하고 분구의 정상부를 붕괴시키고 다시 적석부에 연하여 확장 발굴함으로써 적석 전부를 노출시킨 후 적

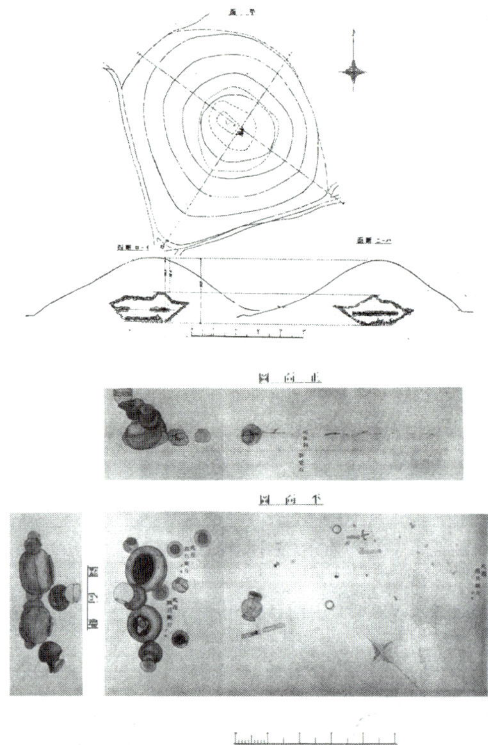

도7-3_보문동고분 봉분과 유물 출토 상태 실측도
(原田淑人 1922에서)

석을 제거하고 내부조사를 실시한 특징이 있다(이희준 1990). 이는 이전의 지표조사 심화 수준을 벗어나 발굴 방법이 개선되는 등 적석목곽묘에 대한 본격적인 발굴의 시초가 된 발굴이라고 할 수 있을 것이다. 이는 이제까지 적석목곽 발굴의 실패에서 얻어진 경험이 토대가 되어 발굴 방식의 변화가 있었음을 알려준다.

이러한 이 시기의 조사는 야츠이 세이이치에 의해 경주 고분을 평원시대와 구릉시대로 나누고, 평원시대는 고분의 내부 주체가 적석, 구릉시대는 횡혈식석실로 이루어졌음을 논하는 근거가 되었다(梅原末治 1947). 그러나 본격적인 발굴의 시행인 보문동고분의 조사 이전의 발굴은 조선고적조사로 지표조사 심화 수준의 조사로 보인다. 그리고 이러한 조사조차 1915년의 조사를 제외하면 아주 빈약하다고 할 수 있는데, 이는 당시의 관심이 낙랑과 고구려에 있었던 일본 관학자들의 태도를 보여준다.

금관총의 유물 발견으로 인한 노동동, 노서동 일대 적석목곽묘의 집중 조사가 있었던 시기이다. 적석목곽묘의 다양성 확인과 대형분의 발굴과 화려한 유물의 출토가 특징이다. 이는 금관총 유물로 인한 주변 고분에 대한 기대로서 발굴이 시행된 것으로 보이나 신라고분 발굴의 전성기라고 할 수 있을 것이다. 특히 이 시기에 단곽식의 대형 적석목곽묘의 구조가 확인되는 성과가 있었다.

금관총의 발견과 수습조사는 1921년 경주고적보존회 모로가 히데오, 오사카 긴타로, 와타리 후마야 등이 유물을 수습(4일간)하였고, 하마다 코사쿠, 우메하라 스에지가 보고서 작성을 하였다. 이 조사는 처음으로 금관 등 화려한 유물의 출토되어 경주의 고분에 세인의 관심이 집중되게 하였고, 일제의 목적성에 의해 초호화판 보고서가 간행되었다.

금관총 유물의 발견 이후 우매하라 스에지, 고이즈미 아키오, 후지다 료사쿠 등

도7-4_노동동과 노서동 1920년대 발굴 고분 분포도

에 의해 노동동과 노서동에 산재했던 고분에 대한 적극적인 발굴이 개시되었다. 1924년 금령총(25일간)과 식리총(33일간)의 발굴, 1924년 노동동 142호(4호)(15일간 발굴), 1926년 서봉총의 발굴(72일간), 1929년 데이비드총(27일간)과 우총의 발굴 등이 그것이다(〈도7-4〉 참조).

금령총과 식리총은 금관총의 조사에서 고분의 구조가 확인되지 못함에 따라 이를 확인하고자 하는 의도에서, 서봉총은 대구-경주-울산간 철도 건설 공사에 필요한 토사 채취를 위해 고분의 분구를 이용하고자 하는 의도에서, 데이비드총은 독지가(총독부의 유치?)의 기부금에 의해서, 우총〈도7-5〉은 앞의 고분 발굴에 비해 데이비드총의 성과가 미진하여(유물이 빈약하여) 발굴된 것으로 보인다. 이러한 발굴에는 경주고적보존회의 입

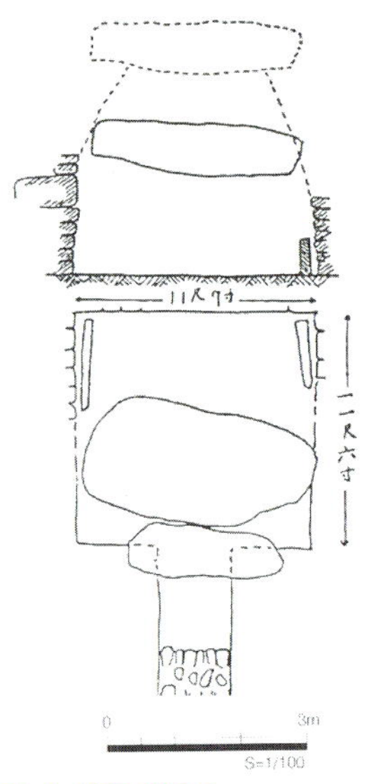

도7-5_우총 약측도
(국립경주문화재연구소 2007에서)

김이 크게 작용한 듯하다(정인성 2009). 단 노동동 142호는 건물 신축에 따른 구제발굴로 시행된 것이다. 그러나 이 발굴이 비록 작은 고분이 대상이었지만 화려한 유물이 출토되어 이후의 발굴(데이비드총)을 부추긴 것으로 볼 수 있다.

이 시기 발굴에서는 적석목곽묘 내부 구조의 다양성이 확인되었다. 노동동 142호〈도7-6〉에서는 이중곽식[3]이, 식리총과 금령총에서는 단곽식의 적석목곽묘 구조가 비교적 정밀하게 밝혀졌다. 또 서봉총의 조사에서는 호석이 확인되었다. 그러나 후반부에 발굴된 고분에 대한 발굴보고서는 간행되지 않았는데, 유물에 집중된 관심이 이러한 현상을 낳은 것은 아닌가 의심된다.

발굴 방법의 면에서는 금령총과 식리총의 조사에서는 이미 봉분이 훼손된 부분부터 시작하여 확장하며 발굴을 하였고, 서봉총(금관총의 조사 당시 이미 봉분이 상당히 삭평되어 금관총의 잔존 분구 높이 정도만 남아 있었음)의 발굴은 적석 하저부라 생각되는 추측선을 설정하고 그것을 기준으로 하여 그 상위의 분구

---

[3] 여기에서 목곽의 구조는 한 겹의 목곽을 일곽식, 두 겹의 목곽을 이중곽식이라 한다. 이외 황남대총 남분의 경우는 삼중곽식이다. 또 주인공이 1인인 봉분은 단장분, 2인인 경우는 양장분, 3인 이상인 경우는 다장분이라 한다.

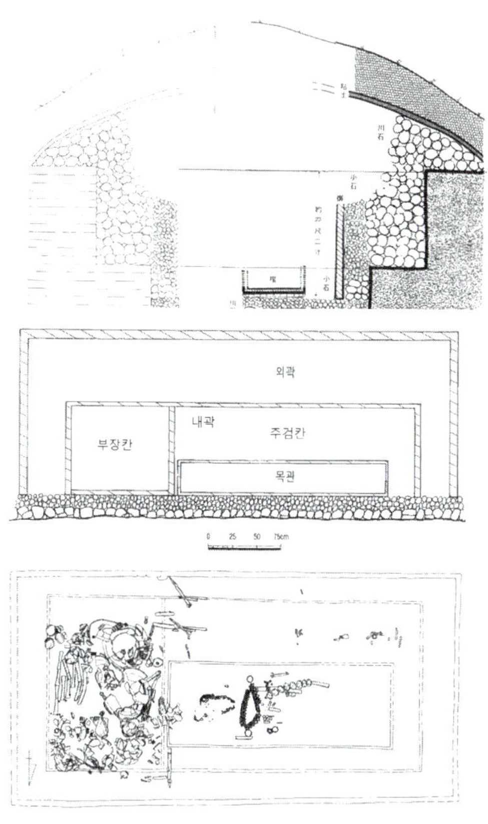

도7-6_노동동 142호 목곽 구조도
(국립중앙박물관 2000에서)

를 옆으로부터 파내 봉토를 전부 제거하는 방식으로 발굴이 실시되어 호석의 존재를 확인하였다.

타 지역 조사가 드물었고 신라고분 조사가 주축을 이룬 시기이기에 일제강점기 신라고분 발굴 전성기로 볼 수 있는데, 이는 금관총의 조사로 인한 유물의 화려함이 주목되어 이러한 발굴이 시행되었음이 자명한 것 같다. 발굴의 의도는 신라고분 적석목곽의 구조를 파악하기 위한 것이었으나 금관총 주변의 고분에서 화려한 유물이 출토될 것이라는 추측에 기반을 둔 조사가 성행했다고 할 수 있을 것이다. 즉 구제발굴의 명목을 빌린 서봉총의 조사와 노동동 142호분의 조사도 이곳에서 화려한 유물이 출토되고 있음에 기인하여 조사가 이루어진 것으로 볼 수 있다. 금령총, 식리총의 조사는 이미 봉분이 훼손된 상태에서 조사이기에 학술적인 의도가 약간 작동된 것으로 볼 수 있으나 봉분이 잘 남아 있는 서봉총을 철도에 필요한 토사 채취의 명목으로 발굴한 것은 유물에 대한 기대 의도가 분명하였고, 이 발굴에 스웨덴 황태자 구스타프를 참가시킨 것 역시 그러한 의도의 일환으로 볼 수 있다.

1930년 이후 : 발굴조사 정형기와 쇠퇴

중소형고분에 대한 구제발굴과 학술발굴이 주가 된 시기이다. 발굴 기법의 정형화가 이루어진 시기로 볼 수 있다. 1931년 조선고적조사연구회의 설립으로 그에 부속된 경주연구소에서 발굴을 전담하였고, 발굴 중심 구역이 경주의 남쪽 현 쪽샘지구 등 황남동과 황오동 일대로 옮겨진 것도 특징으로 들 수 있다.

이 시기의 발굴은 아리마츠 교이치(1931~1933년)와 사이토 타다시(1934~1936년)에 의해 주도적으로 시행되었다. 횡혈식석실묘인 충효동고분군의 발굴(1932년 : 상수도여과지 개설로 인한 구제발굴) 외에는 모두 적석목곽묘의 발굴로 발굴구역이 이전 노동동과 노서동 중심에서 황남동과 황오동 일대 중심으로 변화하였는데, 이는 도시 확장에 의한 구제발굴적인 성격이 강했음을 나타낸다.

발굴은 구제발굴과 학술발굴로 나눌 수 있다. 구제발굴로는 충효동고분군(49일간), 노서동 215번지 고분(47일간), 황오동 54호(14일간), 충효동고분(3일간), 황오동고분(13일간), 학술발굴로는 황남동 82호(36일간), 83호(23일간), 황오동 16호(157일간), 황오동 14호(48일간), 황남동 109호(26일간) 등의 발굴을 들 수 있다.

이러한 발굴에서 단장분, 양장분, 다장분이 확인되었고, 적석목곽묘의 기본구조가 정립되었다. 또 호석에 의한 묘곽의 축조서열이 확인된 특징이 있다. 이외 주부곽식, 단곽식 등의 묘형이 기본적으로 정리되었고, 주부곽식 배치의 다양성, 횡혈식석실의 다양성도 확인되는 계기가 되었다.

발굴 방법에서는 적석목곽묘 발굴조사 방식의 정형화가 이루어졌다. 이전까지의 발굴조사 경험이 바탕이 되어 봉분 정상부부터 평면 제토를 하여 적석부를 노출시키고 내부 구조를 조사하게 된 것이다. 이에 따라 발굴 기간 역시 표준화가 이루어진 것으로 보인다. 즉 완전한 봉분을 가진 적석봉토분 1기의 발굴에 한 달 정도가 소요되었음이 관찰된다. 그러나 황오동 14호분과 같이 호석부가 제내로 조사되는가 하면, 황남동 82호와 같이 호석이 조사되지 않거나, 109호분처럼 일부만 조사되는 등 원칙이 정립되지는 않았다(이희준, 1990).

일본인 조사 적석목곽묘의 검토

일본인에 의해 경주에서 조사된 신라고분은 모두 51기이고 이 가운데 31기가 적석목곽묘, 15기가 횡혈식석실묘, 5기가 수혈식석곽 등이다. 이 가운데 황남동 109호분에 대해서는 치밀한 분석으로 잘못된 점이 많이 노출되었다(이희준 1987). 이는 일본인이 발굴한 고분에 대한 재검토의 필요성을 절실하게 나타내고 있다. 그러나 현재 필자의 수준으로는 이를 치밀하게 분석할 여력도 능력도 없다. 따라서 여기서는 주요한 적석목곽묘 몇 기의 자료에서 현재의 입장에서 검토되어야 할 부분에 대해 제언적 수준으로 의견을 제시하도록 한다.

보문동 합장분

경주시 동편 명활산성의 서쪽 지릉에 분포하는 고분이다. 이 일대에서는 일제강점기에 이 고분 이외에 금환총, 완총 등의 고분이 조사되었고, 1915년과 1918년에 보문동고분이라 부르는 적석목곽묘가 조사되었다. 이 보문동고분은 신라 적석목곽묘의 구조를 처음으로 드러낸 고분으로 알려져 있다. 이와 다른 보문동 합장분은 1915년 발굴되어 하나의 봉분에 남자의 무덤인 적석목곽묘와 여자의 무덤인 횡혈식석실묘가 연이어 축조되어 부부총으로 불렸으며, 적석목곽묘에서 횡혈식석실묘로 전환을 알려주는 것으로 주목되었다. 최근 이 발굴 자료를 검토한 국립경주박물관에 의해 두 묘의 주인이 모두 여성임을 확인하여 보문동 합장분으로 고쳐 부르고 있다.

고분의 봉분은 두 개의 원분이 연접된 표형분처럼 보이고, 그 중 서편의 봉분 정점 좌우에서 동쪽의 적석목곽묘와 서쪽의 횡혈식석실묘가 조사되었다. 봉분에 대한 상황은 전혀 알 수 없어 이 봉분이 표형분이었는지, 단일 원분이 가까이 있는 것인지도 알 수가 없다. 그러나 늦은 시기의 표형분인 노서동 134호를 염두에 둔다면 표형분이면서 서분의 하부만 조사된 것으로 볼 수도 있다.

동측에 위치하는 적석목곽묘(〈도7-7〉의 상)는 묘광의 크기가 길이 5.4m, 너비 3.6m, 깊이 1.35m이다. 바닥에는 주먹크기의 냇돌을 40cm 두께로 깔고 그 위에 10cm 두께의 잔자갈을 깔았다. 그 범위는 묘광 벽에서 약 90cm 안쪽으로 추정되는데, 목곽의 범위로 추정할 수 있다. 목곽은 반지상식으로 추정된다. 바닥에 목관을 안치하고 부장품을 매납하였고, 다시 냇돌을 약 2.5m 두께로 덮고 약

15cm 두께로 점토를 피복하고 봉토를 올렸
다. 피장자의 머리측으로 생각되는 동남측
에서 많은 토기가 출토되어 거기가 피장자
의 머리측 유물부장부였음을 알 수 있다. 피
장자는 금제태환이식, 은제천, 곡옥부경식,
지환 등을 착용하고 있는 것이 확인되고, 이
외 금동관, 대도, 마구류 등이 출토되었는
데, 금동관은 불확실하나 대도는 피장자가
착용한 것이 아니라 두부부장부에 부장된
것으로 판단된다.

　서측의 횡혈식석실(〈도7-7〉의 하)은 경
주지역에 석실이 등장하였음을 보여주는 고
분이다. 축조연대는 6세기 중엽 이전 무렵
으로 알려져 있다.

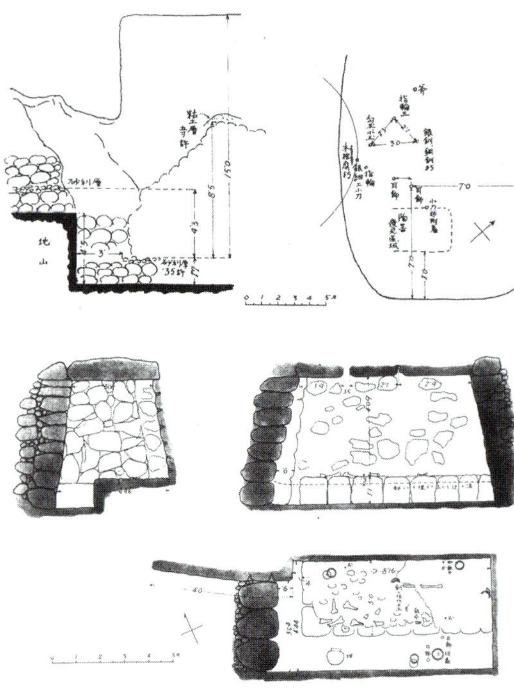

도7-7_보문동 합장분 적석목곽(상)과 석실(하)
(조선총독부 1916에서)

　고분은 적석목곽묘를 주체로 한 봉분의
서단에 후축된 장방형의 현실 서측에 우편으로 짧은 연도를 달고 전벽 약간 뒤편
에서 돌을 쌓아 막았다. 석실의 크기는 길이 2.45m, 너비 1.35m, 높이 1.57m이
다. 현실은 네 벽을 모두 위로 가며 좁혀 쌓았다. 단벽인 오벽과 좌측 장벽인 북
벽에 붙여 관대를 하나 설치하였다. 관대는 길이 2.2m, 너비 0.9m, 높이 0.3m로
연도 쪽과 남쪽에 비교적 큰 돌을 열 지워 세우고 그 안에 작은 돌을 채운 것으로
보인다. 관대 위에서 관고리로 보이는 철제 고리가 발견되어 목관이 사용된 것으
로 추정된다. 현실은 0.2~0.4m 정도의 할석을 사용하여 축조하였다. 천장은 평
천장으로 괴석 3매를 횡가하여 덮었다. 현실의 연도는 할석을 쌓아 막았다. 그런
데 이 석실묘는 발굴 도면에 의하는 한 연도부의 높이가 현실 천정의 높이가 같
아서 문제시된다. 초기 형태의 횡혈식석실이라서 그런지도 모르겠지만 하여튼
이례적이다.

　유물은 관대 위에서 인골과 금동천, 은제천, 경식이, 관대 아래에서 거기서 떨

어진 금제태환이식과 토기류가 발견되었다. 유물의 출토 위치와 인골로 보아 피장자는 연도의 반대편 오벽 쪽인 동쪽으로 머리를 두고 안치되었다. 출토유물의 질에 비해 고분의 규모가 작고, 적석목곽묘의 봉분에 추가되어 축조된 배장묘 성격이 있는 것으로 보아 피장자는 비교적 어린 사람이었을 가능성이 크다.

이 고분은 경주지역에 들어 온 첫 횡혈식석실이 장방형 현실에 평천장이고, 우편재의 짧은 연도를 달고 좌벽에 연해 종향으로 관대를 설치한 것임을 보여준다. 이러한 형식의 석실묘는 5세기 후반에 축조된 것으로 믿어지는 경산 임당 5A호(영남대박물관 2003)에서 보이고 있다.

고분의 연대는 출토토기가 중기신라토기에서 후기신라토기로 전환하는 과정을 보여주는 것으로 적석목곽묘는 6세기 전반 후엽, 횡혈식석실묘는 6세기 중엽 무렵으로 판단되고 있다. 하나의 고분에서 앞 시기의 것이 적석목곽묘로, 뒤 시기의 것이 횡혈식석실묘로 축조된 점에서 경주지역에 대형묘들이 적석목곽묘에서 횡혈식석실묘로 전환하였음을 보여주는 자료가 된다. 특히 이 고분의 적석목곽묘는 경주지역 대형 적석목곽묘 가운데 가장 늦은 것으로 알려져 있기도 하다. 고분의 주인공은 당시 가장 위계가 높았던 것으로 보이는 서악동 등에 고분을 축조하던 왕과 왕족의 하위 위계로 볼 수 있어 일반 상위 귀족으로 볼 수 있다.

이 고분의 봉분 평면도에 의하면 적석목곽(북분)이 표형을 이루는 두 봉분 가운데에 위치하고, 석실(남분)은 남쪽 봉분의 정상에서 약간 벗어난 지점(이는 크게 문제되지는 않을 듯)에 위치한다. 따라서 발굴된 적석목곽(북분)의 동북쪽 봉분의 상부 직하나 더 동북에 다른 묘가 존재할 가능성이 크다. 따라서 양장분이 아닐 가능성도 있음을 고려하여야 할 것으로 보인다. 신라의 묘곽 배치에서 일반적인 경향이 경사면의 하측에 먼저 무덤이 축조되고, 여기에 이어서 그 위에 후축된 묘가 들어서는 것이 확인되므로 이 고분을 양장분兩葬墳으로 보기보다는 다장분多葬墳으로 파악하는 것이 어떨까 한다. 즉 북분의 동북에 다른 묘곽이 더 배치되어 현재의 북분→추정되는 묘곽→현재의 남분 순으로 축조되었을 가능성이 있다(〈도7-8〉 참조).

이에 대한 재보고(국립경주박물관 2011)의 검토에 의하면 남편무덤으로 본 적석목곽묘에서 금동관, 태환이식, 은제천, 곡옥부경식, 은제지환, 삼루환두소도, 잠형구簪形具 등의 성복유물이 출토되었고, 남성으로 추정한 근거가 되었던 삼엽환두대도는 피장자 머리측의 유물부장부에서 출토되어 여성임이 밝혀졌다. 그리고 부인 무덤으로 본 횡혈식석실에서는 성복유물로 금제태환이

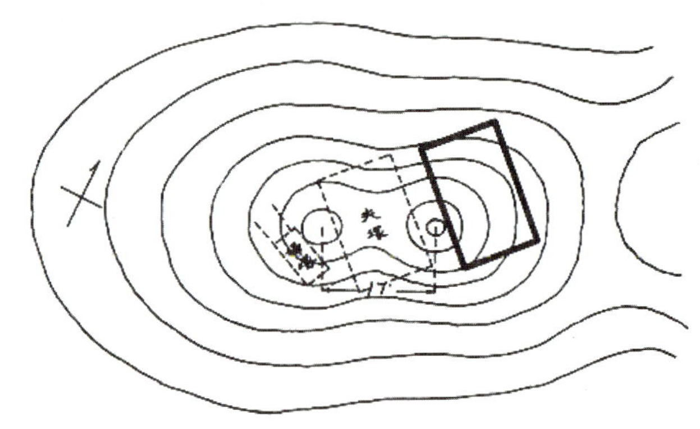

도7-8_보문동 합장분 추정 묘곽 배치

식, 은제천, 마노와 수정옥 등의 경식용 구슬이 출토되어 역시 여성으로 판단되었다. 따라서 이 무덤을 2인의 여성이 합장된 고분으로 보아 합장분으로 명명한 것이다. 그러나 발굴시 도면의 봉분은 표형분이 확실하고 앞의 추정과 같이 발굴된 고분의 동쪽 이어진 봉분의 속에 또 하나의 적석목곽묘가 존재했을 가능성을 고려하여야 한다. 그러하다면 원래 적석목곽묘 2기로 구성된 부부 표형분의 남쪽 봉분에 횡혈식석실이 추가되어 설치된 것으로 볼 수 있다.

금관총

대릉원지구 초대형분의 하나인 봉황대고분 서쪽에 연하여 있는 대형 고분이다. 금관총은 발굴 당시 봉토는 남북 길이 36m, 동서 너비 15m, 높이가 약 6m 정도가 남아 있었는데 원래는 천마총 정도의 크기인 저부 직경 약 45m에 높이는 약 12m 정도는 되었을 것으로 추정된다〈도7-9〉. 봉토의 축조 수법은 자갈과 흙을 교대로 쌓아 올렸으며, 목곽 바닥은 지반을 깊이 약 40cm 정도로 파내고 돌을 깔아 만들었고, 그 위에 세운 목곽과 적석부는 모두 지상에 설치되었다. 목곽 바닥에는 두께 약 9cm 정도의 판재가 깔려 있었고, 이 판재와 약간의 사이를 두고 일렬로 놓인 석렬이 돌아가고, 판재와 석렬의 사이에는 냇돌이 깔려 있었다고 한다. 목관 주위에는 장방형의 철정이 열을 지어 있었으며, 대도 등의 무기가 출토

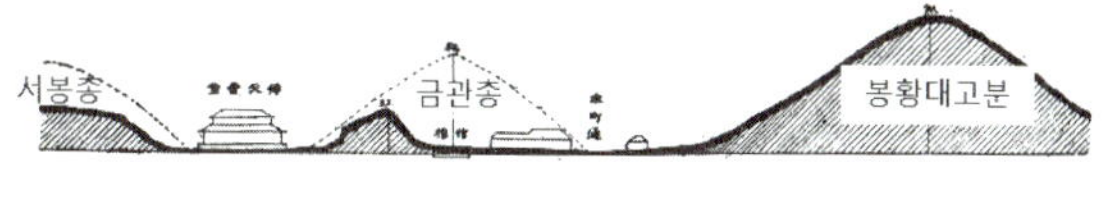

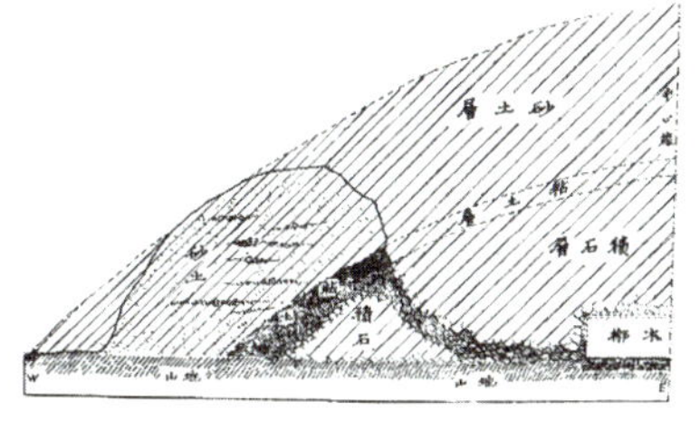

도7-9_ 금관총의 봉분
(濱田耕作·梅原末治 1924에서)

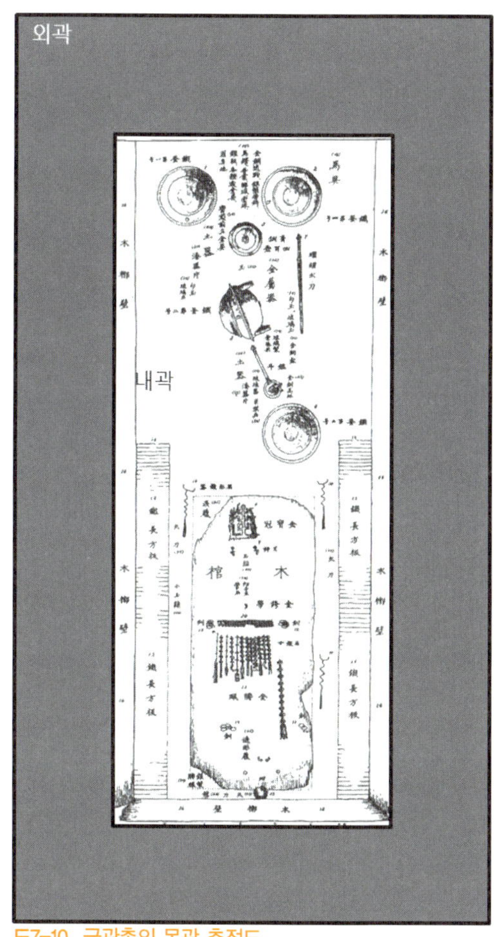

도7-10_ 금관총의 목곽 추정도
(濱田耕作·梅原末治 1924 개변)

되었고 목관 안 서쪽에 신발이 있었다고 한다. 목관은 길이 2.5m, 너비 1.0m인 칠관漆棺으로 추정된다.

목관의 내부에서 금관 등의 각종 장신구류가 출토되었다. 이 무덤에서는 금관 이외에도 금제태환이식, 금제와 은제의 천, 지환 등과 각종구슬, 금제와 은제의 과대, 금동제식리 등의 각종 장신구를 비롯하여, 대도, 갑주, 철모, 철촉, 철부 등의 무기류와 안교, 마령, 운주, 행엽 등의 마구류, 토기, 목칠기, 유리용기, 철부, 금속제 용기, 조개 제품 등 많은 유물들이 부장되어 있었는데, 곡옥을 포함한 각종 구슬류만도 무려 3만 점이 넘으며 금의 총량만도 7.5kg에 달하는 엄청난 분량이었다.

이 금관총의 축조 연대는 출토된 유물들에 의거하여 대략 5세기 후반에 속하는 것으로 추정되어 왔다. 비록 발굴 시의 실측도가 아니고, 후에 유물을 수거한 사람들의 전언을 통해 작성한 도면이나 거기에는 피장자가 금제태환이식을 착용하고 있고, 환두대도는 착용하고 있지 않다. 따라서 피장자는 여성으로 추정되고 있다.

근래 이 고분의 출토유물에 대한 정리 작업을 실시하고 있는 국립중앙박물관에 의해서 여기서 출토된 환두대도의 칼집 끝장식 앞뒷면에 '尒斯智王' 〈도7-11〉 '十', 칼집 상단에 '尒'가 쓰여 있음이 밝혀졌다. 또 경주박물관에 보관된 금관총 출토 환두대도에서도 '尒', '八', '十'이라는 글자가 확인되었다. 신라의 마립간 가운데 이사지小斯智라는 이름을 쓴 경우는 없고, 아직 이사지라는 이름이 나오는 문헌이나 금석문도 발견되지 않고 있다. 따라서 그 주인에 대해서 많은 설이 난무하게 되었다. 이 대도를 금관총 주인이 착용하지 않은 것이고, 부상한 것이기에 이 이사지왕은 금관총의 주인이 아닐 가능성이 크다. 고분의 축조 연대인 450년부터 500년 사이의 왕으로는 눌지訥祗마립간, 자비慈悲마립간, 비처毗處마립간이라고도 부르는 소지炤知마립간이 해당하는데, 이사지가 누구를 지칭한 것인지 알 수가 없다. 앞으로 여러 방면에서 검토되면 주인공이 가려질 것이다. 어쨌

도7-11_금관총 출토 환두대도의 명문
(국립중앙박물관 2014에서)

든 금관총의 주인은 마립간시대 왕가의 여성이며 왕비일 가능성이 크다고 하겠다.

발굴이 소략하여 자세하게 알 수 없으나 남겨진 봉토의 단면도로 보아 원래는 외곽이 설치되어있었으나 내곽부만 조사된 것으로 보인다. 금관총에 대한 유구 도면인 분구단면도〈도7-9〉로 보아 구조도가 작성된 목곽은 내곽에 해당하고 그 바깥에 외곽이 존재하는 이중곽식二重槨式일 가능성이 크다〈도7-10〉. 단곽인 목곽으로 보면 출토된 유물의 양이 너무 많은 점으로 미루어 내곽과 외곽 사이에 석단이 있거나 그 사이가 공간으로 남은 이중곽식으로 보는 것이 타당할 것으로 보인다.

금령총

금령총은 노동동의 봉황대 앞에 분포하는 고분으로 1924년에 그 옆의 식리총과 함께 발굴된 적석봉토분이다. 부장품 가운데 특이한 금제 방울이 들어 있어서 '금령총'이라는 명칭으로 불리게 되었다.

이 고분은 정확한 발굴을 통하여 그 구조를 밝

도7-12_금령총 출토 기마인물형토기(주인)

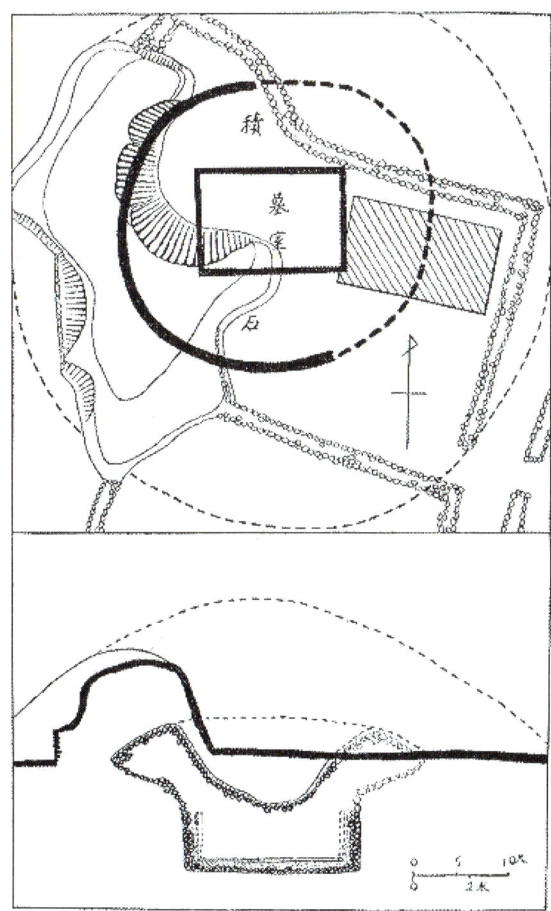

도7-13_ 금령총 봉분
(梅原末治 1932에서)

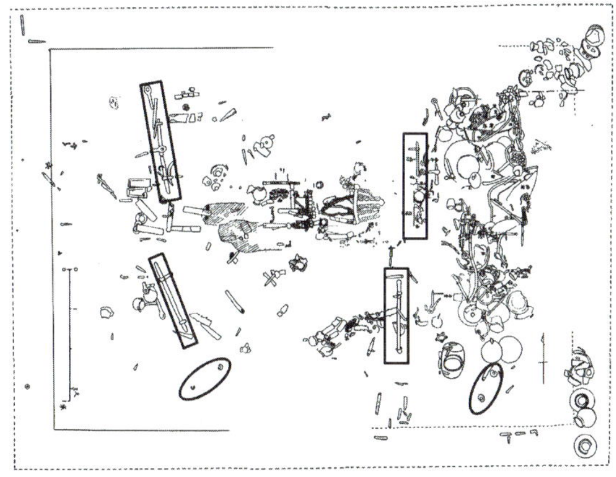

도7-14_ 금령총 순장자 이식과 정첩용축금구 출토 상태
(梅原末治 1932 개변)

힐 수 있었는데, 발굴 당시에 봉분은 이미 크게 파손되어 직경 13m, 높이 3m 정도의 반달형으로 남아 있었다〈도7-13〉. 봉분의 원래 크기는 직경 약 18m, 높이 4.5m 정도였을 것으로 추정되었다. 적석부는 직경 약 9m이며, 그 표면은 점토로 피복하였다. 목곽 바닥은 지표 아래 3m에서 나타났는데, 묘광의 바닥은 냇돌과 자갈을 약 45cm 두께로 깔았다. 지하에 동서로 긴 구덩이를 파고 거기에 길이 4.8m, 너비 2.5m, 높이 1.5m의 상자형 목곽을 넣고, 그 안에 길이 1.5m, 너비 0.6m의 목관을 동서 방향으로 놓았는데 피장자는 머리 방향을 동쪽으로 안치하였다. 목관의 내면은 특이하게 투조금동판으로 장식하였고, 그 주변에 부장품을 매납하였다.

목관 안에서는 피장자가 착용하였던 금관을 비롯한 각종 장신구와 삼루환두대도가 출토되었다. 목관 주위에는 철제이기 등의 각종 유물들이 널려 있었으며, 특히 목관의 동편 머리맡에는 길이 1.8m, 너비 0.8m의 부장품상자 놓이고, 여기에 각종 귀금속제 용기와 유리 용기, 칠기류, 각종 마구, 토기류가 집중되어 출토되었다. 또 목관과 내곽 벽 사이 공간에서 2쌍의 금제이식이 출토되었고 목곽의 내부 중앙부 양쪽에서 각각 목곽의 개구부에 사용된 것으로 보이는 정첩용축금구가 1쌍씩 출토되었다〈도7-14〉.

이 고분에서는 금관, 금제과대, 감옥팔찌嵌玉釧 등의 장신구를 위시하여 기마인물형토기, 채화칠기, 유리 용기 등 많은 유물들이 출토되었는데, 장신구가 대체로 소형인 점으로 보아 피장자는 나이 어린 왕족(왕자)으로 추정된다. 출토유물 가운데 특히 유명한 것은 1쌍의 기마인물형토기〈도7-12〉이다. 이것은 정장한 귀족과 그의 종으로 보이는 2개의 토제기마상으로 피장자의 영혼세계에서의 여행 모습을 나타낸 것으로 보이는데, 당시의 조각과 복식 자료로 매우 중요하다. 이 고분의 연대는 500년 전후로 추정된다.

금령총의 목곽의 내부에서 주인공의 것이 아닌 이식이 출토된 점으로 미루어 고분에는 2인 이상 순장되었던 것으로 판단된다. 이 순장인은 목관의 옆과 목곽의 위에 매장되었을 가능성이 크다.

목곽의 구조는 천마총과 같이 단곽식이나 중앙부에 목관이 안치되고, 동쪽에 옆으로 긴 부장품상자가 존재했을 가능성이 있다〈도7-15〉. 또 노동동 142호분과 같이 내곽이 존재하였고, 그 안에 목관과 부장품상자가 들어가 있는 형태일 수도 있다. 봉분의 단면도로 보아 이 목관(또는 내곽)과 목곽(또는 외곽)의 사이에 적석단이 존재했을 가능성도 있다.

목곽은 보고서에 복원된 것과 같이 상자형이고 동측과 서측에 정첩용축금구를 이용해 천판을 덮은 것이 아니고, 천마총, 황남대총 남분, 북분과 같이 상부에 목관을 하관하는 개구부를 두었고, 이 개구부 양측에 각각 2개의 정첩용축금구를 사용한 것으로 보아야 할 것이다. 보고서에서 정첩용축금구가 목곽이 함몰될 때 양쪽에서 똑같은 거리로 밀려들어왔다고 생각하는 것은 잘못된 판단이 확실하다.

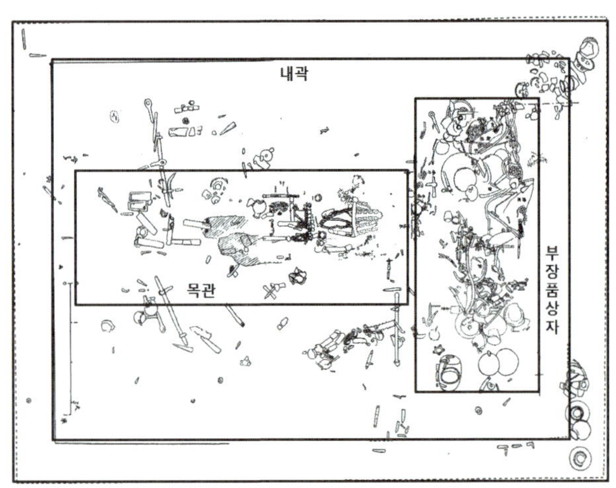

도7-15_ 금령총 추정 목곽 구조
(梅原末治 1932 개변)

식리총

　노동동 봉황대 앞에 금령총과 함께 배치된 식리총은 발굴 당시 봉분이 많이 파괴되어 있었는데, 원래는 직경 약 30m, 높이 약 6m 정도의 중형급고분이었을 것으로 추정되고 있다. 무덤에서 화려한 금동제의 신발〈도7-16〉이 출토되어 식리총으로 불리고 있다.

도7-16_경주 식리총 출토 식리
(국립경주박물관 외 2008에서)

　적석부는 직경 9m 정도였고 그 표면은 점토로 피복하였다. 목곽은 단곽식으로 지하에 묘광을 파고 설치하였다. 목곽의 바닥면은 원래 지표 아래 2.7m에서 나왔으며, 그 바닥면에 냇돌과 자갈을 45cm의 두께로 깔았다. 목곽은 동서 방향, 피장자의 머리 방향은 동쪽이다. 크기는 길이 5.25m, 너비 3.3m, 높이는 약 1.2m이다. 목곽과 묘광 내부의 적석벽 사이에는 자갈을 채워 넣었고, 목곽의 중앙 약간 서쪽에 목관이 놓여 있었던 것으로 추정되었는데, 그 크기는 길이 약 2.4m, 너비 0.78m이다. 목관의 내면에는 주칠이 되어 있었고, 금박이 붙어 있었다고 한다. 목관의 동편 머리맡에는 부장품이 놓여 있었는데, 그 부장 구역의 밑바닥에서도 목재가 확인되었다.

　출토유물로는 금속제관류는 보이지 않고, 백화수피제관모와 금제이식, 은제과대 등의 장신구와 금은을 장식한 쌍룡환두대도가 주검칸 내부에서 나왔다. 이외 고분에서는 금속제 용기, 칠기, 토기류 등과 금동제 안장, 등자 등의 마구류가 출토되었고, 철제 무기와 이기류의 부장도 확인되었다. 유물들은 목곽 내부에서는 물론이고, 그 상부에서도 철제 이기류와 다수의 토기 등이 확인되었다. 이 고분은 신라의 왕족이나 최고의 귀족무덤으로, 그 축조연대는 5세기 말이나 6세기 초이고 피장자는 남성으로 추정되고 있다.

　식리총의 구조는 보고서에 제시된 목곽은 외곽이고 머리측 부장품과 목관부를 포함한 내곽이 존재하는 이중곽식일 가능성이 있다. 그렇지 않다면 목관의 너비와 같은 방형의 부장품상자가 동측에 위치하고, 이 부장품상자를 목관에 붙여 놓

앗을 가능성이 있다. 전자라면 내곽과 외
곽 사이, 후자라면 목관, 부장품상자와
목곽 사이에 석단이 존재했을 가능성도
있고, 빈 공간으로 남아있었을 가능성도
있을 것이다. 그러나 보고서에 목관으로
표현된 것이 내곽의 주검칸이고, 그 내곽
은 동쪽에 부장품칸을 구분하고 거기에
많은 유물을 부장한 것〈도7-17〉으로 판
단하는 것이 더 합리적으로 보인다. 이

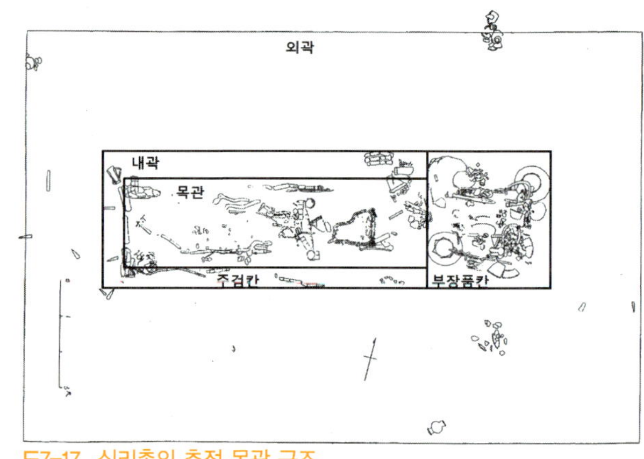

도7-17_식리총의 추정 목곽 구조
(梅原末治 1932 개변)

구조는 앞에서 본 노동동 142호, 더 앞 시기의 황남동 110호분, 뒤 시기의 호우총
과 은령총으로 이어지는 신라 중형 적석목곽묘의 기본적인 형태이다.

황남동 82호분

  황남동 82호분〈도7-18〉은 조사 당시 봉토는 직경
20.8m의 원형이었고, 내부에서 50cm의 구획점토벽을
사이에 두고 그 동서에 각각 주부곽식의 적석목곽묘가
확인되었다. 동쪽의 것을 동총, 서쪽의 것을 서총으로 부
르며 동총은 日자형의 주부곽식이고 서총은 明자형의 주
부곽식이다. 따라서 양장분이나 원형분으로 볼 수 있다.

  동총의 주곽은 길이 4.4m, 너비 1.7m이고 내부에서 이
식, 경식, 대금구, 마구 등이 출토되었다. 동쪽의 주인공
머리측에 두부부장부를 두고 다량의 토기를 부장하였다.
부곽은 너비 1.7m의 방형으로 주곽과 격벽을 사이에 두
고 서쪽에 위치한다. 부곽에서는 많은 토기류와 철기류
가 출토되었다. 서총의 주곽은 길이 3.1m, 너비 1m이고,
이식, 과대, 관꾸미개와 함께 각종 철기류 및 토기류가

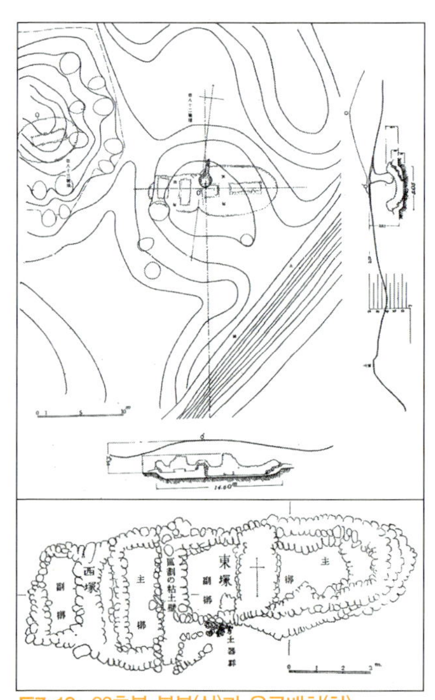

도7-18_82호분 봉분(상)과 유구배치(하)
(有光敎一 1935에서)

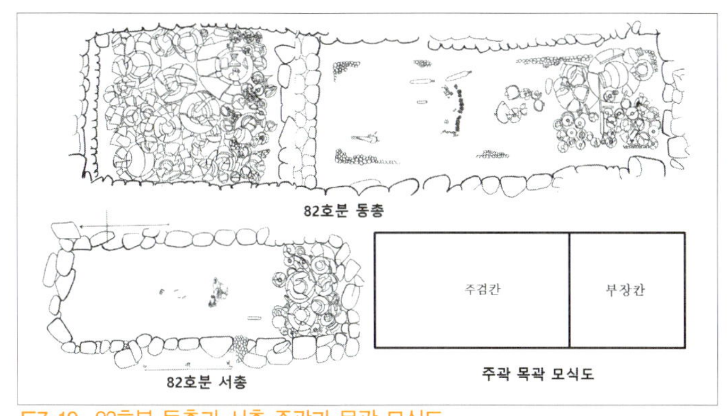

도7-19_82호분 동총과 서총 주곽과 목곽 모식도
(有光敎一 1935 개변)

출토되었다. 부곽은 길이 3m, 너비 1.4m의 장방형으로 많은 용기류와 마구류, 철기류가 출토되었다. 고분은 5세기 중후반으로 편년되고 있다.

묘곽의 배치로 보아 동총이 선축되어 봉분이 덮인 다음, 이 봉분의 일부를 걷어내고 서총이 축조되고 봉분이 덮인 것으로 보인다.

서총 쪽의 묘곽은 완전히 지상에 있었으나 동총 쪽은 묘곽의 하부가 지하에 있다고 하였는데, 이는 동총의 봉토를 일부 걷어낼 때, 완전하게 걷어내지 않고 이를 파서 서총을 축조했을 가능성을 지적해 준다. 주부곽의 배치에서 日자형인 동총과 眀자형인 서총이 다른데, 이는 선후 관계에 의해, 그리고 지형적 조건에 의해 발생된 것으로 보인다. 동총과 서총의 사이 구획점토벽이 서총 주곽의 길이와 같고, 동총 부곽 너비에 비해 긴 점도 이를 방증한다. 유물의 출토상태로 보아 두 묘곽의 주곽은 모두 목곽 내부 피장자의 머리 측인 동측에 유물부장부를 둔 것인데, 그곳의 유물이 장방형의 범위 내에서 정연하게 출토된 점으로 미루어 목곽의 동쪽 부분에 칸막이를 설치해 그 서측을 주검칸으로, 동측을 부장칸으로 사용한 日자형 목곽〈도7-19〉이 사용되었을 가능성이 아주 크다.

동총의 성복유물로 금제세환이식, 은제과대금구, 곡옥부유리경식과 환두대도가 출토되었고, 서총의 성복유물로는 금동제관모, 금제태환이식, 과대금구 등이 출토되었다. 이로 보아 동총의 피장자는 남성, 서총의 피장자는 여성으로 판단된다.

황남동 83호분

황남동 83호분은 조사 당시 봉토는 동서 20m, 남북 24m였고, 내부에 동서 장축의 적석목곽 1기가 확인되었다. 묘곽은 단곽식으로 길이 5m, 너비 2.5m의 묘광을 파고 거기에 길이 4.3m, 너비 1.2m의 목곽을 설치하고 적석하였다. 목곽의 내부 동측 장방형의 범위에서 많은 토기류가 출토되었고, 서측에서 환두대도, 유리경식, 철모, 도자 등이 출토되었다. 축조 연대는 5세기 중후반으로 편년되고 있다.

고분은 봉분 정상부의 남측만 조사되었다. 따라서 그 북측에 다른 묘곽이 존재하여 양장분을 이루고 있을 가능성이 있다. 출토된 성복유물인 유리경식과 환두대도로 보아 피장자는 남성으로 판단된다. 목곽은 단곽식〈도7-20〉으로 피장자의 두측에 공헌유물 부장부를 둔 것인데, 그를 구분한 칸막이가 설치되어 주검칸과 부장칸이 구분되었을 가능성도 있다.

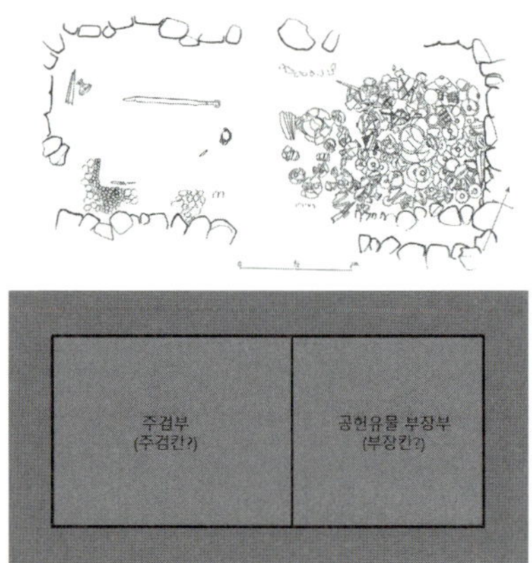

도7-20_ 황남동 83호분 남곽 구조도
(有光敎一 1935 개변)

황남동 109호분

대릉원지구고분군의 전미추왕릉 북편에 위치한 고분으로 황남대총의 동남 100m 지점에 해당한다. 현재 봉분은 남아있지 않다. 발굴 당시 봉분의 높이는 1.8m, 동서 직경 10.4m, 남북 직경 13m가 남아있었으나 발굴자는 봉분의 지름이 20m 정도라고 추정하였다. 이 봉분의 범위 내 북쪽에는 동서 방향의 제2곽(길이 6.7m, 너비 1.5m)이, 서쪽에는 제2곽 남쪽에 연접하여 직각을 이루는 남북 방향으로 제1곽(길이 3.7m, 너비 1.7m), 남쪽에는 제1곽의 남반부 밑에 동서 방향의 제4곽(길이 3.5m, 너비 2.1m)과 제3곽(길이 4.4m, 너비 2.55m)이 배치되어 있었다〈도7-21〉. 이 가운데 제1곽과 제2곽은 봉분 중에, 제3·4곽은 日자형의 주부곽식으로 지하에 축조되었다. 발굴자는 이런 배치 등을 들어 이 고분을 가족묘라고 해석하였고, 이런 해석은 그 이래로 많은 연구자들이 이 고분을 신라 적석목곽묘 가운데 가장 이른 시기의 것으로 보는데 하나의 근거가 되었다.

보고서에서는 묘곽 가운데 제1곽과 제2곽은 단곽식이고 2곽에는 피장자 발치쪽에 유체부(제3단)보다 차례로 높아진 2단과 1단의 2개 단이 있고 여기에 2곽의

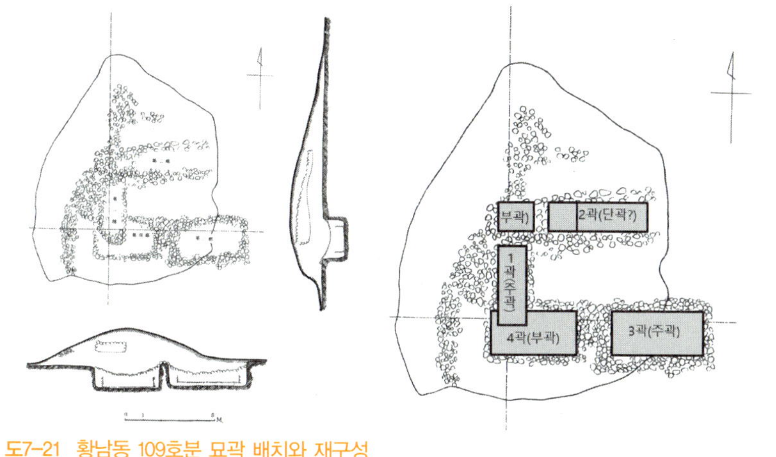

도7-21_ 황남동 109호분 묘곽 배치와 재구성
(齋藤忠 1937 개변)

유물을 부장하였다고 하였다. 이를 분석한 최병현(1990)은 2곽 가장 서쪽인 1단의 유물군은 1곽의 부곽에 해당하고, 중앙 2단의 유물은 2곽 부곽에 해당한다고 보았다. 이를 따르면 고분은 3기의 주부곽식 묘가 순차적으로 축조된 것이 된다.

제1곽에서는 백화수피관모, 금동세환이식, 은장과대금구, 환두대도 등의 성복유물을 포함하여 다수의 철기류와 토기류가 출토되었다. 제2곽에서는 다수의 토기류와 철기류, 마구류가 출토되었다. 제3·4곽의 경우 주곽인 3곽에서 대도, 금제세환이식, 관옥 등의 성복유물과 다수의 토기류와 철기류가 출토되었다. 토기류는 고배 등의 공헌유물로 피장자의 머리측인 동쪽에 몰려서 출토되어 이곳이 유물부장부임을 알 수 있다. 부곽인 4곽에서는 유리경식 1조와 연결 소금환의 장신구와 호류를 위주로 한 많은 토기류, 철제 갑주와 마갑 등의 무기류, 다양한 철제 마구류가 출토되었다. 제4곽의 유물 사이에 공간이 있고 거기서 금환 등의 장신구가 출토된 점으로 미루어 여기에 적어도 순장자 1인이 매장되었던 것으로 판단되고 있다(이희준 1987).

여러 묘곽 가운데 주목되는 것이 3·4곽이다. 비록 주목할 만한 유물이 출토되지 않았으나 여기서 출토된 등자는 신라고분 편년에 있어서 중요한 자료로 인식되고 있었다. 즉 이 철제등자를 북연北燕의 풍소불묘馮素佛墓(415년) 등자와 비교하여 그 이후에 축조된 것이라고 보아야한다는 마구 연구의 결과에 의해서 신라 고총의 축조가 5세기 이후에 해당한다는 논리가 우세하였다. 그러나 출토된 토기, 한반도 남부지방에서 발견되는 4세기대의 마구 양상, 출토된 이식의 형식 등에 의해 이 고분의 축조 연대는 4세기 후반으로 보는 설이 더 우세하다. 피장자는 착용한 금제이식과 경식, 고분의 위치 등으로 보아 남성이며 신라의 왕족 또는 귀족으로 판단된다.

이 고분에 대해서는 이희준의 세밀한 분석(이희준 1987)이 있었다. 여기에 더하여 3기의 묘곽에 대한 관계를 살펴보면 다음과 같다.

앞에서 설명한 최병현의 견해와 같이 제2곽 제1단(서측) 유물군은 제1곽의 부곽에 해당한다. 따라서 제1곽은 남측 주곽 피장자의 발치에 부곽을 둔 이혈 日자형주부곽식으로 볼 수 있다. 이는 제1곽의 두측 유물이 일반적인 신라묘 두측 유물과 같은 종류이고, 제2곽의 제1단 유물은 대호 등 부곽이나 피장자의 발치에서 출토되는 유물들인 점에서 타당성이 있다. 나머지 제2곽의 2단 유물은 신라묘 두측 유물과 같은 종류의 유물이고, 제3단의 유물은 발치 쪽 유물군과 성격이 같다. 따라서 제2곽은 제2단 유물 쪽을 두측으로 한 단곽식의 고분으로 제3단 유물이 곽내에 배치된, 즉 주부곽식의 부곽 유물이 발치에 배치된 것으로 볼 수 있다. 이렇게 볼 때 제2곽이 제1곽보다 후축되었고, 그러므로 해서 제1곽의 부곽(제2곽 1단) 유물군 일부를 파괴하고 들어선 것으로 보면 어떨까 한다. 이는 사진〈보고서 도판 第七-(一)〉에서 제1단 유물군(제1곽 부곽)의 범위보다 제2단 유물군(제2곽 두측 유물군)의 범위가 넓은 것에서 유추가 가능하다. 결국 이 고분은 제3·4곽이 주부곽식인 단장분으로 축조된 이후 봉분이 낮아서인지(이희준 1987), 이를 무시하고 제1곽이 축조되었고, 이 부곽에 덧붙여 ㄱ자형으로 제2곽이 들어서 다장분이 형성된 것으로 볼 수 있다. 그리고 제3·4곽과 제1곽은 이혈 日자형주부곽식이고, 제2곽은 단곽식의 발치에 유물을 배치한 형식이거나 동혈 日자형주부곽식이 된다.

여타 고분

이상 몇 고분의 검토 결과를 기반으로 하여 그를 포함한 나머지 해방 전에 발굴된 경주 적석목곽묘 가운데 도면이 제시되어 있는 것의 묘제에 나타나는 특성을 기존 연구와 근래에 보고서가 발간된 노동동 142호(국립중앙박물관 2000)의 분

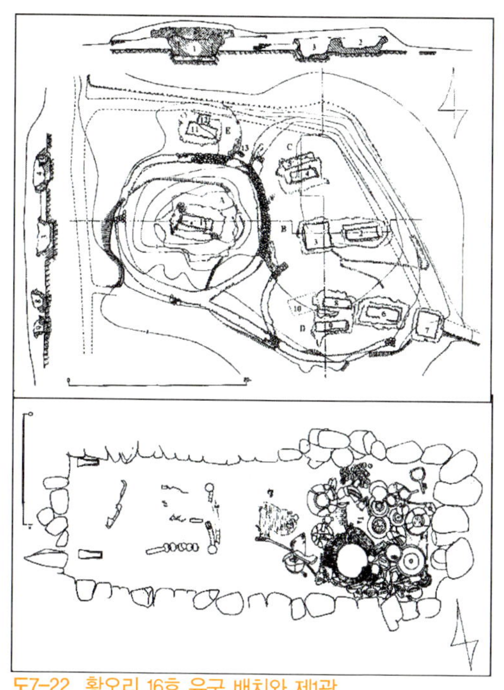

석을 바탕으로 하고, 필자의 제언을 더해 약간의 성격을 나타내면 다음과 같다.

보문동고분(앞의 〈도7-3〉)은 단곽식의 단장분이다. 두부부장부를 두어 거기에 공헌 유물을 부장하였고, 목관을 사용했을 가능성이 크며 피장자는 세환이식을 착용하여 남성으로 볼 수 있다.

황오동 16호분〈도7-22〉은 단장분인 제1곽의 원형분과 몇 기의 봉분으로 구성된 것이다. 1곽의 봉분이 나중에 축조된 것이고 남쪽에서부터 6·7곽(昌자형주부곽식), 8곽, 9곽, 10곽으로 구성된 다장분, 그 북쪽의 2·3곽(昌과자형주부곽)과 4·5곽(明자형주부곽)으로 구성된 양장분, 제1곽 북벽에 연한 11·12곽(凸자형주부곽)으로 구성된 단장분으로 묶을 수 있다. 따라서 적어도 3기의 봉분이 먼저 배친된 이후에 제1곽의 원형분이 들어선 것으로 판단된다. 제1곽을 위시하여 주부곽식이건 단곽식이건 주곽의 묘형은 두부부장부나 부장칸에 공헌유물을 부장하고 주검부에 시신을 안치한 일곽식이다. 목관의 사용 여부는 확인되지 않는다. 출토 이식을 비롯한 성복유물에 근거하면 제1곽은 남성, 제2·3곽은 여성, 제4·5곽은 남성, 제6·7곽은 여성, 제8곽은 여성, 제9곽은 남성, 제11·12곽은 남성으로 볼 수 있다.

노서동 215번지 고분의 주인공은 여성으로 추정되고, 단곽식의 단장분이었을 가능성이 있다.

황오동 54호분〈도7-23〉은 갑총과 을총이 각각 독립된 단장분이다. 갑총과 을총 각각의 묘형은 일곽식으로 추정되나 이중곽식의 가능성도 있다. 각각은 두부장부(부장칸?)에 공헌유물을 부장하였고, 목관을 사용했을 가능성도 있다. 출토 이식에 근거하면 갑총은 남성, 을총은 여성일 가능성이 있다.

황오동 14호분〈도7-24〉은 1곽(남곽)의 봉분 북편을 약간 걷어내고 2곽(북곽)

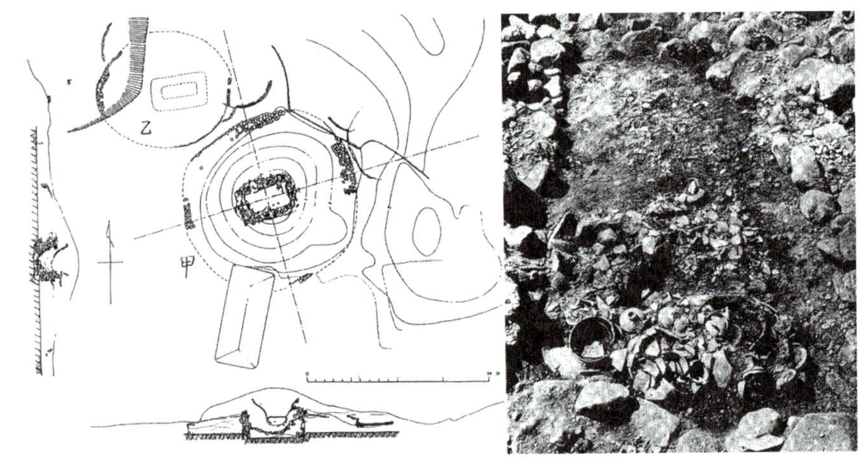

도7-23_ 황오동 54호분과 그 갑총 목곽
(有光教一 1934에서)

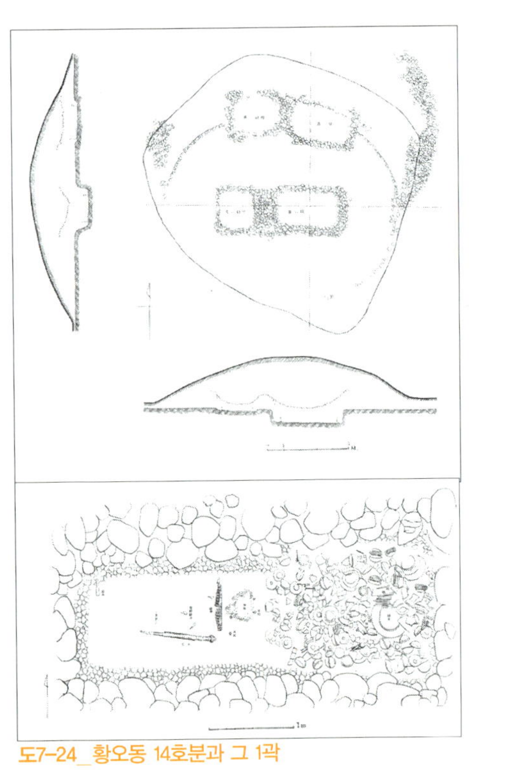

도7-24_ 황오동 14호분과 그 1곽
(齋藤忠 1937에서)

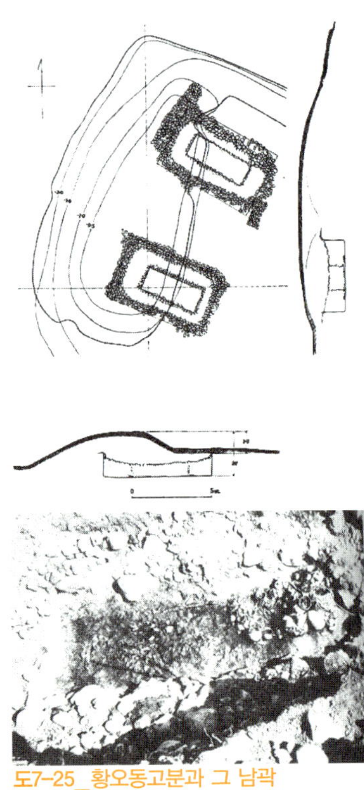

도7-25_ 황오동고분과 그 남곽
(齋藤忠 1937에서)

이 들어서 연접시킨 전형적인 양장분으로 표형분일 가능성이 크다. 모두 日자형 주부곽식이고 일곽식의 목곽을 사용한 것으로 보이나 모두 이중곽식일 가능성이 크다. 주곽의 동쪽인 피장자의 머리측에 부장칸을 두어 공헌유물을 부장했고, 목관을 사용했을 가능성이 크다. 제1곽에서 금제 세환이식과 태환이식이 함께 출토되었으나 주피장자는 세환이식과 대도를 착용한 남성으로 볼 수 있다. 이중 태환이식은 귀걸이로 사용된 것이 아니라 다른 복식에 매단 장식으로 보인다. 제2곽은 태환이식을 착용하여 여성으로 추정된다. 따라서 부부 양장분으로 볼 수 있다.

황오동고분〈도7-25〉은 단곽식의 남곽과 북곽이 나란하게 배열된 양장분이다. 모두 일곽식이고 머리측에 공헌유물 부장부를 둔 것으로 목곽은 이중곽식이고, 두부부장부가 칸막이로 구분된 부장칸이었을 가능성도 크다. 성복유물에 근거하면 남곽은 남성, 북곽은 여성으로 부부 양장분이 된다.

이상의 검토 결과를 나타내면 〈표7-2〉와 같다.

표7-2_ 일본인 발굴 적석목곽묘 검토

유 구		분 형	목곽 구조	묘 형(주곽)	기 타
황남동 남총(144호)		단장분?			
검총(100호)		단장분?			지표 하를 발굴하지 않음
보문동 부부총 북분		다장분?	단곽식? 일곽식	두측 부장부(칸)	남분(석실)보다 선축
보문동고분		단장분	단곽식 일곽식	목관, 두측 부장부(칸)	
금관총((128호)		단장분	단곽식 이중곽식?	목관, 두측 부장부(칸)	순장
금령총(127호)		단장분	단곽식 이중곽식?	목관, 두측 부장칸 또는 부장상자	순장, 목곽 천판 개구부
식리총(126호)		단장분	단곽식 이중곽식?	목관, 두측 부장칸 또는 부장상자	
노동동 142호		단장분?	단곽식 이중곽식	내곽 목관, 두측 부장부(칸)	
서봉총(129호)		단장분?	단곽식?		데이비드총과 표형분? 호석존재
데이비드총(129호)		단장분?	단곽식?		서봉총과 표형분?
황남동 82호	동총	양장분	동혈 日자주부곽식 주곽 일곽식	두측 부장부(칸)	동총 선축, 서총 후축
	서총		동혈 明자주부곽식 주곽 일곽식	두측 부장부(칸)	
황남동 83호		양장분?	단곽식 일곽식	두측 부장부(칸)	

유 구		분 형	목곽 구조	묘 형(주곽)	기 타
황오동 16호	1곽	단장분	단곽식 일곽식	두측 부장부(칸)	가장 후축?
	2·3곽	양장분	이혈 昌자주부곽식 주곽 일곽식	두측 부장부(칸)	
	4·5곽		이혈 明자주부곽식 주곽 일곽식	두측 부장부(칸)	
	6·7곽	다장분	이혈 昌자주부곽식 주곽 일곽식	두측 부장부(칸)	
	8곽		단곽식(주부곽식?), 일곽식	두측 부장부(칸)	10곽이 부곽?
	9곽		단곽식 일곽식	두측 부장부(칸)	
	10곽		8곽의 부곽? 단곽식?		
	11·12곽	소형 단장분?	동혈 凸자주부곽식 주곽 일곽식	두측 부장부(칸)	1곽보다 선축
노서동 고분(215번지)		단장분?	단곽식?		
황오동 54호	갑총	단장분	단곽식 일곽식?	두측 부장부(칸)	
	을총	단장분	단곽식 일곽식?	두측 부장부(칸)	
황오동 14호	1곽	양장분	이혈 日자주부곽식 주곽 일곽식?	두측 부장부(칸)	1곽 선축, 2곽 후축
	2곽		이혈 日자주부곽식 주곽 일곽식?	두측 부장부(칸)	
황남동 109호	1곽	양장분?	이혈 日자주부곽식 주곽 일곽식	두측 부장부(칸)	3,4곽→1곽→2곽 순으로 축조
	2곽		단곽식, 발치부장? 일곽식	두측 부장부(칸), 발치 생활유물	
	3·4곽	단장분	이혈 日자주부곽식 주곽 일곽식	두측 부장부(칸)	4곽 순장
황오동고분	남곽	양장분	단곽식 이중곽식?	두측 부장부(칸)	
	북곽		단곽식 이중곽식?	두측 부장부(칸)	

대한제국부터 한일합병 후인 1920년까지의 조사에서 신라의 고분조사는 그렇게 환영받는 조사가 아니었던 것으로 파악된다. 이는 일제의 한국에 대한 침탈 의도와 맞물려 나타난 현상일 것이다. 먼저 낙랑을 위시한 한사군지역의 지표조사와 그러한 유적에 대한 발굴이 시작되고 중시된 것을 볼 수 있는데, 이는 대한제국시기 한국의 침탈을 목적으로 한 제국주의에 기반을 둔 인류학적조사의 시행과 침탈의 완료 후, 한반도 고유의 문화보다는 중국에서 수입된 문화를 찾아 침탈의 정당성을 확보하려는 의도가 작동된 것으로 볼 수 있다.

1921년 금관총의 발견은 이러한 고고학조사에 커다란 전기가 되었다. 온 세계의 주목을 끌게 된 화려한 출토유물로 인해 일제의 국위 선양에 도움이 되었을 것이고, 이를 통하여 일제의 문화 정책을 알리는 계기도 되었을 터이다. 따라서 화려한 유물을 찾는 조사가 시행됨으로써 신라고분의 조사 전성기를 맞게 된 것이 아닌가 한다. 그러므로 해서 명목을 붙여 금령총, 식리총 등이 발굴되었고, 이들에서 출토되는 유물은 기대에 부응하였다. 따라서 여기서 한 발 더 나아가 서봉총을 토사 채취의 명목으로 발굴하였고, 이 또한 기대 이상의 유물이 출토되었다. 이것이 알려져 독지가에 의한 데이비드총이 발굴되는 토대가 되었으나 그 발굴에서는 기대에 부응하는 유물이 출토되지 않았다. 자금 문제도 있었겠지만 이것이 신라고분 조사에서 다시 전국의 유적조사로 나아가는 계기가 된 것으로 보인다. 따라서 경주의 고분은 중소규모의 봉토분 조사, 그것도 시가지 확장에 따른 구제조사 성격의 발굴로 전환하게 되었다.

이러한 경과에서 신라고분은 묘제의 다양성과 내부 구조가 확인되고, 독특한 성격의 적석목곽이라는 묘제의 특이성이 부각되었다. 그러나 당시 발굴 수준의 한계, 유물에 대한 집착 등으로 인해 구조의 파악과 발굴 방법의 개선 등에는 커다란 진전이 있었다고 할 수 없을 것 같다. 이는 현재의 검토를 통해 볼 때, 제대로 된 묘형의 인식, 축조 서열의 인식, 봉분의 구성에 대한 인식 등이 확립되었을 만한데도 언급되지 않았다는 점에서 알 수 있다. 황남동 82호와 황오리 14호의 발굴에서는 부곽을 인식하고 있었으나 황남리 109호와 황오리 16호의 조사에서는 부곽으로 인식하지 않고 1곽, 2곽 등으로 묘곽의 번호를 부여하고 있는데, 이것이 이를 대변한다. 따라서 일본인에 의해 발굴된 신라고분에 대한 적극적인 재검토가 반드시 이뤄져야 할 것으로 생각된다.

8

고신라의 왕묘와 왕릉

_머리말

왕릉이란 죽은 왕을 매장한 무덤이면서 특별히 축조한 거대한 기념물이라고 할 수 있다. 그리고 왕릉은 죽은 왕을 신격화해서 제사를 지내는 장소로 이용된다(고분문화연구회 역 2011:21). 그러나 기록에 전하거나 묘지 등이 출토되어 왕의 무덤이라고 할 수 있는 것은 우리 고고학에서 찾기가 힘들다. 따라서 왕이라는 칭호를 가졌는지 아닌지에 관계없이 한 사회에서 대단한 권력을 가졌던 사람의 무덤이라 할 수 있는 기념물을 왕릉이라고도 한다(고분문화연구회 역 2011:22). 이는 본격적인 왕이 다스리는 국가가 성립되기 이전의 거대한 분묘 또한 왕릉의 개념에 포함시키는 것이 되는데, 여기서는 이를 왕묘라는 용어를 사용하여 구분하고 신라의 왕묘와 왕릉에 대해 검토하도록 한다.

신라의 왕묘라고 한다면 초기국가(김용성 2012c)의 형태로 발전한 마립간기의 고분인 황남대총 남분(김정기 외 1994)과 북분(김정기 외 1985), 봉황대, 서봉황대 등과 천마총(김정기 외 1974) 등 금관을 비롯한 최고 위계를 나타내는 유물이 출토된 경주 대릉원지구의 고분이라고 볼 수 있다. 그리고 중고기에 들어서면서 신라는 율령을 가진 고대국가[1]로서의 체제를 갖추게 되며 본격적으로 왕릉을

---

1 쯔데히로시(都出比呂志)는 일본 국가의 발전 단계를 수장제사회, 초기국가, 성숙국가 단계로 나누고 있다(김대환 역 2013:109~127). 이중 성숙국가는 율령을 가진 국가체로서 여기서의 고대국가에 해당한다.

축조한다. 이전 시기와 달리 왕의 사후 시호諡號[2]를 부여하는 것은 본격적인 왕이 출현하였고, 그의 무덤을 왕릉으로 인식한 것으로 전 시기와는 다른 양상을 보이는 것이다. 이때 왕릉은 왕궁인 월성의 주변 평지에서 산지로 이동되는데, 특히 경주 서악동지구의 고분이 그러한 시기의 것으로 믿어지고 있다. 이곳의 왕릉으로 볼 수 있는 것들은 무열왕릉 뒤에 군집되어 있는 특성이 있다. 또한 이후 진평왕부터는 기록에 의하면 별도의 개별 능원을 조성한 것으로 나온다. 이를 잘 알려주는 것이 비정에 무리가 없는 선덕여왕릉이다.

왕묘에서 왕릉으로의 변천은 신라 국가가 성립되어 동아시아체계 속에서 고대국가로 발돋움하는 과정과 연결되어 있다. 따라서 비록 많은 왕릉이 발굴되지 않고 남아 있으나 현재 상태에서의 파악도 신라의 국가 성립과 발전이라는 거대 담론의 한 축으로 역할을 할 수 있을 것이라 믿는다.

이글에서는 먼저 신라의 삼국시대 왕릉에 대한 연구사를 기술하도록 한다. 다음 신라에서 마립간의 왕묘는 어떻게 이해할 수 있느냐를 검토하고, 그 입지나 배치 등에서 나타나는 특징을 살펴보고자 한다. 또 왕묘로 추정되는 고분의 발굴 자료를 검토하여 그 축조 수법 등과 특성을 찾아보도록 한다. 다음 산지로 이동한 신라 왕릉의 초기 형식인 서악동고분군을 면밀히 살펴 거기에 작동되어 있는 이념적 표현을 추적하도록 한다. 이 시기는 문헌에 의하면 법흥왕부터 진지왕까지로 편의상 여기서는 중고기 전기로 구분하도록 한다. 이후 독립된 능원을 형성해 나간 진평왕부티 통일 이진까지의 왕릉은 중고기 후기의 왕릉으로 구분하여 이들 능원에 작동된 관념과 배경을 살펴보도록 한다. 이 중고기의 전기와 후기의 왕릉에는 당시 중국과의 밀접한 관계에 의해 여러 가지의 중국에서 기원한 제도가 개입되어 있을 것이다. 여기서는 이에 주목하여 동시기 중국의 황제릉 제도에 나타나는 현상을 찾아 이를 신라의 왕릉과 비교하여 의미를 추적하도록 한다.

2　신라에서 왕의 사후 시호의 부여는 지중마립간부터이나 그것은 법흥왕에 의한 것으로 판단되고, 법흥왕 시기의 율령반포 등 체제 개혁으로 동아시아체계에서 국가의 최고지배자는 곧 왕이라는 명칭을 받아들여 본격적인 왕의 시대로 들어서고 본격적인 고대국가의 왕릉으로 부를 수 있다.

현재 경주에 신라의 왕릉으로 불리고 있는 것은 모두 36기이고 경주를 벗어
난 지역에 남아 있는 왕릉으로 전하는 것이 경남 양산시에 있는 전傳진성여왕릉[3]
과 경기도 연천군에 있는 경순왕릉이다. 왕릉으로 전해지고 있는 이 38기 가운
데도 많은 것이 남아 있는 기록상의 위치나 시대적인 능의 형식에서 차이가 있
어 의문시되고 있다. 왕릉으로 전해지고 있는 것 가운데 고고학의 발굴을 거친
것으로 전신덕왕릉(박일훈 1963)과 전헌강왕릉(장정남 1995)이 있으나 양자 모
두에서 왕릉이라고 인정할만한 시설물이나 유물이 출토되지 않아 문제가 되고,
특히 발굴된 전헌강왕릉에서 출토된 토기는 이른 것이 6~7세기의 것(최병현
2011·2012)이어서 그 연대가 합치하지 않으며, 구조와 출토유물을 함께 고려하
면 이후 중대에 석실이 개축되어 현재의 모습이 된 것으로 볼 수 있다.[4]

이와 같이 대부분 왕릉의 주인공이 부정되고 있는 것은 조선 영조 6(1730)년을
전후하여 그 이전에 전해 오던 11기(무열왕릉, 문무왕릉, 성덕왕릉, 헌덕왕릉, 흥
덕왕릉, 혁거세릉, 미추이사금릉, 법흥왕릉, 진흥왕릉, 선덕왕릉, 효소왕릉)에 갑
자기 17기(진덕왕릉, 일성이사금릉, 진지왕릉, 진평왕릉, 신문왕릉, 신무왕릉, 문
성왕릉, 헌안왕릉, 헌강왕릉, 정강왕릉, 효공왕릉, 지마이사금릉, 희강왕릉, 신덕
왕릉, 경명왕릉, 경애왕릉, 아달라이사금릉)가 더해지고, 근래에 다시 9기(문무
왕릉, 경덕왕릉, 원성왕릉, 남해차차웅릉, 유리이사금릉, 탈해이사금릉, 파사이
사금릉, 나물마립간릉, 민애왕릉)가 더해져 전해지고 있음에서 알 수 있듯이 이
미 『삼국사기』와 『삼국유사』 편찬 이전부터 왕릉의 주인공이 불확실하였고, 그
후 억측과 구전이 사실화되어 전승되고 있는데다 해방 후 정부에서 법정지정 시
에는 주인공의 고증보다는 법적 보호의 측면이 더 강조되었기 때문으로 보인다

---

3   이하 이글에서는 피장자가 확실하지 않은 경우 전칭 왕릉으로 부른다.

4   이 고분의 호석이 부정형 괴석으로 쌓은 내호석에 바짝 붙여 현재의 사괴석으로 외호석을
쌓은 것은 시대를 달리하며 호석의 축조가 이루어진 것이 된다. 그리고 병풍석을 가진 전신덕
왕릉의 구조는 고력사묘(高力士墓)(762~763)(陝西省考古研究所 2002) 등 성당시기 석실의 구
조와 유사하여 역시 중대에 축조되었을 가능성이 크다.

(강인구 2000:427). 이러한 문제점은 일찍이 화계 유의건(1687~1760)이 「나릉진안설羅陵眞贗說」에서 전혀 문헌에 의하지 않고 일시에 무식한 촌한의 말만 듣고 결정하였다고 개탄하고 있으며, 추사 김정희(1786~1856)가 「진흥왕릉고眞興王陵攷」에서 왕릉으로 전해지지 않고 있던 서악동고분군의 무열왕릉 뒤에 있는 대형분을 진흥왕릉을 비롯한 김씨의 왕릉으로 비정한 것에서도 찾을 수 있다.[5]

왕릉에 대한 이러한 문제의 해결은 확실한 역사적인 기록의 고증과 고고학적인 연구 성과를 연계시켜 검토해야 할 것으로 보인다. 지금까지의 성과를 가지고 통일신라의 것을 제외한 삼국시대 신라 왕릉을 검토하면 다음과 같다.

먼저 신라의 고분은 목관묘 단계(기원전~기원 2세기 중엽), 목곽묘 단계(2세기 후반~4세기 전반), 적석목곽묘 단계(4세기 후반~6세기 전반), 석실묘 단계(6세기 중엽 이후)로 정리되고 있다. 또 마립간기에 이르러서야 고대한 봉토분이 성립되었다는 의견이 지배적이므로 마립간기 이전 왕릉으로 비정되고 있는 것들에 대해서는 자료의 증가를 기다려야 한다. 다만 이들 가운데 오릉(박혁거세릉, 남해차차웅릉, 유리이사금릉, 파사이사금릉)과 미추이사금릉은 안정성이 없는 것도 아니나 현재 지정된 왕릉은 외형상 모두 적석목곽이 내부 주체로 사용된 것으로 추정되고 있으므로 새로운 자료가 출현하여 신라고분의 편년이 상향조정되거나 능의 수축, 개축 등 새로운 해석이 부가되어 증명되지 않는 한 이것들도 부정될 수밖에 없다.

한편 현재 경주에서 조사된 대형의 복관묘인 사라리 130호묘를 왕묘로 인식(권오영 1996:192)하기도 하나 이는 국가체 지배자의 무덤인 왕묘라고 보기보다는 좀 더 작은 영역의 지배자 무덤, 즉 수장묘로 볼 수 있을 뿐이다(김용성 2011c). 그리고 이사금기에 해당하는 대형목곽묘는 아직 경주 중심부에서 발견되지 않았다. 따라서 적어도 신라에서 국가체 지배자의 무덤인 왕묘로 인지할 수 있는 것은 마립간기의 초대형 적석목곽묘부터라고 할 수 있다.

마립간기의 마립간(나물, 실성, 눌지, 자비, 소지, 지증)은 대릉원과 그 주변에

---

[5]　이와 같은 신라 왕릉의 비정에 대한 문제와 그 전개과정에 대해서는 이근직(2012:21~33)에 의해 상세하게 정리되었다.

분포하는 대형의 적석봉토분에 모셔진 것으로 판단되고 있는 바, 여기에서 찾아야 한다. 월성의 서북쪽 황남동에서부터 전미추이사금릉을 중심으로 한 대릉원을 거쳐 노동동과 노서동에는 특히 거대한 적석봉토분이 분포하고 있는데 이들을 관찰해 보면 단일분의 저경이 80m가 넘거나 그에 육박하는 것이 3기(황남대총, 봉황대, 서봉황대)이고, 대부분은 큰 것이 저경 45~50m 사이이다. 그리고 이들 사이에 들어갈 수 있는 대형분이 월성 서북의 황남동 119호분, 전미추이사금릉, 90호분, 99호분, 105호분, 노서동 134호분 등 6기이다(함순섭 2010). 따라서 마립간기의 왕묘는 이들 가운데에서 찾아야 할 것이다.

다음 석실묘 단계에는 왕릉(법흥왕 이후의 왕릉)이 경주 시내의 평지를 떠나 산지나 왕경 바깥으로 이동하고 있는데, 지금까지 연구 결과 왕릉이나 그에 버금가는 귀족의 묘로 추정되는 고분들은 특히 호석護石의 형태가 시기적으로 변천하고 있음이 밝혀져 이의 연구 성과와 기록의 고증을 통해 비정되고 있다. 특히 통일신라의 십이지가 부조된 호석을 가진 왕릉의 경우는 그 형식이 참조가 되고 있다.

표8-1_중고기 신라 왕릉의 장지 기록과 비정안

왕	재위기간	장지 기록(본기=『삼국사기』, 왕력·기이=『삼국유사』)	비정안		
			강인구	이근직	김용성 외
23대 법흥왕	514~540	葬於哀公寺北峰 (본기) 陵在哀公寺北 (왕력)	서악동 1호	서악동 4호	서악동 4호
24대 진흥왕	540~576	葬于哀公寺北峰 (본기)	서악동 2호	서악동 2호	서악동 3호
25대 진지왕	576~579	葬于永敬寺北 (본기) 陵在哀公寺北 (왕력)	서악동 3호	서악동 1호	서악동 2호
26대 진평왕	579~632	葬于漢只 (본기)	전헌덕왕릉		전헌덕왕릉
27대 선덕여왕	632~647	葬于狼山 (본기) 葬於狼山之陽 (기이)	선덕여왕릉	선덕여왕릉	선덕여왕릉
28대 진덕여왕	647~654	葬沙梁部 (본기)	전지마왕릉		전효공왕릉? 전아달라왕릉?

이러한 신라 왕릉을 비정한 견해는 대부분 단편적이었고, 전면적인 검토는 강인구(2000:397-447)와 이근직(2012), 김용성·강재현(2012)에 의해 이루어졌다. 삼국시대 중고기에 한정하여 왕의 장지 기록과 이들의 견해는 〈표8-1〉과 같

다. 이 중고기의 왕릉 가운데 의견이 일치하는 것은 서악동 무열왕릉 뒤편의 초대형 고분 4기 가운데 서로 간 순서에 차이는 있으나 중고기의 법흥왕(514~540)의 능, 진흥왕(540~576)의 능, 진지왕(576~579)의 능이 포함된 것으로 본 것이다. 또한 기록과 현재 위치에 대한 고증이 거의 확실한 것으로 믿어지는 선덕여왕(632~647년)의 능이 이 시기의 왕릉으로 공인되고 있다. 따라서 비록 의견의 차이는 있으나 왕릉의 의미 파악을 위한 자료로 취신하는 데에는 큰 무리가 없다. 문제가 되는 것은 전헌덕왕릉을 진평왕(579~632)의 능(강인구 2000:467~468)으로 볼 수 있느냐는 것인데, 이에 대해서는 뒤에서 상세히 검토하도록 한다.

마립간기의 왕묘

대릉원지구고분군과 왕묘의 출현

경주지역에는 수많은 삼국시대의 고분군이 분포하고 있다. 이들 가운데 고총이 발생하고 난 이후, 즉 신라 마립간기의 중심고분군으로 볼 수 있는 것은 현재 경주시의 월성 북서편에서 북동편에 해당되는 노동동, 노서동, 황남동, 황오동, 교동, 인왕동 지역에 넓게 분포하고 있는 대릉원지구고분군〈도8-1〉일 것이다. 경주 시내에 있는 이외의 고분군으로는 황성동 일대에 분포하는 것을 들 수 있으나 이 고분군의 경우 지금까지의 조사 결과에 비추어 볼 때 비록 앞의 고분군들보다 이른 시기에 조성되기 시작하여 목곽묘 단계의 초기까지는 경주 시내지역의 비교적 큰 세력 집단으로서 역할을 한 것으로 보이나 목곽묘 단계의 후기부터는 세력의 약화 현상을 뚜렷이 보여주고 있다. 그리고 명활산성의 주변에 분포하는 고분군이나 서악동과 충효동 일대에 분포하는 고분군은 지금까지의 조사 결과로는 앞의 월성 북편에 분포하는 고분군의 후속으로 축조된 고분군으로 알려져 있다.

이 고분군은 그동안 행정구역명에 따라 분리되어 불리고 있었으나 읍남고분군(有光敎— 1955, 함순섭 1996) 황남동일대고분군이나 신라왕궁고분군(김용성

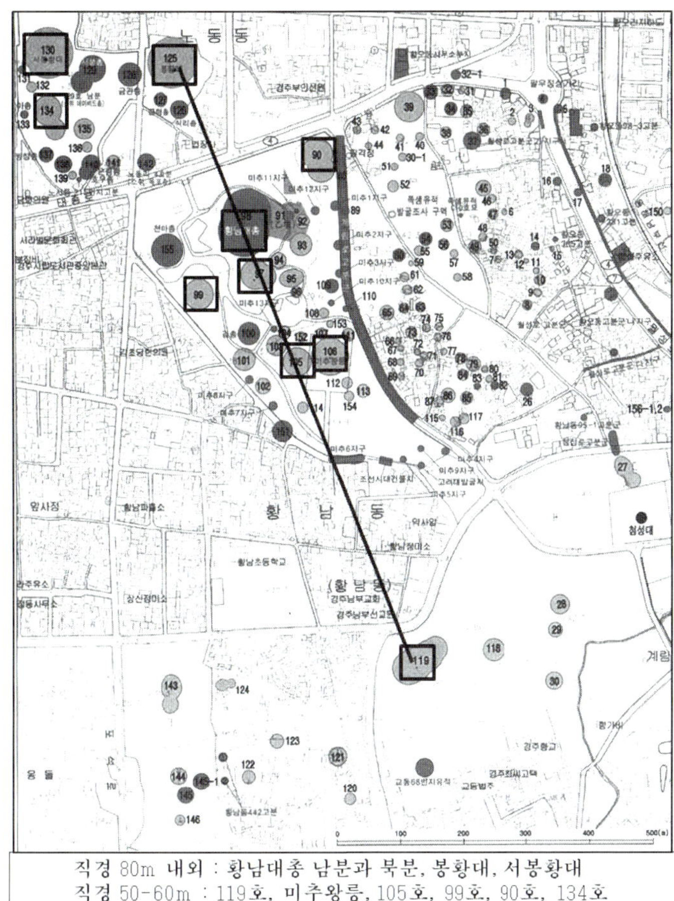

도8-1_경주 대릉원지구 초대형 고분 분포
(국립중앙박물관 2010 개변)

1997 · 2009a), 월성지구고분군(이청규 · 김대환 2000), 월성북고분군(최병현 2014) 등 합쳐진 이름으로 불리기도 하였으며 지금은 대릉원지구고분군으로 공식 명칭이 정해졌다. 이름이야 어찌 되었든 이 고분군이 목곽묘 단계 후기부터 고총 단계, 즉 경주로 보아서는 적석목곽묘와 적석봉토분 단계의 경주지역 중심고분군이며, 이 시기 신라의 중심고분군이라 할 수 있다. 이런 의미에서 볼 때 이 고분군은 신라라는 정치체의 발생, 발달과 깊은 관련이 있는 고분군이라 볼 수 있는 것이다. 결국 이 고분군의 분석은 고고학적으로 신라 중심 집단의 형성과 발전을 해명할 중요한 열쇠를 제공할 것이 자명하다.

이 고분군의 고분 분포 구역[6]은 북단이 원효로, 동단이 선덕여상 서편 도로, 서단이 금성로와 서성로, 남단이 월성과 문천이 된다. 그러나 실제는 서성로에서 월성으로 선을 그었을 때 그 서쪽 부분의 첨성로 북쪽에는 봉토분도 남아 있지 않고 고분 발굴의 조사 예도 없으므로 이 부분은 고분의 분포 범위에서 제외될 것이다. 이러한 범위는 일제강점기에 번호가 부여된 봉토분의 분포 범위인데 지금까지 조사 결과로도 이 범위를 벗어난 지역에서 고분이 조사되지 않고 있어 고분의 분포 범위를 위와 같이 확정해도 좋을 것 같다.

---

6 이하 고분군의 분포와 구성은 전고(김용성 2009a:88~109)를 요약하였다.

봉토분들은 크게 보아 2개의 군집으로 나누어진다. 월성의 서편 첨성로의 남쪽에 분포하는 것들과 월성의 북편에 분포하는 것이 그것이다. 이 두 개의 군집 사이 일정한 간격에는 봉토분들이 분포하고 있지 않으며 그 주변 지역의 실제 발굴조사에서도 고분이 확인되지는 않고 있다. 이것은 당시의 지형적 조건과 관계된 것으로 보이는데 확실하지는 않다.

월성 서편의 고분군은 가장 동측에 전나물왕릉(30호분)을 포함한 3기의 석실분으로 보이는 봉토분들이 열을 지어 있고 그 서편에 다수가 분포하고 있는데 가장 서단의 144호와 143호 주변에만 비교적 조밀하고 월성 북편의 조밀한 고분들과는 달리 간간히 봉토분의 존재가 확인된다. 이 고분들 가운데 중심을 이루는 것은 119호와 118호분으로 이 고분들은 다른 것들에 비해서 월등히 크고 전체 고분군 가운데서도 대형급에 속한다. 이를 다시 세분한다면 119호를 중심으로 그 동편의 고분군(120~124)과 서편의 고분군(28~30, 118, 119호)으로 나눌 수 있을 것이다.

월성 북편의 고분군은 크게 보아 하나의 군집이나 6개의 군집으로 세분할 수 있다. 먼저 태종로를 중심으로 그 북의 노동동과 노서동에 분포하는 고분군을 분리하여 볼 수 있고, 그 남편의 계림로 서측에 분포하는 고분군(전미추이사금릉과 황남대총 중심의 고분군), 가장 동편의 인왕동에 분포하는 고분군(19~25, 148~150호), 계림로와 월성로 사이의 북측에 분포하는 고분군(1~5, 30-1~44, 51, 52호), 남측에 분포하는 고분군, 그 남측의 첨성대 북편에 분포하는 고분군(27호분과 그 주변)이 그것이다.

이렇게 세분된 8개의 구분은 봉토분들의 분포 현황에서 나타나는 것인데 크게 의미를 둘 수 있을까 의문이다. 그것은 황남대총과 천마총의 북측에 대한 조사가 없어 노동동과 노서동에 분포하는 고분군과 대릉원 내에 분포하는 고분군을 나눌 수 있는 것인데 이들이 분리된 것인지 확실하지가 않고 여러 가지 정황으로 보아서는 연결되는 고분군으로 보아야 할 것이기도 하기 때문이다. 그러나 그 이외의 세분된 고분군들은 어쩌면 가계 집단의 분화와 같은 현상을 나타내고 있을지도 모른다. 즉 가장 동편의 인왕동지역에 분포하는 고분군과 남서쪽의 143호분 주변의 고분군은 확실하게 떨어져 있는 것이 확인되므로 봉토분의 축조에 있어서 구분되는 지점을 선택하게 된 배경이 있을 수 있기 때문이다.

이 대릉원지구고분군의 지금까지 발굴된 자료를 총괄해서 연대에 따라 배열하여 고분군의 형성 과정을 추찰해 보면 다음과 같은 결과가 도출된다.

고분군은 인왕동지역 특히 그 동단에서 분묘가 축조되기 시작한 것이다. 그 시기는 순수목곽묘 단계의 시작기인 기원 2세기 후반으로 볼 수 있다. 이렇게 시작된 고분군은 현재까지의 발굴 자료로 볼 때는 순수목곽묘 단계에는 주변의 황성동 집단에 비해서 열세였을 것으로 추정된다. 그러나 비교적 이른 시기에 해당하는 분묘의 자료가 발굴되지 않았을 뿐이지 앞으로 쪽샘지구에 대한 발굴이 지속되면 이 단계의 대형분이 조사될 가능성이 매우 크다.

그러나 적석목곽묘가 축조되기 시작하는 단계에서부터는 분묘 축조의 중심 구역이 서진하여 월성로 주변으로 이동되고 경주지역의 중심고분군으로 확실히 자리 잡기 시작한다. 한편 이때에 계림로를 중심으로 한 지역인 고분 분포 지역의 서편에 분묘가 축조되었을 가능성이 크고 이 지점들에 분묘를 축조한 집단은 월성로 중심지역 집단과는 별개의 집단으로 상정된다.

고총 단계의 전기가 되면 고분군의 동측과 서측에 분리된 집단이 각각 고총을 발생시켜 고분을 축조하기 시작하는데, 비교적 이른 시기에는 동측 집단의 우세가 인정되나 늦어도 황남동 109호분 3·4곽(齋藤忠 1937)의 축조 시점인 4세기 4/4분기에는 서측의 고분군 축조 집단이 우세해지고 이 집단에 의해서 본격적인 초대형분(적석봉토분)이 축조된다.

고총 단계 후기에는 왕족의 고분이라 할 수 있는 고분들은 계림로 이서에 119호를 기점으로 남에서 북으로 세대에 따라 초대형분을 축조해 나가며 나머지 대형분들은 황남대총을 기점으로 그 동에 점점이 대형봉토분을 축조하고 이들에서부터 사방으로 봉토분을 축조하여 경주 중심지고분군을 완성시킨다. 한편 119호의 서편과 인왕동지역에 독립되어 고분을 축조하는 집단의 분화가 있었다.

이후 석실묘 단계에도 고총 단계까지 완성된 고분군의 묘역을 재사용하여 마

립간기 중심 집단의 계승성을 확보하고 있는 것이 관
찰된다.[7]

이 고분군의 여러 발굴에서 주목되는 고분은 앞의
제4장에서 일부 언급한 월성로 가13호(국립경주박물
관 외 1990)와 황남대총(김정기 외 1985·1994)이다.
이중 월성로 가13호는 4세기 중후반 대릉원지구에 적
석목곽묘로 대형의 봉토분, 즉 고분군에 고총이 발생
하였음을 증명하는 것이고(김용성 2013c), 황남대총
은 적석목곽묘로서 왕묘의 현상을 잘 지적해 준다. 여
기에서는 월성로 가13호의 조사 현황과 그 의미를 살
펴보고, 황남대총은 왕묘의 모습을 잘 알려주는 것이
기에 절을 바꾸어 그 현상과 의미를 살펴보도록 한다.

월성로 가13호〈도8-2〉는 경주시 황오동 381번지
에 해당하는 월성로 동편의 하수구 아래에서 조사된
고분이다. 묘광을 파고 목곽을 설치한 다음 목곽과 묘
광벽 사이에 돌을 채운 위석식 목곽묘로도 부르는 지
하식의 사방적석석식 적석목곽묘이다. 묘광은 길이

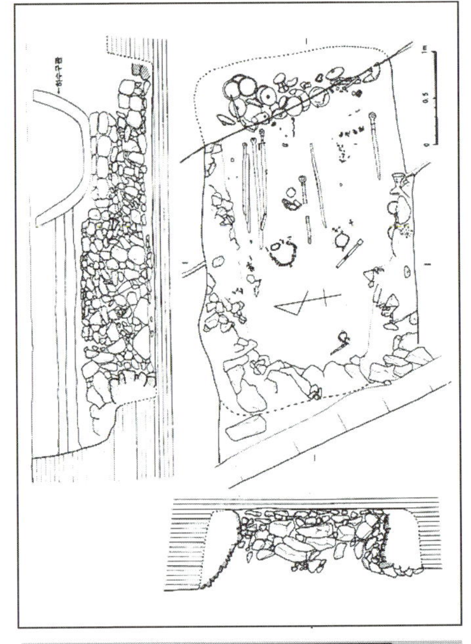

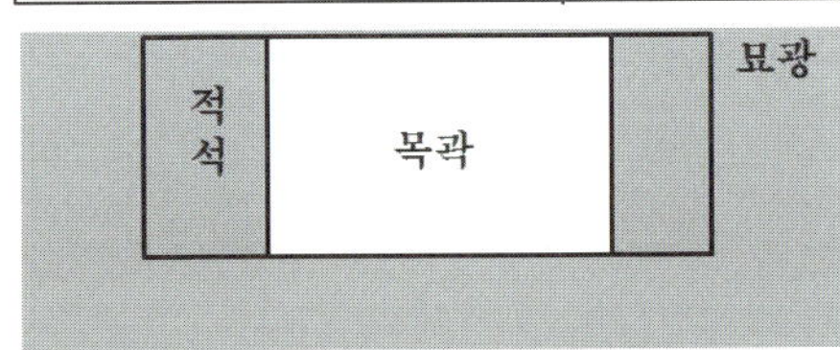

도8-2_ 월성로 가13호 유구와 모식도
(국립경주박물관 외 1990 개변)

3.5m, 너비 2.4m, 깊이 0.9m 정도이다. 호석 등 묘역을 구분한 시설은 발견되지
않았다. 묘광의 내부에 설치된 목곽은 길이 3m, 너비 1.65m이다. 목곽과 묘광의
벽 사이에 채운 석재는 40cm 이하 크기의 괴석으로 일정하지 않고 목곽의 위에
적석한 흔적은 없었다.

월성로 고분 가운데 대표적인 적석목곽묘로 출토유물이 가장 많고 화려하다〈앞
의 제4장 〈도4-11〉). 특히 성복유물로 판단되는 장신구 등의 착장유물이 많이 출
토되었는데, 그 출토 위치 및 다른 유물의 배치 형태로 보아 5인이 매장된 합장묘

---

[7]   여기에 분포하고 있는 고분은 횡혈식석실로 그 호석은 무열왕릉과 같이 부석을 기댄 것이
다. 따라서 중고기 말이나 중대 초에 축조된 것으로 볼 수 있는데, 왕계에서 멀어진 나물왕계의
최고 귀족들이 주인공이었을 가능성이 크다.

로 인식되고 있다. 이중 4인은 머리를 동향으로 두 명씩 세트로 하여 동서로 누어있고, 나머지 1인은 4인의 발치에 남침으로 교차하는 방향으로 누어있다. 하나의 묘에 이와 같이 다수의 매장이 이루어져 순장묘라고 보기도 하였으나 각각이 가진 착장유물, 즉 성복유물에서 서로 간 차등성이 있으나 그리 크지 않아 전쟁이나 전염병 등의 사정으로 인해 합장된 것으로 보고 있다. 이는 여기서 출토된 인골편에 대한 분석 결과 피장자가 비교적 어린 사람들이라는 점에서 방증된다.

피장자를 남동에서부터 남1호인, 북2호인, 남3호인, 북4호인, 서5호인으로 나누어 그들이 착용한 유물을 보면, 남1호인은 1자루의 환두대도를 왼쪽에 차고 목에는 곡옥과 금수슬, 유리구슬로 구성된 경식을 차고 있다. 북2호인은 머리에 금제수식이 달린 모자를 쓰고 5자루의 환두대도를 차고 있다. 또 목에는 곡옥을 매단 유리구슬의 경식을 차고 있다. 이 북2호인의 허리 왼쪽에서는 금제와 은제의 완과 2개체분의 유리제 배가 출토되어 합장된 매장자 가운데 가장 존귀한 사람으로 볼 수 있다. 남3호인은 순금제의 세환이식, 곡옥부경식, 환두대도를 차고 있다. 이중 경식은 은막대를 중간 중간에 넣어 구슬을 넓게 연결시킨 경·흉식으로 판명되었다. 북4호인은 순금제의 세환이식과 금막대로 구슬을 연결시킨 경·흉식을 착용하였고, 금제와 은제의 완을 가지고 있다. 서5호인은 순금제의 경식을 착용하고 대도를 차고 있다. 피장자가 착장한 유물 이외에 묘의 동단벽 가까이에서는 고배, 장경호, 철모, 철촉과 성시구 등의 유물이 열을 이루며 출토되었다.

출토된 토기 가운데 고배는 월성로 가6호에서 출토된 가야 양식으로 부르는 일렬투창의 고배도 출토되었으나 신라 양식인 교열투창의 고배도 다수가 출토되었다(앞의 제3장 〈도3-13〉). 그리고 장경호 등도 완전한 신라 양식을 취하고 있어 신라 양식의 토기가 본격적으로 출현했음을 보여준다. 이러한 토기의 양상으로 보아 고분은 4세기 중엽이나 후반에 축조된 것으로 판단된다(이희준 2007:121~134, 김용성:2009a:93~99).

고분에서 출토된 많은 곡옥, 금구슬, 금제 수식과 이식, 경식과 경·흉식 등은 신라의 금제품의 정형화한 형태를 갖춘 것이고, 이미 금과 은으로 용기를 제작했

음을 보여주며(제4장 〈도4-11〉), 외래 물품인 유리기도 부장되어있다. 피장자
의 나이가 모두 그렇게 많지 않음에도 불구하고 이렇게 화려한 유물이 출토된 것
은 당시 성인의 고분은 어떠할지 유추할 수 있게 한다. 따라서 적어도 이 고분이
축조되던 시기에 성인의 귀족이나 왕족 등은 곧 바로 이어지는 황남동 109호분
3·4곽과 같은 묘역을 가진 고총을 축조하였고, 거기에 신라고총의 특색인 정형
화된 신라식의 복식품을 착용하고 매장되었음을 암시한다. 결국 이 고분은 신라
고총의 발생을 알려주는 중요한 지표가 되는 것으로 인식할 수 있다. 특히 부장
된 유리기는 신라가 마립간시대 초기부터 서역의 물품을 입수하여 사용하였음을
보여주는 자료로 외국과의 교섭을 통해서도 부를 축적하고 있던 상황을 알려준
다. 이러한 고분의 물질적 자료는 대릉원지구고분군에 본격적인 마립간기의 왕
묘가 축조되었음을 적극적으로 알려준다.

마립간기의 왕묘 황남대총과 그 능원

　경주에서는 적석목곽묘를 기반으로 한 고총이 축조되면서 왕묘가 출현한다.
지금까지 알려진 적석목곽묘로서의 고총은 황남대총 남동편, 전미추이사금릉 동
북에 자리한 황남동 109호분 3·4곽이 가장 이른 것이다. 그러나 앞에서 설명하
였듯이 이보다 좀 더 이른 시기의 적석목곽묘인 월성로 가13호에서 신라식으로
정형화한 착장 금공 위세품이 여러 벌 출토하였으므로 적어도 이 시기에는 경주
에 왕묘라고 할 수 있는 거대 고분이 축조되었다고 추정할 수가 있다.

　다음 시기의 왕묘임이 분명한 고분은 황남대총이다. 경주에는 황남대총 이외
에도 수많은 고총이 분포한다. 고총은 월성 북편에 연하여 동으로 인왕동에서부
터 서로 황오동, 황남동, 다시 북으로 가며 노동동과 노서동에 밀집해 있고, 일제
강점기까지 남아 있던 155기에 대해 번호가 부여되어 관리되고 있다. 물론 이 가
운데는 후대인 7세기 이후에 축조된 횡혈식석실묘도 간간히 섞여 있으나 대부분
은 4세기 중후엽부터 6세기 초까지에 축조된 적석목곽묘가 주류를 이룬다. 또 봉
분이 이미 파괴되거나 축조 시 봉분이 제대로 갖추어지지 못한 것까지 합치면 경

도8-3_ 경주 대릉원지구 왕족묘구
(이재영 촬영을 개변)

도8-4_ 경주 대릉원지구 황남대총 중심 군집
(오세윤 촬영을 개변)

주 시내에 분포하고 있는 고분의 수는 적어도 수천 기를 넘어설 것으로 추정된다.

이렇게 넓게 분포하는 대릉원지구고분군 가운데 주목되는 것이 바로 월성 서북에서 북으로 뻗어가며 분포하고 있는 고총들이다. 즉 현재 대릉원으로 공원화되어 있는 고총들과 그 남쪽의 월성 서북에 위치하는 119호분, 노동동과 노서동에 분포하는 봉황대고분과 서봉황대고분 등을 중심으로 한 고총들이다〈도8-3〉. 지금까지의 발굴조사에서 이 고분 군집을 벗어난 고분에서는 신라식의 최고 위세품이라고 할 수 있는 금관, 금관모, 금과대 등이 출토되지 않고 이 범위 내에서만 출토되었음은 이들이 마립간과 그 일족들의 묘임을 알려준다. 그런 최고급 유물이 출토된 고분인 황남대총 남분과 북분, 천마총, 금령총, 금관총, 서봉총 등이 모두 그 범위 내에 있다.

이런 고총들은 중앙의 큰 고분을 중심에 두고 그 전면과 좌우에 약간 작은 고분이 배치되는 몇 개의 군집으로 나누어진다. 그 가운데 가장 대표적인 것이 황남대총을 중심에 두고 우측에 천마총, 좌측에 90호분이 배열되고 그 전면에 96호, 97호 등이 배열된 군집이다〈도8-4〉. 이런 배열 모습은 중앙에 마립간의 묘인 왕묘가 자리하고 그 전면과 좌우에 그와 일정하게 관련이 있는 인물의 무덤이 배열되었음을 뜻하는 것으로 보인다. 이러한 배열은 서한 황제 능원의 모습과 비교된다〈도8-5〉. 이런 군집 가운데 다른 것에 비해 격단의 차이를 보이는 대형 고분은 남쪽에서부터 황남동 119호, 전미추이 사금릉, 황남대총, 봉황대고분, 서봉황대고분 등을 들 수 있다. 이들은 대략 당시 최고 지배자인 마립간이나 그에 버금가는 신분의 피장자가 묻힌 것으로 볼 수 있어 왕묘로 판단할 수 있을 것이다.

이 가운데 발굴된 황남대총은 여러 가지 정황으로 볼 때 확실한 왕묘이다. 황남대총은 우리나라의 고분 가운데 가장 큰 봉분을 가졌으며 남분과 북분으로 구성된 소위 표형분이다. 고분의 높이는 북분이 22.60m, 남분이 21.90m로 남분이 북분에 비하여 약 70cm가 낮고 동서 밑지름은 남분과 북분이 각 82m로 같았으며 남북분을 포함한 전체 밑지름은 114m였다. 이 가운데 남분은 출토유물에 의해 남자의 무덤으로, 북분은 여자의 무덤으로 밝혀져 마립간 부부의 무덤으로 볼 수 있다. 고분은 지상으로 올라간 목곽의 주변 적석부의 축조에 가설목을 설치한 특징이 있고 실제 목곽의 상부에 올라간 적석의 양은 더 후대 천마총보다 두껍지 않은 특징이 있어 이른 시기의 속성을 나타낸다〈도8-6〉.

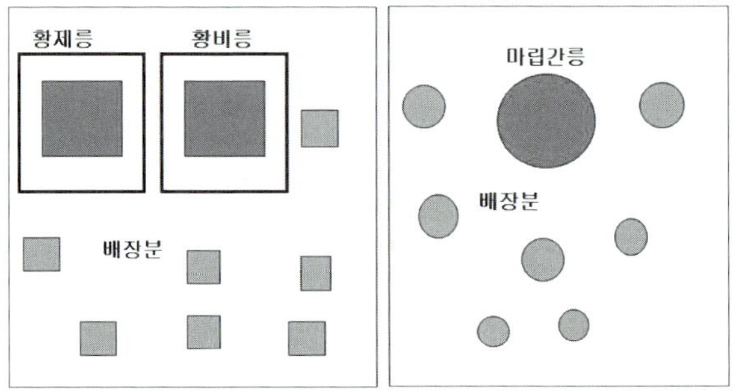

도8-5_ 서한 황제릉원과 신라 마립간릉원의 비교

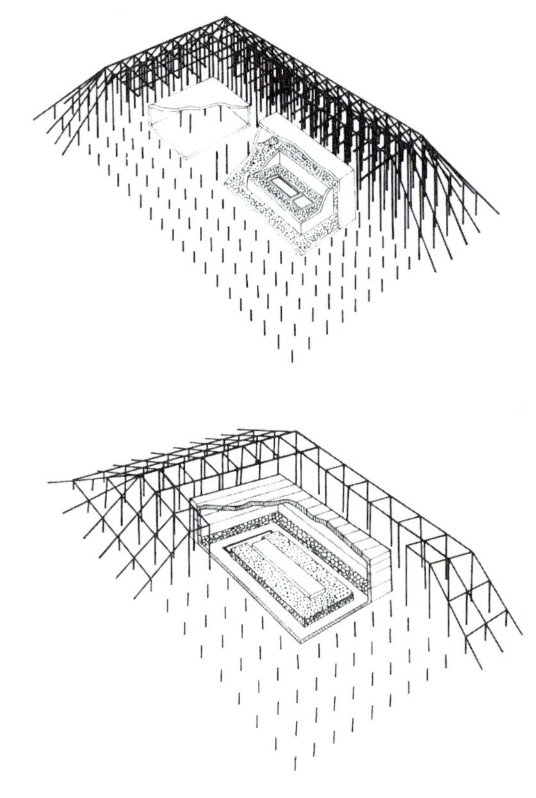

도8-6_ 황남대총 남분(위)과 북분(하)의 적석부 가설목 설치 상태
(국립중앙박물관 2010에서)

이중 남분은 주곽과 부곽이 동서로 吕자형(도7)으로 배치된 것으로 주곽에서는 60세 전후의 남자 주인과 순장된 것으로 믿어지는 15세 전후 여자의 인골

이 발견되었다. 주곽인 목곽은 삼중곽식三重槨式〈도8〉으로 외곽은 동서 길이 6.5m, 남북 너비 4.1m, 높이 3.7m였고, 장축은 정동서를 가리켰다. 그 안에 중곽이 설치되고, 다시 그 안에 주검칸과 부장칸을 칸막이로 구분한 내곽이 설치되었으며 그 주검칸에 주인공을 모신 목관이 안치되었다. 내곽과 중곽 사이에는 내곽 높이에 해당하는 적석단이 마련되었고, 중곽과 외곽 사이에도 중곽 높이의 적석단이 마련되었다. 이중 중곽과 외곽의 상면에는 문 모양의 열린 부분을 두어 통하도록 하였는데, 이는 목곽을 설치하고 이 개구부로 하관下棺이 진행된 것을 알려준다. 부곽은 주곽 피장자의 발치에 설치된 것으로 남북 길이 5.2m, 동서 너비 3.8m, 높이 1.3m 크기이고 내부에 나무기둥 4개를 세워 가구한 목곽이었다.

주곽에서는 금동관, 금제관수식, 금제경식, 금은제과대, 금은장환두대도 등이, 부곽에서는 몇 천점의 토기와 7벌의 마루류, 300여점의 철제무구, 농구, 이기류 등이 출토되었다. 이중 1벌의 마구류는 전체가 비단벌레 날개로 장식된 것이었

다. 이외에 주곽에서는 다수의 관
모류와 경식, 금제이식을 비롯해
많은 청동 용기와 유리 용기도 함
께 출토되었다.

　북분은 남분과는 달리 하나의 목
곽만 설치된 것이다. 목곽은 동서
길이 6.8m, 남북 너비 4.6m, 높이
4m였고, 그 내부에 칸막이한 내곽
을 설치하고 주검칸에 목관을 안치
하였다. 내부에서는 금관, 금제수
식, 금제경식, 금제과대, 금반지, 금
팔찌 등이 출토되었다. 이외에도
타출문은잔, 금은제용기, 흑갈유자
기병, 유리 용기, 철솥과 청동초두
를 비롯한 각종 금속 용기 등이 출
토되었다. 부장품의 성격을 비교
하면 북분이 남분에 비해 장신구가
많은 반면 무기와 무구류가 적고,
피장자는 내도를 차지 않았다. 그
리고 출토된 은제허리띠에 '부인대
夫人帶'라는 명문이 있는 점에서 주
인공은 여성으로 판단된다.

　이와 같은 황남대총의 구조는 신
라 적석목곽묘 가운데 초유의 것
으로 초기 대형분의 복잡한 구조를
잘 말해준다. 출토유물은 지금까지
발굴된 신라고분 가운데 가장 수준

도8-9_ 황남대총 금동마구와 신라산 청동 용기
(①~③:남분 ④:북분)
(국립중앙박물관 2010에서)

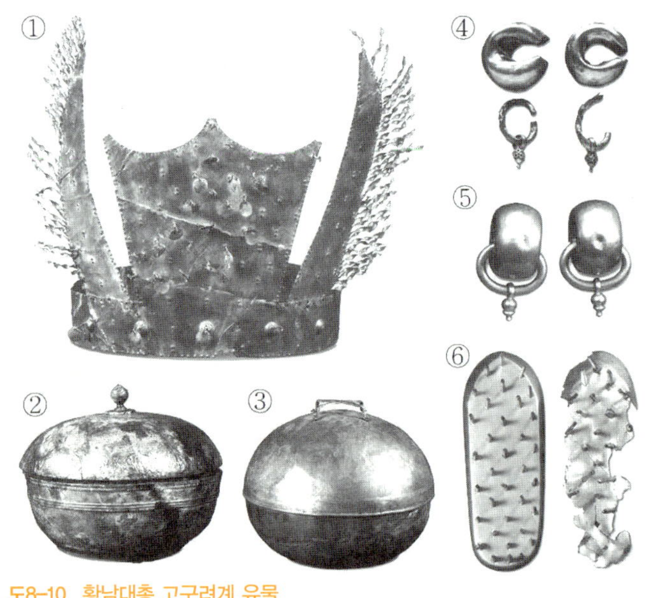

도8-10_ 황남대총 고구려계 유물
(①~③:남분 ④~⑥:북분)
(국립중앙박물관 2010에서)

도8-11_황남대총 중국계 유물 등
(①~⑥:남분 ⑦~⑫:북분)
(국립중앙박물관 2010에서)

이 높고 호화로운 것이다. 다만, 북분의 주인공인 여성은 금관을 착용한 반면 남분의 주인공인 남성은 금동관을 착용한 점에서 특이성이 있는데, 이 때문에 신라 금관의 출현 시기와 피장자의 신분 문제에 관련된 여러 가지 설이 제기되었다.

출토유물 가운데는 남분의 안장을 비롯한 비단벌레가 장식된 금동마구류는 신라의 뛰어난 세공기술을 보여주고, 남분과 북분의 신라산이 확실한 청동 용기〈도8-9〉는 다른 고분에서 유례가 없는 것이다. 외래계 유물로는 남분과 북분에서 고구계의 금속 용기와 금공 위세품〈도8-10〉이 출토되었다. 그리고 중국계 청동 용기와 유리 용기도 함께 출토되었고 중국계 흑갈유자기병이 북분에서 출토되었다〈도8-11〉. 이외 남분과 북분에서는 봉수형의 유리병을 비롯한 서역계 유리 용기, 북분에서 서역계 타출문은잔과 판상의 팔찌 등이 출토되었다〈도8-12〉. 이들은 유례가 없는 것으로 중국·서역과의 국제 교류를 보여주고 있다.

황남대총의 주인공에 대해서는 그동안 많은 논쟁이 있었으나 대부분 왕묘라는

점에 대해서는 일치된 견해를
보인다. 다만, 왕이라면 누구일
까라는 문제가 남아 있는데, 5
세기 초에 사거한 나물마립간
(이희준 2010)이라는 주장과 5
세기 중엽 후반에 사거한 눌지
마립간(김용성 2010a)이라는
설, 또 5세기 전반 사망한 실성
마립간(함순섭 2010)이라는 설
도 제기된 상태이다. 그러나 최
근의 연구들(이경미 2010, 김두
철 2011, 강현숙 2012)은 5세기
중엽의 눌지마립간릉설에 힘을
실어주고 있다.

도8-12_ 황남대총 서역계 유물
(①~③:남분 ④~⑦:북분)
(국립중앙박물관 2010에서)

　한편 남분과 북분의 내곽 바깥과 위에서도 다수의 장신구가 출토되었다. 남분
의 경우 이 공간에서 출토된 유물에는 금제태환이식 5쌍, 금제세환이식 2쌍이 포
함되었고, 북분의 경우는 금제태환이식 5쌍과 금제세환이식 3쌍이 출토되었다
(김용성 2009a:124·129). 이는 순장자가 착용하였으리라 판단되고 있는데, 만
약 그것을 받아들인다면 남분에는 적어도 7인 이상, 북분에는 8인 이상이 순장되
었음이 확인된다. 이식을 착용하지 않은 사람과 내곽의 내부를 고려하면『삼국사
기』지증왕 3년조의 "왕이 죽으면 남녀 각 5인을 순장하다가 이때에 이르러 금하
게 하였다"는 기록과 상통하는 점이 있어 신라 왕묘 장례의 일면을 보여준다.

　이 황남대총 이외에 대릉원을 중심으로 한 지구의 발굴된 대형 적석목곽묘인
천마총, 금관총(梅原末治 外 1924), 서봉총(小泉顯夫 1986), 금령총(梅原末治
1932) 등에서는 금관을 비롯하여 많은 금제품이 쏟아져 나와 지방 고총, 그리고
주변의 고분과는 출토유물에서 현격한 차이를 보인다. 이 격차는 고분의 크기에
서도 명확하게 나타난다. 이런 사실들은 마립간과 그 가족을 비롯한 중앙 지배층

이 지방의 고총 주인공이나 중앙 일반 귀족들과는 엄격하게 구별되는 복식을 착용하였음을 분명하게 보여준다.

또한 이들 왕묘 혹은 왕족묘들에서는 지방에서 나오지 않는 별도의 유물이 출토되었다. 신라에서 생산되지 않은 수입된 유물로 볼 수 있는 것들로 많은 청동 제품, 유리 용기, 자기 등이 그것이다. 이외에도 지방의 고총에서 한두 점 출토되는 금속 용기가 왕묘급에서는 으레 다수가 출토되는데, 고구려에서 제작된 청동 호우靑銅壺杅가 호우총에서 출토된 점으로 미루어 보건대 그런 유물은 다수가 외국에서 제작된 것이 신라로 유입된 것이라고 볼 수 있다. 이러한 외래 유물은 신라 중앙의 지배층이 외교를 비롯한 국제 교역에서 독점적 위치에 있었음을 보여주는 자료라고 할 수 있다.

발굴된 고분 가운데 마립간기 왕묘로 추정되는 또 하나의 고분이 천마총이다. 이 고분은 구체적으로 지증마린간의 능(최병현 2014)으로도 추정되고 있으나 고분 봉분의 크기(직경 47m, 높이 17m), 목곽의 크기(6.6×4.2×2.1m) 등에서 같은 단곽식인 황남대총 북분의 직경 82m, 높이 22.6m, 목곽 길이 6.8m, 너비 4.6m, 높이 3.7m에도 미치지 못하고, 금관이 출토되었을 뿐 외래계 유물 등에서 황남대총 남·북분과 비교하면 차등이 있다. 천마총에서는 중국계 청동기로 정 1점, 초두 1점, 고구려계의 금동합 1점, 유리잔 1점과 또 다른 유리잔의 대각 1점 등이 출토(국립경주박물관 2014)되어 비교된다. 같은 남성의 무덤으로 마립간릉인 황남대총 남분의 경우는 고구려계의 청동합과 은제합 각 1점, 중국계 청동기로 정 2점, 초두 1점, 반 1점, 시루 1점, 유리기 5점 이상 등이 출토되어 천마총에 비해 월등하다. 그리고 천마총은 순장된 사람의 수도 많아야 5인 정도(김용성 2009a:135)로 왕급에 해당하지는 않는다. 이런 점에서 천마총은 왕릉이 아니고 왕제의 묘로 보는 것이 합리적이다.

이 황남대총이 포함된 대릉원지구의 고분 가운데 앞의 왕과 왕족묘의 구역을 하나의 능원으로 설정할 수 있다. 즉 마립간과 그 가족이 일반의 고분군과는 구분되는 곳에 왕묘 능원을 형성하며 혼거한다고 할 수 있는 것이다. 이 능원은 왕궁인 월성에 근접한 특징이 있다. 이 마립간기 능원이 형성된 시기는 지금까지의 신라고고학 연구 결과에 의하면 4세기 후반부터 6세기 초까지이다.

월성 서북편의 이들 마립간기 왕족의 무덤으로 보이는 황남동에서 노서동까지의 고분 분포상을 분석하면 대형분을 기준으로 6개의 군집으로 묶을 수 있다(앞의 제4장 〈도4-12〉). 이들 군집을 자세히 살펴보면 황남대총이 포함된 Ⅲ군, 봉황대가 포함된 Ⅳ군, 서봉황대가 포함된 Ⅴ군, 노서동 134호가 포함된 Ⅵ군의 경우 가장 큰 고분을 뒤에 두고 작은 고분이 옆이나 앞에 배열된 특징을 찾을 수 있다.

유사한 형태의 배열인 임당지역고분군의 이러한 현상은 세대관계를 의미하는데(김용성 1998), 이 고분들도 그러할 경향성이 농후하다. 그것은 이들 대형분이 남에서 북으로 조영되어간 것으로 믿어지고 있는 데에서 뒷받침될 수 있다. 또 이 군집 각각의 최대형분인 황남동 119호, Ⅱ군의 황남동 105호, Ⅲ군의 황남대총 남분, Ⅳ군의 봉황대고분이 일직선상에 배치되었음은 이들 고분이 일정한 기획아래 조성되었음을 의미[8]하는 것이므로 그 축조서열과 군집의 배치 파악에 필요한 방증이 될 수 있다. 그런데 전미추이사금릉이 포함된 Ⅱ군의 경우 대형을 뒤에 두고 작은 고분이 앞에 배열되지 않았고, 비교적 유사한 크기의 100호(검총), 101호, 102호, 103호, 105호가 서쪽에 군집을 이루고 있고[9], 그보다 작은 107호, 108호, 110호, 111호 등이 동쪽에 군집되어 가장 큰 전미추이사금릉을 앞에 두고 배열되어 있다. 따라서 이 군집의 배열상은 다른 것들과 아주 다르다.

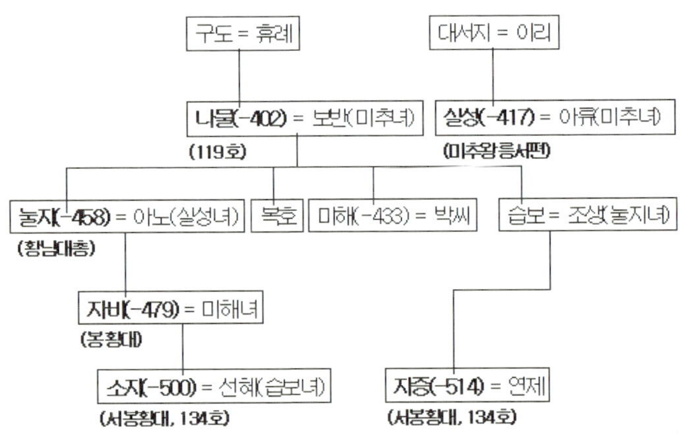

표8-2_ 신라 마립간기의 왕계

---

[8]　꼭 같은 의도는 아니겠지만 이러한 신라 왕릉의 기획성은 뒤의 중고기 서악동능원에서 잘 드러난다.

[9]　이 군집에서 직경 50m가 넘는 것은 전미추이사금릉(61.1m)과 그 서편의 105호분(53.7m)이 있다.

이러한 사실이 이 군집의 서측에 배열된 고분의 수즙 가능성을 지적해 주는 것이 아닌가 한다.[10] 특히 이 군집 가운데 가장 북서측에 위치하며 일부 조사된 100호(검총)가 수축되었을 가능성이 이미 제기되어 있다(최병현 1992:431). 따라서 수즙기사와 연결시키면서 이 고분군의 대형분 축조 방향, 배치 상황을 같이 고려하면 황남대총 남분은 눌지마립간릉일 가능성이 크다. 그리고 황남대총이 소속된 Ⅲ군의 경우 좌우측과 앞에 비교적 대형분에 해당되는 천마총(155호)(직경 45m), 90호(표형으로 단일 직경 59.5m), 97호(표형으로 단일 직경 47.9m), 99호(직경 53.5m) 등이 배열되어 있는데, 이들은 동세대의 친연관계가 있는 사람들, 즉 형제와 자매의 관계가 있는 사람들의 무덤일 가능성이 크며,『삼국사기』나『삼국유사』에 왕제로서 등장하는 인물로서 눌지마립간의 형제가 많으며, 그 자식들의 혼인으로 왕계가 이어져 나간 것〈표8-2〉과 관련될 가능성이 있다. 따라서 황남대총을 둘러싸고 있는 배장분으로 추정되는 천마총, 90호분, 97호분, 99호분 등은 왕제 등 눌지마립간과 가까운 관계의 인물이 주인공으로 비정될 수 있다.

이렇게 파악하면 119호를 나물마립간, 황남대총을 눌지마립간, 봉황대를 자비마립간, 서봉황대나 134호를 소지마립간 또는 지증마립간의 능으로 추정할 수 있다(김용성 2009a:170).

이렇게 왕인 마립간과 왕족이 혼거하면서 일반의 고분과 분리된 능원을 형성한 것은 중국 춘추시대와 전국시대의 '공묘제公墓制'와 비교될 수 있다. 중국의 춘추시대와 전국시대에는 묘제상에서 '족분묘族墳墓'제도가 쇠락하기 시작하는 단계이다. 도성에 묘지를 배치한 것은 춘추시대가 대표적으로 이때 제후의 능묘는 전시대와 마찬가지로 일반적으로 도성의 내부에 비교적 집중적으로 배치하였다. 이는 종법 관계와 소목昭穆 제도에 따라 제후를 집중해서 매장하는 '공묘제'와 관련이 있다. 그러나 전국시대에는 동주와 서주의 군君, 연燕나라, 노魯나라 등을 제외한 열국의 공묘는 모두 도성에서 먼 곳에 축조되었고, 각 능묘의 분포 범위는 갈수록 멀리 확대되었다. 이는 '공묘제'가 파괴된 결과로 보고 있다(許宏

---

10   유사한 크기의 고분이 군집하고 있음은 이들이 획일적인 작업으로 이루어졌을 가능성을 지적해 준다.

2000:126)

신라의 마립간기 능원제도가 이 족분제 혹은 공묘제의 영향인지는 확실하지 않다.[11] 그러하지 않더라도 사회의 발전상에서 이러한 과정을 거쳐 완전한 능원제도가 형성되었다는 점에서는 의미가 있다고 생각된다. 즉 기원전 2세기부터 기원후 2세기 무렵까지 목관묘 단계의 고분 분포는 군집을 이룬 경우 서로 독립되어 분산된 상태로 분포하나, 이후 마립간기 이전까지의 목곽묘 단계에는 중심 혹은 능선 상위의 중앙에 대형의 분묘가 자리하고 주변과 사면에 소형의 분묘가 자리하여 분묘 간 서열이 확실해지다가 마립간기에 이르러 왕족만의 능묘구를 가지게 되는 발전상(김용성 2011c)이 사회의 변천상을 알려주는 것이기 때문이다.

이렇게 왕과 왕족이 혼거하는 능원의 형성은 후대 중고기와는 아주 다른 양상이다. 아직 어떤 지배집단의 대표로서의 성격을 보여줄 뿐 초월적인 지배자의 모습으로 나타나지 않는다고 할 수 있다.

_중고기의 왕릉과 능원

전기의 왕릉과 능원

앞에서와 같이 중고기 전기를 법흥왕, 진흥왕, 진지왕 시기로 본다면 이때의 왕릉은 서악동고분군에서 찾을 수 있다. 서악동고분군은 신라도성 구역(김용성 2009a:268~294)이라고 볼 수 있는 경주분지의 서편에 위치한다. 신라의 왕궁인 월성에서는 서남쪽에 해당되고 도시 구획이 된 신라 왕경 범위의 서단을 서천으로 본다면 그 외곽에 존재하는 셈이다.

서악동고분군〈도8-13〉이라고 하면 일반적으로 무열왕릉과 그 전면의 두 고분, 그리고 그 뒤의 중고기 왕릉으로 추정되어온 네 능을 말하는데, 이들 고분 외

---

11 왕족의 분묘가 왕묘를 중심으로 서쪽에 세대별로 군집을 이루며 배열되고, 그 동쪽에 귀족의 묘들이 군집되고 있음은 씨족군집의 족분제일 가능성이 크다.

에도 이 능선을 둘러싼 선도산(해발 390m)에서 남쪽으로 뻗는 여러 능선에 고분이 분포하여 이 모두를 서악동고분군이라고 통칭할 수 있다. 2008년 간행된『경주문화유적지도』에 의하면 중앙 능선의 왕릉급 고분들을 서악동고분군 6, 그 북측의 능선들에 분포하는 고분군을 서악동고분군 4, 서측 능선에 분포하는 고분군을 서악동고분군 5, 서남에 분포하는 고분군을 서악동고분군 7, 남동쪽 장산에 분포하는 고분군을 서악동장산고분군으로 표기하여 나누고 있다.

전체 서악동고분군 가운데 가장 주목되는 고분군은 동남을 향해 열리고 북에서 서를 거쳐 남동까지 연결된 능선, 즉 서악동고분군 4·5·7, 서악동 장산고분군이 둘러 싼 서악동고분군 6이다. 이 고분군은 무열왕릉을 중심에 두고 그 전면에 전김양묘와 전김인문묘가 분포하고 그 후면에 4기(서악동 1~4호)의 왕릉급 고분이 낮은 능선의 정상을 따라 일렬을 이루며 분포한다. 무열왕릉과 그 전면의 그 배장분으로 추정되는 전김양묘, 전김인문묘 외의 무열왕릉 서편의 고분은 서에서부터 동으로 가며 순차적으로 1~4호로 번호가 부여되어 있다. 이 네 왕릉급 고분은 서로 인접하여 배치된 특징을 보이며 그 전면에 분포하는 무열왕릉과는 약 200m의 거리를 두고 있는데 이곳은 편평한 대지상으로 남아 있다. 이 1~4호분은 각자의 견해가 다르지만『삼국사기』본기와『삼국유사』왕력의 장지기록에 함께 영경사永敬寺 또는 애공사哀公寺가 등장하는 중고기의 왕릉이거나 왕비릉으로 추정되고 있으며 이는 타당성이 있는 견해로 받아들여지고 구체적으로 법흥왕릉, 진흥왕릉, 진지왕릉과 한 명의 왕비릉으로 비정되고 있다(이근직 2012:224 ~242, 김용성 2012b). 이 고분들의 현황을 최근의 정밀한 조사 결과(경주시 외

2013)를 참조하여 살펴보면 다음과 같다.

서악동 1호분은 고분이 분포한 능선의 가장 상위에 위치하는 것으로 약간의 경사면을 정지하고 봉분이 들어서 서쪽의 지면이 동쪽의 지면보다 약간 높다. 동면의 봉분 전면은 약간의 편평한 부분을 두고 다시 경사져 내려가 2호분에 닿는다. 이중 편평한 부분은 이 고분의 전면 배례공간으로 볼 수도 있으나 너무 좁다. 봉분은 원형으로 동서 직경 48.01m, 남북 직경 50.2m, 사면 지면부터 높이는 평균 12.9m이고 둘레는 151.3m이다. 봉분의 아래에 돌아가며 호석의 흔적이 보이는데, 할석을 안쪽으로 들여가며 돌담처럼 쌓아 올린 것으로 추정된다.

서악동 2호분은 고분군의 위에서 두 번째 고분으로 전면의 3호분과 연접해 있다. 봉분이 들어선 곳은 경사가 거의 없는 편평한 지형이다. 봉분은 원형으로 동서 직경 44.5m, 남북 직경 47m, 사면 지면부터 높이는 평균 11.3m이고 둘레는 146.4m이다. 봉분의 아래에 돌아가며 호석의 흔적이 보이는데, 역시 할석을 안으로 들여가며 돌담처럼 쌓아 올린 것으로 추정된다.

서악동 3호분은 고분군의 아래에서 두 번째 고분으로 후면의 2호분, 전면의 4호분과 연접해 있다. 봉분이 들어선 곳은 경사가 거의 없는 편평한 지형이다. 봉분은 원형으로 동서 직경 40.58m, 남북 직경 52m, 사면 지면부터 높이는 평균 11m이고 둘레는 165.3m이다. 봉분의 아래에 돌아가며 호석의 흔적이 보이는데, 역시 할석을 안으로 들여가며 돌담처럼 쌓아 올린 것으로 추정된다.

서악동 4호분은 고분군의 가장 아래에 위치하는 고분으로 후면의 3호분과 연접해 있다. 봉분이 들어선 곳은 경사가 거의 없는 편평한 지형이다. 봉분의 전면에는 봉분이 자리한 곳에서 편평하게 연결되어 무열왕릉의 후면에 이르는 공간이 조성되어 있다. 길이는 약 150여m, 너비는 약 50m이다. 이 공간은 이 고분과 뒤에 연접한 1~3호분 모두를 위한 배례공간으로 볼 수 있다. 봉분은 타원형으로 동서 직경 48.13m, 남북 직경 64.08m, 사면 지면부터 높이는 평균 15.13m이고 둘레는 189m이다. 봉분의 아래에 돌아가며 호석의 흔적이 보이는데, 역시 할석을 안으로 들여가며 돌담처럼 쌓아 올린 것으로 추정된다.

한편, 이 서악동고분군과 무열왕릉의 남쪽에서는 사지가 한 곳 조사되었다. 사지는 서악동고분군 6의 능선 하단에 접하여 그 남쪽 능선과의 사이 곡간의 평지에 자리하였고, 기와편, 무문전편 등의 유물이 채집되고 있다. 서악동 고분군의 왕릉급을 중고기의 왕릉으로 본다면 이 사지는 영경사永敬寺 혹은 애공사哀公寺로 기록에 전하는 사찰이 있던 곳으로 추정할 수 있다(이근직 2012:224~242, 국립경주박물관 외 2008:183). 현재 이 사지 위치와 중고기 왕의 장지에 대한 기록을 대비하면 일치하는 경향이 있어 그리 믿어도 될 것으로 보인다.

이 서악동고분군 6 이외에 주목해야할 고분군이 서악동고분군 4이다. 이 고분군은 서악동고분군 6의 북측의 서북에서 동남으로 뻗는 여러 능선에 분포하는 고분들로 이 가운데 서악동고분군 6과 인접한 두 개의 가지능선에 비교적 대형의 고분이 많이 분포한다. 이 고분군 가운데는 전진흥왕릉, 전진지왕릉, 전헌안왕릉, 전문성왕릉 등이 분포하는데, 고분군 가운데 비교적 대형을 대표하는 고분으로 볼 수 있다. 이들의 조사 현황(경주시 외 2012)을 간략하게 살펴보면 다음과 같다.

전진흥왕릉은 동서 직경 19.14m, 남북 직경 21.17m로 둘레는 63.2m이고, 사면에서 높이의 평균은 4.57m이다. 봉분에는 호석으로 사용된 것으로 보이는 할석이 노출되어 있다. 전진지왕릉은 동서 직경 20.35m, 남북 직경 20.26m로 둘레는 63.65m이다. 사면에서 높이의 평균은 4.63m이다. 전문성왕릉은 동서 직경 18.88m, 남북 직경 18.51m로 둘레는 58.7m이고, 사면에의 높이 평균은 3.64m이다. 전헌안왕릉은 동서 직경 15.62m, 남북 직경 16.58m로 둘레는 50m이고, 사면에서 평균 높이는 2.82m이다. 봉분에는 괴석의 부석 혹은 호석으로 보이는 석재가 노출되어 있다.

이런 대형분 이외에 그 주변에는 많은 소형분이 분포하고 있다. 이들은 입지나 규모 등으로 보아 서악동고분군 6의 중고기 왕릉들과 동시기에 축조된 것으로 추정된다. 그러하다면 동시기 신라영역의 고분군 가운데는 왕릉으로 추정되는 서악동고분군 6의 왕릉급을 비롯한 고분을 제외하면 가장 규모가 큰 고분으로 구성된 것이라고 할 수 있다. 그러므로 서악동고분군 6의 네 고분이 모두 왕이나 왕비의 능이라면 이들은 당시의 왕족이나 최고 위계의 귀족묘로 볼 수 있게 된다.

이렇게 보면 중고기 전기의 서악동 능원은 중앙에 왕릉급의 고분만 열을 이루며 전면 방향이 왕경을 향한 좌서조동座西朝東이고, 그 북측 즉 좌편에 왕족과 최고 위계의 귀족묘가 군집 분포하여 배장구陪葬區를 이루고 나머지 서쪽과 남쪽에 비교적 하위의 묘들이 분포하고 있

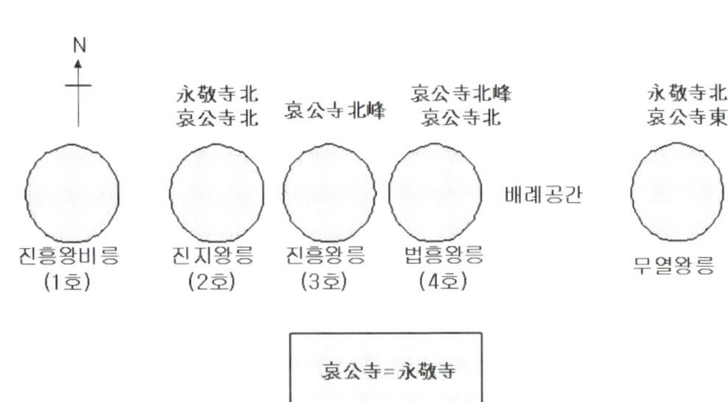

도8-14_서악동 중고기 전기 능원 모식도

는 셈이다. 그리고 남측 즉 우측에 사찰이 배치되어 왕릉에 대한 제례를 담당하였고, 왕릉군의 전면에는 비교적 넓은 배례공간이 마련되었다. 이 중고기 전기 서악동 능원을 전고(2012b)의 비정을 기준으로 능원의 모식도를 작성하면 〈도8-14〉와 같다.

후기의 왕릉과 능원

중고기 후기의 왕릉으로 확실하게 인정되는 것이 선덕여왕릉이다. 그리고 전헌덕왕릉이 진평왕릉이 개축된 능으로 추정(강인구 2000:397~447, 김용성 2012b)되고, 진덕여왕릉은 아직 추정조차 힘든 입장에 있다. 이 가운데 선덕여왕릉과 전헌덕왕릉은 중고기 전기의 군집능원제에서 벗어나 독립능원으로 형성된 특징이 있다.

전헌덕왕릉〈도8-15·16〉은 소금강산의 서쪽에 해당하는 북천의 북안 평원에 위치한다. 왕릉은 현재 전면을 남쪽으로 택하고 있고, 능의 전면에 상석이 배치되었다. 그리고 지대석, 면석과 탱석, 갑석으로 구성된 호석과 이를 돌아가며 석난간石欄干을 설치한 완성된 신라 왕릉의 봉분 외표시설外表施設을 갖추고 있다.

도8-15_ 전헌덕왕릉의 입지
(Daum 지도에서)

도8-16_ 경주 전헌덕왕릉 전경

호석의 탱석에 돌아가며 십이지신장상을 새겼으나 지금은 소금강산 쪽인 서쪽의 일부만 남아 있다. 이외 원래 능원의 상석床石 전면에는 호인상胡人像과 화표석華表石이 배치되었던 것이 확인되고, 석사자石獅子도 있었을 것으로 추정되어 통일기 신라의 완성된 능원으로 구성되었을 것으로 인식되고 있다. 현재의 봉분은 직경 25.9m, 높이 6.3m로 복원되어 있다.

이 능은 헌덕왕릉으로 불리고 있으나 진평왕(632년 몰)의 능으로 비정하는 것이 더 타당할 듯싶다. 진평왕릉에 대해서『삼국사기』본기에 "葬于漢只"라고 하였고, 헌덕왕릉에 대해서『삼국사기』본기에는 "葬于泉林寺北",『삼국유사』왕력에는 "葬于泉林村北"으로 기록하고 있다. 따라서 만약 헌덕왕릉이라면 현 왕릉의 남쪽 부분에 사찰이나 마을의 흔적이 찾아져야 한다. 그러나 아직 그러한 흔적을 찾을 수 없고 앞으로 출현할 가능성도 별로 없다. 그것은 이 능이 현재 북천과 얼마 떨어져 있지 않아, 항시 홍수의 위험에 처해져 있기 때문이다.

기록에 의하면 북천이 수시로 범람하였던 것이 확인된다. 그러나 그 상류의 유로는 크게 변하지 않았다는 것을 고고학의 조사 성과에서 알 수 있다. 북천의 유수는 분황사 동북편의 원지를 가진 건물지(국립경주문화재연구소 2008) 등의 위치로 보아 그 흐름은 크게 변하지 않았고, 범람의 대상은 바로 그 북안이었고, 북안 지역은 현재 하역에서 북쪽으로 100m 이상의 지점부터 방리가 형성된 것으로 볼 수 있기 때문이다(차순철 2011). 지금까지 이 왕릉의 주변에서 발견된 사지는 북동편의 (전)동천사지와 남동편의 (전)임천사지(국립경주박물관 외 2008:163)가 있는데, 후자의 경우 천변에서 수습된 석재에 근거한 것으로 더 상류 왕릉 동편의 소금강산 남쪽 말단에 존재했던 사지의 유물이 북천의 범람으로 여기로 떠내려 온 것일 수 있다.

또 봉분의 크기는 헌덕왕 앞 시대의 원성왕릉(괘릉)이 직경 22m이고, 바로 뒤의 흥덕왕릉이 직경 20.6m로 유사한데 비하여 직경 25.9m로 훨씬 커서 차이가 있어 문제가 된다. 또한 입지도 통일기 하대 왕릉이 대부분 산지에 자리한 것과는 달리 평지여서 그 가능성을 줄여준다. 따라서 왕릉은 원래 진평왕릉이나 홍수로 피해를 입어 하대에 십이지신장상을 새긴 탱석의 배치와 함께 개축되었을 가능성이 크다. 그리고 이후에도 계속 홍수의 피해를 입어 하대에 시설된 석물 등도 소실된 것으로 볼 수 있다. 십이지신장상이 조각된 다른 왕릉들보다 훨씬 큰 봉분을 가진 것은 이 때문일 것이다.

이렇게 하대에 남쪽을 전면으로 한 왕릉으로 개축되었다면 이 왕릉은 한지漢只에 축조되었다는 진평왕의 능으로 볼 수 있다. 그리고 초축 시의 왕릉은 서악동 중고기 왕릉들과 같이 전면을 왕궁 방향으로 택한 좌동조서座東朝西라고 할 수 있고 그 방향으로 배례공간이 마련되어 있었을 가능성이 크다. 그러나 단독능원으로 소금강산을 배경으로 한 평지에 조성되었다는 점에서 이전의 능원과는 다른 커다란 변화가 있었음을 알려준다.

선덕여왕릉은 낭산의 정상부 바로 남쪽에 입지해 있다. 왕릉은 이미 일찍부터 선덕여왕릉으로 확실시되어 왔다. 그것은 선덕여왕(647년 몰)의 능에 대해서 『삼국사기』 본기에 "葬于狼山" 이라 하였고, 『삼국유사』 기이에는 "葬於狼山之陽" 이라 하여 현재의 위치와 부합하고, 『삼국유사』 기이의 선덕여왕 지기 삼사에 나오는 도리천忉利天과 사천왕사의 관계도 현 위치와 일치하기 때문이다. 또한 현재 왕릉과 능원의 형식도 신라 능원의 변천상에 위배되지 않고 있다.

선덕여왕릉 능원의 방향은 좌북조남座北朝南이다. 왕릉은 호석을 갖춘 원형봉토분으로 봉분은 전헌덕왕릉보다 약간 작아 직경 23.4m, 높이 6.8m로 계측되고 있다. 왕릉의 전면에 평평한 배례공간이 마련되어 있다. 현재 호석은 자연석을 쌓은 돌담형만 남아 있으나 이는 후대 복원된 결과이다. 현재 호석의 중간 중간에는 다른 석재들보다 훨씬 큰 석재가 들어가 있고, 그 수는 17개가 확인된다(〈도8-17〉 상). 이러한 현상에서 원래 호석은 안에 자연석을 돌담식으로 쌓고, 그것에 이 큰 석재를 기댄 부석扶石이 있었으나 이들이 허물어져 현재와 같이 복원된 것으로 추측할 수 있다(김용성 2013b). 이렇게 부석을 기댄 호석의 형식은 무열왕릉(〈도8-17〉 하우)에서 보이고 있어 통일 초기의 호석 형식으로 알려져 있는데, 황성동석실분(524-1번지)(〈도8-17〉 하좌)(이강승·이희준 1993)[12]의 경우로 보아 이미 선덕여왕릉에서 출현한 것을 알려 준다.

따라서 아직 진덕여왕릉을 찾지 못해 단언하기는 어려우나 신라 중고기 후기에는 단독능원이 형성되었고, 각 능원은 왕릉의 전면에 배례공간이 존재했다고 할 수 있다. 그리고 상석을 비롯한 능원 석물은 중고기 후기까지 출현하지 않았다고 할 수 있다. 이후 무열왕릉부터 상석이 출현하여 다른 형식의 능원으로 변화한다.

한편 진평왕 시기에 최고 귀족묘도 독립된 묘원을 형성하며 축조된 것이 관찰된다. 바로 간묘諫墓라고 불리는 진평왕과 관련된 김후직(632년 이전)의 묘가 북천 북안의 평지에 조성된 것에서도 이 현상을 짐작할 수 있다. 이러한 입

도8-17_ 선덕여왕릉(상)과 황성동 석실분(하좌), 무열왕릉(하우)
(황성동 석실분 이강승 외 1993 개변)

---

12 이 고분에서는 남녀 도용이 출토되었는데, 남자 복식은 당풍이나 여자 복식은 고유의 것이어서 진덕여왕 3(649)년에서 문무왕 4(664)년 사이에 축조된 것으로 보고 있다.

지의 변화는 수당과의 교류에 의한 것으로 추측되며 이후 도용이 출토된 황성동석실분 등과 같은 중고기 후기와 통일기 초기의 고분[13]도 같은 입지이고 그 출토 유물에서 중국풍의 부장품이 확인되어 이를 짐작할 수 있다〈도8-18〉. 이는 전기의 서악동고분군 배장구에만 귀족의 고분이 축조되다가 최고 귀족의 경우 왕릉의 독립과 마찬가지로 군집분의 구역에서 분리되어 독립 묘원을 형성하기 시작했음을 알려준다.

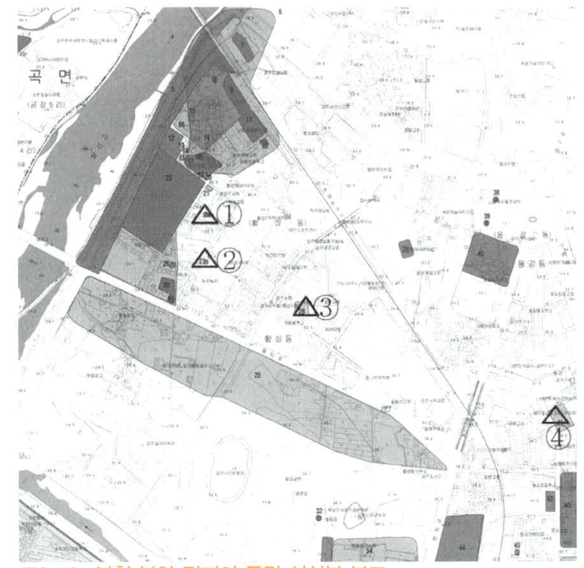

도8-18_북천 북안 평지의 독립 석실분 분포
(①황성동 906-5번지 ②황성동 524-1번지 ③경주 간묘 ④용강동고분)(경주시 외 2008 개변)

중고기 능원의 의의

앞에서와 같이 중고기의 능원은 전기의 군집왕릉형과 후기의 단독왕릉형으로 나눌 수 있다. 그 특징을 먼저 언급하면 전기에 중국 위진남북조의 제도를 도입하여 왕릉만을 군집시킨 능원을 형성하였고, 후기에 수당의 영향으로 단독능원이 발생하였다는 점이다. 그러나 각 능원은 모두 왕경의 내부에서 벗어나 그 주변에 위치한 특징이 있다. 그 시기는 중고기인 6세기 중엽에서 7세기 전반으로 판단된다.

서악동고분군의 왕릉으로 인지되는 1~4호는 동일 능선에 연접하면서 열을 이루고 분포한다. 이들 가운데 법흥왕, 진흥왕, 진지왕의 능이 존재한다는 인식에서 살펴보면 커다란 특징이 왕릉만 독립된 능선에 분포한다는 점이다. 한편 이들 왕릉의 주변 능선에도 고분이 많이 분포하고 있는데, 특히 동북의 능선에는 현재 전진흥왕릉, 전진지왕릉, 전문성왕릉, 전헌안왕릉을 비롯한 실제 왕릉보다는 훨

13 　앞의 황성동석실분(524-1번지)이 축조된 이후 중고기 말 혹은 중대 초에 황성동과 용강동 일대에 독립분들이 들어선다. 1967년 조사된 황성동석실분, 1986년 발굴된 용강동고분(문화재연구소 경주고적발굴조사단 1990), 2005년 발굴된 황성동석실분(906-5번지)(국립경주문화재연구소 2005) 등이 그러한 독립분이다.

도8-19_공주 송산리 능원

(문화재청 홈페이지에서, 이훈 2013 개변)

도8-20_부여 능산리 능원

(Daum지도 개변, 문화재청 2011에서)

씬 작은 유사한 크기의 대형분이 밀집분포하고 있는 특징이 있다. 이러한 현상에서 마립간기에 왕과 왕족이 혼거하던 능원에서 벗어나 왕릉이 독립되고 왕족이나 귀족의 묘는 별도의 구역에 군집해서 배치되었음을 알려주는 것으로 보인다. 즉 마립간기에 왕릉을 중심에 두고 그 전면과 좌우에 배장분으로 왕족묘를 축조하다가 여기에 와서는 왕릉구와 배장구의 묘역을 분리하여 왕은 왕대로 왕릉구에, 왕족 또는 귀족의 묘는 배장구에 군집시킨 것이다.[14]

이와 유사한 현상은 백제 웅진기의 송산리왕릉군〈도8-19〉과 사비기의 능산리왕릉군〈도8-20〉에서 찾을 수 있다. 송산리와 능산리의 왕릉군은 모두 도성과 근접한 거리에 왕과 그와 가까운 왕족의 능묘를 군집시킨 왕가王家의 능원이다(김용성 2013d). 특히 능산리왕릉군의 전면을 남으로 했을 때 그 좌측에는 역시 배장구인 능산리동고분군이 배치되었을 뿐만 아니라 후술하는 사찰의 배치도 서악동고분군과 같은 방향을 취해 주목된

14　중고기 이 왕릉들의 배장분으로 볼 수 있는 것이 발굴된 서악동고분(윤무병·박일훈 1968)이다. 고분은 석실묘로 6세기 대에 축조된 것이고, 신라식석실의 출현을 알려주는 것이기도 하다. 이외에도 장산에 있는 석침총(朝鮮總督府 1916:圖版 1204~1208)을 이 왕릉군 주변의 배장적 성격으로 볼 수 있다.

다.[15] 다만 신라의 서악동고분군은 일렬의 종렬로 배열했는데 비하여 백제의 양자는 횡으로 열지어 배열시켰고, 소군집별로 배장묘가 함께하여 왕가의 능원으로 조성된 점에서는 약간 다르다(김용성 2013d). 그러나 이는 지형적 요건에서 비롯된 것으로 서악동고분군이 위치한 능선이 좁고 길게 뻗어 있기 때문인 것으로 파악할 수 있다. 아니면 후술하다시피 이러한 군집을 북위 방산의 능원에서 찾을 수 있어 다른 경로로 이 제도가 유입되었을 가능성도 있다.

이와 같이 왕릉을 군집시키는 제도는 중국 위진남북조魏晉南北朝의 취족이장聚族而葬이라는 가족장제의 영향으로 볼 수 있다. 이 제도가 위진남북조에 유행하였음을 북위北魏의 경우 대동大同 방산方山 풍태후馮太后의 영고릉永固陵과 효문제孝文帝의 수릉壽陵 만년당万年堂에서 볼 수 있다. 동진東晉의 경우 『건강실록健康實錄』에 의하면 황제 11위 중 9위를 계롱산지양鷄籠山之陽 혹은 종산지양鐘山之陽에 장사였다는 기록이 있고, 남제南齊의 경우 『남제서南齊書』「경릉문선왕자양전竟陵文宣王子良傳」에 소억蕭嶷, 소자량蕭子良, 소장무蕭長懋라는 숙질 삼인이 가족의 신분으로 한 곳에 묻힌 사실이 보이는데, 단양丹陽의 이들 능의 입구에 대형 석각이 있어 황릉 족장지구의 전체 입구임을 표시한다. 양梁의 경우 안성강왕安城姜王 소수蕭秀와 그의 가족이 감가항甘家巷에 있는 배합기건공정소配合基建工程所 육조 고분군 가운데 그 중심의 M4, M6, M30으로 추정되는데, 이 범위 내에는(묘 앞 1000m에 있는 입구의 석각이 위치한 곳 포함) 같은 시대의 다른 묘들이 하나도 없고 서하산栖霞山이 있는 태평촌太平村에 이르기까지 10㎢ 범위 내에는 양대의 황실 성원인 왕후묘 9기가 분포한다는 사실에서 증명된다(羅宗眞 2001:98).

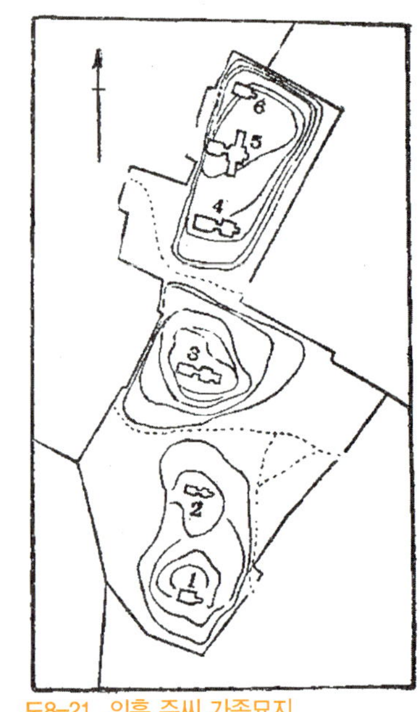

도8-21_ 의흥 주씨 가족묘지
(張之恒 2009에서)

---

15 이와 같이 능원의 좌측에 배장구를 설정한 것은 낙양(洛陽) 북망산(北邙山)의 북위(北魏) 장릉(長陵), 경릉(景陵), 정릉(靜陵) 등 황제릉 능원(장인성 외 옮김 2005:95)들에서도 관찰되고, 고구려 동명왕릉 북서편 능선의 배장분으로 추정되는 진파리고분들도 좌측 후면에 배치된 셈으로 서악동고분군과 유사한 현상을 보인다.

이외 안휘安徽 마안산馬安山 동오東吳 주연朱然의 가족묘지, 강소江蘇 의흥宜興 주묘돈周墓墩 주처周處의 가족묘지, 오현吳縣 사자산獅子山 서진西晉 부씨傅氏의 가족묘지, 남경南京 북교 상산象山 왕씨王氏의 가족묘지, 동 노호산老虎山 안씨顔氏의 가족묘지, 동 사씨謝氏의 가족묘지, 동교 선학관仙鶴觀 고씨高氏의 가족묘지, 여가산呂家山 이씨李氏의 가족묘지 등(張之恒 2009:479)의 예가 증명하듯 위진남북조시기 세가대족 역시 족장을 많이 하였음이 분명하다.

이들 가운데 의흥 주씨 가족묘〈도8-21〉, 즉 진晉 원강元康 7(297)년 사망한 평서장군平西將軍 주처周處와 그의 가족묘지를 예로 들면 세대별로 북에서 남으로 고분을 조영한 기획성을 발견할 수 있다. 그들의 장지에는 북에서 남으로 묘가 배치되었는데, 가장 북쪽에 있는 것이 주처의 조부 주빈周賓의 묘(6호묘), 그 다음이 주처의 아들 주기周玘 및 그 아들 주협周勰과 주이周彝의 합장묘(5호묘), 그 다음이 주처의 부친 주방周魴의 묘(4호묘), 다시 다음이 주처의 묘(3호묘), 또 다음이 주처의 아들 주찰周札의 묘(2호묘)와 주정周靖의 묘(1호묘)이다(張之恒 2009:480). 따라서 고분의 배치에 주씨 가족의 세계〈표8-3〉를 연결시키면 그 의도를 읽을 수 있다. 이 현상은 위에서 아래로의 축조 순서의 방향만 다를 뿐 서악동왕릉군과 아주 유사하다.

표8-3_ 의흥 주씨 가족묘군의 고분과 피장자

1대	2대	3대	4대	5대
賓 :6호	魴 :4호	處 :3호	玘 玂 (5호 합장) 彝	
			札 :2호	
			靖 :1호	

서악동 왕릉군이 형성될 즈음 북위의 능원제 역시 가족장제를 유지하고 있는 것이 관찰된다. 앞에서 언급한 방산의 영고릉과 만년당이 그러하고 낙양의 효문제 장릉長陵(499년), 선무제 경릉景陵(515년)〈도8-22〉, 효장제 정릉靜陵(530년)은 북망산의 북에서 남으로 가며 축조되었는데, 각각이 능의 후면과 좌측에 배장묘를 배치하고 전면에 석각을 설치한 독립 능원을 형성하였다.

이러한 사실에서 서악동왕릉군 형식이 위진남북조의 영향을 받았음은 분명한

데, 바로 중국의 영향을 받은 것인지, 아니면 백
제를 통해 이차적으로 영향을 받은 것인지는 확
실하지 않다. 다만 송산리의 왕릉군이 서악동의
왕릉군보다는 이른 시기에 조성되기 시작했으므
로 백제보다는 더 늦게 이 제도가 채용되었음을
알 수 있고, 서악동의 배치가 북위 방산 능원과
더 혹사하여 그 유입 경로가 다를 수도 있다.

도8-22_ 낙양 북위 선무제 경릉

한편 이 시기 능원의 특징으로 풍수風水를 들
수 있다. 이들 왕릉은 뒤에 선도산을 주산으로
하고 여기서 뻗는 능선에 축조되었고, 좌우에는
약간 더 높은 능선이 둘러싸고 있고 전면의 우측
에서 대천이 흘러 서천이 합류하고 서천이 남북
으로 흘러 막고 있으며 멀리 남산의 뾰족한 봉우

도8-23_ 서악동 능원의 입지(풍수)

리가 보인다〈도8-23〉. 이는 능선의 전면에 안산이 배치되어 있지 않을 뿐 풍수
를 감안하여 선택되었다고 볼 수 있다. 즉 후대의 정형화된 풍수라고 볼 수는 없
으나 중국 고대의 "배의산봉背倚山峰, 면림평원面臨平原", 즉 분묘는 두 산이 둘러싼
산허리에 있어야하고 앞으로 넓은 평원이 바라보이는 곳에 있어야한다는 풍수[16]
에서의 묘지 선정 원칙에 위배되지 않는다. 이들 서악동 왕릉이 위치한 곳은 선
도산을 뒤로하고 전면에 왕궁인 월성을 비롯한 경주의 넓은 들판이 조망되므로
위진남북조의 풍수 사상이 개입되었다고 할 수 있다. 그러나 중국의 좌북조남이

---

[16] 풍수란 고대 '감여(堪輿)'의 술을 말하는 것으로『사기(史記)』「일자열전(日者列傳)」에 "孝
武帝時, 聚會占家門之, 某日可取婦乎? 五行家日可, 堪輿家日不可 …." 이라 하였고,『후한서(後
漢書)』애안전「哀安傳」에 "安父沒, 母使安訪求葬地, 道逢三書生, 安問何之, 安爲言其故, 生乃指
一處, 云, 葬此地, 當世爲上公 … 于是遂葬其所占之地, 故累世隆盛焉." 이라고 하여 한대에 이
미 감여의 술법이 있었음을 알 수 있다. 진(晋) 이후에 이 풍습이 크게 유행하였음은『진서(晋
書)』,『송서(宋書)』,『남제서(南齊書)』,『남사(南史)』,『북사(北史)』,『위서(魏書)』,『이십이사예기
(二十二史禮記)』등 문헌에 묘지를 고르는 술사가 많이 등장할 뿐더러 제왕들이 이를 신봉하면
서 일반 사족들도 이를 모방하였음에서 알 수 있다. 육조 및 그 이전 각 대의 '풍수'를 종합하면
모두 "배의산봉(背倚山峰), 면림평원(面臨平原)", 즉 분묘는 두 산이 둘러싼 산허리에 있어야하
고 앞으로 넓은 평원이 바라보이는 곳에 있어야한다는 것으로 이해된다(羅宗眞 2001:95~96).

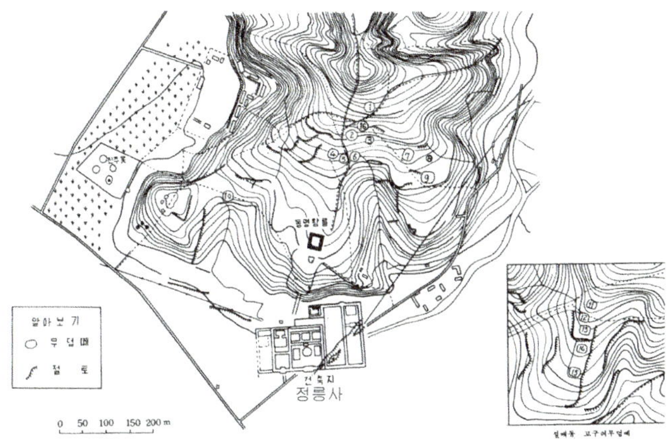

도8-24_ 진파리고분군과 정릉사
(東潮 2011에서)

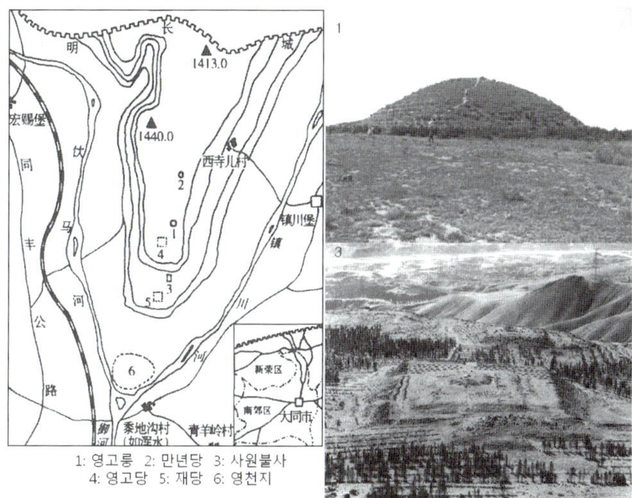

도8-25_ 북위 방산 영고릉 능원
(大同市博物館 2007 개변)

라는 방위의 풍수는 아직 채택되지 않아 백제의 능원과는 다르다.

또 이 능원의 서남에 위치한 사지로 추정되는 기와가 산포한 유적은 이 왕릉군이 형성되는 시기나 그 후에 이들 왕릉 주인공의 사후 복을 비는 원찰격인 사찰이 존재했음을 증명해 준다. 이와 같이 능전 혹은 능원의 우측에 사찰을 조영하여 능원을 관리하고 제례를 담당하게 했던 제도는 북위 방산의 영고릉 남쪽의 사원불사思遠佛寺, 백제 부여 능산리 왕릉군 우측의 능사陵寺, 고구려 평양의 진파리고분군 전동명왕릉 전면의 정릉사定陵寺[17]〈도8-24〉에서 찾을 수 있다. 특히 북위의 대동 방산 풍태후의 영고릉과 효문제의 수릉 만년당은 두 능이 일렬을 이루며 배열되었고, 영고릉의 전면에 사묘祠廟인 영고당永固堂, 사원불사, 재당齋堂인 영천궁靈泉宮을 결합시켜〈도8-25〉 후대

능구에 불교 건축 축조의 시원이 되었는데, 이는 풍태후가 한족의 제도와 선비의 제도를 결합시켜 새로운 능침제도를 창조한 사건으로 인식되고 있다(張之恒 2009:452~453, 장인성 외 옮김 2005:97). 만년당의 뒤로는 넓은 공지가 형성되어

---

17   정릉사는 사원 건물과 사묘 건물이 결합된 구조로 보인다. 전동명왕릉이 평양에 재건된 동명왕릉(강인구 2000:139)인지 아니면 남천한 첫 왕인 장수왕릉(조영현 2004)인지 불명확하다. 만약 동명왕릉이라면 평양으로 천도한 후의 시조묘(始祖廟)로 축조되어 무덤과 사묘의 성격을 겸한 것으로 볼 수 있고 장수왕릉이라 하더라도 그러한 성격을 가진 것으로 볼 여지가 있다.

있어 더 후대의 능묘가 들어설 공간이 있는 것으로 보아 원래의 기획은 이곳에 북위의 능묘를 지속적으로 축조하고자 했던 것이나 효문제가 남천하면서 중지된 것으로 볼 수 있다.

따라서 기록에 애공사 혹은 영경사로 나오면서 법흥왕, 진흥왕, 진지왕과 관련된 사찰은 이곳에 있던 것(이근직 2012:224~236)으로 볼 수 있고, 비록 이 사찰이 법흥왕릉 이후에 축조되었다 하더라도 이들 왕릉 전체를 위한 원찰로 볼 수 있다. 한편 이 사찰은 위치 등의 정황으로 미루어 후대 무열왕릉의 제례를 담당했던 사찰로도 사용되었다고 할 수 있을 것이다. 또한 전술하였듯이 왕릉군의 전면이 다르나 그 우측에 배치된 점에서는 전면에 배치된 북위 방산릉과 고구려 전동명왕릉과는 다르나 백제 능산리왕릉군과 능사의 관계와는 공통성이 있다.

이러한 몇 가지 점에서 이 시기의 능원은 위진남북조의 영향을 혼합하여 신라만의 독특한 원찰을 가진 군집능원제를 시행했음을 알 수 있다.

이후 중고기 후기에는 중국에서 수와 당이 성립되고 독립된 능원제가 시행되어 이를 받아들인 것이 아닌가 한다. 수隋 문제文帝(581~604)의 태릉泰陵(羅西章 1985)[18]과 전칭 공제릉恭帝陵(618)은 독립된 능원에 해당하며 평지에 방대형의 봉토를 축조한 것이고, 당의 황제릉은 초기에는 봉분을 쌓은 단독능원을 조성하다가 이후 산체를 능총으로 하는 의산위릉倚山爲陵의 형식으로 변화하여 정착된다(來村多加史 2001:165~167). 특히 당唐의 초기 고조高祖(618~626)의 헌릉獻陵은 수의 제도를 이어 북산산맥北山山脈의 전면 형산원荊山原이라는 평탄지에 독립된 능원을 가진 방대형 봉토분으로 조성되었고, 후대 9세기 무종武宗의 단릉端陵(846)과 경종景宗의 장릉莊陵(888)이 같은 제도를 택하고 있다(來村多加史 2001:203)〈도8-26〉.

앞에서 언급하였다시피 선덕여왕릉은 특수한 경우에 해당되고 진평왕릉은 기록으로 보아 이렇게 산지를 배경으로 한 평지에 단독능원으로 조성되었을 가능

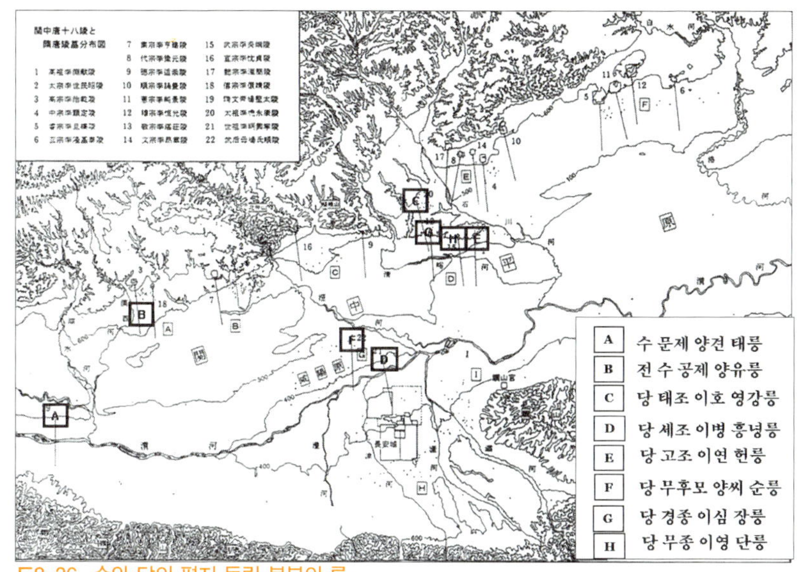

도8-26_ 수와 당의 평지 독립 봉분의 릉
(來村多加史 2001 개변)

성이 큰데, 전헌덕왕릉이 바로 진평왕릉이라면 이 시기 왕릉의 조영에 수나 당초의 영향이 미쳤다는 것을 짐작할 수 있다. 이는 백제에서 단 하나의 독립능원인 익산 쌍릉(이남석 2002)[19]〈도8-27〉과 비교되기도 한다. 다만 중국의 좌북조남의 방향은 의식하지 않았고, 월성을 바라보면서 배후에 산(소금강산)을 둔 형태로 변화시킨 것으로 보인다.

한편 선덕여왕릉과 전효공왕릉은 호석에 부석扶石을 받친 것으로 보이는데, 이것이 명확하게 확인되는 것은 더 늦은 시기의 무열왕릉이다. 이렇게 봉분의 외부에 호분석護墳石이라고 부르는 부석을 받친 것은 고구려의 태왕릉과 장군총을 비롯한 왕릉급의 적석총(吉林省文物考古研究所 外 2004), 백제의 서울 석촌동고분군 대형 적석총에서 보인다. 신라의 왕릉에 부석을 사용하였음은 호석을 높이 쌓게 되자 봉분의 압력으로 호석이 무너지는 것을 방지할 목적이기에 이들 적석총의 부석과 같은 용도로 추정된다. 그러므로 이러한 부석은 고구려 혹은 백제의 고분 축조 방법을 모방한 것으로 볼 수도 있다. 그

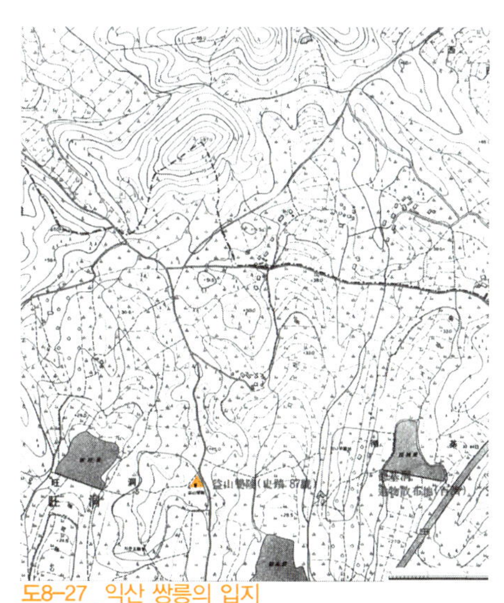

도8-27_ 익산 쌍릉의 입지

19　익산 쌍릉은 북쪽 후면의 산봉을 배경으로 평지성 미고지에 축조된 좌북조남 방향의 왕릉으로 무왕(600~640)의 능으로 추정된다. 그러하다면 유사한 시기에 백제와 신라(진평왕릉 631년)가 수와 당의 제도를 본받아 독립능원제를 시행한다고 할 수 있다.

러나 고구려의 경우 427년 평양
으로 천도한 이후 부석을 사용
한 적석총을 축조하지 않았고,
백제는 웅진으로 천도하는 475
년 이후에 역시 부석을 받친 적
석총을 축조하지 않았다. 따라
서 이들과 신라의 부석이 사용
된 왕릉 사이에는 150여년이라
는 상당한 시차가 있기 때문에
구체적으로 그 연원을 찾을 수

는 없다(이근직 2012:250~251). 다만 앞서 언급한 황성동석실분(1987)의 경우
로 봐서는 신라에서 자체적으로 창안되었을 가능성도 크다고 하겠다. 이 부석
이 발견되는 신라의 능묘는 위의 것들을 제외하고도 월성의 서측에 열 지어 분포
하는 전나물왕릉을 포함한 대릉원지구 28~30호분, 낭산 주변의 전효공왕릉〈도
8-28〉, 무열왕릉 전면 배장분인 전김인문묘, 발굴된 장산 토우총(국립경주문화
재연구소 1994) 등에서 관찰된다. 이런 점에서는 전효공왕릉이 진덕여왕릉일 가
능성이 있다(김용성·강재현 2012).

결국 중고기 왕릉은 전기에 위진남북조에 기원을 둔 제도의 영향을 받아 군집능
원을 조성하였으나 후기에는 수와 당의 초기 황제릉 능원제도의 영향을 직접 받
아 독립된 능원으로 발전하였다고 할 수 있을 것이다. 이는 진평왕 이후 특히 당
과의 빈번한 교섭이 방증한다. 그러나 전기의 서악동왕릉군과 진평왕릉으로 추
정되는 전헌덕왕릉은 뒤의 산을 배경으로 하고 월성을 바라보는 방향으로 조영
되어 마립간기의 계세사상적인 요소가 아직 잔존하고 있음을 보여주고 선덕여왕
릉에 와서 좌북조남의 방향을 택해 다른 사상적 요인이 개재되었음을 알려준다.

이러한 중고기 왕릉과 능원의 변천에서 전기의 왕릉만을 군집시킨 능원의 형
성은 왕을 이전의 지배집단 대표로서의 성격과는 달리 초월적 존재로 인식하기
시작하였다는 점을 알려준다. 이것이 왕묘와 왕릉을 가를 수 있는 기준이 되기

도 한다. 이는 중고기 전기에 남북조시기 동아시아의 체계, 즉 율령적 체계 속으로 신라가 들어갔음을 적극적으로 증빙한다. 이후의 후기로의 변화는 중국의 시대사조에 따라 왕릉과 능원이 변화하고 있으면서도 신라에서 재조정되는 모습을 보여준다고 할 수 있다.

_맺음말

초대형 적석목곽묘인 신라의 마립간기 왕묘는 후면 중앙에 주분으로 자리하고 그 전면과 좌우로 배장분 성격의 왕족묘가 배치되어 세대별로 군집하며 이어져 갔다. 따라서 왕과 왕족이 구분되지 않고 동일한 묘역에 자리한 혼합능원제混合陵園制가 특징이다. 이에 비하여 중고기 전기에는 왕릉만 군집하여 일정한 영역에 조성되는 군집능원제群集陵園制이고 그 전면에 공동의 배례공간이 조성된다. 또 우측에는 사찰을 지어 왕의 제례를 담당하고, 사후의 복을 비는 장소로 활용하며 좌측에는 배장구를 따로 설정하여 마립간기에 전면과 좌우에 배열되던 왕족과 최고 귀족묘를 거기에 축조한다. 이후 중고기 후기에는 독립된 능원을 조성한 단독능원제單獨陵園制로 전면에 배례공간을 둔 왕릉을 축조하고, 귀족묘 또한 별도의 묘역을 가진 것이 출현한다(〈도8-29〉 참조).

이렇게 변화하는 신라의 왕묘와 왕릉은 마립간기의 재래적인 군집적 성격이 독립적 성격으로 변화하고 있음을 보여준다. 거기에 작동된 요인은 자체적인 정치적 발전도 개재

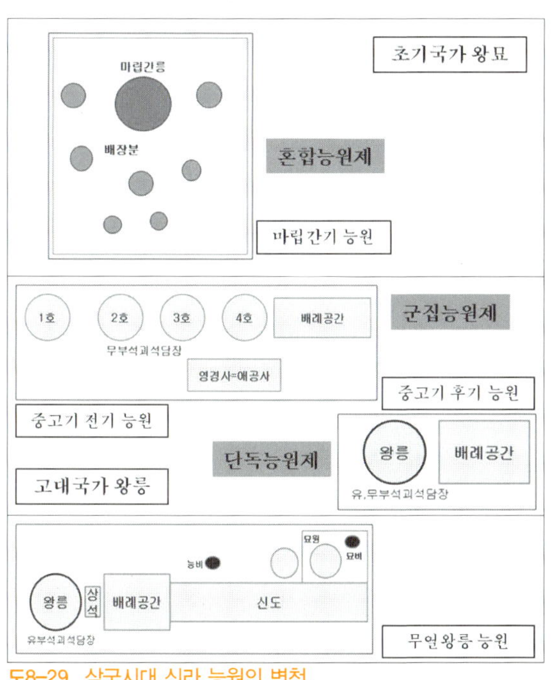

도8-29_삼국시대 신라 능원의 변천

되어 있을 것이지만 외래적인 요소도 무시할 수 없다. 즉 중고기 전기의 왕릉만 모은 군집능원제는 위진남북조의 취족이장聚族而葬이라는 가족장제, 능원에 사찰의 등장, 풍수의 적용 등이 관찰되고, 중고기 후기의 단독능원제는 더 나중인 수와 당초의 능원제 영향을 읽을 수 있다. 이는 당시 중국을 중심으로 한 동아시아 체계 속으로 신라가 들어감으로써 고대국가로 발돋움했음을 적극적으로 지적해 준다.

마립간기의 혼합능원제에서의 왕묘는 아직 초월적인 모습을 보인다고는 할 수 없다. 그러나 왕릉만 군집시키는 중고기 전기의 왕릉부터 왕을 제외한 왕족이나 귀족과는 별도로 분리된 구역에 조성되었음은 이제 왕이 초월적인 존재로 부각되었음을 뜻하는 것으로 볼 수 있다. 이는 마립간기의 왕, 즉 마립간이 집단의 대표로서 신과 인간을 매개하는 신성왕神聖王의 성격을 가졌음에 비해, 중고기의 왕은 초월신超越神으로 존재했음을 의미하기도 한다. 후자의 경우 왕의 시호에 불교와 관련된 이름이 주를 차지하는 것이 그러한 이유일 것이고, 선덕여왕이 도리천에 묻혔다는 것도 이를 증빙한다. 즉 왕은 신이며 곧 부처라는 왕즉불王卽佛의 사회가 신라의 본격적인 왕릉의 출발과 함께 한 것으로 볼 수 있다.

이는 왕묘와 왕릉의 크기와 부장유물에서도 읽을 수 있는데, 황남대총을 비롯한 대릉원지구고분군 왕묘가 대략 직경 80m의 봉분을 가진 것에 비해, 서악동의 왕릉은 직경 50여m 정도로 줄었고, 진평왕릉으로 추정되는 전헌덕왕릉과 선덕여왕릉은 직경 25m 내외로 다시 줄었음은 없는 것이 없던 전대와는 달리 유물부장의 축소와 함께 물적으로 과시하여 왕을 표현하던 것에서 왕을 신으로 인식하는 자리매김 과정과 관련이 있다.

이글은 마립간기의 왕묘와는 달리 중고기의 왕릉에 대한 발굴이 없어서 그 제반시설과 유물 및 묘제 등에 대한 현상을 짚어낼 수 없는 현실적인 어려움이 있었기에 외피적인 모습에 치중하여 논할 수밖에 없었다. 앞으로 왕릉에 대한 조사는 어렵더라도 그 주변의 능원에 대한 본격적인 조사가 시행되어 이글의 오류가 바로잡힐 수 있기를 기대하며 글을 맺는다.

9

신라의 장송의례와 그 변혁

_머리말

사람은 누구나 죽게 마련이다. 그런데 인간이 살다 죽으면 아무것도 아니게 된다는 의미에서 죽음은 인간에게서 가장 두려운 대상이 될 수밖에 없다. 이러한 두려움에서 탈피하기 위해서 인간은 사후세계라는 것을 창조함으로써 죽음 이후 아무것도 아닌 것이 아니라 새로운 세계로 들어가 삶을 영원히 이어간다는 사고를 가지게 되었다. 동아시아에서 영혼불멸靈魂不滅의 사상은 이러한 의미로 생겨났다고 할 수 있다. 영혼은 체백體魄의 대칭적 개념이다. 사람의 생기(정신)에는 양陽에 속하는 혼이 있고, 음陰에 속하는 백이 있는데, 혼은 정신적 기운이고, 백은 형태를 뜻한다(장덕순 1973). 혼이 백에서 분리되는 것이 바로 죽음인데, 백은 대지에 남아 있지만 혼은 자기 갈 곳으로 가고 영원히 남으며 후손을 돌본다는 것이다. 영혼이 가는 곳 가운데 가장 안전한 곳이 하늘이다. 따라서 영혼승천靈魂昇天의 관념이 발생하였다. 또 이렇게 사람이 죽어서 그 영혼이 안전한 저 세상에 도달하는 데에도 많은 난관이 있다고 여겨졌기에 이를 극복하기 위해 일정한 격식의 의례가 필요하였다. 그것이 바로 상장의례喪葬儀禮이다.

상喪이란 '죽음' 자체를 의미하지만 "죽은 이에 대하여 애도를 표하는 행위"를 의미하기도 한다. 반면에 장葬이란 "죽은 자를 매장하는 행위"를 의미한다. 그리고 장송葬送은 "죽은 자를 매장하여 떠나보낸다"는 뜻이다. 따라서 상장의례는 장송의례를 포괄한다고 할 수 있다. 사람이 죽은 후 바로 사체를 처리하여 매장하는 경우도 있으나 대부분은 애도의 기간을 가지며 매장하기 까지는 시간이 걸리게 마련이다. 이 기간에 시신을 관에 넣어 안치해 둔다. 이를 빈殯이라 한다(권오영 2005: 94~95). 따라서 상장의례라 함은 상이 발생하여 빈을 거쳐 장에 이르는 과정에 시행된 의례라고 할 수 있다.

신라의 상장의례에 대해서는 기록이 거의 없어 짐작하기도 힘들다. 다만 『수서隋書』에 신라는 일년상이었다는 기록을 참고하고 또 사망 시점부터나 주검이 발생하거나 죽음의 조짐이 있을 때부터 무덤을 축조하기 시작했다고 한다면 남아 있는 무덤의 규모나 시설 등이 막대한 경우도 있는 점으로 미루어 축조에 상당한 기간이 소요되었을 것이기에 빈의 과정을 유추할 수 있으며, 그 사이에 일정한 의례와 행위를 상정하기 어렵지 않다. 백제와 고구려의 경우는 삼년상이 거의 확실한 것 같다. 특히 백제는 무령왕릉의 경우로 보아 3년 동안의 빈장기간이 있었음을 알 수 있다. 그리고 『삼국사기』 열전 김유신전에 "대왕이 부음을 듣고 크게 슬퍼하여 부의로 무늬가 고운 비단 일천 필과 조 이천 석을 주어 상사에 쓰게 하였으며, 군악의 고취수鼓吹手 일백 인을 주었다"라고 하였고, 같은 책 김양전에 "부음이 알려지자 --- 부의와 염장을 모두 김유신의 구례에 의하게 하여---"라고 하여 왕과 귀족의 경우 상당히 화려한 상장의례가 있었음을 짐작할 수 있다.

이러한 상장의례 가운데 장송의례를 논함에 있어서는 고고학 자료를 참고할 수 있다. 그것은 바로 고고학의 조사 대상인 고분이다. 고분은 비록 상과 관련된 행위를 구체적으로 보여 주지는 않지만 인간의 삶에서 가장 큰 통과의례인 장송의례나 장사지내는 방법인 장법을 알 수 있는 자료가 된다. 장법을 주검 처리 방법이라고 한다면 바로 무덤이 그 결과물로 우리에게 전해진 물질적 표현이다. 과거의 장례 과정에서 벌어진 정확한 행위는 우리가 찾아낼 방법이 없으나 장송의례의 일환으로 만들어진 무덤에서 나타나는 여러 가지의 표지를 통해 그것을 어느 정도 유추는 할 수 있다. 다시 이를 통해 당시의 문화, 사회, 정치, 신앙 등의 모든 현상에 다가갈 수 있는 것이다. 이 때문에 장송의례와 관련하여 몇몇의 논고(김동숙 2002·2008, 최종규 2007·2011·2012)가 있었다. 이들의 논의에서 고분의 축조 과정과 주변 유구에 대해 제의와 관련된 해석이 가해졌으며 유물의 출토위치에 따른 제의도 논해졌다.

여기서는 선행 연구를 기초로 하되 먼저 신라의 장송의례를 조선시대 유교적인 상장의례를 모델로 하여 그 변화 과정을 살펴보도록 한다. 글은 먼저 신라 고분의 축조 공정을 살펴 각 공정 사이에 의례가 시행될 수 있음을 논의한다. 다음 신라 고총 단계 신라고분의 묘형과 각 공간에 부장되는 유물의 성격을 따져 유물 속에 나타나는 장송의례의 흔적을 찾는다. 또 고분의 조사에서 나타나는 장송과 관련된 유구를 살펴 이들의 성격을 구명하여 고총 단계 장송의례 과정을 대강 복원하도록 한다. 마지막으로 석실묘 단계의 변화된 장송의례의 발생 모습을 찾고, 그 변혁의 의미에 대해 살펴보도록 한다. 이 연구의 결과는 이후 신라의 장제뿐만 아니라 그와 관련된 당시의 사회문화상을 밝히는데 기초적인 자료가 될 것으로 기대한다.

이글에서 모델이 되는 유교적 상장의례는 조선시대의 전통적인 것이다. 이 모델은 박장을 하던 조선시대 목관묘를 축조하던 사회의 것이기에 훨씬 더 많은 유물을 부장하고, 큰 고분을 조성하던 신라의 것과는 분명한 차별이 있을 것이다. 즉 신라의 장송의례가 훨씬 더 실제적이고 복잡했을 것이다. 그러나 장송에서 나타나는 대략적인 과정은 크게 다르지 않을 가능성이 있다. 조선시대 유교적 상장의례는 다음과 같이 요약될 수 있다.

조선시대 이후의 유교적 상장의례(정종수 2005)는 분묘 축조 이전의 상장의례와 분묘 축조 과정의 장송의례로 구분하여 그 순서를 잡을 수 있다. 먼저 사망 사건이 발생하고부터 무덤으로까지 주검이 운반되는 과정은 주검 발생-초혼招魂(혼 부르기)-습襲(위생처리, 옷 입히기)-소렴小殮(시신을 옷과 이불로 싸는 의식), 대렴大殮(시신을 묶는 의식)-입관入棺-빈전殯殿-발인제發靷祭-노제路祭-영지 운구로 정리된다. 그리고 무덤이 축조되면서 마무리될 때까지의 장송의례는 묘지 선정-지석 및 명기 제작-후토제后土祭(토지신제사)-천광穿壙(묘광 파기)-방상시方相氏-영구임치靈柩任置(전을 차림)-하관下棺-폐백幣帛(예물로 비단을 바침)-취토取土(관 위에 흙을 뿌림)-지석과 명기 부장-매토埋土(묘광 메우기, 달구질)-평토제平土祭-봉분 조성-성분제成墳祭(제주전)로 정리된다.

신라의 고분은 고총 단계인 마립간기에는 경주를 중심으로 한 지역의 적석목곽묘, 경산지역에 분포하는 암광목곽묘, 전지역에 많이 분포하는 수혈식석곽묘는 수혈계의 곽묘이다. 이들은 매장노선이 수직으로 공통점이 있다. 그러나 창녕지역과 낙동강상류지역에 횡구식석곽이 등장하여 유행하였고, 횡구식석실묘와 횡혈식석실묘는 좀 더 늦게 신라권의 일부 지방에 단발적으로 축조되다가 6세기를 넘어서 석실묘 단계에 유행하였다. 이들은 앞의 수혈계와는 달리 매장노선이 수평이다. 따라서 양자는 축조 방법이나 주검이 매장되는 시기 등에서 차이가 있다. 따라서 여기서는 수혈계 묘제와 횡구·횡혈계 묘제를 나누어 그 축조 공정을 살펴보도록 한다.

수혈계 묘제의 축조 공정

수혈계 묘제의 각각은 단곽식과 주부곽식으로 구분되고, 주곽의 경우는 삼중곽식, 이중곽식, 일곽식으로 구분된다. 부곽의 경우는 그냥 묘광을 파고 유물을 부장한 것, 그 내부에 목곽이나 석곽을 축조하고 유물을 부장한 것 등으로 구분할 수 있으나 축조 공정에서는 별도의 공정을 거치지 않은 것 같다. 주곽의 묘광을 팔 때, 곽을 설치할 때, 유물을 부장할 때 부곽에도 같은 과정이 시행된 것으로 볼 수 있기 때문이다. 여기서는 먼저 적석목곽묘의 축조 공정을 살펴보고, 그와 유사한 암광목곽묘와 신라권 지방에서 가장 흔한 수혈식석곽묘의 축조 공정을 살펴보도록 한다.

적석목곽묘는 크게 묘광, 목곽, 적석부, 봉토로 구성되었다. 이중 적석부는 목곽의 사주에 있는 적석(측면적석)과 그 상부를 덮은 적석(상부적석)으로 나뉜다. 이 두 가지의 적석 가운데 처음에는 측면적석만 존재했으나 점차 상부에도 적석을 시작하여 기본 형식으로 자리한다. 따라서 전자를 적석목곽묘 봉토분, 후자를 적석목곽묘 적석봉토분으로 구분할 수 있다. 한편 양자는 모두 목곽이 지하로 판 묘광 속에 들어가는 지하식과 지면 위에 올라가는 지상식으로 구분할 수 있다.

따라서 전자는 목곽이 먼저 설치되고 측면적석이 설치된 다음 봉분이 축조되는 선묘후분형으로, 후자는 목곽의 설치와 함께 봉분의 하부가 축조되고, 다시 봉분 상부가 축조되는 분묘일체형으로 구분할 수 있다. 이외에 양자를 겸한 반지상식의 절충형도 많이 존재한다. 이 경우 묘광을 목곽의 높이에 미치지 않게 파고 목곽을 설치한 다음, 측면적석부를 설치하면서 지상으로 들어난 목곽의 높이까지 봉분을 축조하고, 이후에 상부에 적석하여 밀봉하고 봉분을 축조해 간다.

여기서는 적석봉토분의 선묘후분형의 대표로 호우총(국립박물관 1964, 김용성 2009a: 145~171), 분묘일체형의 대표로 황남대총 남분(김정기 외 1994, 김용성 2009a: 119~125), 절충형의 대표로 황오동 41호분(국립경주문화재연구소 2013), 적석목곽묘 봉토분의 대표로 황남동 110호분(영남대박물관 1975)을 살펴 적석목곽묘 축조 공정의 대강을 파악하도록 한다.

호우총과 같은 지하식의 이중곽식 적석목곽묘〈도9-1-①〉의 축조 과정은 가) 묘광 파기, 나) 목곽 바닥 기초, 다) 외곽의 설치와 측면 적석, 라) 내곽과 석단 설치(내곽 바닥에 자갈을 깜), 마) 목관의 안치, 바) 내곽 복개, 사) 외곽 복개, 아) 상부적석과 밀봉, 자) 봉토 축조, 차) 전체 봉토 밀봉의 순서가 상정된다. 호석의 경우는 봉토를 축조하기 직전이나 봉토의 축조와 함께 이루어졌을 것이다. 따라서 하관을 기준으로 한다면 가)~라)의 과정을 1차, 바)~차)의 과정은 2차로 구분할 수 있다. 다만 다음에 설명하는 황남대총 남분이나 황오리 41호분과 같이 상부공간이 존재했을 가능성은 열려 있다. 이 경우 상부공간의 복개가 사)와 아) 사이에 이루어졌을 것이다.

분묘일체형의 적석목곽묘의 대표는 황남대총이다. 이 고분 남분의 주곽〈도9-1-②〉은 우리나라 적석목곽묘 가운데 가장 복잡한 구조이다. 고분은 지상식의 삼중곽식 적석목곽묘로 상부에 적석을 둔 적석봉토분이다. 고분의 축조는 크게 지면을 고르고 지상에 목곽을 설치하면서 그 측면에 적석하고 봉토를 축조한 1차 축조와 목곽 위에 적석하고 다시 봉토를 축조한 2차 축조로 구분된다. 고분의 축조 순서는 가) 얕은 묘광 파기, 나) 목곽 바닥 기초, 다) 외곽의 설치와 측면 적석(이때 측면 적석의 외부를 피복하면서 하부 봉토를 축조), 라) 중곽과 그 외

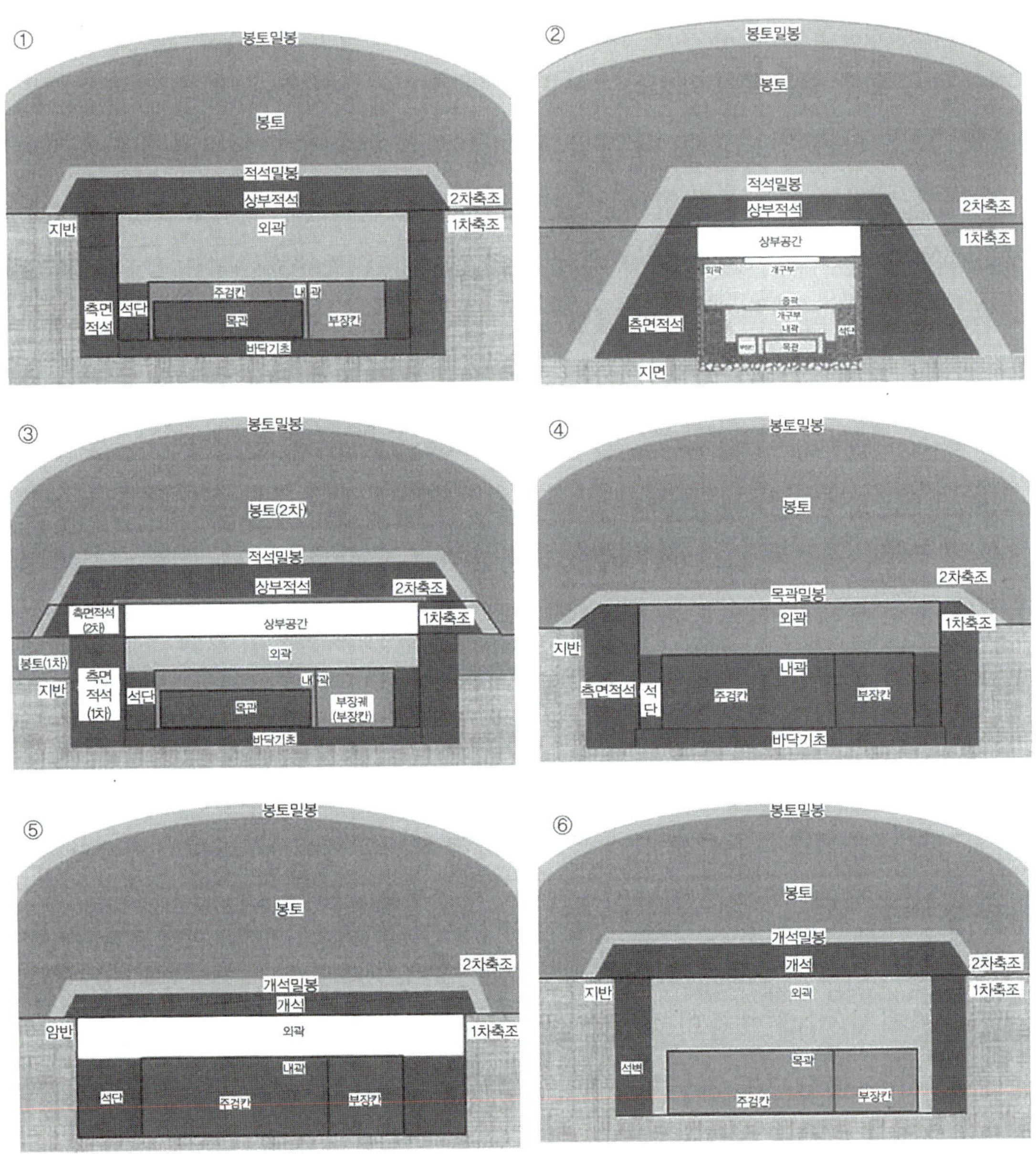

도9-1_ 수혈계 묘제의 축조 공정 모식도
(①~④적석목곽묘 ⑤암광목곽묘 ⑥수혈식석곽묘)

부 석단의 설치, 마) 내곽과 그 외부 석단의 설치(내곽 바닥에 자갈을 깜), 바) 목
관의 안치, 사) 내곽의 복개, 아) 중곽 개구부 폐쇄, 자) 외곽 개구부 폐쇄, 차) 상
부 공간 위 복개, 카) 상부적석과 밀봉, 타) 상부 봉토의 축조, 파) 전체 봉토 밀
봉의 순이 상정된다. 1차 축조와 2차 축조를 나누면 역시 하관을 기준으로 그 전

가)~마)의 과정과 그 후 사)~파)의 과정이 구분된다.

황오동 41호분〈도9-1-③〉은 최근 정밀하게 발굴되어 그 구조가 가장 명확하게 밝혀진 적석목곽묘이다. 이 고분은 이혈 吕자형주부곽식으로 주곽은 이중곽식이며 외곽의 상부가 지면의 위로 약간 올라간 것으로 반지상식 적석목곽묘 구조를 파악할 수 있도록 한다. 고분의 축조 순서는 가) 묘광 파기, 나) 목곽 바닥 기초, 다) 외곽의 설치와 측면 적석(이때 묘광의 어깨면 위 목곽의 높이에 해당하는 부분까지 지면에 흙을 쌓아 하저 봉토부를 마련함), 라) 상부공간의 측면적석과 밀봉, 마) 내곽과 석단의 설치(내곽 바닥에 자갈을 깜), 바) 목관의 안치와 부장궤 설치(부장칸일 경우 거기에 유물 부장), 사) 내곽 복개, 아) 외곽 복개, 자) 상부 공간 복개, 차) 상부 적석과 밀봉, 카) 상부 봉토 조성, 타) 전체 봉토 밀봉의 순이 상정된다. 하관을 기준으로 하면 역시 가)~마)의 공정과 사)~타) 공정이 나뉘어 전자를 1차, 후자를 2차 축조로 볼 수 있다.

위석식이라고도 부르는 적석목곽묘의 봉토분은 황남동 110호분〈도9-1-④〉을 대표로 들 수 있다. 앞의 제4장에서 새로 분석한 이 고분에 대한 구조를 기준으로하면 묘광 어깨면 위로 약간 올라 온 목곽을 설치하고 목곽 주위에 적석한 구조이다. 이 고분의 축조는 가) 묘광 파기, 나) 목곽 바닥 기초, 다) 외곽 설치와 측면 적석(이때 지면 상부로 올라온 목곽의 둘레에 묘광 어깨면 위까지 적석), 라) 내곽 설치와 주위에 석단 설치, 마) 목관 또는 시신의 안치, 바) 내곽 복개, 사) 외곽 복개와 목곽 및 주위 적석 밀봉, 아) 봉토 축조, 자) 전체 봉토 밀봉의 순서가 상정된다. 하관을 기준으로 크게 가)~라)의 공정과, 바)~자)의 공정이 나뉘어, 전자는 1차 축조, 후자는 2차 축조로 정리 된다.

이상 적석목곽묘의 몇 가지 구조에 따른 축조 공정을 알아보았는데, 그 가운데 가장 기본이 되는 것은 호우총을 들 수 있다. 다만 이것의 경우도 이중곽식에 나타나는 현상이고 더 단순한 일곽식의 경우는 라) 내곽과 주변 석단의 설치, 바) 내곽의 복개가 생략된다.

경산지역의 특수한 암광목곽묘는 적석목곽묘와 가장 유사한 묘제이다. 경산지역의 지형적 특성 때문에 암광 자체로 묘곽을 삼을 수 있어 그것을 외곽으로 하고, 내부에 내곽인 목곽을 축조한 것이다. 주곽의 경우 암광인 외곽의 위에는 석개를 하여 수혈식석곽묘의 요소도 개입되어 있다. 이 묘제는 내부 석단의 규모와 그 범위가 약간 출입이 있을 뿐 대부분 일률적으로 조성되었는데, 그 대표적인 고분은 경산 조영동 EI-1호분〈도9-1-⑤〉(영남대박물관 2000)이다. 이 고분은 이혈 昌자형주부곽식으로 주곽을 중심으로 그 축조 공정을 살펴보면 기) 묘광 파기, 나) 내곽과 주변 석단 설치, 다) 하관 또는 시신 납입, 라) 내곽 복개, 마) 개석 설치와 밀봉, 바) 봉토 조성, 사) 전체 봉토 밀봉의 순서가 상정된다. 가)~나)의 과정은 1차 공정, 라)~사)의 과정은 2차 공정으로 크게 구분할 수 있다. 역시 이중곽식이 아닌 일곽식의 경우는 나)와 라)의 과정이 생략된다.

신라권 고총 단계에 가장 널리 사용된 묘제는 수혈식석곽묘이다. 이 묘제는 대형의 경우 내부에 목곽을 설치한 이중곽식이나 소형의 경우는 목곽이 없이 석곽만으로 구성된 일곽식이다. 전자의 경우는 목곽과 함께 석곽을 축조해 올라가는 선목곽후석곽식과 석곽을 먼저 축조하고 그 내부에 목곽을 설치하는 선석곽후목곽식으로 구분된다. 또 적석목곽묘와 같이 지하에 축조된 것도 있고, 지상에 축조된 것도 있다. 이중에 더 일반적인 형식은 지하에 축조된 선석곽후목곽식이다. 이 수혈식석곽묘 가운데 목곽을 가지고 있는 이중곽식인 후자〈도9-1-⑥〉의 축조 공정은 가) 묘광 파기, 나) 석곽의 석벽 축조, 다) 내곽인 목곽 설치, 라) 목관 하관이나 시신 납입, 마) 목곽 복개, 바) 개석의 설치와 밀봉, 사) 봉분의 조성, 아) 전체 봉토 밀봉의 순서가 상정된다. 역시 하관이나 시신 납입을 기준으로 보면 가)~다)의 과정과 마)~아)의 과정이 나뉘어 전자가 1차 축조 공정, 후자가 2차 축조 공정이 된다. 전자인 선목곽후석곽식의 경우는 나)와 다)의 공정이 바뀌거나 함께 이루어진다. 그리고 부산 복천동의 지하 속으로 들어간 수혈식석곽의 경우는 바)와 사)의 공정 사이에 매토의 공정이 추가된다. 그리고 역시 내곽인 목곽을 사용하지 않을 경우는 다)와 마)의 과정이 생략된다.

이외 창녕 계성리를 비롯한 곳에서 조사되는 계남 1·4호분(영남대박물관 1991b)으로 대표되는 수혈식석곽은 지상에 석곽을 축조하면서 봉분을 쌓아 올라가는 분묘일체형으로 그 공정이 약간 다르다. 이 경우는 가) 지면 고르기, 나)

목곽을 설치하면서 석곽의 석벽, 하부 봉토의 축조, 다) 목곽의 설치, 라) 하관, 마) 목곽의 복개, 바) 석곽의 복개(석개나 목개)와 밀봉, 사) 봉토의 조성, 아) 전체 봉토의 밀봉 순이 상정된다.

이상 수혈계의 세 종류 곽묘의 축조 공정을 살폈는데, 이들은 매장노선이 수직으로 설정되었기 때문에 1차 공정과 2차 공정의 차이가 엄격하고, 그 사이에 하관이 이루어진다.

횡구·횡혈계 묘제의 축조 공정

횡구·횡혈계는 수평노선을 따라 주검이 매장되는 구조이기 때문에 고분이 거의 완전하게 축조된 후나, 적어도 묘곽이나 묘실이 축조된 이후에 시신이 납입된다. 따라서 납관이나 시신의 안치를 기준으로 분묘의 축조 공정을 나누기가 어렵다. 다만 초장의 경우는 후자와 같이 묘곽이나 묘실이 축조된 이후 매장이 이루어지고 다른 공정이 시행되었을 가능성도 있지만 추가장의 경우는 전자의 경우가 확실하여 이를 기준으로 축조 공정을 살펴보도록 한다.

이중 횡구식석곽묘는 추가장을 할 수 있는 구조이나 추가장이 이루어지지 않은 곽계 묘제이다. 고분〈도9-2-①〉은 가) 묘광 파기, 나) 석곽의 석벽 축조(횡구부를 남김), 다) 관대棺臺나 시대屍臺 설치, 라) 개석과 밀봉, 마) 묘도 축조, 바) 봉토 축조, 사)

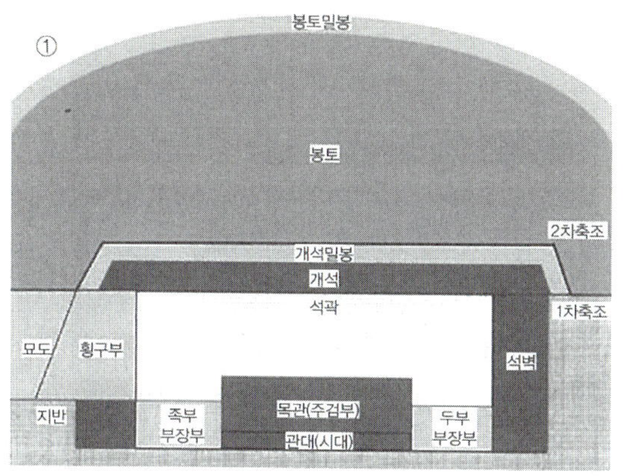

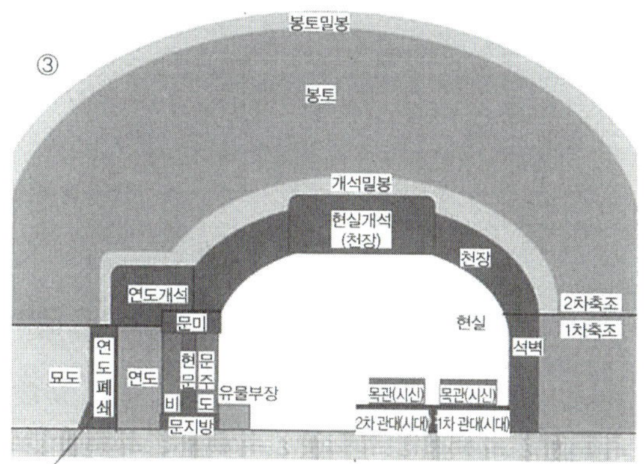

도9-2_ 횡구·횡혈계 묘제의 축조 공정 모식도
(①횡구식석곽 ②횡구식석실 ③횡혈식석실)

봉토 밀봉, 아) 목관이나 시신의 납입, 자) 횡구부 폐쇄, 차) 묘도 메우기의 순서
가 상정된다. 이 경우 고분의 축조 공정은 크게 가)~마)의 공정을 1차 공정, 바)
이후의 공정을 2차 공정으로 구분할 수 있다. 다만 묘곽이 완성된 후 목관이 안
치되고 나중의 공정이 시행되었다면 아)~차)의 공정이 바)와 사)의 공정 앞에 시
행될 수 있다.

일반적인 횡구식석실〈도9-2-②〉은 가) 묘광 파기, 나) 석벽의 축조(전벽의 횡
구부로 사용할 부분은 벽면을 축조하지 않음)와 그 후면 하부 봉토의 조성, 다)
개석의 설치와 밀봉, 라) 현실 내 관대(시대)의 설치, 마) 묘도의 축조, 바) 상부
봉토의 축조, 사) 전체 봉토의 밀봉, 아) 시신(목관)의 납입, 자) 횡구부의 폐쇄,
차) 묘도의 폐쇄 순이 상정된다. 이 가운데 바), 사)와 아)의 과정은 바뀔 수가 있
다. 즉 시신(목관)이 먼저 납입되고 고분의 축조가 모두 마무리 된 다음에 자)와
차)의 공정이 시행될 수 있다. 이렇게 볼 때 고분의 축조에 한해서는 가)~라)의
과정이 1차 축조가 되고, 그 이후가 2차 축조가 된다. 그리고 추가장이 시행될 경
우는 먼저 폐쇄된 묘도와 횡구부를 헐고 2차 관대(시대)를 설치한 다음 시신을
납입하며 유물을 부장하고 그 후는 1차와 같은 과정이 시행된다.

이와 같은 경우 봉토는 수평 성토의 경우이고 실제는 뒤의 횡혈식석실분과 같
이 묘도부를 제외한 개석 하부의 석실 주변이 석실의 축조와 함께 성토되고 나중
에 묘도부와 그 외면 및 상부의 봉토가 축조되는 양파식의 축조로 봉토가 완성되
는 것이 많았을 것으로 추정된다. 그래야 상부의 압력으로 석실이 붕괴되는 것을
막을 수 있기 때문이다. 따라서 봉토의 축조는 전자가 1차, 후자가 2차가 된다.

고분 가운데 가장 복잡한 구조를 가진 것은 횡혈식석실묘이다. 이 묘제는 현실
의 내부 구조는 횡구식과 별다르지 않으나 출입구 시설에서 많은 차이가 난다. 이
출입구 시설은 가옥의 것을 그대로 본 딴 것으로 석실 피장자의 위계에 따라 또
는 시기적인 차이에 따라 일부 생략되기도 하여 다양하게 나타난다. 그러나 앞의
횡구식과는 달리 연도 측벽만은 분명하게 설치되어 구분된다. 여기서는 가장 복
잡하며 완비된 석실의 모식〈도9-2-③〉을 택해 그 축조 공정을 살펴보도록 한다.

신라의 횡혈식석실은 지하식인 경우는 보기 힘들다. 따라서 분묘일체형으로

고분이 축조되는 것이 일반적이다. 고분은 가) 묘광 파거나 지면 고르기, 나) 석벽의 축조와 후면 봉토의 조성(출입구 시설이 들어설 부분은 남기고 지면 위로 올라가는 석벽의 후면은 밀봉하면서 석벽을 쌓는다. 또 출입구 시설이 들어설 부분은 양쪽에 문주석을 세우고 문미석을 올린 다음 그 상부를 축조해 올라간다. 이때도 그 후면 봉토가 축조된다), 다) 개석의 설치와 밀봉, 라) 연도의 축조와 현문부 조성(현실 석벽의 남겨둔 공간에 이어서 연도 측벽을 축조하고 문지방석을 놓은 다음 문미석과 사이에 문비를 설치하고 연도부를 복개하고 그 위를 밀봉한다), 마) 묘도의 설치와 상부 봉토의 축조, 바) 전체 봉토의 밀봉, 사) 현실 내부 관대 또는 시대의 설치, 아) 시신의 납입, 자) 현문(문비) 폐문과 연도 폐쇄, 차) 묘도 폐쇄의 순서가 상정된다.

따라서 봉토는 석실과 연도부 축조와 함께 축조되는 것과 그 이후 그 바깥과 상부에 축조되는, 즉 양파식으로 축조됨으로서 그 과정이 달라 전자를 1차 축조, 후자를 2차 축조로 볼 수 있다. 그리고 사)와 아)의 과정이 마)와 바)의 과정 이전에 이루질 수 있다. 즉 연도와 현실 시설 대부분이 완성된 후 시신이나 목관이 납입되고 묘도와 나머지 봉토가 축조될 수 있다. 추가장이 시행된 경우는 묘도와 연도 폐쇄부를 헐고 문비를 개문한 다음, 2차 관대(시대)를 설치하고 목관이나 시신을 납입하고 유물을 부장한 다음, 다시 폐문하고 연도와 묘도를 폐쇄한다.

이상 횡구·횡혈계 묘제의 축조 공정은 고분이 거의 완성된 다음에 시신이나 목관의 납입이 이루어져 수혈계의 곽묘와는 다른 장의가 상정된다.

_고총 단계의 장송의례

신라 고총의 기본 묘형

신라 고총의 곽계 묘제는 대부분 이중곽식으로 조성되었다. 즉 적석목곽묘는 외곽과 내곽으로, 암광목곽묘는 외곽의 역할을 하는 암광과 내곽의 역할을 하는 목곽으로, 수혈식석곽묘는 외곽인 석곽과 내곽인 목곽으로 구성되었다. 이러한 이중곽식은 후대의 일부를 제외하면 대부분 주부곽식이다. 다만 일부 수혈식석곽은 목곽이 없이 직접 목관이나 시신이 납입되는 일곽식이고, 창녕지역의 횡구식석곽은 목곽이 없이 시대나 관대가 설치되고 목관이 납입되었다. 이들 경우는 대부분 부곽이 없는 단곽식으로 나타난다. 다만 수혈식석곽에서 주곽이 일곽식이면서 부곽이 있는 경우가 있다. 이러한 경우는 중·소형묘에서 나타나는 것이고, 고총이라고 부를만한 것은 아니다. 그러나 이들도 유물의 배치 상태를 보면 크게 다르다고는 볼 수 없다. 여기서는 외곽과 내곽 사이에 석단이 설치되어 유사한 현상을 보이는 경주의 적석목곽묘와 경산의 암광목곽묘, 석단이 존재하지 않는 수혈식석곽묘, 일곽식인 횡구식석곽묘의 묘형을 살펴 신라 고총의 기본 묘형을 설정해 보도록 한다.

적석목곽묘의 비교적 대형에 나타나는 이중곽식 목곽의 구조는 단곽식과 주부곽식 주곽의 경우 외곽인 목곽과 내곽인 목곽 사이에 석단을 설치하였다. 그 대표적인 것이 일제강점기에 발굴된 대형분(김용성 2010b)의 대부분과 우리 손으로 발굴한 것으로 황남대총 남분(이 경우는 삼중곽식), 황남대총 북분(김정기 외 1985), 황남동 110호분, 호우총과 은령총, 황오동 41호분 등을 들 수 있다. 이들은 주부곽식도 있으나 단곽식도 있으며 그를 불문하고 내곽을 피장자가 들어가는 주검칸을 서쪽에 두고 동침한 피장자의 머리맡에 해당하는 동쪽을 칸막이로 구분하여 유물을 부장하는 부장칸으로 삼았다(A유형: 〈도9-3-①〉). 대표적인 예가 황남대총 북분〈도9-4〉이다. 이중곽식이 아닌 일곽식의 경우 대형은 천마총(김정기 외 1974), 금령총(김용성 2010b) 등과 같은 단곽식으로 피장자의 목관과 그 두부에 부장궤를 설치하여 유물을 부장하였다(B유형: 〈도9-3-②〉). 중·소형의 일곽식에서는 주부곽식의 경우 주곽은 목곽의 내부에 피장자의 머리맡인 대형의 부장칸 부분에 유물을 부장하여 두부장부[1]를 두거나 목곽을 구분하여 부장칸으로 삼았다(C유형: 〈도9-3-③〉).

---

1 이하 피장자의 머리맡에 해당하는 두부부장부는 두부장부, 발치에 해당하는 족부부장부는 족부장부로 부른다.

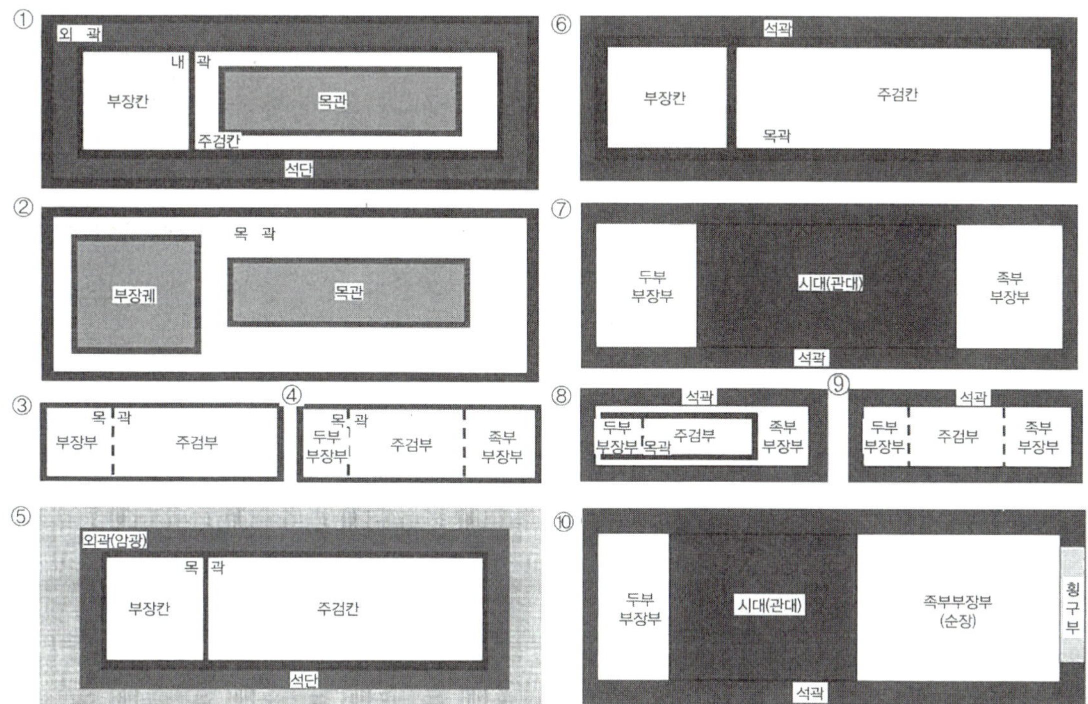

도9-3_ 신라권 곽계 묘제의 묘형
(①~④: 적석목곽묘 ⑤: 암광목곽묘 ⑥~⑨: 수혈식석곽묘 ⑩: 횡구식석곽묘)

이중 대형에서는 A유형에서 B유형으로 변화하는 것으로 보이는데, B유형의 경우는 부곽이 존재하지 않는 것으로 장례의 간소화와 맞물려 나타나는 현상으로 보인다. 그러므로 적석목곽묘 대형의 경우 이중곽식 주곽을 가진 주부곽식에서 부곽이 없는 이중곽식의 단곽식으로, 또 부곽이 없는 일곽식으로 변화하고 있다고 할 수 있다. 그러한 현상은 황남대총 남분(실제는 삼중곽식)→황남대총 북분→천마총의 서열에서 잘 드러난다.

이외 실제 목곽의 내부 피장자의 발치에도 부장부를 두어 유물을 부장하는 경우도 있다(D유형: 〈도9-3-④〉). 그러나 이 경우는 부곽이 없는 것에 한정하고, 극히 일부의 경우 부곽이 존재하면서도 나타나나 일반적이지는 않다. 그리고 부곽이 존재하지 않는 경우의 발치에 유물을 부장한 것은 주부곽식의 부곽 유물이 그곳에 배치된 것이다. 이는 뒤에서 언급하는 칸막이로 표현된 암광목곽묘 소형과 같은 양상이다.

어쨌든 적석목곽묘에서 이중곽식이건 일곽식이건 주부곽식의 주곽과 단곽식의 경우 두부의 부장칸, 부장궤, 부장부에는 의례성이 강한 유물이, 부곽과 부곽이 없는 단곽식의 족부장부에는 생활 유물이 부장된다. 따라서 주검부와 두부장부를 합치면 ㅂ자형의 공간 구조라고 할 수 있다.

경산의 암광목곽묘는 적석목곽묘의 A유형이 상위 고총에 나타나며, 더 하위의 중·소형묘에 적석목곽묘의 C·D유형이 나타나는데, 거의 천편일률적이다. A유형의 대표적인 고분이 경산 조영동 EI-1호〈도9-5〉이다. 이 고분은 이혈의 ㅂ자형주부곽식으로 주곽은 암광인 외곽의 내부에 목곽인 내곽을 설치하였고, 내곽과 외곽 사이에 경주의 적석목곽묘 이중곽식과 같이 석단을 설치하였다. 그리고 내곽인 목곽은 동쪽의 좁은 방형 공간을 칸막이로 구분하여 부장칸으로 삼고 나머지 넓은 서쪽 공간을 주검칸으로 삼았다. 그리고 주검칸의 주인공 발치에 순장을 시행하고 그와 관련된 의례성 유물이 몇 점 부장되었다.

다른 고총의 경우도 비록 석단의 모양이 약간 변화하며 간소화하는 경향이 있으나 위의 형식을 암광목곽묘의 기본 묘형〈도9-3-⑤〉이라고 할 수 있다. 그리고 부곽이 없는 소형묘〈도9-6〉의 경우 암광의 내부에 머리맡의 두부장부와 발치의 족부장부를 두는데, 이것도 적석목곽묘의 경우와 같다고 할 수 있다. 이것이 아주 분명하게 나타나는 것이 암광을 판석 칸막이로 두부장칸, 주검부, 발치 족부장칸을 구

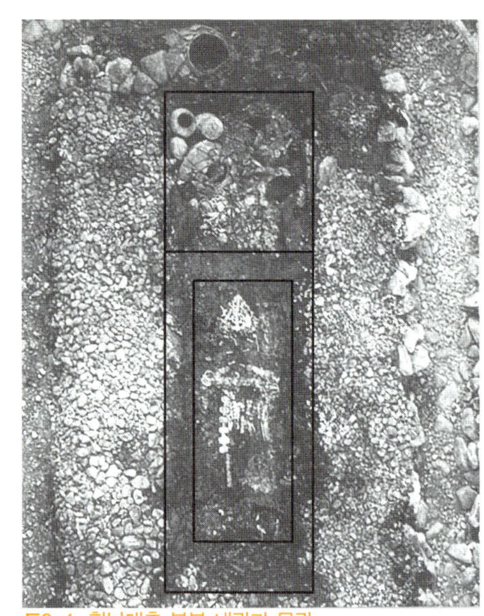

도9-4_황남대총 북분 내곽과 목관
(김정기 외 1985 개변)

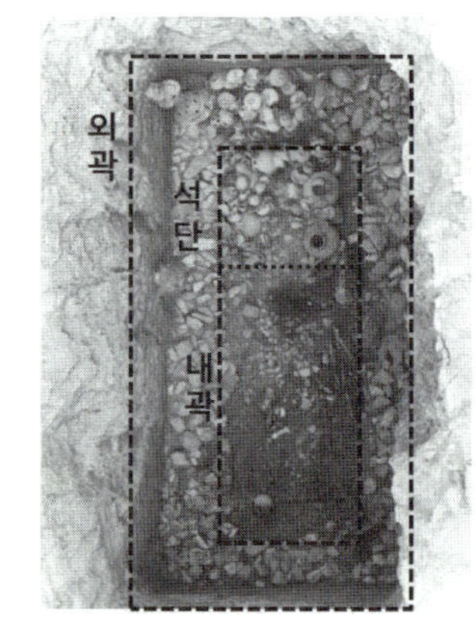

도9-5_경산 암광목곽묘 유구 배치와 묘형
(영남대박물관 2000 개변)

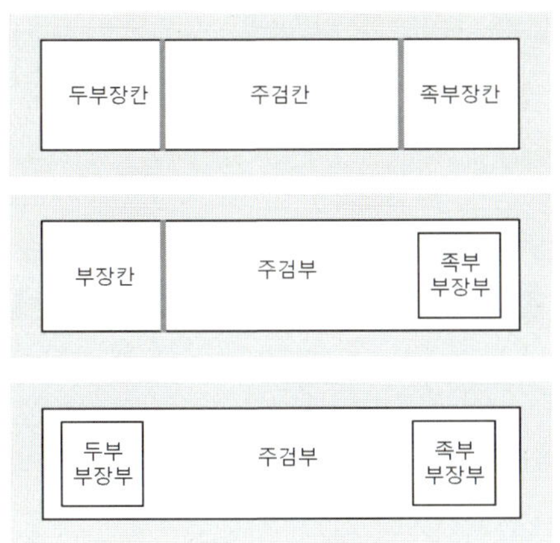

도9-6_암광목곽묘 무부곽 소형묘의 묘형

분한 것이다. 이외 소형묘에서 머리맡에 부장칸을 두고 발치에 유물을 부장한 것과 부장칸 없이 두부와 족부에 부장부를 둔 것이 있다〈도9-6〉. 이 경우도 적석목곽묘와 같은 종류의 유물을 나누어 부장한 것이 관찰된다. 역시 발치나 부곽의 유물을 제외하면 주검부와 두부장부가 ㅂ자형의 공간 구조를 이룬다.

수혈식석곽묘는 좀 이른 시기의 것은 선목곽후석곽식으로 주부곽식의 경우 주곽인 석곽의 내부에 목곽이 꽉 차게 설치되었다. 그리고 후대의 선석곽후목곽식은 목곽과 외곽인 석곽 사이에 공간이 형성된다. 그러나 두 경우 모두 유물의 출토 상태를 보면 목곽의 내부 피장자의 머리맡 공간에 유물이 모여 두부장부를 형성하여 주검부와 구분이 되는 적석목곽묘 C유형과 같은 양상이나 석곽과 목곽을 사용한 이중곽식이기에 적석목곽묘 A유형의 변형으로 볼 수 있는 것이 대부분이고 실제는 목곽을 칸막이하여 부장칸을 구분한 것이 주류로 보인다〈도9-3-⑥〉. 그 대표적인 것이 강릉 초당동 84-2번지 석곽묘 1호(강원문화재연구소 2006)이다. 이외 부산 복천동의 10·11호(부산대박물관 1983)를 위시한 수혈식석곽묘나 창녕 계성리의 대형 수혈식석곽들도 약간 다른 모습을 보이지만 주곽의 묘형은 대략 같은 형식으로 볼 수 있다. 한편 단곽식이면서 내곽에 목곽을 사용한 이중곽식〈도9-3-⑧〉의 경우가 있다. 이 경우는 석곽의 내부 한쪽으로 목곽을 설치하고 그 내부를 칸막이한 경우도 있고, 그렇지 않은 경우라도 두부장부를 두었고, 목곽의 바깥 피장자의 발치에 족부장부를 두는 것이 원칙이다. 또 목곽을 사용하지 않은 일곽식의 경우〈도9-3-⑨〉도 마찬가지의 모습이 관찰된다. 이들은 앞의 적석목곽묘와 암광목곽묘와 같이 ㅂ자형의 공간 구조가 기본이 된다고 할 수 있다.

그러나 일부 수혈식석곽은 주부곽식이면서 주곽의 내곽인 목곽 내부를 삼등분하여 두부장부, 주검부, 족부장부를 구분한 경우〈도9-3-⑦〉가 있다. 그 대표적인 예가 달성 문산리(경북문화재연구원 2004a)의 수혈식석곽묘(김용성 2011b)

이다. 이 경우는 뒤의 것들과는 달리 부곽이 있으면서도 주곽의 머리맡과 발치에 부장 공간을 설정하였으며 거기에 부장되는 유물도 비슷한 의례성의 유물로 특별한 경우에 해당된다.

이외 단곽식의 일곽식이면서 대형의 경우도 두부장부와 족부장부를 두는 것이 일반적이다. 그 대표적인 깃이 구미 황상동 141호(대구대박물관 2009)의 경우이다. 이 경우는 단곽식이며 일곽식인 석곽의 중앙에 비교적 높은 관대를 설치하고 그 나머지 머리맡 공간을 두부장부로, 발치 공간을 족부장부로 삼은 것〈도9-3-⑦〉으로 뒤의 횡구식석곽의 묘형을 빼 닮았다. 이 경우 두부장부에는 주부곽식의 머리맡 부장칸에 부장되는 유물과 같은 의례성 유물이, 족부장부에는 부곽에 부장되는 생활용품이 부장된다.

횡구식석곽묘는 창녕의 교동(동아대박물관 1992, 국립가야문화재연구소 2013)과 송현동고분군(국립가야문화재연구소 2011·2012)이 대표적인 것으로 이 경우는 부곽이 없는 단곽식이고 목곽이 사용되지는 않은 것 같다. 비록 출입은 약간 있으나 기본적인 묘형은 구미 황상동의 석곽과 같이 중앙에 비교적 높거나 구분되는 관대를 설치하고 거기에 목관을 안치한 것으로 관대 바깥 두부의 공간을 두부장부로, 족부의 바깥 공간에 순장인을 배치하면서 유물을 부장한 족부장부로 삼은 것이 많다〈도9-3-⑩〉. 이 경우도 앞의 구미 황상동 석곽과 같이 두부장부에는 의례성 유물이, 족부장부에는 생활유물이 부장되면서 순장인이 배치되었다.

이상 단곽식의 수혈식석곽과 횡구식석곽 두 경우도 부곽이 없어 부곽에 부장되어야 할 유물이 주곽의 족부장부에 부장된 것으로 이를 제외하면 日자형의 공간 구조라고 볼 수 있다. 따라서 비록 다른 장의 과정이 상정되지만 묘형에서 신라의 기본 구조와 같아 순서는 다를지라도 그 방식은 동일했음을 알려준다. 특히 횡구식석곽의 경우 석실묘로 부르는 의견이 우세하지만 매장노선만 다를 뿐 공간 구조가 유물 배치와 함께 수혈계의 고분과 다를 점이 하나도 없고, 실제 추가장이 시행된 것이 없는 단장의 묘제란 점에서 실이 아니라 곽으로 불러야함을 알려주기도 한다.

이상 신라권에 조성된 고총 단계 고분들의 묘형을 살펴보았는데, 주곽의 내부 유물의 부장공간은 머리맡의 두부장부로 기본적으로 모두 日자형의 공간 구조라고 정리할 수 있다. 따라서 신라권 주곽의 기본 묘형을 日자형 구조로 규정할 수 있다. 다만 달성 문산리 석곽들의 경우는 주곽 자체가 目자형으로 구분되어 다른 것과 다르고 고령 지산동의 고분들과 통하는 점이 있다.

신라 고총의 출토유물과 장송의례

고분을 축조하면서 유물 부장은 일시적으로 이루어지는 것이 아니고, 축조 과정의 각 단계에 따라 나뉘어 부장되는 점이 관찰된다. 예컨대 황남대총 남분의 유물 출토상태를 살펴보면 다음과 같다.

유물은 크게 목곽의 외부에 부장된 것과 내부에 부장된 것, 그리고 부곽에 부장된 것으로 나눌 수 있다. 이 가운데 부곽에 부장된 유물은 전체가 일시에 부장된 사후 생활유물로 규정할 수 있으나 목곽 외부와 내부에서 출토되는 유물은 각각에서도 세부 위치별로 다시 구분이 된다. 목곽 외부의 유물을 위치에 따라 세분하면 (1) 봉분 정상에 매납된 유물, (2) 봉분 속에 부장된 유물, (3) 적석부 피복층에 부장된 유물, (4) 외곽 상부에 부장된 유물로 나눌 수 있다. 주곽인 목곽 내부에 부장된 유물은 (5) 중곽과 그 사주 석단 위에 부장된 유물, (6) 내곽 위와 사주 석단에 부장된 유물, (7) 부장칸에 부장된 유물, (8) 목관에 부장된 유물 등으로 구분할 수 있다.

이러한 유물의 부장 위치와 고분의 축조 과정을 연계해서 부장 유물의 의미를 분석하면 당시 장송의례 과정의 일면을 찾아볼 수 있다. 이 유물 출토 위치를 앞에서 논한 황남대총 남분 축조 공정과 연결시키면 (8)은 목관에 시신이 안치될 때 착장된 상태로나 그 내부에 부장된 유물로 (바)의 과정 또는 그 이전에 주검의 입관 시 성복하면서 부장된 유물, (7)은 (바)의 과정과 함께 부장된 유물, (6)은 (사)의 과정 이후 부장된 유물, (5)는 (아)의 단계와 관련된 유물, (4)는 (자)의 과정 이후 부장된 유물, (3)은 (타)의 과정 이후 부장된 유물, (2)는 (파)의 과정과

관련된 유물, (1)은 (하)의 봉
분 밀봉 과정이나 그 이후 부
장된 유물로 볼 수 있다. 그리
고 부곽의 유물은 (차)의 과
정 이전에 부장되었다고 할
수 있다〈도9-7〉.

이렇게 보면 적어도 주검을
안치하면서부터 봉분을 완성
할 때까지 단계별로 의례 행
위가 있었고, 그 결과로 유물
이 부장되었음을 추측하기 어
렵지 않다. 이 전체 과정을 주

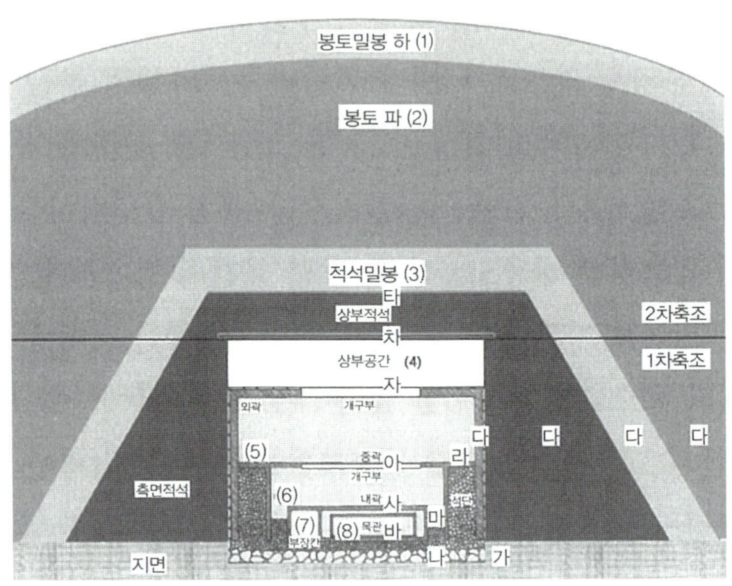

도9-7_황남대총 남분의 축조 공정과 유물 부장

검이 고분에 안치되면서 이루어지는 장송의례라고 할 수 있으며 실제 앞에서 제
시한 유교식 장제보다 대단히 복잡한 과정을 거쳐 장례가 시행되었음을 유추하
기 어렵지 않다.

이는 앞에서 다룬 신라고분의 여러 종류 묘제의 축조 공정에서 각 공정과 공정
의 사이에는 장송의례가 행해질 수 있음을 알려준다. 수혈계와 횡구·횡혈계가
다르겠지만 적어도 묘지의 선정과 정지 시, 묘광의 굴착 후, 하관이나 납관 이전
의 자별 의례, 그 후의 수혈계의 봉분 조성 전과 횡구·횡혈계의 폐문 전 작별 의
례, 봉분이 완성된 후나 묘도를 폐쇄한 후 분전에서의 작별 의례 등이 상정될 수
있다. 이는 앞서 제시한 유교식 장제 모델에서 후토제, 방상시, 영구임치 시의 제
사, 평토제, 성분제와 같은 성격을 가졌을 것이다. 이외 각 묘제 축조의 다른 공
정들 사이에도 의례 행위가 있었을 것이다.

일단 축조 공정과 관련한 장송의례를 이렇게 정리하고 이제 앞에서 설정한 신
라의 기본 묘형에 나타나는 현상으로 다시 장송의례를 풀어보도록 하자.

후장을 한 신라 마립간기 고분에서는 다른 어떤 곳의 고분보다 많은 유물이 출
토된다. 비록 나무, 천, 종이 등 유기물로 제작된 유물은 대부분 썩어 남아있지

않으나 토제나 금속제 유물이 정말로 많이 출토되기에 애초에 얼마나 많은 유물이 부장되었는가를 짐작할 수 있다. 이러한 유물 모두를 무조건 사후 생활을 위해 부장한 것이라고 단정할 수는 없다. 그것은 유물이 뚜렷이 무덤의 구별되는 공간에 배치되고, 각 공간의 유물 종류도 다르게 나타나기 때문이다.

고분에서 출토되는 유물을 우리는 흔히 재질에 따라 금속(청동기, 철기), 옥석기, 도기, 골각기, 죽목칠기 등으로, 용도에 따라 장신구, 마구, 무기, 농공구, 의기, 토기, 금속 용기 등으로 구분하고 있다. 그러나 이러한 분류는 유물 자체를 나누기 위한 분류이기에 고분에서 부장품이 가지는 의미를 분석하는 데는 크게 도움이 되지 않는다. 따라서 무덤에 매납되는 의미로서의 기능별 분류가 필요한데, 한대를 중심으로 한 중국의 경우는 예악기, 생활실용품, 위신의장용구, 진묘벽사품, 공헌제사품, 명기라는 6종으로 구분하고 있다(김용성 역 2006: 317). 이를 세분해서 살펴보면 다음과 같다.

제1류 : 예악기禮樂器. 주기酒器, 식기食器, 수기水器, 악기樂器가 위주이고 무덤 주인 생전의 사회적 지위를 표지하는 유물군이다. 일반적으로 청동제 유물이 전형인데 청동기의 조형과 무늬를 모방하여 제작한 도기와 목기도 적지 않다.

제2류 : 생활실용품生活實用品. 음식, 가구, 의장침구衣裝寢具, 장식품, 문방용구 등이 기본적인 조합이고 유물의 질이 각각 달라 금은기, 청동기, 목죽기, 옥석기, 모면직물 등이 있다. 많은 것이 무덤 주인이 생전에 사용한 애용품이다.

제3류 : 위신의장용구威信儀仗用具. 주요한 것이 병기兵器, 무구武具, 거마기車馬器, 의장용구儀仗用具 등이고 무덤 주인 생전의 사회적 지위와 신분을 표방하는 것이다. 개인의 재산과 부를 과시하는 것이기도 하다.

제4류 : 진묘벽사품鎭墓辟邪品. 진묘수鎭墓獸, 진묘우인鎭墓偶人, 매지권買地券, 칠서혼병류漆書魂瓶類 등과 같이 유물 자체가 벽사辟邪 성격인 것이거나 유물의 그림, 부호 등으로 어떤 주술적呪術的 성격을 갖도록 한 대용품이다.

제5류 : 공헌제사품供獻祭祀品. 세발솥鼎, 굽다리접시豆, 쟁반盤, 제물받침俎이 주된 것이고 여기에 궤几, 상案, 귀잔耳杯 등이 부가되기도 한다. 공헌제사에 쓰이는 것으로 세트로 구성되는 것이 특징적이다. 적지 않은 유물이 매장 시에 넣은 동물 뼈나 과일이 담긴 채 출토된다.

제6류 : 명기名器. 일상생활에 소요되는 그릇器皿, 도구, 건축시설 등을 모방한 것으로 장례 때에 일시적으로 제작되어 사용되는 모형유물模型遺物이다. 인물이나 동물의 용俑, 거마무사용車馬武士俑, 창고倉, 부뚜막灶, 우물井, 화장실厠의 조합 배치 및 절구臼, 방아磨, 집家宅, 성보누각城堡樓閣 등과 같은 것이다. 도제나 목제가 일반적이지만 석제나 납鉛제품도 있다.

우리 고분에서 예악기와 진묘벽사품, 명기 등은 비록 출토되기는 하나 드물어 일반적이라고 할 수는 없다. 그래서 중국의 경우를 참고해 생활용품, 위신재(주로 복식품), 공헌유물(의례용 유물)로 대별할 수 있다. 그러나 아직 우리 고분에서 출토되는 유물에 대해 엄격한 기능상 의미를 부여하기는 어렵고, 단지 신라 마립간기의 유물 부장 양상을 통해 대강을 파악하고 다시 그 이전 시기 유물에 대해 유추할 수 있을 뿐이다. 또 마립간기 이전에는 실생활용품이나 공헌유물과 예악기 등이 엄격하게 구분되지 않았을 가능성도 있다.

신라고분에서 출토되는 유물을 앞에서 논한 신라의 기본 묘형과 연결시켜 그 기능을 대략이라도 찾아보도록 하자.

신라고분의 기본 묘형이 앞에서 논한 바와 같이 대략 동일하고 그 각 공간의 유물은 같은 성격을 가졌다고 규정할 수 있다. 대략 주곽 머리맡의 부장칸이나 부장부에는 토기의 경우 고배나 장경호 등 의례성이 강한 유물이, 주검칸이나 주검부에는 복식이라고 할 수 있는 착용유물이, 부곽이나 단곽식 경우의 족부장부에는 단경호 등 각종 생활용 유물이 많이 부장되었다. 그리고 피장자가 착용하지 않는 무기나 농공구와 유자이기 등의 의기류가 주곽의 피장자 주변에서 출토되는 경우가 많다. 이러한 유물의 출토 현상을 경산 조영동 EⅠ-1호를 샘플로 택해 살펴보면 다음과 같다.

서쪽의 부곽은 암광의 내부에 목곽이 설치된 것으로 출토유물은 다음과 같다. 1인 순장. 고배, 연질완, 연질발, 파배, 장경호, 대부장경호, 시루, 연질장란형옹, 양이직구호, 직구호, 삼이직구호, 사이직구호, 단경호, 연질호, 연질주구옹, 대

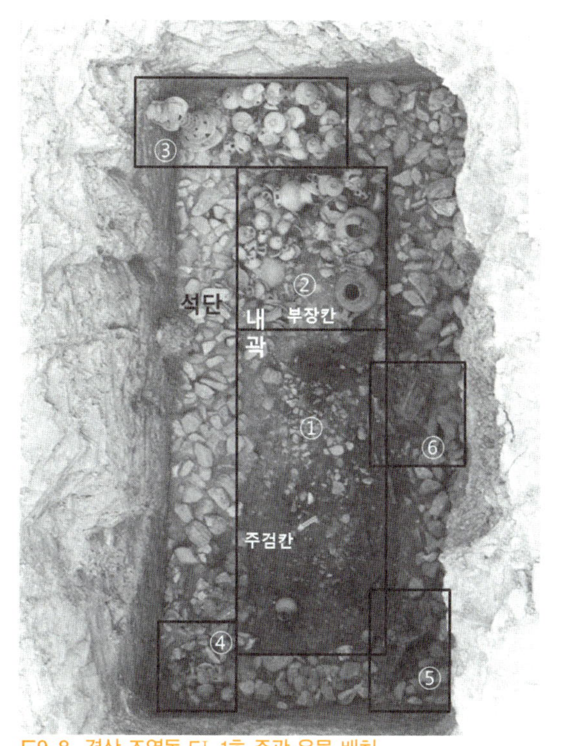

도9-8_경산 조영동 EI-1호 주곽 유물 배치
(영남대박물관 2000 개번)

호, 통형기대 등의 토기류. 철부, 철겸, 철도자, 철사, 철착, 철집게, 숫돌 등의 농공구류. 철촉, 철모, 철준, 경갑, 주, 찰갑 등의 무기류. 재갈, 안교, 행엽, 등자, 운주, 철환, 혁금구 등의 마구류. 교구, 이형철기, 삼족부철환 등의 기타 철기.

동쪽의 주곽〈도9-8〉은 목곽이 설치되고 그 바깥에 석단이 돌아간다. 그리고 내곽인 목곽은 피장자 두부의 방형 공간을 구분하여 부장칸으로 삼았고, 나머지를 주검칸으로 구분했다. 각 부위의 출토유물을 정리하면 다음과 같다.

주곽의 주검칸(①) : 2구의 인골이 출토되었으나 공간으로 보아 3인 매장으로 추정(주피장자는 동쪽으로 머리를 두고 신전장, 순장자 2인은 머리를 서쪽으로 두고 신전장). 유물로는 주피장자가 착장하였던 금동관식, 금제세환이식, 곡옥부경식, 은제환두대도, 대도, 철도자, 은제지환, 은제과대 등과 순장자가 착장한 것으로 보이는 세환이식. 북서부에서 대부장경호, 파배가 출토. 또 거기서 겸형철기, 유자이기, 중앙부에서 2점의 철모 등이 출토.

주곽의 부장칸(②) : 고배, 유개고배, 장경호, 유개장경호, 대부장경호, 파수부발, 유개연질발, 유개파수부발, 연질파수부발, 유개대부삼이완, 대부편이완, 개배 등의 토기류. 철도자, 철준 등의 철기.

사방의 적석단 : 동측의 적석단 위에서 장경호와 통형기대 세트, 유개고배, 고배, 개, 유개연질발, 연질발, 파수부발, 유개파수부발, 개배, 대부편이완 등 부장칸에 들어간 유물 조합과 극히 유사한 토기가 군집(③). 유개고배, 영락식고배, 적갈색연질호가 서북에 군집(④). 이외 적석단 위에서는 철준, 성시구, 철모, 철촉 등의 무기류가 철도자 등과 함께 많은 양이 출토(⑤·⑥).

이상의 유물 가운데 부곽에서 출토된 토기에는 실생활에 사용되는 시루가 출
토되고, 다양한 종류의 호류 다수가 출토된 특징이 있다. 주검칸(①)의 유물 가
운데 철기류(겸형철기, 유자이기, 철모)는 원래 내곽의 천판 위에 부장한 것이 목
곽이 부식되면서 낙하한 것으로 보인다. 그것은 서쪽 석단 위의 무기류가 내곽
인 목곽과 석단에 걸쳐있었음(⑤·⑥)에서 알 수 있다. 다만 내부 피장자의 발치
아래 북서부에서 출토된 대부장경호와 파배는 순장자의 머리맡에 해당되어 그
의 공헌유물로 볼 수 있다. 그리고 부장칸 출토 철준의 경우도 앞의 ①에서 출토
된 철모와 세트로 목곽 위에 부장하였던 것으로 판단된다. 한편 동쪽 석단 위 토
기류가 위주인 유물(③)은 장방형의 공간 내에 부장칸의 유물과 같이 정연한 상
태로 놓였다. 부장칸 토기와 차이는 고배의 경우 부장칸에서 출토된 것이 일단투
창고배이나 여기서 출토된 것은 모두 이단투창고배라는 점이다. 부장칸(②)에는
방형의 공간 내부의 사방에 비교적 큰 토기가 놓이고, 그 사이에 소형의 토기를
쌓은 듯이 정연하게 놓았다는 특징이 있다. 이들 두 군의 토기는 부곽에서 출토
되는 것과는 달리 의례적 성격이 강한 유물이어서 주목된다.

이상을 정리하면 주곽의 주검칸에는 복식품이면서 피장자의 신분을 잘 알려주
는 유물이, 부장칸에는 의례적 성격이 강한 유물이, 일부 석단 위에도 의례적 성
격이 강한 유물이, 내곽인 목곽 위와 석단 위에는 무기류를 위주로 한 유물이 부
장되었다. 그리고 부곽에는 실생활에서 사용되는 각종의 생활유물이 부장되었
다. 이러한 양상은 임당 고총에서 무덤들 사이에 비록 약간의 차이가 있기는 하
지만 일반적 현상이고 경주의 적석목곽묘에서도 크게 다르지 않다.

유물들 가운데 주곽 주검칸의 유물은 성복유물로 볼 수 있다. 이 유물들은 주
검의 입관 시에 넣었거나 목관을 사용하지 않았을 경우 시신을 성장시켜 안치한
것으로 볼 수 있다. 따라서 입관이나 주검 안치 시의 성복 행위를 증명해 준다.

신라고분의 주검칸이나 주검부에서는 복식으로 인정되는 유물이 피장자에게
착장된 상태로 조사되고 있다(앞의 〈도9-4〉 참조). 머리에서부터 대관과 관식,
이식, 경식, 과대, 천, 지환, 식리 등의 장신구와 남성의 경우 대도가 그것이다. 이

러한 유물은 목관이 조사되는 적석목곽묘에서 그 범위 내에서 출토됨으로 입관 시의 성복유물로 판단할 수 있다. 다만 대관의 경우 머리를 덮은 가면과 같이 출토되는 경우도 있어 다른 해석을 하는 경우도 있으나, 평상 의례 시에 착용하던 것을 목관에 납입할 때 목관의 공간 한계로 인해 그리 매납했을 가능성이 있어 문제가 되지 않는다. 따라서 입관의 절차가 있었고, 그 때 성복이 이루어졌음을 알 수 있다. 이 성복유물은 피장자의 신분을 알려주는 위세품으로 남성과 여성이 차이가 있음은 이미 알려져 있다(최병현 1990, 김용성 1997, 김선주 2002, 이희준 2002).

이렇게 입관을 하기 전에 사체의 처리 과정으로 염습이 이루어 진 것이 임당 고총에서는 잘 드러난다.

임당의 암광목곽묘는 단단한 암반을 파서 축조함으로써 그 내부에 물이 가득 차는 특성 때문에 인골이 고스란히 남아 있는 경우가 많다. 그 중 고총의 인골 출토 양상을 살펴보면 주곽에는 주피장자 외에 2인 정도가 순장되고, 부곽에도 2인 정도가 순장된 경우가 많다. 이 인골 가운데 주곽에서 출토되는 인골은 주피장자건, 순장자건 정연하게 출토된다. 반면 부곽의 순장자 인골은 흐트러지거나 처진 상태로 나타난다. 이는 주곽에 묻힌 사람의 주검은 염과 같은 사체 처리 과정을 거쳤고, 부곽의 순장자는 그러하지 않았음을 보여주는 것이 아닌가 한다.

주곽의 주피장자와 순장자가 염과 같은 사체 처리를 거쳐 안치되었음은 특히 조영동 EⅡ-2호 주곽의 인골 출토 상태〈도9-9〉(김용성 2009a: 226)에서 명확하게 드러난다. 이 고총의 주곽에는 주피장자가 머리를 동쪽으로 하여 북측에, 순장자가 머리를 서쪽으로 하여 남측에 안치되었다. 이들은 모두 앙와신전장되었고, 양 무릎을 붙인 상태

도9-9_ 경산 조영동 EⅡ-2호 주곽 주피장자와 순장자 매장 상태
(영남대박물관 제공 개변)

로 가지런하게 놓여있었다. 이렇게 무릎을 붙인 것은 염습이 시행되고 난 후 시신이 안치되었음에 기인할 것이다.

다음, 앞의 조영동 EⅠ-1호 주곽 부장칸에 부장된 유물과 석단 위의 일부 의례성이 강한 유물은 철도자를 제외하면 모두 토기류이다. 토기는 대개 고배나 장경호 등 의례성이 강한 유물이다. 이 토기류는 그 자체를 부장한 것이라기보다는 속에 음식물을 담아 이를 공헌한 것이라고 생각할 수 있다. 이들은 규칙성이 있게 정연하게 놓여있는 점이 관찰되며 찬장에 접시를 쌓듯 쌓아놓은 것은 보이지 않는다. 이는 원래 어떤 제사의 제상 위에 진열되었던 상태를 재현한 것으로 추정된다. 분묘에 매납되기 그전에 이러한 상차림이나 진열을 할 경우란 사망 사건이 발생되고 난 후 빈전에서와 장지에서의 영구임치 시에 있을 수 있다.

이 두 유물군이 그를 나타낸다는 단서는 황남대총 남분과 북분의 내곽 동측 부장칸과 천마총의 부장궤에서 출토된 유물에서 찾을 수 있다. 이들은 공헌된 것으로 믿어지는 비교적 양질의 금속 용기와 유리기, 피장자의 경력을 나타낸다고도 할 수 있는 복식품, 의례용으로 생각되는 토기류 등이다. 금속 용기와 유리기 등도 그 자체보다는 그 속에 들어있던 음식물 등을 고려한다면 이 또한 공헌을 위한 유물로 볼 수 있고 그러하지 않더라도 보유위세품으로 볼 수 있다. 그래서 이 유물들은 장례 시의 유품이나 부의품 등의 진열과도 관련되었을 가능성이 크다. 이런 유품과 부의품 등은 피장자의 신분과 경력을 나타내주게 된다.

이러한 논리로 보면 조영동 EⅠ-1호 주곽에서 이례적인 동측 석단 위의 유물을 제한 부장칸의 유물은 장례 과정의 가장 큰 의례와 관련될 것이다. 실제 장례 과정에서는 여러 번에 걸친 제의와 그를 위한 상차림이 있을 것이지만 가장 중요한 것은 역시 빈전에서의 상차림일 것이다. 장례의 조문객이 고인에 대해 애도를 표하고 지속적으로 제사를 지내는 가장 큰 제의면서 장기간에 걸친 것이 빈전에서 이루어지기 때문이다. 이를 통해 주검이 영지로 운구되기 이전에 집에서 빈전이 차려졌으며 신라 고총의 피장자 머리맡의 부장칸이나 두부장부에서 출토되는 유물이 빈전의 상차림과 관련된 유물로 볼 수 있게 된다. 따라서 고분에서 출토되는 유물 가운데 부장칸이나 두부장부에서 출토되는 의례성이 강한 유물은 빈전의 상차림과 관련된 유물로 볼 수 있고, 이것은 공헌유물임이 증명된다.

　이외 공헌유물로 볼 수 있는 조영동 주곽의 동측 석단 유물(③)은 역시 어떤 상차림과 관련된다면 그러한 상차림이 빈전의 것에 이어 중요한 것이 영구임치 시에 해당되어 그때 차려진 유물로 볼 수 있다. 즉 장지로 운구된 다음 장지에서 다시 조문객을 맞이하고 제사가 시행될 때 차려진 공헌유물로 보는 것이다. 다음 북서모서리 석단 위의 토기류(④)는 역시 공헌유물의 성격이 짙은 것으로 그 외의 제사인 노제나 발인제 등을 포함한 어떤 소규모 제의에서 공헌된 유물일 가능성을 읽을 수 있다. ③의 유물이 그러할 것이라는 것은 앞서 기본 묘형을 살필 때 의례성이 강한 유물이 두부와 족부에 나뉘어 부장된 달성 문산리고분군의 주곽 내부에서 나타나는 현상과 성주 성산동 38호분(계명대박물관 2006)의 주곽에 나타나는 동일한 현상〈도9-10〉과 연결되는 것이다. 이들 석곽은 석단이 존재하지 않기 때문에 동질의 의례성 유물, 즉 상차림과 관련된 공헌유물을 피장자의 머리맡과 발치에 나누어 부장한 것이 아닌가 한다. 즉 머리맡의 공헌유물은 빈전과 관련된 유물, 발치의 공헌유물은 영구임치와 관련된 유물로 볼 수 있다.

　다음, 주곽 내곽인 목곽 위와 석단 위, 즉 내곽과 외곽 사이에 부장된 유물의 평가이다. 여기에서 출토된 유물은 앞에 언급한 북서모서리의 토기류(④)를 제외하면 철모와 철촉 등의 무기류와 겸형철기와 유자이기 등의 의기류 위주이고, 철부 등의 공구류가 더해지는 경우가 있다. 이러한 유물의 경우는 장송 행렬과 관련된 유물일 가능성이 있는 것으로 생각된다.

　무기류의 경우 기록이나 확정된 근거가 없어 주저되나 천광, 즉 묘광을 판 이후 실시되는 방상시의 행위에서도 사용되었을 가능성이 있다. 이는 황남대총 북분을 비롯하여 확실한 여자묘인 경우에도 석단 등에서 철모가 출토되고 있는 정황에서 읽을 수 있고

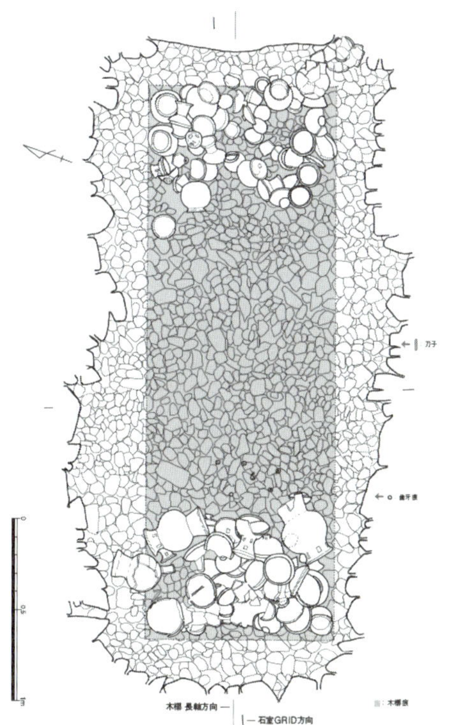

도9-10_ 성주 성산동 38호 주곽
(계명대박물관 2006에서)

대부분의 신라·가야 고분에서는 주
인공의 성별이 어떠하든 철모와 철
촉을 포함한 무기류가 많이 출토되
기 때문이다. 이는 당시 장례 행렬
에 많은 무기를 든 사람들이 따르고
있었음을 의미하는 것이라고 할 수
있다. 얼마 전까지 우리의 전통 장
례 행렬에 무기를 모방한 물건을 든
방상시가 그 행렬을 선도했던 것에
서 이를 유추할 수 있다(〈도9-11〉

도9-11_근래 청도 지역 장례 행렬(앞이 방상시)
(정종수 2005에서)

참조). 이 방상시 행위 후 매납되는 유물과 관련된 의례를 최종규(2007)는 방상
제로 불렀다.

그리고 유자이기와 겸형철기〈도9-12〉의 경우는 확실한 의기로 죽음에 대한
상징물(서영남 2013)이기에 장례 행렬의 깃대와 관련된 유물일 가능성이 크다.
유자이기는 신라권의 많은 묘에서 출토되는 유물이고, 겸형철기는 임당유적을
위시한 경산지역의 표지적인 의기이다. 이 두 종의 유물은 모두 일시에 간단하게
제작될 수 있는 유물이라는 특징이 있으며 경산지역 분묘에서 세트를 이루며 같
이 출토되는 것이 일반적이다. 이중 유자이기는 공부가 마
련되어 장대 등에 꽂아 사용한 것으로 깃발의 끝장식으로
보는 것이 합리적이다. 그리고 겸형철기는 양 고리에 끈을
연결하여 그러한 깃대에 걸어 사용할 수 있는 유물이다.
이에서 당시 장례 행렬에도 깃발을 사용하고, 그 자체가
장례 행렬임을 표시하는 도구였음을 추정할 수 있다.

또 조영동 EI-1호 주곽에서는 그러하지 않지만 경주 은
령총과 호우총 등의 적석목곽묘를 비롯한 고분의 석단 위
에서는 마구류가 출토되는 경우가 흔하다. 그런데 이 마구
류는 부곽의 실용적인 것과는 달리 훨씬 장식성이 강한 것

도9-12_유자이기와 겸형철기
(경산시립박물관 도록에서)

들이어서 장례 행렬에 사용된 것으로 추정할 수 있다.

요컨대 목곽인 내곽의 외부에 부장된 유물은 방상시 행위 등 묘곽 축조 시의 행위에 사용된 유물 등과 유자이기나 겸형철기와 같이 일시적으로 제작되어 장례의 행렬에 사용되었던 유물, 그밖에 우리가 모르는 장례 과정에 사용된 유물, 묘곽을 축조하는 데 필요했던 철겸 등의 공구류가 부장된 것으로 추정해 볼 수 있을 것이다. 물론 적석목곽묘의 경우 이곳이 순장의 장소로 사용되기도 한다. 그리고 순장자를 위한 공헌유물인 토기류도 함께 부장되기도 한다.

이상 주곽에서 출토되는 유물을 통해 빈전이 차려졌고, 영구임치 시에도 제상이 차려졌음을 알 수 있다. 또 운구하여 장지에 도착할 때까지의 행렬에는 많은 무기나 의기를 든 인물이 있었고, 장식 마구를 착용한 말을 탄 사람 혹은 말 그 자체가 그 행렬에 참가한 것으로 볼 수 있다.

당시 사람들의 사고를 확실하게 판단할 수는 없으나 장지인 무덤은 사후의 안전한 세계로 가기 위한 길목으로서 머무는 곳(김용성 역 2005: 375~383) 이라는 관념이 있었을 것으로 본다면 장지에서 사후세계로 가는 험난한 길을 안전하게 가기 위해서는 현세의 장례 행렬에 사용되었던 유물도 매장되어야 장차 그 행렬을 유지할 수 있을 것이기 때문이다.

한편 부곽에는 대단히 많은 유물이 부장되었다. 토기류, 마구류, 무구류, 각종 음식물, 농공구 등 생활 전반에 걸친 유물들이다. 이중 무기류나 마구류는 주곽에서 출토되는 것에 비해 장식성이 덜한 실생활용이 주를 차지한다. 토기류도 시루를 비롯한 생활용으로 특히 많은 대호와 단경호가 부장되었다. 물론 의례성이 있는 고배나 장경호 등도 부장되지만 실생활용의 것이 높은 비율을 차지한다. 그중 소형 토기인 고배나 연질발, 개배 등의 토기는 속에 음식이 담기지 않은 채 쌓여서 출토되는 경우도 많다. 이는 토기 자체를 창고에 적재한 것으로 볼 수 있다(〈도9-13〉 참조).

한편 주곽에서 출토되는 토기가 단기간에 제작된 것이 주류인데 비하여 부곽의 토기는 훨씬 오래 전에 제작된 것도 부장되는 특징이 있다. 임당동 2북호(영남대박물관 2002)의 주곽과 부곽에서 출토된 고배〈도9-14〉를 통해 이를 알 수

있다. 부곽의 가장 이른 시기로 편년
되는 토기와 부곽의 늦은 시기 토기,
그리고 주곽의 토기는 50년 이상의
연대 차이가 난다. 이러한 사실은 부
곽에는 살아생전부터 가지고 있던 토
기가 부장된 반면, 주곽의 토기는 장
례 시 거의 일시에 제작되어 부장되
었음을 알려준다. 따라서 부곽은 살
아생전부터 모아둔 생활용 물건을 저
승으로 가져간 것으로 볼 수 있다. 즉
살아서의 창고를 저승으로 옮겨간 것
이 된다.

결국 신라 무덤에서 주곽에는 피장
자를 위한 공헌유물과 장례에 사용된
유물이 주로 부장되고, 부곽에는 죽
은 후 타계에서의 삶에 필요한 생활
유물이 부장된 것이 된다.

이상을 정리하여 신라고분의 기본
묘형과 그 출토유물을 장례와 관련한
기능별로 분류해 이중곽식의 대형묘
와 단곽식이며 일곽식인 소형묘를 도
시하면 〈도9-15〉와 같다.

이와 같은 신라의 기본 묘형과 유물
배치는 경산 조영동 1A-19호묘(영
남대박물관 1991a)의 경우로 보아 신

도9-13_성주 성산동 38호분 부곽 토기 적재 상태
(계명대박물관 2006에서)

도9-14_임당동 2북호 주곽과 부곽 출토토기의 비교

라의 성립기인 후기 목곽묘 단계에서 성립된 것으로 보인다. 그리고 마립간기 초
기에는 완전히 정착된 것 같다. 이를 알려주는 대표적인 무덤이 쪽샘지구 C10호

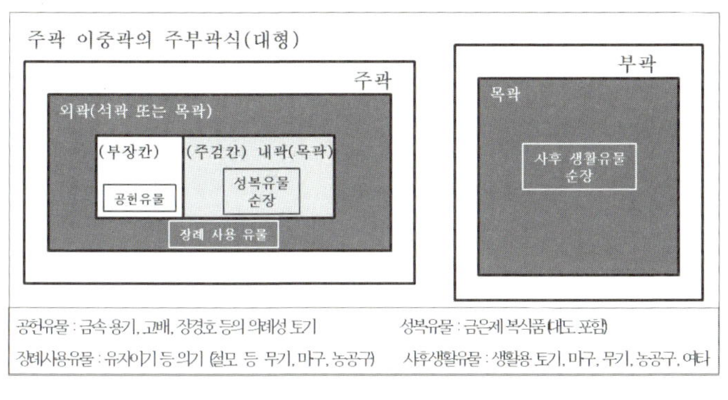

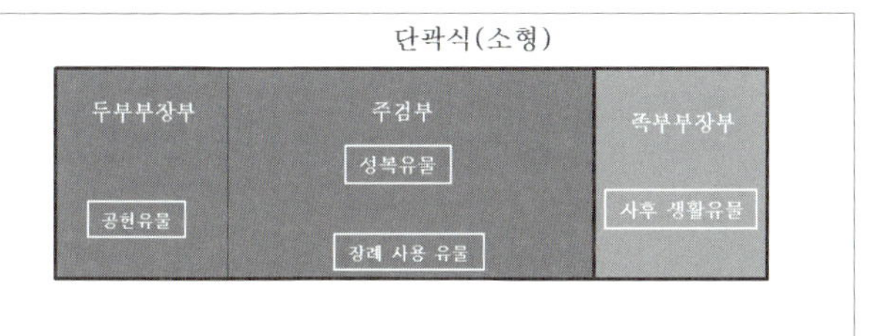

도9-15_ 신라의 기본 묘형과 유물 배치

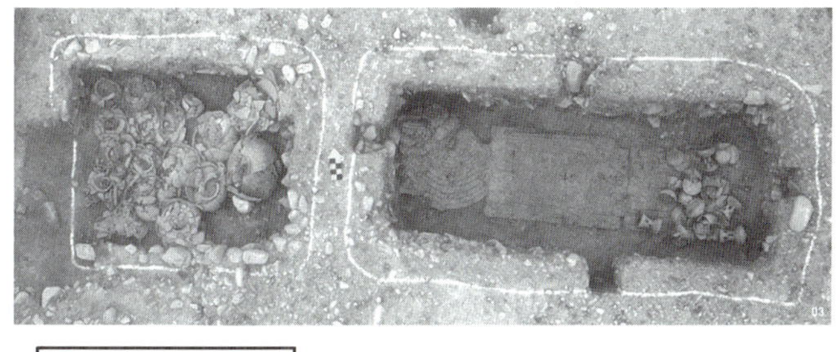

도9-16_ 경주 쪽샘지구 C10호묘와 묘형

묘(Kim Young-sung 2012)〈도 9-16〉이다. 이 무덤은 비록 칸막이의 부장칸이 발생하지 않았으나 두부장부를 가진 목곽의 중앙에 마주를 제외한 말의 몸체 전체를 감싸는 마갑을 깔아 시상으로 삼았고, 피장자는 환두대도를 착용하고 매장되었다. 발치에는 갑옷이 한 벌 놓여 있어 시상인 마갑, 환두대도와 함께 그가 기마무사임을 표현한다. 철모와 유자이기도 출토되었는데, 이것들은 목곽의 위에 얹었던 것으로 판단된다. 머리맡의 두부 부장 공간에는 고배, 장경호 등의 공헌유물을 부장하였고, 부곽에는 각종의 사후 생활유물을 부장하였다.

이상 논의한 신라 고총의 내부에서 출토되는 유물을 통해 장송의례와 관련하여 적어도 염습, 입관과 성복, 빈전의 상차림, 영구임치에서의 상차림, 장례행렬의 모습을 유추할 수 있다. 성복에 사용된 유물은 주곽 내부 주검칸에 들어 간 것이며, 빈전에서의 공헌유물은 피장자 머리맡 부장칸이나 유물 부장부에, 영구임치의 공헌유물은 석단 위에, 장례행렬과 관련되거나 묘곽의 축조와 관련된 유물은 내곽인 목곽 위와 석단 위에 부장되고, 부곽에는 사후에 생활하기 위한 모든 유물이 부장된 것이다.

여타 장송 관련 유구·유물과 그 의례

고분을 발굴하다보면 묘역의 내부에서 구덩이를 파고 토기 한두 점을 묻은 매납유구가 많이 발견된다. 이것의 경우는 대부분 봉분 아래의 지면을 판 것으로 봉분이 축조되기 이전의 어떤 의례와 관련된 것일 가능성이 크다. 우리는 지진구로 많이 부르고 있는데, 토지신에게 묘역을 사용하고자 올린 제의의 결과 공헌으로 매납된 것으로 보는 것이 좋을 것이다. 즉 묘지를 선정하거나 묘역을 정지한 후에 올리는 후토제의 결과로 보는 것이다.

한편 임당유적에서는 분묘와 관련된 제의의 흔적이 비교적 많이 조사되었다. 그 사례들을 앞의 장례 과정과 연결시켜 살펴보면 다음과 같다. 조영동 EI-1호 주곽의 어깨 위에는 일정한 범위에 걸쳐 자갈이 깔려 있었다〈도9-17〉. 이 시설물은 주곽에 개석이 덮이기 이전에 설치된 것이기에 묘곽 축조 과정에서의 제의 행위와 관련이 있을 것이다. 묘곽의 축조 과정인 천광-목곽의 설치-하관과 유물부장-목곽의 복개-적석단의 설치-유물의 부장 등의 행위 가운데 한 행위와 연결될 것인데, 설치물이 묘광의 어깨면 바로 위에 위치하는 점으로 미뤄

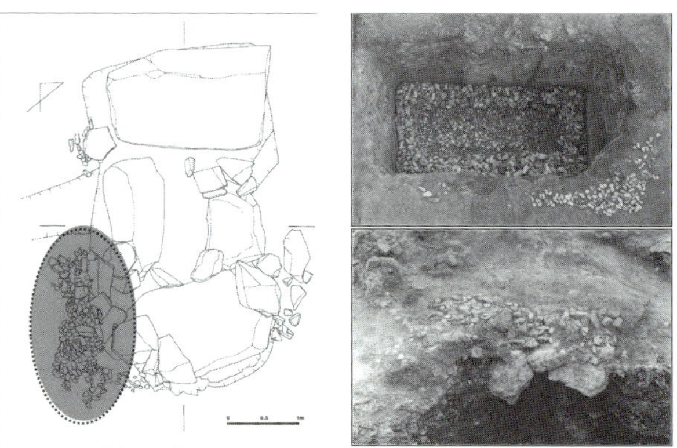

도9-17_경산 조영동 EI-1호 주곽 어깨 시설
(김용성 2009a에서)

도9-18_임당유적 개석 위의 제의 흔적
(상: 임당동 2남호 주곽 하: 임당동 5B-1호 주곽)
(김용성 2009a에서)

도9-19_경산 임당동 2북호 주곽 개석 위 개 순장
(김용성 2009a에서)

도9-20_경산 임당동 2북호 부곽 어깨 위 토기
(김용성 2009a에서)

서는 이 과정들이 모두 이뤄진 이후에 시설되었을 가능성이 아주 크다. 그러나 목곽의 설치 과정에 영구임치의 장소로서 이곳이 이용되었을 가능성도 열어두어야 하겠다.

임당동 2남호 주곽 개석 위와 5B-1호 주곽 개석 위에는 고배 등의 유물이 가지런히 놓여 있었고〈도9-18〉, 임당동 2북호 주곽 개석 위에는 개가 순장된 흔적〈도9-19〉이 있었다. 또 임당동 2북호 부곽 어깨 위에는 일정한 범위에 걸쳐 자갈을 깔고 거기에 유물을 빽빽하게 부장한 흔적이 나타났다〈도9-20〉. 이러한 유물과 유구들은 주곽에 개석이 덮이고 부곽의 축조가 완료되고 난 후의 제의 행위와 연결됨이 분명하다. 이는 묘곽의 축조 공정이 완전하게 끝난 후의 제의 행위, 즉 봉토를 조성하기 직전의 평토제 흔적으로 볼 수 있다. 한편 신라의 고분에서는 봉토 내의 묘곽 주위 바닥에서 말뼈가 많이 발견되고 있다. 이러한 말뼈는 말을 희생하여 제의를 시행한 것과 연결되는 것으로 보인다. 이러한 동물 희생은 제생祭牲이라고 부른다.

다음 임당동 2북호 북편 호석 밖에는 자갈이 일정한 범위에 걸쳐 깔려 있었고, 임당동 5A호 호석 밖에는 많은 대호가 배치되어 있었다. 또 임당동 7A호 호석 밖에도 일정한 범위에 걸쳐 자갈을 깐 시설이 확인되었다. 이러한 시설물들은 봉분 조성이 완료되고 난 후의 제사, 즉 성분제나 묘제와 관련된 시설이나 유물일 것이다. 성분제냐 묘제냐를 명확하게 구분하기는 힘들지만 임당동 2북호와 임당동 7A호의 경우는 봉분이 완료되고 난 후에 무덤 축조의 완료라는 의미에서 시행되었을 법한 성분제일 가능성이 크다〈도9-21〉. 그러나 임당동 5A호〈도9-22〉의 경우는 매납된 이 대호들이 임당동 5A호와 5B-1호의 호석 밖에 널려 있어 이

두 고총 모두를 위한 것임을 알 수 있으므로 임당동 5A호와 5B-1호의 두 피장자를 위한 제의 행위의 결과물일 가능성이 크다. 따라서 두 무덤이 순차적으로 축조되고 난 후의 묘제와 관련된 것으로 볼 수 있다. 이러한 묘제의 흔적은 임당동 G5·6호(영남문화재연구원 1999b)와 조영동 EⅢ-2·3호(영남대박물관 2013)의 주구 등에서 출토된 토기편에서도 찾을 수 있다.

임당동 G5·6호의 주구에서 출토된 토기들을 보면 상당한 기간에 걸쳐 묘제가 시행된 것을 알 수 있다〈도9-23〉. 이 주구들에서 출토된 토기에는 무덤의 축조와 거의 유사한 시기인 4세기 후반의 것이 있는 반면 5세기 후반 정도의 것도 보이고, 이미 고배의 단각화가 진행된 6세기 중엽의 후기 신라토기도 섞여 있다. 이는 무덤이 축조되고 난 후 상당한 기간 동안 묘제가 시행되었음을 알려 주는 것이다.

한편 최근에 조사되고 있는 경주 쪽샘지구에서는 원형의 호석을 가진 고분들이 빽빽하게 들어선 가운데도 돌을 네모지게 쌓아 호석에 붙여 놓은 제단과 같은 것들이 발견되고 있고, 호석 주변에서 많은 제사 흔적이 확인되고 있다. 이러한 것들은 묘제가 시행되었음을 적극적으로 알려주는 자료가 된다. 특히 돌을 쌓은 제단은 후대 상석으로 발전하는 것으로 고분과 고분 사이 좁은 공간에 설치되어 그것이 무덤의 축조 시에 설치되지 않은 것을 알려주는데, 이는 훨씬 뒤에도 묘제가 지속되고 있음을 분명히 해준다.

도9-21_ 임당유적의 성분제 흔적
(상: 임당동 2북호 하:임당동 7A호)
(김용성 2009a에서)

도9-22_ 임당 5·6호의 묘제 흔적
(김용성 2009a에서)

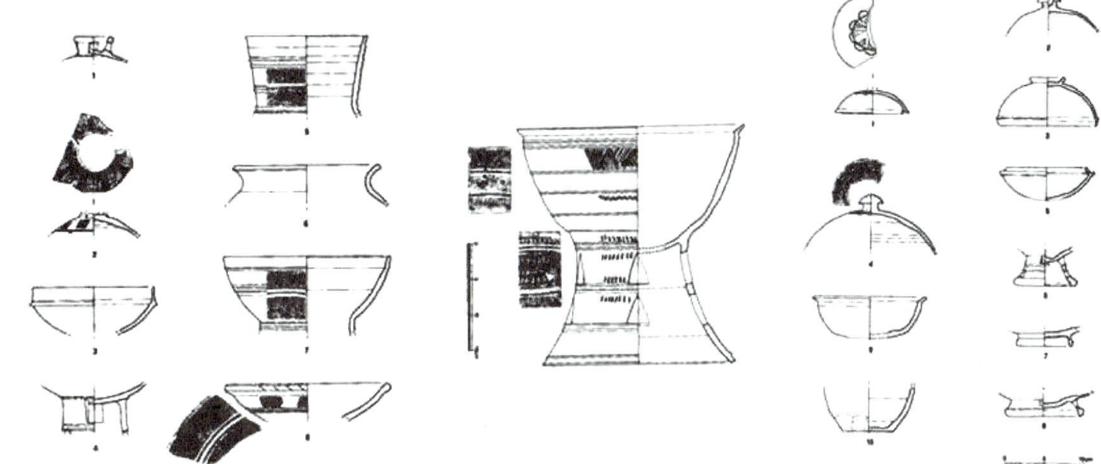

도9-23_ 경산 임당동 G5·6호 주구와 출토토기
(영남문화재연구원 1999b 개변)

이상의 내용을 요약해 고총 단계 장송의례를 추론해보면 다음과 같다.

사망 사건이 발생하고 난 후 염습 등의 사체 처리를 하고, 이후 착장유물을 위주로 한 복식을 입히는 성복이 이루어졌다. 운구가 이루어지기 전에는 빈전이 설치되었고, 빈전에는 피장자를 위한 공헌물과 부의품 등이 차려졌다. 운구에는 방상시를 앞세우고 무기를 착용하거나 유자이기와 겸형철기를 꽂은 깃발 등을 든 장례 행렬이 이어졌음을 유추할 수 있다. 화려하게 장식된 말도 그 행렬에 참가하였다. 이를 알려주는 것이 목곽의 개판 위나 적석단에서 출토되는 유물들이다. 장지에서는 주검이 도착하기 전에 묘지를 선정하거나 묘지가 정지된 후에 후토제가 시행되었다. 주검이 장지에 도착하고 묘광을 파는 천광이나 목곽 설치 후에는 무기류를 착용한 방상시가 그 내부에 들어가 잡귀를 쫓는 방상시 행위가 있었다. 무덤 주위의 장소에 영구임치를 하였고, 이때도 공헌물이 차려졌다. 이 제상 등에 차려진 유물이 주로 피장자 머리맡의 부장부나 부장칸에 부장되었다. 묘광의 어깨 위나 개석 위에서 출토되는 제의 시설과 유물로 보아 목곽의 복개 후 혹은 개석의 복개 완료 후 등의 시기에 평토제로 볼 수 있는 제의가 시행되었고, 봉분이 완성되고 난 후의 성분제 흔적도 있다. 이러한 의례에서 큰 제사가 거행되는 것은 빈전(주검과 함께 매납되는 유물), 하관제(영구임치 공헌물과 장례에 사용된 물품의 납입), 성분제 때의 제주전(봉분 정상이나 고분 주변의 유물과 관련) 등이 상정된다.[2] 그리고 후대에 행해진 묘제墓祭의 흔적도 발견되는데, 묘제는 상당한 기간 동안 이어졌다.

이러한 장송의례는 수혈계의 묘제에 한한다. 고총 단계 창녕지역과 양산지역에서 축조된 횡구식의 석곽과 석실은 다른 과정을 거쳤을 것이 상정된다. 다만 이들 경우도 묘형이나 출토유물로 봐서는 주검이 장지에 도착하기 이전의 장송의례는 앞의 수혈계 묘제와 나를 바가 없다. 이들 횡구식의 석곽과 석실은 주검이 장지에 도착하기 전에 고분의 축조가 거의 마무리되었을 것이다. 따라서 후토제 등의 제의, 무덤의 축조 과정에 시행되는 성분제를 포함한 여러 의례는 장례 행렬이 도착하기 전 이루어지고, 방상시 행위 후 납관이 시행된다. 이때 커다란 제의가 시행될 수 있는데, 앞의 평토제 종류로 볼 수 있을 것이다. 그리고 횡구부가 폐쇄되고 묘도가 채워지면서 일종의 의례가 행해졌을 것이고, 장례가 완료된

2　최종규(2011)는 고분의 축조가 완료될 즈음에 봉분 정상에서 출토되는 유물과 관련된 의례를 봉정제(封頂祭), 외곽의 복개가 이루어진 이후의 의례를 곽상제(槨上祭), 내곽이 복개되고 이루어진 유물 부장과 관련된 의례를 단상제(壇上祭)로 불렀다. 이는 여기서 성분제, 평토제, 하관제에 해당한다.

후 역시 상당 기간에 걸쳐 묘제가 시행되었을 것이다. 이러한 장례는 뒤의 석실묘 장송의례와 유사했을 것이다.

석실묘 단계의 장송의례와 변혁

묘제와 장법의 변화

5세기 후엽쯤 출현한 횡구·횡혈식석실묘가 중고기 이후에는 신라의 주된 묘제로 자리한다. 이 묘는 마립간기까지의 묘가 폐쇄식이었던데서 이제 개방식으로 변화한 것으로 그에 따라 장제와 관련해서도 급격한 변화가 일어났다. 신라의 석실묘는 평면 장방형이나 방형의 묘실에 연도를 부착한 형태로 대부분 묘광을 얕게 파고 그 내부에 연도가 부착된 현실을 축조한 후 봉토를 덮은 것이다. 묘광이 깊은 것도 있으나 그러한 경우도 현실은 지상으로 상당히 올라와 반지상식으로 나타남으로써 밖에서 묘도와 연도를 통해 현실로 진입할 수 있는 구조가 되었다.

이렇게 연도를 둔 개방식의 묘제가 성립되면서 주검은 고분의 축조가 완료된 다음 안치될 수 있게 되었고, 추가장이 가능해졌다. 또 주검을 안치한 이후 묘실 내부의 공간에서도 제사를 거행할 수 있게 되었다. 이러한 변혁은 주변국인 고구려, 백제, 중국 남북조의 영향으로 성립된 것으로 보이며, 장제의 경우는 특히 중고기로 들어선 이후에 석실이 유행한 점으로 미루어 중국 남북조의 영향을 무시할 수 없을 것이다.

이러한 석실에는 있어야 할 물건은 다 부장한 마립간기와는 달리 부장이 극히 간소해져 일부의 유물만 남아 있다. 따라서 후장에서 박장으로의 변동이 일어났다고 할 수 있다. 부장품으로는 사후 생활유물이 사라지고 일부의 성복유물과 마립간기 피장자의 머리맡에 놓였던 공헌유물 일부만 남으며 일부의 무덤에서는 실용품을 본 떠 일시적으로 제작하여 장례에 사용된 모형 유물과 인물을 축소하여 제작한 도용 등의 명기나 십이지용 등의 벽사품이 새롭게 등장한다. 또 장법에서도 변화가 일어나 목관장은 거의 사라지고 석실의 현실 한쪽에 시대를 설치한 후 그 위에 두침, 견좌, 족침 등을 시설하고 직접 주검을 안치하는 직장이 주류를 이루게 된다.

이러한 변혁이 일어나게 되는 과정을 알려주는 단초는 6세기 극초에 일어난 것으로 보인다. 『삼국사기』권 제4 지증마립간조의 3(502)년 "3월에 영을 내려 순장을 금하였다. 전에는 국왕이 돌아가면 남녀 각 5인을 순장하더니 이때에 이르러 그것을 금하게 되었다"라고 하였고, 5(504)년 "4월에 상복법喪服法을 제정하여 반포하였다"라고 하는 기사가 있다. 이 두 기사는 6세기 초에 들어서면서 신라 장제가 크게 변화하고 있었음을 보여준다.

그 원인에 대해서는 아직 잘 알 수 없으나 나제동맹 이후 백제와의 교류가 활발해지고, 그러므로 해서 선진의 남조 계통 문물이 급속하게 신라로 들어옴으로써 일어난 변화의 하나가 아닐까 한다. 이는 신라에 보이지 않던 백제나 남조 계통으로 믿어지는 봉황문과 용문의 환두대도가 500년을 전후 한 시기의 천마총과 그 이후의 호우총에서 각각 출토되고 있음에서 알 수 있다. 이러한 변화는 고분의 축소, 부장 유물의 축소와도 맞물려 나타난다.

먼저 고분의 변화에서 부곽이 사라지는 현상을 들 수 있다. 황남대총 남분의 경우는 삼중곽식이라는 우리나라 초유의 복잡한 구조를 가지면서 부곽이 존재하여 없는 유물이 없을 정도로 많은 종류의 유물이 부장되는 후장의 극치를 보여준다. 그러나 그 다음에 축조된 것으로 믿어지는 황남대총 북분 이후에는 대형묘부터 부곽이 사리져 6세기에 들어서면 중·소형묘에 해당하는 것조차 부곽이 존재하지 않는 것이 많아진다. 대릉원지구 노동동과 노서동의 발굴된 고분에서는 부곽이 존재하는 것을 찾기가 힘들다. 이는 5세기 중엽 무렵에 극치를 이뤘던 후장의 관습이 어떤 사상적인 변화로 인하여 박장으로 전환하기 시작하였음을 보여준다. 그러나 아직 주곽의 유물은 전시기의 관습이 유지되어 많은 공헌유물과 성복유물, 장례시의 유물 등이 부장되고 있어 완전하게 박장으로 전환했다고 볼 수는 없다. 어쨌든 상위층에서 사후 생활유물의 부장이 없어졌음은 중국이나 백제의 영향으로 볼 수 있을 것으로 보인다. 이는 또 상장제의 변화가 상위층부터 일어나고 있음을 알려준다.

결국 6세기 초에 일어난 상복법의 제정과 순장의 금지는 이렇게 변화하고 있던 상장제를 규정화 한 것으로 볼 수 있다. 전보다 좀 더 간소한 장송의례가 규정되고, 격식화한 것으로 보는 것이다. 이는 새로운 문물의 유입으로 저승에서의 삶이 현세에서 그대로 이어진다는 계세사상繼世思想이 변화하고 있음을 보여준다. 순장의 금지령 이후 차츰 순장묘가 사라지는 것도 같은 맥락이다. 이 문제에 대해서는 앞으로의 분석을 통해 밝혀질 것을 기대한다.

이후 법흥왕 7(520)년에 반포된 율령에는 본격적으로 간소한 장송의례를 규정했을 가능성이 크다. 따라서 불교의 공인을 비롯한 여러 가지의 요인과 합쳐져 석실묘의 사용이 본격화하고, 그에 맞는 장송의례로 변화한 것이라고 볼 수 있다.

석실묘는 중앙인 경주에서 본격적으로 받아들이기 이전에 이미 지방에서 축조되고 있었다. 달성 쌍계리의 횡혈식석실묘(한빛문화재연구원 2012), 상주 신흥리의 횡혈식과 횡구식석실묘(한국문화재보호재단 1998a), 경산 임당동의 횡혈식과 횡구식석실묘(영남대박물관 2003) 등이 대표적이다. 이들은 마립간기인 5세기 후반에 축조된 것으로 비록 부곽이 축조되지는 않았으나 석실 내의 출토유물은 마립간기 고총의 주곽 출토유물과 다르지 않아 아직 후장이 성행하고 있음을 보여준다. 그리고 유사한 시기 양산지역에 축조되어 있는 부부총(동아대박물관 1991)을 비롯한 횡구식석실의 경우도 앞 시기 창녕지역 횡구식석곽과 같은 묘형에, 유물을 많이 부장한 후장이다. 이러한 사실에서 석실묘가 고총 단계에 신라의 지방에 도입되었으나 경산과 같은 지역에서는 부곽에 생활유물을 많이 부장해야한다는 전통적인 장제와 충돌하여 중지되었고, 나머지 지역에는 그들 나름대로의 묘제 개발로 후장의 전통을 유지할 수 있는 묘제로 변화시켜 유지했다고 할 수 있을 것이다. 양산지역의 횡구식석실묘가 그러한 예의 하나이다.

부부총(앞의 제6장 〈도6-15〉)으로 대표되는 양산 북정리의 횡구식석실은 창녕지역 단장의 횡구식석곽을 변화시켜 추가장의 합장이 가능한 석실로 창안된 것으로 보인다. 이 석실은 묘형의 구조가 두부장부, 중앙 관대, 발치 순장부로 구성된 것으로 두부장부의 공헌유물은 그대로 남아 창녕의 석곽과 똑같다. 다만 창녕 석곽의 발치 사후 생활유물이 사라지고 순장자의 공헌유물로 보이는 토기만 남아 천마총을 위시한 경주지역 적석목곽묘 5세기 후반 이후 대형분의 양상을 닮고 있다. 이러한 사실은 추가장이 가능한 석실을 받아들이되 두부장부에 공헌 유물을 후장하는 전통을 이을 수 있는 구조로 개변시킨 것으로 볼 수 있다.

이 석실묘가 경주에 도입되면서는 전통적인 마립간기 장송의례에 급격한 변화가 수반되었다. 횡구식석실인 황남동 151호분(박일훈 1969)나 횡혈식으로 보이는 보문동 합장분 석실묘(국립경주박물관 2011) 등 초기의 것에서는 아직 금제 이식 등의 화려한 성복유물이 남아있으나 다른 공헌유물의 수에서는 급격한 감소가 보인다. 보문동 합장분 석실에서는 성복유물로 금제태환이식, 은제천, 경식으로 쓰였음직한 각종 옥이 출토되었다. 이는 아직 성복유물의 종류가 유지되나 공헌되는 유물이 간소화하고 있는 현상이다. 그리고 장법에서도 변화가 발생하는데, 이전 목관을 사용한 목관장이 사라지고 직접 시대 위에 주검을 안치하는 직장이 택해지는 것이다. 이러한 변화가 이 두 고분에서 나타나는데, 보문동 합장분의 석실에는 목관장의 흔적이, 황남동 151호분에서는 직장의 흔적이 보인다. 그리고 전자에서는 아직 추가장이 이루어지지 않았으나 후자에서는 시대를 이어 축조한 추가장이 확인되었다.

이와 같은 과도기적 양상이 신라식의 석실로 수렴되어 나타나는 것은 서악동 고분(윤무병·박일훈 1968), 서악동 석침총(차순철 2006), 동천동 와총(朝鮮總督府 1916) 등이다. 이들은 모두 횡혈식석실묘로 시대를 이어 추가장이 시행되었으며, 목관장이 사라지고 직장되었다. 그리고 기와나 석재를 사용한 시신 보호시설이 등장하였고, 식새의 두침이나 견좌 등 직장을 위한 장구가 출현하였다.

장송의례의 변혁

석실묘는 횡구식과 횡혈식으로 나누어지지만 이는 출입시설의 차이이고 현실의 내부 평면 구조는 다름이 없다. 따라서 횡혈식석실을 기준으로 장의 과정을 살펴도 크게 문제가 되지는 않을 것으로 보인다. 다만 횡구식석실의 경우 횡혈식석실의 장송의례에서 좀 더 생략이 있을 수 있다. 그것은 횡구식석실이 횡혈식석실을 본 따 축조된 것이고, 석실묘 단계에 횡혈식석실의 피장자가 횡구식석실의 피장자보다 상위로 인정되기 때문이다.

횡구·횡혈식의 석실은 평면 형태가 방형인 것, 종장방형인 것, 횡장방형인 것 등으로 나누어지고, 횡혈식석실은 연도의 위치가 전벽의 좌측에 있는 것, 중앙에 있는 것, 우측에 있는 것 등 다양하다. 이는 석실이 축조된 지형과도 관련되었으며 피장자의 위계와도 관련된 것으로 이해한다. 이중 신라의 가장 기본적인 횡혈식석실의 형태는 평면 장방형 현실의 우측에 연도를 부착한 것(1형식)과 방형에 가까운 현실의 중앙에 연도를 부착한 것(2형식)이고, 이것이 최상급의 형식으로 인정되고 있다(최병현 2012).

이 두 경우는 대략 초장 시대[3]의 위치가 다른데, 1형식의 경우 연도의 방향과 수평으로 좌벽 가까이에 혹은 붙여서 시설한 것(주축평행장)이고, 2형식의 경우는 엇갈리는 방향으로 오벽 가까이에 혹은 붙여서 시설한 것(주축교차장)이다 〈도9-24〉. 따라서 두 가지의 묘형으로 구분할 수 있다. 이러한 현상은 석실이 위치한 지형과도 관련되었고, 두향과도 관련된 것으로 생각된다. 석실묘는 묘향이 남향인 경우가 많은데, 1형식의 경우는 대략 남향의 두향, 2형식의 경우는 동향이 많아 그것을 알 수 있다.

횡혈식석실 가운데 가장 복잡한 경우를 상정하여 유물의 부장 위치를 나타내면 〈도9-25〉와 같다.

유물이 부장된 곳은 시대의 주검 주위(①), 주검의 머리맡(②), 현실 바닥의 시대 전면 혹은 전면 모서리(③), 연도 바닥(④), 묘도 바닥(⑤) 등이다. 이외 천정석의 위(⑥), 봉토 중(⑦)과 봉토 피복층(⑧)을 파고, 시대 아래에 유물을 부장(⑨)한 경우가 있다 (김동숙 2002). 또 봉분을 두른 호석의 바깥과 거기에 설치된 주구(⑩) 등에서 유물이 출토되는 것이 일반적이고, 묘역의 내부에 매납유구(⑪)를 파고 토기 등을 부장한 경우가 많이 발견된다.

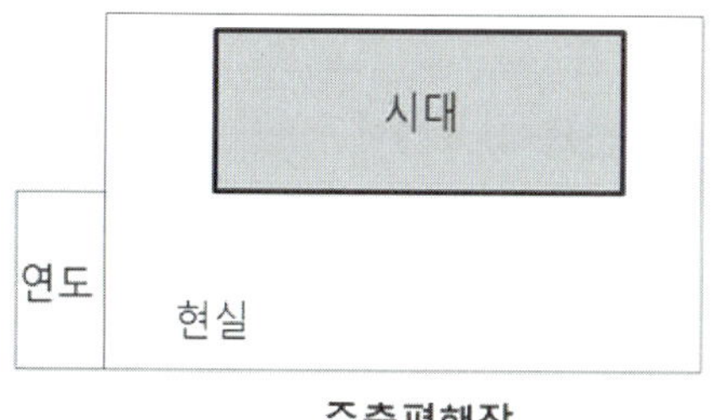

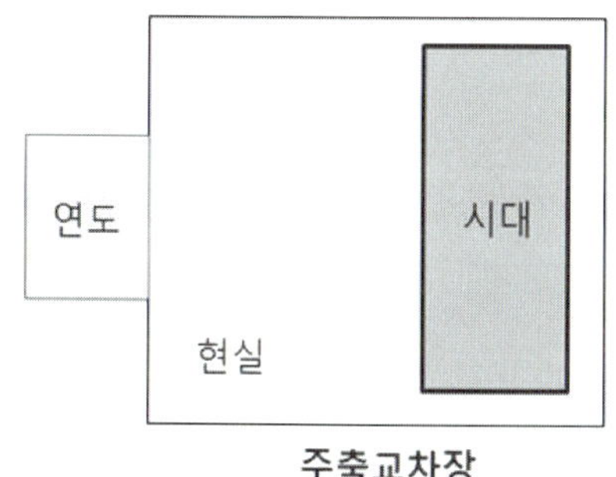

도9-24_ 석실묘의 초장 묘형

---

3 경주에 석실묘가 정착한 후에는 직장이 위주임으로 이하 모두 시대로 통일하여 설명한다.

이들 유물 가운데 시대 위 주검부(①)에서는 과대금구를 위시한 성복유물이 발견된다. 그리고 주검의 머리맡(②)에서는 몇 점의 토기가 놓여있는데, 이는 공헌유물로 볼 수 있다. 가장 많은 유물이 부장된 곳은 현실 내부 시대 전면의 공간(③)이다. 여기서는 곽묘의 머리맡에서 출토되던 토기류를 위시한 공헌유물이 모여서 시대와 접한 공간에서 출토되거나 그 전면의 양측 현실 모서리에서 출토된다. 그리고 무기류, 의기류, 농공구류 등의 철물이 그와 함께 혹은 나머지 공간에 부장된 것이 보통이다. 이외 연도, 묘

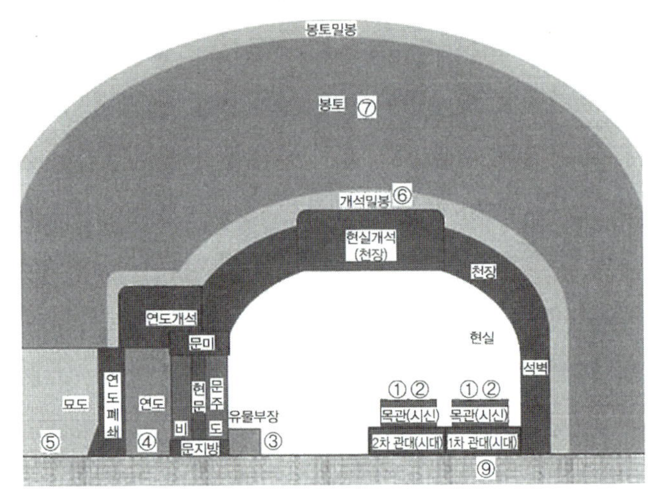

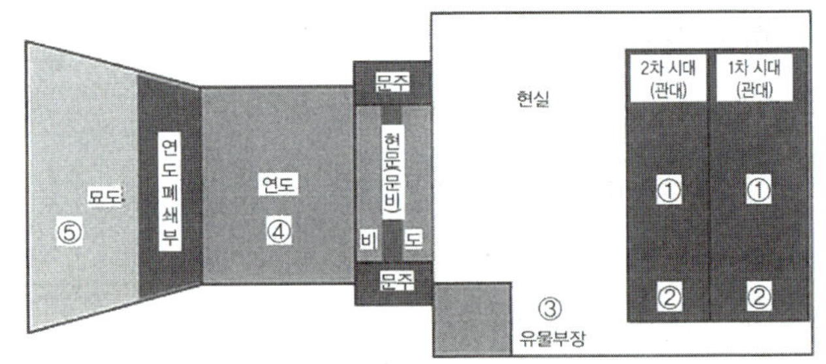

도9-25_ 횡혈식석실의 유물 부장 위치

도 등의 바닥에서 공헌용으로 보이는 토기 몇 점이 부장되고, 천정석의 위에 철기류를 부장한 경우가 일제강점기에 발굴한 충효동 1호분(有光敎一 1937)에서 발견된 바 있다. 그리고 1차 관대의 아래(⑨)에서 삼엽문환두내도와 내형의 정동령 등이 의성 학미리고분(경북대박물관 2002)에서 출토된 바 있다.

이러한 유물들을 앞에서 제시한 축조 공정과 관련시키면 ⑨는 시대를 설치하기 이전, 즉 시대를 설치하는 사)의 공정 이전, ①과 ②는 아) 시신의 납입과 함께, ③은 시신의 납입 직후, ④는 자)의 공정 중, ⑤는 자)의 공정 직후, ⑥은 다)의 공정 직후, ⑦은 마)의 상부 봉토 축조 공정 중에, ⑧은 바)의 공정 후에 이루어졌고, ⑩은 고분이 완성되고 난 이후로써 무덤에서의 장례가 마친 직후와 더 이후에 이루어졌을 것이다. 그리고 ⑪은 고분의 자리가 선정되거나 묘역이 정지된 후 이루어졌을 것이다. 따라서 주검이 영지에 도착하기 이전에 이루어진 고분

의 축조와 관련된 의례의 결과물이 ⑥~⑨, ⑪의 유물이고, 이후의 결과물은 ①~⑤와 ⑩이 된다.

　이러한 유물 가운데 가장 주목되는 것이 현실 내 시대의 전면이나 모서리에 모여 있는 공헌유물이다. 이렇게 한쪽에 군집된 공헌유물은 대부분 고배, 장경호, 병, 합 등 토기류로 그것들이 피장자를 위한 공헌제사에 사용된 것임을 알려준다. 대부분은 바닥에서 출토되나 일부 무덤에서는 방형이나 장방형의 석단인 제대祭臺를 만들고 거기에 이 유물을 부장한 특징이 있는데, 비록 그런 제대가 발견되지 않더라도 모여 있는 현상에서 목제의 상 위에 이러한 공헌유물을 올려놓았음을 유추하기가 어렵지 않다. 이중 제대의 축조 현상은 최근 조사된 달성 성하리유적(한빛문화재연구원 2014)의 횡구·횡혈식석실에서 잘 드러난다(〈도 9-26〉 참조). 한편 이 시기의 비교적 이른 단계 고분에서는 피장자 주변에서 탁鐸과 령鈴 등과 일부 무기류가 출토되기도 한다. 이러한 유물은 피장자의 제사장적 성격을 말하는 유물로 보기도 하나 장례 행렬에 사용된 유물 중 일부일 것으로서 마립간기 의례구로서의 유자이기가 탁이나 령으로 바뀐 현상으로 추정된다.

　이상으로 볼 때 중고기 이후 석실묘의 장례 과정은 먼저 무덤 축조를 완료하고 장지로 운구된 시신을 묘도와 연도를 통해 석실 내부의 시대에 안치하면서 성복과 공헌유물의 부장이 이루어지고, 이러한 절차가 완료된 이후 제대나 제상에 공헌유물을 차리고 장례에 사용하였으며 저승으로 가져가야할 무기류나 의기류를 현실의 한쪽에 부장하였다. 마지막으로 하직제사를 올린 후 퇴실하고 연도와 묘도를 폐쇄하였음을 알 수 있다. 또 연도나 묘도를 폐쇄할 때는 간단한 의례가 시행되어 그때의 토기가 연도 바닥

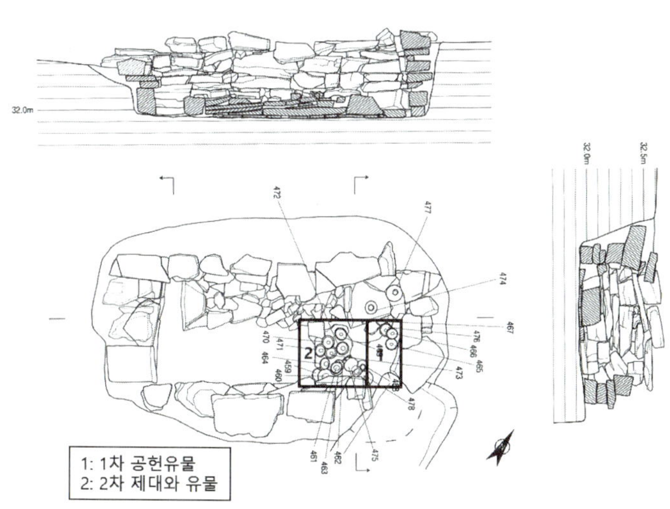

도9-26_ 달성 성하리 1B구 31호 횡구식석실묘와 공헌유물 배치
(한빛문화재연구원 2014 개변)

등에 남아있게 된 것으로 볼 수 있
다. 그리고 추가장의 경우 선장先
葬에서 폐쇄한 묘도와 연도를 헐
고 입실하여 기존 시대에 이어 추
가로 시대를 증축하고, 같은 과정
을 거쳐 시신을 안치하고 같은 방
식의 의례를 행한 후 퇴실하면서
다시 묘도와 연도를 폐쇄하였다.

　이런 추정을 잘 뒷받침하는 사
례가 충주 누암리 가45호분과 가
50호분(국립중원문화재연구소
2009)〈도9-27〉이다. 이중 50호
분은 전면에서 보았을 때 우편 연
도의 평면 방형에 가까운 장방형
횡혈식석실묘로 먼저 오벽에 붙
여 나란하게 1차 시대를 설치하였

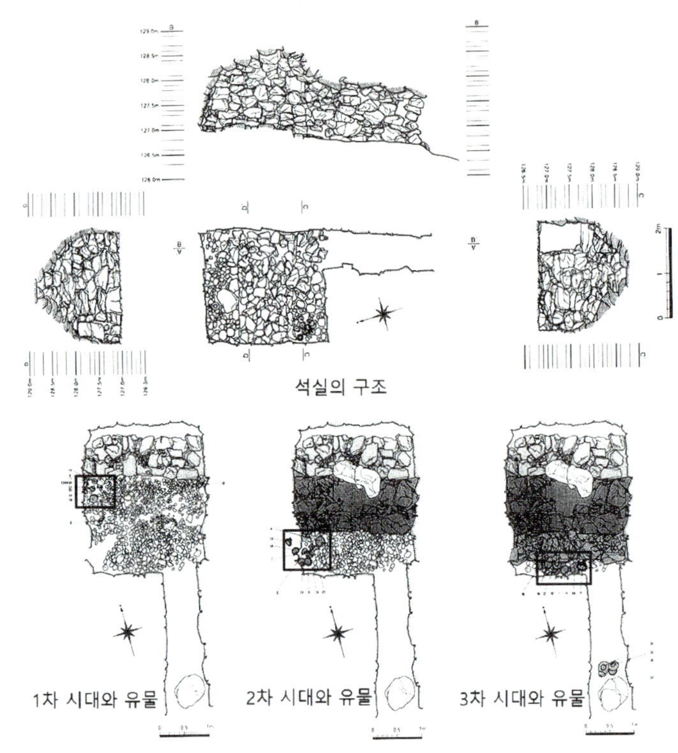

도9-27_ 충주 누암리 가45호(상)와 가50호(하) 유물 출토 상태
(국립중원문화재연구소 2009 개변)

고, 그와 관련된 공헌유물이 그 시대의 전면 우측에 모여 있었다. 2차 시대는 1차
시대에 붙여 같은 방향으로 축조하였고, 역시 그와 관련된 공헌유물은 그 시대의
전면 우측에 모여 있었다. 마지막으로 3차 시대를 2차 시대에 붙어 나란하게 축
조하였고, 그 공헌유물도 그 전면 우측에 펼쳐져 있었다. 이로 보건대 1차와 2차
시대의 주검을 위한 공헌제사가 현실 내에서 거행되었고, 그 때의 유물이 시대의
전면 우측에 모여 있는 것으로 그러한 유물은 제상 위에 차려졌을 가능성이 큼을
알 수 있다. 3차 시대의 제사는 시대와 전벽 사이의 공간이 좁아 연도에서 거행
하고 유물은 시대와 전벽 사이에 배치한 것으로 볼 수 있다. 마지막으로 연도를
폐쇄하면서 그 바깥에 공헌 토기를 부장하였다. 따라서 현실 내에서 시신의 납입
때마다 공헌제사가 시행되었음을 알 수 있다. 이 묘 내의 공헌제사는 석실이라는
묘제의 여유 공간 때문에 가능한 것으로 보인다.

이러한 과정을 염두에 둔다면 중고기 이후 석실묘의 경우 묘지에서의 장송의
례도 전통적 과정에서 변화하여 묘지 선정-부장품 준비-후토제-묘지 정지-천
광-석실 축조(축조 공정의 여러 의례)-방상시-영구 임치-시신 납입-성복-(폐
백)-유물 부장 - 평토제(제주전)-석실 폐쇄의 순으로 이루어졌음을 유추할 수
있다.[4] 또 봉분의 주변이나 주구 등에서 제사에 사용되었음직한 유물이 출토되고
대형의 능묘급 고분에서는 분전에서 상석과 배례 공간이 발견되는 것으로 보아
묘제도 지속되었고 격식이 정해진 것으로 보인다. 그 대표적인 예가 중고기 말기
에 축조된 것으로 믿어지는 경주 황성동석실분(이강승·이희준 1993)의 상석과
중고기 전기 능원 시설로 믿어지는 경주 서악동 4기 고분 전면의 넓은 배례 공간
(김용성 2013b)이다.

한편 석실묘에서 운구 시 목관을 사용하였다면 시신 납입 이전에 이 목관은 불
태웠을 것이다. 퇴실 시의 제대나 제상에 공헌 제물을 차린 제사는 이전의 전통
적 평토제와 같은 것으로 볼 수 있다. 또 앞 시기에 중요시되었던 성분제와 주검
머리맡 빈전에서의 공헌유물보다는 이 평토제에서의 제주전 공헌유물이 더 중요
한 위치를 점하고 있었고 그것을 그대로 두고 퇴실하였음도 유추할 수 있다. 빈
전은 약화되지 않을 것이나 그 공헌물은 극히 일부만 피장자 머리맡에 상징적으
로 들어간 것이다. 이는 사후 생활용 유물의 소멸과 함께 사후관의 변화를 암시
해 주는 것으로 판단된다. 무덤이 사후에 거주하는 음택이고, 거기서의 삶은 현
재의 삶과는 다른 상징적 세계에서의 삶으로 인식되었다고 할 수 있다. 명기의
등장, 주검을 귀신으로 인식한 점 등도 이와 관련되었을 것이다. 이러한 변화는
중국의 경우도 장제의 변혁이라고 부르는 곽묘에서 실묘로의 전환과 더불어 묘
내 제사공간이 확보되면서 일어났다(김용성 역 2006: 165~167).

이와 같이 석실을 축조한 장례는 대략 통일 전후 즈음부터는 일부 왕이나 왕족,

---

[4]　최종규(2012)는 시대의 아래에 있는 유물과 관련된 의례를 시상제(施上祭)(여기서의 방상
시), 충효리 6호분과 같이 석실의 네 모서리에 부장된 유물과 관련된 의례를 우제(隅祭)(이는
후대 화장과 관련된 것으로 이해하기도 함), 석실의 폐쇄 후 부장된 유물과 관련된 의례를 폐쇄
제(閉鎖祭), 현실의 관대 전면 한쪽에 모여 있는 유물과 관련된 의례 역시 폐쇄제(여기서의 평
토제), 묘역에서 발견되는 간단한 유구나 유물과 관련된 의례를 평토제(여기서의 후토제), 호
석의 바깥 시설물이나 유물과 관련된 의례를 경계제(境界祭)(여기서의 묘제)로 불렸다.

그리고 최고 귀족에 한해 사용된 것으로 판단되고 일반 민중에게는 화장이 성행한 것으로 보인다. 화장은 기록으로 보아 주검을 불태운 후 뼈의 잔해를 흩어버리는 산골散骨과 그것을 모아 다시 묻는 장골藏骨로 나눌 수 있는데, 장골의 흔적은 골호장이나 소형 석곽 속의 매장으로 나타나고 있다. 이 화장은 불교의 영향이 확실하고 불교적 사후관의 정착을 알려준다.

_맺음말

고분의 내부에서 출토되는 유물의 공간적 배치, 고분의 축조 과정에 부장된 유물, 고분 바깥에서 발견되는 의례와 관련된 시설 등을 자료로 신라의 장송의례를 복원해 보았다. 그 장송의례는 최근까지 우리나라에서 축조된 목관묘와 관련된 유교적 상장제의 장송의례 줄거리와는 크게 다르지 않으나 훨씬 복잡한 과정을 상정하게 해준다.

대략 정리하면 고총 단계에는 사망사건의 발생 이후 가내에서 염습, 성복, 빈전의 설치가 인정된다. 운구는 무기나 의기를 소지한 인물이 참여하는 화려한 행렬을 이루었다. 묘지에서는 운구 행렬이 도착하기 이전에 후토제가 시행되고 고분의 1차 축조가 있었다. 이후 방상시, 영구임치, 하관이 실시되고 고분의 2차 축조가 시행되며 평토제, 성분제 등이 시행되었다. 그리고 석실묘 단계에는 가내에서는 염습, 성복, 빈전의 설치가 시행되었고, 묘지에서 후토제 이후 고분의 축조가 동시에 이루어지면서 각종 의례가 행해졌다. 그리고 운구 행렬이 묘지에 도착한 이후 마찬가지의 각종 의례가 이루어진 것으로 보인다. 양자의 차이는 석실묘는 내부의 여유 공간으로 인하여 묘내 제사가 가능함으로써 평토제의 성격인 하직 제사가 훨씬 더 큰 비중을 차지하나, 고총 단계에는 그보다 하관시의 하직 제사가 더 큰 비중을 차지했다고 볼 수 있다. 그리고 묘제는 두 단계 모두에서 상당한 기간 지속되었으나 석실묘 단계의 것이 훨씬 격식화하였다.

　이러한 장송의례의 변화를 가장 명확하게 보여주는 것은 후장에서 박장으로의 전환이다. 고총 단계 사후에 생활할 유물 모두를 저승으로 가져가야한다는 인식은 후장을 발생시켰으나 석실묘 단계로 오면서 사후에 생활할 유물은 모두 사라지고, 같은 의식에서 순장 또한 자취를 감춘다. 이러한 변혁은 신라가 초기국가 단계에서 법률에 의해 통치되는 고대국가로 전환하는 것과 무관하지 않을 것이다. 따라서 장송의례의 변혁은 당시 사회와 문화상의 커다란 변혁과 연계된 것으로 봐야한다. 6세기를 지나면서 들어온 남조 계통의 문화가 이런 변혁을 초래했을 것이다. 그것은 전통적인 계세사상과는 다른 사후관의 도입과 관련된 것으로 이승과 저승을 동일시하던 것에서 다른 세계로 인식하기 시작했음을 알려 준다. 즉 중국식의 새로운 사후관으로 변화한 것이다.

　논의를 진행하면서 아직 무시되고 있는 묘 내의 여유 공간이 곽묘와 실묘를 구분하는 기준임을 다시 확인하였다. 이는 제사가 시행될 수 있는 공간이기 때문에 실묘란 제사 공간이 확보된 무덤이라고 정의해야한다는 점을 강조하면서 글을 맺는다.

___보론

대가야의 고분

1

대가야의 고총과 고총체계

__머리말

대가야의 지산동고총군은 특유의 묘제를 가지고 있으며, 거기서 출토되는 유물 또한 신라의 것과는 구별되는 독특한 성격이 인지되고 있어 대가야의 것이라 불러 손색이 없다. 또한 문헌의 대가야 영역에 속하고, 고분의 현상이나 출토유물도 가야 영역 가운데는 훨씬 특출하여 그 이름에 걸맞기 때문에 확실한 가야의 중심고분으로 볼 근거가 된다. 그리고 다른 가야지역과 비교하면 넓은 영역에 걸쳐 지산동을 중심으로 한 이 특유의 묘제와 유물이 분포하고 있음이 밝혀지고 있다. 따라서 이 고총의 출현과 전개는 대가야 정치체가 형성되어 발전하는 과정을 그대로 보여준다고 할 수 있다.

글은 이러한 관점에서 대가야의 중심고분군인 고령 지산동고총군을 위주로 하여 대가야 고총의 특성을 찾아 그 의미를 파악하도록 한다. 먼저 대가야 고총의 묘제와 묘형에 나타나는 특성[1]을 찾아 이를 신라와 비교함으로써 대가야 고총의 특수성을 인식하도록 한다. 다음에 대가야 영역으로 볼 수 있으며, 대가야권의 유물이 출토되는 더 광역의 범위에 걸친 고총의 현상을 간단하게나마 짚어 그 위계를 찾아 그렇게 광역에 걸쳐 대가야 고총이 분포하게 된 시기의 사회 현상을 찾도록 한다. 이때는 고총체계라는 관점을 제시하여 지산동고총군의 위상을 드러내도록 한다. 다음 지산동고총군의 고총 분포 현황을 살펴, 가장 마지막에 해

1 　이 고총의 묘제와 묘형 특성의 파악에는 선고(김용성 2011a)에 제시된 형식 분류를 수정하여 사용한다.

당하는, 즉 대가야권이 광역으로 설정되는 5세기 말 또는 6세기 초 이후의 최대 고총을 왕묘로 인식하고, 이것의 배치 현황을 살펴보고자 한다. 이 왕묘의 배치 는 신라 경주 서악동능원, 백제 공주 송산리와 부여 능산리의 왕릉군과 비교하여 그 원리를 찾을 수 있을 것이고, 다시 그 원류는 중국 남북조에 있을 것으로 예상 되기에 지산동고총군의 국세적 성격을 드러내 줄 것으로 보인다.

지금까지의 조사에서 대가야의 고총은 수혈식석곽묘가 주된 묘제로 자리하였 음이 밝혀졌다. 여기서 대가야의 고총이란 좁은 의미에서는 확실한 대가야지역, 즉 고령과 그 인근 합천의 일부지역에 존재하는 높고 큰 분구를 가진 고분을 말 한다. 이런 대가야 고총으로는 대가야의 본지라고 할 수 있는 지역에 축조되어 조사된 지산동 44호분과 45호분(윤용진·김종철 1979), 32~35호분(계명대박물 1981), 30호분(영남매장문화재연구원 1998b), 73~75호분(조영현 2012), 2호분 (구)(濱田耕作 外, 1922), 본관동 34~36호분(계명대박물관 1995), 합천 반계제 가A·B호, 다A호(국립진주박물관 1987)가 있다. 이외에도 합천 옥전, 함양, 산 청, 거창지역, 멀리는 남원을 비롯한 호남 동부지역까지 대가야의 영향력이 미쳤 음(박천수 2004, 곽장근 2007)은 주지의 사실이고, 그러한 지역에 대가야식의 묘 제가 도입되어 사용된 것이 확인된다. 따라서 전자를 대가야 본지, 후자를 거기 서 확장된 대가야권으로 인식하여 대가야 고총으로 규정하고, 전자를 중심으로 하고 후자를 덧붙인 자료를 활용하여 논지를 전개하도록 한다.

대가야 고총의 출현

대가야 고총은 주지하는 바와 같이 주묘제가 수혈식의 석곽이고 역시 석곽으 로 축조된 부곽을 가진 경우가 있다. 그리고 많은 것에서 순장곽이라 할 수 있는 소형 석곽이 주곽을 중심으로 배치되었으며, 그 위에 호석을 두른 봉토가 조성되 었다. 이 순장곽이라 부르는 소형묘에 매장된 주인공이 순장된 것인지, 고분의 축조 과정이나 그 이전에 묘지의 선정 이후 주피장자가 매장되기 이전에 축조되었고, 주피장자와 관련된 인물이 여기에 매장되었는지는 확실하지 않다. 따라서 순장보다는 배장으로 보아 배장곽으로 표현할 수도 있으나 여러 가지 점에서 일부를 제외하면 순장자가 매장된 것으로 볼 수 있다(김용성 2013a). 이에 따라 여기서 대가야 고총은 김세기(2003:109~113)가 정리한 대가야식 묘제를 가진 고분 가운데 대형분이라 할 수 있는 I급과 II급 묘형을 뜻하는 것인데, 그의 대가야식 묘제의 주요한 특징을 정리하면 다음과 같다.

고분의 입지에서는 산성을 배후에 두고 앞에 취락이 있는 평야와 강이 내려다보이는 능선의 정상부에 위치하며, 융기부에 대형분이 자리한다.

고분은 정해진 묘역 중앙에 매장주체부인 주곽을 지하에 설치하고 그 옆에 부곽이나 순장곽을 설치한 다음, 묘역을 둘러싸는 원형 혹은 타원형의 호석을 쌓는다. 경우에 따라서는 순장곽이나 부곽 없이 단독의 석곽만 존재하는 것도 있다.

매장부의 축조는 지하에 광을 파고, 할석이나 자연석을 이용하여 네 벽이 서로 엇물리게 쌓는데, 평면의 길이 대 너비 비율이 대개 5:1 이상이어서 세장방형을 이룬다.

출토되는 토기가 대가야계토기라고 할 수 있는 특징적인 것이며, 위세품에서도 여타 지역과 구별되는 특징이 있다.

이러한 대가야 고총은 고령지역의 조사 현황으로 미루어 신라 영역권의 고총과 마찬가지로 목곽묘에서 발전하여 이루어진 것이다. 아직 조사가 미진하지만 쾌빈리의 목곽묘(영남매장문화재연구원 1996)는 소위 고식도질토기라고 할 수 있는 토기가 출토되어 이를 짐작할 수 있다. 아직 주산을 중심으로 한 지산동 등에서는 이러한 목곽묘의 존재가 확인되지 않아 문제가 되고는 있으나, 다른 지역에 중심을 두고 있던 대가야의 지배세력이 주산을 중심으로 한 현재의 지산동에 고분을 축조하여 중심지로 형성되었을 가능성이 크기 때문에, 즉 중심지 집단의 매장 구역 이동에 의한 결과로 볼 수 있기 때문에 그 발전 서열을 그대로 신뢰해도 별 문제가 없을 것으로 보인다. 이 쾌빈리 지역에 언제부터 고령지역의 중심 고분이 축조된 것인지는 아직 확인되지 않는다. 그러나 쾌빈리 1호 목곽묘의 예로 봐서는 목곽묘 단계 후기인 4세기 무렵에는 이곳이 중심고분군으로 역할을 한 것으로 추정할 수 있다. 이러한 현상은 비록 이보다 이른 시기이지만 신라에서 목관묘 단계의 중심지 분묘 구역이 서남산의 아래에 있다가 목곽묘 단계에 월성의 북편으로 이동되어 서편으로 가면서 고총이 축조되고 있는 것으로 유추할 수 있다. 즉 목관묘 단계 경주지역의 중심 분묘 구역은 탑동 목관묘(한국문화재보호재단 2010a) 등의 예로 보아 서남산의 아래였으나 목곽묘 단계로 들어서면서 중심 분묘 구역이 월성의 북편으로 이동된 것으로 추측되는 것이다.

대가야 고총이 주산을 중심으로 한 산지에 처음부터 축조된 현상은 선진 집단이 고령으로 이주해서 나타난 결과(조영제 2007)로 인식해 볼 수도 있으나, 비록 선진 문화의 급속한 이입이 있었더라도 재지 집단의 무덤 입지에 대한 인식 전환을 생각해 볼 수 있다. 주지하다시피 고령지역은 분지로 형성되어 있고, 그 중심에 고령읍이 자리하고 있다. 이 고령의 중심부는 서쪽에 산지가 자리하고 남북으로 하천에 의해 개방되었고, 동쪽 역시 산지가 자리하고 있다. 동쪽과 서쪽의 산지 사이에 대가천이 흘러 들판이 형성되었는데, 그 들판은 대부분 대가천의 서안에 해당한다. 이러한 입지에서 그 중심에 해당하는 대가천 서안이 비교적 대규모의 인간 집단이 생활할 수 있는 공간이 된다. 이 생활구역을 중심으로 두면 대규모 무덤이 입지할 공간은 북쪽의 쾌빈리를 중심으로 한 야트막한 산지와 서쪽 주산의 동쪽 사면이 된다. 아직 쾌빈리 지역에서 목곽묘의 군집 현상이 밝혀지지 않았으나 고령 중심시의 이러한 지형과 1호 목곽묘의 조사는 그곳에 목곽묘 단계에 주된 무덤구역이 형성되었다고 추정할 수 있도록 한다. 그러나 고령의 중심지에서 봤을 때 쾌빈리지역은 넓게 묘지 공간을 형성시키면서 고령 중심지를 내려다 볼 수 있는 여건이 되지 못하고, 그러한 부분은 협소하다. 그러므로 계세사상에 입각하여 고령의 중심지를 내려다 볼 수 있으며 많은 무덤을 축조할 수 있는 곳은 주산의 동편 사면이 된다고 할 수 있고, 거기에 대가야 중심지 대고분군이 형성된 것으로 보인다. 그것은 지산동고총군이 자리 잡은 구릉이 전체적으로 신성 공간이자 내세 공간으로 인식되었고, 고총의 내부 매장 시설 또한 그저 죽은 자의 매장 공간에 그치는 것이 아니라 그 속에 매장된 사람이 사후 생활하는 공간으로 인식되었다는 해석(이희준 2013)에서 드러난다.

대가야 고총으로서 출발을 알려주는 고분은 현재 대동문화재연구원에 의해서 발굴된 지산동 73호분〈도10-1〉으로 보인다. 이 고분은 동혈주부곽식으로 주곽과 부곽은 T자형으로 배치되었다. 고분은 깊고 넓게 묘광을 파서 주곽과 부곽의 목곽을 따로 설치하고 각 목곽과 묘광벽 사이에 돌을 채워 축조하였다. 그리고 목곽과 묘광의 어깨면 사이에는 흙을 채워 매토하였다. 이렇게 돌을 채워 목곽을 축조한 현상은 경주의 적석목곽묘 영향이라고 볼 수도 있으며, 매토의 현상은 부산 복천동 등 낙동강 하류의 영향을 받은 것으로 이해할 수 있다. 묘광이 깊어 봉토를 올리기 전에 목곽의 위에 매토를 한 고분으로는 복천동고분군 32호분(김두철 2007)〈도10-2-①〉을 들 수 있다. 이 고분은 목곽의 밖에 그에 인접한 공간에만 적석하고 그 뒤는 흙을 채워 지산동 73호분과는 차이가 있으나 유사하여 그

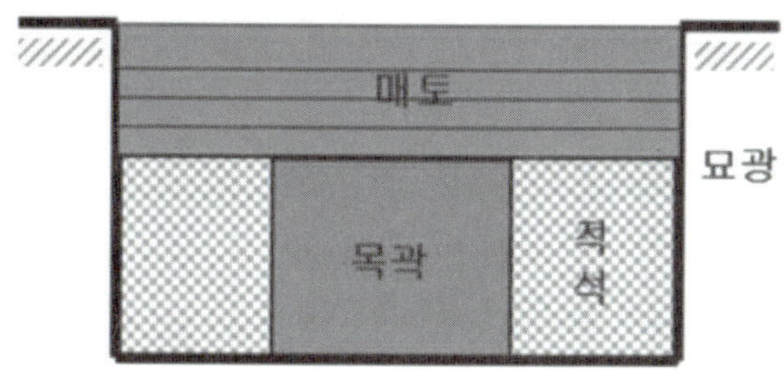

도10-1_ 고령 지산동 73호분과 구조 모식도
(조영현 2012 개변)

영향으로 볼 수 있는 것이다.

또한 5세기 전반에 해당할 이러한 목곽묘가 내부 주체로 된 고총의 출현은 낙동강 건너편 창녕지역의 영향도 무시할 수 없을 것이다. 창녕 계성지구의 선목곽후석곽先木槨後石槨인 수혈식석곽묘가 바로 옥전과 고령지역의 목곽묘 전통 사회에 영향을 주어 경주의 적석목곽묘를 닮은 묘제의 출현이 야기되었고 그것이 고총으로 발전한다고 볼 수도 있기 때문이다. 창녕지역의 선목곽후석곽식인 계성리 계남 1·4호분(영남대박물관 1991b)〈도10-2-⑤〉은 낙동강 하류역의 복

천동 22호(부산대박물관 1993)〈도10-2-④〉등 초기 대형 수혈식석곽묘에서 영향을 받은 것으로 추측된다. 여기에 옥전고분군 M28호분(경상대박물관 1997)〈도10-2-②〉 M3호분(경상대박물관 1990)〈도10-2-③〉등 적석한 목곽묘와 이 지산동 73호분을 함께 고려하면 이 창녕지역 선목곽후석곽식은 이들 목곽묘와 거의 동시에 출현한 것이 된다. 이는 낙동강을 사

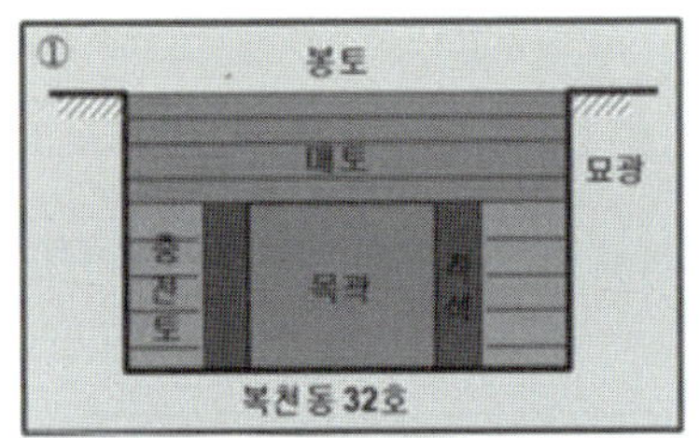
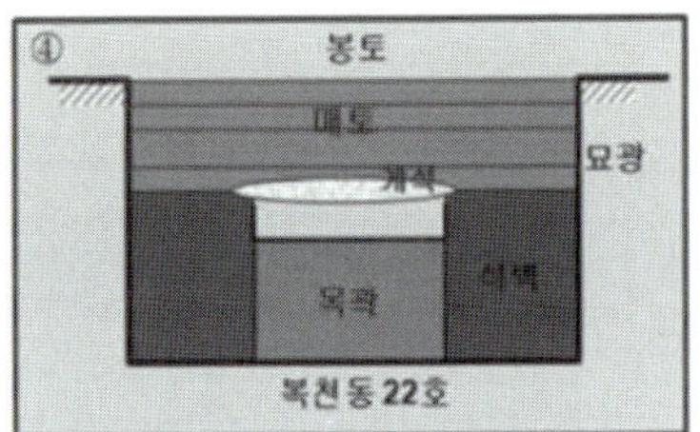
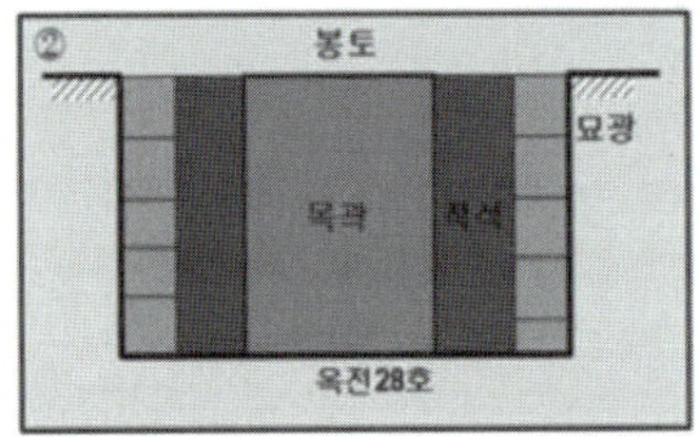
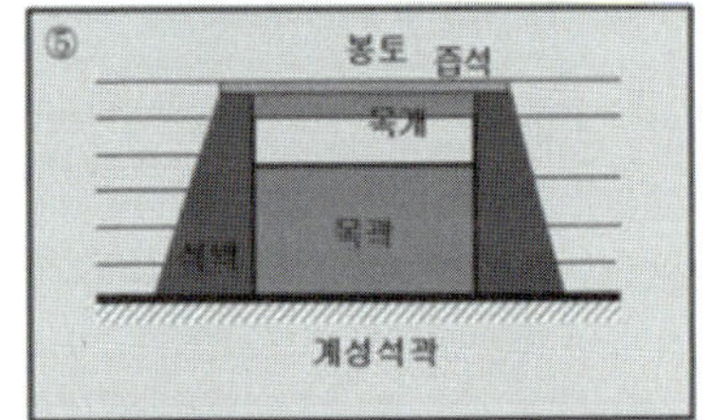
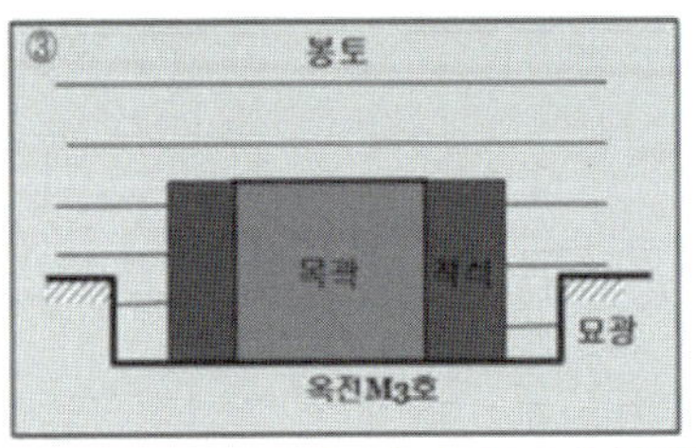
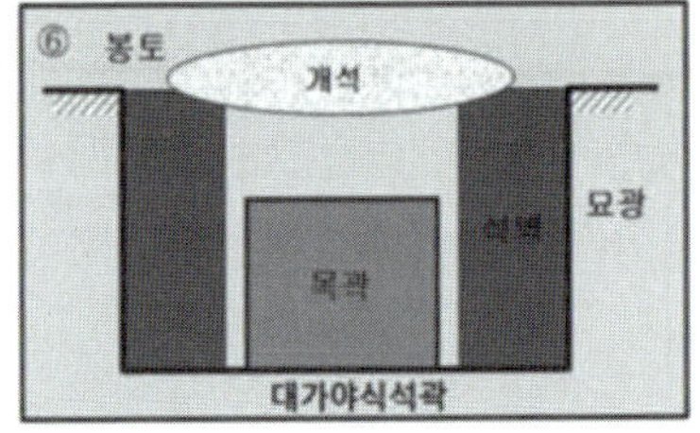

도10-2_ 낙동강 중하류역 적석목곽과 수혈식석곽 모식도

이에 두고 양안 세력 집단의 문화적 교류에 기반하여 각각의 묘제가 창출되었을 가능성을 시사한다. 즉 경주의 적석목곽묘에서 영향을 받아 복천동에 유사한 적석목곽묘가 출현하였고, 이것이 선목곽후석곽식으로 변화하여 창녕지역을 비롯한 낙동상 중하류역에 영향을 주어 창녕지역의 선목곽후석곽식이 출현하였고, 낙동강 하류의 직접적 영향이거나 창녕의 선목곽후석곽식이 기반이 되어 옥전과 지산동에 적석한 목곽묘가 창안되었을 가능성이 있다.

이 고총에서 순장곽이라 부르는 소형의 묘곽이 목곽의 바깥, 묘광 내부에 돌을 채운 석단에 돌려진 현상은 아주 특이한 현상이다. 이는 김해 대성동 88호와 91호 목곽묘의 보강토인 토단 위 순장(대성동고분박물관 2013:98~103)에서 그 연원을 찾을 수 있기도 하지만 경주의 적석목곽 순장처가 그러한 곳이라는 점에서는 연결되는 것으로 서로 상관성이 있는 것으로 볼 수 있기도 하다.

이렇게 출발한 대가야 고총은 곧이어 그들 특유의 수혈식석곽〈도10-2-⑥〉을

창안하여 그것이 고총 묘제로 자리한다. 이 대가야의 고총은 앞에서 언급한 몇 가지의 특성 외에 그 묘형에서 아주 특이한 현상이 확인된다. 먼저 고총 출현기 동혈묘광주부곽식에서 부곽이 독립되어 이혈묘광주부곽식으로 발전하면서, 순장곽으로 부르는 묘곽 역시 주부곽의 묘광 바깥으로 배치되는 특징이 있다. 이는 비교적 넓고 깊은 묘광을 파고 석단을 설치하는 73호분의 경우에서 수혈식석곽으로 묘제가 변화하며 석단 대신 토단을 가진 75호분의 과도기를 거쳐 30호분과 35호분과 같이 지면에 개석이 올라오는 완벽한 대가야식 수혈식석곽이 성립되면서 묘광 내부에 석단이나 토단의 설치가 불가능해져 나타난 결과로 볼 수 있다.

대가야 고총의 특성과 부장품의 의미

묘곽 배치의 특성

대가야 고총이라 할 수 있는 대형분들에서 주석곽을 중심으로 한 호석으로 표현되거나 봉분의 범위 내에서는 부곽으로 볼 수 있는 비교적 대형의 석곽과 순장곽으로 표현되고 있는 소형석곽이 배치되어 있다. 그리고 대가야 고총의 주석곽 내부에 목곽이 설치되어 있었음은 각 고분에서 출토되는 꺾쇠와 관정에 의해서 알 수 있다. 따라서 대가야 고총의 주석곽은 외곽을 석곽으로 축조하였고, 내곽으로 목곽을 사용한 이중곽식이라 할 수 있다. 여기서 중요한 것은 목곽의 구조와 위치인데, 우리는 아직 내부 목곽에 대해서는 크게 주목하지 않아 이를 명확하게 표현하고 있지 못하다. 그러므로 여기서는 대가야 고총의 주석곽 내 목곽의 위치와 그 구조를 따져 대가야 고총의 기본 묘형을 설정해 보도록 한다.

대가야 고총의 묘제를 파악한다는 의도로 주부곽의 배치형태, 순장곽의 배치형태, 내부 목곽의 양상 등을 보고서를 토대로 정리하면 〈표10-1〉과 같다.

대가야 고총에는 부곽이라고 할 수 있는 생활유물을 부장하는 공간이 별도로 마련된 것들이 상위 위계의 고총에서 발견되고 있고, 이보다 작은 즉 더 하위 위

고분	주부곽배치	순장곽 배치	주곽규모	내곽 위치	내곽구조	비고
지산동2호(구)		없음	5×0.9×1.3	중앙	日자형목곽	
지산동30호	T자형	ㄷ자	6.45×1.26×1.7	중앙	단칸목곽?	하부석곽
지산동32호		평행	5.64×0.98×1.2	중앙	단칸목곽	
지산동33호		없음	4.5×0.86×1.4	중앙	단칸목곽?	日자형목곽?
지산동34호		평행	6.33×1.14×1.53	중앙	단칸목곽?	무목곽?
지산동35호		없음	6.66×1.01×1.56	중앙	단칸목곽	
지산동44호	11+T자형	ㅁ자	9.4×1.75×2.1	중앙?	目자형목곽?	
지산동45호	11자	ㅁ자	7.15×1.64×1.85	중앙	目자형목곽	
지산동73호	동혈 T자형	ㅁ자	5.1×2.2×2	중앙	目자형목곽	
지산동74호	T자형	ㄷ자	5.9×1.3×1.5	중앙	단칸목곽?	
지산동75호	T자형	ㅁ자	7.1×1.4×2	중앙	단칸목곽?	目자형목곽?
본관동34호		평행	10.1×1.35×1.8	?	?	
본관동35호		평행	8.23×1.12×1.5	중앙	目자형목곽?	日자형목곽?
본관동36호		평행	10.1×1.35×1.8	?	?	
반계제가A호		평행	6.4×1.3×1.7	중앙	日자형목곽	단칸목곽?
반계제가B호		없음	4.0×1.9×1.15	두측	日자형목곽	
반계제다A호		평행	5.5×1.2×1.7	중앙	目자형목곽	

계의 고총에서는 부곽이 존재하지 않는 것이 많다. 그러나 순장곽으로 표현되고 있는 소형 석곽은 최고 위계의 고총과 일부를 제외한 차상위 위계의 대형분에서 모두 축조되고 있는 것이 일반적이다. 이들 부곽과 소형 석곽은 그 배치에 있어서 일정한 규칙성을 보이고 있는데, 이를 살펴보면 다음과 같다.

먼저 부곽이 존재하는 고총으로는 지산동 30호분, 지산동 44호분, 지산동 45호분이 있으며 최근에 조사된 지산동 74호분, 지산동 75호분, 그리고 매장주체가 목곽인 지산동 73호분에서도 부곽이 발견되었다. 이들 부곽은 주곽도 목곽이며 동혈 묘광 내에 주곽과는 별도의 목곽으로 축조된 동혈 이곽식인 지산동 73호분을 제외하면 모두 따로 묘광을 마련한 이혈의 석곽을 부곽으로 사용하였다. 이들의 배치 방식은 T자형(지산동 30호, 동 73호, 동 74호, 동 75호분)과 11자형(지산동 45호분), 그리고 이를 복합한 형태(지산동 44호분) 등으로 나눌 수 있다. 이러한 사실에서 주부곽의 배치가 시기성을 나타내면서도 위계와도 관련된 것을 알 수 있다. 즉 비교적 늦은 시기에 축조된 것으로 믿어지는 지산동 44호분과 45호분에서 주곽과 나란한 부곽이 존재하는 반면 다른 것들은 모두 T자형 배치를 이루고 있으며, 지금까지 조사된 것들 가운데 최대형분이라 할 수 있는 지산동 44호분과 45호분(I급)에서만 11자형의 배치가 나타나기 때문이다.

다음 순장곽은 하나의 고분에 작으면 1기, 많은 경우 32기가 배치되었다. 이중 절대적으로 많은 수가 배치된 지산동 44호분과 45호분의 경우 주곽과 부곽을 중심으로 해서 이를 돌아가며 ㅁ자상으로 배치된 반면, 2~4기 정도가 주곽을 중심으로 해서 이와 나란하게, 또는 주곽과 부곽을 피하여 ㄷ자상으로 배치된 것(지산동 30호, 동 74호, 동 75호분)이 있고, 1기가 주곽과 나란하게 11자형으로 배치된 것(지산동 32호, 동 34호, 반계제 가A호, 동 다A호, 본관동 34호, 동 35호, 동 36호분)이 있다. 이것 역시 축조 시기와 위계를 표현해 주는 요소로 보인다. 즉 순장곽 또는 순장곽의 수는 피장자의 위계와 관련된 것이고 비교적 늦은 시기에 가서 그 수가 크게 증가하였음을 알려준다.

결국 현재까지 밝혀진 자료로 보는 한 대가야 고총의 특성은 주곽과 부곽, 순장곽(배장곽)으로 구성되었고, 주곽을 제외한 나머지 부곽과 순장곽의 유무와 그 수가 위계와 관련되었다. 이들의 변화를 좀 더 살피면 주곽과 부곽의 배치는 T자형에서 11자형으로 변화하고, 순장곽은 위계에 따라 1기~수십 기가 주곽을 중심으로 사방에 배치되는데, 1기가 배치된 경우는 주곽과 나란하게, 몇 기가 배치된 것은 주곽과 부곽을 중심으로 ㄷ자상으로, 훨씬 많은 수가 배치된 것은 주곽과 부곽을 중심으로 해서 돌아가며 ㅁ자상으로 배치되었고, 시기가 내려올수록 그 수가 증가한다고 할 수 있다. 이렇게 긴 주부곽이 T자나 11자형으로 배치되었고. 이를 중심으로 순장곽이 배열된 대가야 고총의 특성은 개석을 한 긴 수혈식석곽이라는 그들만의 특수한 묘제를 한정된 원형의 묘역 내부에 효율적으로 설치하기 위한 고려에 의해 발생된 것으로 추측된다.

이를 정리하면 대략 다음과 같은 다섯 유형으로 묶을 수 있고 이 모식을 나타내면 〈도10-3〉과 같다.[2]

---

[2] 이 유형의 분류는 김세기(2003:235~241)의 3등급으로 나눈 묘형을 최근 자료를 보충하여 세분한 것이다.

초기유형 : 주곽 혹은 주부곽의 묘광 내부 주곽과 부곽의 주변에 순장곽을 배치한 것.

제1유형 : 부곽을 11자형으로 배치하였고 ㅁ사상으로 많은 수의 순장곽을 배치한 것.

제2유형 : 부곽을 T자형으로 배치하였고 ㄷ자상으로 몇 기의 순장곽을 배치한 것.

제3유형 : 부곽이 없고 순장곽 1기를 주곽과 나란하게 배치한 것
(또는 순장곽 없이 부곽을 주곽과 나란하게 배치한 것).

제4유형 : 단곽식

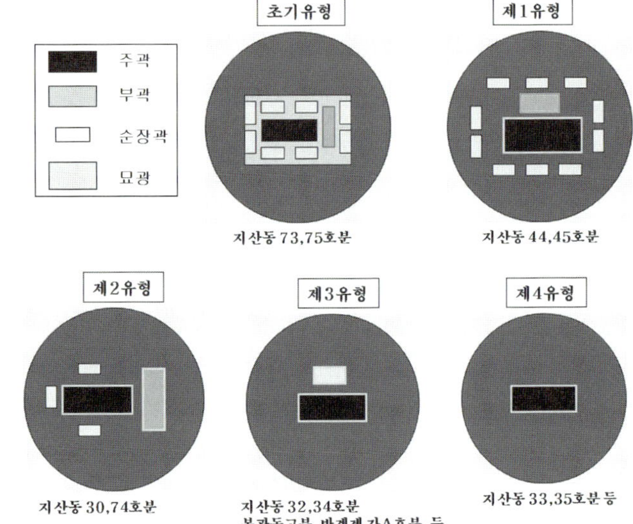

도10-3_ 대가야 고총의 묘곽 배치 모식

이는 대가야의 핵심지역에서 나타나는 현상이고 대가야권의 지방 고총으로 볼 수 있는 함양 백천리 2호분〈도10-4-①〉(경상북도 1998, 박천수 2003), 남원 두락리·유곡리 32호분〈도10-4-②〉(전북대박물관 2013) 등에서 나타나는 11자형의 주부곽식은 여기서의 주석곽과 순장곽의 11사 배치와는 달리 제1유형의 변형으로 위계 차에 의해 나타나는 현상으로 볼 수 있게 한다. 그러므로 제3유형과 같은 위계의 고분으로 파악할 수 있을

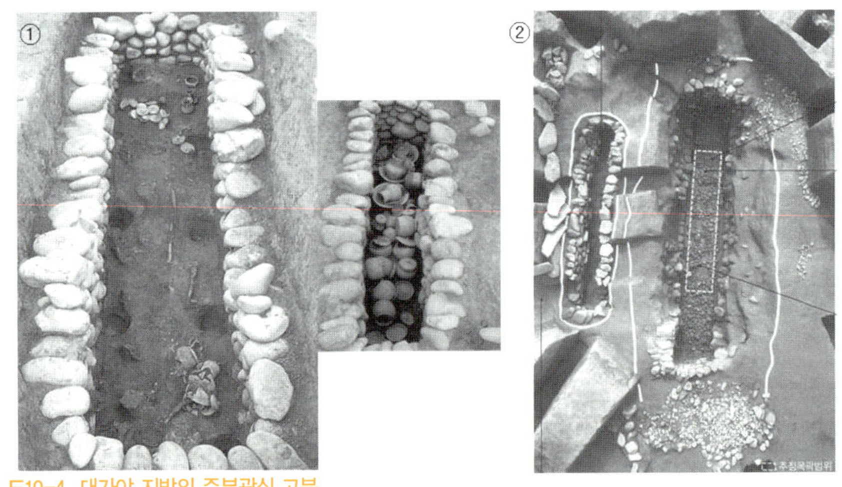

도10-4_ 대가야 지방의 주부곽식 고분
(①함양 백천리 1호 주곽과 2호 부곽 ②남원 두락리·유곡리 32호분)
(경상북도 1998, 전북대박물관 2013에서)

것이다.

이러한 배치 양상을 신라의 묘곽 배치와 비교하면 많은 차이점이 발견된다. 특히 신라의 중심지라고 할 수 있는 대릉원지구의 묘제와 비교하면 엄격한 차이를 찾을 수 있다.

신라의 고총은 먼저 대가야와는 다르게 표형분이 성립되어 부부의 묘를 연이어 축조해 가는 특징이 있는데 비하여 대가야의 고총에서는 그러한 현상이 확인되지 않고 단장의 단일원분으로만 축조되었다. 그리고 대가야의 고총이 위와 같이 다양한 형식의 묘곽 배치인데 비하여 신라의 중앙은 장방형의 주곽과 방형에 가까운 또는 방형의 부곽을 ㅂ자형으로 배치한 것이 주를 이룬다. 그리고 순장곽이 조사되지는 않았고, 배장곽이 배치되기도 하나 아주 드물다. 그리고 신라 지방의 경우 여러 가지의 묘제와 주부곽 배치 방식이 존재하나 그것이 지역에 따라 채용된 묘제라는 지역성의 차이로 나타난다.

기본 묘형의 특성

대가야 고총은 주곽인 석곽의 내부에 목곽을 설치한 이중곽식이고, 그 경우 목곽 내부에는 목관이 설치된 것이 주류로 보인다. 이 내곽인 목곽과 그 안에 안치된 목관의 흔적은 출토되는 꺾쇠나 관정에 의해 짐작할 수 있다. 그런데 대가야 고총에서는 이들 장구의 배치와 석곽 내부 공간의 활용에서도 일정한 규칙성이 관찰된다.

먼저 목곽은 세장한 석곽의 중앙에 배치하여 양단벽측의 비워진 공간을 토기나 기타 유물을 부장하는 유물부장처로 활용하고 있어 그 공간 구성을 ㅁ자형으로 처리한 것이 공통된 특징이다[3]. 이는 신라의 경우 석곽 내부에 거의 꽉 채워졌으며 두측에 부장부(칸)를 마련한 ㅂ자형의 목곽을 사용하거나 두측의 단벽 쪽에 이러한 목곽을 놓고 발치의 나머지 공간을 유물부장처로 활용하는 것과 비교되는 것으로 대가야 고총의 특색이라고 할만하다.

---

[3] 여기서 제외되는 것은 반계제 가B호뿐이다.

한편 내곽인 목곽 내 유물의 부장 양상이 다양한 것을 보여준다. 대부분의 고총 주곽이 도굴되거나 교란되어 그 양상을 명확하게 집어낼 수 없지만 유물의 잔존 상태가 비교적 양호한 것에서 유물의 부장 양상을 찾아보면 다음과 같고 그 모식은 〈도10-5〉와 같다.

제 I 유형은 지산동 32호〈도10-6-①〉가 표지로 수곽의 중앙부에 목곽을 놓았는데, 목곽 내부에 별도의 부장처를 두어 유물을 부장하지 않은 것이다. 지산동 30호, 동 33호, 동 34호, 동 35호 등이 이에 해당될 것으로 생각된다. 그러나 이들 고분 모두가 도굴되거나 교란되었기에 과연 목곽의 내부에 별도의 공간을 마련하여 유물을 부장하지 않았는지는 명확하지 않다.

이 중 지산동 33호〈도10-6-②〉의 경우 장구로 볼 수 있는 유물은 관정 1점에 불과하고, 목곽이 있었다면 그 한쪽 모서리 부분에 해당되는 곳에서 그것이 출토된 셈이다. 그러나 목곽부의 내부에 해당되는 부분에서 다량의 유물이 흩어진 채 출토되어 이를 명확하게 할 수 없다. 단지 이곳저곳에서 출토된 유물이 동일 개체로 추정되는 등 교란이 심하였다는 점에서 지산동 32호 등과 유사했을 것으로 판단한다. 그렇지 않다면 목곽 내부 두측에 토기 등을 부장한 것이 흐트러진 것으로 볼 수 있어 이 경우는 다음의 제II유형에 속했을 가능이 있다. 한편 이 고분의 경우 목곽을 사용하지 않은 것으로도 볼 수 있는데, 이 경우에는 석곽의 중앙부에 주검을 안치하고, 그 두측과 족측, 그리고 신변에 유물을 부장했을 것이다.

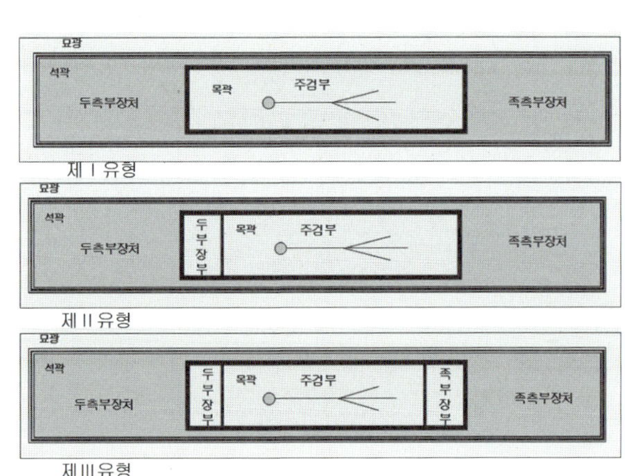

도10-5_대가야 고총 주곽의 구조 모식

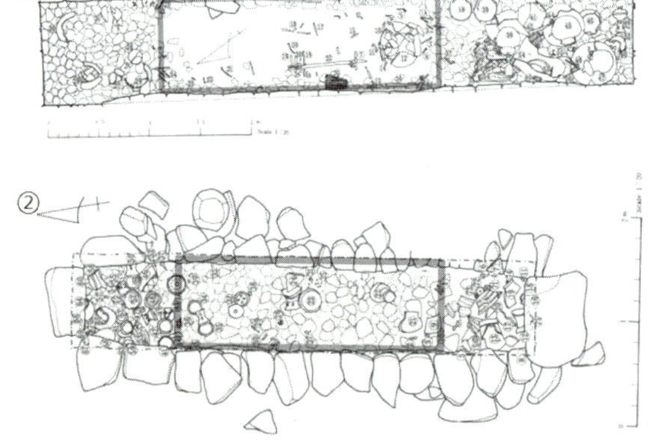

도10-6_지산동 제 I 유형의 주석곽
(①지산동 32호 ②지산동33호)
(계명대박물관 1981 개변)

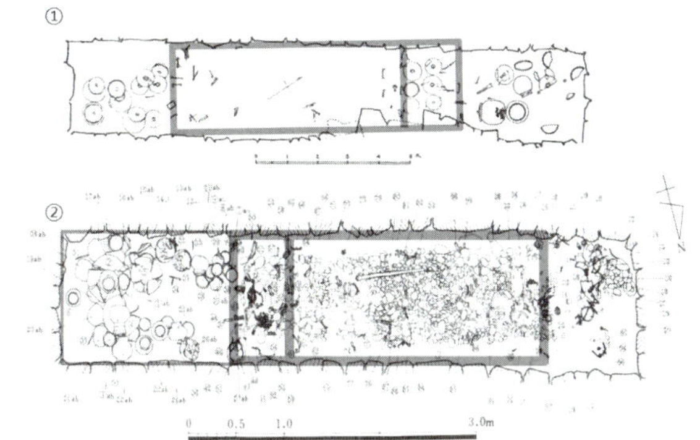

도10-7_ 지산동 제II유형의 주석곽

(① 지산동 2호(구) ②반계제 가A호)

(濱田 耕作 외 1922, 국립진주박물관 1987 개변)

제II유형은 일제강점기에 조사된 지산동 2호(구)〈도10-7-①〉가 표지로 역시 중앙부에 목곽을 놓고, 양단벽 쪽을 각각 유물부장처로 삼은 것이면서 목곽의 내부 한쪽 단벽 공간에 유물을 또 부장하여 유물부장처로 삼은 것이다. 이 지산동 2호(구)는 비교적 크기가 작지만 도굴의 피해를 크게 입지 않은 것이기에 유물의 부장 양상을 명확하게 해 주는 단 1기의 대가야 고총으로 볼 수 있는 것인데, 목곽의 내부 두측 공간에 따로 유물부장처를 마련하여 여기에 토기를 부장한 것이다. 이는 지산동 34호와 35호의 연결석곽 내부에 설치된 석관으로 표현되고 있는 판석으로 조립한 내석곽의 구조를 연상하게 하는데, 아마도 그와 같이 두측에 칸막이를 한 목곽을 조립하였고, 그 공간에 유물을 부장하였기 때문에 이런 현상이 나타난 것으로 볼 수 있다. 그러므로 목곽의 구조가 日자형일 가능성이 있는 것이다.

이러한 유형으로는 반계제 가A호〈도10-7-②〉가 있다. 이중 반계제 가A호의 경우 주곽 두측부장처의 가장 선단인 외곽인 석곽의 단벽 아래에까지 관정이 출토되는데 비하여 꺾쇠의 출토는 목곽부에 한정되어 있는 특징이 있다. 이는 두측부장처의 유물이 상자와 같은 별도의 시설 속에 부장되었을 가능성을 높여주는 것으로 족측부장처 유물과는 존중도에서 달랐음을 시사하는 것은 아닌가 한다. 앞에서 제I유형으로 설정한 고총들도 도굴이 심하여 그 원상을 확실하게 복원할 수 없기 때문에 그 유형으로 설정하였으나 실제는 상당수가 이 유형에 속했을 가능성도 있다. 특히 앞에서 설명한 바와 같이 지산동 33호분의 경우 이 가능성을 높여준다.

이렇게 목곽이 日자형 구조를 가졌음을 지적해 주는 34호와 35호의 연결석곽〈도10-8〉은 할석으로 축조한 외곽인 석곽의 내부에 판석으로 축조한 석관으로 표현된 내곽을 둔 것으로 내곽은 두측에 부장칸을 마련한 日자형이다. 유물의 출

토 상황을 보면 두부 부장칸에 소형의 유
개장경호, 유개대부편이소호, 유개고배 등
이 놓여 있었고, 고배 속에는 소라가 들어
있는 것이 있어 피장자를 위한 공헌유물로
의 성격이 강하다. 주검칸에서는 5세 미만
인 인골의 흔적과 피장자의 성복유물이라
고 할 수 있는 금제이식, 호박과 유리구슬,
곡옥으로 구성된 경식, 철검과 장도, 팔찌
로 쓰였음직한 유리구슬이 출토되었다.
그리고 발치 내곽의 바깥에서는 유개장경
호, 유개연질발 등의 토기류와 성시구, 철
촉 등의 무기가 출토되었다. 이러한 구조
는 대형분에서의 목곽이 칸막이로 구분되
었을 가능성을 높여주며 부장처에 따라 각
유물의 성격이 다름을 명확하게 보여준
다. 같은 구조를 가진 것으로 반계제 가B
호분을 들 수 있다.

　제III유형은 반계제 다A호〈도10-9-①〉
를 표지로 하는 것으로 제II유형과 같으니
내곽인 목곽의 발치에도 별도의 부장처를
마련하여 유물을 부장한 것이다. 이러한
유형으로 추정되는 것이 본관동 35호분

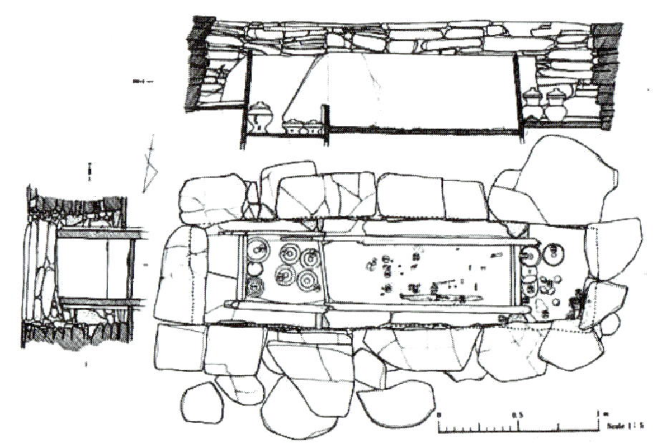

도10-8_ 지산동 34호와 35호 연결석곽
(계명대박물관 1981에서)

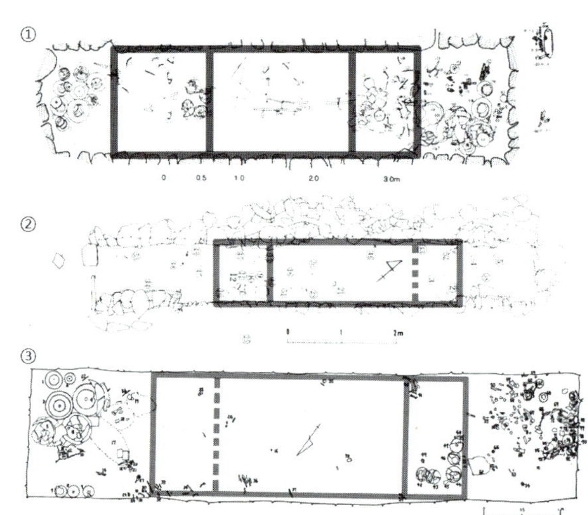

도10-9_ 지산동 제III유형 주석곽
(①반계제 다A호 ②본관동 35호 ③지산동 45호)
(국립진주박물관 1987, 계명대박물관 1995, 윤용진·김종철
1979 개변)

〈도10-9-②〉, 지산동 45호분〈도10-9-③〉, 동 73호분 등이다. 이 경우도 목곽
을 칸막이하여 두측과 족측의 공간을 구분하고 거기에 유물을 부장하였으며, 중
앙부의 큰 공간에 주검을 매납하는 구조일 가능성이 있다. 즉 목곽의 구조가 目
자형일 가능성이 있는 것이다. 특히 지산동 73호분 주곽〈도10-10〉은 외곽의 목
곽 내부에 目자형의 내곽을 설치한 것으로 외곽 석곽, 내곽 목곽인 대가야 제III

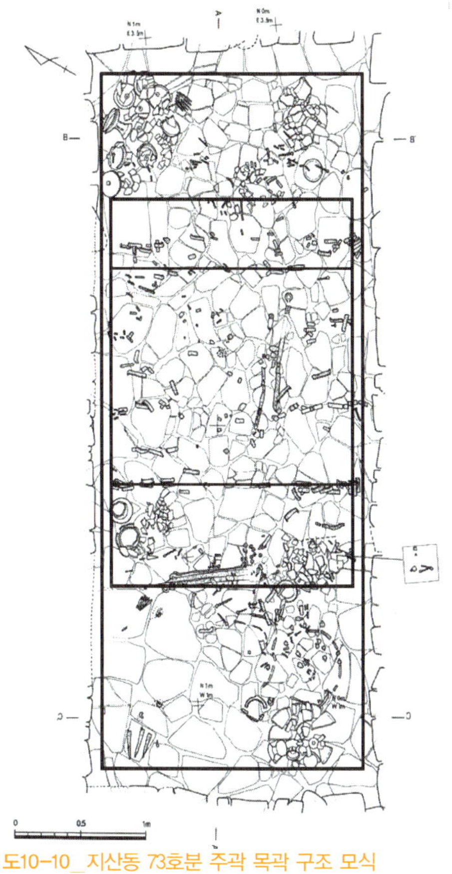

유형의 시원이 된 것으로 보이고, 유물의 부장 위치가 보고되지 않은 지산동 44호분의 경우도 이 유형일 가능성이 크다. 지산동 73호분의 꺾쇠와 관정이 출토된 범위를 연결하고, 그 내부 천판과 지판을 장식하듯 연결시킨 꺾쇠의 열을 주검이 매장된 부위로 보면 내곽이 目자형 이었음이 분명하게 드러난다.

이상의 대가야 고총에 있어서 주곽의 외곽인 석곽 내의 유물 부장 양상과 내곽인 목곽의 구조와 그 내부의 유물 부장 양상을 종합하여 그 대표적인 것의 특징을 정리하면 다음과 같다.

대가야 고총의 외곽인 석곽의 내부에는 중앙부에 목곽을 설치하여 目자형의 공간 구조를 보이며, 중앙 목곽의 양단 바깥 공간에는 유물을 부장한다. 중앙부의 내곽인 목곽은 주인공과 그의 신변유물만 부장하고 기타 유물을 부장하지 않는 단순한 것이 있는 반면, 두측의 공간에 유물을 부장하거나(日자형 목곽) 두측과 족측 모두에 유물을 부장하는 것(目자형 목곽)이 있다. 후 양자의 경우 유물을 부장하는 공간을 칸막이하여 주검의 매장부인 주검칸과 구분한 두측부장칸, 또는 양부장칸으로 구분된 것이다. 이 가운데 가장 복잡하고 상위 위계에 해당하는 目자형의 목곽이 아주 특징적이다.[4]

결국 대가야 고총에 있어서 주인공 주검은 평면상 가장 중앙부에 위치시키는 의도적인 모습이 관찰된다. 주부곽과 순장곽의 배치에서 주곽을 가장 중앙부에 두었고, 주곽의 공간 내부에서도 중앙부에 목곽을 두고 그 목곽의 중앙부에 주검을 안치하는 것이 바로 대가야 고총에서 나타나는 특징으로 볼 수 있다.

---

4 이 모식은 가장 복잡한 경우이다. 여기서 석곽의 두측부장처 순장은 후대의 것인 44호분과 45호분에서만 나타나는 현상이고 비교적 이른 시기의 73호분과 75호분 등에서는 보이지 않는다. 이는 후대로 가면서 순장의 방식이 변화한 것이고 유물의 부장에서는 같은 원칙이 지켜지는 것으로 볼 수 있다.

부장품의 배치와 의미

  앞에서 살펴본 대가야 고총의 기본 묘형에서 주곽내 유물의 부장처는 외곽 두
측부장처, 내곽 두부장부(칸), 주검부(칸), 내곽 족부장부(칸), 외곽 족측부장처
로 구분할 수 있고, 목곽의 상위에 유물을 부장했음을 상정할 수 있다. 비록 도굴
이 심하여 그 원상을 명확하게 할 수 없지만 개략적인 유물 부장양상을 정리하면
〈표10-2〉와 같고 이를 토대로 그 양상을 정리하면 다음과 같다.

  대가야 고총의 주곽 두측부장처에 부장된 유물은 토기의 경우 기대 및 장경호,

표10-2_ 대가야 고총의 유물출토 상황

고분	부장품					
	두측부장처	목곽 내부			족측부장처	목곽 위 또는 목곽 외부
		두부장부(칸)	주검부(칸)	족부장부(칸)		
지산동 2호 (구)	유개단경호,장경호	고배,개배		없음	토기:유개고배,유개단경호 기타:모형철기	
지산동 30호	토기:기대및장경호,기대,장경호,개,기타:철정(20),성시구,철촉	파악 불가			토기:파수부호,연질개 무기:철촉,철모, 마구:등자,혁금구,운주,철환방추차	부곽:토기,모형철기 하부석곽:등자,모형철기
지산동 32호	토기:기대,연질개	없음	대도,소도,장도	없음	순장 1인 토기:기대 및 유개장경호,유개장경호,유개단경호,유개고배,유개양이부호 무기:투구,갑옷,철촉,철모 마구:재갈,등자,령,교구,철환 기타:금동관,모형철기	철촉,철모,모자합?
지산동 33호	토기:유개고배,기대,유개장경호,개 기타:환두,방추차,철촉	합,무개고배,개,유개고배,철겸,철부,철촉(?)	장도,곡옥,은제이식,유리경식	유개장경호,평저호,기대,철촉(?)	토기:개,기대,평저호 마구:교구,철환,등자. 기타:철부	유개고배,유개삼이부장경호 철촉
지산동 34호	부장상황 파악 불가					
지산동 35호	토기:기대편,토기편	파악 불가			토기:유개평저호,장경호및기대 마구:안교,등자,재갈,교구 기타:모형철기	
지산동 44호	부장상황 파악 불가					

고 분	부 장 품					
	두측부장처	목 곽 내 부			족측부장처	목곽 위 또는 목곽 외부
		두부장부(칸)	주검부(칸)	족부장부(칸)		
지산동 45호	토기:유개중경호, 유개파수부호, 기대및 장경호, 기대, 유개고배, 무개고배 순장자유물:금제이식, 경식, 장도 마구:등자 무기:철모, 찰갑	환두병부 은장식	마노옥, 수형장식	유개고배, 유개중경호, 대부파수부호, 철모, 철환	순장자1,2유물:금제이식, 경식, 장도, 은제이식) 마구:교구, 운주, 안교, 재갈, 행엽, 등자, 교구 기타:금동관, 각종장식	곽외:철촉, 철모, 철겸? 부곽:유개단경호, 유개장경호, 순장자와 그 복식(장도, 금제이식, 유리경식)
지산동 73호	토기:유개고배, 유개장경호 무기:철촉	유개파수부호배, 개배	경식, 환두대도, 대도편	유개장경호, 유개고배, 발형기대, 장경호	순장자1,2,3유물:금제이식, 경식, 지환 마구:운주, 재갈, 등자, 안교, 교구, 행엽,	환두대도, 철촉, 철모
지산동 74호	토기:유개장경호, 발형기대, 고배 무기:철촉, 철모 기타:철겸, 도자		경식		토기:개배, 개, 장경호 무기:철촉, 소찰 마구:대금구, 교구 기타:방추	
지산동 75호			경식, 철정		순장자:경식 토기:개, 고배, 장경호, 발형기대, 첨저발 무기:환두대도, 철모, 철촉 마구:행엽, 안교, 운주, 교구, 등자 기타:방추	환두대도, 철모, 살포, 철촉, 띠금구, 마갑
본관동 34호	부장상황 파악 불가					
본관동 35호	토기:장경호, 개	장경호	개,개배 유리경식	단경호, 개배	금동소찰, 철촉, 교구, 모형철기	철모?
본관동 36호	부장상황 파악 불가					
반계제 가A호	토기:유개장경호, 유개단경호, 개배, 장경호및기대, 기대, 장경호 기타:철모, 물미, 불명 철기	철겸, 철부, 철도자, 성시구, 철촉	환두대도, 이식, 대도	없음	토기:연질배 무기:금동투구, 철제투구, 철도자 마구:재갈, 등자, 안교, 운주, 교구, 청동령	철촉, 성시구
반계제 가B호	없음	유개장경호, 연질발	철도자	없음	개배, 유개단경호, 유개장경호, 고배, 개	철겸, 철부. 철모
반계제 다A호	토기:직구단경호, 단경호, 파수부유개호, 기타:철모	토기:개배 기타:철모	은제이식, 도자, 대도	장군, 개	토기:장경호, 고배 무기:복발형철기, 철촉 마구:교구, 운주, 등자, 기꽂이, 재갈 기타:모형철기	

유개고배, 무개고배, 장경호, 유개단경호, 유개파수부호 등이고, 무기류로서 환두, 철촉, 철모, 성시구, 찰갑 등과 마구로서 등자와 기타로서 철정, 방추차, 불명 철기가 있다. 이외 최대형묘에서는 순장자가 여기에 매장되고 그의 복식품이 함께 부장된다. 이 가운데 마구가 출토된 경우는 지산동 45호분 한 예뿐인데, 이는 이 공간에 순장자가 배치되고 찰갑 등의 무기류도 함께 부장된 것으로 본격적인 무장무기가 이곳에 부장되는 것은 최대형묘에 한한 것으로 판단할 수 있다. 즉 무기류가 소략하고 마구의 경우는 특수한 경우에만 부장되며 토기류가 위주라고 할 수 있다.

족측부장처에는 토기의 경우 기대 및 유개장경호, 유개단경호, 유개고배, 유개 양이부호, 평저호, 연질파수부발, 연질배 등이 있고, 무기류로서 투구, 갑옷, 철 촉, 철모 등이 있다. 마구로서는 등자, 행엽, 운주, 안교, 재갈, 기꽂이 등 갖추어 진 세트가 부장되었으며, 기타로서 장신구인 금동관, 그리고 모형철기, 철부 등 이 부장되었다. 또 두측부장처와 마찬가지로 최대형묘에서 순장자가 매장되었고 그와 관련된 복식품이 출토되었다. 주요한 특징은 유물의 다양성에 있으며 특히 마구의 경우 이곳이 주부장처로 이용되고 있음이 관찰된다. 그리고 모형철기의 경우 두측부장처에 부장된 경우가 반계제 가A호 한 예가 있으나 나머지는 모두 라고 할 수 있을 정도로 여기에 부장된 경향이 있다.

내곽인 목곽 내부의 두부장부에서는 합, 개배, 무개고배, 유개고배, 유개장경 호, 대부편이소호, 연질발 등의 소형 토기류와 철겸, 철부 등의 농공구류, 철모, 환두병부, 철촉, 성시구 등의 무기류, 기타로서 은장식 등이 있다. 이들 가운데 철겸, 철부 등의 농공구류와 무기류 가운데 철모의 경우는 원래는 목곽의 위에 부장된 것으로도 볼 수 있어 이곳에는 소형토기류가 위주로 매납되었다고도 할 수 있다.

내곽인 목곽 내부의 족부장부에는 유개장경호, 단경호, 장군, 유개고배, 대부파 수부호, 개배 등의 토기류와 철촉, 철모 등의 무기류가 출토되었다. 토기류가 목곽 두부장부의 것보다 대형이 매납되고 있는 현상을 보인다. 또 여기서 출토된 철촉 이나 철모 등의 무기류 또한 원래는 목곽의 위에 부장된 것일 가능성이 아주 크다.

　　내곽의 주검부에는 주인공의 복식으로 생각되는 환두대도, 대도, 소도, 장도 등의 도류, 이식, 경식 등의 장신구가 출토되었고, 이외 개배 등의 토기가 출토된 경우가 한 예(본관동 35호) 있으나 그것이 원래의 위치인지, 곽위에 부장된 것인지를 알 수 없다.

　　이상 대가야 고총의 유물부장처 각각의 유물 내용에서의 차이점을 살펴보면 주곽의 경우 내곽인 목곽의 내부 유물과 그 외부의 유물에서 커다란 차이를 발견할 수 있다.

　　먼저 목곽의 내부에 유물이 부장되는 경우 그 주검부나 그렇지 않은 경우의 목곽 내부 유물은 모두 성복유물로 볼 수 있다. 이러한 성복은 주검이 발생하고 난 후, 주검에 대한 위생처리(염습 등)가 이루어진 이후 입관 시에 시행되었을 것이다. 그렇지 않으면 주검이 목곽의 중앙부에 안치된 후에 차려졌을 것인데, 대가야 고총에 목관의 유무가 확실하지 않아 언제 성복이 있었는지는 밝힐 수 없다. 신라의 경우는 목관을 사용한 경우가 많고, 그러한 유물이 목관의 내부에 존재하는 것으로 보아 입관 시에 이미 성복되었음을 알 수 있어 대가야도 그러하지 않았을까 추정할 수 있다[5]. 이외에 여기서 출토되는 유물은 앞에서 살펴 본 바와 같이 본관동 35호의 경우에 한하여 개배 등이 출토되었는데, 이는 정확한지에 의심되는 것이다. 따라서 주검부에는 주피장자의 복식이면서 신분을 나타내는 위신 의장용구 또는 위세품이라고 할 수 있는 유물만 매납되었다고도 할 수 있다.

　　다음 目자형 구조의 목곽 내부 족측과 두측의 부장부(칸)에 부장되는 유물은 비교적 소형의 토기류가 주류를 이루고 있으나 두부장부의 것과 족부장부의 것을 비교하면 두부장부에 고배와 개배의 비율이 높고, 족부장부에 장경호와 단경호의 비율이 높다. 이는 두 유물군이 같은 성격을 나타내는 것이 아닌가 의심이 가게 한다. 이들 유물은 신라의 경우 내부 목곽의 두측에 부장된 유물과 같은 성격의 것으로 볼 수 있다. 즉 피장자를 위한 공헌유물로서의 성격을 점쳐 볼 수 있다. 이러한 공헌유물이 차려질 시기는 주검이 발생하고 난 후에 차려지는 빈전

5　이럴 경우 입관되어 장지로 운구된 주검은 목곽의 내부에 안치하고 운송의 도구였던 목관은 폐기되었을 가능성이 있다. 신라의 경우로 보아 이 가능성이 아주 크다.

과 주검이 장지인 묘지에 도착한 후, 하관 이전까지의 영구임치에서 있을 수 있을 것이다. 그러므로 신라의 경우는 그러한 유물이 특수한 경우를 제외하고는 한 곳에 배치되었으나 대가야의 경우 이를 나누어 두측과 족측의 부장부에 따로 부장했을 가능성이 있다. 단 이들 유물이 뒤에 설명할 두측부장처에 부장된 유물보다 소략하다는 점에서는 혹시 빈전의 유물이라기보다는 영구임치의 유물은 아닐까 의심된다. 그리고 이들 유물이 나뉘어 부장되었음은 그 토기의 내용물에서 차이점이 있어 이를 구분했을 가능성이 있다. 두측의 고배나 개배 등은 분배용으로 생각할 수 있고, 족측의 호류는 저장용으로 생각할 수 있어 그러한 추측을 할 수 있다. 한편 반계제 가A호에서는 두부장부에서 철촉과 성시구, 철겸, 철부, 철도자 등의 무기와 농공구류가 출토되고 토기류는 출토되지 않았는데, 이는 이들 유물이 원래 목곽의 위에 올린 것이고 목곽의 구조가 단칸식일 가능성을 높여준다.

다음 목곽 외부 두측부장처의 유물은 기대 및 장경호를 중심으로 해서 목곽 내부의 두측부장부와 족측부장부 유물과 같은 성격의 것에 무기로서 철촉, 성시구, 철모, 찰갑 등과 기타 방추차, 철정 등이 출토되고 순장자가 매장되며, 그의 복식이 함께 부장된 것이 특징이다. 대가야의 특징이라고 할 수 있는 기대 및 장경호는 역시 제사의 상차림과 관련될 가능성이 아주 크다[6]. 그리고 앞에서 언급하였다시피 반계제 가A호의 경우로 보아 족측부장처의 유물과는 존중도에서 차이가 있다. 따라서 이들 유물 역시 빈전의 상차림이나 영구임치시의 상차림과 관련되었을 것이다. 그러하다면 앞에서 설명한 목곽 내부의 두측과 족측의 부장부에서 출토된 유물과 비교해 유물의 양이 많으면서 다양한 점에서 빈전의 상차림과 관련되지 않을까 한다. 단 최대형묘에서 이곳이 순장의 장소로도 이용되기 때문에 의심이 가나 여기에 순장된 인물의 특성과도 연계되었을 가능성도 있기 때문에 우선은 그리 파악하여도 좋을 것이다. 그리고 목곽의 내부에 유물을 부장하지 않은 경우의 비교적 작은 묘에서는 이와는 다르게 빈전이나 영구임치시의 유물 구

---

6 두측부장처의 이 기대 및 장경호는 신라의 두측에 세트로 매납되는 화려한 장식의 대형 대부장경호를 연상하게 한다. 그리고 족측부장처나 부곽에서도 기대 및 장경호가 출토되기는 하나 이는 성격이 다른 것, 즉 유물의 편리한 안치를 위한 것으로도 해석할 수 있을 것이다.

분이 없었고 이들 모두가 여기에 부장된 것으로 보인다. 또 여기에서 출토되는 환두나 철모, 성시구, 철촉 등은 역시 피장자의 신분경력이나 위세를 알려주는 유물로도 볼 수 있기에 빈전의 상차림에서 진열되었던 피장자와 관련된 유물도 여기에 부장되었을 가능성을 높여준다[7].

목곽의 외부 족측부장처의 유물은 각종 토기, 무기, 마구 등 다종다양하다. 이러한 유물은 신라의 경우 대부분 부곽에서 출토되는 경향이 강하다. 그러므로 뒤에 설명하는 부곽의 출토유물과 함께 일단 생활유물로 볼 수 있다. 단 토기의 경우 부곽에서 출토되는 대형의 호류가 보이지 않고 비교적 작은 저장용기인 유개장경호와 단경호가 중심을 이루고 있는 점에서 차이가 있는데, 대가야의 경우 이를 분리하여 부장했음을 알려주는 것이 아닌가 한다. 또 부곽에서 마구나 무기가 잘 출토되지 않는데 비하여 여기에서는 이들 모두가 출토되고 있음에서 기본적인 생활유물의 부장처가 이곳이었고, 비교적 대형묘에서 부곽이 만들어지고 거기에 대형 토기류를, 즉 곡물의 부장과 같은 유물부장이 있었지 않을까 한다.

목곽의 위나 옆에 부장된 유물로는 지산동 32호분의 모자합 등 토기도 일부 보이나 철촉, 철모 등의 무기류가 주류를 이루고 목곽의 내부에서 출토된 것으로 파악한 철모 등의 무기와 철겸, 철부 등의 농공구류 역시 원래는 목곽의 위에 부장된 것이 아래로 떨어졌을 가능성이 있다. 이것은 지산동 34호와 35호의 연결석곽에서 석관으로 표현된 내곽인 판석조석곽의 개석 위에서 철촉이 군을 이루고 출토된 점, 지산동 32호분의 철촉군과 철모가 서장벽에 접하여 출토되었으므로 목곽 위에 부장된 것으로 볼 수 있는 점 등에서 방증된다. 이들 유물 가운데 농공구류는 목곽의 제작이나 조립 등에 사용될 수 있다. 그리고 무기류는 장례시의 장례 행렬과 관련되었을 가능성이 있다. 이는 신라 적석목곽묘의 경우에도 이들 유물이 목곽의 위나 옆 석단 위에 부장되어 구분되고 있는 것과 마찬가지의 현상이다. 즉 무기류의 경우 방상시를 앞세운 장례 행렬과 관련지울 수 있다. 따

---

[7] 황남대총, 천마총 등 신라의 왕묘급 두측부장부에서는 양질의 복식품, 유리기, 청동제품 등이 많이 출토되는데, 이들 유물은 빈전에 차려진 피장자의 신분 경력을 나타내는 유물과 장례시 부의품 등의 진열과 관련되었을 가능성이 크다.

라서 목곽의 위에 부장된 유물은 장례의 행렬, 목곽의 축조, 또는 우리가 인지할 수 없는 제의 행위와 관련된 유물로 볼 수 있다. 특히 토기류의 경우 그러한 의례와 관련되었을 가능성이 크다.

부곽의 유물은 앞에서 설명하였다시피 비교적 대형의 토기류가 위주를 이루고 있다〈도10-11〉. 이는 곡물의 저장과 관련이 있는 것으로 보이고, 대부분 호류가 중심이기에 생활유물로 보아도 무리가 없다. 그리고 여기에도 순장인이 배치되는 경우가 있다.

마지막으로 짚고 넘어가야 할 것이 대가야 고총에서 보편적으로 출토되는 모형철기〈도10-12〉의 문제이다. 이 모형철기는 농공구류를 본뜬 것, 무기류를 본뜬 것 등으로 나뉠 수 있고, 이에 따라 다양한 분류와 연구가 이루어지고 있다(寺澤知子 1979, 안순천 1996, 坂靖 2005). 그러나 기능적으로 봤을 때는 이

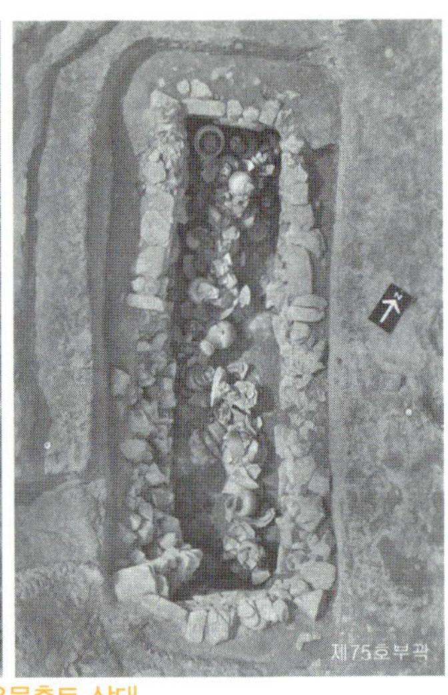

도10-11_ 지산동 73호분과 75호분 부곽 유물출토 상태
(조영현 2012에서)

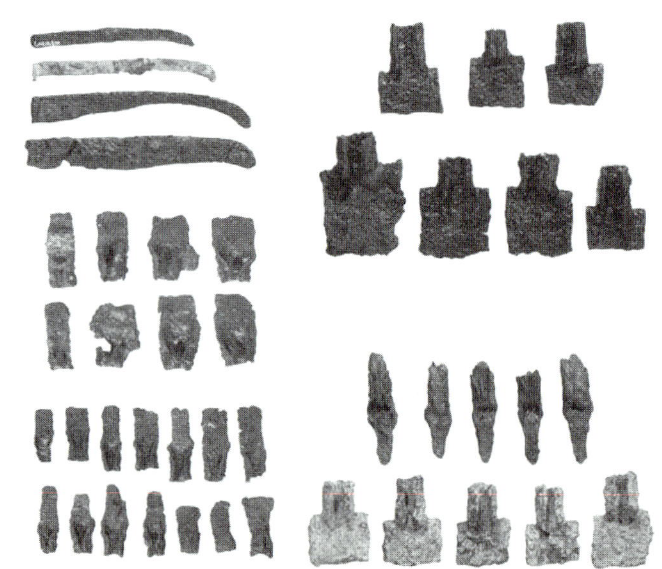

도10-12_ 지산동 출토 모형철기
(대가야박물관 2006에서)

를 분류할 필요성이 없는 것으로 보인다. 그리고 이것을 이용하여 철기의 제작 양상을 파악하고, 이를 설명하는 경우가 많은 것 같은데 그렇게 볼 수 있는 여지는 별로 없는 것으로 보인다.

이 모형철기는 실용의 농공구나 무기를 본떠서 짧은 시간 안에 제작할 수 있는 유물이다. 즉 주검이 발생하고 짧은 시간에 장례를 시행해도 그 사이에 얼마든지 제작될 수 있다. 이러한 사실은 이들이 급조된 것으로 장례를 위한 유물로 볼 수 있는 근거가 된다. 일찍이 이 유물을 대가야의 의례를 특징 짓는 것으로 본 견해(이희준 1995, 門田誠一 1999)는 타당성이 있다. 최근에 이 모형철기가 대가야 지역의 범위를 넘어 상주, 구미, 창녕 지역에서도 출토되는 것으로 알려졌으나(김은주 2008), 그 중심이 대가야이기에 대가야적 의례의 유물로 보아 무리가 없는 것이다.

대가야 고총에서는 이 모형철기가 대부분 출토되고 있음에 비해 신라 등 타지역에서 출토되는 같은 성격의 것으로 추정될 수 있는 유자이기는 출토된 예가 없다. 단지 지산동 35호의 바깥(35-D)에서 출토된 유자이기가 유일하다. 이는 타지역에서 유자이기를 이용한 의례 대신에 대가야지역에서는 모형철기를 이용한 의례가 시행되었음을 뜻하는 것이 아닌가 한다. 즉 그 형태가 농공구를 본떴든, 무기를 본떴든 가지가 여러 개 달린 장대의 끝에 꽂아 악귀를 물리치거나 다른 상서로운 역할을 한 유물로 볼 수 있다. 즉 대가야인들은 이러한 모형철기를 벽사 등 귀신이 두려워하는 무구로 인식하였을 것이다[8]. 그러하다면 이 유물도 장례행렬과 관련된 것으로 볼 수 있을 것이다.

대가야 고총에서 이 모형철기는 〈표10-2〉에서 보다시피 대부분 주곽의 족측 부장처에서 출토되고 있고 특수한 경우에 부곽에서 출토되었다(지산동 30호분). 이는 이 유물이 생활유물적인 성격을 강하게 하는 것으로도 생각할 수도 있게 하나 그 성격은 의례적인 즉 장례의 행렬과 관련되었을 가능성이 크기에 족측부장처의 유물을 위와는 다르게 해석할 여지를 준다.

주곽의 족측부장처에 부장된 유물을 토기류, 마구류, 무기류, 기타 등으로 구분하면 토기를 제외한 나머지 유물, 즉 마구와 무기 등은 장례 행렬에도 사용될 수

---

8   농공구 등이 악귀가 두려워할 물건이 아니더라도 이를 꽂은 깃대의 그림 등에 악귀가 두려워할 상징이 그려졌을 가능성도 있다. 그렇지 않다면 모형철기를 지금(地金)의 상징으로 여겼고, 이를 꽂은 나무를 중국의 요전수(搖錢樹)와 같이 하늘로 통하는 신수(神樹)로 생각했을 수도 있다. 중국의 무덤에서 출토되는 요전수는 『산해경·해내경』의 건목(乾木)을 상징한 것으로 하늘과 땅을 연결하는 신수의 의미가 있다(김용성 역 2005).

있다. 그러하다면 이 모형철기와 나머지 무기류와 마구류는 같은 성격의 것으로 볼 수 있는 여지가 있다. 즉 족측부장처의 유물은 사후생활용의 유물이면서 겸하여 장례 행렬 등에 사용되었던 것일 수가 있다.

이렇게 보면 대가야의 장례 행렬이 무기를 찬 방상시를 앞세우고, 모형철기 등을 꽂은 깃대를 들고, 마구를 성장한 말을 이용하는 등으로 구성해 볼 수 있지 않을까 한다. 이와 같은 말을 이용하고 무기와 모형철기 등을 든 행렬은 피장자가 타계로 가는 험한 길의 안전을 담보하는 의미가 있었을 것이다.

이상의 결과를 종합하면 대가야 고총에서 유물의 부장은 주곽의 내곽인 목곽이 구분되어 부장부가 성립되어 있는 경우 목곽의 내부 중앙에 성복한 주피장자를 안치하였고, 그 두부와 족부에 영구임치 등과 관련된 유물을 부장하였다. 그리고 두측의 목곽 외부 공간 두측부장처에 빈전 등과 관련된 공헌유물을 부장하였고, 주곽의 족측부장처와 부곽에 각각 기능을 달리하는 사후 생활유물을 부장하였다. 반면에 주곽 목곽의 내부에 부장부를 두지 않고 성복한 주검만 안치한 경우 두측부장처에 공헌유물을, 족측부장처에 사후의 생활유물을 부장하였다. 그리고 각각의 목곽 위와 옆 등에 장례행렬과 관련된 유물, 목곽의 축조 등과 관련된 유물 등 장례과정에 소용된 유물을 부장하였다. 그리고 장례행렬에 사용된 유물 가운데, 마구류와 모형철기 등은 족측부장처에 사후생활용 유물로서의 성격과 겸하여 부장되었다. 한편, 주곽의 두측부장처와 족측부장처, 부곽 등에 순장한 흔적이 찾아지는데, 이는 각각의 순장자가 기능을 달리하는 사람이었을 가능성을 알려준다. 이에 대해서는 앞으로 더 세밀한 추적이 있어야 할 것이다.

이상을 정리하여 가장 복잡한 대가야 고총의 기본 묘형에 각 부장처의 유물구성을 대입하면 〈도 10-13〉의 모식이 성립된다. 이러한 모식은 앞에서 서술된 신라의 기본 묘형

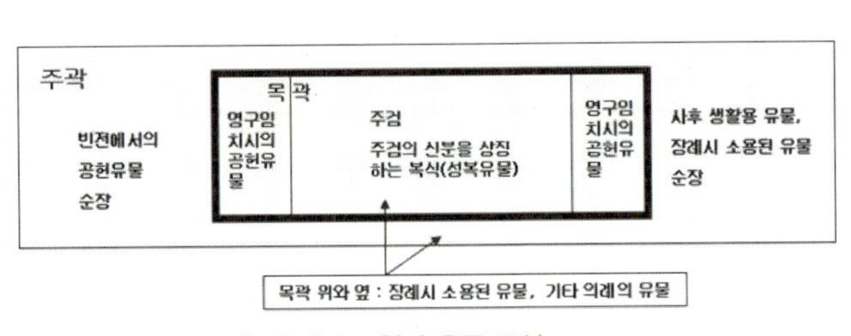

도10-13_대가야 고총의 기본 묘형과 유물 구성

과 대비된다. 그러나 유사한 장의 과정을 유추할 수 있도록 한다.

__대가야 고총체계와 왕묘

대가야의 고총체계

　적어도 지산동 44호분과 45호분이 축조되는 시기인 5세기 말 혹은 6세기 초를 기준으로 하고 이러한 대가야식의 수혈식석곽이 조성된 지역은 훨씬 더 넓으나 고총이 축조된 지역은 대략 고령지역, 합천지역, 거창지역, 함양지역, 남원지역, 장수지역 등을 들 수 있다〈도10-14〉. 이를 대상으로 하여 그 위계를 살펴보면 대가야식 묘제가 축조된 영역 정치체의 성격을 대략 짐작해 볼 수 있지 않을까 한다.

　앞에서 나눈 대가야 고총의 주부곽과 순장곽 배치 모식에 더하여 대가야권역의 고분이 축조된 지역을 망라해 보면 주부곽을 칸막이로 구분한 옥전고분군의 대가야식 수혈식석곽묘와 여타 단곽식의 수혈식석곽묘가 각각 하나의 유형으로 설정될 수 있다. 대가야 본지 이외 대가야권의 고총으로 볼 수 있는 것은 대략 다음과 같다.

　먼저 옥전고분군〈도10-15〉의 고총은 석재를 충전한 적석목곽묘를 닮은 반지상식의 목곽묘에서 수혈식석곽묘로 이행하는데, 전자는 동혈의 주부곽식으로 주곽과 부곽을 분리하여 하나의 묘광에 목곽을 축조하고 돌을 채워 축조한 것임에 비해 후자는 단곽식의 대가야식 수혈식석곽으로 축조되어 있다. 그 교체기는 M3호분과 M4

도10-14_대가야권과 고총의 분포
(대가야박물관 2006에서)

호분(경상대박물관 1993)으로 명확하게 연대를 제시할 수는 없으나 그 연대는 5세기 말 혹은 6세기 초로 알려져 있다. 그리고 이 교체기(M4호분)를 기준으로 그 이후 매장주체부의 규모가 급격하게 소형화하는 경향을 보인다. 이는 전자의 시기에는 옥전지역의 고총을 축조하던 집단이 대가야 본지의 집단과 거의 동등한 위상과 독자성을 가지고 있었으나 후자의 시기에는 그러하지 않았음을 반영하는 것으로 보인다.

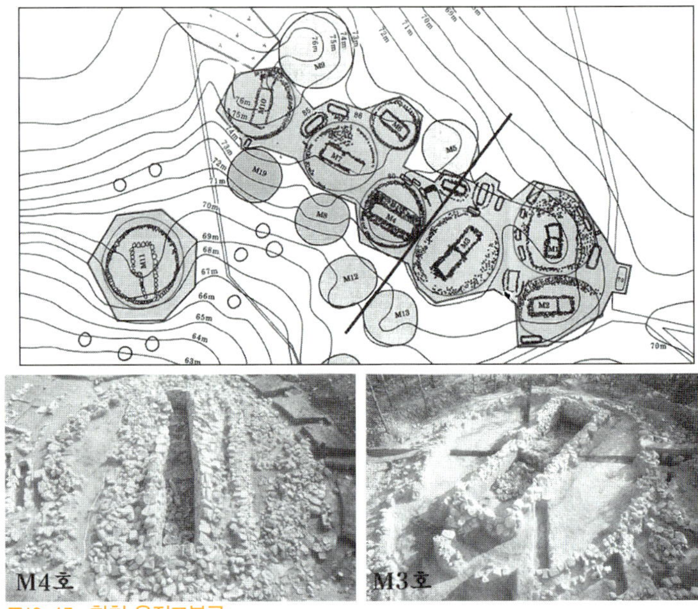

도10-15_ 합천 옥전고분군
(흑선은 적석계 목곽식과 대가야식 수혈식석곽 고분의 교체선)
(경상대박물관 1993 개변)

　　대가야식 석곽이 채용된 첫 고총인 M4호분은 조사 시 봉분의 지름 13.6~15m, 높이 1.9m이고 주체부인 수혈식석곽은 길이 9.5m, 너비 1.45m의 세장방형이다. 긴 석곽의 동측에 판석으로 바닥시설을 하였고, 목곽을 사용한 흔적은 없었다. 서측의 절반가량은 바닥시설 없이 많은 유물을 부장했는데, 이는 이전 부곽부를 구분한 것으로 볼 수 있고, 그러하지 않더라도 M3호분의 발치측 칸막이 부곽에서 칸막이를 생략한 것으로 볼 수 있다.

　　함양 백천리고분군〈도10-4-①〉의 1호분(부산대박물관 1986)은 주석곽과 나란하게 소규모의 순장곽(배장곽)이 배치된 것으로 대가야 본지역의 제3유형이다. 다만 석곽을 대가야 본지역이 잘 다듬은 깬돌을 사용한 것과는 달리 냇돌을 사용한 점에서 지역성이 찾아진다. 고분은 추정 직경 15m, 높이 1.7m의 봉분 중앙에 길이 7.3m, 너비 1.2m, 높이 1.7m의 주곽을 설치하고, 나란하게 길이 2.2m, 너비 0.6m의 소형 순장곽을 배치하였다. 그리고 백천리 2호분은 주곽의 옆에 부곽을 나란하게 설치한 것으로 대가야 본지 후대에 나타나는 11자형 주부

도10-16_두락리·유곡리 32호분 출토 대가야토기
(전북대박물관 2013에서)

곽식이나 순장곽은 존재하지 않아 유사한 위계로 둘 수 있을 것이다.

남원 월산리고분군의 M1호분(원광대 마한·백제문화연구소 1983)은 봉토 직경 19m의 비교적 큰 고분이나 단장의 고총이 아니고 단곽의 M1-A호가 축조되고 비교적 소형의 묘곽이 축조되면서 봉분을 이어나가 다곽분이 형성된 것이다. 이 가운데 M1-A호는 길이가 8m를 넘는다. 남원 두락리고분군 1호분(전북대박물관 1989)은 봉분 직경 20.5m이고 그 가운데 길이 8.6m, 너비 1.3m, 높이 1.8m 크기의 세장한 수혈식석곽이 축조되었다. 또 최근 조사된 남원 두락리·유곡리 32호분은 봉토의 직경이 동서 21m, 남북 17.4m이고 높이는 3.2m 정도로 추정된다. 토기〈도10-16〉를 비롯하여 대가야계 의례구인 축소모형철기도 출토되었다. 고분〈도10-4-②〉은 긴 주곽의 옆에 나란하게 긴 부곽을 11자형으로 설치한 고총이다. 주곽은 길이 7.3m, 너비 1.3m, 깊이 1.8m이고 내부 중앙에 길이 3.6m, 너비 1m의 목곽을 설치하고 그 양단 바깥을 유물부장처로 삼았다. 부곽은 길이 5.1m, 너비 0.6m, 깊이 0.88m이고 내부에 유물을 가득 채워 부장한 것으로 보인다. 이들은 주변 지역의 최대 고분으로 볼 수 있고, 이 월산리와 두락리 두 곳을 중심으로 한 정치체의 존재를 상정할 수 있도록 한다.

이외에도 거창 말흘리, 장수 삼봉리 등에 고총의 존재가 의심되고 대가야계 토기가 출토된다〈도10-17〉. 다른 몇 곳에서도 5세기 말이나 6세기 초의 대형분

도10-17_장수 삼봉리 출토 대가야토기
(경상북도 1998에서)

들이 조사되었으나 대부분 단곽식이고 큰 규모의 주부곽식 대형묘는 눈에 띠지 않는다. 최근 조사된 합천 삼가고분군(합천박물관 2012)도 비록 이전 시기의 목관묘와 목곽묘가 조사되어 일찍부터 세력 집단이 형성되어 있었음을 알려주지만 대형의 봉토분은 단곽식의 수혈식석곽묘가 중앙에 자리하여 봉토가 형성되고, 이어서 약간 소규모의 석곽묘가 축조되면서 봉분이 커지는 다곽식의 양상을 보이고 있다.

이상 대가야의 전성기라고 할 수 있는 지산동 44호분과 45호분이 축조되는 시점을 기준으로 대가야권의 분묘 축조 현황을 살피면 위에서 나눈 제1유형과 제2유형의 대가야 고총은 다른 곳에서는 보이지 않고 지산동을 중심으로 한 대가야 중심지에만 분포하고 있음이 확인된다. 다른 지역에는 일부 제3유형이 나타나고 제4유형으로 볼 수 있는 단곽식만 확인되는 것이다. 물론 이것이 지역성에 기초하여 나타난 현상이라고 이해할 수 있도록 한다. 그러나 이러한 고분 유형의 차이는 고분의 규모와도 연계되어 나타나는 것이기 때문에 위계 차이라고 볼 수 있는 근거가 될 것이다(〈도10-18〉 참조).

이 고분 유형의 차이를 위계차로 인식한다면 대가야토기가 출토하고, 대가야식 수혈식석곽이 분포하는 영역의 구조를 읽어낼 수 있다. 가장 상위에 제1유형과 제2유형이 나타나는 지산동고분군을, 다음 위계로 제3유형이나 부곽이 나란하게 배치되어 제3유형과 유사한 배치 구조가 나타나는 함양 백천리, 합천 반계제, 고령 본관동, 남원 두락리의 고분을 들 수 있다. 그리고 합천 옥전고분군의 경우는 이전 시기 주부곽식을 감안하면 역시 이 차상위 위계로 볼 수 있다. 나머지 전북과 전남의 동부지역 등지의 고분과 합천 삼가고분군 등은 더 하위 위계로 볼 수 있게 한다.

이러한 위계 차이는 5세기

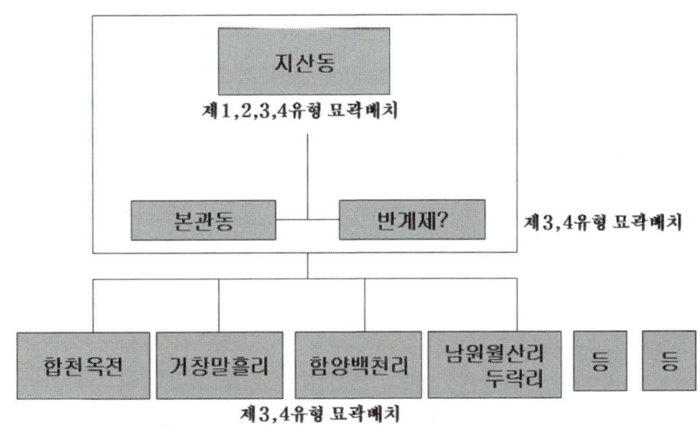

도10-18_대가야 고총의 위계

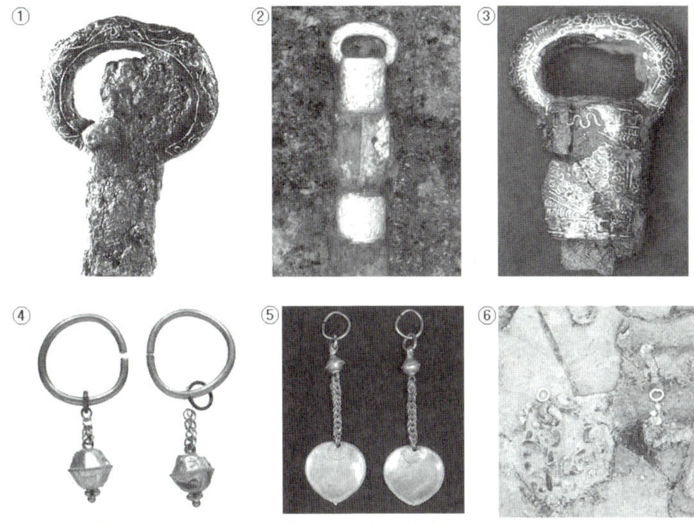

도10-19_ 대가야 3·4유형 묘곽의 환두대도와 금제이식
(①지산동 32호분 ②옥전 M6호분 ③월산리 M1-A호 ④본관동 36호분
⑤함양 백천리 ⑥옥전 M4호분)(경상북도 1998에서)

후반 이후의 각 지역 고총에서 출토되는 유물에도 반영되어 있다. 지산동의 중심고분에서는 각종의 외래계 유물이 출토되나 여타 지역에서는 그러한 것이 보이지 않고, 성복 유물에서 같이 금제수하부이식과 환두대도가 대표적인 것이나 다른 금동제품 등 유물에서는 질과 양에서 현격한 차등성이 인정된다.

한편 워낙 도굴이 심해 유물로 대가야고분의 위계를 읽어내기가 힘들지만 금제수하부이식과 금은으로 장식된 대고의 경우는 이들 고총이라고 할만한 3·4유형 이상의 고총에서만 출토〈도10-19〉되고 있고, 더 하위의 고분에서는 수하식이 없는 금제이식, 더 하위의 고분에서는 금동제이식이 출토되고 있으며 이식이 출토하지 않는 고분의 수가 가장 많다. 따라서 지산동의 1·2유형 고총을 최상위로 둔다면 5~6개 그룹의 위계를 읽을 수 있다.

이는 늦어도 5세기 말과 6세기 초에는 대가야의 중심인 지산동에 고분을 축조하던 세력이 다른 지역의 집단을 압도했음을 알려주는 것으로 보인다. 즉 고령에 자리한 지배 집단은 그 내부에서도 분화가 되어 있었고, 다른 각지의 지배 집단은 그 내부의 분화가 크게 일어나지 않았다는 것을 알려주는 것이다. 또한 대가야 고총이 고령을 중심으로 해서 서쪽으로 전진하며 선형적으로 확대되어 간 것을 추정할 수 있도록 한다. 이는 신라에 의해 낙동강 통로가 통제됨으로써 새로운 국제 교역의 통로 개척과 무관하지 않을 것이다. 비록 대가야식의 고총은 축조되지 않으나 대가야토기가 분포하고 있는 섬진강을 따른 교역로(이희준 1995, 박천수 2004)의 존재에서 이를 알 수 있다.

대가야권 고총이 지산동을 상위로 하여 위계화가 되었음은 신라의 고총체계와 비교할 수 있는 근거가 된다. 이 신라의 고총체계란 마립간체계 혹은 초기국가체계(이성주 2012, 김대환 2012a)[9]로 볼 수 있는데 촌락-읍락-소국(구사로는 수도)-신라라는 4단계의 통합이 이루어진 사회체계임을 나타내는데, 중국의 초기국가체계라고 할 수 있는 얼리터우二里頭유적을 중심으로 한 체계(심재훈 역 2006:155)와 같은 취락의 통합 단계임을 나타낸다(앞의 제4장 〈도4-36·37〉 참조). 이에 대해서는 앞의 제4장에서 설명한 바 있다.

신라의 고총과 비교할 때, 대가야 권역의 고분은 대부분 도굴된 상태로 조사되어 피장자의 위세품에 나타나는 현상을 쉽게 읽어낼 수 없기 때문에 신라와 비교하기는 아직 어려운 점이 있다. 하지만 대가야권의 묘제에서 나타나는 앞에서 논한 위계 차이는 적어도 동질의 의례권으로 그 지역이 묶여 있음을 나타낸다. 대가야의 독특한 장례 용품으로 볼 수 있는 모형철기(김용성 2011a)가 이들 대가야권 고분에서 출토됨이 이를 방증한다. 그리고 대가야 토기의 분포를 감안하면 이를 대가야의 고총체계라고 해도 크게 잘못된 인식은 아닐 것으로 판단된다. 따라서 대가야의 이러한 고총체계 성립은 초기국가로의 진입과 연결된다고 할 수 있다.

이 대가야식의 고총체계가 출현한 것은 5세기 후반 정도로 볼 수 있다. 대략 왕묘[10]라고 할 수 있는 44호분과 45호분의 축조시기가 그러하고 중국 남제에 대한 견사기록(479년)도 바로 그와 일치하기 때문이다. 이는 역으로 견사기록이 대가야가 완성된 고총체계를 가진 광역의 통치가 시작되었고, 초기국가로 진입(박천수 2012)한 자신감의 표현으로 볼 수 있도록 한다.

결국 대가야의 고총체계란 5세기 후반이나 6세기 초에 완성된 것으로 대가야의

---

9   여기서 초기국가란 삼한시기의 소국이 병렬적으로 분포하던 단계에서 벗어나, 즉 지역 수준을 넘어 일정한 영역을 가지고 있던 것으로 추정되는 단계로 신라 중고기 율령을 가진 고대국가가 출현하기 이전의 고총 단계를 의미한다.

10   앞의 묘곽 배치 제1유형을 왕묘로 볼 수 있다. 이 제1유형의 왕묘는 이전 시기 초기유형의 고총이 대가야가 광역의 정치체로 발전하기 이전에 비교적 강력한 소국 단계(가라)로 존재하고 있었을 때 축조되었음과 통하는 것이다. 제3유형의 고총은 신라의 지방 간묘(干墓)의 수준으로 볼 수 있을 것이다. 지산동 73호분과 75호분이 발굴되기 이전 김세기(2004)는 단곽순장 석실분의 가라국, 다곽순장 주·부실 석실분의 대가야국으로 발전 단계를 지적한 바 있다. 이는 소국 수준의 가라와 광역정치체인 초기국가로서의 대가야를 구분한 것으로 보인다.

본지 고령을 상위로 하여 그 하위에 지역의 고분군, 적어도 합천 옥전, 반계제, 함양 백천리, 거창 말흘리, 남원지구 등의 세력 집단이 포진된 체계로 읽을 수 있다.

이를 신라와 대비하면 각 지역들이 자치적인 권력을 유지하고 있었으나 고령의 간섭으로 통제되고 있었다고 할 수 있다. 이것이 마립간시기 신라와 같은 간접지배 형태로 유지되었는지, 아니면 좀 더 지역의 자치력이 강화된 연맹의 형태로 운영되었는지는 알 수 없으나 출토유물로 보면 지산동 고분의 것이 훨씬 더 양질인 점, 거기에서 외래계 유물이 많이 출토되고 있는 점 등으로 보아 조심스럽지만 전자일 가능성을 무시할 수 없을 것이다.

이는 합천 옥전고분군의 예에서 대가야식 수혈식석곽묘가 축조되기 이전 M3호분 등에서 이후의 고분에서 출토되지 않은 많은 양질의 유물이 출토되나 대가야식 수혈식석곽묘인 M4호분이 축조되는 시점에 이르러서는 그러하지 않은 점에서도 읽을 수 있다. M3호분은 주부곽식의 목곽묘로 주곽에서 금동제주, 용봉문환두대도 2점, 단봉문환두대도 1점, 용문장환두대도 1점, 금제이식 7쌍, 청동합 1점 등 신분을 과시하는 유물이 많이 출토된 반면, M4호분은 대가야식의 수혈식석곽묘로 단봉문환두대도 1점, 금제이식 1쌍, 경식 1조가 출토되어 차등이 있다. 이후로는 신분을 상징하는 위세품의 출토량이 더욱 감소한다. 이는 M3호분의 축조기에는 독립된 소국으로서 역할하고 있었으나 M4호분 축조기에 이른 이후에는 대가야의 간섭이 심해지고 거기에 소속된 지방 소국으로 기능한 것을 알려주는 것으로 볼 수 있다.

이점에서 고령 지산동고분군은 초기국가의 출현을 알려주는 고분군이기도 하며, 그 이상 발전하지 못한 정치체 고분의 현상이라고 할 수 있다. 즉 신라와 비교하면 대가야가 더 늦게 고총체계로 들어섰으나 신라와 유사한 정치발전상을 겪으며 초기국가로 성장하였고, 비록 신라의 광역정치체보다는 좁으나 이전 소국의 단위였던 지역 수준을 넘은 영역을 가진 정치체로 존재하고 있었음을 유추할 수 있다. 대가야의 멸망은 더 선진적인 신라는 이미 율령을 가지고 직접 지방을 통치하는 중앙집권적 고대국가로 성장했는데 비하여 그러하지 못했기 때문이기도 한 것으로 이해할 수 있다. 어쨌든 대가야의 중심고총군인 지산동고분군의 일부는 경주의 대릉원지구고분군과 같이 초기국가 왕묘라는 점에서 역사적 의미가 부여될 수 있을 것이고, 이는 보편적 정치체 발전을 우리가 인식할 수 있는 중요성도 가지고 있다고 할 것이다.

이러한 점에서 대가야가 광역의 국가로 발돋움한 5세기 말이나 6세기 초 이후에 낙동강 서안지역 우리가 가야지역으로 인식하고 있는 곳에는 국가체를 형성한 대가야와 그 내부 지방 소국, 그 바깥의 주변 소국이 분포하는 형세였다고 할 수 있다. 즉 아라가야, 소가야 등의 여러 정치체는 아직 4단계의 취락 통합이 이루어지지 않았고, 3단계 취락의 통합을 이룬 소국이 발전하고 있는 과정에 있었던 것이라고 할 수 있을 것이다.

이러한 상태는 규모에서 차이가 있지만 중국 하상주시기 왕조 국가, 그 내부의 방국, 바깥 주변의 방국이 분포하는 체계(許宏 2000:53~77)와 비교되고 앞의 제4장에서 제시한 신라와는 영역이 좁을 뿐 같은 사회구조를 가지고 있다고 할 수 있다. 이를 기반으로 해서 5세기 후반 대가야가 초기국가로 진입하여 고총체계를 이루던 당시의 영남지방 사회 구성을 복원하면 〈도10-20〉이 성립된다.

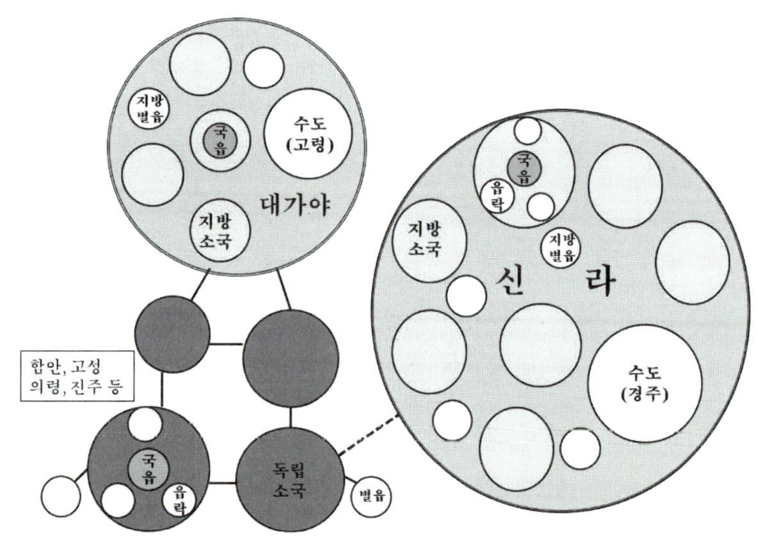

도10-20_5세기 후반과 6세기 전반 영남지방 사회의 구성

대가야 왕묘의 배치와 의미

주산을 배경으로 한 지산동 일대에는 수많은 고분이 분포하고 있다〈도10-21〉.

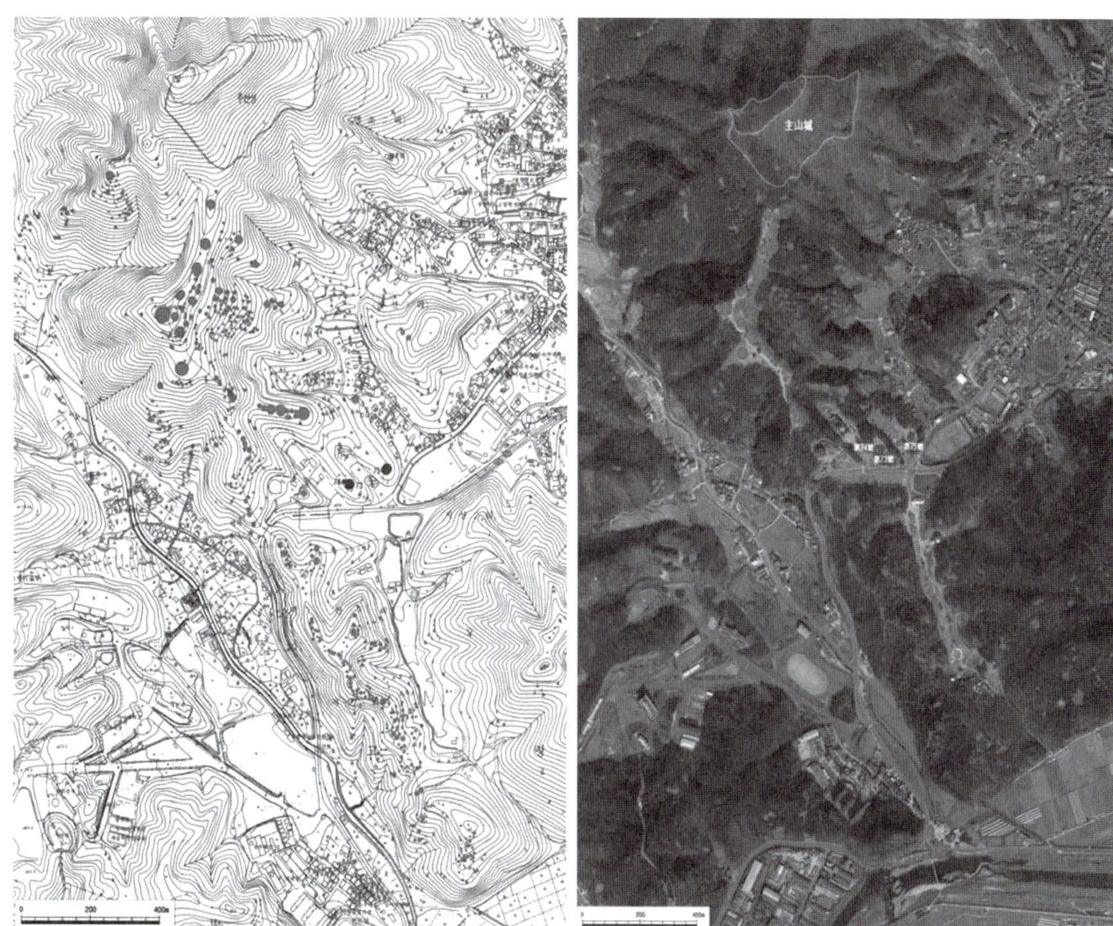

도10-21_ 대가야 중심고분군의 고분 분포
(배성혁 2012에서)

이 고분은 대부분 수혈식석곽묘로 알려져 있고, 현재 봉분이 남아 있는 것은 704
기 정도로 보고되었다(배성혁 2012). 그러나 왕릉전시관부지(영남문화재연구원
2006)나 역사관부지(경북문화재연구원 2000)의 발굴조사 등에서 봉분이 남아 있
지 않는 곳에도 많은 묘곽이 배치된 점으로 미루어 분포하고 있는 고분은 수천 기
에 이를 것으로 추정된다.

이들 지산동고분군 가운데 주목되는 것은 고분군 사이를 통과하는 고령-합천
간의 국도 북편에 분포하는 북지구의 고총들이다. 이 고분들은 산성이 있는 주
산을 배경으로 하여 거기에서 남으로 또는 동남으로 뻗는 지릉들에 분포하고, 그
지릉의 마디가 되는 부분에 대형분이 능선을 따라 분포되어 있음이 관찰된다. 그

러나 특이하게도 가장 상위에 분포하는 47(구39)호분의 더 상위 고분들은 대형이 능선의 상위를 차지하며 열을 지어 분포(박천수 2012)하여, 아래의 큰 고분이 중심을 차지하고 그 주변에 비교적 소형이 분포하여 군집을 이루는 것과는 차이점이 관찰된다.

이러한 고분의 분포상은 축조 순서를 의미하는 것으로 알려져 있다〈도10-22〉(박천수 2012). 그 축조와 분

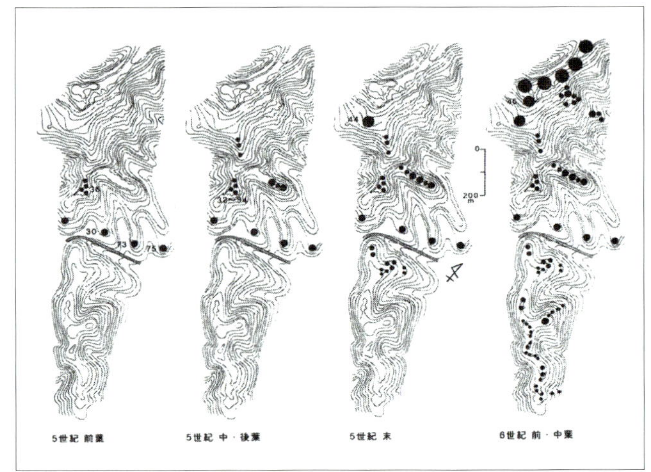

도10-22_ 지산동 고분의 축조 과정
(박천수 2012에서)

포 서열은 현재 국도를 중심으로 해서 가장 하위 능선의 돌출된 지점들부터 고총이 축조되기 시작하여 상위로 가면서 고분의 축조가 이루어지고 대략 6세기 전반과 중엽에 해당하는 고총이 이전의 것과는 비교가 되지 않게 월등히 크다는 것을 나타낸다. 그리고 5세기 말에 이르러서 국도의 남쪽 편에도 무덤이 축조되기 시작하고 이후 국도 북편에는 미치지 못하지만 큰 고분이 분포하게 된 것으로 판단되고 있다.

이들 고총 가운데 왕묘급이라고 할 수 있는 것이 국도의 북편에 바로 접하는 가지능선 말단의 돌출부에 분포하는 것(1군집), 대가야박물관의 후면 서에서 동으로 뻗는 능선의 상위에 열을 지어 분포하는 고분(2군집), 북측의 주산성에서 남으로 뻗는 능선의 상위에 열을 지어 분포하는 고분(3군집)으로 볼 수 있다. 지금까지 발굴된 고분으로 봐서는 국도 북편에 분포하는 73호 등 1군집은 5세기 초와 전반 무렵, 3군집은 44호분과 45호분으로 보아 5세기 말 이후가 된다. 따라서 2군집은 그 사이에 축조된 것으로 볼 수 있다.

이러한 고분의 분포상에서 주목되는 것이 대가야 고총체계가 완성되어 초기국가로 진입한 이후인 6세기로 들어서면서부터 축조된 것으로 믿어지는 주산성에서 남으로 이어지는 상부의 가장 대형인 3군집의 상위 고총의 분포이다〈도10-23〉. 45호분의 위에 해당하는 이 고분들은 금림왕릉으로 전하는 47(구39)호를

도10-23_ 지산동 왕묘의 배치
(배성혁 2012 개변)

도10-24_경주 서악동 중고기 왕릉과 능원
(Daum지도 개변)

기점으로 해서 능선의 상부를 따라 48호, 49호, 50호, 51호가 일렬을 이루며 분포하고 있는 특징이 있다. 그리고 이들이 축조되던 시기에는 그 가까이에 그와 비교되는 대형분은 축조되지 않아 그들만의 독자적인 묘역으로 이들 고분이 분포하는 곳이 정해져 있었음을 반영한다. 이는 이 이전 독립된 대형분과 그 주변의 소형분이 군집하던 것과는 차이가 있는 것으로, 큰 의미를 함축하고 있는 것으로 볼 수 있다. 즉 대중형분이 군집되던 현상에서 벗어나 왕묘만이 독립된 묘역을 차지하며 축조된 현상으로 볼 수 있다.

이러한 현상은 경주의 서악동 능원에서 찾을 수 있다. 따라서 여기서 앞의 제8장에서 논의된 경주 서악동 능원의 성격을 재론하면서 이를 비교해서 그 성격을 찾아보자.

마립간기 대릉원지구에서 이동한 서악동고분군의 1호, 2호, 3호, 4호는 동일 능선에 연접하면서 열을 이루고 분포한다〈도10-24〉. 이 가운데 법흥왕, 진흥왕, 진지왕의 능이 존재한다(강인구 2000:425·426, 이근직 2012:195~244)는 인식에서 살펴보면 커다란 특징이 왕릉만 독립된 능선에 분포한다는 점이다.

한편 이 4기 왕릉의 주변 능선에도 고분이 많이 분포하고 있는데, 특히 동북의 능선에는 현재 전진흥왕릉, 전진지왕릉, 전문성왕릉, 전헌안왕릉을 비롯한 유사

한 크기의 앞의 왕릉보다는 훨씬 작
은 대형분이 밀집분포하고 있다(국
립경주박물관 외 2008:158·183)

이러한 현상에서 마립간기에 왕과
왕족이 혼거하던 혼합능원제에서 벗
어나 왕릉이 독립되고 왕족이나 귀
족의 묘는 하나의 구역에 군집해서
배치되는 군집능원제로의 변화를 알
려주는 것으로 보인다. 즉 마립간기
에 왕릉을 중심에 두고 그 전면과 좌

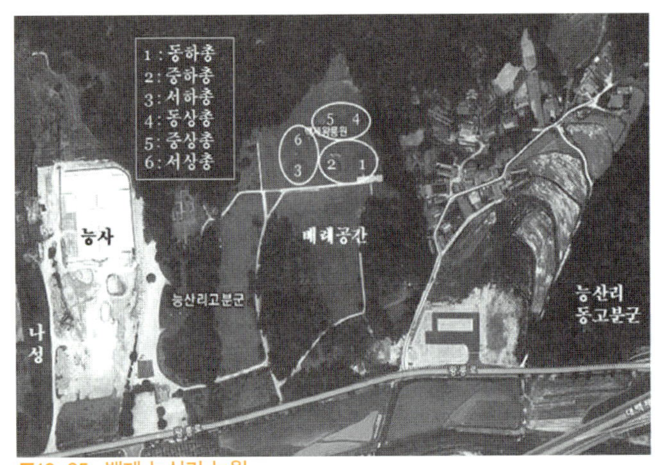

도10-25_백제 능산리 능원
(Daum지도 개변)

우에 배장분으로 왕족묘를 축조하다가 왕릉구와 배장구의 묘역을 분리하여 왕은
왕대로 왕릉구에, 왕족 또는 귀족의 묘는 배장구에 군집시킨 것이다.

이와 유사한 현상은 또 백제 웅진기의 송산리 왕릉군과 사비기의 능산리 왕릉
군에서 찾을 수 있다. 송산리와 능산리의 왕릉군〈도10-25〉은 모두 도성과 근접
한 거리에 왕 또는 왕족의 능묘를 군집시켰다. 다만 신라의 서악동고분군은 일렬
로 배열했는데 비하여 백제의 양자는 횡으로 열을 지며 배열해 약간 다르다. 그
러나 이는 지형적 요건에 의해서 비롯된 것으로 서악동고분군이 위치한 능선이
좁고 길게 뻗어있기 때문인 것으로 파악할 수 있다. 또한 능산리왕릉군의 동쪽에
는 배장묘군으로 볼 수 있는 능산리동고분군과 능안골고분군이 분포하여 신라의
서악동고분군과 유사한 현상이 관찰된다.

이와 같이 왕릉을 군집시키는 제도는 중국 위진남북조의 취족이장聚族而葬이라
는 가족장제도의 영향으로 볼 수 있다. 이 제도에 대해서는 앞의 제8장에서 서술
한 바 있다. 이러한 사실에서 경주 서악동 중고기 왕릉군이 위진 이후 남북조의
영향을 받았음은 분명한데, 바로 중국의 영향을 받은 것인지, 아니면 백제를 통
해 이차적으로 영향을 받은 것인지는 확실하지 않다. 다만 송산리의 왕릉군이 서
악동의 왕릉군보다는 이른 시기에 조성되기 시작했음으로 백제보다는 더 늦게
이 제도가 채용되었음을 알 수 있다.

이러한 경주 서악동능원, 부여 능산리능원은 대략 대가야 주산성의 남쪽 가장 상위에 열을 지어 분포하는 왕묘의 분포상과 대략 같음을 알 수 있다. 따라서 6세기 신라 중고기에 해당하는 지산동에 축조된 왕묘의 일렬 군집은 당시 국제적인 왕묘 배치라고 할 수 있을 것 같다. 지산동의 대가야 왕묘의 배치가 직접적으로 남조에서 영향을 받았는지, 백제를 통해 2차적인 영향인지는 신라의 서악동 중고기 왕릉군과 같이 명확하지 않다.

한편 당시 이러한 배치의 고분 입지는 위진남북조의 풍수 원리가 함께 작동되고 있는 것으로 추정되는데, 지산동의 이 왕묘들도 풍수에 영향을 받았는지는 명확하지 않으나 고려할 여지가 있는 것으로 보인다.

능산리와 송산리의 왕릉군은 풍수가 적용된 것으로 이해되고 있다. 그리고 서악동능원도 방향은 인식하지 않았으나 그 입지가 풍수가 적용되었다고 볼 수도 있다. 남북조 풍수의 기본적인 원칙은 배의산봉背倚山峰, 면림평원面臨平原으로 요약(羅宗眞 2001:96)되고 있는데, 그러한 관점에서 보면 지산동의 이 왕릉들이 분포하고 있는 곳이 풍수에 부적합하다고 볼 수는 없을 것이다. 즉 주산을 배경으로 하여 남으로 뻗는 능선을 차지하고 있으며 건너편에는 국도 남쪽의 고분이 분포하는 산지가 조망되며, 동으로는 고령읍을 중심으로 한 들판이 전개되기 때문이다.

이러한 의미를 부여한다면 이 왕묘들이 분포한 곳은 자신이 다스리고 거주하던 곳을 조망할 수 있다는 전통적인 계세사상에 일부 풍수의 관념까지 도입된 입지를 선택한 것으로 볼 수 있을 것이다. 이는 서악동왕릉군이 자신의 거주처인 왕경을 바라보는 방향을 전면으로 택해 중국의 전통적인 풍수와 다른 입장에서 유사한 곳을 찾아 능을 조영한 것(김용성 2012b)과 연결되는 것으로 보인다.

결국 지산동 고분의 분포에서 5세기 말 혹은 6세기 초에 전통적인 능묘 군집의 상태에서 벗어나 왕묘만을 군집시키는 현상은 당시 동아시아 일부지역에서 보편적인 현상이었음을 인식할 수 있다. 이는 대가야가 이전 지역 수준의 정치체에서 벗어나 국제적인 정치체로 성장하였음을 나타내는 한 요소로 볼 수 있을 것이다. 즉 대가야가 고총체계를 완성하고, 동아시아 세계의 한 국가로서의 틀을 갖춘 모습을 보여주는 한 요소로 볼 수 있을 것이다. 5세기 후반 문헌의 남제에 대한 견사기록은 이러한 대가야의 국제적인 모습을 보여주는 적극적인 실례라고 할 수 있다.

한편 지산동의 가장 상위에 분포하는 이 몇 기의 왕묘는 앞 시기의 고총들과 달리 일정한 간격을 두고 배열된 것이 확인된다. 이렇게 일정한 간격을 두고 있음은 각 왕묘의 전면에 제사를 위한 배례공간이 마련되었음을 뜻하는 것일 수가 있다. 이는 경주 서악동능원과 공주 송산리와 부여 능산리의 백제 왕릉군에서는 볼 수 없는 현상이다. 신라의 서악동능원은 4기의 왕릉 앞에 상당히 넓은 배례공간을 두었고, 각 왕릉은 서로 붙어 배례공간을 가지지 않아 그것이 전체 왕릉을 위한 공동의 배례공간임을 알려준다. 능산리의 왕릉군도 전면에 단을 낮춘 곳에 아주 넓은 공간을 마련하여 공동 배례공간으로 활용한 것으로 볼 수 있다. 이와 다르게 가야의 이 왕묘들은 단독의 배례공간을 가진 점에서 특징이 있다고 할 수 있는데, 지형적인 조건 때문인지 또는 왕묘에 대한 개념이 달랐기 때문인지 등은 앞으로 검토되어야 할 것으로 보인다. 그러나 왕묘만 군집을 이루는 것은 한반도 남부지방 왕묘 배치에서의 보편성이면서도 특수성을 나타내고 있음은 지적되어야 할 것 같다.

_맺음말

영남지방의 삼국시대 고총은 각지에 분포하고 있어 보편적인 고고학 현상으로 이해할 수 있다. 이들 고총은 세부적으로 들여다보면 각기 고유의 특징을 가지고 있으며 그것을 축조한 정치체 특성도 연관되어 있음이 관찰된다. 읍락 단위에서 축조한 것, 소국으로 볼 수 있는 세력 단위에 의해 축조된 것, 국가로 부를 수 있는 광역 정치체에 의해 조영된 것 등이, 그리고 그 출자에서도 재지세력이 성장한 집단, 외부의 지원에 의해 성장한 집단, 이동에 의해 고총축조지에 자리한 집단 등이 있을 것으로 보인다. 고령의 지산동에 고총을 축조한 집단은 문헌이나 지금까지의 연구 결과와 결합시키면 이미 소국으로 발전한 상태에서 외부의 문화충격으로 인해 재지의 세력이 묘지를 이동하여 고총을 축조하기 시작했다고 할 수 있다.

앞의 글에서는 고령 지산동고총군을 중심으로 대가야 고총의 묘제에서 나타나는 특성이 명확함을 알아보았고, 신라의 고총체계 관점에서 볼 때 5세기 말 혹은 6세기 초에는 지역 수준을 넘어 광역의 정치체를 가진 대가야가 출현하였고, 그 왕에 의해 상부의 고총이 축조되었음을 제안하였다. 그리고 왕묘가 발생하여 배치되는 양상은 당시 동아시아의 보편적인 양상을 따랐기에 그 위상을 규정할 수 있었다.

글은 대략 지산동고총군의 양상을 신라권의 현상과 비교하여 보편성과 특수성을 찾으려 하였으나 만족스런 결과를 도출했다고 할 수는 없을 것 같다. 그러나 신라의 고총체계와 비교할 때, 5세기 말 6세기 초 이후의 고총은 대가야가 광역의 정치체로 성장한 상태에서 축조된 왕묘이고, 이 왕묘와 당시의 대가야 고총체계는 대가야가 아직 중앙집권적인 고대국가로 성장하지 못한 상태였음을 지적해 준다는 점에서 특성을 부각할 수 있을 것으로 보인다. 따라서 적어도 이들 지산동고분군 상위에 분포하는 고총은 초기적 형태의 국가 지배자 무덤으로 자리매김할 수 있겠다. 이는 대가야 고총이 가진 독특한 성격으로 이해할 수 있고, 보편적 정치체의 진화과정에서 나타나는 한 현상으로 주목할 수 있음을 지적해 준다.

논의에서 제시된 것은 아직 지산동고총군에 나타나는 피상적인 결과일 뿐이고 그것도 제언의 수준이다. 앞으로 여기에서 논하지 않은 고총 출토유물의 정치한 분석, 더욱 세부적인 대가야 묘제의 분석, 대가야 위세품의 국제적인 성격 파악, 각 고총군을 축조한 세력 집단의 동향 파악 등이 시행되면 지산동고총군의 특성이 더욱 부각될 것으로 판단된다. 그리고 흐릿하게 제시한 고총체계 역시 성립과정과 내부 집단 간의 상관관계 등이 명확하게 밝혀질 수 있을 것이다. 또 지산동고총과 세트를 이루는 주산성의 조사나 대가야 왕을 비롯한 지배 집단이 거주했던 곳의 탐색 등에 의해서 고령지역이 대가야의 수도로서의 성격도 드러날 수 있을 것이다. 이를 기대하며 글을 맺는다.

2

대가야의 순장

_머리말

지금까지 한반도의 순장에 대해서는 다양한 고고학적 논의(강인구 2000, 권오영 1991, 김세기 1997·2003, 김수환 2005·2010, 김재현 1997, 김용성 2002·2009a, 김종철 1984, 이성준 2009)가 있었다. 이들 논의에서 비록 부정하려는 견해도 있었으나 순장이라는 장법이 명확해져 가고 있으며, 신라와 가야지역에 순장이 보편적인 장법으로 시행되고 있음이 밝혀지고 있다. 즉 4세기부터 6세기 전반까지 신라와 그 지방, 금관가야, 그리고 아라가야의 대형고분이라고 하면 대부분에 순장이 시행되었음이 인정되고 있다. 그러나 순장묘 가운데 가장 대규모의 순장이 행해진 대가야의 순장에 대해서는 일부 천착(김종철 1984, 김세기 2003, 이영식 2012)이 있었으나 이것만을 대상으로 한 본격적이며 세부적인 검토는 이루어지지 않았다.

대가야의 순장은 지산동 44호분과 45호분이 발굴되면서 알려지기 시작하였고, 한국의 순장이라고 하면 대가야 지산동고분을 떠올릴 정도로 유명해졌다. 그러나 대가야 순장묘의 특이한 특징의 하나인 주부곽의 둘레에 조성된 소형 석곽의 피장자가 순장자[1]냐 아니냐의 논쟁이 일어났다. 이는 과연 이들 소형 석곽의 피장자가 주피장자와 함께 사망하였느냐는 동시성에 의문이 있었기 때문일 터이

---

[1] 피순장자라고 해야 마땅하나 김세기(2003:192)의 견해와 같이 순장자라고 불러도 이미 순장된 무덤의 주인공과는 구분이 되고 순장 당한 사람을 뜻하기에 여기서는 순장자라고 쓴다. 그리고 순장이 시행된 무덤은 순장묘라고 쓰고, 순장자가 매장된 묘곽은 순장자곽이라고 쓰는 것이 좋을 것 같으나 관례에 따라 순장곽으로 쓴다.

다. 그리고 순장묘의 주피장자와 순장자에 대한 분석은 피상적일뿐 본격적인 논의가 없었다.

이글은 이러한 문제점에서 출발하고자 한다. 물론 이러한 문제들에 접근하기 위해서는 충분한 자료가 축적되고, 그 검토가 충실하게 시행된 이후가 더 좋을 것이다. 이렇게 충분한 여건은 조성되지 않았으나 앞으로 순장 연구에 대한 기반을 마련한다는 의미에서는 현재적 검토도 필요한 것이 아닌가 한다.

대가야 고총 가운데 순장묘로 인식되는 것은 고령지역 지산동의 여러 고분[2]과 본관동 34~36호분(계명대박물관 1995), 합천의 반계제 가A호와 다A호(국립진주박물관 1987) 등이 있다. 본관동과 반계제의 순장묘는 지산동의 비교적 하위 순장묘로 인지되고 있는 32~35호분과 크게 다르지 않기 때문에 지산동의 것만을 따져도 대가야 전체의 순장을 인식하는데 문제가 되지 않을 것이다. 따라서 여기서는 지산동 순장묘를 중심으로 살펴본다.

글은 먼저 이들 고령지역의 대가야 순장묘로 인지되는 고총고분에 나타나는 몇 가지의 자료를 검토하여 순장곽의 존재를 인정하고자 하는데, 특히 장례의 과정을 상정하여 분석해 보도록 한다. 이 검토 과정에서 축조의 동시성 확보나 검토되는 요소에 위배되는 것은 배장묘로 규정하여 순장곽에 대한 기준을 마련하도록 한다. 다음에 이 기준을 가지고 지산동고분군의 순장묘를 좀 더 적극적으로, 그리고 세부적으로 살펴 순장 양상을 파악하도록 한다. 여기서는 대가야 순장묘를 대가야 고총의 분석에서 나눈 유형(김용성 2012a:286~287)을 기준을 약간 변형하여 살펴볼 것이며 일부 출토된 순장묘의 순장곽 인골의 분석(김재현 2009)을 참조하여 논의하도록 한다.

이후 이러한 자료를 바탕으로 대가야의 순장 시행 시기, 순장묘의 특성과 순장묘주와 순장자의 지위나 신분 등을 찾아 대가야 순장의 특성을 설정해 보도록 한다. 여기서는 대가야 순장묘의 유형에 따른 등급을 나누어 순장묘주의 지위를 따

---

[2] 44호분(윤용진·김종철 1979, 경북대박물관 2009), 45호분(윤용진·김종철 1979), 30호분(영남매장문화재연구원 1998), 32~35호분(계명대박물관 1981), 73~75호분(조영현 2012) 등이 있다.

질 것이며 순장곽 순장자의 착장유물에 주목하여 대가야의 일반 고분과 비교함
으로써 순장자의 지위와 신분을 규정하도록 한다. 특히 인골이 많이 출토되어 분
석된 지산동 44호분을 중심으로 이를 살핀다. 또 순장묘의 특성 등은 신라의 자
료, 특히 비교적 많이 분석되어 있는 경산 임당의 자료와 비교를 통해 찾아보도
록 한다. 마지막으로 이 순장이 대가야의 사후세계와 관련이 있음을 논하여 결론
에 대하고자 한다.

고령지역 순장묘 순장곽의 인식

순장묘로 인지되는 대가야 고총의 중심에 설치된 주곽과 부곽에 매장된 사람
가운데 주곽의 중심에 안치된 주피장자 외의 매장인을 순장자로 인정하는 것은
그리 큰 문제가 되지 않는다. 그것은 수혈식석곽이라는 묘제의 특성상 주피장자
와 함께 매장된 것이 확실하고, 매장된 위치에서의 존중도나 착장한 유물인 성복
유물에서 차등성이 확실하기 때문이다. 물론 수혈식석곽이라 하더라도 후대 추
가장이 시행될 가능성은 있으나 그러한 경우는 드물 것으로 판단된다. 그러나 이
러한 주석곽과 부곽을 둘러싸고 설치된 소형 석곽에 매장된 사람이 순장자냐는
데에는 선뜻 납하기가 곤란하다. 이러한 소형 석곽이 주석곽과 동시에 축조된 것
인가의 의문이 발생하고, 설사 동시에 축조되었다고 하더라도 고분의 축조는 상
당한 시간이 소요되었을 것이기 때문에 주피장자 묘역의 설정 이후나 매장주체
부의 축조과정에 소형 석곽이 축조되어 배열될 수 있을 것이기 때문이다. 그리고
봉분의 축조과정에 소형 석곽이 축조될 여지도 있다. 이러한 의문점 때문에 주석
곽을 둘러싸고 축조된 소형 석곽을 배곽으로 파악하는 견해(김광명 외 2009)도
있는 것으로 보인다. 그러나 최근 대가야 순장묘 가운데 가장 이른 시기의 것으
로 볼 수 있는 지산동 73호분(조영현 2012)에서 묘광의 주곽 석단을 돌아가며 순
장묘가 배치된 현상이 발견되어 이들 주부곽을 둘러싼 소형 석곽이 순장곽일 가

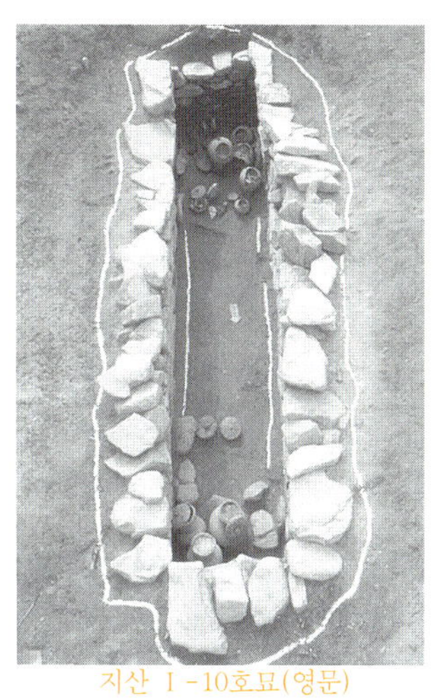
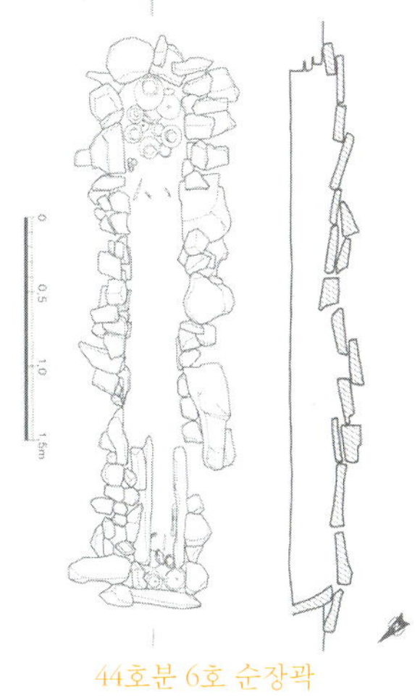

도11-1_ 지산동의 일반 석곽과 순장곽 비교
(영남문화재연구원 2006, 윤용진·김종철 1979에서)

능성이 훨씬 커졌다. 그러나 그것이 지속적이지 않다는 점에서 의문이 될 수 있기에 아직 문제점이 남아 있다고 할 수 있다.

지산동의 순장을 논하기 위해서는 이 문제를 해결하는 것이 선결해야할 과제로 보인다. 여기서는 먼저 소형 석곽에 나타나는 몇 가지의 현상을 짚어 이제까지 순장곽으로 불리고 있던 소형 석곽 가운데 대부분은 실제 순장곽으로 인식할 수 있고 일부는 배장석곽으로 볼 수 있음을 논하여 순장곽의 존재를 확인하고자 한다.

지산동 순장묘인 대형의 고분을 축조하기 위해서는 상당한 시일이 소요되었을 것이다. 따라서 주피장자 주검이 발생하기 이전에 일부 축조되는 수릉적인 요소도 고려할 수 있게 된다. 그리고 주피장자 주검이 발생하고 난 후 축조되기 시작한다하더라도 매장주체부의 축조나 빈장 등을 고려하면 상당한 시간이 흐른 후에나 주검이 매장되게 된다. 만약 이러한 과정에 주피장자와 가까운 인물이 죽어 같은 묘역에 매장되고 봉분이 덮이게 되었다면 이는 명확한 순장이라고 할 수 없고 배장으로 볼 수 있다. 따라서 순장곽으로 인정하기 위해서는 장례의 동시성이 확인되어야할 것으로 판단된다. 즉 순장곽에 매장된 피장자 각각에 대한 장례의식이 있었던 것이 아니고, 주피장자의 매장에 따른 장례에 부속되어 매장된 현상을 찾으면 순장을 인정할 수 있을 것이다. 그러나 만약 순장곽에 매장된 각 피장자의 장례가 별도로 진행된 사실이 확인되면 이는 배장으로 이해할 수 있을 것이다.

대가야의 장례에는 무기와 마구, 그리고 모형철기를 위주로 한 의기가 사용되었다(김용성 2009b:329~336). 그러므로 지산동의 대가야 일반 석곽에서는 이들 유물의 출토 빈도가 상당히 높다. 무기 가운데 철모는 특히 방상시를 고려하면 장례물품으로 인정되고, 모형철기는 신라권의 유자이기나 겸형철기를 대신하여 장례행렬의 어떤 표식으로 사용된 것이다. 이러한 유물이 출토된다면 별도의 장례를 고려할 수 있을 것이다. 그러나 대가야의 순장곽으로 인식되고 있는 소형 석곽에서는 이들 유물의 출토가 아주 빈약하다. 44호분 25호 석곽에서 마구류와 철부, 45호분 2호 석곽에서 철부와 철촉, 30호분 3호 석곽에서 철겸, 철부, 철촉이 출토되었고, 본관동 36호분 석곽에서 재갈 등 마구류, 모형철기 등이 출토되었을 뿐 다른 소형 석곽에서는 토기류와 성복유물이라고 할 수 있는 이식과 도자 등만 출토되었다. 철모의 출토 예가 전혀 없는 것이 명확하고, 모형철기가 출토되어 개별적인 장례를 유추할 수 있는 것은 본관동 36호분 석곽의 예뿐이다.

한편 이들 소형 석곽은 장법에 있어서 아주 간단한 직장이 위주이고, 그 크기에 비해서 대가야 일반 석곽과는 달리 화려한 복식품을 착용하고 있는 특징이 있다. 대가야의 순장묘로 인지할 수 있는 고총은 대부분 주석곽의 내부에 목곽을 설치하였고, 그 내부 목관에 시신을 안치하고 있다. 그리고 대가야 일반 석곽의 경우도 많은 것이 목곽이나 목관을 사용한 것이 관찰된다. 그러나 순장묘의 주곽 주피장자의 두부나 족부 부장처와 부곽에 순장된 사람은 목관 등 다른 상구가 사용되지 않고 석곽 내부에 직장된 것이 확인된다. 순장묘 주변 소형 석곽의 경우를 이와 비교하면 45호분 1호 석곽이 석관을 설치한 석관장이고, 앞서 언급한 본관동 36호분 석곽이 목곽과 목관을 함께 사용하였을 뿐 모두 석곽의 내부에 직장되었다.

또 순장곽으로 인지되는 지산동 44호분 6·11호 석곽〈도11-2〉, 45호분 7호 석곽 등에서 금제수하부이식이 출토되는 등 화려한 복식품이 출토되나 직장인데 비하여 대가야 일반 석곽에서는 비록 석곽의 크기는 훨씬 큰 것이 많으나 금제수하부이식이 출토된 예는 아주 드물다. 단지 대가야왕릉전시관부지 Ⅰ지구 40호(영남문화재연구원 2006)에서 그것이 출토되었을 뿐이고 이것은 길이가 4m가

지산 44호6곽   지산 44호11곽

넘는 비교적 큰 석곽이다. 다른 일반 석곽에서는 수하식이 없는 금제이식이나 금동이식이 출토되고, 수하부이식이 출토된 경우는 32NW-2호(계명대박물관 1981)의 금동제수하부이식만 알려져 있다.

이외 후술하다시피 피장자의 성과 연령이 밝혀진 지산동 44호분 소형 석곽의 피장자는 대부분 20~40대의 한참 경제활동을 하는 시기의 인물들이고, 사망률이 높았을 유소아나 노년의 비율은 지극히 낮다. 이는 이들 피장자가 자연적인 죽음을 맞이한 사람들이라기보다는 강제적인 죽음이었을 가능성을 크게 높여준다.

이러한 점에서도 대가야 순장묘 주부곽 주변의 소형 석곽은 순장곽으로 인식할 수 있다. 다만 본관동 36호분의 석곽과 지산동 45호분 1호 석곽은 고려의 대상이 된다. 두 석곽 모두 일반적인 소형 석곽의 축조 레벨과는 달리 그 위층의 봉분 중에 지상식으로 설치되었기 때문이다. 이렇게 봉분 중에 석곽이 설치되었음은 주피장자의 매장이 완료되고 난 후 봉분을 축조하는 과정에 이들 석곽이 축조된 것을 알려준다. 따라서 순장곽이라기보다는 주피장자의 고분을 축조하는 과정에 그와 밀접한 관련이 있는 인물의 주검이 발생하여 같은 봉분에 합장해주는 배장의 성격을 가졌다고 할 수 있다. 45호분 1호 석곽은 지산동 연결석곽과 같이 판석조의 석관(내석곽?)을 가졌으며, 본관동 36호분의 석곽은 내부에 목곽을 사용한 흔적이 있어 다른 소형 석곽들과는 구분되기도 한다.

다음 순장곽이라고 한다면 일관성이 있는 배치가 인정되어야 할 것이다. 순장자를 살해한 시기가 언제인지는 모르지만 30호분의 경우 주곽의 개석이 덮이고 난 후 순장곽이 설치된 것이 확인되는데, 이는 주피장자의 안치가 완료되고 봉분을 축조하기 전에 일시에 순장곽이 축조되었음을 의미하는 것으로 보인다. 따라서 일관적인 어떤 모식에 따라 순장곽이 설치된 것으로 볼 수 있다. 그러한 일관성으로 볼 수 있는 것이 주부곽의 장축이나 단축과 나란하게 돌아가며 평행배치한 점일 것이다. 이는 둥근 묘역의 내부에 효율적으로 순장곽을 배치하였다는 것을 의미한다. 뒤에서 설명하는 제3유형인 소형 석곽 1기만 가진 나란한 배치, 주부곽을 둘러싸고 ㄷ자상으로 배치한 제2유형은 이를 잘 알려준다. 이에 어긋나는 것이 제1유형으로 설정된 44호분과 45호분의 경우이다. 그러나 45호분의 경우는 그래도 대략 주부곽을 둘러싸고 평행하게 배치를 하고자하는 의도가 엿보인다. 이에 비하여 44호분의 경우는 평행배치平行配置의 석곽 외에도 주곽과 봉분 주연을 축으로 한 교행배치交行配置의 석곽 10기(8~10·12~17·23호)가 확인되어 양상이 다르다.

　이는 일반적인 순장곽의 배치와 확연하게 구분되는 것으로 다른 의미를 내포하고 있을 가능성이 있다. 이들의 특징은 평행배치된 소형 석곽들 사이에 억지로 끼워 넣은 인상을 준다는 점이다. 그리고 이 가운데 9·10호, 12·13호, 14·15호, 16·17호는 나란하게 세트를 이루며 배열되었다. 이 가운데 14호는 15호의 부곽, 16호는 17호의 부곽으로 알려져 있다. 또 10호와 12호에서는 아무런 유물이 출토되지 않았다. 유물의 도굴이나 곡물 등 유기물의 부장을 감안하면 이들도 부곽으로 볼 수 있는 여지가 있게 된다.[3]

　이렇게 주부곽이 나란하게 설치된 소형 석곽은 아직 지산동고분군의 일반 소형 석곽에서 발견된 바가 없다.[4] 따라서 일반적인 묘곽의 배치 현상이라고 볼 수 없게 된다. 이외 이들 교행배치의 석곽은 주로 봉분의 주연에 몰려있는 점도 눈에 띤다. 이러한 점들을 감안하면 이들 교행배치는 원래 기획된 배치가 아니라 나중에 어쩔 수 없이 끼워 들어간 석곽이라고 인식할 수 있다. 즉 봉분의 축조과정이나 그 후에 주피장자 근친자의 주검이 발생하여 묘역 내부에 추가된 석곽일 가능성이 크다. 주부곽식은 묘를 축조할 공간이 부족하여, 즉 이미 평행배치로

---

[3]　8·10호 석곽은 도굴로 파괴된 것이며, 23호 석곽은 인접한 24호 석곽보다 개석 레벨이 높다.
[4]　또한 이들 부곽에는 많은 토기가 부장되었는데, 이러한 현상은 다른 순장곽에서 볼 수 없다.

확정되어 있는 순장곽으로 인해 긴 석곽을 축조하지 못해 별도의 부곽을 축조하여 이를 보완한 것으로 볼 수 있다. 그러하다면 이들 교행배치의 석곽은 기획된 순장곽이 아니라 후에 매장된 분 내 배장곽으로 볼 수도 있게 된다. 이들에서 토기 외의 성복유물이라고 할 수 있는 장신구를 비롯한 다른 유물은 전혀 발견되지 않았는데, 이는 본래 순장곽에 매장된 순장자보다 이들의 신분이 낮았기 때문으로 볼 수 있다. 그러나 아직 이에 대해서는 명확하게 단정지울 수 없고 배장석곽일 가능성만 점쳐 볼 수 있겠다. 만약 이들도 순장곽이라고 한다면 뒤에 설명할 73호분과 75호분의 봉토 중에 설치된 순장곽으로 불리는 묘곽과 같이 다른 시기에 순장이 시행된 것이 된다.

순장자의 소형묘로 인식되고 있는 것 가운데 확실하게 봉토 중에 축조된 것이 확인된 지산동 73호분 봉분 내 소형 석곽 1기와 지산동 75호분 봉분 내 소형 석곽 3기이다. 이들은 고분의 축조과정을 염두에 두면 순장이라기보다는 다른 의미를 가지고 있었을 가능성이 크게 된다. 두 고분은 모두 깊이 묘광을 파고 그 내부에 주곽이나 주부곽을 설치하였고, 그 묘곽을 둘러싼 묘단(이층대)이라고 할 수 있는 보강석이나 보강토 위에 소형묘를 둘렀다. 이들 묘광 내부의 소형묘는 주곽인 목곽과 석곽이 축조될 당시에 축조되었음을 짐작할 수 있어 동시성이 인정된다. 따라서 확실하게 순장묘곽이라고 할 수 있다. 그러나 봉분 내 순장곽으로 불리는 것들은 주곽인 목곽과 석곽에 주검이 안치되고 뚜껑이 덮인 후 묘광을 매토하고, 봉토를 축조하는 과정에 축조된 것으로 볼 수 있어 동시성이 확보되지 않는다. 특히 봉분 내부 주부곽을 둘러싼 흙둑을 감안하면 주피장자의 매장 후 상당한 시간의 경과를 읽을 수 있다. 따라서 이들은 앞의 45호분 1호 석곽과 본관동 36호분 석곽과 같이 봉토를 축조하는 과정에 발생된 주검을 매장한 것으로 볼 수 있게 되어 배장의 성격이 더 짙다.

또 75호분에서는 봉토 중에 이들 소형묘 외에 (추정)동물매장곽이 발견되었는데, 이는 동물 순장殉牲일 수도 있지만 제생祭牲일 가능성이 더 크다.[5] 이것이 제

---

5   대가야나 신라에서 말의 제생은 흔히 발견되고 있다. 대가야의 경우 지산동 44호분 17·18·19호 사이에서 출토된 말이빨, 반계제 가A호분의 말이빨 등은 말머리를 제사에 사용한 제생의 흔적으로 보인다.

생이라면 봉토의 축조과정에 희생의례를 생각해 볼 수 있어 봉분 중 소형묘는 인생人牲일 가능성도 있게 된다. 그러나 아직 우리나라에서 인생이 발견되고 있지 않고, 희생된 주검을 묘곽을 설치하면서 매장하고 유물을 부장해주었을까 의문이 들기에 그 가능성이 적다. 만약 이들도 순장이라고 한다면 두 고분에서는 봉토의 조성 중에도 시간을 달리하며 순장이 시행된 것으로 보아야한다. 그 가능성을 완전히 배제할 수는 없을 것이기에 앞으로 여러 방향에서 검토되어야 할 것이다.

이상의 결과를 종합하면 고령지역의 순장묘 주부곽을 둘러싸고 설치된 소형묘는 대부분 순장곽으로 인식할 수 있으나 44호분에 주부곽과 교행배치된 8기의 석곽과 73호분과 75호분의 봉토중에 축조된 소형묘는 배장곽일 가능성이 있고, 비교적 크고 장구가 갖추어진 45호분의 1호 석곽과 본관동 36호분의 석곽은 피장자의 장례가 완료되고 난 후 봉분 속에 추가되어 합장된 배장묘라고 할 수 있다.

지산동고분군 순장묘의 순장 양상

앞에서 검토한 결과를 기준으로 지산동고분군 순장묘의 순장 양상을 정리하면 〈표11-1〉과 같다. 대가야 고총은 주부곽의 배치, 순장곽의 배치에 따라 크게 네 개의 유형으로 나눌 수 있다(김용성 2012a:287). 이들 유형은 위계와도 관련이 있고, 시기와도 관련이 있는 것으로 보이기에 이 유형에 따라 순장 양상을 살피도록 한다. 한편 최근 조사된 지산동 73호분과 75호분은 다른 것들과 달리 묘광의 내부 주곽이나 주부곽의 보강토 또는 보강석 위에 순장곽을 설치하여 다른 양상을 보여준다. 이들 고분은 비교적 이른 시기로 편년되고 있으므로 여기서는 이를 초기유형으로 나누어 앞장에서 제시한 유형별로 살펴보도록 한다.

고분		묘제		위치	크기(단위 m)				유물배치	피장자	두향	성별	연령	착장유물 등
					길이	너비	높이	면적						
지산44호분	주곽	할석	유목곽목관	중앙	9.4	1.75	2.1	16.5		주피장자	동남?	남		대도,경식,요패
				두,족						순장자1,2	동남?			
	남부곽	할석		좌평	5.1	1.3	1.85	6.6		순장자3	동남?			
	서부곽	할석		족평	5.7	1.7	1.8	9.7		순장자4	?			
	1호	판석	부장칸		2.6	0.4	0.32	1		순장자5	북동?			
	2호	할판		두평(1군)	1.7	0.46	0.58	0.8		무매장?				
	3호	할판			1.8	0.4	0.33	0.7	양단	순장자6	북동		성후	금장이식,방추
	4호	할판			1.76	0.4	0.33	0.7	양단	순장자7	북동?			금제이식
	5호	판석		우평(2군)	2.28	0.46	0.36	1		순장자8, 순장자35	?	여?	숙전 성전	
	6호	할판			3.78	0.48	0.36	1.8	두단	순장자9	동남	남	성후	금제수하부이식,철침,방추
									두단	순장자10	북서	남	성전	금동이식,도자
	7호	할판			2.5	0.38	0.52	1	두단	순장자11	북서	남	성후	도자
	8호	할판			1.73	0.4	0.37	0.7		무매장?				
	9호	할판			1.73	0.49	0.3	0.8	양단	순장자12	동	남	성후	
	10호	할판	9호부?		1.5<	0.41	0.35	0.6<		무매장?				
	12호	할판	13호부?		1.61	0.46	0.28	0.7		무매장				
	13호	할판		교행(3군)	1.84	0.43	0.25	0.8		순장자14	남서	남	성후	
										순장자15	북동	여		
	14호 15호	할판	주부 주15호		1.87	0.44	0.44	0.8			북향	여	성후	
					1.8	0.45	0.24	0.8	족단	순장자16				
	16호 17호	할판	주부 주17호		1.64	0.34	0.26	0.6						
					1.73	0.42	0.39	0.7		순장자17				
	23호	할판			2.06	0.4	0.35	0.8		순장자24				
	11호	할판		우평(4군)	1.8	0.41	0.34	0.7	양단	순장자13 순장자36	동북	남 ?	숙전 유아	금제수하부이식,환두대도,도자,철촉
	18호	할판?	부장칸		2.56	0.64		1.6		순장자18				
	19호	할판			2.35	0.42	0.27	1		순장자19	동남	여	숙전	청동환
	20호	할판	부장칸		3.33	0.36	0.3	1.2		순장자20	서북	여	성후	
	21호	할판		우평(5군)	2.9	0.53	0.49	1.5	양단	순장자21	서북	남	약년	
										순장자22			소아	
	22호	할판			2.85	0.41	0.46	1.2	양단	순장자23	동	여	성전	
	24호	할판		족평(6군)	1.94	0.4	0.51	0.8	족단	순장자25	동북	여	숙전	(출산혼)
	25호	할판	부장칸		2.48	0.6	0.53	1.5		순장자26	동북			철부,철겸,재갈,등자,안교,운주,십금구,청동마령,교구
	26호	할판			1.87	0.56	0.43	1	족단	순장자27	북	남	성전	청동이식
	27호	할판			2.05	0.42	0.43	0.9	양단	순장자28	북	여	성전	도자
	28호	할판		좌평(7군)	2.24	0.5	0.28	1.1		순장자29	동남	여	숙전	
									양단	순장자30	동남		소아	
										순장자31		남	?	
	29호	할판			1.4<	0.5	0.28	0.7<	?(두단)	순장자32	서북	여	노년	은제이식
	30호	할판	연결 칸막이		1.7	0.3	0.24	0.5	양단	순장자33	동남	남	성후	
	31호	할판			1.38	0.34	0.32	0.5		무매장?				
	32호	할판		좌평(8군)	2.1	0.4	0.33	0.8	양단	순장자34	동남	여	성전	금제수하부이식,방추

고분	묘제			위치	크기(단위 m)				유물 배치	피장자	두향	성별	연령	착장유물 등
					길이	너비	높이	면적						
지산 45호분	주곽	할석	유목곽 목관	중앙	7.15	1.64	1.85	11.7		주피장자	동북	여?		경식
				두						순장자1	동북	남		금제수하부이식,곡옥부경식,환두
				족,북						순장자2	동북?			금제수하부이식,유리경식
				족,남						순장자3	동북			은제이식,(금동관)
	부곽	할석		좌평	4.88	1.5	1.77	7.3		순장자4	동북			금제수하부이식,곡옥부경식,도자
										순장자5?				
	1호	할석	유석관	우평(1군)	2.1	0.9	0.8	1.9	양단	배장자?	동북?			철촉
	2호	할판	부장칸	우평(1군)	2.9	0.52	0.6	1.5	두단	순장자6	동북	남	숙전	은제수하부이식,도자,철부,철촉
										순장자7		여	성후	(출산혼)
	3호	할석		족횡(2군)	2.7	0.6	0.5	1.6	양단	순장자8	동남			금동수하부이식,도자
	4호	할석		좌평(3군)	2.3	0.45	0.35	1		무매장				
	5호	판석			2.5	0.55	0.45	1.4		무매장(칸막이부장칸)				
	6호	할석			2.7	0.6	0.35	1.6	족단	순장자9	동북			은제이식,도자
	7호	할석			2.1	0.55	0.3	1.2	양단	순장자10	동북			금제수하부이식,도자,철침
										순장자15	동북			은제수하부이식,도자,철침
	8호	할석		두평(4군)	2.15	0.5	0.35	1.1	두단?	순장자11				
	9호	판석	연결 칸막이		2.55	0.5	0.4	1.3	두단?	순장자12				
	10호	판석			2.9	0.6	0.6	1.7	양단	순장자13	북			금제이식,도자,방추,철침
	11호	할판								순장자14	북			은제수하부이식,도자
지산 30호분	주곽	할석	유목곽 목관	중앙	6.45	1.26	1.7	8.1		주피장자	북동	?		경식,(대도)
	하부	할판		하평	3.35	0.55	0.44	1.8		순장자1?				
	부곽	할석		족평	4	1.25	1.3	5		순장자2				
	1-1초	할판	연결 칸막이	두평	1.9	0.4	0.5	0.8	양단	순상사3	서북			
	1-2호	할판			2.1	0.4	0.5	1.4	두단	순장자4	서북?			도자
	2호	할석		우평	2.42	0.7	0.65	1.7	족단	순장자5	북동	유,소아		금동관,도자
	3호	할판		좌평	2.8	0.65	0.57	1.6	양단	순장자6	북동?			철겸,철부,철촉
지산 32호분	주곽	할석	유목곽 목관	중앙	5.64	0.98	1.2	5.5		주피장자	동북	남?		대도
				족						순장자1	동북			(금동관)
	소석곽	할석		좌평	2.5<	0.4	0.6	1<	두단?	순장자2	동북?			
지산 33호분	주곽	할석	유목관	중앙	4.5	0.86	1.4	3.9		주피장자	북	여		은제이식,유리경식,은장도자
				두						순장자?	북	남?		대도소지?
지산 34호분	주곽	할석		중앙	6.33	1.14	1.53	9.1		주피장자	동북	남?		
				두						순장자1	동북			
	소석곽	할석		좌평	3.12	0.55	0.57	1.7	양단	순장자2	동북			
지산 35호분		할석	유목곽 목관	중앙	6.66	1.01	1.56	6.7		주피장자	북	여		
				두						순장자?	북	남?		대도소지?

고분	묘제			위치	크기(단위 m) 길이	너비	높이	면적	유물 배치	피장자	두향	성별	연령	착장유물 등
지산 73호분	주곽	목곽	동혈 주부곽	중앙	5.0	2.1	1.5	10.5		주피장자	동북	남?		단봉환두대도,곡옥부경식(금제이식, 금제지환)
				족						순장자1	북			곡옥부경식
										순장자2	북			곡옥부경식
										순장자3	북			곡옥부경식
	부곽	목곽		족평	3.7	1.7	1.2	6.3		순장자4,5	북서	?		
	서순곽	할석	묘광내 석단	족평	2.4	0.71	0.76	1.1		순장자6	남서	남	성후	금동관식
	남순곽	할석		좌평	2.81	0.67	0.33	1.9	두단	순장자7 순장자8	서남 동북	남 ?	성전 성전	
	북순곽	할석		우평	2.84	0.62	0.44	1.8	두단	순장자9 순장자10	서남 동북	남여	성후 약후	
	봉분내	할석		좌평	2.6	0.6	0.7	1.6		배장자?	?			
지산 74호분	주곽	할석	유목곽	중앙	5.87	1.25	1.78	7.3		주피장자	동북			
				족						순장자4?	동북?			
	부곽	할석		족평	2.85	0.8	1.58	2.3		순장자1				
	북순곽	할판		우평	2.3	0.45	0.58	1.0		순장자2	동북			금동이식
	남순곽	할판		좌평	2.7	0.5	0.7	1.4		순장자3	서남			금동이식
지산 75호분	주곽	할석	유목곽	중앙	7.06	1.4	2.02	9.9		주피장자	동북	남?		경식,환두대도(금동천)
				족						순장자1	동북			경식
	부곽	할석		족평	4.68	1.16	1.63	5.4		순장자2,3				
	1호	할판	주곽 묘광내 토단	두평	1.85	0.5	0.6	0.9	양단	순장자4				
	2호	할판		좌평	1.8	0.55	0.73	1	족단?	순장자5	동북?			
	3호	할판		좌평	1.62	0.6	0.75	1		순장자6				
	4호	할석		족평	1.53	0.6	0.47	0.9		순장자7				
	5호	할석		족평	1.72	0.47	0.56	0.8		순장자8				
	6호	목판?		우평						순장자9				
	7호	목판?		우평						순장자10				
	봉분내 3기									배장자?				철관식
본관 34호분	주곽	할석	유목곽	중앙	6.02	1.04	1.2	6.3		주피장자	동남?			유리경식,은환
	소석곽	할석		우평	1.7	0.52	0.33	0.9		순장자	동남?			
본관 35호분	주곽	할석	유목곽	중앙	8.23	1.12	1.5	9.2		주피장자	북동?			유리경식
	소석곽	할판		좌평	2.46	0.75	0.56	1.8		순장자	북동?			
본관 36호분	주곽	할석	유목곽	중앙	10	1.35	1.8	13.5		주피장자	남			
				족						순장자1	남	남		대도
	석곽	할석	유목곽 목관	좌평	5.1	0.97	0.85	4.9	양단	배장자?	남			금제수하부이식,유리경식,재갈 등,모형철기,관정,꺾쇠
	폐석곽	할석		좌평	2.76	0.6	0.6	1.7		순장자2?				

범례 :묘제에서 할석은 할석조, 판석은 판석조, 할판은 할석과 파석을 섞어 축조한 것을 가리킨다. 위치는 주피장자를 기준으로 주곽 내에서는 두부부장처와 족부부장처, 여타는 두부, 우측, 좌측, 족측에 평행한 것과 주피장자의 주곽 단벽이나 장벽과 교차하는 방향으로 배열된 것을 구분하였다. 연령은 김재현의 분류를 따라 소아는 10세 미만, 약년은 10대, 성전은 20대, 성후는 30대, 숙전은 40대, 숙후는 50대, 노년은 60대 이상을 말한다.

초기유형

묘제가 목곽묘에서 석곽묘로 변화하는 시기의 유형이다. 동혈묘광 주부곽식의 주부곽을 둘러싼 석단에 ㄷ자상으로 순장곽을 설치한 73호분과 이혈묘광 주부곽식의 주곽을 둘러싼 토단(이층대)에 ㅁ자상으로 순장곽을 배치한 75호분이 여기에 해당한다.[6] 이들 묘광 내 순장곽은 주곽과 동시에 축조되었을 것이다.

지산동 73호분 순장 양상

지산동 73호분은 1기의 주곽과 1기의 부곽을 하나의 깊고 넓은 묘광 내부에 완전 지하식으로 축조한 동혈주부곽식이다. 묘광벽과 이 주부곽 사이에는 돌을 채워 보강한 목곽묘의 형식이다. 이 채운 석단의 상면에 주부곽을 돌아가며 3기의 소형 석곽을 설치하여 순장곽으로 삼았다. 봉분 기저의 호석은 장경 23m, 단경 21m이나 원래 봉분은 장경 24m, 단경 22m로 판단된다.

주곽은 북동-남서향으로 설치된 목곽으로 다른 대가야의 순장묘에 비해 넓은 장방형(너비 2.1m)이다. 내부에서 꺾쇠와 관정이 출토되는 것으로 보아 내곽과 목관이 사용된 것으로 보인다. 주피장자가 착장한 단봉문환두대도와 곡옥부경식이 출토되어 주피장자는 남성으로 추정된다. 목관에 안치된 주피장자 외에 ㄱ 발치에서 3조의 경식이 출토되었는데, 순장자 3인의 흔적으로 볼 수 있다. 주피장자 발치에 엇갈린 방향으로 설치된 부곽 북반부에 공간이 있고 여기에도 순장자 2인이 배치된 것으로 보인다. 그리고 피장자의 두측인 동북쪽의 토기들 사이에 비교적 넓은 공간이 마련되어 있어 여기에도 순장자가 배치되었을 가능성도 있다.

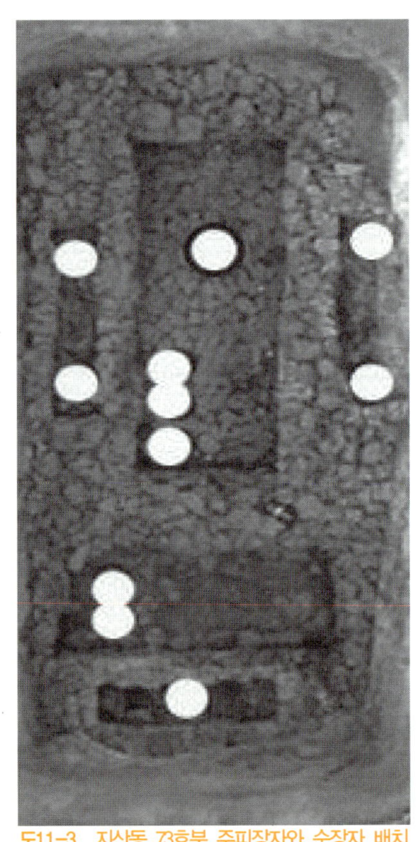

도11-3_ 지산동 73호분 주피장자와 순장자 배치
(조영현 2012 개변)

---

6 전고(김용성 2012a:287~287)에서는 이 형식을 제2유형에 포함하였으나 시기나 묘형을 감안하여 초기유형으로 재분류한다.

주부곽의 둘레 석단 위에 배치된 소형 석곽은 발치인 부곽의 서측(서순장곽), 주곽의 남측(남순장곽), 북측(북순장곽)에 주곽이나 부곽과 나란하게 배치되었다. 주곽과 나란한 남측과 북측의 소형 석곽에는 각기 두향이 반대인 인골 2구가, 부곽과 나란한 서순장곽에서는 금동관식을 가진 인골 1구가 확인되었다. 이 중 서순장곽의 순장인은 성년 후반의 남성, 남순장곽의 2인은 성년 전반의 남성과 역시 성년 전반의 성별 미상, 북순장곽의 2인은 성년 후반의 남성과 약년 후반의 여성으로 밝혀졌다.

한편 이 고분 봉분 축조과정에 축조된 1기의 할석조 소형 석곽 1기가 확인되어 봉분 내 순장곽으로 불리고 있다. 이 경우 주부곽의 묘광이 깊어 각각에 목곽을 설치하고 매토를 했을 것이고, 묘광을 둘러싸고 조성된 것으로 판단되는 토제가 발견된 것을 감안하면 그 작업량은 무시할 수 없어 묘광 내 매장과는 상당한 시간이 경과된 후에 이 석곽이 축조된 것이 되어 동시성에 문제가 된다. 따라서 이는 후술하는 75호분의 경우와 같이 배장곽으로 보는 것이 더 타당할 듯 싶으나 앞으로 검토를 요한다.

결국 이 고분에는 주피장자 외에 주곽에 3인, 3기의 소형 석곽에 5인, 부곽에 2인 등 적어도 10인의 순장자가 매장된 것이 확인된다. 그러나 봉분 내 순장곽을 인정하면 순장자의 수는 더 늘어나 그 이상이 된다.

지산동 75호분 순장 양상

지산동 75호분은 1기의 주곽과 1기의 부곽을 별도의 묘광을 파서 설치한 것이다. 주곽의 묘광을 넓고 깊게 파고 그 중앙에 세장한 석곽을 축조하여 묘광 벽과 이 주곽 뒤채움 공간에 토단이 넓게 형성되게 되었는데, 거기에 주곽을 돌아가며 7기의 소형묘를 배치하였다. 봉분 기저의 호석은 장경 25m, 단경 22m이나 원래 봉분은 장경 26.5m, 단경 23.5m로 판단된다.

주곽은 북동-남서향으로 설치된 할석조의 수혈식석곽이다. 내부에서 꺾쇠와 관정이 출토되는 것으로 보아 중앙에 목곽을 설치하고 그 안에 주피장자의 시신이 납입된 목관을 안치한 것으로 보인다. 그 발치에서 1조의 경식이 출토되어 순

장자 1인이 배치된 것을 알 수
있다. 그리고 세장하고 긴 대가
야식 석곽의 형식으로 보아 주
곽의 주피장자 두부에도 순장
자가 배치되었을 가능성도 있
다. 주피장자 발치에 엇갈린 방
향으로 설치된 부곽의 내부에
서 긴 공지 두 부분이 발견되어
2인의 순장자가 매장된 것으로
보인다.

도11-4_지산동 75호분 주피장자와 순장자 배치
(조영현 2012 개변)

　주곽의 둘레 토단 위에 배치
된 소형묘는 주피장자 발치에 2기, 머리맡에 1기, 좌우에 각 2기이다. 이중 5기는
석곽묘, 2기는 목관묘[7]이다. 모두 주곽의 장축이나 단축과 나란하게 배치되었다.
소형 석곽 가운데 1기는 개석이 발견되었으나 나머지 4기는 목개로 추정된다. 이
들 소형 석곽은 공간의 문제 때문인지 주곽 묘광에 붙여 그 벽을 한쪽 장벽 또는
한쪽 장벽과 단벽으로 삼고 나머지 면만 석축한 특징이 있다.

　한편 이 고분 봉분 속에 축조된 3기의 소형묘가 발견되었다. 이들은 봉분 내 순
장곽으로 불리고 있으나 73호분의 것과 같이 주곽과 부곽을 둘러싼 흙둑의 내부
성토가 완료된 후 축조된 것으로 마찬가지로 배장으로 볼 수 있는 여지가 있다.
이중 하나의 묘에서는 동침으로 추정되는 피장자가 철제관식을 착용하고 있는
것이 확인되었다. 또 봉분 속에서는 우마 등 큰 짐승을 묻었던 시설도 발견되었
다. 여기에 묻은 동물이 무엇인지는 알 수 없으나 앞에서 언급하였듯이 순장 성
격의 순생殉牲이라기보다는 제생으로 보는 것이 좋을 것으로 판단된다. 이는 봉
분 축조와 관련된 의례의 결과일 것이다.

---

[7]　목관묘로 표현하였으나 운구하여 하관하는 본래의 목관이 아니고, 간단하게 판재를 현지
에서 조립해 시신을 매납할 수 있도록 한 시설이거나 목판을 깔고 시신을 안치한 것으로 볼 수
있다.

결국 이 고분에는 주피장자 외에 주곽 주피장자 발치에 1인, 7기의 광내 소형
묘에 7인, 부곽에 2인 등 적어도 10인의 순장자가 매장된 것이 확인된다. 그러나
주곽의 길이를 감안하면 주곽 내부에도 순장자가 더 배치되었을 가능성이 크고,
봉분 내 순장을 인정하면 순장자의 수는 더 늘어나 적어도 13인이 된다.

제1유형

주부곽식의 고분으로 주부곽의 둘레에 10여기 이상의 순장곽이 ㅁ자상으로 배
열된 것이다. 지산동 44호분과 45호분이 여기에 해당한다.

지산동 44호분 순장 양상

지산동 44호분은 1기의 주곽과 2기의 부곽, 32기의 소형 석곽으로 구성된 지금까
지 조사된 대가야 고분 가운데 가장 복잡한 구조를 가지고 있다. 이 복잡성은 그 규
모와 함께 5세기 후반 또는 6세기 초의 대가야왕릉으로 인식할 수 있는 것으로 지산동 순장묘를 대표한다. 비록 도굴이 심하여 주피장자가 착장한 성복유물을 확인할 수 없으나 대도를 착장하고 있던 것은 확인되어 남성인 왕으로 볼 수 있다.

봉분은 동서 27m, 남북 25m, 사면 하부에서 높이 6m이다. 봉분 내부의 주체는 할석으로 축

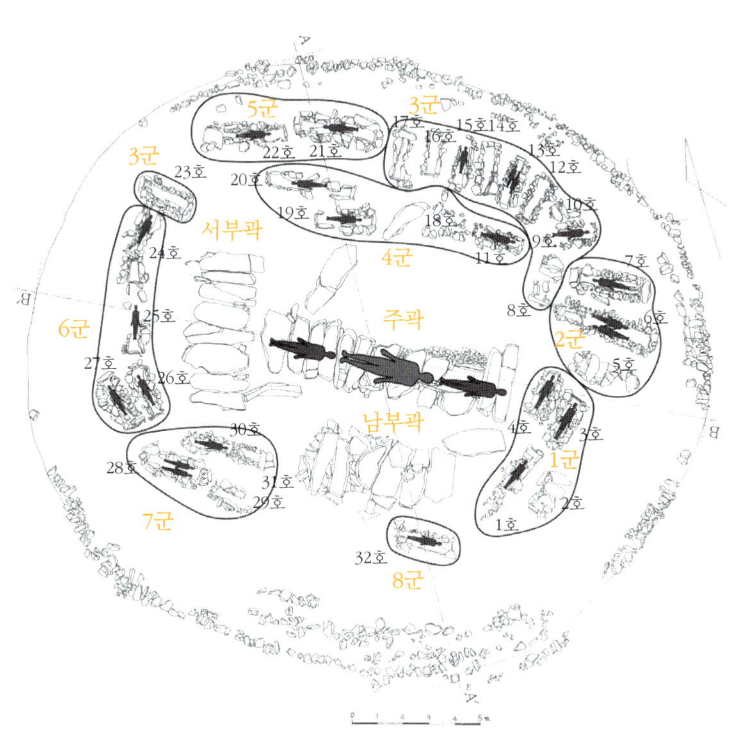

조한 주곽을 정 가운데 서북-동남향으로 설치하고, 그 서쪽에 주곽과 엇갈리는 방향으로 할석으로 축조한 하나의 부곽(서곽)과 그 남쪽에 주곽과 평행하게 역시 할석으로 축조한 또 하나의 부곽(남곽)을 설치한 1주곽 2부곽의 주부곽식 석곽이다. 고분 호석 내부의 이 주부곽 둘레에 할석과 판석을 혼용하거나 판석으로 축조한 32기의 소형 석곽을 설치하였다. 이 소형 석곽들은 크게 두 종류로 나눌 수 있는데, 주곽의 장벽 또는 단벽과 나란하게 돌아가며 설치된 것(평행배치)과 엇갈리는 방향으로 설치된 것(교행배치)이 그것이다. 이 중 후자는 앞에서 논의한 바와 같이 배장석곽으로 볼 수도 있다. 또 소형 석곽 가운데는 부장칸을 구분한 것이 몇 기 관찰된다. 부장칸은 석곽의 피장자 머리맡이나 발치를 칸막이로 구분한 것으로 4기(1·18·20·25호)가 이에 해당한다.

주곽에는 중앙에 목곽을 설치하였고, 그 가운데 주인공을 두향을 동남으로 하여 목관 속에 안치하였다. 이 목곽의 바깥 주인공의 머리맡과 발치 유물부장공간에 각각 순장자를 매장하였다. 그 수는 확인할 수 없으나 적어도 각 1인(순장자 1,2)이 있었던 것은 확실하다. 이들 순장자의 두향도 후술하는 지산동 45호분의 예로 봐서는 주인공과 같이 동남침으로 추정되고, 목관 등 별도의 장구를 사용하지는 않은 것 같다. 두 부곽에도 각각 순장자를 배치하였음은 확인할 수 있으나 정확한 수는 알 수 없다. 각각의 너비가 후술하는 소형 석곽(너비 0.3~0.65m)보다 넓은 점에서 2인 이상을 나란하게 안치시킬 수 있는 공간(너비 1.3m 이상)이 되므로 더 많은 순장자가 매장되었을 가능성이 있으나 여기서는 편의상 각 1인(순장자3,4)으로 파악한다. 주곽과 평행한 남부곽의 순장자는 주인공과 같이 동남침으로 배치한 것으로 추정되고 각 순장자의 성복유물로 볼 수 있는 것은 하나도 없고 토기만 출토된 것으로 보고되어 있다.

순장곽으로 불리는 32기의 소형 석곽 가운데는 토기만 출토되어 부곽으로 볼 수 있는 것이 2기가 있다. 14호와 16호로 석곽의 배치 상태로 보아 각각 15호와 17호에 병렬배치된 부곽으로 판단되고 있다. 또한 석곽의 속에 피장자나 유물이 발견되지 않은 것이 있는데, 허장으로 불리는 이것이 모두 4기(8·10·12·31호)이다. 이 가운데 31호는 30호와 칸막이로 연결된 것으로 실제는 하나의 석곽으로 볼 수 있는 것이고, 나머지 3기는 모두 북측의 교행배치로 단독곽이다. 이 교행배치의 석곽 가운데 허장으로 알려진 10호는 9호, 12호는 13호와 근접하여 나란하게 배치된 것이 확인되는데, 같은 배치의 주부곽식 2기를 고려하면 이들도 병렬의 주부곽식이었을 가능성이 있게 된다. 그러하다면 모두 27기의 석곽이 배치된 셈이고 이들 가운데 6기가 교행배치, 21기가 평행배치가 된다.

소형 석곽은 다시 대략 몇 개의 군집으로 나눌 수 있다. 먼저 앞에서 언급한 교행배치(3군 :8~10·12~17호·23호)를 한 것이 구분되고, 평행배치를 한 것은 주피장자의 머리맡에 배치를 한 4기(1군 :1~4호), 그 우측에 배치를 한 3기(2군 :5~7호), 주피장자 우측의 서측에 근접하여 배치를 한 4기(4군 :11·18~20호), 이와 좀 떨어져서 배치를 한 2기(5군 :21·22호), 주피장자의 발치에 배치를 한 5기(6군 :24~27호), 주피장자 좌측의 서측에 배치를 한 3기(7군 :29~30호), 주피장자 좌측 동측에 배치를 한 1기(8군 :32호) 등이 그것이다.

이들 소형 석곽에 매장된 인골은 모두 27구가 확인되었다.[8] 대부분은 한 석곽에서 1구의 인골이 확인되었으나 5·6·11·13·21호 석곽에서 각 2구, 28호 석곽에서 3구가 합장된 것이 확인되었다. 그리고 인골이 확인되지 않았으나 독립된 석곽으로 볼 수 있는 것이 모두 5기(4·17·18·23·25호)이다. 따라서 소형 석곽에는 모두 32인 이상이 매장된 셈인데, 교행배치 석곽의 매장자가 5인, 평행배치의 매장자가 27인이다.

소형 석곽의 매장자는 인골분석에 의하면 성별이나 연령이 감정되는 것이 모두 27인으로 성별이 확인되는 21인 가운데 남성이 10인, 여성이 11인이다. 또 연령대가 확인되는 것은 모두 24인으로 소아 또는 유아가 3인, 10대인 약년이 1인, 20대인 성년 전반이 5인, 30대인 성년 후반이 8인, 40대인 숙년 전반이 5인, 노년이 1인이다. 이 가운데 유아나 소아는 모두 다른 매장인과 합장된 특징이 있다.

이상의 결과를 종합하면 지산동 44호분에는 주피장자 외에 주곽에 최소 2인,

---

8 이하 순장자에 대한 인골의 동정은 김재현(2009)의 의견을 따른다. 이 의견과 발굴보고서의 주강(1979)에 의한 분석은 약간의 차이가 있으나 크게 다르지 않고 김재현의 분석이 더 세밀하다.

부곽인 남곽과 서곽에 최소 2인, 순장곽에 최소 32인이 매장된 셈이다. 따라서 주피장자 외에 최소 36인 이상이 매장된 것이 된다. 그리고 이 36인이 모두 순장 자이거나 31인이 순장자이고 나머지 5인은 배장된 것으로 볼 수도 있다. 지산동 45호분의 주부곽 순장자를 고려하면 주곽에 3인, 두 부곽에 4인이 순장되었을 가 능성도 있어 많게는 40여인이 순장된 것으로 볼 수도 있다.

지산동 45호분 순장 양상

지산동 45호분은 1기의 주곽과 그 부곽, 1기의 중형 석곽(1호 석곽)과 10기의 소형 석곽으로 구성되었다. 봉분의 규모는 남북 23.5m, 동서 22m, 사면 하부에 서 높이 7m 정도이다. 44호의 후면에 배치되었고, 그보다 좀 늦지만 유사한 시기 에 축조되었으며 44호분보다 약간 크기가 작은 점, 출토유물의 현상 등으로 보아 주인공은 여성으로 추정되어 대가야 왕비의 능으로 볼 수 있다.

봉분 내부의 주체는 할석으로 축조한 주곽을 정 가운데 동북-서남향으로 설 치하고, 그 남동쪽에 그와 나란하게 할 석으로 축조한 하나의 부곽을 설치한 주부곽식의 석곽이다. 또 고분 호석 내 부의 이 주부곽 둘레에 할석으로 축조 한 비교적 큰 석곽 1기와 할석만을 또는 할석과 판석을 혼용하거나 판석만을 사 용해 축조한 소형 석곽 10기를 설치하 였다. 주부곽 외의 석곽은 약간 엇갈리 게 배치된 것도 있으나 대략 주부곽의 장벽, 단벽과 평행하게 돌려진 평행배 치이다.

주곽에는 중앙에 목곽을 설치하였고, 그 가운데 두향을 동북으로 한 주인공

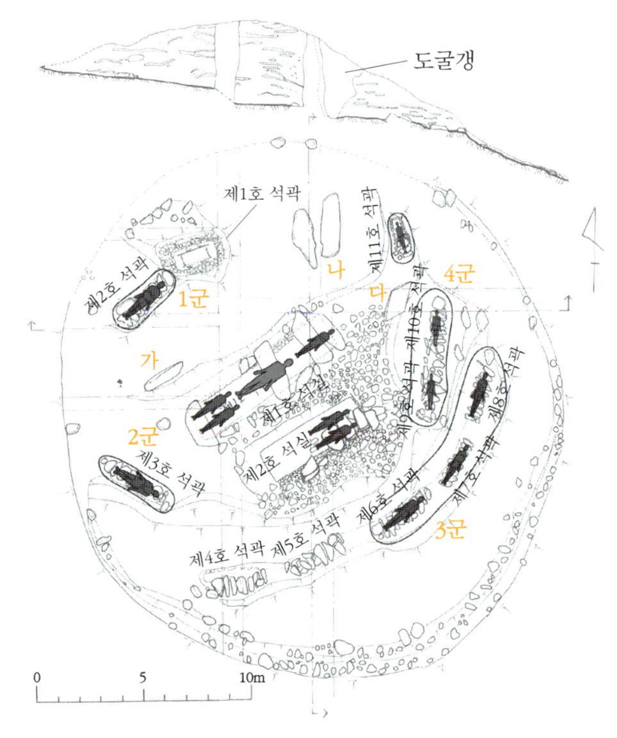

도11-6_ 지산동 45호분 순장자 배치
(윤용진·김종철 1979 개변)

을 목관 속에 안치하였다. 이 목곽의 바깥 주인공의 머리맡과 발치 유물부장공간에 각각 순장자를 배치하였다. 머리맡에는 1인(순장자1)의 순장 흔적이, 발치에서는 2인(순장자2,3)의 순장 흔적이 확인되었다. 이중 순장자1은 금제수하부이식, 곡옥부경식, 환두대도를 착장한 것으로 추정되어 남성으로 추정된다. 그리고 발치의 순장자2는 금제수하부이식과 유리경식을 착용하였고, 순장자3은 은제이식을 착용하였는데, 주변에서 금동관이 출토되어 이것을 소지하고 있었을 가능성이 있다. 이들 순장자의 두향도 주인공과 같은 동북으로 판단되고 목관 등의 다른 장구는 확인되지 않아 직장으로 추정된다. 주곽과 평행한 부곽에는 동북부에 1인(순장자4)의 순장 흔적이 확인되었으나 그 흔적이 북쪽으로 치우쳐 있고, 남쪽에 비교적 넓은 공간이 남아있어 거기에 1인(순장자5)이 더 매장되었을 가능성이 크다. 순장자4는 금제수하부이식과 곡옥부경식, 도자를 착용하고 있다. 주곽과 부곽의 순장자는 모두 직장된 것으로 추정된다.

순장곽으로 불리는 주부곽의 둘레에 조성된 석곽 11기는 주인공의 우측에 2기(1·2호), 발치에 1기(3호), 좌측에 5기(4~8호), 머리맡에 3기(9~11호)로 구분된다. 인골의 출토 정황을 알 수 없으나 알려진 2호 석곽에는 숙년 전반의 남성과 성년 후반의 여성이 합장되었고, 이 여성에게서는 출산흔이 확인되었다.[9] 그리고 4호 석곽과 5호 석곽에서는 교란된 흔적이 전혀 없었음에도 불구하고 인골이나 유물의 흔적이 전혀 발견되지 않았다. 이 가운데 5호 석곽은 칸막이의 부장칸을 가지고 있기도 하다. 이렇게 부장칸까지 축조하면서 아무런 유물이나 인골 매장 흔적이 없는 것은 유기물의 부장이 이루어졌던 것도 아니라 허장(윤용진·김종철 1979:274, 이영식 2012:216)으로 불리는 것이었음을 분명히 한다.

착장유물의 위치로 파악한 각 소형 석곽의 피장자들은 발치의 3호 석곽 피장자가 동남향인 외에 모두 동북향, 혹은 북향으로 피장자의 두향과 유사한 방향을 택하고 있다. 배장석곽으로 보이는 1호 석곽을 제외하면 할석만을 사용해 축조한 것이 5기(3, 4, 6~8)이고, 판석만 사용한 것이 3기(5·9·10호), 할석과 판석을

---

9   45호분 2호 석곽에서는 40대의 남성 1인의 인골이 발견된 것으로 알려졌으나 김재현(2009:521)의 분석에 의하면 30대의 출산흔이 있는 여성의 인골이 함께 매장되었다.

혼용한 것이 2기(2·11호)이다. 석곽 가운데 판석으로 축조한 9호와 10호는 긴 석곽을 칸막이로 구분한 연결석곽이라는 특징이 있고, 2호 석곽은 족측에 칸막이한 부장칸을 두고 있다. 이들 순장자는 모두 석곽 외의 별다른 장구 없이 직장되었다.

소형 석곽의 순장자들도 양질의 장신구를 착장하고 있는 특징이 있다. 2호 석곽에서 은제수하부이식과 도자, 3호 석곽에서 금동수하부이식과 도자, 6호 석곽에서 은제이식과 도자, 7호 석곽에서 금제수하부이식, 은제수하부이식과 도자, 10호 석곽에서 금제이식과 도자, 11호 석곽에서 은제수하부이식과 도자가 출토되어 순장자가 화려한 복식을 착용하고 있었음을 알려준다. 이중 7호 석곽은 2쌍의 이식이 출토되어 2인이 순장된 것을 알려준다.

이상의 결과를 종합하면 지산동 45호분에는 주피장자 외에 주곽에 3인, 부곽에 2인 정도, 순장곽에 적어도 10인이 매장되어 순장자가 모두 15인 이상이고, 1인이 배장된 것으로 판단할 수 있다. 그리고 주인공의 주검이 발생하여 무덤 축조를 기획할 때에는 더 많은 순장이 계획되어 소형 석곽이 배치되었으나 어떤 연유이든 4호 석곽과 5호 석곽에는 순장이 시행되지 않았음을 알 수 있다. 칸막이까지 설치하며 축조된 5호 석곽이 빈 채 남아 있음은 무덤의 축조와 순장의 시행시기가 달랐음을 의미하는 것으로 보인다.

제2유형

주부곽식의 고분으로 주부곽의 둘레에 몇 기의 순장곽이 ㄷ자상으로 배열된 것이다. 지산동 30호분과 74호분이 여기에 해당한다.

지산동 30호분 순장 양상

지산동 30호분은 1기의 주곽과 1기의 부곽, 주부곽 둘레 4기의 소형 석곽, 주곽의 하부석곽으로 구성되었다. 봉분은 동서 18m, 남북 15m이며 주곽의 개석 상면부터 1.5m 높이가 남아 있었다. 주곽은 할석으로 축조한 것으로 봉분의 정 중

도11-7_ 지산동 30호분 주피장자와 순장자 배치
(영남매장문화재연구원 1998b 개변)

앙에 동북-서남 방향으로 설치되었고, 그 서남부에 역시 할석으로 축조한 부곽을 배치하였다. 순장곽으로 추정되는 석곽은 주곽의 하부와 좌우에 각각 주곽과 평행한 방향으로 1기씩 배열되었고, 부곽의 반대편인 주피장자의 머리맡에 단벽과 평행한 2기의 석곽을 연결시켜 배치하였다.

주곽에는 목곽을 설치하고 피장자를 목관에 안치하여 매장하였다. 워낙 도굴이 심하여 주피장자의 머리맡과 발치에 순장이 시행되었는지는 알 수 없다. 부곽도 도굴이 심하여 매장원상을 알 수 없으나 유물이 서북부에만 남아 있고, 동남부가 비어있는 점으로 미뤄 이곳에도 순장자가 배치되었을 가능성이 크다. 부곽의 너비로 보아서는 2인의 순장자가 배치되었을 수도 있다. 주곽의 하부에 할석과 판석을 혼용하여 축조한 석곽이 요갱과 같이 축조된 특징이 있는데, 이 소형 석곽도 크기로 봐서는 순장곽으로 볼 수도 있으나 확실하지 않다. 주피장자의 착장유물이 남아있지 않아 그 성격을 알 수는 없다.

주부곽의 둘레에 평행배치된 4기의 석곽은 주피장자의 좌측에 1기(3호), 우측에 1기(2호), 두측에 2기(1-1,2호)이다. 이 가운데 두측의 2기는 긴 석곽의 중앙에 판석을 세워 칸막이한 연결석곽이다. 이들 순장곽은 주곽의 개석이 덮이고 난 후에 축조된 것으로 확인되었다. 순장된 인골의 흔적은 2호 석곽에만 남아 있어 순장 양상을 파악할 수 없으나 적어도 각 소형 석곽에 1인이 매장된 것으로 볼 수 있다. 확인된 2호 석곽의 인골은 유아 또는 소아로 감정되었다. 이 순장자는 금동관을 착용하고 있었으며 도자가 함께 출토되었다. 각 순장자는 모두 석곽 외에 별다른 장구 없이 직장된 것으로 판단된다.

이상의 결과를 종합하면 이 고분에는 주피장자 외에 하부석곽 1인, 부곽에 1인 이상, 둘레 석곽에 4인 등 적어도 6인의 순장자가 매장되었음이 확인된다. 이 가운데 하부 석곽을 피장자의 장례 중에 발생한 근친자의 죽음으로 축조된 배장 성격의 고분으로 본다고 하더라도 적어도 5인이 순장된 것이 된다.

지산동 74호분 순장 양상

지산동 74호분은 1기의 주곽과 1기의 부곽, 주부곽 둘레 2기의 소형 석곽으로 구성되었다. 봉분의 기저에 돌린 호석은 장경 10m, 단경 9.8m이고 평면이 6각형에 가까운 원분이었다. 주곽은 할석으로 축조한 것으로 봉분 중앙에 동북-서남향으로 축조되었고, 그 서남부에 역시 할석으로 축조한 부곽을 배치하였다. 순장곽으로 추정되는 석곽은 주곽의 좌우에 그와 나란하게 1기씩 배열되었다.

도11-8_ 지산동 74호분 주피장자와 순장자 배치
(조영현 2012 개변)

주곽의 내부에서 꺾쇠와 관정이 출토되는 것으로 보아 목곽이 설치되고 그 속에 시신을 납입한 목관이 안치되었다. 주곽의 내부에 주피장자의 발치인 서남단벽측에 납작한 할석을 깐 시설이 발견되어 거기에 순장이 행해졌을 가능성이 있다. 부곽은 상당부분 도굴되었으나 북반부에 배치된 토기들이 서편으로 편재하고 그 동편이 공지로 남아 있고 거기서 도자가 출토된 점으로 미루어 1인이 순장된 것으로 보인다. 이 순장자는 직장되었다.

주곽의 북편에 설치된 소형 석곽은 할석으로 축조한 것이고, 남편에 설치된 소형 석곽은 판석으로 축조되었고 모두 목관·곽의 사용흔적은 없다. 각 소형 석곽에 1인이 매장된 것으로 보이고 이들은 금동이식을 착용하고 있다.

이상의 결과를 종합하면 이 고분은 주피장자 외에 주곽에 1인, 부곽에 1인, 두 소형 석곽에 각 1인 등 모두 4인 정도의 순장자가 매장된 것이 된다. 주곽의 길이를 감안하면 주피장자의 두부에도 순장자 1인을 배치할 수 있는 공간이 되어 5인이 순장되었을 가능성도 있다.

제3유형

부곽이 없이 주석곽의 옆에 나란하게 1기의 순장곽을 배치한 형식이다. 지산동 32호분과 34호분이 여기에 해당한다. 지산동고분군 외에 본관동 34~36호분, 반계제 가A호와 다A호도 이 형식에 속한다.

지산동 32호분 순장 양상

지산동 32호분은 주곽인 할석으로 축조한 석곽과 그 좌측에 평행하게 축조된 소형 석곽 1기로 구성되었다. 봉분은 장경 13.1m, 단경 12.6m가 남아 있었고, 호석으로 판단한 묘역의 규모는 직경 11.2m이다. 주곽은 봉분의 중앙에 동북-서남향으로 축조되었고, 소형 석곽은 그 동남부에 주곽과 평행하게 배치된 것으로 역시 할석으로 축조되었다.

주곽은 중앙부에 목곽을 설치하였고, 그 속에 주피장자를 목관에 안치하여 매장하였다. 주피장자는 동북침으로 판단되고 대도를 착용하고 있는 점으로 미뤄 남성으로 판단된다. 목곽의 바깥 주피장자의 발치 유물군 하부에서 주피장자와 같이 동북침을 한 순장자의 흔적이 확인되었다. 이 피장자에게서 다른 착장유물은 발견되지 않았으나 그 발치에서 금동관이 발견되어 이를 소지하고 있었던 것으로 볼 수 있다. 순장곽인 소형 석곽은 파괴되고 일부만 남아 있어 매장원상을 알 수 없으나 피장자는 동북침으로 추정된다. 따라서 32호분에는 주피장자 외에 2인의 순장자가 매장된 것으로 판단되는데, 모두 석곽의 내부에 직장된 것으로 추정된다.

도11-9_ 지산동 32호분 주피장자와 순장자 배치
(경상북도 1998 개변)

지산동 34호분 순장 양상

지산동 34호분은 주곽인 할석으로 축조한 석곽과 그 좌측에 평행하게 축조된 소형 석곽 1기로 구성되었다. 봉분의 호석은 장경 14.5m, 단경 11m이고 봉분의 높이는 주곽 개석 상면에서 1.6m였다. 주곽은 봉분의 중앙에 동북-서남향으로 축조되었다. 소형 석곽은

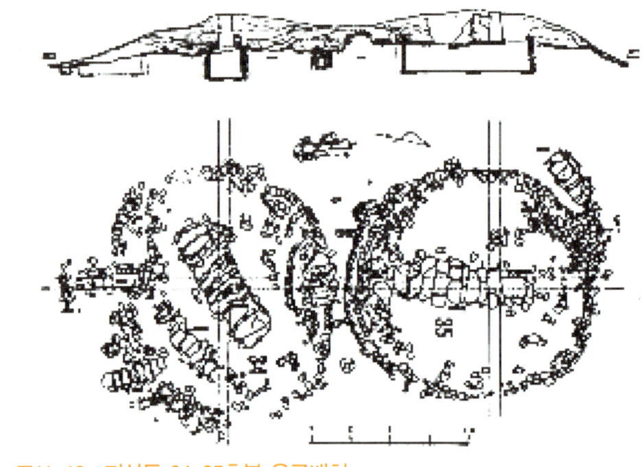

도11-10_지산동 34·35호분 유구배치
(계명대박물관 1981에서)

그 동남부에 주곽과 평행하게 배치된 것으로 역시 할석으로 축조되었다.

주곽의 내부에서는 꺾쇠나 관정 등의 장구와 관련된 유물이 발견되지 않았다. 따라서 주피장자는 석곽의 내부 중앙에 직장된 것으로 판단되고 두향은 동북으로 추정되고 있다. 주곽의 주피장자 머리맡인 동북부에서 치아의 파편이 확인되어 순장자가 배치되었음이 확인되었다. 이 순장자도 주피장자와 같이 동북침이고 별다른 착장유물은 발견되지 않았다. 순장곽인 소형 석곽에는 1인이 매장된 것으로 추정된다. 동북침으로 직장되었으며 별다른 착장유물은 발견되지 않았다. 결국 이 34호분에는 32호분과 같이 주피장자 외에 2인의 순장자가 매장되었다.

제4유형

부곽이나 순장곽이 설치되지 않은 형식이다. 지산동 33호분과 지산동 35호분이 여기에 해당한다.

두 고분은 모두 독립된 원분으로 중앙부에 할석으로 축조한 석곽만으로 구성된 것으로 33호분은 봉분 호석의 장경 8.2m, 단경 7m, 35호분은 호석의 장경 12.8m, 단경 11.3m이다. 석곽의 장축은 모두 남-북향이고 33호의 경우 목관의

사용 흔적이, 35호분의 경우 목곽과 목관의 사용 흔적이 있다. 주피장자는 두 고분 모두 북향이고 여성으로 추정되고 있다. 각각 목곽이나 목관의 북측과 남측 공간에 유물을 부장한 것으로 보이는데, 북측인 주피장자 두측의 공간에서 대도편이 같이 출토되었다. 이로 보면 그 공간에 각각 남성의 순장자를 배치했을 가능성이 크나 대도가 단순한 부장품이고 순장이 시행되지 않았을 가능성도 있다.

_지산동고분군 순장의 전개와 특징

순장의 전개

고령지역에 순장이 시행되기 시작한 시점은 아직 알 수가 없다. 신라나 금관가야 지역의 경우는 이미 목곽묘 단계인 3세기 후반 또는 4세기 초에는 순장이 시행된 흔적(김용성 2009a:204, 경성대박물관 2000)이 확인되고 있는데, 고령지역의 경우도 4세기 중후반대에는 순장이 시행된 것으로 추정된다. 특히 반절된 채 조사된 쾌빈리 1호 목곽묘(영남매장문화재연구원 1996)의 경우 목곽의 보강토인 토단 위에서 순장의 흔적으로 보이는 시설[10]이 발견되었고, 내부에도 순장이 시행되었을 가능성이 크다. 따라서 앞으로 더 앞 시기의 대형목곽묘가 조사되면 순장의 시작 시기가 더 소급될 수 있을 것이다.

고령지역에 목관묘 단계가 종언을 고하고 지산동에 고총이 축조되면서는 순장이 고총의 보편적인 장법으로 사용되었음이 확인된다. 지산동 고총 가운데 가장 이른 시기로 볼 수 있는 지산동 73호분에 이미 10인 정도의 순장 흔적이 확인되었다. 그리고 여기에서 이어지는 지산동 75호분에서도 적어도 10인의 순장을 추정할 수 있다. 이후 지산동 30호분, 35호분 등에서 위계에 따라 순장곽의 배치 형식이 성립되는 등 순장묘주의 폭이 넓어지고 있음이 확인된다. 이후 5세기 후반

---

10 조영현(2013)의 발표에서 이 시설이 순장과 관련되었음을 지적한 바 있다.

또는 6세기 초[11]에는 44호와 45호 등으로 보아 다른 어느 지역보다도 많은 수의 순장자를 매장하는 풍습이 발생하여 순장의 전성기에 이르는 것으로 보인다.

이렇게 발전한 대가야의 순장이 언제 소멸하였는지는 확인할 수 없다. 이는 대가야 말기에 해당하는 고총의 발굴이 없었기 때문일 터인데, 지산동 44호분과 45호분보다 늦게 조성된 것으로 믿어지는 그 상위에 분포하는 금림왕릉으로 전하는 현47호분(구39호분)(藤井和夫 2002)에서 소형 석곽이 조사된 바 있고, 그 후면에 분포하는 고분 봉분의 크기로 보아 상당한 기간 더 순장의 풍습이 유지되었을 가능성이 크다.

따라서 현재의 자료로는 대가야의 순장은 늦어도 5세기 초에 출발해서 빨라도 6세기 전반까지의 기간에 시행되었다고 할 수 있고, 대가야가 멸망하기 직전인 6세기 중엽 무렵까지 유지되고 있었을 가능성도 있다.

지산동 순장묘의 순장은 일률적이지 않고 시간이 흐르면서 변화한 것이 감지된다. 특히 순장자의 배치 방식과 순장자의 수가 변화하는데, 이를 초기형식과 전성기형식으로 구분해서 살필 수 있다.

초기형식인 지산동 73호분과 75호분은 주곽의 내부와 부곽에 순장이 시행되었을 뿐 아니라 묘광의 내부에 순장곽이 설치된 특징이 있다. 73호분은 동혈묘광의 주부곽식이기 때문에 주부곽을 둘러싼 보강석의 석단에 ㄷ자상으로 순장곽을 설치하였다. 그러나 75호분은 이혈묘광의 주부곽식으로 주곽의 묘광을 아주 넓게 파고 그 가운데 축조된 석곽의 뒤채움 토난에 순장곽을 ㄴ자상으로 돌아가게 배치하였다. 약간의 차이가 있지만 묘광이 깊어 이층대라고도 할 수 있는 묘단에 순장자를 배치한 점에서는 동일하다. 한편 후자는 순장곽을 설치함에 있어서 주곽 묘광의 벽면을 벽으로 삼아 ㄷ자상, 또는 ㄴ자상으로 석축하여 순장곽을 조성한 특징이 있다. 이는 작업의 효율성이 고려된 때문으로 보인다.

---

11 여기에서 고분의 연대는 박천수(2009:597)의 안을 따르되 지산동 30호분과 35호분의 연대를 5세기 2/4분기로 약간 늦추어 보고자 한다. 이는 옥전 23호분 출토의 신라토기를 5세기 전반에 두는 필자의 연대관에 따른 것이다. 그리고 부부로 추측하는 지산동 35호분과 34호분, 33호분과 32호분을 한 세대 간격의 세트라면 두 세대는 각각 5세기 2/4분기와 5세기 3/4분기로 보는 것이 좋을 것이다.

이렇게 묘광 내 순장곽 조성 방식은 순장묘가 대가야식의 본격적인 수혈식석곽으로 바뀌면서 같이 변화하게 되었다. 정형화된 대가야식 수혈식석곽 가운데 비교적 이른 시기의 것으로 지산동 30호분과 35호분을 들 수 있다. 이들은 석곽을 축조할 지면과 내부 석곽의 상면 레벨이 같아져 고분의 축조과정에 묘광 내부의 매토가 생략되게 되었다. 따라서 순장곽도 지면으로 올라와 배열되었다. 그러나 주곽과 부곽의 순장은 지속된다. 이러한 순장곽의 배치 형식은 전성기인 44호분과 45호분까지 이어진다.

따라서 지산동 순장묘에서 순장은 주부곽의 순장은 지속적이고, 별도의 묘곽을 축조하여 순장을 시행하나 그 배치는 묘광 내부에서 외부 별곽으로 바뀌는 것으로 정리할 수 있다. 그러한 변환 시기는 지산동 30호분과 35호분의 예에서 보듯이 대가야식 수혈식석곽의 완성과 괘를 같이하는 것으로 5세기 전반쯤으로 볼 수 있을 것이다.

지산동 순장묘 가운데 최고위계의 대형묘로 볼 수 있는 것은 5세기 초의 73호분과 75호분, 5세기 후반 이후의 44호분과 45호분을 들 수 있다. 이들은 해당 시기 지산동에 고분을 축조한 최고 위계자의 무덤, 즉 대가야의 왕이나 왕비의 왕묘로 인식할 수 있다. 그런데 전자는 75호분에서 10인 정도의 순장자가 확인되나 후자인 44호분에서는 적어도 30여인 이상의 순장자가 확인되고 있다.

이렇게 같은 위계에서 순장자의 수가 크게 증가하는 것은 대가야가 5세기 후반에 들어 전격적으로 발전한 현상을 지적해 주는 것으로 볼 수 있다. 즉 5세기 초에는 대가야가 아직 광역의 영역을 지배하는 국가로서 성립되지 않아 순장의 대상이 제한적이어서 그 수가 적었으나 후반에 이르러 주변 지역을 복속시킴으로써 광역의 영역을 지배하기 시작했고, 따라서 지배집단 권력의 성장과 함께 순장의 대상도 늘어난 것으로 해석될 수 있다.

한편 아직 자료의 미비로 그 현상을 명확하게 짚어내기가 곤란하지만 대가야의 성장에 따라 순장을 시행할 수 있는 지배층의 범위가 확대됨을 관찰할 수 있다. 시간을 고려하지 않고 고령지역 순장묘의 순장자 수만을 가지고 그 위계를 나누면 앞에서 나눈 제1유형을 1등급, 제2유형을 2등급, 제3유형과 제4유형을 3

등급으로 규정할 수 있다. 그리고 초기형식은 제2등급의 상위에 둘 수 있다. 즉 15인 이상의 순장이 행해진 제1등급, 5인 정도의 순장이 행해진 제2등급, 1인이나 2인의 순장이 행해진 3등급으로 구분되고 10인 내외의 순장이 행해진 것이 초기형식이다.

이렇게 등급별로 구분해 놓고 보면 제2등급과 제3등급은 초기형식보다 더 나중인 5세기 전반에 출현한 것이 확인되고, 제1등급은 더 나중인 5세기 후반 이후에 출현한 것이 된다. 이러한 사실은 적어도 지산동고분군에서 순장묘의 축조가 처음에는 국의 최고위계집단에 한정되어 있었으나 시일이 흐르면서 순장을 시행하는 계층의 폭이 넓어졌음을 의미한다고 할 수 있다. 그리고 최종적으로 순장을 시행할 수 있는 계층은 적어도 3개의 그룹으로 나누어져 있었다는 것을 알려준다. 이는 지산동고분의 축조 세력이 처음 고총을 축조할 때는 신라의 지방소국과 유사하여 고령지역의 영역을 크게 벗어나 발전하지 못했으나 시일이 흐르면서 영역을 확장하여 5세기 후반 이후에는 광역의 정치체인 본격적인 초기국가 대가야로 발전한 현상(김용성 2012a:293~301)과 연결된다.

순장의 특징

대가야 순장의 가장 큰 특징은 순장자의 수에 있다. 신라 순장묘의 순장자 수는 10인을 넘지 않는다. 왕릉으로 인지되는 황남대총의 남분과 북분에 각각 적극적으로 해석할 때 10인의 순장이 유추되고 유일한 순장의 기록에도 왕의 순장에 남녀 각 5인으로 기록되어 있다. 그리고 지방의 순장묘 가운데 비교적 많은 순장이 행해진 경우도 순장자 수는 5인 내외에 불과하다. 금관가야의 경우 6인 이하(김수환 2005:57), 아라가야의 경우 5인 내외(김수환 2010:48)가 보편적이다. 그러나 지산동의 왕릉급인 44호분에서 최소 31인, 많게는 40여인이, 왕비릉급인 45호분에서 최소 15인이 순장되어 그 수에서 다른 지역을 압도한다. 또한 지산동 순장묘의 순장자 수를 검토하면 대략 1인, 2인, 5인 내외, 10인 내외, 15인 내외, 30인 내외나 40인 내외 등 5인 미만은 개별 수의 순장, 그 이상은 5의 배수와

10의 배수였을 가능성을 시사한다.

　지산동을 비롯한 대가야지역 순장묘에서 주부곽에 순장자를 배치하는 것은 영남지방 순장묘의 일반적인 현상이다. 그러나 신라권을 비롯한 영남 다른 지역의 경우 대가야와 같이 별도의 묘곽을 조성하여 순장자를 배치하는 현상은 아직 찾아지지 않는다. 최근 조사된 김해 대성동 88호와 91호 목곽묘(대성동고분박물관 2013)에 비록 목곽의 외부 보강토인 토단 위에 순장이 시행되어 곽 외 순장이 인정되고, 신라 적석목곽묘의 석단 위에 순장이 시행되었으나 이들도 별도의 묘곽을 축조해 순장자를 안치하지는 않았다. 따라서 대가야 순장의 가장 커다란 특징의 다른 하나가 순장자를 위한 묘곽이 조성되었다는 점일 것이다.

　순장묘의 주피장자와 순장자의 배치에 있어서 지산동의 순장묘는 주피장자를 가장 아래에, 그리고 중앙에 배치하고자 하는 의도가 명확하다. 주곽에 목곽을 설치하고 그 중간 목관에 주피장자를 안치하고 목곽의 바깥 두부와 족부의 유물 부장처에 순장자를 안치하였고, 주피장자의 묘곽을 둘러싸고 순장곽을 배치한 것은 중심의 가장 아래에 주피장자를 두어 구분하고자하는 의도가 확실하다. 그리고 순장자의 두향도 주피장자와 같은 방향을 유지하려고 의식한 것도 발견된다. 이러한 현상은 순장의 근본 목적인 '선환좌우旋環左右 이위사자以衛死者'의 방식(김용성 역 2011:128)이 그대로 적용된 것이고, '심존천비深尊淺婢'의 형식도 지켜졌음을 알 수 있다.

　이에 비하여 신라권 순장의 경우 주피장자 머리 위에 순장자를 배치하는 현상은 잘 보이지 않는다. 다른 가야지역도 마찬가지이다. 가장 잘 알려진 경산 임당 순장묘의 경우 주곽의 주피장자 발치에 순장자를 두향이 다르게 배치하고 발치에 있는 부곽에 순장자를 배치(김용성 2009a:213)하여 주피장자의 머리 위로 순장자가 배치되는 경우는 없다. 다만 경주 적석목곽묘의 경우 석단에 순장자를 배치함으로써 심존천비의 형식은 지켜진다. 즉 신라의 경우 주피장자 머리 쪽을 상위로 하여 가장 상위에 주피장자가 자리하고, 좌우와 그 아래에 순장자를 배치하여 주피장자가 순장자를 거느리고자 한 의도가 보여 대가야와 다른 양상이다.

　순장을 하기 위해서는 순장자를 살해하거나 산채 매장하여야 한다. 지산동의 경우 어떠할까 고려하면 산채 매장의 경우보다는 살해하여 매장했다고 할 수 있다. 그것은 순장묘라는 거대한 고분을 축조하기 위해서는 상당한 시일이 걸렸을 것이고, 그 사이에 상장의례의 각종 의식이 행해졌을 것이라는 점에서 찾을 수 있다.

지산동의 순장자는 주피장자와 같이 주곽과 부곽에 순장된 자와 별곽을 축조하고 매장된 것으로 나눌 때 이들은 동시성이라기보다는 시차가 있었을 것이다. 순장묘의 축조 방식을 고려할 때 비록 초기형식은 분명하지 않으나 등급화된 후대의 형식에서는 이것이 명확하다.

순장묘의 축조는 묘광의 굴착, 주석곽의 축조, 내부 목곽의 축조, 하관과 유물 부장, 목곽의 복개, 석곽의 복개, 순장곽의 축조, 봉분의 조성 등의 순서를 유추할 수 있다. 이 가운데 순장곽의 축조가 주석곽의 축조와 같이 이루어졌을 가능성은 있으나 지산동 30호분의 경우는 석곽의 복개가 이루어진 이후 순장곽이 축조된 것으로 밝혀졌다. 다 그러한지는 아직 알 수 없고, 허장으로 불리는 순장곽이 축조되었으나 순장자가 거기에 매장되지 않은 45호분의 일부 순장곽(4호와 5호)의 경우로 보아서는 순장곽 순장이 주부곽 순장과 동시에 이루어진 것은 아니라는 점은 분명하다. 이 경우는 73호분과 75호분의 묘광 내 순장묘곽으로 보아 주석곽과 함께 순장곽의 축조가 이루어졌고, 그때 순장자의 수나 대상이 정해져 있었으나 특수한 사정으로 인해 순장이 시행되지 않은 사람이 있었다는 것을 알려주기 때문이다.

이 점은 주피장자와 함께 주검이 안치되는 순장자인 주곽과 부곽의 순장자와 달리 순장곽 순장자는 더 후에 매장되었다는 것을 알려준다. 즉 주인의 하관시 순장이 행해지고, 주석곽이 복개된 후 순장이 행해져 나타나는 현상으로 보인다. 특히 후자의 경우 순장자를 살해한 상태에서 매장한 것이지 산채 소형 석곽 속에 매장하고 봉분을 축조해 올라갔다고 볼 수 없게 한다. 30여인을 산채 소석곽에 매장했을 때의 아우성은 문제가 되기 때문이다. 또한 대부분 순장곽에는 그 순장자를 위한 간단한 공헌유물이 부장되어 사후 매장되었음을 보여준다. 따라서 대가야에서 순장자의 살해 시기는 알 수 없지만 그 매장 시기는 주피장자의 하관시와 봉분의 축조가 이루어지기 직전의 성분제 성격의 의례에서 행해진 것으로 볼 수 있다. 또한 주피장자의 죽음이 발생하고 고분의 축조가 시작되었을 때 순장이 기획되나 고분의 축조, 빈장 등의 기간에 변화가 발생하여 순장의 대상도 바뀌는 것으로 볼 수 있다.

순장묘의 주인은 앞에서 언급한 바와 같이 대가야의 왕과 왕족을 포함한 상위 위계의 인물일 것이다. 3등급으로 구분되는 이들 가운데 왕과 왕비로 부를 수 있는 1등급을 제외하면 대가야의 귀족층으로 볼 수 있다. 제3등급의 순장묘형은 지산동고분군 외에 본관동고분군, 합천 반계제고분군 등에서도 발견된다. 이러한 등급은 또 대가야가 초기국가로 완성된 이후 지방의 최고지배자와 비견된다. 그러므로 대가야에 부체제가 시행(노중국 1998:454)되고 있었다면 적어도 부의 지배자급으로 볼 수 있게 된다. 따라서 대가야 순장묘주는 대가야의 상위 귀족과 왕과 왕족이라고 할 수 있다. 이는 신라의 경우도 마찬가지로 경주의 왕과 왕족, 최고 귀족, 지방 소국의 간층 지배자 가족이 순장묘주로 인정되고 있다(김용성 2009a:223).

이들 순장묘주는 같은 등급이라 하더라도 남녀의 차별이 있었다. 왕으로 추정되는 44호분(최소 31인)과 왕비로 추정되는 45호분(최소 15인)의 순장자 수에서의 차이, 남성으로 추정되는 32호와 34호(제3유형)에서는 주곽의 순장 외에 순장곽이 조성되었으나 여성으로 추정되는 33호와 34호(제4유형)에서는 주곽에만 순장이 시행되었을 가능성이 있을 뿐 순장곽이 조성되지 않은 차이가 이를 알려준다.[12] 45호분의 순장자 수는 44호분의 1/2에 불과하고, 부부 중 남성으로 추정되는 32호와 34호는 2인, 여성으로 추정되는 33호와 35호는 1인이 순장되었거나 순장이 시행되지 않아 마찬가지이다. 이는 대가야에서는 주피장자의 성별에 따라 순장자의 수가 차등이 있었음을 명확하게 알려주는 것으로 신라와 다른 현상이다.

---

[12] 대가야 고총 묘주의 남녀 구분은 착장유물이 대부분 도굴되어 파악하기 힘들다. 그러나 신라의 경우를 참고하면 대도를 확실하게 착용한 지산동 32호, 73호, 75호, 반계제 가A호는 남성으로 볼 수 있다. 이중 지산동 73호와 75호에서는 발치에도 환두대도의 뭉치가 부장되고 있다. 이에 반하여 피장자가 착장하지 않고 대도가 출토된 고분으로서 지산동 32호와 세트를 이루는 33호, 34호와 세트를 이루는 35호, 45호에서는 머리 측에 대도가 부장되었다. 뿐만 아니라 전자에는 발치에서 갑옷류 등 중장무기가 많이 출토되었으나 후자에서는 그러한 유물이 빈약하다. 따라서 전자는 남성, 후자는 여성으로 볼 수 있게 된다. 다만 지산동 44호와 45호, 32호와 33호, 34호와 35호가 부부인지는 알 수 없다.

신라의 왕과 왕비로 추정되는 황남대총 남분과 북분의 순장자를 적극적으로 해석하면『삼국사기』지증왕 3년조의 기록과 같이 10인 내외가 되고, 경산 임당의 경우도 남성과 여성 순장묘주의 순장자 수에서 차이를 엄격하게 찾을 수 없기 때문이다. 이는 당시 대가야의 지배세력이 무장적인 성격을 가지고 있었음과 관련되는 것으로 볼 수 있다. 신라와 달리 대가야의 고총이라고 하면 대부분에서 갑주 등의 중장무기가 출토되어 신라와 다른데, 이것은 지배세력의 성격과 관련된 것이 아닌가 한다.

그러면 이들 순장묘에 순장된 인물은 누구일까? 비교적 순장자의 수가 많고 인골이 출토되어 분석된 지산동 44호분을 중심으로 이를 찾아보도록 하자.

기존의 연구(김종철 1984, 이영식 2012)에서 지산동 44호분 11호 석곽의 피장자는 대도 등의 무기를 가지고 있어 호위무사로, 마구류를 소지한 25호 석곽의 피장자는 주인의 시종자로, 주석곽의 피장자는 시비, 부곽의 순장자는 창고지기 등으로 추정되었다. 44호분의 순장곽 가운데 무기를 소지한 경우는 11호 석곽 뿐이며, 마구를 소지한 경우는 25호 석곽 뿐이다. 따라서 이들은 선행 추정과 다르지 않을 것이다. 또한 부곽은 사후생활을 위한 유물을 가져간 창고 역할을 하는 것임으로 창고지기이며 주인의 재산을 관리하는 자일 가능성이 크다고 볼 수 있다. 이러한 사실은 순장자가 주인공에게 봉사하던 인물, 즉 근신자라는 것을 알려준다. 이를 대표적인 존재로 보면서 다시 순장자의 신분과 직능에 대해 접근해 보도록 하자.

지산동 44호분의 순장자는 최소 31인이고, 교행배치의 소형 석곽도 순장자로 보면 최소 36인이다. 이 가운데 성별이 확인되는 순장곽에 순장된 자는 남성 10인과 여성 11인이다. 이 점에서 적어도 순장곽 순장자는 남녀 성별의 차이가 없었고, 남녀가 모두 대상이었음이 명확하다. 다음 연령대가 확인되는 것은 유아나 약년인 미성년자가 3인, 20대가 5인, 30대가 8인, 40대가 5인, 60대 이상 노년이 1인으로 모두 22인이다. 주부곽의 순장자가 어떠한지는 알 수 없으나 순장의 주된 대상이 성년인 20~40대임을 알 수 있다. 지산동 73호분의 순장자 역시 마찬가지로 밝혀진 것은 20대와 30대의 젊은이가 주류이고 10대 후반의 여성만 좀 어리다. 이는 비록 미성년이나 노년이 섞여 있지만 순장자가 대부분 경제활동을 하고 있던 사람이라는 것이 된다. 즉 주인공의 사후에도 노동으로 주인을 위해 봉사할 수 있는 연령대가 주된 대상이었다는 것이 된다.

순장곽 순장자 가운데 유아나 약년인 미성년자와 노년의 여성(29호 석곽)이 섞여 있는데, 이들은 경제활동을 하는 연령대가 아니라고 볼 수 있다. 이들이 섞여 있음은 순장의 대상이 개별 인물에 한한 것이 아니고 가족이 대상(이영식 2012:215)으로 된 경우도 있었을 것임을 알려준다.

44호분의 순장곽을 앞에서 나눈 8개의 군집에 따라 살펴보면 주피장자 두측에 평행배치된 1군의 4기 순장곽 가운데 3호 석곽의 순장자가 30대이다. 2군인 우측의 두측에 평행배치된 3기 순장곽 가운데 5호 석곽에는 40대의 여성과 20대의 성별 미상인이, 6호 석곽에는 30대의 남성과 20대의 남성이, 7호 석곽에는 20대의 남성이 순장되었다. 4군인 중앙부 우측에 평행배치된 4기의 순장곽 가운데 11호 석곽에서는 40대의 남성과 유아가, 19호 석곽에는 40대의 여성이, 20호에는 30대의 여성이 순장되었다. 이중 11호 석곽의 남성이 앞에서 언급한 무기류를 소지한 순장자이다. 5군인 4군의 바깥에 평행배치된 2기의 석곽 가운데 21호 석곽에는 10대의 남성과 소아가, 22호 석곽에는 20대의 여성이 순장되었다. 6군인 주피장자 발치에 평행배치된 4기의 순장곽에는 24호 석곽에 출산흔이 있는 40대의 여성이, 26호 석곽에 20대 남성이, 27호 석곽에 20대 여성이 순장되었다. 7군인 주피장자의 좌측 발치에 배치된 4기 가운데 28호 석곽에 40대의 여성과 소아, 그리고 연령 미상의 남성이, 29호 석곽에 노년의 여성이, 30호 석곽에 30대의 남성이 순장되었다. 한 기가 독립된 주피장자 좌측 두부측인 8군의 32호 석곽에는 20대의 여성이 순장되었다. 그리고 교행배치된 3군에는 9호 석곽에 30대의 남성, 13호 석곽에 30대의 남성과 연령 미상의 여성이, 15호 석곽에 30대의 여성이 매장되었다.

위의 배치에서 주피장자 우측의 두부에 평행배치된 2군과 단독배치인 8군을 제외하면 대략 남녀 성인이 쌍을 이루고 거기에 노년과 유아나 약년 등이 추가된 현상을 보여준다. 이는 이들 군집이 대략 가족단위를 의미하는 것으로 볼 수 있게 한다. 그리고 가족 단위로 묶인다면 순장의 대상에 가족 단위가 존재했음을 의미한다. 이는 지산동 45호분 2호 석곽에 40대의 남성과 출산흔이 있는 30대의 여성이 합장된 현상에서도 가능성을 찾을 수 있다. 따라서 지산동 44호분에는 개별적인 순장자도 존재했으나 가족 단위가 함께 순장되었다는 것이 된다. 이렇게 가족 단위가 순장의 대상인 경우가 신라권에도 있을 가능성이 있으나 아직 확실한 증거는 보이지 않고 있다.[13]

그러면 이들 순장자의 지위는 어떠했을까? 44호분의 주곽과 부곽의 순장자가 소지했던 착장유물은 모두 도굴되어 그 현상을 알 수 없다. 그러나 45호분의 주곽 머리맡 순장자는 금제수하부이식과 경식을 착용하고 있고, 환두대도도 소지하고 있다. 발치의 순장자 가운데 1인은 금제수하부이식과 유리경식을, 나머지 1인은 은제이식을 착용하고 있고, 금동관을 소지하고 있었을 가능성이 크다. 또 부곽의 순장자 가운데 1인은 금제수하부이식과 곡옥부경식을 착용하고 있다. 44호분의 주곽과 부곽 순장자도 이와 유사했을 가능성이 크다. 다음 44호분의 순장곽 순장자는 금제수하부이식을 착용한 경우가 3인(6호, 11호, 32호), 금제이식을 착용한 경우가 1인(4호), 은제이식이나 금동이식을 착용한 경우가 4인(3호, 6호, 26호, 29호)이다. 따라서 이식을 착용한 순장자는 8인으로 순장곽 순장자의 25%를 점유한다. 도굴이 심했음을 감안하면 이식을 착용한 순장자의 비율은 훨씬 더 높았을 것이다. 45호분 순장곽의 경우는 순장곽에 순장된 10인 가운데 7인이 금제수하부이식(1인), 은제수하부이식(3인), 금동수하부이식(1인), 금제이식(1인), 은제이식(1인)을 착용하고 있어 70%를 점유한다.

대가야 고분에서 착장유물을 가지고 위계를 구분하는 것은 워낙 도굴이 심하여 어려운 실정이다. 그러나 금제수하부이식은 아무 고분에서 출토되지 않는 유물이고, 소환의 이식도 그리 흔하지 않은 유물이다. 일반 고분으로 생각되는 대가야왕릉전시관부지(영남문화재연구원 2006)와 역사관부지(경북문화재연구원 2000)의 대가야시기 고분 210기 가운데 이식이나 경식이 출토된 고분은 20기, 지산동 32-35호 주변석곽 15기(계명대박물관 1981) 가운데 5기에서 이식이 출토되었고, 본관동 주변석곽 9기(계명대박물관 1995)에서는 이식이 전혀 출토되

지 않았다. 따라서 대가야 일반 고분 234기 가운데 착장장신구가 출토된 고분은 대략 10% 미만에 해당한다. 만약 이식만을 따지면 더 줄어들 것이다. 그리고 이들 가운데 금제수하부이식이 출토된 경우는 대가야왕릉전시관부지 I지구 40호 묘 1기에 불과하다(〈표11-2〉 참조).

표11-2_순장묘 외 착장유물 출토 고령지역 고분

지구	고분	묘제			크기(단위 m)				착장유물	기타
					길이	너비	높이	면적		
왕릉전시관1지구	2호	할석석곽	단곽식	양단부장	3.60	0.85	0.90	3.1	금제이식,곡옥부경식	
	3호	할석석곽	단곽식	양단부장	3.40	0.75	0.50	2.6	금제이식,봉황문대도	
	38호	할판석곽	부장칸	족단부장	2.35	0.40	0.60	0.9	금제이식,대도	
	40호	할석석곽	단곽식	양단부장	4.05	0.80	0.90	3.2	금제수하부이식,곡옥부경식,은제천	
	53호	할석석곽	단곽식	양단부장	3.30	0.70	1.15	2.3	금제이식	
	57호	할석석곽	유목곽	양단부장	4.20	0.80	1.12	3.4	유리경식	목관장
	66호	할석석곽	단곽식	양단부장	4.00	0.80	0.60	3.2	금제이식	
	107호	할석석곽	단곽식	양단부장	3.60	0.70	0.58	2.5	금동태환,금제이식,곡옥부경식	
	136호	할석석곽	단곽식	양단부장	3.55	0.80	0.60	2.8	금제이식	
	145호	할판석곽	단곽식	두단부장	1.88	0.50	0.85	0.9	관옥	
왕릉전시관2지구	1-2호	판석석곽	단곽식		0.70	0.40	0.25	0.2	유리경식	
	7호	할석석곽	단곽식	양단부장	4.00	0.75	0.88	3.0	금제이식	목관장
	16호	할판석곽	부장칸	두단부장	2.90	0.50	0.50	1.5	금제이식,대도	
	25호	할판석곽	단곽식	양단부장	2.50	0.55	0.70	1.4	금동이식	목관장
	33호	판석석곽	단곽식	양단부장	3.15	0.60	0.95	1.9	삼엽환두대도, 금제이식	
	70호	할석석곽	단곽식	양단부장	3.55	0.75	0.62	2.7	금제이식,곡옥부경식	
	91호	판석석곽	단곽식	족단부장	1.22	0.25	0.33	0.3	유리경식	
	96호	할판석곽	단곽식		2.60	0.45	0.60	1.2	금제이식,유리경식	
	113호	할판석곽	단곽식	족단부장	2.45	0.45	0.53	1.1	금제이식	
	120호	할석석곽	단곽식		3.50	0.75	0.25	2.6	금제이식	
역사관	10호	할판석곽	부장칸	두단부장	3.70	0.80	0.65	3.0	금동이식,환두대도	
	43호	할석석곽	단곽식	양단부장	3.95	0.80	0.80	3.2	금동이식	
	55호	할판석곽	부장칸	양단부장	2.90	0.55	0.60	1.6	금동이식	
	32NE-1	할석석곽	단곽식	두단부장	3.32	0.70	0.90	2.3	금제이식,봉황문환두대도	
	32NW-1	판석석곽	단곽식	양단부장	1.75	0.51	0.55	0.9	환두대도	
	32NW-2	판석석곽	단곽식	양단부장	1.30	0.40	0.45	0.5	금동수하부이식	소아
	32SW-6	판석석곽	단곽식	두단부장	1.57	0.44	0.45	0.7	유리경식	
	35NW-2	판석석곽	단곽식		0.87	0.36	0.43	0.3	유리경식	
	연결석곽	할석석곽	이중석곽부장칸	양단부장	2.60	0.65	0.70	1.7	금제이식,유리경식,대도	소아

본관동 9기의 무봉분 석곽 중 1기에서만 유리구슬 출토. 지산동 영남대발굴분(영남대박물관 2004)의 12기 대가야 고분에서는 대도의 착장 예는 3기이나 이식은 6호 출토 금제이식이 유일하다.

이러한 사실은 적어도 대가야고분의 착장유물에 의한 위계를 금제수하부이식, 금제이식이나 금동 또는 은제의 수하부이식, 금동 또는 은제의 소환이식, 이식이 출토되지 않는 고분 등으로 나눌 수 있음을 의미한다. 이중 금제수하부이식은 상당한 신분을 가진 인물을 의미한다. 금제수하부이식이 대략 대가야의 지방고총에서 출토되고 있는 점을 감안하면 그것을 착용한 인물은 지방의 최고지배자나 바로 그 하위의 인물로 볼 수 있다. 반면에 이식이 출토된 비율로 보면 이식을 착용한 고분의 피장자는 적어도 자영농 가운데도 유력한 인물, 즉 자연촌의 유력 인물 정도로 볼 수 있다.

이러한 기준으로 살펴보면 지산동 44호분과 45호분에 순장된 인물은 지방고총주에 버금가는 지위를 가졌거나 그보다 약간 하위의 인물부터 일반민과 유사한 지위를 가진 인물로 구성되었다는 것이 된다. 그러나 대가야의 귀족으로 보이는 2등급과 3등급 순장묘의 순장자는 금동이식을 착용한 경우만 발견되고 있어 일반민과 자연촌 유력자 정도의 지위를 가지고 있었던 것이 된다. 결국 주피장자의 지위에 따라 순장자의 지위도 연동되고 있으며 특히 왕묘급의 순장자에는 귀족층과도 비견되는 인물도 있었다는 것이 된다. 특히 주곽과 부곽에 순장된 인물의 지위가 그러하다.

이렇게 다양한 지위를 가진 순장자들의 구체적인 직능은 무엇일까를 고려하면 앞에서 언급한 선행연구를 참조할 수 있다. 즉 호위무사, 재산관리자, 시종 등의 근신자가 성립된다. 이에 대해 착장유물을 가지고 좀 더 살펴보도록 하자.

먼저 주곽 두부의 순장자가 대도를 소지하고 있는 현상이 발견된다. 지산동 45호분, 33호분, 35호분 두부에서 대도가 출토되었는데, 특히 45호분의 경우 두부의 순장자가 소지한 물품일 가능성이 크다. 이 45호분 두부 순장자는 금제수하부이식과 곡옥부경식을 착용하고 있는 고위의 인물이다. 이러한 사실에서 이 45호분 주피장자 두위의 순장자는 무사로 규정지을 수 있을 것 같다. 그러하다면 이 무사는 주피장자에 가장 근접하여 호위하는 인물이라고 할 수 있다. 주피장자가 여성인 33·35·45호분에서 이러한 현상임을 감안하면 순장묘주의 성별에 따라 순장자 성격이 달랐을 가능성이 크다. 즉 남성의 경우는 44호분의 무기를 소지한 호위무사로 본 11호 석곽의 순장자와 같이 별곽에 매장되었으나 여성은 두위에 호위무사를 순장한 것으로 볼 수 있다. 그러나 남성으로 추정되는 순장묘의 묘주 두위에서는 무기가 별로 발견되지 않는 점으로 보아 시중을 들던 비첩 등이 거기에 순장되었을 가능성이 크다.

이에 비해 주곽의 족측부장처 순장자는 다른 성격을 가지고 있는 것 같다. 대가야 고총의 족측부장처에서 출토되는 유물 가운데 주목되는 것은 마구류와 금동관, 모형철기 등이다(김용성 2011a:476). 지산동 고분에서 금동관의 경우 출토위치는 45호분 족측부장처, 30호분 우측 순장곽, 32호분 족측부장처이고, 관식의 경우 73호분 주곽 서순장곽(족측)에서 출토되었다. 즉 금동관이나 관식의 경우 주피장자가 착용한 정치적 위세품이 아니고 족측부장처나 순장곽에 부장되어 있다. 이는 그것이 피장자의 신분을 나타내는 유물이라기보다는 의례용구의 가능성이 더 큼을 알려준다. 모형철기 역시 의례용구로 볼 수 있다. 그리고 마구의 경우, 특히 장식마구도 장례행렬을 감안하면 의례와 관련된 유물(김용성 2009b:335)로 볼 수 있는 여지가 있게 된다. 따라서 족측부장처에 매장된 순장자 중에 의례를 집행하거나 의례용 물품을 관리하는 인물이 있을 가능성이 농후해진다. 다만 남성으로 추정되는 순장묘주의 발치에서는 중장무기가 많이 발견되는데, 이는 이들 무기를 관리하는 인물인 무사가 거기에 매장되었을 가능성을 크게 한다.

고대국가에서 "국지대사國之大事 재사여융在祀與戎"(『춘추좌전』 성공 13년조)이라는 일반적 원칙을 생각할 때 주피장자의 주위 인물에 바로 무사와 의례와 관련된 인물이 들어감을 이해할 수 있다. 의례와 관련된 지산동 45호분 족측부장처의 순장자 2인 가운데 1인은 금제수하부이식과 유리경식을 착용하였으나 나머지 1인은 은제이식을 착용하고 있어 차등성이 있다. 이는 서로 신분이 달랐다는 것을 의미할 터인데, 주관자와 보조자, 즉 사수와 조수로 볼 여지가 있게 된다. 또 금동관을 고려하면 종묘제사에서의 시동尸童과 같은 성격의 인물도 상정해 볼 수 있다.

경산 임당유적의 경우 주곽의 순장자는 여성이거나 미성년자가 많다. 이는 그들을 시녀나 시동侍童 등으로 볼 수 있게 한다. 그러나 부곽의 순장자는 청장년의 남성이 많다. 그리고 그 가운데는 무기를 소지하거나 농공구를 소지한 인물이 눈에 띤다. 이러한 사실에서 부곽의 순장자는 재산관리인일 가능성을 높여준다. 따라서 지산동과 신라의 경우를 대비하면 부곽의 순장자는 같은 재산관리자인 창고지기로 볼 수 있으나 주곽의 순장자는 그 성격이 아주 다름을 엿볼 수 있다.

지산동 순장곽 순장자에도 시비나 비첩이 존재했지 않을까 상정해 볼 수 있다. 그러나 그 흔적을 쉽게 찾을 수 없다. 신라권에서는 아직 발견되지 않고 있는 지산동의 순장곽 순장자는 앞에서와 같이 위계의 폭이 넓고, 가족 단위도 존재한 특징이 있다. 그리고 44호분에서는 여성만 군집을 이루는 현상은 발견되지 않는다. 이러한 점에서 대가야의 순장곽 순장자 가운데는 비첩의 존재를 쉽게 인정할 수 없다. 시비나 비첩이라고 하더라도 당시에는 상당한 신분일 터인데, 44호분 순장곽에는 10대 후반의 여성은 보이지 않고, 20대나 30대 여성으로는 5인이 확인되나 군집을 이루어 가족 단위의 성원일 가능성이 큰 것이 대부분이고, 32호석곽의 금제수하부이식을 착용한 20대 여성만 눈에 띨 뿐이다. 이 순장자가 시녀나 비첩일 가능성은 있다(이영식 2012:210~216). 그러하더라도 남성이 묘주인 대가야의 순장곽에 시비나 비첩 순장은 흔하지 않은 현상임을 알려준다. 그러나 묘주가 여성인 경우는 달랐을 가능성도 있다.

결국 대가야 순장묘의 순장자는 주곽의 경우 호위무사와 의례관련자, 비첩, 부곽의 경우 재산관리자가 되고, 순장곽에는 다양한 계층의 인물이 순장되었고, 그 직능도 다양했음을 알 수 있다. 순장곽에도 시비나 비첩이 존재했을 가능성도 있으며 말을 다루는 시종, 무사 등도 확인된다. 이외 주피장자의 생활을 각 방면에서 봉사하는 인물이 상정될 수 있다.

맺음말 – 순장과 사후세계

대가야 고총의 대표적이며 왕묘급인 지산동 44호분에 2기의 부곽이 설치되었고, 그 주부곽을 둘러싸고 32기의 소형 석곽이 배열된 것은 후장이라는 당시의 장제에 기인한 것으로 볼 수 있다. 고분에 별도의 부곽을 축조하고 거기에 실생활에 사용되었던 많은 유물을 부장한 것은 신라와 대가야의 사후관과 관련된 것으로 계세사상에 의한 것이라고 요약할 수 있다. 계세사상은 죽은 후의 세계에서 삶이 현재의 삶을 이어간다는 의미로 볼 수 있다. 즉 현생에서의 지위나 권력이 유지되며 사후세계의 생활이 현생의 일상생활과 다르지 않다는 의미로 해석된다. 따라서 사후의 세계가 현세의 세계와 같은 것으로 인식되며 죽은 후의 세계에서 삶을 위하여 많은 생활유물을 저승으로 가져 간 것이 후장으로 나타나는 것이다. 이러한 후장의 가장 적극적인 표현이 대가야의 순장이라고 할 수 있다.

순장은 종교적 행위의 하나로 시작된 희생의 한 범주로 인신희생, 즉 인생人牲과 밀접한 관련이 있다고 할 수 있다. 그러나 순장은 인간을 제의의 제물로 인식하여 희생하는 인생과는 달리 주인을 위해 함께 죽이는 것으로 인순人殉이라고도 한다. 인생이란 원시종교의 사상에서 기원한 것으로 조령祖靈에게 음식을 제공하는 개념으로 시행되는데 비하여 인순은 주인이 사후에도 인력을 사용하기 위해 데려간다는 개념에서 시행되어 다른 것이다(김용성 역 2011:10~19).

대가야의 순장묘에 순장된 사람은 호위무사, 의례관련자, 재산관리자, 시종, 비첩 등을 포함하여 주피장자 가까이에서 주인의 생활 각 방면에서 봉사하는 성격의 근신자들이고, 가족 단위가 인정되는 것도 특징이다. 이것은 바로 순장의 근본 목적인 사후세계에서 사용하기 위해 데려갔다는 것을 적극적으로 지적해 준다. 순장자가 대부분 노동력이 있는 젊은이 위주였음은 바로 주인을 위해 봉사하는 대상으로서 순장자가 정해졌음을 의미한다.

신라의 경우도 근신자인 시동과 시녀, 호위무사나 재산관리자 등의 순장이 시행된 것이 관찰된다. 그러나 가족이 단위가 되고 각종의 직능을 가진 봉사자 모두가 대상이 되지는 않았다. 이러한 것이 명확하게 보이는 것은 대가야의 순장뿐이다.

중국의 신석기시대 부녀와 영아의 순장, 단지 육욕을 충족시키는 대상인 여성이 위주가 된 전국시대 일부와 진한 이후 비첩순장이나 명청시기 궁비순장과는 그 범위가 다르다. 유사한 것으로는 중국 은상시기 이후 전국시대에 걸쳐 시행된 근친, 신하와 집안의 하인 순장, 말과 마부의 수레구덩이 순장 등이 있다(김용성 역 2011). 특히 춘추시기 진秦의 목공穆公(기원전 660~621)에게는 고위의 신하인 삼량三良을 비롯한 177인이 순장되었다는 기록(『사기・진본기』 진목공 39

도11-11_진도 옹성 진공묘의 순장

년조)이 있어 순장이 무력적인 지배자와 관련됨을 알려준다. 이를 증명하는 것이 신분차가 있는 166인의 순장이 시행된 진秦 경공景公(기원전 577~537)의 묘로 추정되는 진도秦都 옹성雍城의 진공묘秦公墓〈도11-11〉이다(김용성 역 2011:307~308).

여기에서 대가야 순장의 성격이 국가의 형성과 발전 과정에 나타나는 현상이었음과 대가야 지배세력이 무력에 기반하였음을 알 수 있다. 대가야 순장묘에 특히 많은 중장무기가 출현하고 묘주의 성별에 따라 순장자의 수가 차별화되었음은 그러한 이유일 것이다.

이 점에서 대가야 순장의 큰 특징을 규정할 수 있을 것이다. 그것은 다른 어떤 지역보다도 사후관인 계세사상에 충실하게 대가야 지산동의 순장묘가 축조된 것에서 나온 것으로 보인다. 철저하게 주피장자를 중앙의 아래에, 순장자를 그를 둘러싼 주위에 배치하여 선환좌우旋環左右하여 이위사자以衛死者하는 모습도 바로 그러한 의미로 받아들일 수 있다. 또한 고분이 축조된 곳이 항시 자기가 살던 곳을 바라볼 수 있는 곳이라는 점도 그러한 의미일 것이다.

참고문헌

국문

강봉원, 2012, 「신라 적석목곽분 출현과 기마민족의 역할에 대한 비판: 위신재유물을 중심으로」, 한국고대사학회 제127회 정기발표회 발표논문, 한국고대사학회.

강원문화재연구소, 2007, 『강릉 초당동유적Ⅲ』.

강인구, 1981, 「신라 적석봉토분의 구조와 계통」, 『한국사론』7, 서울대학교국사학과, pp.3~68.

______, 1998, 「창녕계성리계남 북5호분」, 『청계사학』14집 별책, 한국정신문화연구원 청계사학회.

______, 2000, 『고분연구』, 학연문화사.

강현숙, 「고구려 고분과 신라 적석목곽묘 교차편년에서의 몇 가지 논의」, 『한국상고사학보』78, 한국상고사학회, pp.83~111.

경남고고학연구소, 2001, 『창녕 계성 신라고총군』.

경남대박물관, 2013, 『창원 덕천리유적』.

경남발전연구원, 2008, 『마산진동유적Ⅰ』.

____________, 2004a, 『창녕 우강리고분군』.

____________, 2004b, 『창녕 일리유적』.

경북대박물관, 1966, 『인동·불로동·고령고아동고분발굴조사보고』.

____________, 1996, 『안동 조탑리고분군Ⅱ('94)』.

____________, 1997, 「약목고분 발굴조사 재보고」, 『경부고속철도 대구·경북권문화유적 발굴예비조사보고서』.

____________, 1997, 「약목고분 발굴조사 재보고」, 『경부고속철도 대구·경북문화권유적 발굴예비조사 보고서』.

____________, 2000, 『경주 황성동유적Ⅲ·Ⅳ』

____________, 2002, 『학미리고분』.

____________, 2003, 『대구 화원 성산리1호분』.

____________, 2006, 『의성 대리리3호분』

____________, 2009, 『고령 지산동 44호분 -대가야왕릉-』.

경북문화재연구원, 2000, 『고령 지산동고분군』.

____________, 2004a, 『대구 문산정수장건설부지 내 달성 문산리 고분군Ⅰ지구 - 대형봉토분 1~4호 -』.

____________, 2004b, 『대구 불로동고분군 발굴조사 보고서』.

______________, 2005, 『성주 백전 예산리 토지구획정리사업지구 내 문화유적 발굴조사 보고서』.

______________, 2006, 『청도 봉기리 유적』.

______________, 2008a, 『김천 문당동유적』.

______________, 2008b, 『달성 죽곡리고분군』.

______________, 2010, 『청도 성곡리 유적』.

______________, 2012 『의성 대리리 2호분 I · II』.

경상남도, 1977, 『창녕계성고분군발굴조사보고』.

경상대박물관, 1990, 『합천옥전고분군II』.

______________, 1993, 『합천옥전고분군IV』.

______________, 1997, 『합천 옥전고분군VI』.

______________, 2004, 『의령 경신리고분군』.

경상북도 1998, 『가야문화도록』.

경성대박물관, 2000, 『김해 대성동고분군』.

경주대박물관, 2003, 『경주 황성동 고분군III』.

경주시 외, 2013, 『신라왕릉 학술조사연구보고서』.

계림문화재연구원, 2013, 『경주 신당리 산7번지 내 1호 석실분』.

계명대박물관, 1981, 『고령지산동고분군』.

______________, 1995 『고령본관동고분군』.

______________, 2000, 『경주 황성동유적II』.

______________, 2006, 『성주 성산동고분군』.

高久健二, 1995, 『낙랑고분문화연구』, 학연문화사.

고분문화연구회 역, 2011, 『왕릉의 고고학』(都出比呂志 지음), 진인진.

공주시 외, 2009, 『백제인의 무덤』.

곽장근, 2007, 「대가야와 섬진강」, 『5~6세기 동아시아의 국제정세와 대가야』, 고령군 대가야박물관 · 계명대
학교 한국학연구원, pp.101~143.

구자봉, 1997, 「경주인왕동총군의 목곽묘 출토토기 소개」, 『한국고대의 고고와 역사』, 강인구 편, 학연문화
사, pp.59~85.

국립가야문화재연구소, 2009, 『1500해 앞 16살 여성의 삶과 죽음-창녕 송현동 15호분 순장인골의 연구-』.

______________, 2011, 『창녕 송현동고분군I』.

______________, 2012, 『창녕 송현동고분군II』

______________, 2013a, 『창녕 교동고분군-주차장조성부지 내 유적발굴조사보고』.

______________, 2013b, 『창녕 송현동고분군-15~17호분 발굴조사보고』.

______________________, 2014, 『창녕 영산고분군』.

국립경주문화재연구소, 2001, 『신라 왕경』.

______________________, 2004a, 『경주 서악지구 지표조사 보고』.

______________________, 2004b, 『경주 손곡동·물천리유적』.

______________________, 2005, 『경주 황성동 석실분 906-5번지』.

______________________, 2007, 『신라고분 기초학술조사연구III』.

______________________, 2008, 『경주 구황동 황룡사지전시관 건립부지내 유적 발굴조사 보고서』.

______________________, 2009, 『경주 황남동 대형건물지-황남동 123-2번지 유적』.

______________________, 2012, 「경주 쪽샘지구 신라고분-E41호 적석목곽묘」.

______________________, 2013, 「경주 황남동 41호분 발굴조사 현장설명회」.

국립경주박물관, 1991, 『울진 후포리유적』.

______________, 1996, 『신라인의 무덤』.

______________, 1998, 『경주 죽동리 고분군』.

______________, 1999, 『영덕 괴시리 16호분』.

______________, 2000, 『경주 황성동유적I』.

______________, 2001, 『신라황금』.

______________, 2002, 『경주 황성동 고분군II - 513·545번지』.

______________, 2003, 『경주 조양동 유적II』.

______________, 2006, 『경주 구정동 고분』.

______________, 2007, 『영천 용전리 유적』.

______________, 2011, 『경주 보문동합장분』.

______________, 2014, 『천마, 다시 날다』.

국립경주박물관 외, 1990, 『경주 월성로고분군』.

______________, 2008, 『문화유적분포지도 -경주시-』.

국립경주박물관·국립제주박물관, 2008, 『신라, 서아시아를 만나다』.

국립광주박물관, 1988, 『함평 초포리유적』.

______________, 2003, 『보성 동촌리유적』.

국립김해박물관, 2010, 『비사벌』.

국립나주문화재연구소, 2006, 『나주 복암리 3호분』.

국립대구박물관, 2001, 『대구, 5000년』.

______________, 2002, 『소문국에서 의성으로』.

국립문화재연구소, 1995, 『청원 미천리고분군 발굴조사 보고서』.

________________, 2006, 『한국고고학저널 2005』.

국립박물관, 1964, 『호우총과 은령총』.

국립중앙박물관, 1985, 「경주 황성동 유적 발굴조사 보고」, 『국립박물관 고적조사보고』 17책.

________________, 1997, 『한국고대의 토기』.

________________, 1998, 『고고유물로 본 한국고대국가의 형성』.

________________, 2009, 『다호리유적 발굴 성과와 과제』.

________________, 2010, 『황금의 나라 신라왕릉 황남대총』.

________________, 2014, 「금관총과 이사지왕」.

________________, 2000, 『경주 노동리 4호분』.

국립중원문화재연구소, 2009, 『충주 누암리고분군 지표조사 및 발굴조사 보고서』.

국립진주박물관, 1987, 『합천 반계제고분군』.

________________, 1992, 『창녕 여초리토기가마터Ⅰ』.

________________, 1995, 『창녕 여초리토기가마터Ⅱ』.

국립춘천박물관, 2013, 『흙에서 깨어난 강원의 신라』.

권오영, 1991, 「고대 영남지방의 순장」, 『한국고대사논총』4, 가락국사적개발연구원, pp. 5~59.

______, 1996, 「삼한의 '국'에 대한 연구」, 서울대학교대학원 박사학위논문.

______, 2005, 『고대 동아시아 문명 교류사의 빛 무령왕릉』, 돌베개.

吉井秀夫, 2006, 「일제강점기 경주 신라고분의 발굴조사」, 『신라고분 100년 발굴조사』 국립경주문화재연구
       소 학술심포지엄. 국립경주문화재연구소.

김광명 외, 2009, 「고대 한국의 배묘 - 영남지방을 중심으로」, 『야외고고학』 제6호, 한국문화재조사연구기관
       협회, pp.5~43.

김구군, 2000, 「호형대구의 형식분류와 편년」, 『경북대학교 고고인류학과 20주년 기념논총』, 경북대학교 고
       고인류학과, pp.163~220.

김길식, 2009, 「다호리 1호묘」, 『한국고고학전문사전-고분편』, 국립문화재연구소, pp.247~250.

김대환 역, 2013, 『전방후원분과 사회』(쓰데히로시 지음), 학연문화사.

김대환, 2001, 「영남지방 적석목곽묘에 대한 연구」, 영남대학교 석사학위논문.

______, 2004, 「신라고총의 지역성과 의의」, 『신라문화』23, 동국대신라문화연구소, pp.115~146.

______, 2008, 「고분자료로 본 신라의 국가형성」, 『국가 형성의 고고학』, 사회평론, pp.65~105.

______, 2012a, 「한반도 국가형성론에서 '초기국가'의 제안」, 『한일지역 고대왕권과 국가의 형성』 영남고고학
       회 제2회 학술워크샵, 영남고고학회, pp.52~72.

______, 2012b 「임당유적 묘제의 신라화와 전통의 창조」, 『임당 발굴 30년 그리고 압독문화』, 영남문화재연구
       원, pp.77~102.

김동숙, 2002, 「신라·가야 분묘의 제의유구와 유물에 관한 연구」, 『영남고고학』30, 영남고고학회, pp.59~98.

______, 2008, 「원시와 고대의 장송의례 연구」, 『제51회 전국역사학대회 고고학부 발표자료집』, 한국고고학회, pp.137~158.

김두철, 2007, 「소위 사방식적석목곽묘의 검토」, 『고고광장』창간호, 부산고고학연구회, pp.229~254.

______, 2011, 「황남대총 남분과 신라고분의 편년」, 『한국고고학보』80, 한국고고학회, pp.63~102.

김상현, 2011, 「최대의 신석기시대 전기 공동묘지」, 『한국고고학저널 2011』, 국립문화재연구소.

김선주, 1994, 「신라 적석목곽분 피장자의 성별 문제 검토」, 한국정신문화연구원 석사학위논문.

______, 2002, 「황남대총의 주인공 재검토」, 『청계사학』16·17, 한국정신문화연구원 청계사학회, pp.135~158.

김세기, 1997, 「가야의 순장과 왕권」, 『가야제국의 왕권』, 인제대 가야문화연구소편, 신서원, pp.97~122.

______, 2003, 『고고자료로 본 대가야 연구』, 학연문화사.

______, 2004, 「대가야의 묘제」, 『대가야의 유적과 유물』, 대가야박물관, pp.187~215.

김수환, 2005, 「금관가야의 순장 - 김해 대성동고분군 순장양상을 중심으로」, 『영남고고학』제37호, 영남고고학회, pp.43~74.

______, 2010, 「아라가야의 순장 - 대형 순장묘를 중심으로」, 『영남고고학』 제55호, 영남고고학회, pp.45~74.

김용성, 1996, 「토기에 의한 대구·경산지역 고대분묘의 편년」, 『한국고고학보』35, 한국고고학회, pp.79~151.

______, 1997, 「대구·경산지역 고총고분의 연구」, 영남대학교 박사학위논문.

______, 1998, 「임당유적 간의 가계에 대한 시론」, 『신라문화』15, 동국대학교 신라문화연구소, pp.55~80.

______, 2001, 「고고자료를 통해 본 가야시기의 창녕지방을 읽고」, 『가야시기 창녕지방의 역사·고고학적 성격』, 국립창원문화재연구소, pp.73~75.

______, 2002, 「신라 고총의 순장」, 『고문화』59, 한국대학박물관협회, pp.64~87.

______, 2004, 「신라고총의 확산과정」, 『신라문화』23, 동국대신라문화연구소, pp.85~114.

______, 2006, 「호우총의 구조 복원과 피장자의 검토」, 『선사와 고대』24, 한국고대학회, pp.445~469.

______, 2009a, 『신라왕도의 고총과 그 주변』, 학연문화사.

______, 2009b, 「대가야 고총의 상장례」, 『대가야의 정신세계』 대가야학술총서 제7호, 고령군 대가야박물관·계명대학교 한국학학연구원, pp.297~339.

______, 2010a, 「신라 마립간기의 왕릉 황남대총」, 『황금의 나라 신라의 왕릉 황남대총』, 국립중앙박물관, pp.207~225.

______, 2010b, 「일본인의 신라고분 조사」, 『선사와 고대』33, 한국고대학회, pp.31~58.

______, 2011a, 「대가야 고총의 기본 묘형과 의의 -장례와 관련하여-」, 『고고학지』제17집, 국립중앙박물관, pp.457~479.

______, 2011b, 「대구 서북부 고총과 그 축조집단의 성격」, 『중앙고고연구』제8호, 중앙문화재연구원, pp.157~187.

______, 2011c,「신라 형성기 묘제와 경주지역 사회」,『신라 형성기의 유적』, 한국문화재조사연구기관협회, pp.669~687.

______, 2011d,「창녕지역의 신라고총과 그 의의」,『신라사학보』제22호, 신라사학회, pp.247~292.

______, 2012a,「신라 고총에서 본 대가야 지산동 고총의 특성과 의의」,『경북지역 가야고분군과 세계문화유산』, 경상북도·계명대학교 한국학연구원, pp.277~315.

______, 2012b,「경주 서악동 능원과 그 의의」,『인류학 고고학 논총 - 영남대학교 문화인류학과개설 40주년 기념논총』, 학연문화사, pp.673~691.

______, 2012c,「신라고총의 발생과 전개」,『삼국시대 국가의 성장과 물질문화I』, 한국학중앙연구원 공동연구팀, pp.79~107.

______, 2013a,「고령 지산동고분군의 순장과 사후세계」,『대가야 고분군의 세계문화유산 등재를 위한 국제학술대회』, 경상북도·계명대학교 한국학연구원, pp.147~171.

______, 2013b,「신라 능원의 의의」,『민족문화논총』제53집, 영남대학교 민족문화연구소, pp.1~43.

______, 2013c,「고총으로 본 신라의 국가형성과 발전」『중원문화의 숨결』, 중원문화재연구원, pp.200~211.

______, 2013d,「백제능묘의 구조, 성격과 신라 능묘의 비교」,『백제의 능묘와 주변국 능묘의비교 연구』, 백제역사유적지구 세계유산 등재 추진단 외, pp.81~119.

김용성 역, 2005,『한대 화상석의 세계』(申立祥 저), 학연문화사.

________, 2006,『한대의 무덤과 그 제사의 기원』(黃曉芬 저), 학연문화사.

________, 2011,『중국의 사람을 죽여 바친 제사와 순장』(黃展岳 저), 학연문화사.

김용성·강재현, 2012,「신라왕릉의 새로운 비정」,『야외고고학』제15호, 사단법인한국문화재연구조사기관협회, pp.175~207.

김용성·김대환, 2002,『달성고분 발굴조사』, 영남대학교박물관.

김원룡, 1974,『한국의 고분』, 교양국사총서 2, 세종대왕기념사업회.

김은주, 2008,「낙동강유역의 소형철제농공구 검토」,『낙동강 중류역의 고분문화』, 대구대학교 중앙박물관, pp.107~133.

김재원·윤무병, 1962,『의성 탑리고분』, 을유문화사.

김재현, 1997,「한국의 순장연구에 대한 검토」,『문물연구』창간호, 동아세아문물연구학술재단, pp.105~123.

______, 2009,「지산동 44·45호분 출토 인골에 대한 재검토」,『고령 지산동 44호분 -대가야왕릉-』, 경북대박물관, pp.509~528.

김재홍, 2001,「4~5세기 신라의 고분문화와 지역지배」,『한국고대사연구』24, 한국고대사학회, pp.117~156.

김정기 외, 1974,『천마총』, 문화재관리국 문화재연구소.

________, 1985,『황남대총(북분)』, 문화재연구소.

________, 1994,『황남대총(남분)』, 문화재연구소.

김종철, 1984, 「고분에 나타나는 삼국시대 순장양상」, 『윤무병박사회갑기념논총』, 동논총간행위원회편, 통천
　　　　문화사, pp.263~271.

김지훈, 2014, 「영남지역 신라분묘 출토 유자이기에 대한 연구」, 경주대학교 석사학위논문.

노중국, 1998, 「가야의 정치」, 『가야문화도록』, 경상북도, pp.435~467.

대가야박물관, 2004, 『대가야의 유적과 유물』.

대구대박물관, 2009, 『구미 황상동유적 발굴조사 보고서』.

대구대학교박물관, 2002, 『달성 죽곡리고분 발굴조사보고서』.

대동문화재연구원, 2008, 「고령 지산동 제73·74·75호분 발굴조사 – 제3차 지도위원회 자료」.

　　　　　　　　　, 2012, 「대구 달성종합스포츠파크 조성사업부지 내 유적 발굴조사 약보고서」.

대성동고분박물관, 2013, 『동아시아 교역의 가교 – 대성동고분군』.

동국대 경주캠퍼스박물관, 2002, 『황성동고분군』.

동서문물연구원, 2009, 「진주 가호동유적」, 『한국고고학저널 2008』, 국립문화재연구소.

동아대박물관, 1991, 『양산 금조총·부부총』

　　　　　　, 1992, 『창녕 교동고분군』

문화재연구소, 1981, 『안계리고분군 발굴조사 보고서』.

　　　　　　, 1986, 『유적발굴조사연표』, 계문사.

　　　　　　, 1991·1992 『중원 누암리고분군 발굴조사 보고서』.

문화재연구소 경주고적발굴조사단, 1990, 『경주 용강동고분 발굴조사보고』.

문화재연구소 외, 1990, 『월성해자 발굴조사 보고서』.

문화재청, 2011, 『고분 보존 정비 관리방안 연구보고서』.

박광렬, 2001, 「신라 적석목곽묘의 개시에 대한 검토」, 『경주사학』20, 경주대학교, pp.15~67.

박방룡, 1997, 『신라 도성 연구』, 동아대학교 박사학위논문.

박보현, 1987, 「수지형입화식관 형식분류 시론」, 『영남고고학』4, 영남고고학회, pp.13~33.

　　　, 1995, 「위세품으로 본 고신라사회의 구조」, 경북대학교대학원 박사학위논문.

박일훈, 1963, 「경주삼릉석실고분–전신덕왕릉」, 『미술자료』8, 국립박물관, pp.27~29.

　　　, 1969, 「황오리 제151호분」, 『경주 황오리 제1·33호분, 황남리 제151호 고분발굴조사보고서』, 문화재
　　　　　관리국.

박천수, 1998, 「대가야권 분묘의 편년」, 『한국고고학보』39, 89-124쪽, 한국고고학회, pp.89~124.

　　　, 2001, 「고고자료를 통해 본 가야시기의 창녕지방」, 『가야시기 창녕지방의 역사·고고학적 성격』, 국
　　　　　립창원문화재연구소, pp.45~72.

　　　, 2003, 「대가야권」, 『가야의 유적과 유물』, 학연문화사, pp.17~186.

　　　, 2004, 「토기로 본 대가야권의 형성과 전개」, 『대가야의 유적과 유물』, 대가야박물관, pp.219~249.

______, 2009, 「5~6세기 대가야의 발전과 그 역사적 의의」, 『고령 지산동 44호분 - 대가야왕릉-』, 경북대박물관, pp.577~641.

______, 2010, 『가야토기 - 가야의 역사와 문화』.

______, 2012, 「고령지역 유적 유물을 통해 본 대가야의 발전과 역사적 의의」, 『경북지역 가야 유적의 세계유산 가치 검토』, 경상북도·경북대 인문과학연구소, pp.25~48.

배성혁, 2012, 「고령지역 삼국시대 고분군의 현황」, 『경북지역 가야유적의 세계유산 가치 검토』, 경상북도·경북대 인문과학연구소, pp.149~195.

부산대박물관, 1983, 『동래 복천동고분군I』

__________, 1986, 『함양 백천리 1호분』.

__________, 1993, 『동래 복천동고분군II』

__________, 1996, 『동래 복천동고분군III』

부산박물관, 1993, 『동래 복천동 53호분』

__________, 2014, 『연산동 M3호분』.

부산시립박물관, 1992, 『동래 복천동 53호분』.

사회과학원 고고학연구소, 1983, 『고고학자료집』제6집, 과학·백과사전출판사, 평양.

서영남, 2013, 「의기성 철기로 본 삼한·삼국시대 울산지역 철기문화의 상징성」, 『울산 철 문화』, 울산박물관, pp.556~584.

성림문화재연구원, 2013, 『경주 화곡리 생산유적』.

신라문화유산연구원, 2009a, 『경주 문산리 유적』.

______________, 2009b, 『경주 외동읍 북토리 55-1번지 일원 유적 발굴조사 약보고서』.

______________, 2010a, 『경주 동산리 유적』.

______________, 2010b, 『경주 사방리 고분군』.

______________, 2010c, 「경주 현곡면 하구리 축사신축부지내 유적」, 『경주의 문화유적VII』.

______________, 2010d, 「경주 황성동 590번지 일원 공동주택 건립부지 내 유적 2차 지도위원회 자료집」.

신라문화유산조사단, 2008, 「경주 외동읍 죽동리 560·561번지 농가용 창고 건립부지 내 유적발굴조사 지도위원회 자료집」.

심재훈 역, 2006, 『중국 고대국가의 형성』(Li Liu & Xingcan Chen 지음), 학연문화사.

심현철, 2013, 「신라 적석목곽묘의 구조와 축조공정」, 『한국고고학보』88, 한국고고학회, pp.72~119.

안순천, 1996, 「소형철제모형농공구부장의 의의」, 『영남고고학』18, 영남고고학회, pp.109~159.

연합뉴스, 「신라 왕릉만한 청동기시대 무덤 발굴(진주 초장지구)」, 2013년 1월 22일.

영남대박물관, 1975, 『경주 황남동 발굴조사 개보』.

__________, 1978, 『구암동고분발굴조사보고서』.

__________, 1991a, 『경산 임당지역 고분군 I - 조영1A지역』.

__________, 1991b, 『창녕 계성리고분군-계남1,4호분』.

__________, 1994, 『경산 임당지역 고분군 II - 조영EIII-8호분 외』.

__________, 1998, 『경산 임당지역 고분군III - 조영1B지역』.

__________, 1999, 『경산임당지역고분군IV - 조영CI·CII호분』.

__________, 2000, 『경산 임당지역고분군 V - 조영EI 호분』

__________, 2002, 『경산 임당지역 고분군VI - 임당2호분』.

__________, 2003, 『경산 임당지역 고분군VII - 임당5·6호분』.

__________, 2004, 『고령 지산동 고분군 -고령 지산지구 국도 개량공사구간 내 유적』.

__________, 2005, 『경산 임당지역 고분군VIII - 임당7호분』.

__________, 2006a, 『압독국과의 통신 토기의 메시지』.

__________, 2006b, 『경산 신상리유적(I~V)』.

__________, 2012a, 『1982, 임당을 발굴하다』.

__________, 2012b, 『경산 임당지역 고분군IX - 조영EIII-2호분』.

__________, 2013, 『경산 임당지역고분군 X - 조영EIII-3호분』.

영남매장문화재연구원, 1996, 『고령 쾌빈동고분군』.

__________, 1998a, 「경주 구어리 단독주택 신축부지 내 발굴조사 결과 약보고서」.

__________, 1998b, 『고령 지산동30호분』.

영남문화재연구원, 1998, 『포항 옥성리고분군 I·II - 나지구』.

__________, 1999a, 『경주 사라리 유적I』

__________, 1999b, 『경산 임당동 유적I』.

__________, 2000, 『대구 팔달동유적I』

__________, 2001, 『경주 사라리 유적II - 목관묘·주거지』.

__________, 2002, 『경주 구어리 고분군』.

__________, 2003a, 『달성 문양리고분군I』.

__________, 2003b, 『대구 욱수동·경산 옥산동유적I』.

__________, 2005, 『달성 문산리고분군I-II지구 M1·M2호분』.

__________, 2006, 『고령 지산동고분군I~V』.

__________, 2007, 『경주 사라리 유적III - 목곽묘·옹관묘』

__________, 2008, 『경주 덕천리 유적II』.

__________, 2009, 『경주 덕천리 유적III·IV』.

______________, 2010a, 『경산 신대리 유적Ⅰ·Ⅱ』.

______________, 2010b, 『경주 황성동 575번지 고분군』.

______________, 2010c, 「경주 화천리 양성자가속기 개발사업부지 내(B구역) 유적 문화재발굴조사 약보고서」.

예맥문화재연구원, 2008, 『강릉 초당덩유적Ⅲ』.

우리문화재연구원, 2008, 『창녕골프장 예정지내 창녕 계성리 유적』.

______________, 2011, 『산청 매촌리유적』.

______________, 2014, 『사적 제514호 창녕 교동과 송현동 고분군-종합학술연구보고서-』.

울산문화재연구원, 2011, 『울산 중산동 547-1 유적』.

원광대 마한·백제문화연구소, 1983, 『남원 월산리고분군 발굴조사 보고』.

윤무병·박일훈, 1968, 「경주 서악리 석실분 발굴조사」, 『고고학』1, 고고학회, pp.77~113.

윤용진·김종철, 1979, 『대가야고분 발굴조사보고서』, 고령군.

윤천수, 2010, 「대구 서부지역 고분의 성격」, 『천마고고』제6호, 천마고고연구회, pp.85~126.

이훈, 2013, 「백제 능묘의 특징과 탁월한 보편적 가치」, 『백제의 능묘와 주변국 능묘의 비교연구』, 백제역사유적지구 세계유산 등재추진단·한국전통문화대학교 전통문화연구소.

이강승·이희준, 1993, 『경주 황성동 석실분』, 국립경주박물관·경주시.

이건무 외, 1989, 「의창 다호리 유적 진전 보고」, 『고고학지』1, 한국고고미술연구소, pp.1~195.

이경미, 2010, 「삼국 중기 주요고분의 편년 설정」, 『한국 고분의 편년연구』, 서경문화사, pp.129~200.

이근직, 2012, 『신라왕릉연구』, 학연문화사.

이남석, 2002, 『백제 묘제의 연구』, 서경.

______, 2014, 『사비시대의 백제고고학』, 서경문화사.

이상준, 1997, 「경주 월성의 변천 과정에 대한 소고」, 『영남고고학』21, 영남고고학회, pp.123~126.

이성주, 1995, 「제국주의시대 고고학과 그 잔적」, 『고문화』제47집, 한국대학박물관협회, pp.27~70.

______, 1996, 「신라식 목곽묘의 전개와 의의」, 『신라고고학의 제문제』, 한국고고학회, pp.39~64.

______, 1998, 「신라·가야사회의 정치·경제적 기원과 성장」, 서울대학교 박사학위논문.

______, 2007, 「왕릉의 성립과 신라 국가 – 신라 고총(군) 등장의 정치·사회적 의미-」, 『「세계속의 신라·신라 속의 세계」 경주 신라학 국제학술대회』, 경주시·신라문화유산연구원, pp.281~316.

______, 2012, 「왕권에 대한 고고학적 논의」, 『한일지역 고대왕권과 국가의 형성』 영남고고학회 제2회 학술워크샵, 영남고고학회, pp.33~51.

이성준, 2009, 「한반도 고대사회에서 순장의 사상적 배경과 그 성격」, 『대가야의 정신세계』, 고령군 대가야박물관, pp.205~244.

이수훈, 2001, 「6세기 신라의 창녕지역 지배형태」, 『창녕 계성 신라 고총군』, 경남고고학연구소

이영식, 2012, 「고령 지산동고분군의 문화사적 의미」, 『경북지역 가야고분군과 세계문화 유산』, 계명대학교 한국학연구원, pp.189~227.

이은창, 1992, 「선산 낙산동 고분의 연구 Ⅰ」, 『영남고고학』10, 영남고고학회, pp.87~128.

이재흥, 2007, 「경주지역 적석목곽묘의 출현과정에 대한 일고찰」, 『영남고고학』43, 영남고고학회, pp.33~58.

이제현, 2003, 「변·진한사회의 고고학적 연구」, 부산대학교대학원 박사학위논문.

이주헌, 2009, 「경주지역 목관·목곽묘의 전개와 사로국」, 『문화재』제42권 제3호, 국립문화재연구소, pp.106~130.

이청규·김대환, 2000, 「경주지역 고분조사와 연구」, 『인류학연구』제10집, 영남대학교 문화인류학연구회, pp.1~16.

이한상, 1995, 「5~6세기 신라의 변경지배방식 – 장신구분석을 중심으로」, 『한국사론』33, 서울대국사학과, pp.1~78.

______, 2004, 『황금의 나라 신라』, 김영사.

______, 2009, 「장신구로 본 5~6세기 창녕지역의 정치적 동향」, 『한국 고대사 속의 창녕』, 창녕군·경북대 영남문화연구원, pp.153~189.

이희준, 1987, 「경주 황남동 제109호분의 구조재검토」, 『삼불 김원룡교수 정년퇴임기념 논총』Ⅰ, 동간행위원회, pp.597~616.

______, 1990, 「해방전의 신라·가야고분 발굴방법에 대한 연구 – 일제하 조사보고서의 재검토(2)」, 『한국고고학보』24, 한국고고학회, pp.49~80.

______, 1995, 「토기로 본 대가야의 권역과 그 변천」, 『가야사연구-대가야의 정치와 문화』, 경상북도, pp.365~444.

______, 1996, 경주 월성로 가-13호 적석목곽묘의 연대와 의의」, 『석오윤용진교수정년퇴임기념논총』, 동간행위원회, pp.287~310.

______, 1997, 「신라고총의 특성과 의의」, 『영남고고학』20, 남고고학회, pp.1~26.

______, 1998, 「4~5세기 신라의 고고학적 연구」, 서울대학교 박사학위논문.

______, 2000a, 「대구 지역 고대 정치체의 형성과 변천」, 『영남고고학』26. 영남고고학회, pp.79~117.

______, 2000b, 「삼한 소국 형성 과정에 대한 고고학 접근의 틀」, 『한국고고학보』43, 한국고고학회, pp.113~138.

______, 2002, 「4~5세기 신라 고분 피장자의 복식품 착장 정형」, 『한국고고학보』47, 한국고고학회, pp.63~92.

______, 2005, 「4~5세기 창녕 지역 정치체의 읍락 구성과 동향」, 『영남고고학』37, 영남고고학회, pp.5~42.

______, 2007, 『신라 고고학 연구』, 사회평론.

______, 2010, 「황남대총 남분 나물왕릉설의 제기 배경과 개요 그리고 의의」, 『황금의 나라신라의 왕릉 황남대총』, 국립중앙박물관, pp.191~206.

______, 2013, 「대가야 지산동고분군의 입지와 분포로 본 특징과 의미」, 『대가야 고분군의 세계문화유산 등재를 위한 국제학술대회』, 경상북도·계명대 한국학연구원, pp.129~143.

이희준 역, 2006, 『현대 고고학의 이해』(콜린 랜프류·폴반 지음), 사회평론.

장덕순, 1973, 「Ⅴ. 저승과 영혼」, 『한국사상의 원천』, 양영각, pp.129~173.

장용석, 2010, 「고분군 분포로 본 삼국시대 대구지역의 내부구조」, 『삼국시대의 대구지역 사회』(재)영남문화 재연구원 제23회 조사연구회 발표자료집, 영남문화재연구원, pp.57~81.

장인성 외 역, 2005, 『중국 역대 능침제도』(楊寬 지음), 서경.

장정남, 1995, 『헌강왕릉 보수수습조사보고서』, 국립경주문화재연구소.

전덕재, 2005, 「경주 사라리 집단의 정치적 성격」, 『제34회 한국상고사학회 학술대회 사로국시기의 경주무덤 과 지역집단』, 한국상고사학회, pp.101~129.

전북대박물관, 1989, 『두락리』.

__________, 2013, 「남원 두락리·유곡리 고분군 발굴조사 -32호분- 자문위원회 및 현장설명회 자료」.

전북문화재연구원, 2012, 「전주 원장동유적」, 『한국고고학저널 2011』, 국립문화재연구소.

정상수, 1996, 「경산지역 고분출토 인골의 분석」, 『한국상고사학보』23, 한국상고사학회, pp.41~66.

정인성, 2009, 「일제강점기 '경주고적보존회'와 모로가 히데오(諸鹿央雄)」, 『대구사학』제95집, 대구사학회, pp.1~40.

정종수, 2005, 「유교식 상례」, 『상장례, 삶과 죽음의 방정식』, 국사편찬위원회편, 두산동아, pp.74~109.

정징원·홍보식, 1995, 「창녕지역의 고분문화」, 『한국문화연구』7, 부산대학교 한국민족문화연구소, pp.27~89.

정창희, 2004, 「5~6세기 대구 낙동강연안 정치체의 구조와 동향」, 경북대학교대학원 석사학위논문.

조영제, 2007, 『옥전고분군과 다라국』, 혜안.

조영현, 1994, 「영남지역 횡구식고분의 연구(Ⅰ) - 형식분류와 전개를 중심으로 -」, 『가야고분의 편년 연구Ⅱ - 묘제 -』, 제3회 영남고고학회학술발표회, 영남고고학회, pp.53~74.

______, 2004, 「전동명왕릉의 묘주 비정」, 『과기고고연구』10, 아주대박물관, pp.39~61.

______, 2006, 「가야의 묘제에 나타난 전환기적 특징과 양상 - 출현기 고총의 축조구조를 중심으로 -」, 『가야 와 그 전환기의 고분문화』, 국립창원문화재연구소, pp.115~180.

______, 2008, 「5세기대 대가야 고총의 축조추이 - 지산동 73·74·75호분을 중심으로」, 『5세기대 일본열도의 고분문화』, 대동문화재연구원, pp.71~101.

______, 2009, 「고령 지산동 제73·74·75호분 발굴조사」, 『대가야의 정신세계』, 고령군 대가야박물관, pp.55~83.

______, 2012, 『고령 지산동 제73~75호분』, 대동문화재연구원.

______, 2013, 「고령 지산동 제73~75호분 축조양상과 기술」, 『대가야의 고분과 산성』, 대동문화재연구원, pp.65~80.

조유전, 1984, 「전남 화순 청동유물 일괄출토유적」, 『윤무병박사회갑기념논총』, 간행위원회.

조효식, 2009, 「창녕지역 삼국시대 성곽의 축조주체와 방어체계 검토」, 『한국 고대사 속의 창녕』, 창녕군·경 북대 영남문화연구원, pp.191~241.

주강, 1979, 「지산동 44호, 45호고분 출토 인골에 대한 소견」, 『대가야고분발굴조사보고서』, 고령군, pp.326~335.

주보돈, 1995, 「서설 - 가야사의 새로운 정립을 위하여-」, 『가야사연구-대가야의 정치와 문화-』, 경상북도, pp.13~21.

______, 1996, 「신라국가형성기 대구사회의 동향」, 『한국고대사논총』, 가락국사적개발연구원, pp.83~146.

______, 1998, 『신라 지방통치체제의 정비과정과 촌락』, 신서원.

______, 2009, 「문헌상으로 본 고대사회 창녕의 향방」, 『한국 고대사 속의 창녕』, 창녕군·경북대 영남문화연구원, pp.1~92.

중앙문화재연구원, 2004, 『경주 인동리 유적』.

______, 2005, 『경주 덕천리고분군』.

______, 2008a, 『경주 나정』

______, 2008b, 『경주 천북지방산업단지 조성부지내 경주 화산리유적』.

중원문화재연구원, 2008a, 『청원 남성곡 고구려유적』.

______, 2008b, 『문경 신현리고분군』.

______, 2011, 『옥천 금구리 신라 고분군』.

______, 2012, 「보은 삼년산성 고분군 종합학술조사 -현장보고회-」.

______, 2013, 『중원문화의 숨결』.

______, 2015, 「충주 종합스포츠타운 조성사업부지 내 정밀발굴조사 전문가검토회의」.

진성섭·남익희, 2012, 「최근 영주 순흥지역 고분의 발굴조사 성과와 의의」, 『영주 순흥지역고분의 역사적 의미와 문화적 가치』, 영주시·세종문화재연구원, pp.23~38.

차순철, 2006, 「경주 서악동 석침총 발굴조사와 그 의의」, 『문물연구』제10호, 동아시아문물연구학술연구재단, pp.133~152.

______, 2006, 「일제강점기의 신라고분 조사연구에 대한 검토」, 『문화재』 39호, 국립문화재연구소, pp.95~130.

______, 2011, 「신라왕경과 북천 범람에 따른 상관관계 검토」, 『신라사학보』23, 신라사학회, pp.145~185.

창녕군, 1996, 『창녕 교동 고분군』.

창원대박물관, 2000·2006·2007, 『울산 중산리유적Ⅰ~Ⅳ』.

______, 2006, 『울산 중산리 유적Ⅰ』.

최병현, 1981, 「고신라 적석목곽분의 변천과 편년」, 『한국고고학보』10·11, 한국고고학회, pp.137~228.

______, 1990, 「신라고분연구」, 숭실대학교 박사학위논문.

______, 1992a, 『신라고분연구』, 일지사.

______, 1992b, 「신라, 가야의 고고학 - 연구사적 검토」, 『국사관논총』33, 국사편찬위원회, pp.177~221.

______, 2000, 「황남대총 구조와 신라 적석목곽분의 변천·기원」, 『황남대총의 재조명』, 국립경주문화재연구소, pp.107~122.

______, 2011, 「신라후기양식토기의 편년」, 『영남고고학보』59, 영남고고학회, pp.11~173.

______, 2012, 「경주지역 신라 횡혈식석실분의 계층성과 고분 구조의 변천」, 『한국고고학보』83, 한국고고학회, pp.80~129.

______, 2014, 「경주 월성북고분군의 형성과정과 신라 마립간시기 왕릉의 배치」, 『한국고고학보』90, 한국고고학회, pp.120~163.

최종규, 1983, 「중기고분의 성격에 대한 약간의 고찰」, 『부대사학』7, 부산대사학회, pp.1~45.

______, 2007, 「삼한 조기묘의 예제」, 『고고학탐구』창간호, 고고학탐구회, pp.1~14.

______, 2011, 「적석총의 봉, 곽, 순」, 『고고학탐구』제9호, 고고학탐구회, pp.17~63.

______, 2012, 「석실분의 예제」, 『고고학탐구』제12호, 고고학탐구회, pp.39~73.

충북대박물관, 1993, 『중원 누암리고분군』.

충주박물관, 1997, 『단양 하방리고분군 발굴보고서』.

하승철, 2009, 「4~6세기 창녕지역 도질토기의 변천」, 『경남연구』창간호, 경남발전연구원 역사문화센터, pp.107~148.

______, 2014, 「토기와 묘제로 본 고대 창녕지역의 정치적 동향」, 『신라와 가야의 경계』영남고고학회 창립 30주년 기념 제23회 정기학술발표회, 영남고고학회, pp.103~120.

하진호, 2012, 「임당유적 취락의 형성과 전개」, 『임당 발굴 30년 그리고 압독 문화』, 영남문화재연구원, pp.107~135.

한국고고학회, 2010, 『한국 고고학 강의』개정신판, 사회평론.

한국고고환경연구소, 2010, 『연기 송원리유적』.

한국문화재보호재단, 1998a, 『상주 신흥리고분군(I~V)』.

______, 1998b, 『경산 임당유적(I~IV)』

______, 2001, 『상주 병성동·헌신동고분군』.

______, 2003, 『경주 황성동 유적I』.

______, 2005, 『경주 황성동 유적II』.

______, 2010a, 「경주 탑동 21-3·4번지 단독주택부지 내 유적 소규모 발굴조사지도위원회 자료」.

______, 2010b, 『울산 하삼정고분군』.

______, 2011, 「포항시 북구 흥해읍 마산리 149-4번지 근린생활시설 신축부지내문화유적 소규모 발굴조사 -자문위원회 자료집-」.

한국문화재조사연구기관협회, 2009, 『강릉 초당동 유적(사적 제490호) 보고서』

______, 2014, 『갑천 대전 발굴 50년의 기록』.

한빛문화재연구원, 2009, 「경산 대구대학교 진량캠퍼스 추가조성부지 내 문화유적 발굴조사약보고서」

______________, 2011, 『경산 대원리·신제리·광석리 유적』.

______________, 2012, 『달성 쌍계리유적 I ~ III』.

______________, 2014, 『달성 성하리유적 I ~ III』.

함순섭, 1996, 「대구 달성고분군에 대한 소고」, 『석오윤용진교수정년퇴임기념논총』, 동간행위원회, pp.345~375.

______, 2010, 「황남대총을 둘러싼 논쟁, 또 하나의 가능성」, 『황금의 나라 신라의 왕릉 황남대총』, 국립중앙박물관, pp.226~245.

합천박물관, 2012, 『삼가고분군 발굴조사 성과 – 삼가 또 하나의 가야 왕국』.

호남문화재연구원, 2008, 「완주 갈동유적」, 『한국고고학저널 2007』, 국립문화재연구소.

호암미술관, 2000, 『창녕 계성 고분군』

홍보식, 1994, 「수혈식석곽묘의 형식분류와 편년」, 『가야고분의 편년 연구 II –묘제–』 제3회영남고고학회학술발표회 발표 및 토론요지, 영남고고학회, pp.5~44.

______, 2003, 『신라 후기 고분문화 연구』, 춘추각.

황보경, 2009, 『신라 문화 연구』, 주류성.

외국문

高正龍, 1996, 「八木奘三郎の韓國調査」, 『考古學史研究』第6號, pp.34~44.

谷井濟一, 1910, 「慶州の陵墓」, 『朝鮮藝術之研究』.

關野貞 외, 1914, 『大正三年度朝鮮古蹟調査報告』, 朝鮮總督府.

________, 1927, 『樂浪郡時代の遺蹟』古蹟調査特別報告第四册, 朝鮮總督府.

今西龍 외, 1917, 『大正五年度朝鮮古蹟調査報告』, 朝鮮總督府.

________, 1918, 『大正六年度朝鮮古蹟調査報告』, 朝鮮總督府.

吉林省文物考古研究所 外, 2004, 『高句麗王陵』, 北京: 文物出版社.

羅西章, 1985, 「隋文帝陵,祠勘査記」, 『考古與文物』 1985年 第6期.

羅宗眞, 2001, 『魏晋南北朝考古』, 北京: 文物出版社.

大同市博物館, 2007, 「大同北魏方山思遠佛寺遺址發掘報告」, 『文物』 2007年 第4期, pp.4~26.

東潮, 2011, 『高句麗壁畵と東アジア』, 東京: 學生社.

藤田亮策 외, 1924, 『大正十一年度朝鮮古蹟調査報告』第二册, 朝鮮總督府.

藤井和夫, 1981, 「昌寧地方古墳出土陶質土器の編年について」, 『神奈川考古』12.

________, 2002, 「高靈主山第39號墳」, 『朝鮮古蹟研究會遺稿II』, 유네스코東아시아문화연구센터, 東京: (社) 東洋文庫.

來村多加史, 2001, 『唐代皇帝陵の研究』, 東京: 學生社.

馬場是一郎·小川敬吉, 1927, 『梁山夫婦塚と其遺物』古蹟調査特別報告第五册, 朝鮮總督府.

馬場是一郎外, 1927,『梁山夫婦塚と其遺物』, 朝鮮總督府.

梅原末治 外, 1924,『金冠塚と其遺寶-古蹟調査特別報告3-大正十二年度朝鮮古蹟調査報告』, 朝鮮總督府.

梅原末治, 1932,『慶州金鈴塚飾履塚發掘調査報告-大正十三年度朝鮮古蹟調査報告』, 朝鮮總督府.

________, 1932,『大正十三年度朝鮮古蹟調査報告』第一册, 朝鮮總督府.

________, 1947,『朝鮮古代の墓制』.

梅原末治·藤田亮策, 1923,『大正十一年度朝鮮古蹟調査報告』第一册, 朝鮮總督府.

梅原末治·濱田耕作, 1922,『大正七年度朝鮮古蹟調査報告』第一册, 朝鮮總督府.

門田誠一, 1999,「古墳時代の鐵製模型農工具と渡來系集團」,『史學論集 - 佛教大學文學部史學科創設三十周年記念』.

濱田耕作 외, 1922,『大正七年度 朝鮮古蹟調査報告』, 朝鮮總督府.

濱田耕作·梅原末治, 1924,『慶州金冠塚と其遺寶』古蹟調査特別報告第三册, 朝鮮總督府.

寺澤知子, 1979,「鐵製農工具副葬の意義」,『橿原考古學研究所論集』4, 橿原考古學研究所.

陝西省考古研究所, 2002,「唐高力士墓發掘簡報」,『考古與文物』2002年 第6期, pp.21~32.

小泉顯夫, 1986,「朝鮮古代遺跡の遍歷-發掘調査三十年の回想」, 東京: 六興出版.

小泉顯夫·野守健, 1930,『大正十二年度朝鮮古蹟調査報告』第一册, 朝鮮總督府.

野守健 외, 1935,『昭和五年度朝鮮古蹟調査報告』第一册, 朝鮮總督府.

野守健, 1928,『昭和二年度朝鮮古蹟調査報告』第一册, 朝鮮總督府.

______, 1935,『昭和二年度朝鮮古蹟調査報告』第二册, 朝鮮總督府.

野守健·小泉顯夫, 1931,『慶尙北道達城郡達西面古墳調査報告 - 大正十二年度朝鮮古蹟調査報告』, 朝鮮總督府.

原田淑人, 1922,「慶北道慶州郡內東面普門里古墳發掘調査及慶山郡淸道郡金泉郡尙州郡慶尙南道梁山郡東萊郡諸遺蹟調査報告書」,『大正七年度朝鮮古蹟調査報告』, 朝鮮總督府.

韋正, 2011,『六朝墓葬的考古學研究』, 北京: 北京大學出版社.

有光敎一, 1934,『昭和八年度古蹟調査槪報』, 朝鮮總督府.

________, 1935,『昭和六年度朝鮮古蹟調査報告』第一册, 朝鮮總督府.

________, 1937,「慶州忠孝里石室古墳調査報告」,『昭和7年度古蹟調査報告』第二册, 朝鮮總督府.

________, 1955,「慶州邑南古墳群について」,『朝鮮學報』8, 天理大學校朝鮮學會, pp.33~49.

________, 1937,『昭和七年度朝鮮古蹟調査報告』第二册, 朝鮮總督府.

有光敎一·藤井和夫, 2000,『慶州皇吾里16號墳發掘調査報告』朝鮮古蹟研究會遺稿I, 東洋文庫.

張之恒, 2009,『中國考古通論』, 南京: 南京大學出版社.

齋藤忠, 1937,『皇南里第百九號墳·皇吾里第十四號墳調査報告』昭和九年度古蹟調査報告, 朝鮮總督府.

定森秀夫, 1981,「韓國慶尙南道昌寧地域陶質土器の檢討」,『古代文化』33-4, 古代史學會.

朝鮮古蹟研究會, 1937,『昭和十一年度朝鮮古蹟調査報告』, 朝鮮總督府.

＿＿＿＿＿＿＿, 1938, 『昭和十二年度朝鮮古蹟調査報告』, 朝鮮總督府.

＿＿＿＿＿＿＿, 1940, 『昭和十三年度朝鮮古蹟調査報告』, 朝鮮總督府.

朝鮮總督府, 1916, 『朝鮮古蹟圖報』三.

＿＿＿＿＿, 1917, 『朝鮮古蹟圖譜』五.

＿＿＿＿＿, 1919, 『大正六年度 朝鮮古蹟調査報告』.

＿＿＿＿＿, 1920, 『大正七年度 朝鮮古蹟調査報告』.

坂靖, 2005, 「小型鐵製農工具の系譜 - ミニチュア農工具再考」, 『原考古學研究所紀要』第28册, 橿原考古學研究所.

許宏, 2000, 『先秦城市考古學研究』, 北京: 北京燕山出版社.

穴澤咊光, 2007, 「慶州 路西洞「デイヴィット塚」の發掘-梅原考古資料による研究-」, 『伊藤秋男先生古稀記念考古學論文集』.

穴澤咊光·馬目順一, 1975, 「昌寧校洞古墳群-梅原考古資料を中心とした谷井濟一氏發掘資料の研究 -」, 『考古學雜誌』60-4, 日本考古學會.

＿＿＿＿＿＿＿＿＿, 2007, 「慶州瑞鳳塚の調査-梅原考古資料と小泉顯夫の回想とづく發掘狀況の再現と考察-」, 『석심정영화교수정년퇴임기념천마고고학논총』, 동 간행위원회, pp.615~670.

黃展岳, 2004, 『古代人牲人殉通論』, 北京: 文物出版社.

Kim Young-sung, 2012, 「Newly Excavated Materials of Silla」, 『Journal of Korean Arcaeology 2005-2010』, National Research Institute of Cultural Heritage, pp.123~133.